“十一五”国家重点图书出版规划项目

·经/济/科/学/译/丛·

# Public Sector Economics

# 公共部门经济学

理查德·W·特里西〔Richard W. Tresch〕 著

薛涧坡 译

中国人民大学出版社

·北京·

# 《经济科学译丛》编辑委员会

# 《经济科学译丛》总序

　　中国是一个文明古国，有着几千年的辉煌历史。近百年来，中国由盛而衰，一度成为世界上最贫穷、落后的国家之一。1949 年中国共产党领导的革命，把中国从饥饿、贫困、被欺侮、被奴役的境地中解放出来。1978 年以来的改革开放，使中国真正走上了通向繁荣富强的道路。

　　中国改革开放的目标是建立一个有效的社会主义市场经济体制，加速发展经济，提高人民生活水平。但是，要完成这一历史使命绝非易事，我们不仅需要从自己的实践中总结教训，也要从别人的实践中获取经验，还要用理论来指导我们的改革。市场经济虽然对我们这个共和国来说是全新的，但市场经济的运行在发达国家已有几百年的历史，市场经济的理论亦在不断发展完善，并形成了一个现代经济学理论体系。虽然许多经济学名著出自西方学者之手，研究的是西方国家的经济问题，但他们归纳出来的许多经济学理论反映的是人类社会的普遍行为，这些理论是全人类的共同财富。要想迅速稳定地改革和发展我国的经济，我们必须学习和借鉴世界各国包括西方国家在内的先进经济学的理论与知识。

　　本着这一目的，我们组织翻译了这套经济学教科书系列。这套译丛的特点是：第一，全面系统。除了经济学、宏观经济学、微观经济学等基本原理之外，这套译丛还包括了产业组织理论、国际经济学、发展经济学、货币金融学、公共财政、劳动经济学、计量经济学等重要领域。第二，简明通俗。与经济学的经典名著不同，这套丛书都是国外大学通用的经济学教科书，大部分都已发行了几版或十几版。作者尽可能地用简明通俗的语言来阐述深奥的经济学原理，并附有案例与习题，对于初学者来说，更容易理解与掌握。

　　经济学是一门社会科学，许多基本原理的应用受各种不同的社会、政治或经济体制的影响，许多经济学理论是建立在一定的假设条件上的，假设条件不同，结论也就不一定成立。因此，正确理解掌握经济分析的方法而不是生搬硬套某些不同条件下产生的结论，才是我们学习当代经济学的正确方法。

　　本套译丛于 1995 年春由中国人民大学出版社发起筹备并成立了由许多经济学专家学者组织的编辑委员会。中国留美经济学会的许多学者参与了原著的推荐工作。中国人民大学出版社向所有原著的出版社购买了翻译版权。北京大学、中国人民大学、复旦大学以及中国社会科学院的许多专家教授参与了翻译工作。前任策划编辑梁晶女士为本套译丛的出版做出了重要贡献，在此表示衷心的感谢。在中国经济体制转轨的历史时期，我们把这套译丛献给读者，希望为中国经济的深入改革与发展作出贡献。

《经济科学译丛》编辑委员会

公共部门经济学

# 序 言

　　《公共部门经济学》是一本为高年级本科课程设计的、为期一学期的教科书，这门课一般被称为财政学。本书介绍了有关公共部门的主流经济学观点，分为五部分：导论、公共支出理论和政策、税收理论和政策、成本—收益分析以及财政联邦制。本书涵盖了每个领域中通常会讨论的问题，但侧重点可能与其他所有主流本科教材有所不同。我加入了独立的章节用以讨论社会福利函数的应用、成本递减的服务、公共救助、社会保险和非对称信息下的税收与转移支付，以及关于财政联邦制的三个章节。并且，我用行为公共部门经济学作为后记结束全书，而这种分析思路正成为经济学中分析公共部门新的前沿领域。

## 融入互联网

　　与现有教科书相比，本书的不同之处并不在于它的侧重点，而是在于它对互联网的使用。每一位着手撰写公共部门经济学教科书的人，总是会感觉受到极大的限制。在理想的状况下，一本书应该提供关于这个领域的详尽的论述，包含非常广泛的主题，并对每个主题做出恰如其分的理论分析且给出实例。而与此同时，这本书又不能太过冗长。这真是一件令人望而却步的任务。

　　我的解决办法是：不会用一本书尝试解决所有问题。我选择使用互联网把理论与实例分开。这本教科书提供了关于公共部门经济学理论的一种统一的分析框架，运用有限的实例来帮助学生理解理论问题。它采用一种简洁的方法表述主流经济学理论，并告诉读者理论是如何反映出政府面对的诸多经济问题，以及两者是如何紧密联系在一起的。我相信学生一定能从中获益良多。

　　作为课本内容的补充，我还准备了大量的时事案例，放在本书的网站中（www.palgrave.com/economics/tresch）让学生和老师参考。我认为将这些案例放在互联网上的做法有许多好处。其一是相关性和传播性。委托全球的经济学家所完成的案例可以在最大程度上保证吸引学生的兴趣。在线呈现的这些案例内容翔实并表述清晰，来源于各种热门话题。并且，案例涉及的范围和案例本身会不断地修改和更新，以保证它们能够一直保持相关性和时效性。另一个好处是灵活性。教师可以指导学生参考为他们的课程而专门准备的一类案例，而不会局限于讲授课本中出现的某个例子。再一个好处是，如果得到授权，在互联网上给出的案例可以得到充分的扩展，而在课本中出现的那些案例就没有这个可能性了。

互联网也可以达到其他的目标。互联网中的资料包括：一些偶然出现的复杂的理论和一些额外的论题，它们可以满足某些老师的需要但不适合放进教科书中；学生的学习参考，例如章节总结和问题；为老师准备的逐章概览，它提供了每章中各要点的综述，以及如何整合互联网案例与课本理论的建议。

我坚信，将一本理论型的教科书和互联网上的案例相结合，会为那些对所授内容各持己见的教师提供一种有效的方式来教授更多的内容。

## 一种主流的观点

尽管如此，本书并不能满足所有人的需要。它完全根植于公共部门经济学的主流经济学理论。在第1章中涉及了公共选择理论，并在它对主流经济学理论产生了重大影响时作了进一步的讨论。这些例子包括用以解释公共救助动机的帕累托最优再分配、提供非排他性物品的机制设计问题和人们参与逃税的动机问题。但是本书并未遵循公共选择理论的传统。对于政治经济学的态度也是如此。本书对于政治因素给予了一定的关注，例如在讨论社会福利函数时的阿罗一般不可能性定理，以及在讨论联邦制章节中的中间投票人模型。但那些需要一本政治经济学本科教材的人恐怕要失望了，本书并不属于那种类型。

## 讲授的难度

最后，在学习本书之前，学生应该已经掌握了中级微观经济学理论。为了照顾那些仅完成了入门级课程的学生，第3章讲授了一个标准的两种产品、两种要素、两个人的一般均衡模型。此模型向这些学生介绍了贯穿全书的基本的分析概念。掌握了这些概念，他们就不难理解公共部门经济学的理论。

# 目　录

公共部门经济学

目
录

公共部门经济学

# 第 1 篇

# 导 论

# 第1章

## 公共部门理论的基石

在 20 世纪的美国历史中，有两次转捩点式的总统选举，一次是 1932 年深陷大萧条时弗兰克林·罗斯福（Franklin Roosevelt）的选举，另一次是 1980 年处于双位数字通货膨胀和失业时期罗纳德·里根（Ronald Reagan）的选举。这两次选举激发了自由主义和保守主义关于经济政策持续不断的辩论。

罗斯福总统扩大了联邦政府在推动经济领域自由化方面的作用。当时，对于经济自由的传统观点沿袭了将自由选择视为自由的古典定义——自由就是去做自己想做的事，只要不伤害到其他人。在此基础上，罗斯福又承诺保障人民享有无忧无虑和衣食住行无虞的自由。罗斯福这两个新自由观推动了 1935 年《社会保障法案》的通过，依据此法案，联邦政府第一次通过提供公共保险来防止人民陷入贫困，并为穷人提供公共救助。如今这种意愿，即政府通过对抗贫困与救助穷人来实现免于恐慌与匮乏的自由，通常会被美国民众打上"自由主义"的标签。与之相反，保守主义坚持将自由等同于自由选择的早期定义，并不支持向穷人进行公共转移支付。

罗纳德·里根的选举是保守主义对罗斯福的回应。里根参加竞选的出发点是认为政府是造成当前国家经济混乱的问题所在，并承诺让政府不再"多管闲事"。他提议进行美国历史上最大规模的减税，使其与大幅削减公共保险和公共救助计划相平衡。国会通过了他的减税建议但是保留了各种社会计划。此外，虽然在里根之后的三位总统——乔治·H·W·布什（George H. W. Bush）、比尔·克林顿（Bill Clinton）和乔治·W·布什（George W. Bush）——都倾向于保守主义，1994 年的议会显得更加保守，在媒体中保守派和自由派的辩论也越来越尖锐，但联邦社会福利开支从 1980 年之后仍持续快速增加。当里根掌权时，它占当时 GDP 的 10%，而在 2005 年它占一个更高 GDP 的 13%。事实上，在美国自由派和保守派处理实际问题的差异远没有口头表述上表现得那么显著，即使在社会福利问题上也是如此。在开始学习公共部门经济学的时候，你应该将这一点牢记于心。

公共部门经济学从实证和规范两个维度研究政府经济政策。关于实证维度的例子是如下这些问题：开发和资助一种新的喷气式战斗机对于国家安全的促进，税收和转移支付计划对民众工作和储蓄的影响。规范维度集中于政府适当的经济作用和如何设计政府政策以达到提振社会经济的目标。有关规范性的问题是自由派和保守派之间争论的焦点，也是产生争论的源头。如上所述，在美国人们对于这些问题的认识达成了较为广泛的共识。自由派和保守派之间的争论主要集中在一些细节方面，我们以后会详细论述。

## 公共部门经济学的三个主要组成部分

一般将公共部门的规范分析划分为三个主要部分：公共支出理论、税收理论和财政联邦制理论。

最基本的规范性问题是合法性问题：政府应该履行或者参与哪种经济职能？这个问题与政府预算的支出方有关：在政府预算中，我们希望看到哪些花费？为什么？

一旦明确了适当的政府职能，紧接的另一个问题是：政府应该如何履行它的职能？执行每种职能的正确方法是什么？这些是公共支出理论中核心的规范性问题。

政府花费需要资金支持，因此与之相关的下一个问题是征税。设计政府的税收政策时，应遵循哪些原则？换句话说，一种好的税收好在哪里？坏的税收坏在哪里？论证怎样正确设计税收是税收理论的核心问题。

由于美国和其他许多发达国家均采用一种联邦制结构的政府，这就产生了最后一个规范性问题。联邦制是一种政府的分层系统，其中每个政府均拥有对低一层政府的一定管辖权。美国的财政分层包括国家政府、50 个州政府，以及超过 89 000 个地方性政府实体——市、镇、大都会区委员会、地区学校董事会等。联邦制的一个固有特征是美国的每一个人都是至少三个政府实体的公民，其他国家也是这样。于是产生了一个基本的排序问题：一旦决定了合法的政府经济职能，应该由哪级政府执行这些职能？将这些职能在三级政府之间正确排序，可以有效地避免政府之间的目标相互冲突。例如，国家政府试图将个人 A 的部分收入再分配给个人 B，但是与此同时，这两个人居住地的地方政府却要将个人 B 的部分收入再分配给个人 A。不一致的政策绝不可能提升社会的经济利益。

随之而来的另一个问题是：人们应该如何对自己在国家政府之下的各级政府之间进行排序？这个问题具有其经济学含义，因为人们之所以选择居住在某个特定的州或者地区，其部分原因在于居住地的税收和支出政策。政府之间为了吸引居民而采取的竞争会限制任何一个政府可行的选择。有关在财政层级制下如何对政府的经济职能和居民进行排序的分析被称为**财政联邦制理论**（theory of fiscal federalism）。

## 人道主义、资本主义和消费者主权

让我们从合情合理的政府经济职能这一基本问题开始。这个问题没有一个明确的答案。一个社会如何看待政府合情合理的作用很大程度上取决于它所选择的经济制度，选择的范围可以是将中央计划的社会主义放在一端，而另一端是分散的资本主义经济。最纯粹的中央计划社会主义包含以下特征：所有重要的经济决定均由中央政府的某一机构制定；使用国家计划的方法来协调所有相关的经济信息和资源配置；资本和土地由公共所有；利用道德激励，例如鼓励公民为了国家的利益而执行某种经济职能。政府实际上控制了一切，无所不包。一个最纯粹的分散资本主义经济包含的特征是：几乎所有的经济交易都是由个人或厂商分散做出决策完成；利用市场和价格协调所有相关的市场信息和配置资源；所有生产要素均由私人拥有；大量采用物质激励来引导经济决策。政府的经济角色局限于提供一个法律体系来建立财产权并保证合同的执行。政府也可以发行国家的货币，但这个功能并不是关键性的。

所有的国家均在这两个极端之间选择了自己的经济制度，因此，政府的功能一般会比完全的市场资本主义所要求的最简单的功能复杂，但远比中央计划经济无所不容的政府要简单。例如，美国的政府支出大约占 GDP 的 30％，这在发达市场经济体中处于较低的水平。然而，由于公共部门的规范理论是在西方世界完善发展起来的，这使得它更加靠近资本主义的现实。它完全是分散市场经济条件下的政府理论。

将公共部门理论与市场经济体联系在一起是基于**人道主义**（humanism）的考虑。人道主义是在 14 世纪席卷欧洲的一次哲学革命，为 14—16 世纪的文艺复兴提供了思想基石。人道主义将人们诉求的重心从为上帝服务转移到个人追求知识、文化和经济的发展上。同时，它发展出**消费者（厂商）主权**（consumer（producer）sovereignty），这一基本价值判断奠定了所有现代西方经济学的基石。在经济学教科书中，消费者（厂商）主权经常被表述为一种实证原则，认为消费者（厂商）是分散市场经济中的"国王"，因为他们做出所有的经济决策。这当然是对的，但消费者（厂商）主权的规范性解释也同样重要。规范性解释认为消费者（厂商）应当做出经济决策，因为他们最了解哪些因素会提升他们自己的经济福利。一旦消费者（厂商）主权得到满足，它就为市场资本主义的出现提供了规范性的基础。此外，西方主流经济学家都是人道主义的信徒，将消费者（厂商）主权的规范性解释奉为首要原则。这自然使得他们将公共部门理论与分散市场资本主义联系在一起。有关消费者主权的信念不仅支配了政府**合情合理的功能**（legitimate function），而且决定了政府经济政策的**目标**（goal）和达到这些目标**合情合理的方法**（legitimate method）。

## 政府存在的合理性与市场失灵

既然分散市场资本主义遵循了消费者（厂商）主权的原则，在市场经济中政府存在的合理性就有了一个合理的解释：市场失灵。政府应当提供那些市场完全不能提供的经济功能，或者说市场经济表现得足够差以至于政府不得不干预。人们对于"足够差"的含义有不同的认识，以及对是否可以期望政府能在任何情况下改善市场运行结果持不同的意见。这些确实是自由主义者和保守主义者的争论点，虽然是细节，但非常重要。但自由主义者与保守主义者都认为，政府干预的关键在于市场失灵。没有人认为在市场经济运行良好的情况下政府需要干预任何经济活动。自由主义者和保守主义者都同意让市场做市场应当做的事情。

## 政府的经济目标

一个人道主义的社会需要力图实现一系列目标来提高公民的经济福利。但确切来说，这意味着什么？人道主义者必然会将这个目标定义为最大化每一个人的福利，或者，至少允许每一个人实现他或者她的最大经济潜力。这些目标听起来不错，但没有一个是社会的经济目标。它们并不是高不可攀，而是毫无意义，因为它们违反了经济学中的一个基本原理——稀缺性法则。资源是稀缺的，用来使一些人变得更好或者提高他们经济潜力的资源，一定不能再次用于让另外一些人变得更好，或者提高这部分人的经济潜力。

相反，一个社会不得不选择与经济福利相关的近似目标，两个最常见的经济目标是**效率**（efficiency）与**公平（公正）**（equity（fairness））。人们经常会提到"公共利益"，特别是在进行监管设定时。在一个经济的语境中，我们理解的公共利益是公众在效率和公平方面的利益。因此，政府经济政策的目标是为了改进效率与公平（公正）。

### □ 效率

经济学专业的人都知道在经济分析中效率有一个标准的定义，即**帕累托最优**（Pareto optimality）。既然提升个人福利或者效用是社会的最终目标，那么对于个人的帕累托最优概念依然成立。如果为了提升任何一个人的效用会降低另外至少一个人的效用，那么整个经济体中的资源分配是有效率的。描述代表个人的帕累托最优的常用图形是**效用可能性边界**（utility possibility frontier），用个人♯1和个人♯2这两个人的效用表示。参见图1.1。

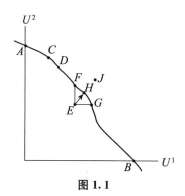

图 1.1

横轴表示个人♯1的效用，纵轴表示个人♯2的效用。在点$A$，个人♯1的效用水平为0而个人♯2享有最大可能的效用，点$B$则与之相反。可能性边界$AB$不一定是一条平滑的曲线，但必须从西北到东南连续变化，这样一个人效用的增加必然意味着另一个人效用的减少，例如从点$C$到点$D$的移动。这样，在效率边界上替代法则总是成立。相反，在边界下的所有点，例如点$E$，都是可以达到但是无效率的。通过重新配置资源，可以在不损害个人♯1的同时提高个人♯2的福利（向北移动，从点$E$到点$F$），或者在不损害个人＃2的同时提高个人＃1的福利（向东移动，从点 $E$ 到点 $G$），或者同时提高两个人的福利水平（向东北移动，例如从点 $E$ 到点 $H$）。所有这些移动都被称为帕累托改进的再分配。在边界以外的点，例如点 $J$，是给定社会稀缺性资源下不能达到的点。

力争达到有效率也具有公正或公平的意味。一个能努力提升个人福利的人道主义社会一定不希望自己处于无效率的点，例如点 $E$，因为可以移动到帕累托改进的点，例如点 $F$、点 $G$ 和点 $H$。毕竟，这些再分配没有机会成本。换句话说，边界上的点会优于任何一个在边界之下的点。一个社会不能同时最大化所有人的福利水平，但是它可以达到以下这种权衡条件，即对某些人更高的效用意味着对其他人更低的效用。这是每个人都能以效率的名义发出的诉求。

## □ 平等

与追求效率相比，力求达到公平或者公正是一种更加不容易实现的要求。主要问题在于，与效率不同，对公平的认识缺乏广泛共识。哲学家、神学家、经济学家、社会学家，事实上社会各界的人都在思考公平或者公正的含义，但没有得到一个令人信服的定义。我们所能做的仅仅是描述经济学理论中关于公平的最普遍观点，以及在解决经济问题时会影响到大众的观念。

经济学家一般将公平分为两个不同部分，**结果公平**（end-results equity）和**过程公平**（process equity）。结果公平考虑的是经济决策或者事件的结果是否公正。过程公平评价的是某些经济尝试的规则是否公正，与结果无关。我们顺次展开讨论。

### 结果公平

资本主义社会对结果公平具有一种天然的兴趣，因为资本主义会倾向于产生收入和财富的巨大差距，使得国家分化为富人和穷人两部分。在某一时刻，人们不得不扪心自问：他们究竟能容忍多大程度的收入或者财富差异？因为贫穷和财富的极端分配会撕裂国家内部的社会结构。美国就是一个很好的例子。美国一直容忍收入和财富的巨大差异。它也从来没有关于总体收入（或财富）分配的清晰的政策。与此同时，在 1964 年约翰逊（Johnson）总统向贫困宣战，致力于在美国根除贫困，许多人也不断表达他们对于持续的财富集中的忧虑，这种财富集中从 20 世纪 70 年代中期开始并在 90 年代不断加剧。如今，在美国产生的收入中，一半以上集中在位于收入分配顶端 20％ 的家庭手中，而从 20 世纪 70 年代中期开始所增加的收入的绝大部分由收入分配顶端 1％ 的家庭所有（Gordon，2005）。

假设一个社会认为收入分配异常不均，愿意通过向富人征税并将税收收入转移给穷人的方式进行收入再分配。所有社会都在某种程度上有这种意愿。问题是何时停止：再分配的数额应该是多少？或者说，最优的收入分配是什么？这些是经济学中有关分配公正的基本问题，而关于这些问题的答案还远未明确。这些问题涉及对被征税富人所承受的损失与获得转移支付的穷人的获益之间的比较，但如何比较还没有达成共识。大多数经济学家认为在人与人之间比较效用所得与损失并不是一种令人信服的方法。但社会依然愿意进行再分配，因此它们事先假定在分配的初始点额外一美元对穷人比对富人更重要。但当分配差距缩小时，额外一美元仍然对穷人更重要吗？这在某些时候显然是不正确的，因为所有社会都会在公平的那一点上停止再分配。然而停止再分配的决定是如何做出的？这并不是显而易见的。这样，达到收入或财富的最优再分配即达到再分配公正的主张本身就面临挑战。

在经济学中，有两个关于结果公平的原则得到广泛认同，即横向公平和纵向公平。**横向公平**（horizontal equity）指的是同等特性同等对待。在所有相关经济范畴内——动机、能力和生产力——相同的两个人应该获得相同的经济产出。虽然对于任何两个人的所有方面均相同这一点仍有争议，但这一原则已经足够明确。**纵向公平**（vertical equity）指的是允许对特性不同的人不一样对待，例如让收入高的人比收入低的人缴纳较多的税。但问题在于，不均等的社会应如何对待不平等？这一点很难回答。对纵向公平的诉求在一定程度上仅仅是对再分配公正诉求的一种变形罢了。

### 过程公平

如今，人们提到过程公平时往往会想到哈佛哲学家罗伯特·诺奇克（Robert Nozick）。诺奇克（Nozick，1973，pp. 45-126）认为过程公平是唯一重要的公平形式。在他看来，任何一个公平比赛的结果一定是公平的，因此唯一的要求就是确保经济"比赛"的规则是公平的。如果规则是公平的，那就不需要单独考虑结果公平的问题。体育赛事是一个很明显的类比：只要所有人都根据同样的规则比赛，谁赢谁输就完全无关紧要。

诺奇克的观点并不能够完全适用于经济范畴，这是因为受到经济竞争规则影响的大多数人生来并不是公平的。人们在开始通向成功的经济"比赛"时，起跑线各不相同。一个明显的例子是出生于富裕家庭的孩子和出生于贫困家庭的孩子。与穷人家的孩子相比，富裕家庭的孩子在成年时更有机会获得经济上的成功。另一个更微妙的例子是具有不同基因组的孩子在市场经济中获得成功的机会各不相同。市场经济有利于那些聪明的并且有进取心的孩子，而不是那些沉闷且胆小的。与父母财富的差异相比，基因的差异并不那么重要，因为天道酬勤，基因的优势也需要人后天的努力才能实现。但无论怎样，某些基因的特质确实让某些人在经济的比赛中占据了巨大的优势。一旦社会认为经济规则不一定公正，就应当为达到结果公平而制定单独的评价方法。或者，某些人可能愿意帮助贫穷的人，而不论他们为什么贫困。不管怎样，所有的社会都会制定单独的结果评价方法，就像我们将要看到的，结果公平是公共部门经济学理论中的一个核心组成部分。

然而，对过程公平的诉求依然非常重要。在美国，有两个关于过程公平的原则被普遍采纳，即机会均等和社会流动性。**机会均等**（equal opportunity），或者**机会平等**（equal access），是指所有人都应当有权利做他愿意而且能够做的任何事情。此原则所说的"能够做"非常重要；社会没有必要保证每一个人有权做他们喜欢做的事情。我们必须确定人们确实有能力做什么。机会均等相当于经济意义上的法律面前人人平等。它不允许在经济事务上对人的歧视，例如基于性别、种族和宗教信仰差异的歧视。它也要求消除在生产和要素市场进入的壁垒，从而鼓励竞争。

机会均等为市场经济中的结果公平和过程公平之间搭建了互通的桥梁。机会均等带来纵向公平，即同等特性同等对待，这是实现长期均衡的条件之一。例如，由于不存在进入壁垒，产品市场实现了机会均等，这样厂商会根据利润（损失）选择进入（退出），直到所有的经济利润（损失）在竞争中消耗殆尽为止。在这样的市场中，所有的投资者最终在长期会得到相同的回报率。消除了进入壁垒的所有市场均会如此运行。在任何地方，投资者在长期均会获得相同的回报率（假设规范风险后）。同样，在消除了歧视和其他壁垒的劳动力市场，劳动者会寻找支付更高报酬或者更令人满意的工作，离开支付较低报酬和不喜欢的工作，直到不论在哪里工作的同样的工人都会获得相同的效用水平为止。在长期均衡中，任何工资上的差异都只是用来消除不同的工作特性的——它们只是补偿工人对不同工作的相对满意程度的。对具有相同特质的人公平对待体现在工资与工作满意度的总和上。如以上例子所述，在具有机会均等的市场中唯一可能实现的长期均衡结果是纵向公平。

### 社会流动性

**社会流动性**（social mobility）是指家庭或者个人有能力随着时间的推移改变自己在社会收入分布中所处的位置。今天他们位于收入分布的中层；明天他们可能位于收入分布中底部或者顶部的百分之五的位置。社会流动性和机会均等紧密联系在一起。在一个等级制度内不可能实现社会流动性。因为等级制度严格规定了经济机会，人们出生时是什么样就注定是什么样。一旦可以实现机会均等，人们就可以在社会分层中移动。其实，所谓的美国梦就是人们能够通过发现并利用机遇来为自己和子女创造更好的生活条件。人们心目中更看重通向成功的机会，而往往忽视了许多人会随着时间的推移滑向社会的底部。确保存在改进、存在社会流动性的机会是美国过程平等的一个重要原则。

## 作为代理人的政府

消费者（厂商）主权的第三重含义是指，政府在执行其合情合理的经济职能时应遵循哪些适当的方法。消费者主权意味着政府尽可能作为公民的代理人而进行活动。一旦市场在某些方面出现失灵，需要政府介入，政府官员就应当咨询公众，看公众想要他们采取哪些措施来纠正市场失灵。如同在市场经济中一样，每个人的个人偏好是唯一重要的偏好。在著名的葛底斯堡演讲中，亚伯拉罕·林肯（Abraham Lincoln）讲到政府是民有、民治、民享的政府，这恰好也是公共部门经济学主流理论中对于政府的认识。总统或者众议院发言人的偏好本身是互不相关的，但他们的言论代表了国家中每个公民的意志。

将政府视为代理人的观点有它的优点和缺陷。它的优点在于，可以将政府理论视为经济学范畴的一个更有趣和引人注目的扩展。将总统的偏好视为主导性的理论只不过是消费者理论的另一种应用。人们仅需要考虑总统希望解决的经济问题是什么：他的目标是什么？他是怎样看待他的选择或者替代品的？他的约束是什么？这样，消费者理论中的一般理论可以用来解决他的问题。相反，依赖个体公众的经济偏好会为解决政府的经济问题带来更大的复杂性和敏感性，特别是当民众对于某些议题存在争议时。将政府视为代理人使得理论分析更加规范，更准确地来说，是因为这种分析也是从个人的角度出发追求经济目标的效率与公平。

在缺陷方面，将政府视为代理人的观点完全忽视了政治内涵。但也有唯一的一个例外。在第3章中我们会看到一种需要政治解决办法来达到结果公平的理论。在其他情况下，主流理论与关于国家的有机体理论完全不同，在有机体理论中，政府被视为拥有自主权力的制度特征和议事日程的实体。这样一来，规范的主流公共部门理论完全不能用来解释政府应当如何行动，或者更重要地，当政府确实干预了经济时，政治考虑是如何影响到经济结果的。主流理论仍然是狭隘的经济范畴，而绝不是关于政治经济体的理论。

将政府视为代理人的观点还有另一重含义。无论何时，当政府不得不干预某些领域时，公共部门经济学家总会问政府政策是不是分散决策的。他们的意思是，政府是否可以依然允许失灵的市场继续运作，而仅通过某种税收或者补贴来进行微调，以使得经济体达到有效率或者公平的结果。然而，分散决策的政府政策并不一定可行。有时，政府完全接管是唯一奏效的方法。即使如此，政府接管总是最后的救命稻草。如果分散决策的市场依然能够继续运作，个人偏好对于指导政府政策可能是决定性的因素。

## 詹姆斯·布坎南和公共选择理论

主流公共部门经济学理论的主要竞争对手是公共选择理论，这一理论的奠基者是诺贝尔经济学奖获得者詹姆斯·布坎南 (James Buchanan)。公共选择依然是一种少数派的观点，但它是非常重要的少数派。布坎南在他的诺贝尔演讲中列出了他的公共选择理论的主要原则 (Buchanan, 1987, pp. 243-250)。

根据布坎南的研究，主流理论在一开始就犯了致命的错误，它所研究的人看上去像患了精神分裂症。在处理私人经济事务的时候，人们被假设是完全自利的，然而当考虑到政府政策时，他们突然变得利他了，关心在效率和公平上的公共利益。布坎南认为这是无稽之谈。他认为，当人们从经济利益转向政治范畴时并不会改变自己的秉性。在处理公共事务方面，人们也像对待自己的经济事务那样是自利的。人们仅仅将政府视为获得自我经济利益的另一个途径。无论他们是被政府雇用还是仅受政府的转移支付或者税收政策影响，这一点都永远成立。布坎南将人们与政府之间的交互关系称为财政交换，从而与市场交换相互呼应。

布坎南对于主流理论的第二个主要批评在于主流理论缺乏政治内涵。他确信，一种关于政府的经济理论如果是有实际用途的，就必须有它本身的政治基础。对于布坎南来说，必要的政治内涵是过程导向的，主要关注建立正确的规则，从而在这些规则下制定经济政策。值得注意的是，所谓人们与政府之间的财政交换的效率有其特殊的含义：政府是有效率的，如果它建立的规则能够使得人们从政府那里得到他们所想要的东西。这显然是与帕累托最优意义下的效率完全不同的概念。

布坎南借鉴了 19 世纪瑞典经济学家科纳特·威克塞尔 (Knut Wicksell) 的思想，采用这种方式认识政治规则。威克塞尔考虑政府如何与它的公民之间建立一种合情合理的经济纽带。他认为这种情况仅仅会在一种政治体系中存在：在一人一票的完全民主制中采用一致同意原则来通过所有的政府政策。在一致同意原则下没有人会有损失，这样人们就会得到他们想要的政府政策。这就建立起了政府与它的民众之间合情合理的联系。并且，全体一致同意符合帕累托最优，因为它赢得所有帕累托占优政策，也只有这种政策才能通过。也就是说，只有那些能在不损害其他任何人的前提下使一些人变得更好的政策才能获得投票人的同意（假设那些没有改善的人投弃权票）。一旦所有这种帕累托占优的政策都获得通过，社会就会处于其效用可能性边界上。

全体一致同意的投票政策是不可操作的。一旦投票的团体过大，这种政策就会陷入困境，因为实际上任何一种政府政策都会造成某些人承受损失，而任何潜在的损失者都具有一票否决权。在实际中很难找到帕累托占优政策。威克塞尔意识到了这种局限性，但还是认为一致同意原则是通向合情合理的政府的唯一确定的途径。

布坎南也清楚一致同意选举的不可操作性，因此他建议用以下的妥协方法来解决合情合理性问题。他需要一致同意，但仅有一次，即制宪会议起草国家宪法时。他认为要使政府制定的法规和程序是合情合理的，其充分必要条件是获得制宪会议成员的一致同意通过。同样，重点是过程，在于建立能够管制或者指导经济政策的规则和程序；而政府政策的最终结果并不那么重要。

随着时间的推移，宪法制定者并不能预见到经济状况的改变。这种情况下，需要加入一种假想性检验：假设宪法制定者能够预见到这种情况，他们会一致同意这种政策，那么经济政策就是合情合理的。在演讲时，布坎南将巨额联邦预算赤字作为一个反例。他相信宪法制定者一定不会同意存在如此巨额的预算赤字。当他们面临相似问题时，一定会采用年度平衡预算。出于这种原因，布坎南一直以来都提议平衡预算的宪法修正案。

遵循制宪会议的政府经济政策有两类：要么是宪法修正案，要么是所有政府制定的一般性的年度税收和支出决策。前者的例子是 1913 年批准的美国第 16 号宪法修正案，批准了收入所得税。即使不采用一致通过原则，宪法修正案也需要绝大多数同意，美国就是如此。宪法修正案提案必须得到众议院和参议院三分之二多数的同意，并由国会四分之三多数批准。一般的税收和支出决策可能仅需要简单多数通过，而实际也是这样运作的。但它们必须和宪法制定者的初衷相一致，才能被认为是合法的。

## ▌ 评价公共选择的挑战

布坎南的公共选择理论并不代表着与主流公共部门经济学理论的彻底决裂。两种理论都用消费者自治和个人偏好优先这两个基本原则指导政府决策制定。它们都同意民主制（或者大型社会的代议制政府）是与分散决策的市场经济最相容的政治体系，因为两者都崇尚消费者自治的原则。并且两种理论都假设个人在处理他们自己的经济事务时是自利的。

尽管存在着这些共性，公共选择理论仍然与主流理论显著不同，并向其提出了挑战。两者主要有三点区别。第一，公共选择理论具有更丰富的政治内涵，它同时着眼于政治和经济方面的考虑，然而主流理论倾向于尽可能回避政治问题。这样，公共选择是一种政治经济学理论，而主流理论更像是有关公共部门的经济学理论。对公共选择经济学家来说，一个中心的研究问题是政治制度如何影响经济政策决策。第二，公共选择理论的规范性分析仅集中在过程、建立适当的规则和程序上，而主流规范性理论不仅直接关注过程，而且关注结果。事实上，主流公共部门理论更着重于结果而不是过程。第三，公共选择假设人们在公共和私人经济事务上都是自利的；而主流理论假设人们仅在私人经济事务上是自利的，当考虑公共事务时，人们愿意追求效率和公平上的公共利益，即使这可能与他们本身自利的经济利益相互冲突。

公共选择已经成为公共部门文献里一种重要的少数派观点，这也是可以理解的。它与主流理论的每一个主要区别都很有说服力。因为它集中考虑政治议题，与主流理论相比，公共选择的内容更能解释和预测实际的政府政策决策。而主流理论必然显得更加具有规范性而不是像它的竞争对手那样具有实证性。公共选择重点考虑过程，这一点也很吸引人。在生活的许多或者大多数领域，人们可能更关心过程而不是结果。在有关公平的讨论中我们可以看到这一点。美国公民一定更关心机会均等而不是每个人的公平。譬如，他们显然关心确保能够公平进入劳动力市场，但愿意接受工资方面较大的差异。最后，只有经济学家才坚持认为人们在处理所有经济事务时都是自利的，因为在经济学分析中有一个普遍接受的假设，就是人们总是力图最大化他们自己的效用。如果他们不是自我效用的最大化者，那么他们的目标是什么？我们想不到有什么明确的答案。并且，政治家的动机一般都是自私自利的，有许多人确实采用不恰当的方法，利用政府的政策为自己谋利，譬如逃避税收。

然而，在公共事务方面的个人效用最大化假设有利也有弊。基于此假设的公共部门经济学具有相当薄弱的规范性基础。鉴于政府需要在市场失灵的时候进行干预，有关政府的经济学理论需要为指导其政策决策提供坚实的规范性基础。主流的观点认为，人们有时也会关心其他事情，有社会意识，会关心效率和公平方面的公共利益，这些确实为设计公共政策提供了一个坚实的规范性基础。与之不同，公共选择假定人们将政府视为最大化他们个人利益的另一个途径。在市场环境中自利行为可能没有问题，但在社会环境中就不那么可能被接受了。它忽略了所有的社会意识、共同目标、良好的公民精神，而这些是产生公共行为准则的源泉。这些尤其重要，特别是假设政府雇员本身是完全自利时。我们可能会补充说好的公民精神和社会意识是一个好的社会不可或缺的元素。绝对不会有人愿意其居住的社会中充斥着极端自利的人，每个人都在追求个人利益的最大化。

近来，主流观点获得了一个新的经济学领域的支持，这个领域被称为**行为经济学**（behavioral economics），它试图理解人们如何形成自己的偏好，而不是简单地把偏好视为给定。这个领域的研究者大量依靠试验来辨别人们在不同情况下的偏好，试验对象一般是经济学专业的本科生。有些试验设定是以市场为导向的，例如试验对象扮演成寡头进行博弈。另一些设定是以公共部门为导向的。一个常见的试验会给人们一些代币，可以用来购买公共提供的物品，譬如国防，或者私人物品。花费在公共品（也译作公共物品）上的代币会使得每个人获益；而花费在私人物品上的代币只能让购买者获益。在每一轮，试验对象使用一个代币。两种商品的回报是这么设定的：如果所有的代币都花在公共品上，所有人的境况都会得到改善，但每个人都可以通过购买私人物品获得每一轮的个人最高收益。也就是说，如果试验对象仅关心他们自身的利益，每一轮他们都只会购买私人物品，而放弃通过购买公共品使所有人都能够获得的更多收益。（我们会在第8章详细描述这个游戏。）

试验表明试验对象倾向在有关市场的试验中考虑他们自身的利益，但在公共品的试验中不是这样。在公共品的试验中，大多数试验对象会购买至少某些单位的公共品，虽然这违背了他们自己的利益。他们似乎表现出两类相互配合的行为：有条件的合作与惩罚的意愿。有条件的合作是指如果在上一轮中其他人购买了更多的公共品，试验对象会更愿意在这一轮购买更多的公共品。相反，如果上一轮中其他人购买的公共品更少，他们就更愿意在这一轮中购买更多的私人物品（惩罚其他人）。这种相互配合的行为，特别是有条件合作的倾向，在主流经济学领域中被称为其他利益导向（Feher and Gachter，2000）。

无论人们的真实偏好怎样，本教科书都主要介绍公共部门经济学的主流理论。这样，它集中考虑政府支出和税收的经济学分析，而不会注重政治方面的考虑。它还假设政府政策的经济目标是为了效率和公平方面的公共利益。公共选择的观点虽然不是重点，但也不会被忽视。我们也会在公共政策分析中讨论这些具有影响力的观点。

# 第 2 章

# 市场失灵

如果在市场经济中，由于市场失灵的存在，政府干预的行为被合法化，那么究竟市场是如何失灵的呢？政府可以随之采取怎样的行动呢？

## 运转良好的市场经济

换个角度去思考这些问题也许能帮助我们找到答案。想象一下，你被委任去设计一种尽可能完美的市场经济制度。你必须拥有两组有关经济体的假设才能完成这一任务。一组是市场假设，关于个体生产和要素市场的结构；另一组是技术假设，包括个体偏好和生产技术的特性。那么，你需要哪些关于市场和技术的假设呢？

### 市场假设

市场假设一般认为完全竞争的市场运转得最好。因此，你应当选择以下四个假设，这些假设都是满足完全竞争条件所必需的。在所有的生产和要素市场中存在：（1）大量的买者和卖者，这样任何个体消费者或生产者的行为都不会对整个市场产生影响；（2）同质的产品（或生产要素），比如假设所有小麦都是相同的或者所有非技术工人都是相同的；（3）完全信息，这意味着每一个买者和卖者都拥有关于交换的全部信息；（4）没有进入和退出的壁垒，这意味着所有的买者和卖者都拥有平等的进出市场的机会。前三个假设表明所有的买者和卖者都是价格接受者，他们没有能力影响均衡价格，而均衡价格由市场中所有买者和卖者的交互行为决定。（同样地，没有任何买者和卖者可以影响其他市场。）假设（4）中平等的机会是一个竞争性市场在长期中的一种特征。我们在第 1 章已经知道，它保证了横向公平，即以平等的态度对待相同的人和事，这是保证长期均衡的一个条件。在这种条件下，我们将看到所有的投资者都将得到同样的投资回报率，所有的风险都是标准化的，同样的工人无论在哪里工作都将得到同样的工资。

## □ 技术假设

我们需要一些有关技术的假设来保证偏好和生产函数都具有良好的特性。对于偏好来说，每一个消费者都有同样的无差异曲线集合，如图 2.1 所示。

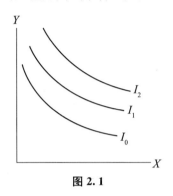

**图 2.1**

无差异曲线都是连续的，并且代表了关于产品 $X$ 和 $Y$ 的完整有序对。完整的有序对是指当消费者面对任意两个包含一定数量 $X$ 和 $Y$ 的消费束 $A$ 和 $B$ 时，他们能决定更喜欢 $A$ 还是更喜欢 $B$，或者对 $A$ 和 $B$ 有同样的偏好。比如消费者偏好 $A$ 胜过 $B$，偏好 $B$ 胜过 $C$，那么必然偏好 $A$ 胜过 $C$。最后，无差异曲线的斜率的绝对值，即产品 $Y$ 和 $X$ 的边际替代率（$MRS_{Y,x}$）的绝对值会随着 $X$ 的增加而变小。也就是说，消费者用 $Y$ 交换 $X$ 的意愿将会随着他所拥有的 $X$ 的增加和 $Y$ 的减少而减弱。这表明当稀缺性法则也适用于所有消费者时经济运转情况最为良好，这意味着如果给人们额外的资源，每个人都会多消费至少一个产品。事实上，在几乎所有的公共经济学的应用中，都需要这些关于消费者理论的标准假设。

对于生产来说，任意一种产品的等产量线和消费者的无差异曲线都非常相似。图 2.2 显示了产品 $Y$ 的等产量线，它包含两种要素，分别是资本（$K_Y$）和劳动力（$L_Y$）。等产量线 $q_0^Y$ 显示了 $K_Y$ 和 $L_Y$ 的不同组合，这些不同的组合可以用来生产相同产量 $Y_0$ 的产品 $Y$。等产量线上，$K$ 和 $L$ 的边际技术替代率（$MRTS_{K_Y,L_Y}^Y$）的绝对值是递减的。边际技术替代率是指 $K_Y$ 和 $L_Y$ 的边际交换率，这一比率可以保证在同一条等产量线上，$Y$ 的产量是常数。需要着重指出的是，在以上这些条件下，任何两种产品（比如 $X$ 和 $Y$）之间的总体生产可能性边界都表现出递增或不变的（机会）成本，如图 2.3（a）所示。在图 2.3（a）中，从原点向外凸的那条生产可能性边界有着递增的成本，而直线表示的生产可能性边界则有着不变的成本。图 2.3（b）中的向内弯的生产可能性边界有着递减的成本，而这一递减的成本只有在非竞争性经济中才能存在。

最后一个关于技术的重要假设是，在生产和消费中都没有外部性。如果消费者的效用值取决于他们自己的消费，厂商的生产函数只取决于每个厂商为了生产自己的产品而使用的生产要素，那么没有外部性这一假设就可以成立。当某些消费者的消费决策会直接影响或改变至少一个其他消费者的消费，或者某些厂商的生产决策会直接影响或改变

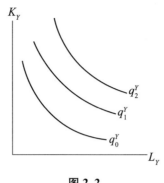

图 2.2

至少一个其他厂商的生产时，就存在**外部性**（externality）。如果竞争性市场中存在外部性，资源就无法得到有效配置。

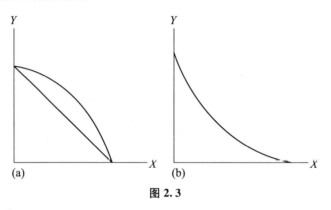

图 2.3

## 福利经济学第一和第二基本定理

现在，设想我们以上提到的所有假设全部成立，即完全竞争所需要的市场假设、技术假设及由此得到的有良好性质的偏好，递减或不变成本的生产可能性边界，以及没有外部性全部成立。高级微观经济学教科书会指出一个满足这些条件的市场将表现得尽善尽美。这将产生两个值得注意的极有价值的结果，我们称之为福利经济学第一和第二基本定理。

**福利经济学第一基本定理**——如果前面提及的所有技术假设都成立，一个完全竞争市场将可以有效地进行资源分配。市场经济将自动把经济置于效用可能性边界上，如图 2.4 所示的两个人，个人♯1 和个人♯2。在这种情况下，帕累托最优将会实现，这是所有人道主义社会的两个最重要的经济目标之一。亚当·斯密（Adam Smith）就曾震惊于市场经济的表现，他形容这只"看不见的手"似乎能自动地适宜地分配资源。在前面提到的所有关于市场和技术的假设都成立的前提下，福利经济学第一基本定理证明斯密的推测是正确的。在这种情况下，没有其他任何经济制度可以比市场经济更有效率。

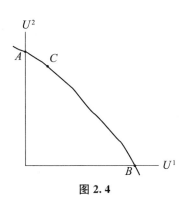

图 2.4

**福利经济学第二基本定理**——如果所有技术假设都成立，每一种可行的能有效配置资源的方式都可以由一个有着适宜初始资源分配的完全竞争市场产生。再次考察图 2.4 并假设可行的有效分配方案在点 $A$ 和点 $B$ 之间，那么在最坏的情况下，有一个人的效用将会是 0。第一基本定理保证了完全竞争市场经济会把经济置于效用可能性边界上的某一点，比如点 $C$。第二基本定理是指完全竞争市场可以把经济置于点 $A$ 和点 $B$ 之间的任何一点，如果只是简单地改变初始资源在个人♯1 和个人♯2 之间的分配，那么经济一样可以运行到效用可能性边界上的某一点。比如，如果将所有资源都给个人♯2，那么结果会处于点 $A$；相反，则会处于点 $B$。

这两个定理描述了市场经济的一种可能性，只要满足以下条件，这种可能就会非常值得关注：市场是分散的——没有人可以控制成千上万的买者和卖者，因为他们自己做决定；绝大多数经济交换是匿名的——买者和卖者大多数情况下素不相识；市场的大多数规则都是自私的——消费者进入市场是为了最大化其效用，生产者进入市场是为了最大化其利润，他们不会考虑市场中别的消费者和生产者的利益。前面的描述非常不可思议，事实上，这样的市场能够形成吗？其实市场很容易形成。只要某种产品或服务的需求产生了，就会有人开设工厂提供这种产品或服务。大多数市场都运转良好。

并不是所有的市场都运转良好。虽然从可能性上说，市场是可以运转良好的，但实际情况往往是另一回事。我们将在第 3 章回到福利经济学的两个基本定理上来，而现在，我们希望考虑一下那些会使经济无法正常运转并使政府干预变得合理化的事情。市场失灵究竟是什么情况？

20 世纪后期最有影响力的主流公共经济学家之一理查德·马斯格雷夫（Richard Musgrave, 1959）为了分析的需要，将政府的经济行为分成三个独立的职能：分配职能、配置职能和稳定职能。分配职能是指在市场失灵的情况下，政府利用行政手段保证（市场行为的）结果或过程的公平。配置职能是为了应对市场的无效率问题，利用行政干预达到帕累托最优。稳定职能是为了应对宏观问题，主要是在长期保持经济的适度增长、熨平商业周期、保持市场经济的繁荣，在短期主要是为了避免通货膨胀。本书将主要集中讨论分配政策和配置政策等微观导向的公共经济问题。政府的稳定政策一般来说主要是财政政策，通常被包括在一些宏观经济学教材中。

## 分配职能

　　假定前面提及的所有关于市场和技术的假设都成立，那么政府还能做些什么吗？对于分配职能来说，不存在无效率的问题需要其解决。因为根据福利经济学第一基本定理，对每个人而言，经济中的资源都会达到完全的帕累托最优配置。社会将处于效用可能性边界上，因此不可能在不损害某些人的利益的情况下让另一些人的生活状态变得更好。

　　困难之处在于和福利经济学第二基本定理有关的地方。虽然只要有恰当的初始资源配置（收入配置），就可以达到效用可能性边界上的任何一点，但事实上，经济的初始资源配置往往是给定的，因此经济也只能运行到效用可能性边界上的某个特定的点，例如图 2.5 中的点 $C$。

　　点 $C$ 与现实的感觉是相符的，那就是资本主义经济始终会呈现出一种高度不平等的收入分配状况，使得一些人（在此例中，就是个人 ♯ 2 这样的人）总是远远好于其他人。社会总会有一套分配标准去衡量结果是否公平：点 $C$ 是可以接受的吗？有没有更公平的分配方案？假定社会偏好一个更公平的分配方案，这只能通过一个集体决策，例如某种政治手段使政府重新分配资源，这些手段很可能是税收和再分配政策。就图 2.5 而言，向个人 ♯ 2 征税，并且将他的收益转移给个人 ♯ 1，可以使经济运行到点 $D$，这是一个更加公平的分配方案。市场是不会为了社会公平而承担这样的再分配责任的。我们必须注意到，市场的资源配置在一开始是给定的，即使可以回到最开始的时候，让整个经济过程再运行一次，我们也仍然只能到达点 $C$。只有通过税收和转移支付来再分配资源，经济的运转才会使社会到达点 $D$。

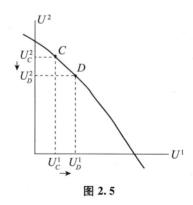

**图 2.5**

　　我们必须认识到结果公平是所有社会都必须面对的一个问题，不能假设这个问题不存在。即使所有关于市场和技术的假设都成立，并且经济运行本身已经尽可能地完美，我们也仍然必须做出关于初始的资源分配的决策。

　　一个可能的选择是接受点 $C$，因为这是一个运转良好的完全竞争经济产生的结果。它本身就是社会从各种可能的结果中通过某种政治手段集体做出的选择，但事实上，社会永远不会做出这个选择。社会总是希望在某种程度上对收入进行再分配，将资源从富人转向穷人。

　　有一点需要着重强调的是，基本的分配问题只与结果公平有关，而不考虑过程是否

公共部门经济学

公平。只有在假设所有市场都是完全竞争时，才能获得平等的机会或者平等本身，因为在长期，平等的机会是完全竞争市场的一个先决性质。平等的机会保证了横向公平，即以相同的态度对待相同的人和事。一个有着充分平等机会的经济体一样会显示出很高的社会流动性，这是因为人们只要抓住那些可以获得的机会就可能改变自己的经济地位。在前面提及的假设都满足的前提下，唯一需要考虑的公平问题是纵向公平，即有关分配的公正性的问题。即使有着平等的机会，对不平等的认识本身也会千差万别，一个社会必须决定它对不平等的容忍程度。[①]

由于保证市场运行尽可能完美的市场和技术假设实在太严格，因此某个假设不成立就会导致市场问题或市场失灵，并使政府干预合理化。事实上，在实际的市场运转中，这些假设经常被违反。

比如，所有的社会都会致力于解决有关过程公平的问题，但这实际上仅仅是因为所有的市场都不是完全竞争的。某些生产行业的进入壁垒可以使行业内的投资者获得垄断收益，并且由于没有竞争，垄断投资者不会失去这些收益。某些人会凭借他们的种族或性别在一个有歧视性政策的劳动力市场取得不恰当的优势。没有平等的机会或权利，人们即使在有关经济的其他方面都平等，也会遭受不公平的待遇。遇到这些情况，通常需要政府来让社会规则回到正轨，比如利用反垄断法来打破行业的进入壁垒以及依靠公民法权来保证劳动力市场的公平。这些话题通常都被包括在产业组织和劳动经济学的相关课程中，本书将不会对此多加讨论。

## 配置职能

只要违反了那些为了使市场经济运转良好而给出的市场和技术假设，政府提高效率的努力就会被合理化。显而易见，那些有关市场和技术的假设太严格了。其中一个或多个假设不能成立时，市场配置往往不能实现帕累托最优从而带来市场失灵的问题。对于那些（即使某些假设不能成立，但是仍然）希望对资源进行有效配置的社会来说，政府的干预往往是必需的。本书将从违反技术假设开始，讨论那些关于配置和效率的问题。

## 违反技术假设

### □ 外部性

没有带来外部性的活动，这一假设明显不符合现实。很多消费和生产活动都会产生大量外部性，有好的也有坏的。与消费相关的例子有：注射疫苗对抗疾病，这同样会在

---

① 在第5章，我们也会看到社会流动性本身会使得社会很难达到它想要的收入分配。在这种情况下，达到过程公平和结果公平相互冲突。

一定程度上保护那些没有接种疫苗的人；在一个民主社会里，接受高水平的教育对于参与社会活动而言是必不可少的；受困于拥堵路段的驾驶者本身也加剧了道路的拥挤和空气污染。与生产相关的例子有：研究和开发会创造新的产品或者以更廉价的方法生产现有产品；工业排放的污水和废气会污染海滩并造成一系列健康问题。

存在外部性，尤其是当这些外部性广泛存在时，市场通常都不能对资源进行有效配置。让我们来考虑一个造纸的例子。消费者需要各种各样的纸制品，并且生产者非常乐于提供这些产品。假设纸制品市场是完全竞争的，市场的需求和供给曲线分别是 $D$ 和 $S^{priv}$，如图 2.6 所示。市场需求曲线 $D$ 代表了在任何产出水平 $Q$ 上，消费者从纸中得到的边际价值。类似地，$S^{priv}$ 代表了生产纸的公司在任何产量 $Q$ 上的边际成本，这些成本包括了劳动力、资本、土地以及原材料的投入。在没有政府干涉的时候，市场均衡是 $(Q_C, P_C)$，在 $D$ 和 $S^{priv}$ 的交点上。在 $Q_C$ 处，边际价值和供给的边际成本是相等的。不考虑外部性的情况下，$Q_C$ 将是满足市场交换的最有效率的产量。

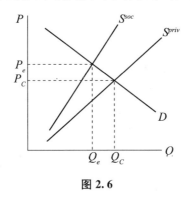

图 2.6

但是，生产纸将会产生外部性，比如会污染空气。空气污染会危害建筑物并给许多人带来健康问题。在任何产量水平 $Q$ 上，污染的边际成本还应当包括生产每单位纸的额外污染对所有人的健康造成的额外危害。厂商的私人边际成本中必须包括污染的边际成本，这样才能构成完整的——或者说社会的——生产纸的边际成本。在图中，这由曲线 $S^{soc}$ 表示。在考虑污染的情况下，均衡点是 $(Q_e, P_e)$，在 $D$ 和 $S^{soc}$ 的交点上。

问题在于，没有任何生产者愿意考虑污染带来的社会成本。更糟糕的是，市场经济恰恰是造成空气和水污染最大化的原因。空气和水都是随处可见的公共资源，没有人拥有它们的产权。因此，厂商可以将清洁的空气和水看作是免费资源，在能够使用的时候尽量使用，比如直接将生产的废弃物排入水中或通过烟囱排入空气中。它们永远也不会因为污染空气和水资源而收到账单。在这种情况下，生产者就会依据它们自己的边际成本 $S^{priv}$ 来做出生产决策，即向市场提供 $Q_C$ 的产量。即使有些经理热心公益，而且可能想过以无污染的方式进行生产，他们也很快会改变想法。以无污染方式生产，厂商的生产成本会高于它的竞争者，并且，如果只有这一家厂商没有污染，也不会对整体的污染情况有任何改善。它为保护环境而做出的努力将是完全徒劳的。

在污染的外部性的例子中，亚当·斯密的"看不见的手"将带来错误的结果。想要达到有社会效率的产出水平 $Q_e$，政府对造纸市场进行干预是唯一的方式。政府可以制定一个法规来迫使造纸厂必须考虑污染带来的边际成本。而市场本身不可能完成这个任务。事实上，大多数政府的干预行为都是由于市场中存在严重的外部性而被合理化的，不管这种外部性是好的还是坏的。

## □ 非排他性物品（公共品）

非排他性物品带来了市场经济的另一类严重问题。大多数商品和服务对消费者来说是排他的。你买来作为午餐的汉堡包就只有你自己能享用（你也许会与你的朋友分享它，不过这也是你自己的决定）。相反，**非排他性物品**（nonexclusive good）有一个特点，那就是一旦某个人购买了它，每个人都可以享受到这个商品带来的全部服务（或效用）。非排他性在两个方向上起作用：消费者不能阻止其他人使用这个商品，同时其他人也不能将自己排除在这个商品的服务之外，即使他想让自己置身事外也不行。因此，非排他性物品实质上是一种外部性：任何人的消费都必将影响所有人。

如果非排他性物品对市场经济运行带来的困扰只有理论上的可能性，在现实中并不重要，那么一切将万事大吉。关于非排他性物品的经典的例子就是国防，即对国家安全的供给。如果一个人制造了核导弹来抵御外国的侵略，那么所有公民都必然会受到核弹的保护，不管他们愿意还是不愿意。

市场不可能配置非排他性物品，因为市场将会受困于一种被称为**搭便车**（free-rider）的现象。假设你是一个小岛国的国民，这个岛国时常受到周边国家的侵扰。某天，一个推销员来推销一种导弹，她宣称这种导弹具有强大的破坏力，仅仅是可能使用这种导弹的威胁就足以阻吓周围国家，让它们再也不敢侵扰你。更重要的是，这种导弹也不是很贵，每个人都可以买得起。这个推销员能言善辩，你和其他人都想拥有这种导弹。但是当推销员问谁要买的时候，没有人会说"我来买"。对你来说，最好的结果是，其他人去买这个导弹，这样你就可以享受导弹带来的保护而且不会给你带来任何费用。当别人买导弹的时候，你就搭了便车。不幸的是，每个人都这么想，因此没有人会买导弹，即使所有人都希望购买并且都买得起。社会别无选择，只有通过某种集体决策，让一个政府代理人去购买导弹（通常，这就是增加国防）。需要注意的是，在排他性物品中不存在搭便车问题。如果你想吃一个汉堡包，你只能自己去买。

灯塔是关于非排他性物品的另一个例子。没有一家船舶公司想要为灯塔付钱，因为灯塔提供的保护作用对其他竞争对手来说同样也是自动获得的。这就是为什么绝大多数灯塔都是由公共部门提供的。

# 违反市场假设

## □ 产权和强制性契约

为了保障市场经济能够运行良好，即使比完全竞争差很多，有些政府干预也是必需的。至少，政府必须建立一套法律和司法体系来界定私有产权并保证合约能被强制执行。事实上，每个人都认为政府的这种最低限度的干预对市场经济而言是必需的。问题在于，究竟什么样的市场问题需要政府做出更进一步的干预？这一问题的答案可以在有关完全竞争市场的假设中找到。

## □ 成本递减/规模经济

首先，市场中需要有大量的厂商来满足完全竞争的假设，这不符合现实情况。在美国，只有不到3％的市场是完全竞争的，并仅限于农业部门。很多市场被少数厂商统治（寡头），甚至某些情况下被一家企业统治（垄断），在这些情况下，市场往往是无效率的。出现大企业的原因在于违反了不存在明显的成本递减这一技术假设。事实上，某种产品的生产会呈现出比较明显的规模经济，这会带来生产的平均成本下降并满足大量的市场需求。

图2.7描述了不同程度的规模经济。每个分图都描述了一条平均成本曲线（$AC_f$）和整个市场的需求曲线。

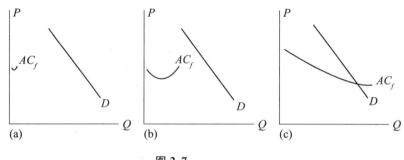

图 2.7

在图2.7（a）中，规模经济很快就被耗尽，企业的平均成本曲线在缺乏市场需求的时候就开始上升，在这种情况下，市场中会有大量的企业，最差的情况也是垄断竞争。虽然垄断竞争并不是完全竞争，但也还是一个不太糟糕的情况。政府干预通常不会改善这种市场的效率，因此在资本主义国家，政府通常不会干预这种市场。

在图2.7（b）中，规模经济就相当可观，存在足够的规模效率去支撑一家单独的企业（在平均成本曲线的最低点上）占有整个市场的大部分份额。具有这种特征的产业容易形成寡头局面。寡头局面是指有限的几家有统治力的企业可以将价格定在平均成本和边际成本之上，从而享受这些利润。在这种情况下，企业的老板而不是消费者享受到了大规模生产以及由此带来的低成本的好处。社会可能会要求政府制定垄断法或相关法规来阻止企业利用它们的市场权力。政府针对寡头市场的政策通常被包含在有关产业组织学的内容中，本书将不会对此加以讨论。

图2.7（c）描述了关于规模经济最极端的情况，单个厂商的平均成本曲线随着市场需求的增加而不断下降。这被称为**自然垄断**（natural monopoly），因为所有由规模经济或成本递减带来的市场利益会被一家企业完全占有。要求另一家企业加入竞争，会迫使两家企业都在高于平均成本曲线的位置进行生产，而这无疑会造成资源浪费。同时，如果市场由一家企业垄断，垄断者会使用它的市场权力去制定更高的价格，并保持低水平的产量，从而获得超额利润。只有政府管制或政府提供干预才可以避免这种市场力量起作用。

自然垄断并不罕见。当一种服务需要一个很高的初始成本，并且向消费者提供服务的运转成本相对较低时，就会出现自然垄断。一些重要的商品和服务都具有这种成本特征。我们所说的公用事业，比如电力、供水、污水处理等，都是地区性的自然垄断的例子。在每个家庭、每个商场安装电线或者挨家挨户安装供水管道或污水管道的成本都是非常高的。但是一旦这种电网和管道网安装就绪，通过电网发电或通过管道供水或处理污水的成本就非常低廉了。因此，这种服务的平均成本会不断下降。

交通领域有更多关于自然垄断的例子，比如高速公路、桥梁、隧道以及大规模（集成）运输。在以上这些例子中，在总成本中占有最大比重的就是初始成本——它们都非常难以修建。一旦它们建造完毕，只要没有拥挤，增加一个人在公路上或者高速公路上行驶的边际成本都是很低的（拥挤是一种外部性）。因此，平均成本会一直降低，足以满足市场需求。

可以重复利用的设施，如海滩和公园，也具有这种成本特征——一旦这种设施建造完毕，无论有多少人去使用，这种设施的总成本都不会增加太多，直到出现拥挤情况为止。

广播和电信业也是关于自然垄断的例子。考虑一下电视的例子。制作电视节目、发送信号、安装电线以及购买电视去接收信号，这些成本是相当高的。但是，无论有一个还是一百万个其他观众在收看这个节目，每增加一个观众去收看这个电视节目的成本几乎都是 0。

最后，台式电脑和软件的出现极大地增强了自然垄断这一概念的重要性，因为软件是一个全球自然垄断的例子。事实上，所有的成本都集中在一个软件的设计上，包括写程序以及后期测试。一旦一个软件程序准备被推向市场，它就可以毫无成本地从网上下载，不管是六个人还是六十亿人下载使用（软件商不允许免费下载是因为这样它们就无法获得利润，但是可以按极低的成本在网络上推销）。

政府通常都会同时以规则制定者和服务提供者的身份参与到自然垄断行业中，我们对此完全不必感到惊讶。如果听任它们自行其是，这些市场都必定会错误地配置资源，产生垄断利润，违反公众对效率和公平的期许。我们将在本书中讨论自然垄断这一现象，因为在美国和其他地方，这是大多数政府干预行为合理化的原因所在。

## □ 私人信息或非对称信息

**私人信息或非对称信息**（private or asymmetric information）指的是个人和企业拥有的关于他们自己的经济信息，这些信息别人不知道也没法知道，至少，别人不花费非常可观的人力、物力和时间成本是不可能发掘这些信息的。存在完全竞争市场的一个要求是没有人拥有这样的私人信息。在分析公共部门经济时，私人信息有三个非常重要的含义。它会造成多种效率问题从而使政府在经济问题中扮演更加重要的角色；它会严重威胁"政府仅仅是代理人"这一理想的经济状态；有些经济学家认为，它是政府要应对的所有无效率问题的根源。

### 市场失灵

私人信息或非对称信息是市场失灵的重要原因，并且会引致不同的政府干预。让我们考虑一个与人们参与市场交换的意愿有关的例子。如果买者或卖者拥有一些其交易对手无法获得的产品信息，市场交换就可能没法实现公平交易。人们会感觉到这一点，然后会因为害怕上当受骗而不愿意进行市场交换。

消费者通常不能和生产者一样清楚了解它们的产品和服务。比如说，当你驶入一个加油站并准备购买 10 加仑汽油时，你如何知道你确实得到了 10 加仑呢？事实上你不知道——你不会见到那些进入你油箱的汽油。为了防止被骗，人们求助于政府提供的独立鉴定：当油泵显示了 10 加仑时就表示确实有 10 加仑汽油。他们并不信任石油公司提供的油泵证明。下次买油的时候你要注意油泵上有没有政府的审查标签。生产者拥有的非对称信息为政府机构进行干预提供了正当理由，比如国家计量局，再比如依赖联邦药品管理局检测新药物，或依靠联邦就业安全和健康管理局保护工人不在危险条件下工作。除了颁发独立鉴定证明，政府还可以监督企业并代表全体公民对产品进行检测，与消费者自行监督和检测相比，这样可以节省很多成本。在对产品进行监督和检测方面，有非常可观的规模经济。

另一个与私人信息相关的重要的市场失灵问题是保险。人们希望购买保险来预防一些不幸的事件，但是私人公司并不总是愿意提供这些保险。保险市场被称为不完善的，因为对保险的需求只能部分得到满足，而且可能根本得不到满足。在这种情况下，人们经常求助于政府提供他们想要的保险。政府提供的保险被称为社会保险。

只有在某些条件成立时，保险公司才会愿意提供保险服务。首先，对投保人来说，发生意外的概率独立于其他人。独立性允许保险公司将风险分摊到大量的投保人身上。比如关于人寿保险的独立性意味着你在今天死去的概率独立于我在今天死去的概率。但是，失业的概率并不是独立的。当经济衰退时，成千上万的人会同时失去工作。如果一个公司提供失业保险，他们在每次衰退时都会承担巨大的风险。他们会失去分摊独立风险的优势。因此，如果人们想获得失业保险，政府就必须提供。

另一个要求是保险公司必须尽可能拥有投保人的信息。如果没有这些信息，保险公司就会受困于逆向选择和道德风险，这两种情况都会损害保险市场的运转。请注意，和我们的第一个例子不同，保险市场的问题是由买者带来的，而不是卖者。

如果保险公司不能确定投保人的相对风险，就会产生**逆向选择**（adverse selection）问题。保险公司必须能区分高风险客户和低风险客户来订立保险合同。汽车保险就是一个例子。交通事故记录显示相比于其他人，年轻人尤其是年轻男性，有更大的几率发生交通事故。知道这一点之后，交通保险会对年轻的女性征收高额的保费，而对年轻男性则征收更加高额的保费。假设保险公司无法评估投保人的相对风险，那么投保人就有了私人信息或者非对称信息。保险公司就会对所有投保人征收相同的保费。但是就某个保费价格来说，低风险的投保人相当于补贴了高风险的投保人，所以他们会退出。对保险公司而言就只会剩下那些高风险的投保人，这就是逆向选择，它们必须提高保费来避免损失。最终，保费很可能会很高，甚至超出高风险投保人的支付意愿，这样可能不存在任何投保人。整个市场会因此而崩溃——即使事实上每个人都希望买保险。

私人信息同样可能会使保险公司暴露于**道德风险**（moral hazard）的危险之下，这指的是投保人会影响某些事情发生的概率，而保险公司并不知情。失业保险肯定会面临道德风险的问题。这项保险只有在投保人被解雇的情况下才会支付，在投保人自愿离职的情况下是不会支付的。但是人们可以轻易地欺骗保险公司。假设某人想要离职，他可以去要求他的雇主解雇他，这样他就能得到一个被解雇的证明从而得到失业保险。作为回报，这位雇员可能会愿意给他的雇主一定比例的保险金。保险公司要应付这样的道德风险是非常困难的，这也是保险公司不提供失业保险的另一个原因。

面对逆向选择和道德风险，医疗保险同样非常脆弱，因为很难确定好的基因和坏的基因及其发病的可能性，同样也很难知道谁有健康或不健康的饮食和生活习惯。私人信息的问题并不能阻止私人市场提供医疗保险，但在发达的市场经济中所有的政府都是医疗保险的大型提供者。私人信息是解释这一现象的一个原因。另一个原因与分配有关。保险公司知道生病的风险随着年龄而增加，因此它们对老年人征收较高的保费。问题是，高额的保费经常高得让老年人无法承受，因此就由政府来向老年人提供保险，比如美国的老年医疗保险制度。老年医疗保险制度的首要动因是分配，而不是与信息有关的原因。

总的来说，私人信息或非对称信息会带来一系列严峻的市场失灵问题，从而使政府干预或政府提供的服务变得合理化。

**作为代理人的政府**

主流观点认为，政府必须严格以公众代理人的身份去应对市场失灵问题，但是私人信息或非对称信息的存在对这一观点提出了异常严峻的挑战。如果因为某些原因而导致市场失灵，政府首先要关注的同时也是最应该关注的是：公民想得到什么？人们的偏好是什么？然而这就事先假定人们愿意告诉政府他们的真实偏好以及政府应该知道其他哪些事情。不幸的是，为了自身利益，人们一般有很强烈的意愿向政府隐藏自己的私人信息。一个常见的例子是，为了应对税收政策或是为了得到本不应得到的转移支付，人们会隐瞒收入。如果人们没有告诉政府他们自己的真实情况，政府如何才能扮演好公众代理人的角色？

主流公共经济学家热切维持着政府即代理人这一观点，因此他们会研究**机制设计问题**（mechanism design problem）。机制设计指的是通过某种机制——即某种政策——让人们因为自利原则或为了最大化自身的效用而告诉政府他们自身的真实情况。稍后，我们将考察一些经济学家们设计的特别的说真话机制。这些说真话机制的工作原理往往是耗尽那些稀缺资源，同时引入一些人们不想要的要素来迫使人们参与到这一机制中。这些机制往往同样非常不切实际，绝大多数都是政府不可能采用的。私人信息对政府即代理人这一理想观点是一个真正的威胁。

**配置职能的终极理由？**

最后，一些经济学家认为私人信息或非对称信息是政府对任何无效率的市场失灵进行干预的终极理由。他们的观点如下。

任何无效率问题的由来，包括外部性、非排他性物品、成本递减、私人信息，都是由于它将社会置于其效用可能性边界以下，如图2.8中的点 A。但是，处于点 A 这样的无效率点时，通常都有可能通过资源的重新分配而在不损害其他人利益的前提下让某些人变得更好。在图2.8中，相对于点 A，B、C 两点以及它们之间处于效用可能性边界上

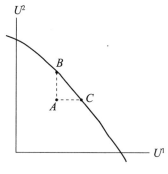

图 2.8

的任何位置，都是一种帕累托改进。假设人们拥有完全信息。那么人们会按照自利性原则来进行任何可能的交流，包括市场、一对一谈判、补偿支付等任何必需的手段，来对他们之间的资源进行再分配，以考察帕累托改进的各种可能性，并最终确定点 B 和点 C 之间的某个位置，使得经济可以运行到效用可能性边界上，从而使得每个人的效用都得到改善。利用那些可以改善效用的机会是理性经济行为的一个非常重要的应用。理性人如果拥有完全信息，就可以达到效用可能性边界，并不需要政府对任何无效率行为进行干预。

通常听到的反驳是，当社会规模变大时，即使人们拥有完全信息，交易成本仍会阻止人们进行充分的交流，从而阻止社会达到效用可能性边界，或者至少会使这样的交流变得极其昂贵。政府作为民众的代理人，可以用低得多的成本实现一个更有效率的结果。这种反驳是有道理的。对现实中的大多数配置问题来说，想要通过私人交流实现一个有效的结果，交易成本是一个无法逾越的障碍。并且，在今天拥有高速计算机和互联网的世界里，有理由认为交易成本本身是不完全信息导致的结果。假如人们真的拥有完全信息，那么应该可以通过互联网以很低的成本进行资源再分配，以达到效用可能性边界。因此，以效率的名义进行的政府干预之所以显得合理，其根本原因就是私人信息。

## 美国政府对市场失灵的应对措施

表 2.1 是美国联邦政府（2006 财政年度）、州政府（2004 财政年度）和地方政府（2004 财政年度）的主要支出状况。这张表清晰地描述了政府是如何应对前面所说的市场失灵问题的。

联邦政府的主要支出包括三个方面（括号中是与之相关的市场失灵问题）：

1. 为国家安全提供国防（非排他性物品）。
2. 提供社会保险来防止人们变得贫困（不平等和私人信息）。主要的社会保险项目是社会保障系统，这是一种通过工薪税由雇主和雇员共同承担的保险。社会保障向老年人提供养老金和医疗保险，并向那些曾经有过工作并参加了社会保险但现在丧失劳动力的工人进行支付。其他重要的社会保险项目还有针对联邦政府雇员和军人的独立养老金项目、失业保险、对农民的收入和价格补贴，以及给予参加过对外战争的退伍老兵的各种补贴。
3. 以实物和现金方式对穷人进行的公共救助（不平等）。迄今为止最大的公共救助项目是医疗补助制度，这是一项对穷人和需要医疗服务的低收入人群提供的医疗保险。医疗补助制度比其他所有公共救助项目的总和还要庞大。食品券和住房资助是另外两种重要的实物补贴。主要的现金补贴有贫困家庭临时补助（针对有孩子的贫困单亲家庭）、补充保障收入（针对贫困的老人、盲人和伤残人士）、劳动所得税抵免（对低收入工人的工资进行的税收抵免）。

由于联邦政府具有监管权，因此它不能参与所要解决的事情，同时它必须以这种不参与态度去设法解决一系列的配置问题。例如环境保护局、职业安全和健康管理局、标准局（外部性和私人信息）。州政府和地方政府的各种补助金同样致力于解决不同的分配和配置问题，比如对医疗补助制度和贫困家庭临时补助的拨款（分配），为建设高速公路和维护铁路系统进行的拨款（成本递减）。

州政府和地方政府要应对的市场失灵问题的范围大体相当。在联邦政府的资金支持下，它们管理两种针对穷人的公共救助项目——医疗补助制度和贫困家庭临时补助，同时它们为低收入人群开设综合性医院和精神病院（分配和私人信息）。它们同样要应对一系列的配置问题，包括各级公共教育和公共安全（外部性）；交通和娱乐设施——如高速公路、大规模运输、海滩和公园（成本递减）；以及公共福利——电力、水力和污水处理（成本递减）。简而言之，美国政府确确实实做了人们希望它们做的：在一个资本主义市场经济中促进公共效率、提升公共福利以及保持公平；政府对市场失灵做出了反应。

表 2.1　　　　　　　美国联邦、州、地方政府支出

| | 十亿美元 | 占子项目的百分比 | 十亿美元 | 占子项目的百分比 |
|---|---|---|---|---|
| A. 联邦政府（2006 财政年度） | | | | |
| 商品和服务方面的政府支出 | | | 679 | （26） |
| 　国防和国防相关[1] | 576 | （85） | | |
| 　非国防支出 | 103 | （15） | | |
| 国内对个人的转移支付（直接支出） | | | 1 315 | （50） |
| 　社会保险 | | | | |
| 　　社会保障（OASDI） | 549 | （42） | | |
| 　　老年医疗保险 | 376 | （29） | | |
| 　　军队和公务员退休 | 99 | （9） | | |
| 　　失业保险 | 32 | （2） | | |
| 　　农业支持计划 | 21 | （2） | | |
| 　　退伍军人福利[2] | 64 | （5） | | |
| 　公共救助 | | | | |
| 　　食品券 | 30 | （2） | | |
| 　　住房资助 | 32 | （2） | | |
| 　　补充保障收入（SSI） | 34 | （3） | | |
| 　　劳动所得税抵免（EITC） | 36 | （3） | | |
| 净利息支出 | | | 227 | （9） |
| 补助金 | | | 434 | （16） |
| 　支付给个人 | 277 | （64） | | |
| 　贫困家庭临时补助（TANF） | 21 | （8） | | |
| 　医疗补助 | 181 | （65） | | |
| 　其他 | 157 | （36） | | |
| 总支出 | | | 2 655 | （100.0） |
| B. 州政府（2004 财政年度）[3] | | | | |
| 直接支出 | | | 819 | （68） |
| 　公共福利 | 292 | （36） | | |
| 　教育 | 181 | （22） | | |

| | | | | |
|---|---|---|---|---|
| 高速公路 | 72 | (9) | | |
| 健康和医疗 | 70 | (9) | | |
| 其他 | 204 | (25) | | |
| 补助金 | | | 390 | (32) |
| 一般性支出总额 | | | 1 209 | (100.0) |
| C. 地方政府（2004 财政年度） | | | | |
| 教育 | | | 474 | (44) |
| 住房和社区发展 | | | 33 | (3) |
| 健康和医疗 | | | 90 | (8) |
| 公共安全 | | | 111 | (10) |
| 公共福利 | | | 43 | (4) |
| 高速公路、机场和其他交通设施 | | | 67 | (6) |
| 其他 | | | 265 | (24) |
| 一般性支出总额 | | | 1 083 | (100) |

注:

1. 包括国防；一般科学、空间和技术；以及国际事务。

2. 包括教育津贴、医疗津贴、保险津贴、补偿金、养老金和丧葬费。

3. 州政府和地方政府数据仅能获得 2004 年财政年度的。

资料来源: *Budget of the United States Government*, *Fiscal Year* 2008, February 2007 (Washington, D.C.: U. S. Government Printing Office, 2007), Part Five: Historical Tables, Table 1.3, 3.1, 3.2, 6.1, 11.1, 11.3, 12.1, and 12.3. U. S. Census Bureau, *State and Local Government Finances 2002-04*, U. S. Summary, available on the Census Bureau Website.

迄今为止，本章讨论了公共支出理论、政府在市场经济中扮演的正当角色。我们将讨论两个对公共部门分析非常重要的题目，并以此结束本章。这两个重要的题目是税收理论和财政联邦制。

## 税收理论

税收理论并不总是与公共支出理论毫无关系。一些配置问题的解决方案仍需要相应的某种税收。比如说，在其他经济学课程中学过外部性的学生会知道外部性可以通过一组税收和补贴政策来修正，具体的措施取决于外部性的形式。在这些情况下，税收就被包含在外部性理论中。

在其他情况下，支出和税收之间的联系并不是如此直接。在这些情况下，政府会依赖于一般性税收去解决广泛的支出问题。在美国，五项最重要的税收按其重要程度排序分别是：个人所得税（联邦，43 个州，一些城市），为了维持社会保障系统征收的工薪税（联邦），企业所得税（联邦，45 个州），一般销售税（45 个州，一些城市）和财产税（地方，一些州）。

这些一般性税收要求它们各有一套自己的税收原则。征税的两个主要的经济目标和公共支出的目标是一样的，即在效率和公平两方面促进公共福利。一般性税收明显是追求结果公平的，因为再分配从本质上就是税收和转移支付。公平的目标就是以最公正的方式对富人征税，然后将之转移给穷人从而提升穷人的福利。从最为广义的角度看，转移支付政策也可以被看作是税收政策的一部分，因为这是追求结果公平的税收—转移支付方案的第二个步骤。

对效率的追求会使一般性税收产生一种特殊的扭曲。一般性税收会不可避免地带来一些无效率。因此，对一般性税收而言，效率目标就是最小化每征收一美元税收带来的无效率。实际来看，这是一个人能得到的最好的答案。这一观点同样适用于对穷人进行转移支付——转移支付也是会造成无效率的。但是，最小化税收和转移支付带来的无效率会降低它们的理想的再分配效果。结果，为了使税收和转移支付能促进结果公平，在再分配取得的公平及其带来的好处和由于税收和转移支付而造成的效率损失之间，社会必须选择一个适当的平衡。我们将在第 3 篇继续分析一般性税收。

## 财政联邦制

正如第 1 章所讲，选择联邦政府制度的社会必须解决两个经济排序问题，一个与政府职能相关，另一个与横跨不同司法管辖区域的人口和资本的排序有关。在决定了政府职能之后，社会必须决定由什么政府部门来执行什么样的职能，这样政府就不会在追求效率和公平的时候进行相反的工作。排序职能的其中一项就是在各级政府中分配主要的税收职能。人口的排序与最底层的政府关系最大，具体来说，就是人们决定在哪里居住。排序同样适用于在不同的司法管辖区之间进行资本配置，在这种情况下，它成了一个全国甚至国际问题。将人口和资本在不同司法管辖区之间进行适当排序，对追求公平和效率是必不可少的。

表 2.1 指出，在美国，联邦政府、州政府和地方政府分担不同的分配职能，而州政府和地方政府则承担了除国防以外的绝大部分配置职能。类似地，联邦政府和州政府选择征收个人所得税和企业所得税，但是一般性税收主要由州政府征收，财产税则主要由地方政府征收。我们将在第 21 章以及本书其他地方讨论这些选择背后的经济含义。

在各地间对人口进行排序是一个经济问题，这是因为人们选择不同地方（居住）在一定程度上取决于当地的税收和公共服务。比如在美国，公立学校的质量对居民选择在哪个社区居住具有尤其重要的影响。

查尔斯·蒂布特（Charles Tiebout）推测认为，民众能够在有着不同公共服务的居住地间进行选择将会在两个方面促进政府效率。第一，人口迁移的能力，他称之为"用脚投票"，可以避免搭便车问题，从而避免外部性和非排他性物品带来的困扰。如果人们更喜欢另一个城镇提供的服务，人们就可以搬到那里去。这反过来会促进公共部门的效率，政府提供的公共服务必须足以和人们希望得到的公共服务相匹配。第二，地方提供的公共服务允许带有实验性质，这样人们就会发现更有效的方法来教育孩子或确保公共安全，这仅是有关公共服务的两个例子。

虽然蒂布特的假设有其价值，但后续的分析显示，在不同司法管辖区之间人口和资本的流动能力会带来一些新的无效率问题，这些问题在单个政府中是不会出现的。比如说，今天欧盟面临的一个问题就是为了应对不同国家的资本利得税，资本在其不同成员国之间进行一种潜在的低效流动。资本的跨国流动性很强，迫使整个欧盟设立统一的资本税。总的来说，关于人口和资本的流动是否能在效率和公平方面促进公共福利的争论仍然没有结论。我们将在第 22 章进一步讨论这个问题。

关于财政联邦制还有最后一点要说明的是，补助金是一种非常重要的财政策略。**补助金**（grant-in-aid）是一种由一个政府对另一个政府进行的转移支付，通常是由上级政府向在行政关系上紧邻的直属下级政府进行转移支付，比如美国联邦政府向州政府进行补助，而州政府向本州内的地方政府进行补助。第 23 章将会考虑不同形式的补助金。

# 第3章

# 福利经济学的基本定理

在第 3 章中，我们将运用一个有关总体经济的简单模型来说明公共支出和税收理论的一系列原则，并以此结束对于公共部门经济学的介绍。具体来讲，我们的目标是在确保一个运转良好的市场经济存在的所有技术和市场假设成立的条件下，推导两条福利经济学基本定理。这两个定理是经济学家在开始分析所有有关政府部门的经济问题时都必须运用的基本结果。紧接着在第 4 章中，我们会用一个例子来考察政府是如何追求结果公平的，那将是学习公共部门经济学的起点。回想一下，即使经济已经运转得尽可能完美，社会依然会认为收入分配是不公平的。如果是这样的，政府必须用收入和转移支付来干预收入再分配。不公平的收入分配是一种潜在的市场失灵状况，我们无法忽视它的存在。

## 模型的结构

现代资本主义经济展现出令人难以置信的复杂性。美国作为世界上最大的经济体，每年有超过 13 万亿美元的产出和收入，其中 30％ 是在全球其他市场产生的。美国拥有超过 3 亿人口，其中大约一半是劳动力；2 700 万私人企业提供成千上万种产品和服务；资本存量超过 35 万亿美元；89 000 个联邦、州和地方政府每年要花费超过 4 万亿美元；还有和全世界几乎所有国家进行的超过 2 万亿美元的国际贸易。[①] 个人、企业、政府代理人日复一日地卷入数以亿计的经济交换活动中。

幸运的是，理解公共部门经济学的基本理论不需要面对庞大而复杂的整个美国经济。

---

① 这些是 2007 年的数据。

我们可以用一个非常简单的模型来描述这些情况，这个模型里只有两个人、两种产品和两种生产要素。[①] 我们将这两个人分别称为个人♯1和个人♯2，两种产品分别是 $X$ 和 $Y$，两种生产要素分别是 $K$ 和 $L$，分别代表资本和劳动力。

所有描述经济总体面貌的模型都具有三个基本要素：个人的偏好，用于生产产品的生产技术，以及产品和要素市场的出清条件。以下是这些假设在一个 $2 \times 2 \times 2$ 模型中的情况。

1. **个人偏好**：两个人从消费 $X$ 和 $Y$ 中获得效用。效用函数分别是 $U^1 = U^1 (X_1, Y_1)$ 和 $U^2 = U^2 (X_2, Y_2)$，这里 $X_i$、$Y_i$ 是个体 $i$ 对于 $X$ 和 $Y$ 的消费量，其中 $i = 1$，$2$。我们假设资本和劳动力的供给都是固定的，总的资本和劳动力供给分别是 $K^*$ 和 $L^*$。换句话说，每个人都把他们的劳动力和资本视为给定的资源禀赋，无法对它们做出任何选择。这就是为什么资本和劳动力没有出现在效用函数中。

2. **生产技术**：产品 $X$ 和 $Y$ 是依靠资本和劳动力来生产的，其生产函数为：$X = X (K_X, L_X)$ 和 $Y = Y (K_Y, L_Y)$，这里 $K_i$、$L_i$ 是生产产品 $i$ 所投入的资本和劳动力，其中 $i = X$，$Y$。假设生产函数是规模报酬不变的，即投入双倍的资本和劳动力去生产 $X$，就会得到双倍的 $X$，对 $Y$ 来说也是如此。

3. **市场出清**：在一般均衡的经济中，两种要素和两种产品都会出清。因此，两个消费者会消费厂商生产的所有 $X$ 和 $Y$，并且向厂商提供其生产所需的全部资本和劳动力。四个市场出清方程是：

■ **产品**：$X_1 + X_2 = X$，$Y_1 + Y_2 = Y$，其中 $X$ 和 $Y$ 是两种产品的总产量。（想象一下 $X$ 的生产由一个厂商来完成，对 $Y$ 来说也是如此。加入许多厂商对我们的分析目的来说是增加毫无必要的麻烦。）

■ **要素**：$K_X + K_Y = K^*$，$L_X + L_Y = L^*$，其中 $K^* = K_1^* + K_2^*$ 并且 $L^* = L_1^* + L_2^*$。$K_1^*$ 和 $K_2^*$ 是个人♯1和个人♯2投入的固定的资本，$L_1^*$ 和 $L_2^*$ 是类似的劳动力供给。

在市场经济的框架下，规模报酬不变生产函数的假设是非常有用的。这表明，如果所有的市场都是竞争性市场，所有厂商销售 $X$ 或 $Y$ 所获得的利润应该等于它们的生产成本，等于它们为其使用的资本和劳动力所支付的费用。在这里不存在纯粹的经济利润。站在个人的角度看，一个等价的命题是，个人从供给劳动力和资本中得到的收入是他们仅有的收入，并且恰恰等于他们在 $X$ 和 $Y$ 上的支出。

## 福利经济学第一基本定理

假定我们第 2 章提到的保证一个运作良好的市场经济存在的所有技术和市场假设全部满足。在这些假设下，福利经济学第一基本定理表明竞争性市场可以使资源配置达到

---

① 学习过中级微观经济学的学生已经学过我们在第 3 章所描述的 $2 \times 2 \times 2$ 模型，因为这是在所有本科微观经济学教材中都会出现的标准模型。主要的结果都是相似的，但是在学习第 4 章之前，请务必掌握这一模型。

帕累托最优，从而使经济位于其效用可能性边界上。我们可以用 $2\times2\times2$ 模型，通过两个步骤证明这一定理。第一步是证明以下三个法则对于实现经济资源配置的帕累托最优是必要的：消费法则、生产法则，以及消费—生产相结合的法则。第二步是证明在一个完全竞争市场中，以上三个法则中的每一个都成立。

### ☐ 帕累托最优的必要条件

资源配置的帕累托最优的三个必要条件是：

1. **消费**：产品 $X$ 和 $Y$ 的边际替代率（$MRS$）对两个人来说是相等的：

$$MRS^1_{X_1,Y_1} = MRS^2_{X_2,Y_2}$$

2. **生产**：资本和劳动力的边际技术替代率（$MRTS$）对 $X$ 和 $Y$ 这两种产品来说是相等的：

$$MRTS^X_{K_X,L_X} = MRTS^Y_{K_Y,L_Y}$$

3. **消费—生产**：在消费中，$X$ 和 $Y$ 之间（相等的）边际替代率等于生产中 $X$ 和 $Y$ 的边际转换率：

$$MRS_{X,Y} = MRT_{X,Y}$$

现在我们逐个加以分析。

### ☐ 消费条件

边际替代率是无差异曲线的斜率。它是消费者用少量的 $Y$ 交换 $X$ 的**交易意愿**（willingness to trade），这种交易意愿是指消费者对是否交易感觉无差异。在无差异曲线上移动时，消费者的效用始终保持不变。如图 3.1 所示。在无差异曲线 $I_1$ 上的点 $A$，个人 $\#1$ 的边际替代率（$MRS$）是：$MRS^1_{X_1,Y_1} = (-)\dfrac{5}{1} = \dfrac{\Delta Y_1}{\Delta X_1}\big|_{U^1=\overline{U}^1}$。她会愿意用 5 单位的 $Y_1$ 去交换 1 单位的 $X_1$（反过来也一样）。

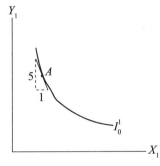

**图 3.1**

为了了解为什么在帕累托最优时，两种产品的边际替代率对所有人来说都是相等的，先假定对于给定的 $X$ 和 $Y$，每个人的边际替代率是不相等的，比如对个人 $\#1$ 来说是 $(-)\,5/1$，对个人 $\#2$ 来说是 $(-)\,1/1$：

$$MRS^1_{X_1,Y_1} = (-)\frac{5}{1}\,,\ MRS^2_{X_2,Y_2} = (-)\frac{1}{1}$$

在两人之间进行 $X$ 与 $Y$ 的交易时，只要是交换比率在 5/1 和 1/1 之间，交易就可以使两个人的福利都得到改善。比如，有一个交换比率是 3/1 的交易，个人♯1 用 3 单位的 $Y$ 交换个人♯2 的 1 单位的 $X$。个人♯1 的效用提高了，因为她原本愿意用 5 单位的 $Y$ 去交换 1 单位的 $X$。个人♯2 的效用也提高了，因为他原本愿意放弃 1 单位的 $X$ 去获得 1 单位的 $Y$，但是现在他得到了 3 单位的 $Y$。因为每个人的福利都通过交易获得了改善，因此初始的资源配置就不是帕累托最优。只有在两个人的边际替代率相等的时候，才不会有这种使双方福利都改善的交易存在。当两个人的边际替代率相等时，交易 $X$ 和 $Y$ 只能在使其中一个人的福利恶化的情况下改善另一个人的福利。替代法则的成立，对帕累托最优而言是必需的。[①]

关于 $X$ 和 $Y$ 的帕累托最优配置可以由图 3.2 所示的埃奇沃思盒来描述。这个盒子的两边表示 $X$ 和 $Y$ 的总产量，分别是 $\overline{X}$ 和 $\overline{Y}$。个人♯1 的关于 $X_1$ 和 $Y_1$ 的无差异曲线以点 $A$ 为起点，越向东北，她的无差异曲线的数字就越大，效用就越高。个人♯2 的关于 $X_2$ 和 $Y_2$ 的无差异曲线以点 $B$ 为起点，越向西南，他的无差异曲线的数字就越大，效用就越高。个人♯1 关于 $X_1$ 和 $Y_1$ 的消费由点 $A$ 分别向东和北增加，个人♯2 关于 $X_2$ 和 $Y_2$ 的消费由点 $B$ 分别向西和南增加。比如在点 $C$，个人♯1 消费 $X_1^c$ 和 $Y_1^c$，个人♯2 消费 $X_2^c$ 和 $Y_2^c$，同时，$X_1^c + X_2^c = \overline{X}$，$Y_1^c + Y_2^c = \overline{Y}$。

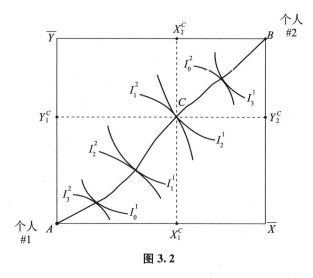

**图 3.2**

$AB$ 线是两个人无差异曲线切点的轨迹，也就是按照帕累托最优要求的，在这些点上他们的边际替代率相等。$AB$ 线被称为"契约曲线"。

图 3.3 显示的契约曲线 $AB$ 是两人之间配置 $X$ 和 $Y$ 的帕累托最优集合。考虑不在契约曲线上的点 $D$，个人♯1 的效用水平是 $I_4^1$，个人♯2 的效用水平是 $I_2^2$。在两人之间交易 $X$ 和 $Y$ 使得经济运行到契约曲线上处于 $I_4^1$ 和 $I_2^2$ 之间的点 $E$。交易之后，个人♯1 到达无差异曲线 $I_5^1$，个人♯2 到达无差异曲线 $I_3^2$，两个人的福利都改善了。因此，不在契约曲线上的点不可能是帕累托最优的，因为这种从原来的无差异曲线到达契约

---

① 比如，假定边际替代率是 2/1。用 2 单位 $Y$ 交换 1 单位 $X$ 或相反，这两者是无差别的。如果个人♯1 为了交换 1 单位 $X$ 会放弃 3 单位 $Y$，那么个人♯2 的福利就会改善，因为他原本预计放弃 1 单位 $X$ 只能获得 2 单位 $Y$。个人♯1 的情况变糟了，因为她原本只打算用 2 单位 $Y$ 去交换 1 单位 $X$，结果她支付了 3 单位 $Y$。

曲线的互利性的交易总是存在的。相反地，任何沿着契约曲线 $AB$ 的移动都只能在使一个人福利恶化的情况下改善另一个人的福利。因此，在契约曲线上的点是帕累托最优的。

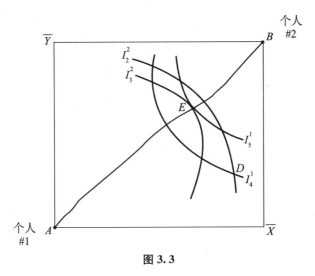

图 3.3

## □ 完全竞争和消费效率

如果 $X$ 和 $Y$ 的市场是完全竞争的，那么它们的边际替代率必然相等。这个结果来自于消费者通过消费 $X$ 和 $Y$ 来最大化他们的效用这个假设。考虑个人♯1。她的目的是在其预算约束下最大化她的效用函数 $U^1 = U^1(X_1, Y_1)$。她的预算约束是，她在 $X$ 和 $Y$ 上的总支出必须等于她从供给固定的资本和劳动力中获得的总收入。预算约束是：$P_X \times X_1 + P_Y \times Y_1 = I_1$，其中 $I_1$ 是她的总收入。[①] 消费者在完全竞争市场中无法控制价格，他们只能接受 $P_X$ 和 $P_Y$。

如图 3.4 所示，直线 $AB$ 表示预算约束，斜率是（负的）价格比率，$(-)\dfrac{P_X}{P_Y}$。[②][*] 价格比率表示了消费者的预算中用 $Y$ 交换 $X$ 的能力。比如，如果 $P_X = 2$ 美元，$P_Y = 1$ 美元，$P_X/P_Y = 2/1$。当有 2 美元收入时，个人♯1可以购买 2 单位 $Y_1$ 或者 1 单位 $X_1$。他用 $Y_1$ 交换 $X_1$ 的能力是 2/1。不同的无差异曲线代表了由 $X_1$ 和 $Y_1$ 的不同组合带来的不同效用水平，我们用效用函数 $U^1 = U^1(X_1, Y_1)$ 来表示。个人♯1的目标是在预算线上达到最高的无差异曲线。点 $C$ 实现了这一目标，在这一点，无差异曲线 $I_3^1$ 和预算线相切。在切点，无差异曲线的斜率和预算线的斜率相等，$MRS_{X_1, Y_1}^1 = \dfrac{P_X}{P_Y}$。换句话说，当个人♯1用 $Y_1$ 交换 $X_1$ 的交易意愿（MRS）和用 $Y_1$ 交换 $X_1$ 的**交易能力**（ability to trade）

第3章

福利经济学的基本定理

---

[①]　$I_1 = P_L \cdot L_1^* + P_K \cdot K_1^*$，其中 $P_L$ 和 $P_K$ 是市场决定的劳动力和资本的价格，个人♯1只能视其为给定的并接受之。假设 $L_1^*$ 和 $K_1^*$ 是给定的，与 $P_L$ 和 $P_K$ 无关。

[②]　从现在开始，我们忽略负号，因为这仅仅代表了一个方向：在预算线上，消费者是放弃 $X$ 去交换 $Y$ 或是相反。和它相比较的 MRS 同样是个负数，因为消费者会沿着无差异曲线选择交换 $X$ 和 $Y$。

[*]　从现在开始，边际替代率 MRS、边际技术替代率 MRTS、边际转换率 MRT 在概念上是一个负数，但在进行比较时忽略负号，代表一个正值。——译者注

（$P_X/P_Y$）相等时，她通过消费 $X_1$ 和 $Y_1$ 实现了其效用最大化。一般来说，为了实现效用最大化，两种产品的边际替代率必须等于其价格比率。

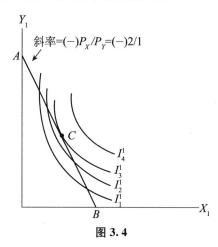

**图 3.4**

所有人都面临和个人♯1一样的情况。个人♯2购买 $X_2$ 和 $Y_2$ 使得 $MRS^2_{X_2,Y_2} = \dfrac{P_X}{P_Y}$ 时，同样实现了效用最大化。在完全竞争时，个人♯2和个人♯1面对的是同样的价格。因此，他们都会让 $Y$ 和 $X$ 的边际替代率等于价格比率，为了实现帕累托最优，他们的 $Y$ 和 $X$ 的边际替代率（$MRS_{X,Y}$）必须相等。换句话说，他们的自利行为自动将他们带到了图3.2所示的埃奇沃思盒里的契约曲线 $AB$ 上的某一点。如果人们的品味或拥有的禀赋 $L$ 和 $K$ 不同，那么他们会消费不同数量的商品和服务。但是只要他们最大化他们的效用，他们所消费的任意两种产品的边际替代率，即他们用一种产品去交换另一种产品的意愿，就必须是相等的。这个原理对任何人、任何产品都成立。我们仅考虑两个人和两种产品并不会有什么影响。

## □ 生产条件

在生产中，帕累托最优要求资本和劳动力的边际技术替代率必须相等，对这一问题进行的分析几乎和分析消费条件时一样。因此我们只是按照分析消费条件的过程，简单地按步骤描述一下如何分析生产条件。

1. 资本和劳动力的边际技术替代率（$MRTS_{K,L}$）就是等产量线的斜率。按照生产函数 $X=X（K_X，L_X）$［或 $Y=Y（K_Y，L_Y）$］，等产量线上的 $K$ 和 $L$ 的组合都可以生产相同数量的 $X$（或者 $Y$）。因此，$MRTS_{K,L}$ 就是厂商的交易意愿，用一部分 $K$ 去交换 $L$ 并且产量不会因为这种交换而增加或减少。

2. 图3.5是关于生产效率的埃奇沃思盒。坐标轴是两个人可供给的 $L$ 和 $K$ 的总量，分别是 $L^*$ 和 $K^*$。$X$ 的等产量线以点 $A$ 为原点，产量随着等产量线向东北移动而增加。$Y$ 的等产量线以点 $B$ 为原点，产量随着等产量线向西南移动而增加。

3. 等产量线切点的轨迹就是契约曲线 $AB$，这就是资本和劳动力在 $X$ 和 $Y$ 之间进行有效分配的轨迹。按照帕累托最优的要求，在切点，$X$ 和 $Y$ 的 $MRTS_{K,L}$ 是相等的。在 $X$ 和 $Y$ 之间对 $K$ 和 $L$ 进行再分配，将生产从某个点移动到契约曲线上，

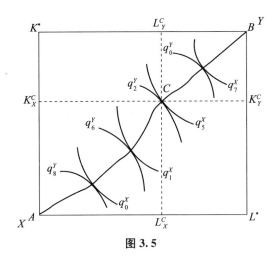

图 3.5

社会可以生产更多的 $X$ 和 $Y$。在契约曲线上移动，增加 $X$ 的产量只能降低 $Y$ 的产量，反过来也一样。帕累托最优要求替代法则必须成立。

4. 在 $K$-$L$ 空间里契约曲线上的点，对应于 $X$-$Y$ 空间中的 $X$ 和 $Y$ 的生产可能性边界上的点。如果 $X$ 和 $Y$ 的生产都是有效率的，生产可能性边界上的点是经济所能产出的 $X$ 和 $Y$ 的有效产量的集合。换句话说，生产可能性边界上的点对应于契约曲线 $AB$ 上的不同的等产量线，因为这些等产量线显示了 $X$ 和 $Y$ 的产量。比如，图 3.5 中的点 $C$ 位于等产量线 $q_5^X$ 和 $q_2^Y$ 上。生产可能性边界上对应的点就是由 $q_5^X$ 表示的 $X$ 的产量和 $q_2^Y$ 表示的 $Y$ 的产量。类似地，图 3.5 中任何不在契约曲线上的点，其对应的产量都在生产可能性边界以下。$X$ 和 $Y$ 的组合在生产可能性边界以下是可能的，但并不是有效率的。

5. 需要注意的是，固定的资本和劳动力供给的假设是必需的，这样才能设定埃奇沃思盒的生产边界和生产可能性边界的端点。如果资本和劳动力不是固定的，那么总的供给量就将取决于人们因为供给劳动力和资本而获得的工资（$P_L$）和利率（$P_K$）。如果工资和利率改变了，生产可能性边界的端点和埃奇沃思盒的边界也会改变。但是，为了保证有效率的生产，$X$ 和 $Y$ 的 $MRTS_{K,L}$ 仍然必须是相等的。我们将在附录中讨论可变要素供给的例子。

6. 如果资本和劳动力市场是完全竞争的，那么 $X$ 和 $Y$ 的 $MRTS_{K,L}$ 就是相等的。这一假设是基于厂商会在任何给定的要素支出水平上最大化它们的产量。比如生产 $X$ 的厂商，其总的生产成本是 $TC_X = P_L \times L_X + P_K \times K_X$。假定总成本 $TC_X^*$ 给定，总成本就是图 3.6 中的 $AB$ 线，其斜率是（负）价格比率 $P_L / P_K$。价格比率 $P_L / P_K$ 表明了企业用 $K$ 交换 $L$ 并保持总产量不变的能力。企业的目标是在 $TC_X^*$ 上达到尽可能高的等产量线，这就是图中的点 $C$。在点 $C$，$MRS_{L_X, K_X}^X = \dfrac{P_L}{P_K}$，这表明用 $K_X$ 交换 $L_X$ 的意愿和用 $K_X$ 交换 $L_X$ 的能力相等。生产 $Y$ 的企业以及任何其他企业的情况与生产 $X$ 的企业的情况是一样的。当资本和劳动力市场是完全竞争时，所有厂商面对的 $K$ 和 $L$ 的价格 $P_K$ 和 $P_L$ 都是相同的，因此，按照帕累托最优的要求，所有企业的 $MRTS_{K,L}$ 都相等。一般来说，为了保证生产有效率，对每个厂商来说，任何两种要素的 MRTS 都必须相等,并且在要素市场是完全竞争时,所有厂商的 MRTS 也一定都相等。

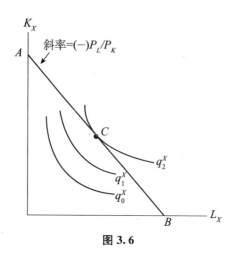

图 3.6

## □ 消费—生产条件

消费条件要求,为了消费的效率,任意两种产品的 MRS 对所有消费者都是相等的。生产条件要求,为了使经济运行在生产可能性边界上,任意两种要素的 MRTS 对所有产品来说都是相等的。消费—生产条件是前两种条件的结合,它要求消费中任意两种产品(相等)的 MRS 必须等于这两种产品在生产中的边际转换率(MRT)。MRT 是生产可能性边界上的斜率,就我们的模型而言,这是假设当产品的生产总是有效率时,在边际水平上进行的 $Y$ 和 $X$ 之间的交易权衡(也就是说,生产 $X$ 和 $Y$ 的 $MRTS_{K,L}$ 仍然保持相等)。消费—生产条件保证了经济会达到其效用可能性边界,即它不可能在不损害某个人的利益的前提下改善另外一个人的福利。对个体而言,这就是帕累托最优的定义。

图 3.7 描绘了消费—生产条件。假设经济运行于生产可能性边界上的点 $A$,产出水平为 $X^A$ 和 $Y^A$。(因为经济位于边界上,因此 $X$ 和 $Y$ 之间的 $MRTS_{K,L}$ 是相等的。)点 $A$ 定义了埃奇沃思消费盒的边界。让个人#1处于点 $B$,即生产可能性边界的原点,她的无差异曲线向东北方向增加。曲线 $AB$ 是消费契约曲线,在这条线上,消费是有效率的,$MRS^1_{X_1,Y_1} = MRS^2_{X_2,Y_2}$。$MRT_{X,Y}$ 是生产可能性边界在点 $A$ 的斜率。消费—生产条件要求,在消费契约曲线上的所有点中,社会选择点 $C$,在这一点的 $MRS_{X,Y}$ 和点 $A$ 的 $MRT_{X,Y}$ 是相等的。个人#1肯定会得到($X^A_1$,$Y^A_1$),而个人#2得到($X^A_2$,$Y^A_2$),总产量是 $X^A$ 和 $Y^A$。

这似乎是一种分配条件,因为它表明了总产量是如何在消费者之间分配的。但这是一条效率法则,并且只要产品市场处于完全竞争状态,这一法则就能被满足。为了理解效率的含义,假设社会选择了一个不同的点,比如消费契约曲线上的点 $D$,在这一点,(相等的)$MRS_{X,Y}$ 和点 $A$ 的 $MRT_{X,Y}$ 并不相同。假设 $MRT_{X,Y}$＝3/1,相等的 $MRS_{X,Y}$＝1/1。当在边际水平上这两者不相等时,总是有可能通过对生产和消费进行再分配从而改善两个人的福利。比如,少生产 1 单位的 $X$、多生产 3 单位的 $Y$,使经济移动到生产可能性边界上的点 $A$。因为在点 $A$,$MRT_{X,Y}$ 等于3/1,这一改变保证了经济仍然在生产可

公共部门经济学

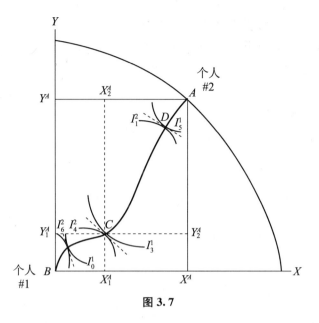

图 3.7

能性边界上。让个人♯2减少1单位的$X$，并且给他1单位的$Y$，因为他的$MRS_{X,Y}$是1/1，因此这一交换对他来说是无差异的。还剩下2单位的$Y$可以分配给任何一个人，比如每人得到1单位，这就会使每个人的福利都得到改善。个人♯2得到了2单位$Y$，而不是1单位$Y$，作为他放弃1单位$X$的补偿。当（相等的）$MRS_{X,Y}$和$MRT_{X,Y}$并不相等时，总是有可能对生产和交换进行这种相互受益的重新安排。相反，当（相等的）$MRS_{X,Y}$和$MRT_{X,Y}$相等时，任何帕累托改进都是不可能的。在我们的例子中，如果$MRT_{X,Y}$也是1/1，那么多生产1单位$Y$就会少生产1单位$X$，这不会使任何人的福利得到改善。如果个人♯1失去了1单位$X$，她会要求得到1单位$Y$来保证她的效用水平和以前一样，而这不会让她额外得到任何好处。

　　假设选择了消费契约曲线上的最优点$C$，如图3.7所示。在$MRS_{X,Y} = MRT_{X,Y}$时，点$C$对应于效用可能性边界上的某个点$C'$，如图3.8所示。如果经济位于点$C'$，那么没有可能在不使某人的福利恶化的情况下改善另一个人的福利。效用水平$U_{C'}^1$和$U_{C'}^2$对应于图3.7中点$C$所代表的无差异曲线$I_3^1$和$I_4^2$。

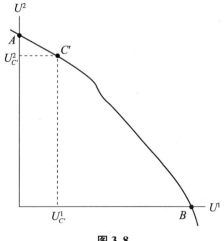

图 3.8

注意，经济位于效用可能性边界上要比位于生产可能性边界上更严格。当经济位于生产可能性边界上时，只要求生产是有效率的，即 $X$ 和 $Y$ 的 $MRTS_{X,Y}$ 必须相等。但是只有三个条件都满足的时候，经济才能位于效用可能性边界上：经济必须位于生产可能性边界上，消费必须位于消费契约曲线上的某个点，该点必须是能够和生产可能性边界上的点相对应的"正确"的点，如图 3.7 中的点 $C$。

## □ 完全竞争和生产—消费效率

我们已经看到了，在完全竞争条件下，消费者和生产者的自利行为会保证消费和生产条件都得到满足。同时，消费—生产条件也可以得到满足。这一结论基于这样的定理，即在竞争中，大量无法影响定价的企业只能接受市场价格，这一价格水平就是边际成本，企业让价格等于边际成本从而最大化自己的利润。因此，利润最大化可以导出 $P_X = MC_X$ 和 $P_Y = MC_Y$。但是 $MRT_{X,Y}$ 是边际成本之比，即 $MC_X / MC_Y$。其中，$MC_X = \frac{\Delta TC_X}{\Delta X}$，$MC_Y = \frac{\Delta TC_Y}{\Delta Y}$。因此，$\frac{MC_X}{MC_Y} = \frac{\Delta TC_X}{\Delta X} / \frac{\Delta TC_Y}{\Delta Y}$。如果 $\Delta TC_X = (-)\Delta TC_Y$，那么资源（资本和劳动力）在 $X$ 和 $Y$ 之间转移所花费的代价就是相等的（即 $X$ 增加的总成本就是 $Y$ 减少的总成本）。给定 $\Delta TC_X = (-)\Delta TC_Y$，那么 $\frac{MC_X}{MC_Y} = (-)\frac{\Delta Y}{\Delta X}$。但这是 $MRT_{X,Y}$，是资源在两种产品之间转移所花费的代价相等时 $Y$ 和 $X$ 之间在边际上的权衡。

因此，生产 $X$ 和 $Y$ 的企业让定价等于边际成本，$\frac{P_X}{P_Y} = \frac{MC_X}{MC_Y} = MRT_{X,Y}$。每个消费者都想购买 $X$ 和 $Y$，所以，$MRS_{X,Y} = \frac{P_X}{P_Y}$。因此，按照消费—生产条件的要求，$MRS^1_{X_1,Y_1} = MRS^2_{X_2,Y_2} = MRT_{X,Y}$。

总的来说，当经济运转良好所需的所有假设都成立时，完全竞争经济就达到其效用可能性边界。这是福利经济学第一基本定理。

对市场经济而言，福利经济学第一基本定理有一个值得注意的重要含义：为了达到资源的有效配置，所有参与者面对的产品和要素价格必须都相等。在我们的模型中，为了使消费条件成立，两个消费者面对的产品价格 $P_X$ 和 $P_Y$ 必须相同，而 $X$ 和 $Y$ 的生产者必须面对相同的要素价格 $P_K$ 和 $P_L$ 才能使生产条件成立，并且消费者和生产者必须面对同样的产品价格 $P_X$ 和 $P_Y$ 才能使消费—生产条件成立。在分析税收政策时，这一含义显得非常重要。税收，比如所得税、销售税、消费税，通常都会造成某种无效率，因为税收在买者和卖者之间造成了价格差。我们可以在简单模型中分析这一情形。假如向产品 $X$ 征收消费税（就像对汽油或香烟征收的税）。消费者面对的 $X$ 的价格就是其原有的价格加上税。生产者面对的 $X$ 的价格是不含税的价格，因为它们必须把税收交给政府。只有在交完税之后剩下的净利润才可以用来维持 $X$ 的生产成本，投资者也只有在此时才能获得资本回报。只需要稍加思考就会发现，如果因为对 $X$ 征收了消费税，导致生产者和消费者面对的价格比率 $P_X/P_Y$ 不一样，那么上面所分析的消费—生产条件中要求的（相等的）$MRS_{X,Y}$ 和 $MRT_{X,Y}$ 需相等这一条件就不再满足了。

## 福利经济学第二基本定理

福利经济学第二基本定理说明了一个所有社会都必须解决的问题，即结果公平的问题。如果达到了效用可能性边界上的某个点，如图 3.8 中的点 $C'$，整个社会能感到满意吗？这取决于资本和劳动力这样的社会稀缺资源是如何有效配置的。因为市场是完全竞争的，这保证了过程公平，即权利平等或机会平等，回想一下，机会平等是竞争性市场的一个先决条件。机会平等会产生适度的社会流动性，这是保证过程公平的另一个重要条件。

尽管具有这些性质，一个社会仍可能会拒绝点 $C'$，因为这个点可能会违反结果公平。在点 $C'$，个人♯2 比个人♯1 要稍微好一点。这一结果在发达的资本主义经济中是非常有可能的，发达的资本主义经济可能会在拥有一个规模很大的中产阶级的同时产生极度的贫富分化。社会也可能会接受点 $C'$，因为相比其他点这是最好的结果，或者也可能简单地归纳为这是市场产生的结果。但社会永远不会这样选择。它们对结果的不公平会有反应，特别是那些巨大的不平等，因此它们会对收入进行再分配，把富人的收入转移给低收入者或者一贫如洗的人。这种再分配因为结果公平的名义而被合理化了。

这就是福利经济学第二基本定理发挥作用的地方。第二基本定理表明，在效用可能性边界上的所有可能实现的帕累托最优点，如图 3.8 中点 $A$ 和点 $B$ 之间的点，都是可以通过对资源进行适当的再分配而达到的。在我们的例子中，就是对固定的资本和劳动力进行再分配。如果个人♯2 拥有所有的资本和劳动力，那么结果就会是点 $A$；如果个人♯1 拥有所有的资本和劳动力，那么结果就会是点 $B$。只要将固定的资本和劳动力在两个人之间进行再分配，从理论上说，市场经济就可以达到效用可能性边界上的任何一个点。这暗示了帕累托最优所需的三个必要条件中没有任何一个取决于资本和劳动力是如何在两个人之间分配的。

但是市场不会做必要的再分配。点 $C'$ 是由给定的两个人的固定的资本和劳动力产生的，而市场将这种分配视为先决条件。它不会去评判点 $C'$ 是否公平。在同样的分配状况下，让经济重新运行一遍，结果仍然会是点 $C'$。社会会认同某种适宜的收入或效用的分配状况，而必要的再分配只能由政府来进行，这是政府对社会集体决策的一种应对。这就是为什么分配的公正性是一个基本问题，不能假设它不存在，也不能让市场去解决它。我们将在第 4 章回到结果公平的问题上，并以此作为学习公共部门经济学的起点。

## 附录　可变要素供给

我们的 2×2×2 模型中假设资本和劳动力供给都是固定的，这明显是不准确的。要素供给是可变的，而不是固定的。很多人都会根据他们的工资调整工作时间，或是根据利率调整存款。这些要素供给的变化对研究公共部门经济学来说是很重要的。

我们在本章忽略要素供给的变化，是因为它们会使我们的 2×2×2 模型变得更复杂，但不会改变模型的基本结果。在可变要素供给假设下，福利经济学第一基本定理和第二基本定理依然成立。

分析的难点在于，如果劳动力和资本是可变的，它们就会进入个人效用函数，个人必须决定如何去选择它们。这样，它们会增加五种新的边际替代率，如果消费者要最大化他们的效用，他们必须使这五种新的边际替代率和价格比率相等。这五种 $MRS$ 分别是 $X$ 和 $L$ 之间、$Y$ 和 $L$ 之间、$X$ 和 $K$ 之间、$Y$ 和 $K$ 之间以及 $L$ 和 $K$ 之间的 $MRS$。比如，每个人为了最大化个人效用，都必须使 $MRS_{L,X}$ 等于价格比率 $P_L/P_X$，对其他 $MRS$ 来说，也是如此。这些新的 $MRS$ 成为了扩展的消费条件的一部分，为了实现帕累托最优的资源配置，所有消费者都必须使这些 $MRS$ 相等。类似地，在扩展的消费—生产条件里，对同样的要素和产品来说，这些 $MRS$ 也必须和厂商的边际相等。对一个企业来说，在边际水平上，产品和要素的权衡交换就是边际产出，比如关于产品 $X$ 的劳动力的边际产出，就是 $MP_L^X$。在扩展的消费—生产条件中，这些边际产出必须等于个人的 $MRS_{L,X}$，对其他四种新的边际来说，也同样如此。

在本书中，我们将会分析可变要素供给及其在不同点的边际扩展条件。它们与税收和转移支付关系特别密切。现在，只要知道福利经济学第一基本定理在要素供给变化时依然发挥作用就足够了。只要个人和企业面对的所有的产品和要素的价格是一样的，并且个人追求效用最大化、厂商追求利润最大化，那么扩展的消费条件、生产条件和消费—生产条件就依然成立，并且经济也会达到效用可能性边界上的某个点。

这里给出一个例子。如果所有消费者面对的 $X$ 和 $L$ 的价格即 $P_X$ 和 $P_L$ 都是相同的，那么每个人都会消费 $X$ 并供给 $L$，这样 $MRS_{L,X} = \dfrac{P_L}{P_X}$，因此也就满足了所有消费者的 $MRS_{L,X}$ 必须相等这一扩展的消费条件。对消费—生产条件来说，与之相关的边际量是生产 $X$ 的劳动的边际产出 $MP_L^X$。只要每个生产 $X$ 的厂商都让 $MP_L^X$ 等于 $P_L/P_X$ 来追求利润最大化，那么 $MRS_{L,X} = MP_L^X$ 这一条件就是满足的。通过改写 $MP_L^X = \dfrac{P_L}{P_X}$，企业利润最大化的解可以有两种表达方式：

$$P_X \cdot MP_L^X = P_L$$

和

$$P_X = \frac{P_L}{MP_L^X}$$

第一个方程说明企业会在劳动力的价格等于劳动力的边际产出时雇用工人，这种雇用工人的法则可以使利润最大化。在第二个方程中，$P_L$ 是多雇用一个工人所增加的成本，而边际产出则是多雇用的一个工人的劳动力产出。因此，$\dfrac{P_L}{MP_L^X} = \dfrac{\Delta TC_X}{\Delta L_X} \Big/ \dfrac{\Delta X}{\Delta L_X} = \dfrac{\Delta TC_X}{\Delta X}$ 是生产 $X$ 的边际成本。这样，第二个方程给出了一个利润最大化的法则，那就是企业应该在 $X$ 的价格等于其边际生产成本的时候供给 $X$。如果 $MP_L^X = \dfrac{P_L}{P_X}$ 可以最大化利润、$MRS_{L,X} = \dfrac{P_L}{P_X}$ 可以最大化效用，那么只要消费者和企业面对的 $X$ 和 $L$ 的价格相同，帕累托最优所需要的 $MRS_{L,X} = MP_L^X$ 就成立。

同样的讨论也适用于消费者的 $MRS_{K,X}$、$MRS_{L,Y}$ 和 $MRS_{K,Y}$ 之间的等式关系，这样可以满足扩展的消费条件；同样 $MRS_{K,X} = MP_K^X$、$MRS_{L,Y} = MP_L^Y$、$MRS_{K,Y} = MP_K^Y$ 也可如此分析，这样可满足扩展的消费—生产条件。最后，如果这些条件都满足，那么 $MRS_{L,K}$（$= \dfrac{P_L}{P_K}$）和（相等的）$MRS_{L,K} = MRTS_{L,K}$（$= P_L / P_K$）[1] 对所有的消费者来说也都成立。

总之，只要消费者和厂商面对的要素和产品的价格相等，那么帕累托最优所必需的扩展的消费条件和消费—生产条件就都会满足。福利经济学第一定理在可变要素供给的模型中一样可以发挥作用。

---

① $MRS_{L,X} = \dfrac{\Delta X}{\Delta L}\Big|_{U=\bar{U}} = \dfrac{P_L}{P_X}$，$MRS_{K,X} = \dfrac{\Delta X}{\Delta K}\Big|_{U=\bar{U}} = \dfrac{P_K}{P_X}$。用 $MRS_{L,X}$ 除以 $MRS_{K,X}$ 可以得到 $MRS_{L,K} = \dfrac{\Delta K}{\Delta L}\Big|_{U=\bar{U}} = \dfrac{P_L}{P_K}$，这对所有消费者成立。但是如本章所述，当经济处于它的生产可能性边界上时，对所有厂商来说 $MRTS_{L,K} = \dfrac{P_L}{P_K}$ 都必须成立。因此，$MRS_{L,K} = MRTS_{L,K} = \dfrac{P_L}{P_K}$ 对所有消费者和厂商都成立。

# 第 2 篇

## 公共支出理论和政策

# 第 4 章
# 社会福利函数以及
# 对分配公正性的要求

我们研究的基本出发点是社会必须解决的一个难题，即对分配公正性或者说最终结果公平的需求。回顾第 3 章的内容，分配问题是一个基础性问题，无法忽视它的存在。即使关于一个运转良好的市场经济的所有技术和市场假设都恰好成立，社会仍然必须做出关于个人分配的判断。

为了把注意力集中在分配问题上，我们假设所有保证市场经济能够良好运行的技术和市场假设都成立，并且经济达到了资源的有效配置。该经济位于如图 4.1 所示的效用可能性边界上的点 A。在该点上个人♯2 得到效用 $U_A^2$ 而个人♯1 获得效用 $U_A^1$。

个人♯2 在点 A 获得了更多的效用。我们选择这样一个不平等的结果是为了反映一种现实，即资本主义经济往往会产生高度不平等的收入分配状况，在社会中同时存在极度的富裕以及极度的贫困。所有的资本主义社会都在一定程度上通过向富裕的人口征税，并转移支付给穷人来应对不平等。但是以分配的公正性的名义，一个社会应该如何应对如点 A 这样不平等的点？应该用什么原则来指导它的再分配政策？

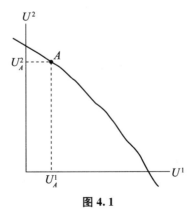

图 4.1

在 20 世纪 30 年代，艾布拉姆·伯格森（Abram Bergson）和保罗·萨缪尔森（Paul

Samuelson）开创了被他们称为**个人主义的社会福利函数**（individualistic social welfare function）的分析框架来解决分配问题。假设 $W = W(U^1, \cdots, U^h, \cdots, U^H)$，它的各个元素代表个人（或者家庭）$H$ 的效用函数，$h = 1, \cdots, H$。社会福利函数 $W$ 表示从社会角度衡量的，由社会中每个人的效用、福利产生的福利（效用）的数量。在主流的公共部门理论中，伯格森-萨缪尔森个人主义的社会福利函数被证明是极为有用的，但在用于指导制定公共政策时却被人诟病。我们将首先研究它在公共部门理论中的作用。

## 社会福利函数和分配公正性

为了使人本主义传统和消费者主权原则保持一致，伯格森-萨缪尔森社会福利函数对社会结果进行判断或者排序，而对社会结果的衡量是按照人们在不同的结果中自己认为所获得的福利而确定的。每个人的效用函数是他们自身的效用函数。除此之外的其他因素并不会影响社会福利。于是，隐含于 $W$ 中的社会排序可以被认为是一种不同个人伦理的排序，这种排序类似于个人基于自身对于要购买什么东西的偏好而对商品和服务的排序。具体而言，基于这些伦理的排序可以画出如图 4.2（b）所示的社会福利无差异曲线 $W_0$、$W_1$、$W_2$、$\cdots$，可以将其与个人♯1 在图 4.2（a）中关于商品 $X$ 和 $Y$ 的无差异曲线 $I_0^1$、$I_1^1$、$I_2^1$ 类比。

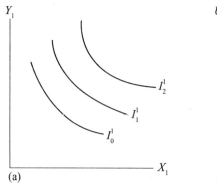
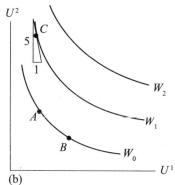

**图 4.2**

社会认为在社会福利无差异曲线上的不同个人♯1 和个人♯2 的效用组合是无差异的，例如在 $W_0$ 上的点 $A$ 和点 $B$，但是社会会偏好那些位于更高的社会福利无差异曲线上的任意组合，而不是更低的社会福利无差异曲线上的组合。比如，在图 4.2（b）中，社会偏好在 $W_1$ 上的点 $C$，而不是点 $A$ 或者点 $B$。同时，社会福利函数的斜率反映了社会在边际上用一个人的福利去换取另一个人的福利的意愿程度。在点 $C$，社会愿意用个人♯2 的 5 个单位的满足去交换个人♯1 的 1 个单位的满足。这个社会个人福利的边际替代率类似于个人♯1 在 $X$ 和 $Y$ 之间的边际替代率 $MRS_{X,Y}$，如图 4.2（a）所示的无差异曲线的斜率。最后，社会福利无差异曲线所代表的个人福利的排序可以由社会福利函数 $W$ 表示，正如消费者无差异曲线所代表的商品和服务的排序可以由效用函数 $U$ 表示一样。

伯格森和萨缪尔森认为社会福利函数具有的另一个性质是，每个人的福利都应该被计算在内。这个性质被认为是遵从了帕累托原则：如果任意一个人的效用增加（减少），给定所有其他人的效用不变，那么社会福利也应该增加（减少）。用符号表示就是，对于任何人 $i$，给定所有其他人 $h=1$，$\cdots$，$i-1$，$i+1$，$\cdots$，$H$ 的效用不变，我们有 $\frac{\Delta W}{\Delta U^i} > 0$。[①]

诺贝尔奖获得者瓦西里·里昂惕夫（Wassily Leontief，1966，p.27）认为，社会福利应该基于个人，而且应该遵循帕累托原则，这两个原则是经济学家们在讨论分配公正性问题时仅有的达成共识的原则。

值得注意的是，社会福利函数并不是一个市场概念，它必须由社会通过某种政治过程共同决定。正因为如此，一种主流公共部门理论的观点就认为，政府必须不仅作为人民的代表，而且决定它们处理问题的偏好，而这些问题是由于市场失灵而留给政府处理的。在解决分配问题时，以及如我们之后会看到的，在解决各种由市场失灵产生的效率问题时，政府官员们必须将由社会福利函数所表示的伦理排序加入每个人的偏好中。理查德·马斯格雷夫的分配和配置职能紧密相连。

## □ 极乐点

当且仅当社会可以形成由社会福利函数代表的不同人之间的伦理排序时，它才可以解决收入分配公平性的问题。有了社会福利函数，收入分配公平性的问题就变得类似于消费者问题。消费者想要在总支出等于总收入的预算约束下，达到可能的最高的无差异曲线；类似地，社会想要达到可能的最高的社会福利无差异曲线。限制可以达到的社会福利水平的是效用可能性曲线，它给出了给定资源有效配置情况下社会可以从中选择的个人福利组合。

参考图 4.3，社会福利在效用可能性边界 $U^2$-$U^1$ 上的点 $B$ 达到最大，无差异曲线 $W_2$ 衡量了该点的社会福利的数量。弗朗西斯·巴托（Francis Bator，1957）称其为"极乐点"，一个经济学家们必须面对的术语。**极乐点**（bliss point）是在效用可能性边界上可以达到的 $U^2$ 和 $U^1$ 的所有有效组合中分配最优的点。个人福利的分配在点 $B$ 是最优的，这时，个人 #2 得到效用 $U^2_B$ 而个人 #1 得到效用 $U^1_B$。相对地，在原来的点 $A$ 的分配 $U^2_A$ 和 $U^1_A$ 位于更低的社会无差异曲线 $W_1$ 上，它无法产生如极乐点那样多的社会福利。

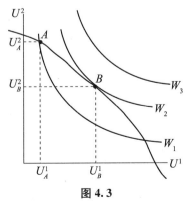

图 4.3

---

① $\frac{\Delta W}{\Delta U^i} > 0$ 意味着当 $\Delta U^i$ 为正时，$\Delta W$ 也是正的，而当 $\Delta U^i$ 为负时，$\Delta W$ 也是负的。

## □ 人际公平条件

在极乐点 $B$，什么样的条件必须成立呢？经济学家们通常将其描述为个人的收入的社会边际效用。收入的社会边际效用的概念来自将个人的效用想象为个人购买商品和服务的收入的函数。在这个解释下，社会福利函数就变成了

$$W = W\,(U^1(Y_1)，\cdots，U^h(Y_h)，\cdots，U^H(Y_H))$$

式中，$Y_h$ 为个人 $h$ 的收入。

假设个人 $h$ 的收入变化了，但其他人的收入都没有变化。社会福利的变化是

$$\Delta W = [(\Delta W/\Delta U^h)(\Delta U^h/\Delta Y_h)]\Delta Y_h$$

方括号中的第二项是个人 $h$ 的收入的边际效用，它表示个人 $h$ 在其收入发生一个单位变化时效用的变化。当它乘以个人 $h$ 收入的变化量 $\Delta Y_h$ 时，该乘积表示个人 $h$ 的效用的变化。方括号中的第一项被称为**边际社会福利权重**（marginal social welfare weight），它衡量了在个人 $h$ 的效用变化一个单位时社会福利的变化。它乘以个人 $h$ 的效用变化量（等式右边最后两项的乘积）后的乘积衡量了社会福利的变化。

方括号中的全部项是对于个人 $h$ 的**收入的社会边际效用**（social marginal utility of income）$SMU_Y^h$，它等于个人 $h$ 的边际社会福利权重（$\Delta W/\Delta U^h$）和个人 $h$ 的收入的边际效用（$\Delta U^h/\Delta Y_h$）的乘积。收入的边际效用来自个人基于自身对于商品及服务的偏好。但是相对的边际社会福利权重则必须由社会通过某种政治过程共同决定。它们表示（边际上）从社会角度衡量的每个人的伦理价值。[①] 个人 $h$ 的收入的社会边际效用表示当个人 $h$ 收入增长一个单位时社会福利的增加。

所有人的收入的社会边际效用必须相等，才可以最大化社会福利。为了了解为什么如此，回到在第 3 章讨论的两个人的经济，社会福利函数将变成 $W = W(U^1(Y_1)，U^2(Y_2))$。从图 4.3 的点 $A$ 到点 $B$ 的移动是通过向个人 $\#2$ 征税并把税收收入转移支付给个人 $\#1$，使得 $\Delta Y_1 = -\Delta Y_2$ 实现的。这个从个人 $\#2$ 到个人 $\#1$ 的转移支付对社会福利的总影响是

$$\Delta W = [(\Delta W/\Delta U^1)(\Delta U^1/\Delta Y_1)]\Delta Y_1 + [(\Delta W/\Delta U^2)(\Delta U^2/\Delta Y_2)]\Delta Y_2$$

不过因为有 $\Delta Y_1 = -\Delta Y_2$，

$$\Delta W = \{[(\Delta W/\Delta U^1)(\Delta U^1/\Delta Y_1)] - [(\Delta W/\Delta U^2)(\Delta U^2/\Delta Y_2)]\}\Delta Y_1$$

或者，

$$\Delta W = [SMU_Y^1 - SMU_Y^2]\Delta Y_1$$

事先假定在图 4.3 中初始的分配状况点 $A$ 上，个人 $\#1$ 具有更高的收入的社会边际效用，其原因仅仅是因为他的境况比较糟糕。不论是因为什么具体的原因，政府都可以通过将收入从个人 $\#2$ 再分配给个人 $\#1$ 来增加社会福利，因为 $SMU_Y^1 > SMU_Y^2$。个人 $\#1$ 增加的收入 $\Delta Y_1$ 所产生的社会福利的增加要大于强迫个人 $\#2$ 放弃那一部分收入所导致的社会福利的减少。因此只要 $SMU_Y^1 > SMU_Y^2$ 成立，政府就应该继续再分配收入。一旦足够的收入被转移支付，社会边际效用就会最终相等并且 $\Delta W = 0$。社会福利将无法继续增加，也就是说已经达到了最大值。社会可以达到图 4.3 中所示的

---

[①] 沿着社会福利无差异曲线的社会边际替代率，是边际社会福利权重的比率，$\dfrac{\Delta W}{\Delta U_1}\Big/\dfrac{\Delta W}{\Delta U_2}$。

巴托极乐点 $B$。

在两个人的情况下成立的结果在任意人数的情况下也依然成立。如果任何两个人的社会边际效用不相等，通过税收和转移支付从具有低社会边际效用的个人向具有高边际效用的个人转移收入，社会福利就可以增加。相反地，如果所有人的社会边际效用相等，社会福利不可能通过再分配而增加。社会福利在极乐点达到它的最大值。收入的社会边际效用相等被称为社会福利最大化的**人际公平条件**（interpersonal equity condition）。

人际公平条件：$SMU_Y^h$ 必须相等，对于 $h=1$，$\cdots$，$h$，$\cdots$，$H$。

人际公平条件和第 3 章中的帕累托最优条件是两个使得社会福利在极乐点达到最大值的必要条件。帕累托最优条件是保证经济在效用可能性边界的效率条件。回想一个类似的条件是消费条件，即对于所有人任何两种产品的边际替代率相等。于是人际公平条件把经济带到效用可能性边界的极乐点上。

### □ 政策建议：一次性总付税和转移支付

我们刚刚了解到，通过一系列的税收和转移支付，社会可以在效用可能性边界上移动，直到人际公平条件得到满足。但并不是任何一种税收或者转移支付都可以达到如此的效果。税收和转移支付必须是非扭曲性的，即它们不会给经济带来任何效率的损失。

可以有许多种方式来描述非扭曲性的税收和转移支付。以图 4.3 为例，其假定经济是有效的并且在效用可能性边界的某一点上运行。从个人＃2 向个人＃1 的收入再分配如果仍然可以使经济处于效用可能性边界上，它就是无扭曲的并保持了有效性。经济必须维持在效用可能性边界上才能达到极乐点。相对地，扭曲的税收或者转移支付会使得经济移动到效用可能性边界的下方，从而导致资源配置的无效率。因此，另外一个描述无扭曲的税收或者转移支付的途径是，它使所有保证经济达到效用可能性边界的帕累托最优条件成立，例如在第 3 章中描述的对于简单的两个人、两种产品、两种要素经济的三个帕累托最优条件。但是正如我们所见的那样，只有当所有的经济代理人面对相同的产品和要素价格时，这些条件才能在一个市场经济中成立。因此，第三种描述税收或者支付转移无扭曲的方法是，它继续允许经济代理人面对相同的产品和要素价格。以上是无扭曲的税收或者转移支付的三种等价的定义。

政府要怎样设计税收和转移支付使得它们是无扭曲的？答案是它们必须是**一次性总付的**（lump sum），意思是说人们支付的税收或者收到的转移支付的数量不会因为任何个人或者企业针对这些税收或者转移支付的经济决策而改变。根据个人的年龄征税（转移支付）可以作为这样的一个例子。年龄税（转移支付）并不会使任何两个个人或者企业在一个市场交易中面对的产品或者要素的价格不同。

最后，政府可以采用一次性总付的方式对任何被消费者普遍使用或者供应的产品或者要素进行再分配，从而使经济沿着效用可能性边界移动。当考虑以收入进行的转移支付时，经济学家利用只有相对价格才能影响资源配置的性质，将要转移支付的产品或者要素的价格任意地设为 1，而对其他的所有价格在保持相对价格不变的情况下做相应的调整。再分配价格为 1 的一单位产品或者要素，等价于再分配一单位收入。

## 总结：分配公正性的主流理论

关于分配公正性或者最终结果公平的两个重要问题是：

1. 个人福利的最佳分配是怎样的？
2. 如果社会并不是处于于最佳分配，它如何通过再分配达到最优？

我们刚刚已经看到有关分配公正性的主流理论为这些问题提供了非常简单的答案。

如果社会可以建立一个可以由伯格森-萨缪尔森个人主义的社会福利函数所代表的个人的伦理的排序，那么：

1. 福利的最优分配发生在所有人的收入的社会边际效用相等的时候。这是对于社会福利最大化的人际公平条件，它在图 4.3 的极乐点 B 处成立。极乐点是在效用可能性边界上的最优的福利分配。
2. 如果初始状态不是最优的，那么政府应该采用一次性总付的课税或者转移支付，直到社会处于极乐点或者所有人的收入的社会边际效用相等。

简单而言，伯格森-萨缪尔森社会福利函数为经济学家们提供了一个完整的关于最终结果公平或者是分配公正性的理论。它同时描述最优的分配以及最优的再分配政策。除此之外主流的公共部门理论关于分配公正性就没有其他可以说的了。

相应地，如果社会无法建立一个可以由伯格森-萨缪尔森个人主义的社会福利函数所代表的个人的伦理的排序，就永远不可能得到两个关于分配公正性重要问题的完整答案。

最后一点要强调的是，一次性总付的税收和转移支付是对初始资源分布进行再分配，然后，经济自身的运行将社会带到极乐点。强调初始资源分布极其重要，因为初始资源分布可能是决定个人对于社会伦理判断的主要因素，而个人的社会伦理判断则包含在边际社会福利权重中。考虑两种可能导致不平等结果的情景。第一种情景下，两个人做了相同的努力，但挣得了不同的收入，因为他们开始的资源数量不同，其中一个人更具天赋或者获得了一笔巨大的遗产。第二种情景下，两个人开始时的资源相同，但是其中一个人因为更加努力而挣得了更多的收入。社会可能会对第一种情景中的收入不平等反应更激烈，尤其是当不同的收入是来源于继承财富的不同时。

### □ 决定资源的配置

社会福利函数并不是仅仅可以回答有关分配的问题，它也帮助经济在所有可能的有效配置中选择最终的资源配置方案。考虑第 3 章中讨论的两个人、两种产品、两种要素的经济。通过在效用可能性边界上选择极乐点，社会福利函数也在生产可能性边界上选择了相应的点，也就是选择了 $X$ 和 $Y$ 的总数量。只要 $X$ 和 $Y$ 被确定了，那三个模型的帕累托最优条件就将决定有多少资本和劳动力应该配置到每种产品的生产上，以及每个人应该消费的 $X$ 和 $Y$ 的总量。马斯格雷夫关于政府的分配和配置职能是紧密联系的。帕累托最优的效率准则对效用可能性边界上所有的有效配置一视同仁，它无法从中选择。最终的配置只有在社会福利函数解决了分配问题后才可以确定。

总之，社会福利函数之于主流公共部门经济学理论的重要性怎样形容也不过分。它是主流理论的支柱之一。

## 运用分配公正性的主流理论的问题

社会福利函数为政府提供了一个达到最优收入分配的简单的参考依据，但是它也是一个执行时充满困难的准则。这些问题从引入一次性总付的税收和转移支付开始，并且扩展到社会福利函数本身。事实上，社会福利函数是所有的经济学理论中一个极富争议的概念。这其实也说明了任何社会在获取关于个人的伦理排序的共识从而指导其分配政策上都面对极大的困难。

### □ 一次性总付税和转移支付？

简单而言，用于再分配收入的税收和转移支付很难是一次性总付的。问题并不在于一次性总付税和转移支付很难想象。刚好相反。设计一种一次性总付税或者转移支付很简单，政府事实上也曾经使用过。美国历史中的一个一般例子是人头税，此税收在人们投票的时候征收。是否投票确实影响缴税的数量，但是是否投票可以被视为一个政治决定而不是一个经济决定。至于转移支付，任何转移支付只要是基于接受者过去所做的事情就是一次性总付的。一个例子是向家庭的每个两年前出生的孩子一次性转移支付 500 美元。

其实，问题在于一次性总付税和转移支付很难实现满足人际公平条件的再分配的作用。再分配税收和转移支付在资本主义社会的产生就是源于在收入和消费上富有的人和一无所有的人的不平等。为了有效地减少不平等，税收和转移支付都必须在一定程度上取决于人们的收入或者消费。但是基于收入或者消费的税收或者转移支付一般不是一次性总付的。这些税收或者转移支付差不多总是会导致个人和企业面对的产品或者要素之间的价差。例如在所得税的情况下，雇主做出雇佣决策时，相关的工资是包含了税赋的总工资。雇员在做出他们的劳动供给决定时，相关的工资是他们可以拿回家的薪酬，即工资减去所得税。当雇主和雇员对于相同的劳动看到不同的工资时，任何关于劳动供给和使用的帕累托最优的效率条件就都无法成立。所得税使得经济位于其效用可能性边界之下。巴托极乐点可能是一个为之奋斗的理想，但是它却不大可能成为政府追求的实际的目标。

### □ 社会福利函数的问题

社会福利函数是一个极具争议性的概念构建。在现实中，经济学家们对于以下的所有问题都无法给出令人满意的答案：一个国家的社会福利函数是什么？社会福利函数应该是什么样的？存在一个社会福利函数吗？这对于一个公共部门理论的支柱来说并不是一个令人满意的状况。我们会按顺序讨论每一个问题。

### □ 社会福利函数是什么？

如果一个经济学家试图估计某个国家在某一时点上的一个可操作的社会福利函数，他将会遇到极大的困难。因为经济学家一般都希望了解在边际上的情况，他们会对现有收入分配下社会福利无差异曲线的斜率特别感兴趣。任何两个人之间的伦理社会边际替代率是多少？牺牲其中一个人的福利去增加另一个人的福利的意愿是多少？伦理社会边际替代率是两个人边际社会福利权重的比率。

这里的问题并不是因为边际替代率是如此抽象的理论创造，以至于无法被观测到。恰恰相反，一个消费者在任何两种商品之间的边际替代率都可以被简单地估计。假设你仅仅知道有个人经常吃西泽沙拉和炸玉米饼，你不知道她的其他任何情况。你还知道西泽沙拉和炸玉米饼的价格分别是 $P_{CS}=8$ 美元和 $P_T=4$ 美元。如果你被要求估计她在西泽沙拉和炸玉米饼之间的边际替代率，你会说她的 $MRS_{CS,T}=8$ 美元/4 美元 $=2/1$。为什么呢？因为你假定她是理性的并且最大化她的效用，而消费者理论告诉我们，人们通过消费商品和服务来最大化效用将使得两种商品之间的边际替代率等于它们的价格比。我们可以有不同的品味、不同的收入并且消费不同数量的相同的食物，但是在边际上我们都是相同的。

并没有这样一个理论来指导我们估计在社会福利无差异曲线上的社会边际替代率。社会福利函数是由社会通过政治的过程来共同决定的，而政治通常非常混乱。你永远都不会十分清楚政治决定究竟是如何做出的。进一步地，随着时间的变化，不同政治集团上台，再分配的意愿通常会改变。

为了举例说明这种困难，假设我们问：美国的公民愿意向最高收入的人们征多重的税？美国联邦个人所得税采用随着收入的增加而对收入等级采取渐进或者递进税率的征税体系。考虑对于最高收入档次适用的税率。在 20 世纪 60 年代，最高的税率是 91%，从此之后变成了 50%，之后变成了 28%，再变成 39.6%，而最近是 35%。美国公民似乎并不能决定他们将向富有的人征多重的税。

在现实中，要想知道一个国家的社会福利函数是什么是极度困难的。

### □ 社会福利函数应该是什么样的？

既然社会福利函数是公共部门理论的核心部分，主流的公共部门经济学家显然希望能够比较确定地描述社会福利函数应该是什么样的。但是没人能做到这一点。经济学家和其他的社会科学家、哲学家、神学家、自然科学家以及其他职业的人们都思考过个人的伦理社会排序应该是什么样的，但是没有一个人可以得到令人信服的答案。经济学家们认为我们至多可以说，排序的合理范围应该在功利主义和罗尔斯主义的社会福利函数之间。

### □ 功利主义的社会福利函数

功利主义的社会福利函数应该归功于杰里米·边沁（Jeremy Bentham），一个在 18 世纪末 19 世纪初写作的政治经济学家。边沁认为社会的目标应该是最大化总的满意程度，这就意味着社会福利函数就是个人效用函数的相加。

公共部门经济学

$$W^B = \sum_{h=1}^{H} U^h$$

$W^B$ 就被称作是**功利主义的**（utilitarian）或者**边沁主义的社会福利函数**（Benthamite social welfare function）。如图 4.4 所示，关于个人♯1 和个人♯2 的社会福利无差异曲线是 45°的直线。

这样的无差异曲线表明社会对不平等是无差异的。只要社会是在 $W_1$ 上，社会对于结果是位于福利完全属于个人♯2 的点 $A$ 还是位于福利完全属于个人♯1 的点 $B$，抑或是位于福利的分配是平等的点 $C$ 是无差异的。社会从来没有对不平等如此的无差异，但是正因为如此，这使得边沁的对不平等的无差异成为一种社会对于不平等关注程度的合理的下限。

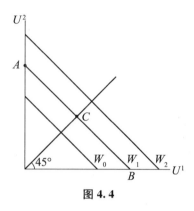

**图 4.4**

边沁的社会福利函数确实体现了一个广为使用的伦理排序的性质，即非人格性的性质。**非人格性**（impersonality）是说社会没有权利基于个人的特征对个人赋予不同的伦理社会福利权重而边沁的社会福利函数就没有这样做。所有的边际社会福利权重 $\Delta W/\Delta U^h$ 都等于 1。非人格性排除了那些在 20 世纪 60 年代代表优惠待遇的政策，这些公共政策给予妇女和少数民族在劳动市场特别的优待来补偿他们之前受到的歧视。很多人一开始就反对优惠待遇，并且反对似乎在不断增加。你可以感受到美国民众确实强调非人格性作为一个一般性的准则并且愿意在特殊的情况下给予特定人群格外的伦理权重，例如去修正那些早先劳动市场歧视所犯下的错误。

## □ 罗尔斯主义的社会福利函数

在伦理学派另一端的重要人物是约翰·罗尔斯（John Rawls），一位推崇社会福利应该高度平等的哈佛哲学家。罗尔斯关于分配公正性的观点部分是基于一个被称为"无知的面纱"的哲学概念。我们在思考分配问题时遇到问题是因为我们知道我们目前所处的分配状况以及我们对未来的预期，因为我们大概了解这些政策可能会怎样影响我们。因此，唯一的保持完全客观的方法就是假装我们站在无知的面纱的后面，面纱挡住了我们去寻找自己在分配中的位置。这种无知的深远意义在于现在和未来都处于纯粹的不确定性之中。

经济学家们将风险与完全的不确定状况区分开。对于前者，我们虽然不清楚未来的结果是什么，但是我们可以赋予可能的结果以特定的概率。因此，我们的目标就是最大化我们面对风险的期望效用。在一个完全不确定的条件下，我们可能对于未来的可能性有一个感觉，例如我们以及我们的后代可能很富有、有平均的收入或者可能非常穷困。但是我们完全不知道该如何为不同的结果赋予概率，这就是无知的面纱所指的情况。我们对于我们在分配中所处的位置以及我们未来可能变得多么富有完全没有概念。于是问题就是当我们面对纯粹的不确定性时，我们会偏好什么样的分配政策。

经济学家们还没有发展出处在纯粹的不确定下的行为理论，我们仅有一些建议。罗尔斯认为我们会在考虑分配问题时变得极度厌恶风险。我们会非常在意最差的情景，那种会变得穷困潦倒的前景，然后去要求社会采取一个所谓的最大化最小值政策。社会应该始终追求这样的政策，这些政策最大化那些最穷困的人们的福利。这样的政策为最差的可能情况（最小值）提供了保障。这样的最大化政策产生的社会福利函数具有如下的形式：

$$W^R = \min(U^1, \cdots, U^h, \cdots, U^H)$$

在这里 min 代表最小值。社会福利等于获得最少的效用的也即境遇最差的个人的福利。既然只有那个人的效用有意义，社会福利就被设定为等于该人的效用水平。

最小化社会福利函数产生了呈直角的社会无差异曲线，如图 4.5 中关于个人 ♯1 和个人 ♯2 的无差异曲线。作为参照，无差异曲线沿着 45° 的等效用曲线一同画出。它们之所以是直角的，是因为从一个相等效用的位置出发，在 $W_1$ 上从点 $A$ 到点 $B$ 的移动使得个人 ♯2 的境况更好但是并不影响个人 ♯1。但是现在个人 ♯1 成为了境况最差的，因为个人 ♯1 的效用没有增加。社会福利函数也就因而无法增加。点 $A$ 和点 $B$ 必须位于相同的社会福利无差异曲线上。同样的道理也适用于当个人 ♯1 的境况变得更好而个人 ♯2 没有受到影响时；社会福利无差异曲线是直角的。注意到使用 45° 线作为参考框架的意义在于，社会希望提升任何一个境况变差的人的福利，直到两个人的效用相等。这就是为什么在考虑社会对于不平等的厌恶时**罗尔斯主义的社会福利函数**（Rawlsian social welfare function）被认为是最平等的，是与边沁主义对不平等无差异完全相反的极端例子。

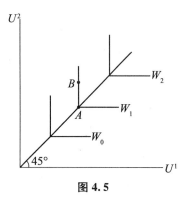

图 4.5

一般来说，经济学家们并没有被罗尔斯的想法说服。首先，并没有什么理由支持人们在面对纯粹的收入不确定时会表现出那样极度的风险厌恶。而且，并没有什么被广泛接受的关于在纯粹不确定情况下的行为的理论。其次，正如我们刚刚所见，罗尔斯主义的社会福利函数违背了帕累托原则。一种使一个人境况改善但是会使别人境况变差的政策并不会带来社会福利的增加。经济学家们一般认为每个人都应该被考虑进来，而不仅仅是最穷困的人群。按照相同的逻辑，罗尔斯会让社会拒绝可以给社会上每个人带来巨大好处但是仅仅让最穷困的那一组人轻微地变得较差的政策。这种可能性在动态增长的环境下尤其麻烦。增长的实质是一个在当期与未来之间的权衡。第一代人被要求储蓄并投资，进而带来长期的经济增长并造福未来世代的人。如果增长的过程是这样的，那么第一代人就是境况最差的人。因此，尽管经济增长可以潜在地给未来的人们带来巨大的收益，但却不应该要求第一代人做出牺牲。第一代人应该消费掉所有的资源，于是增长就无法发生。没有经济增长，第二代人如果为了未来世代人们的福利而储蓄并且投资，他们将成为境况最差的。因此他们也应该消费掉他们所有的资源，然后这个推理可以不断重复地套用在未来世代的人身上。罗尔斯主义的社会福利函数会带来零经济增长，这显然不是一个令人满意的结果。

大多数经济学家认为社会福利无差异曲线应该具有如图 4.2（b）所示的标准的形状，具有社会边际替代率递减的性质。在两个人的福利之间转换的意愿会变化，其变化取决于每个人变好的幅度。边沁/功利主义的社会福利函数代表了将无差异曲线拉伸成为直线而对分配状况无差异的极端例子。罗尔斯平等主义的社会福利函数意味着无差异曲线变得异常陡峭，直到直角，这代表了实现平等的另一种极端特例。毫无疑问，真实的情况应该位于这两种特例之间，但是有太多的可能性位于两种特例之间，以至于对于指导政策并没有太多的帮助。仅仅说对于分配公正性的需要应介乎于完全漠视不平等和追求完全的平等之间相当于什么也没有说。

## □ 存在一个社会福利函数吗？阿罗的一般不可能性定理

在经济领域，人本主义的传统使得世界上的许多国家都将资本主义作为推行消费者主权的最好方式，在政治领域，它自然地会偏好一人一票的民主或者代表制的政府。接下来，关于社会福利函数的最后一个问题就是：民主社会是否可以产生一套一致性的伦理排序来解决分配公正性的问题？在 1951 年，肯尼斯·阿罗（Kenneth Arrow）证明了在一般情况下，以上问题的答案是否定的。阿罗的结果——被他称为一般不可能性定理——被许多人认为是 20 世纪政治经济学最伟大的智慧成果。它动摇了将民主作为核心的信念，因为它不仅仅关系到构造社会福利函数的问题。它也适用于民主国家对任何事情做出一致性的社会决定的能力（Arrow，1951）。

事实上，在发展他的理论时阿罗并不是在考虑关于分配的议题。国防部要求他分析在民主社会中对于国防这种非排他性物品是如何做出决策的。阿罗把问题转变成一个合作博弈理论中的一道习题。设想一下，一个律师事务所的合伙人要决定如何分配事务所的利润。合作博弈背后的思想是发展出一套让所有合伙人都同意的，可以适用于利润分配的基本原则。然后合伙人们愿意在分配利润时遵守那些原则而不论这些原则所隐含的分配结果如何。理想状况下，基本原则的数量不应该多，而且不能相互矛盾。

按照相同的思路，阿罗思考了应该适用于在民主社会中制定社会决策的基本原则。他提出了以下五个他认为大多数人都会认同的原则：

1. **社会决策过程必须提供一个关于社会结果的完整排序**。一个完整的结果排序对于涉及人们偏好的任何决策都是必要的。它有两个组成部分。首先，面对任何两个可能的选择 A 和 B，社会可以决定它是偏好 A 还是偏好 B，或者在 A 和 B 之间无差异。必须排除社会不知道它对 A 和 B 的偏好的可能性；因为那样会导致基于偏好的决策失败。其次，社会的偏好必须是可传递的。让 SP 代表"社会更偏好"。传递

性要求如果 $A$ SP $B$ 和 $B$ SP $C$，那么 $A$ SP $C$。无差异关系可以在传递关系中替换偏好关系。传递性意味着在决策的时候保持一致性。

**2. 应该允许对于社会结果的任何个人偏好。**[①] 民主选举必须产生对于个人可能考虑会成为社会结果的任意偏好来说一致的社会决定。

**3. 社会决定必须符合帕累托原则。** 如果每个人都偏好 $A$ 胜过 $B$，那么 $A$ SP $B$。

**4. 不相关选择的独立性。** 假设社会决策过程决定 $A$ SP $B$ 和 $B$ SP $C$，然后社会对 $B$ 和 $C$ 改变主意，现在决定 $C$ SP $B$。这个改变不会影响 $A$ 和 $B$ 之间的排序，或者任何其他不同选择的排序。这个是在阿罗提出的原则中真正富有争议性的原则，因为可能三个或者更多的社会决策是以某种方式相互联系的。但是这个假设极大地简化了民主社会中的社会决策过程，在民主制度中决策通常是以逐对的形式为基础进行选择的。很多人尝试通过放松这个假设来推翻阿罗定理，但是都没有成功。

**5. 没有独裁。** 不可以有一个人总是决定性的，意味着无论其他人的偏好可能如何，社会的偏好结果总是和那个人的偏好相同。如果是那样，那个人实际上将是一个独裁者。

阿罗证明了在一般情况下，这五个原则不可能同时成立。通常的这个定理证明是说明如果原则 1 到 4 都成立，那么有一个人是独裁者。另外一种方法是说明如果原则 2 到 5 成立，那么原则 1 不成立。社会决策通常是不一致的。第二种方法被经常用来说明民主决策中遇到的困难。

限定词"一般情况下"是重要的。阿罗定理说明了在民主制度下的社会决策可能是不一致的，但是并没有表明社会决策一定是不一致的。对于一些有广泛共识的议题，在民主下的社会决策几乎肯定是一致的。而困难的是，当存在许多不同观点的时候，诸如面对国防和合理的收入分配这些可能的议题的时候，会怎样？我们将考虑一个分配问题的例子来阐明可能出现的问题。

假设社会由三个人组成，他们要投票决定三个不同的分配 100 美元的政策 $A$、$B$ 和 $C$（这三个人可以是代表他们选区的立法委员）。假设人们是完全自利的；他们按照自己在不同政策下获得的收入来对不同的政策排序。政策的选择通过少数服从多数原则确定。三个政策如下：

|   | 1 | 2 | 3 |
|---|---|---|---|
| $A$ | \$50 | \$20 | \$30 |
| $B$ | \$30 | \$50 | \$20 |
| $C$ | \$20 | \$30 | \$50 |

个人对 $A$、$B$ 和 $C$ 的偏好是：

个人#1：$A$ P $B$ P $C$
个人#2：$B$ P $C$ P $A$
个人#3：$C$ P $A$ P $B$

---

① 偏好被理解为是"具有正确观念的"。除了自卫之外，人们不应该喜爱杀人。

考虑由少数服从多数原则确定的社会偏好：

$A$ vs. $B$：三个人中的两个偏好 $A$（个人 #1 和 #3）$A$ SP $B$

$B$ vs. $C$：三个人中的两个偏好 $B$（个人 #1 和 #2）$B$ SP $C$

$C$ vs. $A$：三个人中的两个偏好 $C$（个人 #2 和 #3）$C$ SP $A$

社会的偏好是不一致的（不可传递）：因为 $A$ SP $B$ 而 $B$ SP $C$，传递性要求 $A$ SP $C$。但是 $C$ SP $A$。

不一致的偏好导致无差异曲线相交，并且产生各种反常现象，见图 4.6。根据社会无差异曲线，社会应该对分配从 $A$ 变到 $B$ 无差异，因为两点都在 $W_1$ 上。社会也应该对分配从 $B$ 变到 $C$ 无差异，因为两点都在 $W_2$ 上。这就意味着社会在 $A$ 和 $C$ 之间也是无差异的，但是 $C$ SP $A$，$C$ 位于一条更高的无差异曲线上。而且按照排序社会偏好 $D$ 胜过 $A$，尽管相对于点 $D$ 在点 $A$ 所有人的境况都会变得更好。这样的社会偏好完全违背了要增进所有人福利的人本主义诉求。这些例子说明了为什么代表偏好的无差异曲线不能相交。

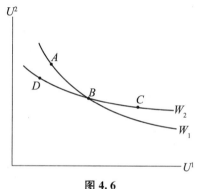

**图 4.6**

当社会偏好不一致时，民主社会面临的更进一步问题是，任何一个政策能否获胜都取决于投票的顺序。要明白这一点，考虑如下的投票顺序。这个例子反映了在立法机构中通常发生的逐次投票过程。

$A$ vs. $B$，获胜者 vs. $C$。$A$ 第一轮获胜，$C$ 第二轮获胜。获胜者：$C$。

$A$ vs. $C$，获胜者 vs. $B$。$C$ 第一轮获胜，$B$ 第二轮获胜。获胜者：$B$。

$B$ vs. $C$，获胜者 vs. $A$。$B$ 第一轮获胜，$A$ 第二轮获胜。获胜者：$A$。

在偏好不一致的情况下，控制投票顺序变得极为重要。

## □ 对阿罗定理的反应

公共部门经济学家倾向于用以下三种方式之一应对阿罗一般不可能性定理，以及另外两个以上讨论过的社会福利函数的问题。

    1. **技术专家治国的应对**。一些主流的经济学家，其中最著名的是麻省理工学院的保罗·萨缪尔森，认为经济学家思考社会福利应该是怎样的，以及它在民主社会是如何演进的，这没有什么用处。经济学家能做的不过是作为技术专家给政府官员提供应该如何解决经济问题的建议，其中包括目标、可供选择的方案以及面对的约束。假定目标是最大化社会福利函数。现任政府的官员心中确实有某种反映他们对于分配的公正性或者最终结果公平的社会福利函数。经济学家所做的只是去询问这些政府官员社会福利函数是什么。之后经济学家可以帮助政府官员们了解他们可供选择方案的性质和执行时的约束。一旦经济问题所有的要素都齐备了，他们可以给政府官员提出做什么的建议。经济学家知道怎样解决经济学问题。

2. **灵活形式的应对**。大多数的主流经济学家还是选择在他们对经济问题的分析中保留社会福利函数。他们选择形式灵活的社会福利函数，这些函数允许社会对于不平等的规避可以采取所有的可能性，从边沁/功利主义对不平等的无差异到罗尔斯主义的平等主义。这就允许他们可以确定对不平等的不同看法会如何影响对公共部门议题的政策建议，而这大概是政策制定者们感兴趣的事情。我们会在第 5 章中采用这种方法，运用形式灵活的社会福利函数演示一些政策应用。

3. **公共选择的应对**。公共选择经济学家完全不担忧围绕社会福利函数的各种难题，因为他们一开始就不相信社会福利函数。在民主社会中，只有当人们会以一种关注他人利益的方式思考分配公正的问题时，才可以逐步形成一个社会福利函数，而在公共选择经济学家的观点中人们并不会这样思考。如第 1 章所指出的那样，公共选择经济学家假设人们在和政府的接触中是完全自私自利的。人们永远不会通过某种政治过程去记录下其他人的伦理排序，而这种排序可以用社会福利函数来表示。社会福利函数根本就不存在。进一步地，它也是不必要的。你可以不提到社会福利函数而解释对穷人的转移支付和其他的公共再分配项目。我们会在第 10 章回到公共选择角度下的再分配政策。

## 关于再分配问题的结论

第 4 章讲述了一个在民主的、人本主义的社会中关于分配公正性诉求的非常令人沮丧的故事。它主要传达的意思是，所有的社会都必须解决最终结果公平或者分配公正性的分配问题，但是只有当民众可以对一系列个人伦理排序达成共识，并且这种排序可以用柏格森-萨缪尔森个人主义的社会福利函数表示时，它们才可以解决这些分配问题。遗憾的是，少数服从多数的民主投票过程不大可能产生特定的社会福利函数，即使它可以，也没有人可以有信心地给民众建议社会福利函数应该是什么样的。在现实中，对分配公正性的诉求可能是民主制度下永远无法停息的争论和相左意见的来源，起码在美国它确实如此。

# 第 5 章

# 社会福利函数的应用

在第 4 章结尾处我们提到，针对社会福利函数的种种问题，主流经济学家最常见的应对就是在政策分析中依然使用社会福利函数，但赋予其形式上的灵活性，涵盖各种伦理排序，包括从功利主义的无差异到罗尔斯的平均主义。这样做的目的主要是看对于不平等的不同反应可能如何影响政策建议。

这种灵活形式法的先驱是伦敦政治经济学院的安东尼·阿特金森（Anthony Atkinson）。第二次世界大战后不久，英国和美国开始实行对个人和家庭的信息及收入的年度调查。这些调查通常会问及家庭成员的数量、他们的年龄、家庭收入以及户主的受教育程度。[①] 这些调查的一个主要目的是提供关于收入不平等程度的信息，以及帮助政府发布关于家庭收入分布的各种统计指标。到 1970 年，当阿特金森开始研究社会福利函数的时候，经济学家已经设计出了好几种关于社会福利无效率性的数值测量标准。阿特金森希望能发展一种反映收入不平等对社会福利的影响的测量方法。最后，他找到了一种可以将社会福利函数和调查中的家庭收入数据相联系的方法。

## 阿特金森假设

阿特金森需要许多假设来保证社会福利函数可以使用。因为主要考虑的是收入分布，阿特金森首先假设每个家庭的效用是一个仅仅关于收入的函数，他将之定义为 $W = W(U^h(Y_h))$。我们假设家庭 $h$ 和个人 $h$ 的意义相同，以保持与第 4 章的社会福利函数

---

① 美国的年度调查是当前人口调查，始于 1947 年。它目前调查大概 60 000 名家庭成员，以及没有亲属关系的个人，这是一个相当大的样本，足以代表全部人口。

一致。在这个定义下，个人 $h$ 的收入的社会边际效用是 $SMU_Y^h = (\Delta W/\Delta U^h)(\Delta U^h/\Delta Y_h)$。这是边际社会福利权重 $\Delta W/\Delta U^h$ 和收入的私人边际效用 $\Delta U^h/\Delta Y_h$ 的乘积。社会福利最大化所必需的人际平等条件要求收入的社会边际效用对所有的个人（家庭）都相等。

## □ 三个主要的假设

阿特金森添加了三个关于社会福利函数的非常强的假设，这些假设几乎被所有使用灵活形式法的经济学家广泛接受。这些假设是：（1）边际社会福利权重相等；（2）所有人的偏好都相同；（3）收入的边际效用递减。每个假设都充满争议，这些争议甚至非常大，需要进一步说明。

**边际社会福利权重相等**——第一个假设指的是对于有相同收入的两个人来说，边际社会福利权重 $\Delta W/\Delta U^h$ 必须相等。这个假设有很大争议，原因在于它遵循了非人格性的准则。这个假设表明，一个社会关于个体的伦理排序应该只考虑他们的经济状况，在这里就是收入。这种伦理排序应该与其他任何个体特征如种族、性别和信仰等无关，因此这是一种非人格性的准则。这个假设充满争议，还因为它否定了美国在 20 世纪 60 年代所采取的一系列政策的合理性。这些政策要求在"其他条件相同"的情况下，优先雇用女性和非白人少数族裔来弥补以往对他们的歧视。为了捍卫非人格性，我们可以说即使政府的这些政策在劳动力市场上可以被认为是明智的，但在政府的再分配政策方面就不吸引人了。人们的经济状况，而不是他们的个体特征，应当是政府在设计税收和转移支付政策时的主要决定因素。

阿特金森所做的最极端的非人格性假设在于他引入了边沁/功利主义的社会福利函数，$W = \sum_{h=1}^{H} U^h$。根据功利主义，每个人的边际社会福利权重都相同并且都等于1，不考虑他们的经济状况。这看起来像是个奇怪的选择，但我们后面会指出，这仅仅是为了方便。阿特金森通过他的特殊的个人效用函数来关注不平等。很多经济学家效仿阿特金森，他们使用了更一般化的有不同的边际社会福利权重的社会福利函数，但是他们保留了最基本的假设——两个有相同收入的人拥有相同的边际社会福利权重。以下我们所有的讨论都基于这样的一般化的社会福利函数。

**相同的偏好**——阿特金森的第二个假设是指每个人都有相同的偏好、相同的效用函数 $U^h = U(Y_h)$，所以任意两个人的效用的差别可以完全归因于他们收入的差别。这个假设显然是错的，但是在考虑政府的政策时，也可以为其进行辩护。我们可以认为，在默认情况下，它仅仅就是一个假设而已。假如我们考虑得更现实化一些，认为人们的偏好是有差异的，那么我们是不是真的需要考虑这种差异并以此为基础建立模型呢？没有一种明显的方法可以应对这个问题。与之相关的问题是：政府的再分配政策是需要以这种差异为基础，还是像我们之前讨论过的那样，以人们的经济状况为基础？如果你认为政府仅仅需要考虑人们的经济状况——就像大多数人认为的那样——那么一个明智的方法就是不去考虑人们的偏好差异。最后，我们也可以认为人们的偏好是相近的。至少在美国，如果我们考虑每个人完整的人生经历，那么我们确实可以认为人们的偏好是相近的。造成偏好有差异的最大原因是不同的人们处于他们人生的不同阶段。比如说，40 岁父母的偏好和那些 20 岁的大学生肯定不一样，但是很显然，这些父母们在他们上大学的时候的偏好和今天的大学生的偏好是相近的。同样，今天的大学生在他们 40 岁的时候和今天的 40 岁的父母的偏好也是相近的。偏好有时甚至超越了我们的生活。不管你是否认同这些理由，阿特金森的这个相同偏好的假设已经被广泛应用于有关不平等的社会福利分析中。

**收入的边际效用递减**——阿特金森的第三个假设是说一个普通人的效用函数会是边际收益递减的，如图 5.1 所示。在图 5.1 中，横坐标是收入，纵坐标是效用水平。

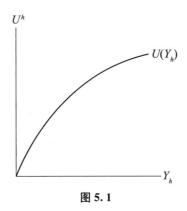

**图 5.1**

效用函数 $U(Y_h)$ 凹向横坐标。收入的边际效用是效用函数上在每一个收入水平的斜率，这个斜率随着收入的增加是递减的（变得越来越平）。

收入的边际效用递减这一假设对经济学家来说非常麻烦，因为对于消费理论来说，这既不是一个必要条件也不是一个充分条件。在无差异曲线上，任何两种商品的边际替代率（MRS）都是递减的。但是 MRS 是两种商品边际效用的比值，即使两种商品的边际效用都是递增的，MRS 依然可以是递减的。

对边际效用递减假设最好的说明是人们会办理保险来保障他们应对生活中的不幸，比如疾病或者火灾。通过对这些事情投保，人们表现得就好像他们收入的边际效用是递减的。对此，可以参考图 5.2。

对于保险的需求，我们可以简单设想政府强迫人们抛硬币。如果头像朝上，政府就给参与者 50 000 美元，如果背面朝上，参与者就要给政府 50 000 美元。背面可以看作是一个人生活中的不幸。一个人现在有收入 $Y_0$，效用函数是 $U(Y_0)$。在抛硬币之后，他的收入是 $Y_0 + \$50\ 000$ 或者 $Y_0 - \$50\ 000$，效用函数为 $U(Y_0 + \$50\ 000)$ 或者 $U(Y_0 - \$50\ 000)$。抛硬币的期望价值是 0，等于头像的概率（0.5）乘以 $50 000 加上背面的概率（0.5）乘以 $-\$50 000，即 $0.5 \times \$50\ 000 + 0.5 \times (-\$50\ 000) = 0$。如果他对风险无偏好，即经济学家所谓的风险中性，他将会接受这个抛硬币的游戏。但是大部分人都不喜欢涉及大量金钱的风险情况，他们被形容为风险厌恶者。如果这个人是风险厌恶的，他将会付一笔钱（即一个溢价）给保险公司，让保险公司来为他抛硬币。他将会接受少一点的收入，$Y_0$ - 溢价，来避免抛硬币。在这里，他的表现表明获得 50 000 美元所带来的效用小于失去 50 000 美元所损失的效用，即 $U(Y_0 + \$50\ 000) - U(Y_0) < U(Y_0) - U(Y_0 - \$50\ 000)$。增加或减少的收入在数量上是相等的，但是增加和减少的效用是不相等的。因此这个人的表现就说明了收入的边际效用递减。

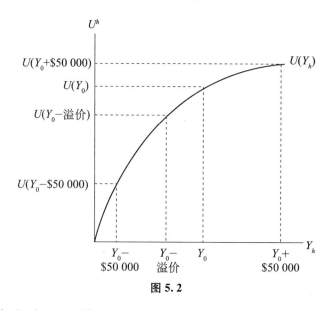

图 5.2

但是如果我们在讨论不平等时也接受这个关于保险的比喻，就会有一个问题。基于阿特金森的第二个假设——相同的偏好，收入的边际效用递减的假设暗示了将 1 美元从一个富人手里转移到一个穷人手里，穷人增加的效用会大于富人损失的效用。在不同的人之间比较效用的增加或减少与考虑某个人的效用的增加或减少是完全不同的。事实上，很多经济学家会争论说比较不同人的效用的增加或减少是不可能的。如果是这样，在进行社会福利分析时，他们会拒绝阿特金森的灵活形式法。但是，为了在某个给定的不平等水平下或者在某种给定的有关收入再分配的税收—转移支付政策下推断社会福利的含义，人们必须考虑效用的人际比较。并且，在政治经济学中有一个有其自身价值的古老的世纪传统，多一美元对富人的价值要小于对穷人的价值。这个命题和许多人的直觉相符。在很多情况下，当分析不平等和再分配时，收入的边际效用递减的假设是灵活形式社会福利分析的核心。

### □ 阿特金森假设的应用

#### 平等？

主流经济学家们广泛接受了阿特金森的三个假设，这让人感到惊讶，因为这些假设在一起会产生一个惊人而又缺乏吸引力的结论：收入的完全均等。图 5.3 就是对此的描述。假设社会由两组人构成，分别是富人和穷人，收入分别是 $Y_R$ 和 $Y_P$。同一组里的人都有相同的收入。请注意为了保持收入的边际效用递减这一假设，收入的私人边际效用 $\Delta U/\Delta Y$，也就是 $U$ 的斜率，富人要低于穷人。

假设政府可以进行一次性总付的征税和转移支付，因此任何从富人转向穷人的再分配政策都将社会保持在其效用可能性边界上。社会福利最大化所需的人际平等条件要求政府的税收和转移支付要使得两组人间的收入的社会边际效用相等：$(\Delta W/\Delta U^R) \cdot (\Delta U^R/\Delta Y_R) = (\Delta W/\Delta U^P) \cdot (\Delta U^P/\Delta Y_P)$。在阿特金森的三个假设下，这表示每个人必须有相同的收入 $Y_M$，也就是平均收入！这是因为根据第二个和第三个假设，如果每个人有相同的收入，他们就有相同的边际效用 $\Delta U/\Delta Y$。根据第一个假设，如果每个人有相同的收入，他们也将会有相同的边际社会福利权重 $\Delta W/\Delta U$。[1] 因此，人际平等条件将得到满足。如果再分配是无成本的，那么政府就应该将比平均收入高的部分完全征收上来，然后再将其转移给收入低于平均水平的人，直到所有人的收入都处于平均水平。这个结论显然毫无吸引力，恐怕不可能找到哪个人会支持这个政策。即使如此，绝大部分关于再分配政策的主流模型依然会导出这个结论——如果税收和转移支付是一次性总付的。

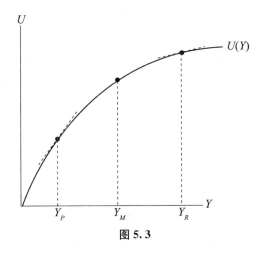

图 5.3

这个结论看起来完全没有吸引力，但李斯特·瑟罗（Lester Thurow，1975，pp. 26-27）认为在讨论再分配政策时，这个结论是一个合适的底线——至少在美国是如此。公共政策决定通常是非常复杂的。因此，我们经常需要一个在很强的简单化假设下得出的作为底线的政策结果，将其视为思考政策问题的出发点，在这个底线上，我们可以增加更多的现实性假设。瑟罗指出平等观念深深地根植于美国人心中——美国人赋予平等很高的价值。《独立宣言》——美国的立国纲领之一——如果在今天重写，其开头将是"所有（人）都是生而平等的"，而且它经常强调作为人类，我们都拥有天然平等的价值。那么，为什么经济结果是不平等的？瑟罗认为必须提出这个问题。在美国，无论是对结果公平还是分配的公正性，平等都是一个恰当的基准规范。允许不平等的存在经常被理解为是合理的。但是，当全社会都认可平等的时候，举证责任就落在那些认为不平等合理的论调上了。

**奥肯的漏桶**

和大多数人一样，主流经济学家准备了一个现成的理由来为不平等辩护：收入再分配并不是没有成本的，因为一次性总付的税收和转移支付是不可行的。假设在极端情况下，政府宣布一项税收和转移支付政策，将每个人的收入都变成平均收入。任何工作（或储蓄）的动机都将停止，因为无论是否工作（或储蓄），每个人都将得到一样的收入。整个经济将因此崩溃，一无所有。

税收和转移支付意味着必须考虑效率和成本，要权衡从收入分配变得更公平的过程中能得到什么利益。阿瑟·奥肯（Arthur Okun，1975，pp. 91-100）提供了一个名为漏桶的形象比喻，被公共部门经济学文献所采纳。他让大家思考这样一个问题：富人把他们缴纳的赋税放在一个桶里，然后拿到穷人那里分配给穷人。这个桶有洞，所以在运往穷

---

[1] 注意这个结果不依赖于阿特金森的更强的假设，即社会福利函数是功利主义的。它也可以适用于任何个体化的社会福利函数，这些函数给具有相同收入的人相同的边际社会福利权重。

人的途中，有些钱漏出来了。这些漏出来的钱就好比是税收和转移支付中损失的效率。奥肯的桶泄漏出来的钱有三种：无谓损失、管理成本和遵从成本。

**无谓损失**（deadweight loss）——这是一种基于商品和服务（包括要素服务）的扭曲的税收和转移支付所造成的市场损失。我们在第 2 章曾指出，在帕累托最优条件下，每个人面对的商品和服务的价格必须相等，这样才能使社会处于其效用可能性边界上。扭曲的税收和转移支付违反了这一条件，因为买者和卖者在市场交易中面对不同的价格。如果税收和转移支付产生了不同的消费者和生产者价格，那么 $MRS \neq MRT$，社会就会被迫落入效用可能性边界内部。这是一种效用的无谓损失，因为没有人能够再获得这些损失。在效用可能性边界上，消费者的总效用总是高于在效用可能性边界内部的消费者总效用。我们将会在第 15 章深入探讨无谓损失和税收、转移支付的关系。

**管理成本**（administrative costs）——这种成本产生于政府需要管理各种不同的税收和转移支付项目。在美国，主要税收项目的管理成本非常小，大约占税收收入的 0.5%。但是，转移支付项目的管理成本是非常可观的。对于实物项目而言尤其如此，比如医疗补助、公共房屋以及其他社会服务，这些都需要雇用大量的劳动力去提供服务并监督受益人，以确定他们是否有资格接受补助。

**遵从成本**（compliance costs）——这种成本产生于这样的过程：纳税人和转移支付的接受者需要花费时间、金钱和精力来计算他们的应纳税额并将支票邮寄到政府部门，或者要到政府部门去注册各种转移支付项目。这种成本通常是非常高的。

**奥肯的漏桶**（Okun's leaky bucket）是对于不平等的一种标准辩护。回到图 5.3 表示的初始情形，穷人和富人这两个群体被重新描绘于图 5.4 中。

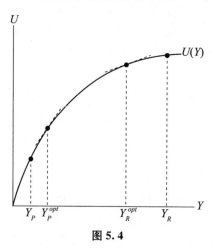

图 5.4

让我们在经济学家标准的边际收益（$MB$）和边际成本（$MC$）的计算中思考税收和转移支付：转移支付会一直持续到再分配的边际收益和边际成本相等时才停止。为了简化讨论，我们像阿特金森那样假设社会福利函数是一种功利主义函数，因此边际社会福利权重总等于 1（$\Delta W / \Delta U = 1$）。在无成本的一次性税收和转移支付中，将一美元从一个富人手中转移到一个穷人手中的边际成本就是富人的私人边际效用 $MU_Y^R$。富人是被包括在社会福利函数中的，所以当富人被征税时，社会总福利下降了。把税收转移给穷人的边际收益是 $MU_Y^P$。再分配直到 $MB = MC$ 或者 $MU_Y^P = MU_Y^R$ 时才会停止，当所有的收入都是平均收入时，这个条件就得到满足。

在扭曲的税收和转移支付下，税收和转移支付的边际成本是 $MU_Y^R$ 加上奥肯漏桶中损失的效率——我们将之定义为 $MC_{\alpha LB}$。转移支付的边际收益仍然是 $MU_Y^P$。在一次性税收和转移支付中，再分配会一直持续到 $MB = MC$。因此，最优的再分配就是满足 $MB = MU_Y^P = MU_Y^R + MC_{\alpha LB}$。因为 $MC_{\alpha LB} > 0$，在最优的再分配条件下，$MU_Y^P > MU_Y^R$，如图 5.4 所示。相同地，$Y_P^{opt} > Y_R^{opt}$；根据奥肯的漏桶理论，由于在税收和转移支付中存在效率损失，一些不平等仍然存在。当不同人群的收入的边际效用存在差异，如 $MU_Y^P - MU_Y^R$，产生了再分配的效率损失 $MC_{\alpha LB}$ 时，社会必须权衡让收入分配变得更公平是否合宜。而当公平和效率取得恰当的平衡时，人们又常常会倾向于不同意这种安排。

图 5.5 表示了第 3 章的模型讨论过的公平—效率的一种权衡。假设经济现在处于点 $A$，处于对个人 ♯1 和个人 ♯2 来说最优的效用可能性边界上。如果一次性税收和转移支付是可行的，那么在阿特金森的假设下，极乐点就是点 $B$，每个人获得同样的收入以及同样的效用。点 $B$ 位于 45°线上，这条线代表了相同的效用水平。如果税收和转移支付是有成本的，那么从点 $A$ 出发，进行重新分配就会造成效率的损失，从而迫使经济降至更低的边界 $AF$ 上，经济学家们将之称为**次优的效用可能性边界**（second-best utility possibilities frontier）。社会福利可能达到的最高水平是点 $C$，在这里，社会福利无差异曲线 $W_2$ 和次优的效用可能性边界相切。如果依然要使经济处于 45°线上从而保证公平，那么整个经济就会滑到点 $D$，相对于点 $C$ 来说，这样的效率损失非常严重。类似地，如果要保持经济处于最高的效用可能性水平即点 $A$，相对于点 $C$ 来说，损失了更多的公平感。因此，点 $C$ 就是公平和效率相妥协的最好选择。

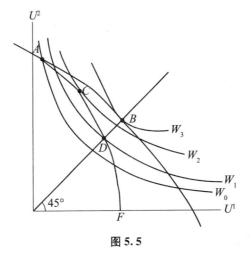

图 5.5

## □ 作为负和博弈的再分配

需要注意的是，主流观点将有成本的税收和转移支付以及由此而来的再分配视为一种负和博弈：转移支付的获得者所得到的效用要小于纳税人损失的效用。或者，像常说的那样，尝试对经济这块蛋糕进行再分配会使整个蛋糕变小。过去，再分配的观点并不这么认为。200 年前，政治经济学家倾向于认为再分配是一种正和博弈。大部分经济体的发展水平都比较低，以至于社会中最穷的人勉强维持温饱水平，仅够果腹。所以，经济学家认为对最穷的人进行转移支付会提高他们的营养和健康水平，可以使他们进行更多的生产活动，从而提高他们的生产率并增加整个经济的产出。今天，这个观点在欠发达国家依然适用。

现在，一些经济学家认为在工业化国家再分配依然可以是一个正和博弈——至少通过教育可以实现这一目的。现代增长理论强调人力资本和教育对经济长期增长的重要性。这种观点认为社会应该保证每个人都接受良好的教育，包括穷人，那些有才能的人不管其家庭条件如何，都可以被发现并且接受培训。如果这个理论是正确的，并且一个社会像美国那样重视平等，那么我们就有一个令人信服的理由对穷人进行教育补贴。虽然教育会带来很大的好处，但是主流公共经济学仍然认为，由于税收和转移支付会带来效率损失，再分配是一个负和博弈。教育补贴最多只是普遍观点的一个例外而已。

## 对不平等的厌恶

阿特金森的三个假设是应用社会福利函数的一般原则。将社会福利函数代入有关收入分布的调查数据的最后一步，是将个体的一般效用函数具体化。对于在社会福利函数的框架内表达社会对不平等的关注，阿特金森有额外的要求，因为他选择了功利化的社会福利函数。阿特金森借用了在有关风险的相关文献中常见的效用函数形式。他假设

$$U^h = \frac{1}{1-e} Y_h^{1-e}, e = [0, \infty]$$

其中，$e$ 代表社会对不平等的厌恶。市民通过某种民主政治过程来集体决定 $e$ 的价值。正如我们将会见到的，$e=0$ 代表了收入的功利主义，完全不考虑不平等；$e \rightarrow 0$ 代表了罗尔斯平均主义，是对不平等的最大厌恶。对不平等的厌恶随着 $e$ 的增大而增加（Atkinson，1983，pp. 53-59）。

阿特金森效用函数的一些性质是值得重视的。第一，收入的边际效用是效用函数对收入的导数：

$$MU_Y^h = \frac{dU^h}{dY_h} = Y_h^{-e} = \left(\frac{1}{Y_h}\right)^e$$

$MU_Y^h$ 随着收入的增加而降低，与阿特金森的第三个一般假设保持一致。第二，需要使用收入的边际效用来确定收入分配是不是最优的，并且它是一个关于收入的函数。阿特金森希望得到一个可以很容易地应用于收入数据的效用函数。第三，回到我们的穷人和富人的例子，请注意他们边际效用的比值等于他们收入的比值的倒数的 $e$ 次方：

$$\frac{MU_Y^P}{MU_Y^R} = \left(\frac{Y_R}{Y_P}\right)^e$$

假设 $e=0$，那么 $\frac{MU_Y^P}{MU_Y^R} = 1$ 或者说 $MU_Y^P = MU_Y^R$。因为他们的边际效用相等，不管他们的收入本身有多么的不平等，从富人向穷人进行再分配都不会有任何收益。另外，请注意，当 $e=0$ 时，$U^h = \frac{1}{1-e} Y_h^{1-e} = Y_h$。阿特金森假设 $W = \sum_{h=1}^{H} U^h$，在效用方面，社会福利函数是功利化的。当 $e=0$ 时，$W = \sum_{h=1}^{H} Y^h$，在收入方面，社会效用函数也是功利化

的。没有对不平等的考虑，社会福利仅仅取决于总收入水平。

接下来，假设 $e \rightarrow \infty$。即使 $Y_R$ 只是略微高于 $Y_P$，$\frac{MU_Y^P}{MU_Y^R}$ 也会趋于无穷。因此，和高收入者相比，低收入者在再分配中占据了无穷大的比重，这是罗尔斯主义的体现，他只考虑社会中最穷的群体。因此，$e \rightarrow \infty$ 反映了对不平等的最大厌恶。

在 $e \rightarrow \infty$ 和 $e = 0$ 之间，$\frac{MU_Y^P}{MU_Y^R} = \left(\frac{Y_R}{Y_P}\right)^e$ 随着 $e$ 的增大而增大。相对于富人，穷人在边际上获得越来越大的比重，反映了对不平等越来越大的厌恶。因此，阿特金森的效用函数足够灵活，在讨论对不平等的厌恶程度时，可以涵盖从功利主义的无差异到罗尔斯的平均主义。

最后，当 $Y_R > Y_P$ 时，对于所有的 $e$，除了 $e = 0$ 的时候，都有 $MU_Y^P > MU_Y^R$。$MU_Y^P$ 与 $MU_Y^R$ 的差异，就是社会对更平等的收入分配的评价，这个价值的大小取决于 $e$，也就是对不平等的厌恶程度。当再分配没有成本时，收入的边际效用应该相等，收入也应该平等化，所有人都获得平均收入。阿特金森的效用函数基于平等进行分配，符合瑟罗的论点。

## 阿特金森社会福利函数的三个应用

在本章引言里介绍过，阿特金森希望通过家庭年度调查来测量收入不平等的社会福利影响。在特别化一般的社会福利函数后，这种测量容易实现。阿特金森的特别化的社会福利函数的具体形式为

$$W = \sum_{h=1}^{H} \frac{1}{1-e} Y_h^{1-e}, e = [0, \infty]$$

我们所需要做的就是将家庭调查中得到的收入放入这个方程中，并且计算结果，就可以得到在任何给定的 $e$ 条件下的社会福利水平。社会福利水平及其变化都取决于社会对 $e$ 的选择。

我们将以阿特金森社会福利函数为基础，考虑它的三个应用。

### □ 社会福利、洛伦兹曲线以及基尼系数

表示收入不平等程度的最常用的方法就是画一条名为洛伦兹曲线的对角线，这条曲线和基尼系数有关。这两个概念都是以其发明者的名字命名的。要画一条洛伦兹曲线，首先将调查中所有家庭按照收入从低到高的顺序排序。然后将整个人群分成相等的几份，比如五等份，接着计算每一等级中的家庭的总收入占总人群的总收入的比例。美国 2005 年的家庭数据列在表 5.1 中。

表 5.1　　　　　　　　美国个人收入分布表：家庭（2005 年）

| 家庭百分比 | 最低阶层 20% | 第二阶层 20% | 第三阶层 20% | 第四阶层 20% | 最高阶层 20% |
|---|---|---|---|---|---|
| 总收入百分比 | 3.4% | 8.6% | 14.6% | 23.0% | 50.4% |

资料来源：U. S. Census Bureau, *Current Population Survey*, March 2006, Historical Income Tables, Table H-2. 相关的基尼系数见表 H-4。

**洛伦兹曲线**（Lorenz curve）描述的是总收入的累计百分比和总人口的累计百分比之间的对应关系。通常，它都被描绘于一个如图5.6所示的方形内。方形的纵轴表示的是收入的累计百分比，而这个收入的累计百分比对应于方形底部横轴表示的人口的累计百分比。洛伦兹曲线的起点和终点都必须是对角线的端点，因为0%的家庭拥有0%的累计总收入，而100%的家庭拥有100%的累计总收入。方形的对角线表示的是完全的平等。假如每个家庭都有相同的收入，即最低阶层的20%的家庭将拥有20%的累计总收入，最低阶层的40%的家庭将拥有40%的累计总收入，依此类推，直到对角线的顶点。此时，洛伦兹曲线将与对角线重合。当收入分布不平等的时候，洛伦兹曲线就会位于对角线的下方。曲线距离对角线越远，表明收入分布越不平等，这是一种非常方便而且非常形象的方法，用来表示不平等程度。

举例来说，图5.6中的洛伦兹曲线表示的就是表5.1中的收入分布。图中标注了四个点，这些点是根据表5.1的数据计算所得，一条平滑的曲线将这些点连接起来，就画出了洛伦兹曲线。2005年，美国的收入分布非常不平等。最穷的20%的家庭的收入仅占总收入的3.4%，最穷的40%的家庭的收入仅占总收的12%（＝3.4%＋8.6%）。相反地，最富裕的20%的家庭的收入超过了总收入的一半以上。

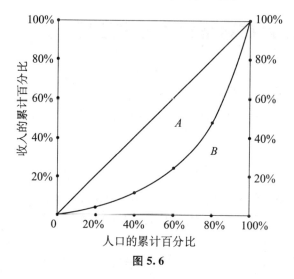

图 5.6

**基尼系数**（Gini coefficient）是洛伦兹曲线和对角线之间的面积和对角线下方三角形的面积之比，或者说

$$Gini = \frac{A \text{ 的面积}}{(A+B) \text{ 的面积}} \qquad Gini = [0, 1]$$

$Gini=0$ 表示绝对平等。洛伦兹曲线位于对角线上，并且 $A=0$。$Gini=1$ 表明绝对不平等，此时，一个家庭获得了全部收入。洛伦兹曲线与横轴重合，直到最后一个家庭加入计算之后，曲线突然跳至对角线的顶点，所以区域 $B$ 等于0。在0和1这两个极端情况之间，基尼系数越大，表明不平等越严重。表5.1中所示的基尼系数是0.469。基尼系数在1975年是0.397，这表明从1975年到现在，不平等越来越严重了。[①]

---

① U. S. Census Bureau, *Current Population Survey*, March 2005, Historical Income Tables, Households, Table H-4.

阿特金森感兴趣的是洛伦兹曲线的变化对社会福利的影响。考虑两种有相同平均收入水平的收入分布：$Y^A = (Y_1^A, \ldots, Y_h^A, \ldots, Y_H^A)$ 和 $Y^B = (Y_1^B, \ldots, Y_h^B, \ldots, Y_H^B)$。[①] 阿特金森（Atkinson，1970）证明了如果分布 $Y^B$ 的洛伦兹曲线在任何一点都位于分布 $Y^A$ 的洛伦兹曲线里面，如图 5.7（a）所示，那么在阿特金森的三个假设下，对任意给定的对不平等的厌恶水平 $e$，分布 $Y^B$ 的社会福利都更高（除了 $e=0$ 以外，这是功利主义无差异的情况）。这是将社会福利函数和收入分布数据相联系的第一个结果。这背后的解释是，在分布 $Y^A$ 中，富人对穷人进行转移支付，就可以得到分布 $Y^B$。给定收入的边际效用递减，并且假设富人的边际社会福利权重不会大于穷人的边际社会福利权重，那么收入的社会边际效用也会随收入而递减。因此，自上而下的再分配必然会增加社会福利，因为这是由拥有更低 $SMU_Y$ 的人向拥有更高 $SMU_Y$ 的人进行转移支付。我们可以肯定地说，$Y^B$ 是一个更好的分配。

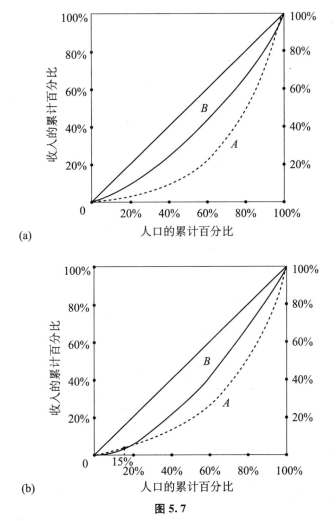

图 5.7

在不同时间或者在不同国家之间比较两个有相同均值的分布，会面临一个问题，那

---

① 我们选择具有相同均值的分布，集中讨论不平等的社会福利含义。

就是它们的洛伦兹曲线可能会相交，如图 5.7（b）所示。这时，不平等厌恶系数 $e$ 就要发挥作用。如图 5.7（b）所示，最低阶层的 15% 的人在分布 $Y^A$ 中获得了更多的收入，而分布 $Y^B$ 则给予另外 85% 的人更多的收入。有着接近罗尔斯主义的更高的不平等厌恶程度的人会认为 $Y^A$ 有更高的社会福利，因为它给了穷人更大的权重。相反，对不平等厌恶程度较低的、更具功利主义想法的人会偏向 $Y^B$。在任何情况下，人们要做的就是将不同分布里的个人收入放入阿特金森社会福利函数中来决定哪种情况有更高的社会福利。困难之处在于，这个问题的答案取决于不同的 $e$ 值，并且一个社会对不平等的厌恶程度可能也没有一个确定值。如果是这样，那么我们可能很难决定哪种分布更好。

### □ 不平等的社会成本和公平分配的等量收入

假定社会看重平等，一个人可能会感到社会不平等是有成本的。阿特金森的另一个创举是首次发展出不平等的社会成本的收入测度，这个测度和具有悠久历史的无效率的收入测度很接近，我们将在第 15 章讨论后者。再次考虑上面提到的 $Y^A$，并且假设将个人收入 $Y_h^A$ 放入阿特金森社会福利函数，得到一个等于 $W^A$ 的社会福利值。如果每个人的所得都相等，那么在什么收入水平下，会有相同的社会福利水平 $W^A$？阿特金森将之称为**公平分配的等价收入**（equally distributed equivalent income）——$Y_{ede}$。因为 $Y_{ede}$ 对于 $H$ 个个体来说是给定且相等的，它是以下方程的解

$$W^A = H \frac{1}{1-e} Y_{ede}^{1-e}$$

计算 $Y_{ede}$ 和平均收入 $Y_M^A$ 的比值，假设这个值是 0.7。这样，如果所有的人收入都相同，社会就可以用 70% 的总收入达到和原来相同的社会福利水平，因此，不平等的成本就是总收入的 30%。

请注意，$Y_{ede}$ 的值取决于 $e$，即对不平等的厌恶程度。通常，$Y_{ede}$ 都小于 $Y_M$，除非（1）每个人都有同等的收入——这样就没有不平等；或者（2）$e=0$，社会对不平等无差异。很明显，这两种情况中都没有不平等的成本。[1]

阿特金森也是首先提出了一种基尼风格的不平等指数，与对不平等的厌恶程度相关。对任何收入分布例如 $Y^A$，他的指数是：

$$I(e) = 1 - \frac{Y_{ede}}{Y_M} \qquad I(e) = [0,1]$$

$I(e)$ 取决于 $e$，因为 $Y_{ede}$ 的值取决于 $e$。如果没有不平等，或者社会对不平等无差异，那么 $I(e)$ 等于 0。这个指数随不平等的增加或者 $e$ 的增大而增大，因为这两者的增大都会造成 $Y_{ede}$ 的下降。如果某个人占有了全部收入或者对不平等的厌恶无限大（罗尔斯主义），那么 $I(e)$ 就达到其极限值 1。阿特金森的不平等指数催生了很多依靠不平等的厌恶程度的指数。请注意，最初的基尼系数是与 $e$ 无关的，它是一个纯粹的不平等测度，与社会福利无关。

### □ 美国关注不平等吗？

阿诺德·哈伯格（Arnold Harberger）是最早应用阿特金森社会福利分析的人之一，

---

[1] 在第二种情形中，如果 $e=0$，那么 $W^A = HY_{ede}$。但是 $W^A$ 也等于 $\sum_{h=1}^{H} Y_h^A = HY_M$。因此 $Y_{ede} = Y_M$。

我们把他的分析作为最后一个例子。20 世纪 70 年代，哈伯格（Harberger，1983，pp. 107-110）应用阿特金森的框架对美国进行分析，认为美国并不太关注不平等。在 20 世纪 70 年代，收入最高的 20％的人的平均收入是收入最低的 20％的人的平均收入的 9 倍。用 $Y_R$ 表示收入最高的 20％的人的平均收入，$Y_P$ 表示收入最低的 20％的人的平均收入，那么 $Y_R/Y_P=9$。在阿特金森的框架里，$\left(\dfrac{Y_R}{Y_P}\right)^e=\dfrac{MU_Y^P}{MU_Y^R}$。假定在美国，对不平等的厌恶程度只有 0.5，这个取值非常接近功利主义中的无差异化，那么 $\left(\dfrac{Y_R}{Y_P}\right)^{0.5}=\left(\dfrac{9}{1}\right)^{0.5}=3=\dfrac{MU_Y^P}{MU_Y^R}$。这样，即使 $MU_Y^P$ 仍然是 $MU_Y^R$ 的三倍，美国也不会再进行再分配。这表明奥肯的漏桶非常大，因为社会假定从富人手中转出的每一美元，只有 33 美分能到穷人手中。每一美元中高达三分之二的部分浪费在无效率的无谓损失即管理成本和遵从成本之中。哈伯格确信每一美元的税收和转移支付中的损失应该大大低于 67 美分，这使他认为美国对不平等的厌恶程度甚至低于 0.5，应该非常接近功利主义的无差异化。美国并不太关注不平等。

很难评价哈伯格的结论是否正确。在哈伯格给出他的例子的年代，公共部门经济学家的传统观点认为税收和转移支付的效率损失非常低，远远低于 67 美分/美元。那时，大部分对效率成本的研究都集中于税收，而且往往集中于联邦政府征收的个人所得税。普遍认为所得税的管理成本低于税收收益的 0.5％，没有人研究遵从成本，并且普遍接受个人所得税的无谓损失应该大约是税收收益的 7％。67 美分/美元的效率损失看起来高得不可思议——正如哈伯格所说的那样。

从 20 世纪 70 年代开始，一些事情——主要是税收方面——开始发生显著的变化。征收所得税的管理成本仍然被认为可以忽略，但是后续的研究认为个人所得税的遵从成本可能高达税收收益的 10％。对无谓损失的估计已经非常普遍，但是从 20 世纪 70 年代开始，这一估计值普遍上升——普遍接受的估计值为税收收益的 30％～40％之间。这些新的估计值表明 67 美分/美元似乎距离真实的效率损失值并不太远，这会大大提高哈伯格的研究中的美国的 e 值。与此同时，收入分布变得非常不平等。收入最高和最低的 20％的人群的平均收入的比值达到了 14/1，这又会降低哈伯格研究中的 e 值。也许可以认为哈伯格的观点是对的——美国并不太关注总体不平等。不管怎么说，有一点是肯定的，哈伯格的分析是一个很好的例子，表明阿特金森框架在分析不平等方面行之有效。

## 社会流动性和社会福利

社会流动性是人们在不同时间在收入分布中移动的能力，是一个过程公平的概念，相对地，社会福利函数被认为是一个结果公平的概念。但是在结束本章对社会福利函数应用的讨论之前，如果不考虑一下社会流动性，那将是一种疏忽——因为一个国家的社会流动性对政府的再分配能力有深刻的影响。

经济学家用一个转移概率矩阵来描述社会流动性。假设人们按照收入被分成五等份，如表 5.1 所示，那么转移概率矩阵 $P$ 就是一个 $5 \times 5$ 的矩阵

$$P = \begin{array}{c} t+1 \\ t[p_{ij}] \end{array}$$

矩阵中的 25 个元素给出了一个人从时期 $t$ 到时期 $t+1$ 时，从收入阶层 $i$ 转移到收入阶层 $j$ 的概率。举例来说，$p_{14}$ 是一个人在时期 $t$ 处于收入最低层 1 而在时期 $t+1$ 处于收入阶层 4 的概率，依此类推。时期 $t$ 和 $t+1$ 之间可能有 5～10 年的时间，让一个人有足够的时间移动到不同的收入阶层。

概率转移矩阵的极端情况有：

1. 在一个等级制度中，一个人生于某个特定的收入阶层，并且不被允许移动到别的阶层。在这种情况下，矩阵对角线上的元素都等于 1（$p_{ii}=1$），而不在对角线上的元素都等于 0（$p_{ij}=0$，$i \neq j$）。

2. 完整的移动，即每个人都有同样的机会在时期 $t+1$ 处于任何收入阶层而不用考虑他们在时期 $t$ 处于什么阶层。当考虑五个收入阶层时，$P$ 里的所有元素都等于 0.2 或 20%（$p_{ij}=0.2$）。

真实的转移概率矩阵介于这两个极端情况之间。

经济学家们并不知道任何一个国家的特定的转移概率矩阵是如何决定的。这取决于多种多样的原因——经济、社会、文化、宗教和政治等等。不同工作的工资是如何分布的？妇女在某些特定工作中是否受到歧视？婚姻在不同教育水平和能力的人之间是随机搭配的，还是说男人和女人会去搜寻与自己的教育水平和能力相匹配的人结婚？对某些人来说，所得税税率是不是太高了以至于压抑了他们努力工作的动机？这些问题的答案都会影响一个国家的社会流动程度。

无论是什么决定了一个国家的转移概率矩阵，它对社会福利的影响都是非常大的。为了看清这一点，假设矩阵的元素都含有以下三个性质：

1. 所有的 $p_{ij}>0$。这是说在时期 $t$ 无论处于哪个收入阶层，在时期 $t+1$ 处于五个收入阶层中的任何一个都是有可能的。在任意两个收入阶层之间移动都是没有阻碍的，即使是从最顶层到最底层。也就是说，任何人都有可能在一个时期从最低层移动到最高层，不幸的是，反之亦然。

2. $p_{ij}$ 是人们在不同收入阶层间移动的完整描述。也就是说，一个人在时期 $t+1$ 处于收入阶层 $j$ 的概率仅仅取决于他在时期 $t$ 处于哪个阶层。所有以往的历史信息都是不相关的，比如这个人在时期 $t-1$ 处于什么阶层。

3. $p_{ij}$ 在任何时期都保持不变。

在这三个性质下，转移概率矩阵 $P$ 最终会引导经济走向相同的分布，**无论初始的收入分布是什么状态**。直觉解释如下。假设每个人开始的时候都是处于收入分布的中间层——第三层。这是有可能的，因为在阿特金森的三个假设下应用社会福利函数，政府可以进行一次性总付的税收和转移支付，因此可以使每个人都处于平均收入水平。无论发生什么事情，在时期 $t+1$，分布都不可能相等。根据概率转移矩阵中的元素 $p_{31}$、$p_{32}$、$p_{33}$、$p_{34}$ 和 $p_{35}$，人们会分布到五个不同的收入阶层中。在时期 $t+2$，根据在时期 $t$ 对应于不同收入阶层的人们的不同元素 $p_{ij}$，他们会产生更严重的分化。在时期 $t+3$，还会有更严重的分化，依此类推。很多期以后的分布显然和最初的完全平等的分布无关，也和之前某一期的分布无关。随着时间的推移，矩阵 $P$ 会趋于稳定在某个不变的状态，成为一个固定的矩阵。

公共部门经济学

这个结果的一个重要含义是经济体中的社会流动性总是会复原政府所进行的一切再分配政策。如果政府希望维持某种特定的分布，它需要不停地进行再分配，从而抵消转移概率矩阵的作用。因此，这里需要一种对社会流动性和结果公平之间的权衡。对过程公平而言，更高的社会流动性是需要的，但同时更高的社会流动性也使得政府的再分配政策更快地失效。[①] 对结果公平而言，社会更偏好一个较低的社会流动性。

这个戏剧化的结论仅仅只能当作某种意见，因为关于 $p_{ij}$ 的三个假设非常强。比如，如果政府使得每个人都获得平均收入，那么 $p_{ij}$ 必然会改变，因为这些政策改变了人们的工作和储蓄激励。再分配也不是一次性的。而且，很难理解为什么社会偏好的再分配政策必须与社会流动性相抗衡，即使可以理解，也很难有所改变。比如，假如婚姻对于社会流动性很重要，难道社会应该强制实行另一种婚姻制度——比如，随机婚配，以此来保证分布的公正？在美国，这是很难想象的。

----

① 例如，在完全流动并且所有的 $p_{ij}=2$ 时，不管政府在上一期制定了什么样的分配政策，人口仅仅在一个时期后就会在五个收入等级中平均分布。

# 第 6 章

# 外部性：理论问题

第 6 章讨论对市场经济造成困难的一些不同的配置问题。配置问题是一个效率问题。回忆第 2 章的讨论，这些问题的出现是因为一个功能良好的市场经济所需要的技术和市场假设太强了。当一个或多个假设不能满足时，社会经济问题的本质是相同的：市场经济会运行在其效用可能性边界之下，此时，政府干预往往是必需的，将把经济带回到边界水平。不能预期市场可以自己恢复到效率水平。[①]

一个技术假设是市场交易中没有外部性。泛泛而言，外部性是第三方影响。在标准的市场交易中，消费者和生产者直接进入交易，获得其中的利益并承担成本。有时，一些没有参与交易的第三方也会获得一些利益或承担一些成本。由于交易者没有动机去考虑第三方的成本和收益，市场经济中的无效率会上升。政府必须进行干预以保证市场交易的全部收益和成本都被合理计算，这是保证社会稀缺资源得到有效配置的一个基本要求。

外部性很常见，以至于它们成为政府干预市场经济的正当理由。对所有资本主义国家来说，一个实际问题是外部性究竟有多广泛、多严重，才有正当的理由要求政府干预。而这个问题并不容易回答。

## ▨ 初步：外部性的定义

外部性是如此多样，因此在分析它们的影响之前有必要初步讨论一下它们的特点。以下是有关政策目的的四个非常重要的特点。

---

① 当然，政府制度远非完美，所以政府干预也未必会将经济带到它的效用可能性边界上。经济学家提到政府失灵，意味着政府不能够采取必要的政策来纠正市场失灵并达到有效率的配置。作为一个实际问题，在决定是否需要政府干预时，社会总是需要衡量政府失灵和市场失灵之间的利弊得失。

公共部门经济学

**金融外部性和技术外部性**——首先应该认识到有些第三方影响需要政府干预，而有些不需要。考虑以下两个例子：

1. 当汽油价格高于每加仑 3 美元时，你打算买一辆轻型节油型汽车。不幸的是，另外数以百万的人也这样想，这导致了轻型节油型汽车的平均价格上升了几百美元。其他人买轻型节油型汽车的打算伤害了你，因为他们使你想买的那种车的价格上升了。

2. 中西部的工厂从它们的烟囱中喷出污染物，损坏了房屋和汽车表面的油漆涂层，并造成了呼吸和其他健康问题。污染物可能会伤害其他商业，比如商业捕鱼——因为鱼群的数量由于酸雨而减少。这些有害污染损害了其他民众和企业的利益，无论他们是否购买这些工厂的产品。

你的直觉会准确地告诉你，第一种外部性对市场经济来说完全不构成问题。这不过就是供给和需求的问题。对轻型节油型汽车需求的上升提高了这些车的价格。更高的价格对汽车公司来说是个信号，告诉它们消费者需要更多的轻型节油型汽车。然后汽车公司会做出相应的反应，因为轻型节油型汽车由于更高的价格而有更高的利润。价格和利润是市场经济的信号，它们使生产者对消费者的诉求做出反应。经济学家们将这种外部性称为**金融外部性**（pecuniary externalities），意指它完全是通过生产者和消费者要面对的价格来运行的。这样，它会影响消费者的预算约束和厂商的利润，但是不会有别的影响。金融外部性不需要政府干预。

对第二个例子来说，情况就不一样了。污染的危害在两方面和购买轻型节油型汽车的外部性有所不同。第一，污染通过改变消费者和企业的效用函数和生产函数的方式直接影响了他们的利益。污染破坏了房子和汽车，这减少了消费者从这些商品中得到的效用，并且，如果消费者患了呼吸道疾病或其他疾病，那么它们从任何方面得到的效用都减少了。商业捕鱼企业需要更多的渔业资源才能取得和污染较少时相同的业绩，这改变了它们的生产函数。第二，不管是这些工厂还是它们的消费者都没有激励去考虑这些污染。经济学家将那些有这两种特点的外部性称为**技术外部性**（technological externalities）：它们直接影响消费者和生产者并且不会被市场系统考虑在内。第二个特点实际上是多余的，因为技术外部性几乎从来没有被市场系统考虑在内。从现在起，我们所说的外部性就是指技术外部性，因为它们是唯一需要政府干预来提高效率的外部性。

**经济和不经济**——技术外部性可以是有益的，也可以是有害的。经济学家将有益的外部性称为**外部经济**（external economies），将有害的外部性称为**外部不经济**（external diseconomies）。外部经济的一个例子是：小学和中学教育（当其他公民都获得基本教育时，民主国家的每一个人都可以从中得到利益，因为人们此时在投票时可以更好地了解情况。这就是为什么美国在 19 世纪就要求公立和私立教育机构要保证所有公民都至少获得起码的教育）；购买电脑（对一个人来说，电子邮件的价值取决于有多少其他人也有电脑并且可以接收、发送电子邮件。这被称为"网络外部性"，和 20 世纪初期的电话相似）；研究和开发（一个公司的研发团队开发出一种新产品或生产已有产品的新方法，可以被所有人使用。这就是为什么发明会被专利保护，以此来激励研究）；接种疫苗（在很多人接种了传染病疫苗后，可以减少那些没有接种的人得病的机会）。

外部不经济最常见的例子是各种污染，我们已经讨论过其中之一。其他的例子还包括高速公路拥堵（当一辆新的车开上拥堵的高速公路时，所有的司机都会被影响）；机场噪音（居住在机场附近的人的户外乐趣会大大降低）。在本章和第7章，我们将会用工业用空气和用水作为我们主要的例子来分析外部性。幸运的是，适用于污染的那些理论只需一些很小的、显而易见的改动就可以适用于其他的外部不经济和外部经济。

**消费者外部性和生产者外部性**——消费者和生产者的活动都会产生外部性，经济学家根据其来源来确定消费者外部性和生产者外部性。消费者外部性包括高速公路的拥堵和烟尘，同样还有前面提到过的教育、购买电脑以及接种疫苗。工业废气和废水污染、研究和开发都是生产者外部性的例子。并且，消费者外部性和生产者外部性都会影响到其他的消费者、生产者或同时影响两者。如前所述，工业废气和废水污染会影响其他消费者，也会影响其他生产者，如商业捕鱼。拥堵的高速公路上的烟尘更多地影响了消费者，但拥堵本身同时影响了消费者和生产者。

**总体外部性和个体外部性**——分析外部性时，最后一个需要牢记的重要区别是总体外部性和个体外部性。在**总体外部性**（aggregate externality）中，确认个体的外部性来源是毫无意义的。在**个体外部性**（individualized externality）中，确定个体来源对那些受到影响的人来说很有意义。一个例子可以很好地说明这个问题。本章中，我们将以工业空气污染为例。

美国的盛行风向是从西到东。因此，工厂排出的大多数空气污染主要影响的是工厂东边的居民和其他公司（这在很大程度上解释了为什么美国城郊西部的居民通常比城郊东部的居民富有。城郊西部的住处更热门，因为这里较少受到城市里的工厂的污染，所以，那里也是高收入者选择的居住地）。为了说明的方便，假设污染会影响居住在工厂东侧的居民。

考虑两种情况，如图6.1所示。在图6.1（a）中，有四个工厂排放污染，即F1、F2、F3和F4，并且它们都位于人口的西侧，这样就会危害所有人。在图6.1（b）中，四个工厂和人群受到的影响是混合的。工厂F1和F2位于人群P1和P2的西侧，工厂F3位于P1的东侧和P2的西侧。工厂F4位于所有人群的东侧，我们假设居住在F4东侧的人们都距离遥远，不会受到影响。

在第一种情况中，危害人群P的污染可以被看作是四个工厂排放的总体污染。对被污染的群体来说，区分污染的某部分来自其中某个工厂没有意义。这是总体外部性的一个例子。在第二种情况中，区分工厂就有必要了。从工厂F1和F2中排放的污染危害了人群P1和P2，F3排放的污染只危害了P2，而F4排放的污染没有影响任何人。受影响的人们会很在意究竟是哪个工厂在排放污染。

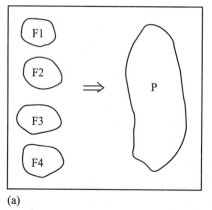
(a)

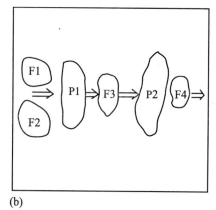
(b)

**图6.1**

区分总体外部性和个体外部性是有意义的，因为政府解决总体外部性要容易得多。解决总体外部性的效率问题的政策相对简单而直接，让政府有机会改善不合理的市场结果。相反，应对个体外部性的效率问题的政策往往很复杂，而且不可行。通常，政府甚至无法提供一个可以实施的近似解决方法。

幸运的是，很多重要的外部性都是总体外部性。比如，确定在拥堵高速公路上的某个司机是毫无意义的。拥堵和烟尘仅仅取决于在某个特定时间段在高速公路上的汽车总数。对网络外部性和接种疫苗来说也是如此。网民的总量或接种疫苗的总人数才是有价值的，而不是其中的某个人。但是，工厂对空气和水的污染通常不是如此。工业污染来自位于特定区域的工厂，它们的位置是关键所在。然而，我们将从图 6.1（a）所示的总体情况开始分析污染问题，因为它相对简单、具有更广泛的适用性。

# 总体外部性

为了更清楚地分析某种外部性，或者其他效率问题，我们假设这种外部性是运转良好的经济体所面临的唯一问题。这可以让我们集中分析这个特定外部性导致的无效率问题的本质及解决方案，而不用考虑其他复杂情况，诸如同时有很多无效率问题存在或政府的应对之策在政策或操作层面的局限性。最好在完全理解了外部性的性质之后，再加上这些情况。这种方法同样意味着只要政府能提供一个应对此问题的改善效率的办法，就能将经济重新带回效用可能性边界。

运转良好的经济体的一个必备条件是市场上的商品和服务都是完全竞争的。因此，允许存在大量的供给者，我们会得到一个类似图 6.1（a）的情况，假设一个工业区内有大量紧邻的工厂生产相同的产品。这种产品可以是任何东西——钢铁、电力、纸张，我们假设是纸张。纸张市场是完全竞争的，这些工厂就是纸张的全部提供者。没有人居住在工厂之间，所以所有人都受到空气污染的影响，如图 6.1（a）所示。每个人所受的污染取决于从这些工厂排出的污染总量，这是一种总体外部性。最后，为了使第一个例子尽量简单，我们假设从某个工厂排出的污染和这个工厂的产量成正比。这样，单位产出就可以等价于单位污染（我们将在后面放松这一假设）。

## □ 社会最优

图 6.2 描述了纸张市场和它造成的污染。市场需求曲线 $D$ 是所有纸张购买者的需求曲线的加总。在每一个产出水平 $Q$，$D$ 表示纸张的边际价值（$MV$），即每个消费者购买最后一单位纸张的价值。市场供给曲线 $S^{priv}$ 是所有纸的生产商的供给曲线的加总。在每一个产出水平 $Q$，$S^{priv}$ 表示每个工厂的私人边际成本（$MC^{priv}$），即生产供应市场的最后一单位纸张的成本。私人边际成本反映了生产纸张的标准生产成本，比如劳动力、材料和资本设备等。依靠自发调节，市场最终会在 $D$ 和 $S^{priv}$ 的交点处实现一个竞争性均衡

（$Q_C$，$P_C$）。均衡价格 $P_C$ 等于消费纸张的边际价值和生产纸张的边际成本。[①]

存在外部性时，通常的竞争性配置就是不合理的。$S^{priv}$ 忽略了污染对消费者的危害，这些污染是生产纸张的副产品。从全社会角度看，正确的供给曲线是 $S^{soc}$，它包含了在每一个产出水平 $Q$ 上的全部社会边际成本（$MC^{soc}$）。$MC^{soc}$ 是每一个产出水平 $Q$ 的私人边际成本加上所有受到污染影响的人的总体边际损害（$MD$）。

假设只有 2 个人受到影响，图 6.3 显示了总体边际损害是如何构建的。图 6.3（a）显示了纸张的每单位产出对第一个人的边际损害 $MD_1$；图 6.3（b）显示了对第二个人的边际损害 $MD_2$。$MD_1$ 和 $MD_2$ 可能由于两个人的住处不同而不同。每单位产出的总体边际损害如图 6.3（c）所示，是每单位产出上的 $MD_1$ 和 $MD_2$ 的纵向相加，即 $MD_1 + MD_2$。一般说来，每单位产出的总体边际损害是 $\sum_{h=1}^{H} MD_h$，$h = 1$，$\cdots$，$H$ 表示所有被污染的人。因此，$S^{soc} = MC^{soc} = MC^{priv} + \sum_{h=1}^{H} MD_h$。如果有很多人受到污染，那么 $S^{soc}$ 和 $S^{priv}$ 之差可能非常大，这种情况在工业污染中很常见。

图 6.2 中，市场最优的纸张的产量和价格是（$Q_{opt}$，$P_{opt}$），是 $D$ 和 $S^{soc}$ 的交点。正如帕累托最优所要求的那样，$Q_{opt}$ 表示的产出水平是纸张的边际价值等于生产纸张的全部边际成本时的产量。因为存在污染外部性，和标准市场结果相比，现在的纸张市场有更高的价格和更低的产量。任何超过 $Q_{opt}$ 的产量对消费者的价值都低于生产它的全部社会成本。因此，减少纸张生产而节省出的资源被用来生产其他无污染的商品，并且更高的纸张价格也让消费者转而购买其他无污染的商品。这个原则适用于一切有污染的商品。

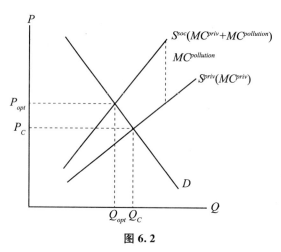

图 6.2

① 或者，均衡价格等于边际替代率（MRS），也等于边际转换率（MRT），这里的 MRS 和 MRT 根据价格和边际成本为 1 美元的纸张和其他商品来定义。经济学家将这种其他商品称为基准商品。因为它的价格为 1 美元，基准商品的单位可以被认为是按美元计算的收入。因此，MRS 衡量了每一个消费者为了消费额外一单位纸张而愿意放弃的收入的边际价值。MRT 是生产纸张和基准商品的私人边际成本之间的比率。当基准商品的边际成本等于 1 美元时，MRT 是生产纸张的私人边际成本。我们在第 2 章看到，在不存在商品的外部性时，两种商品之间的 MRS 和 MRT 相等是达到效用可能性边界的帕累托最优条件之一。

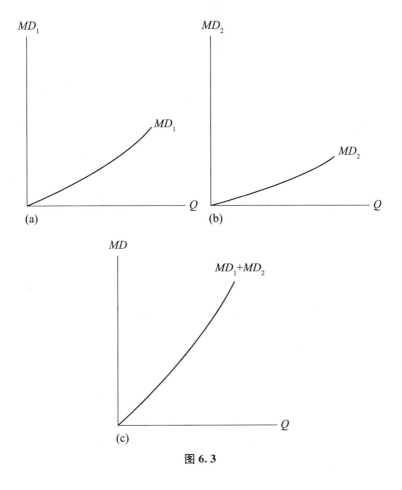

图 6.3

## □ 庇古税

问题在于，如何实现社会最优（$Q_{opt}$，$P_{opt}$）？答案非常简单——至少原则上来说是这样。政府所需要做的就是向纸张生产者征收从量税，然后让纸张市场继续自己运作。图6.4描述了这种情况。每单位的税收 $t$ 增加了每个企业的私人边际成本，因为现在企业每多生产一单位的纸张就必须把 $t$ 美元交给政府。因此，税收使 $S^{priv}$ 在所有产量水平 $Q$ 都平行上移了 $t$，这样 $S_t^{priv}$ 便成了相应的市场供给曲线。新的市场均衡位于 $D$ 和 $S_t^{priv}$ 的交点。如果如图 6.4 所示，税收 $t$ 等于在 $Q_{opt}$ 水平上边际损害的加总，即在 $Q_{opt}$ 水平 $S^{priv}$ 和 $S^{soc}$ 之间的纵向距离，那么就可以达到有效率的均衡（$Q_{opt}$，$P_{opt}$）。在缴税后，每生产一单位纸张，每个企业只剩下 $P_N$ 来抵消各种成本，这就是为什么它们沿着 $S^{priv}$ 减少供给至 $Q_{opt}$。

可能有人会问，一种税收是不是适用于所有企业？在最初的竞争性均衡里，每个企业在价格水平 $P_C$ 下供给产品，这个价格等于它自己的 $MC^{priv}$。假如单个企业的边际成本（供给曲线）改变了，那么它们供给的纸张的数量就会改变，排放的全部污染可能变多也可能变少。一种污染能反映每个企业的污染排放量吗？答案是"是的"，一种单一税收就可以了。因为这是每个企业对总污染的**边际**（marginal）贡献，而不是每个企业的污染排放总量。每个企业会向市场供给不同量的纸张，但是下一单位的纸张（污染）对受到

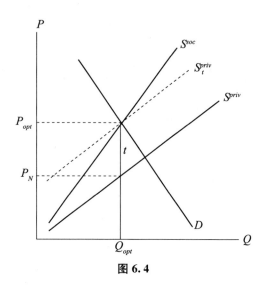

**图 6.4**

污染影响的人有相同的总体边际影响，不管该污染是哪个企业排出的。每个企业都要面临相同的税收，它等于在最优水平下的总体边际损害。

当税收等于在最优水平下的总体边际损害时，这种税被称为**庇古税**（Pigovian tax），这是以经济学家 A. C. 庇古（A. C. Pigou）的名字命名的，他首次提出了这种税。在考虑庇古税时，我们所举的纸张的例子没有任何特别之处。反过来，庇古补贴等于最优时的总体边际利益，这种补贴是应对总体外部经济的最好的政策。在一个没有公立教育的民主国家，对孩子的教育补贴就是一个例子。这个补贴考虑了所有公民的外部收益，以保证他们的最低受教育权利，从而使他们在投票时可以更好地了解情况（如果在一个民主国家，获得最低教育的外部优势与学生个人的能力无关，那么一种单一补贴就是合适的）。

## 个体外部性

因为需要确定某个人或某个企业产生的外部性，应对个体外部性的政策要复杂得多。解决外部不经济的有效措施依然是税收，但是现在政府必须制定一整套税制，针对每种外部性都需要有相应的税收。为了描述个体的情况，我们回到图 6.1（b），在这张图里，排放污染的工厂的位置和人群是混杂的。工厂 F1 和 F2 排放的污染会影响人群 P1 和 P2，工厂 F3 排放的污染只影响人群 P2，而工厂 F4 排放的污染不影响任何人。假设 F1 到 F4 表示一大群有着相同的成本结构和污染排放量的工厂，这样我们就可以保持纸张市场是一个竞争性市场的假设，也可以继续保持有相同产量的工厂污染排放量相同的假设。为了简便起见，我们假设工厂 F1 和 F2 每单位产出的成本相同。

图 6.5 的三个部分描绘了每个工厂产量和边际污染损害的关系。尽管每个工厂在相同的产量上都有相同的污染排放量，但图 6.5（a）显示，F1 和 F2 有最高的边际损害，因为它们污染了所有人群。F1 或 F2 的总体边际损害曲线 $MD_{1,2}$ 是这两类工厂在

每个产出水平 $q_1 + q_2$ 上对人群中每个人的边际损害的纵向加总。图 6.5（b）中的 F3 的总体边际损害是这类工厂在每个产出水平上对 P2 中每个人的边际损害的纵向加总。图 6.5（c）中的 F4 的总体边际损害在每个产出水平上都是 0，因为它的污染没有影响任何人。

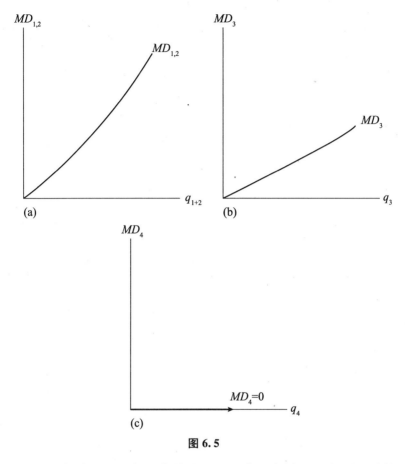

图 6.5

图 6.6 中的四个部分描述了与最优价格和纸张产量相关的最优税收政策。在考虑个体外部性时，社会供给曲线必须对不同污染企业分别定义。首先看 6.6（a），工厂 F1 和 F2 的私人供给曲线 $S_{1,2}^{priv}$ 表示在每个产出水平上生产纸张的私人边际成本。把图 6.5（a）中的边际损害曲线 $MD_{1,2}$ 和 $S_{1,2}^{priv}$ 在每个产出水平上纵向相加，就可以得到社会供给曲线 $S_{1,2}^{soc}$。它表示工厂 F1 和 F2 生产纸张的全部边际成本。在图 6.6（b）中，把图 6.5（b）中的边际损害曲线 $MD_3$ 和 $S_3^{priv}$ 在每个产出水平上纵向相加，就可以得到社会供给曲线 $S_3^{soc}$。它表示工厂 F3 生产纸张的全部边际成本。在图 6.6（c）中，社会供给曲线 $S_4^{soc}$ 和 $S_4^{priv}$ 是一样的，因为 F4 的污染没有影响任何人。对于 F4，它生产纸张的全部边际成本就是它生产纸张的私人边际成本。

图 6.6（d）描绘了纸张的市场需求曲线 $D$，以及私人市场供给曲线 $S^{priv}$ 和社会市场供给曲线 $S^{soc}$。$S^{priv}$ 是四类工厂的私人供给曲线的横向加总，$S^{soc}$ 是四类工厂的社会供给曲线的横向加总。不考虑外部性时，市场的竞争性均衡是 $(Q_C, P_C)$，这是 $D$ 和 $S^{priv}$ 的交点。社会最优是 $(Q_{opt}, P_{opt})$，位于 $D$ 和 $S^{soc}$ 的交点。如图 6.6（a）所示，在 $Q_{opt}$ 中，工厂 F1 和 F2 贡献了 $q_{opt}^{1,2}$ 的数量。在对工厂 F1 和 F2 征收 $t_{1,2}$ 的税收后，产出

水平达到了 $q_{opt}^{1,2}$，税收总额等于在 $q_{opt}^{1,2}$ 上 F1 和 F2 的污染造成的总体边际外部损害。图 6.6（b）显示，工厂 F3 在 $Q_{opt}$ 中贡献了 $q_{opt}^3$ 的数量。在征税 $t_3$ 之后达到这个产出水平，税收总额等于在 $q_{opt}^3$ 上 F3 造成的总体边际外部损害。如图 6.6（c）所示，工厂 F4 在 $Q_{opt}$ 中贡献了 $q_{opt}^4$，并且没有缴税。它获得了全部的价格 $P_{opt}$，并且是按照其私人边际成本曲线进行生产。

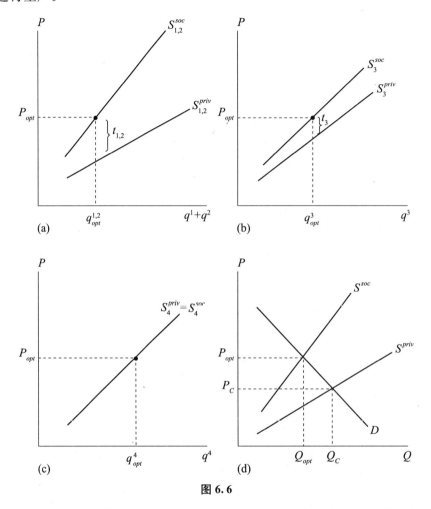

图 6.6

需要注意的是，对个体征税会促使每个工厂根据其污染造成的边际外部损害，按比例减少它们的产量。F1 和 F2 的减产最大（税收最高），F4 最小。同时，这些税收仍然保持了庇古税的设计特点，它们等于每个工厂的总体边际外部损害。但是和总体外部性不同，这里没有覆盖整个市场的单一的纸张生产税，这是庇古在他的单一税收政策里所考虑的。

毫无疑问，有大量的污染源时，针对个体外部性设计一种合适的税制是一项令人望而生畏的工作。不幸的是，工业空气污染通常都是一种个体外部性，因为两个不同污染源排放的污染很可能会影响不同的人群，即使这些排放物本身是相同的——就如我们的例子所示。比如，一个位于美国主要城市的西部的工厂的空气污染会高于位于缅因州北部森林的工厂。我们将在第 7 章讨论美国的反污染政策时再次回到这个主题。

## 向污染源征税

在之前的例子里，我们假设造纸厂的污染排放量随着其产出水平按一定比例而变化。我们这样做是为了能够比较简便地讨论外部性的一些基本原则，比如税收应该将外部性考虑在内。但是污染随产出按比例变化是一个不好的假设。企业可以有不同的生产方式，根据不同的原材料组合，选择不同的生产技术。事实上，在不同的国家，相似的产品也有不同的生产方式，这反映了不同生产要素的相对稀缺性。比如，印度人可能偏向于劳动密集型的生产技术，而美国则倾向于资本密集型的生产技术，这反映出印度相对富裕的劳动力（较低的工资）和美国相对富裕的资本（较低的资本成本）。对废水和废气的处理也与此类似。企业可以使用人力或资本来处理工业废料，将之封装并运送到不会造成危害的地区。一个企业的污染排放量并不需要和其产量有直接的比例关系，一个有效的反污染政策必须考虑这些情况。

我们之前的例子中忽略了一个重要的原则，那就是一种类似庇古税的税收必须尽可能地靠近污染源。如果某种空气或水污染造成了外部性，那么必须监测其污染排放量并依此征税。如果问题仅仅只是使用水和空气来处理工业废水，那么就根据使用的水和空气征税。我们的目的是引导企业使用污染较少的方式进行生产，而方法必须是对污染源直接征税。

经济学家们认为空气和水污染是企业利润最大化的产物。利润最大化要求企业最有效地使用原材料，在其成本曲线上实现其产出—成本组合。回想一下，在成本曲线上实现的产出—成本组合是企业能实现的最优组合。参考图 6.7，该图描述了企业的长期成本。（$q_1$，$TC_1$）的组合可以有两种解释：（a）如果企业投入 $TC_1$，那么产出 $q_1$ 就是企业能实现的**最大**（maximum）产出水平；（b）如果企业生产 $q_1$，那么 $TC_1$ 就是其所能实现的**最小**（minimum）成本。在 $TC$ 左上方的产量—价格组合是可行的，但不是有效的，而 $TC$ 右下方的组合在给定的技术和要素价格下是无法实现的。对企业来说，$TC$ 曲线就是一条效率边界，是企业效率问题的解决方案。

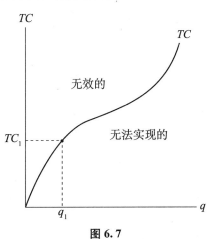

**图 6.7**

同样，回想一下，在总成本曲线上如何有效地投入生产要素进行生产的原则是非常简单的。企业所要做的就是计算边际产出 $MP_f$ 和它使用或考虑使用的每种要素的价格 $P_f$ 之间的比值 $MP_f/P_f$。这个比值给出了每一美元的投入可以得到的产出。[①] 我们应用以下两个原理：

1. 对所有生产要素，$MP_f/P_f$ 都相等。当对所有要素每额外投入一美元，产出都相等时，企业就处于其总成本曲线上。

2. 如果任意两种要素之间的比值不相等，用比值较高的要素替代较低的（边际上更高的每美元产出），直到比值相等。通过这种替换，企业可以在不增加成本的前提下获得更多的产出。如果这些比值永远无法相等，那么就不要使用比值较低的那种投入要素。对于它的生产能力来说，它的成本太高了。

现在将这些原则应用到一个可以很容易用水或空气来处理污染的企业上。这样，水或空气就成了一种生产要素，企业如果要在总成本曲线上进行生产，也需要将之考虑进去。假设我们有一个造纸厂，产出为 $q$，投入资本 $K$、劳动力 $L$ 和空气 $A$，其生产函数是 $q=q(K, L, A)$。[②] 效率生产要求这个企业对资本、劳动力和空气的使用达到以下条件：

$$\frac{MP_K}{P_K} = \frac{MP_L}{P_L} = \frac{MP_A}{P_A}$$

对资本主义经济来说，工业污染的一个本质问题是，空气是一种公共资源。没有人可以拥有空气，所以没有对应空气的市场，也没有价格来衡量清洁的空气对社会的价值。对所有排放工业废气的企业来说，$P_A$ 等于 0。将 $P_A$ 等于 0 放入分母，这样其比值将趋于无穷大：

$$\frac{MP_K}{P_K} = \frac{MP_L}{P_L} < \frac{MP_A}{P_A = 0} \to \infty$$

在处理污染方面，空气的每一美元所产生的效果总是高于每投入一美元资本或劳动力所产生的效果。成本最小化/利润最大化的动机会让企业愿意用空气替代劳动力和资本。如果可能，企业会一直持续到 $MP_A$ 趋于 0，不断挖掘这一免费资源的价值，直到企业再也不需要这一资源。0/0 这一比值是不可能实现的，但这是企业最小化其生产成本的最佳选择。因此，利润动机加上空气的公共资源性质，使得污染最大化了。

这是另一个重要的经济原则的特殊实例，那就是量的问题——比如有太多的污染——通常是价格的问题——$P_A$ 等于 0。这一原则的含义是，解决数量问题的最好方法是解决价格问题。要想直接在量的方面解决量的问题，通常是不可行的。工业废气污染是一个最好的例子。

应对空气污染的最好的办法是对造纸厂征收空气使用税 $t_A$，税收可以反映出清洁空气对社会的价值。假设工厂的拥有者在征税之前就使得 $MP_A=0$。征税之后 $MP_A/P_A$ 趋于 0，这时，其比值就低于 $MP_K/P_K$ 和 $MP_L/P_L$：

---

① 例如，如果低技能的工人每小时可以生产 21 单位的产出，得到每小时 7 美元的工资，那么 $\frac{MP_L}{P_L} = \frac{21}{7\text{美元}} = \frac{3}{1\text{美元}}$。在工人身上每投入一美元就会有三单位的产出。

② 在我们的例子中，我们可以用水污染替代空气污染。除了把空气污染改为水污染之外，分析没有任何变化。

$$\frac{MP_K}{P_K} = \frac{MP_L}{P_L} > \frac{MP_A}{(P_A = 0) + t_A} = 0$$

现在，企业愿意用劳动力或资本来代替空气处理工业排放。减少对空气的使用的好处是，这减少了企业要缴的税。在经过这样的替代之后，资本和劳动力的边际产出下降了，空气的边际产出增加了。企业继续使用资本和劳动力，直到

$$\frac{MP_K}{P_K} = \frac{MP_L}{P_L} = \frac{MP_A}{(P_A = 0) + t_A}$$

企业的污染排放自然就减少了，因为在任何纸张的产量水平上，它对空气的依赖都降低了。

对企业征收空气使用税有四个好处。第一，税收政策同样是利用企业的利润动机将污染问题摆到了首要位置。企业必须考虑用资本和劳动力来替代被征税的空气，以此来处理工业排放，以保持以最小的成本进行生产。企业必须重新在新的总成本曲线上考虑三个 $MP/P$ 的比值，此时，它们已经将空气使用税考虑在内了。

第二，减少污染排放的负担由企业承担，而不是政府。企业必须证明它们确实减少了污染排放，才能减少税务负担。由烟囱排出的烟尘可以被监测而且可以复查，企业自己有责任确保监测的正确性。

第三，每个企业应对税收的方法对其而言都是成本最小的，并且每个企业的应对方法可以各不相同。有些企业可能认为将过滤器放在烟囱里是成本最小的；有些企业可能选择更清洁的燃料；还有些企业可能觉得保持以前的生产方式、缴纳污染税是成本最小的。但是，每个企业不同的应对方式不是税收政策本身要考虑的。恰恰相反，政府的目标是以最小的成本减少污染。[1] 政府要做的就是调整税率，直到实现减少污染总量的既定目标。因为每个企业的应对之策对其都是成本最小的，所以政府就能保证确实以最小的成本实现了减少污染的目标。根本不需要去考虑每个企业自身的应对之策。

第四，产品市场也会对税收政策提供帮助——即使污染税是面向空气（或水）的。参考图 6.8，该图描述了纸张市场的情况。

每个企业的总成本和边际成本随着空气税而增加，因为企业现在为一种以前免费的投入要素付钱。当使用资本和劳动力替代空气，并使得 $MP/P$ 相等时，企业的成本将低于不替代时的成本，但是它们无法回到以前的成本曲线。对那些选择缴税并保持以前的生产方式的企业来说，成本显然增加了。在每个产出水平，边际成本都上升了，图 6.8 中的供给曲线（边际成本）从征税前的 $S^0$ 上移到征税后的 $S^{w/tax}$，并且空气也已经被替代了。均衡从 $D$ 和 $S^0$ 的交点（$Q_0$，$P_0$）移动到 $D$ 和 $S^{w/tax}$ 的交点（$Q_1$，$P_1$）。和之前的例子不同，这里没有对纸张征税。然而，因为提高了企业的生产成本，空气税提高了纸张的价格并使消费者转而寻求一些无污染的产品。请注意这重要的一点，对纸张征税也可以降低纸张的产量，但这不会和空气税一样减少污染，因为对纸张征税不会激励企业使用更多的资本、劳动力和更少的空气。只有空气税才能引导企业生产每单位纸张时都尽量减少使用空气。

---

① 这里考虑一种更加好的钉住目标的税收，它是向工厂排放烟尘中所含的有害污染物征税。对于向水征税的反应多种多样，譬如选择别的办法处理固体或者化学废物，或者在制造过程中选择不同的清洁或冷却技术，或者就干脆交税。

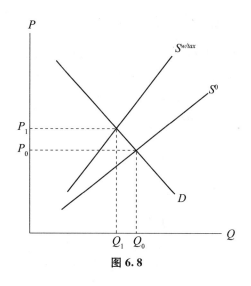

图 6.8

### 最优污染减排的征税难题

假设政府希望实现最优的污染减排目标，从而可以使经济重回到效用可能性边界。使用污染税就能实现这一最优目标，但是因为空气是一种公共资源，所以在设计最优税收时会有一些小困难。最优税收不再是我们前面关于总体外部性的例子中讨论过的庇古税。

我们需要描述空气市场来论证最优污染税。参考图 6.9，横坐标表示空气的数量。因为空气是一种生产要素，它的供给和需求与纸张市场反向相连。图中的供给曲线 $S$ 反映了社会对空气的边际负效用，即在接受横轴上表示的供给量时社会需要牺牲的最后一单位的空气的价值（就好像劳动力的供给曲线反映劳动者供给劳动的边际负效用）。私人空气需求曲线 $D^{priv}$ 表示任何一个企业使用额外一单位空气的私人边际价值，这等于在生产纸张时空气的边际生产价值（$VMP_A$）。$VMP_A = MP_A \cdot P_A$，其中 $P_A$ 是每单位纸张的价格。对空气的社会需求曲线 $D^{soc}$ 是使用空气的社会边际价值。在造纸厂使用的每单位空气中，用 $D^{priv}$ 减去所有受到污染影响的人的边际损害之和，就是 $D^{soc}$。因此，使用空气的社会边际价值，就是使用空气的企业的私人边际价值减去边际污染损害之和。社会和企业间的空气的最优交换量是 $Q_{opt}$，位于 $S$ 和 $D^{soc}$ 的交点。在 $Q_{opt}$，社会供给空气的边际负效用等于使用空气的社会边际价值，这是有效使用空气的要求。

如果空气和任何一种普通商品一样被拥有和供给，那么我们就可以有一个标准分析。没有污染税的均衡是（$Q_C$，$P_C$），位于 $S$ 和 $D^{priv}$ 的交点。通过一个使用空气的庇古税可以实现最优选择，这个税收等于最优水平时边际污染损害之和，即图 6.9 中的 $t_{opt}$。企业使用空气的价格是 $P_{opt}$，空气拥有者获得的价格是 $P_N$。但是，因为空气是一种公共资源，没有污染税时，空气的价格是 0，企业使用空气的量是 $Q_0$，在 $D^{priv}$ 和横坐标的交点。因此，最优税收必须是价格 $P_{opt}$，等于庇古税 $t_{opt}$ 加上 $P_N$。$t_{opt}$ 加反映了在最优水平时边际污染损害之和，$P_N$ 反映了社会沿着供给曲线 $S$ 提供空气的边际负效用。

### 零污染？

最后一个有关污染的问题是：多少污染算多？很多人可能会说，任何污染水平都是

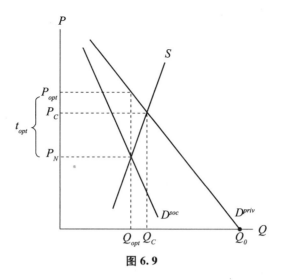

图 6.9

不能允许的，但是对绝大多数污染来说，经济学家都不会认同这个观点。减少污染当然会带来利益，但是也会有成本。在我们之前的例子里，减少污染会增加造纸厂的生产成本，这样就会提高纸张的价格，并迫使消费者去寻求那些无污染的产品。

适宜的目标是在成本和收益之间取得平衡，从而最大化减少污染带来的净收益——即最大化总收益和总成本之间的差额。当减少污染的边际收益和边际成本相等时，这一目标就实现了，如图6.10所示。边际收益和边际成本相等，是所有经济活动最大化净收益的通用法则。

在图6.10中，横坐标表示污染减少的百分比 $PR$，从0到100%。起点的0表示污染处于最高水平，100%表示没有污染。纵轴衡量的是在给定污染减少的水平时，进一步减少污染的边际收益（$MB$）和边际成本（$MC$）。$MB$ 和 $MC$ 都是标准的设定。在最初，污染最严重时，减少污染的边际收益很高。随着污染的不断减少，边际收益也不断下降，在污染减少量接近100%时，边际收益已经非常低。相反地，减少污染的边际成本在最初非常低，然后随着污染的减少而增加。在污染量接近0时，继续减少污染的边际成本非常高。污染的最优水平是 $PR^*$，位于 $MB$ 和 $MC$ 的交点，并不是零污染水平。当 $MB=MC$ 成立时，减少污染的净收益最大化，这才是社会的最优选择。

$MB$ 和 $MC$ 的测量可以参考图6.9。减少污染的边际收益是污染带来的边际损害的相反数。在图6.9中，这是 $D^{priv}$ 和 $D^{soc}$ 之间的纵向距离，是任意空气使用量上的污染的边际损害之和。当减少空气使用量并且污染也得以缓解时，进一步减少空气使用量所带来的污染边际损害之和也会降低，$D^{priv}$ 和 $D^{soc}$ 之间的纵向距离也在减小。减少污染的边际成本是使用更少空气的边际净私人损失，也就是使用更多空气的净私人收益的相反数。使用空气的私人边际收益是使用空气的边际产出，也就是 $D^{priv}$。使用空气的私人边际成本是供给更多空气带来的负效用，也就是 $S$。因此，使用空气的净私人收益是 $D^{priv}$ 和 $S$ 之间的纵向距离，也就是减少使用空气的边际成本的相反数。随着空气使用量的减少，边际成本上升，$D^{priv}$ 和 $S$ 之间的纵向距离也随之增大。在图6.9中，在空气的最优使用量上，$D^{priv}$ 和 $D^{soc}$ 之间的纵向距离，即减少空气使用量（减少污染）的边际收益，等于 $D^{priv}$ 和 $S$ 之间的纵向距离，即减少空气使用量（减少污染）的边际成本。

一些污染的危害可能过大，以至于即使100%地消灭污染，减少污染的边际收益仍

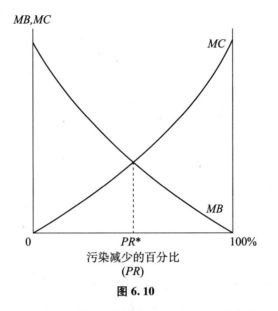

**图 6.10**

然高于减少污染的边际成本。致癌物质比如石棉、水银，或者那些会耗尽臭氧层的含氯氟烃就是其中的例子。在这些情况下，零污染就是最优选择。但是绝大多数工业废气和废水污染远没有这么可怕。对这些污染物来说，比如工厂的烟囱里排放的二氧化硫，或者化肥顺着径流污染水体，减少污染的边际收益和边际成本的权衡就如图 6.10（或图 6.9）所示。在还没有到达零污染时，我们就应该不再为减少这些污染而努力。在图 6.10 中，污染的减少量如果超过了 $PR^*$，那么由私人部门损失的价值所造成的额外的成本就会超过任何进一步减少污染所带来的额外的收益。

第 7 章

# 外部性：政策考虑

原则上说，在市场活动产生外部性时，政府的应对是非常简单的：政府只需要对产生外部性的活动征收庇古税或者发放庇古补贴，这个税收或者补贴必须等于在最优状态时的边际外部损害或者边际外部收益的和。但是在实际中，运用庇古税会遇到一系列问题。第 7 章将讨论其中的一些问题，并同时思考一些与之相关的可以纠正外部性的政策考虑。

我们会将注意力集中在总体外部性上，因为只需要单一税收就可以应对它们，这样政府可以有非常好的机会来精确地考虑这种外部性。显而易见，对政府来说，实行应对个体外部性的多种税收要困难得多。我们从第 6 章的最简单的例子讲起，在那个例子中，造纸厂排出的污染对人们造成的损害和它们的总产量成正比。这个例子已经足以描述政府在面对外部性问题并试图将经济还原到帕累托最优时所面临的一系列实际问题。

## 科斯定理

纠正外部性的第一个要求是一些决策者必须将外部性内化，去观察外部性带来的损害或收益的完整状况。在征收庇古税或发放庇古补贴时，政府就在扮演这个角色。在我们提到的污染例子中，政府观察到了造纸厂增加产量对人群造成的总体边际损害，然后向造纸厂征税来强迫它们为这种损害付账。

但是只依靠庇古税可能并不够。假设所有受到造纸厂污染影响的人们同时又都是造纸公司的拥有者或经理。他们就会有激励把外部性内部化。因为这些人经受着纸张生产带来的污染的损害，作为企业的拥有者或经理，他们现在的目标就不再是最大化企业的利润。他们可能会想要最大化造纸带给他们的净收益或净效用，这个净收益等于企业利润减去造纸带来的污染损害。为了实现这一目标，他们将计算每个工厂造纸的社会边际成本，这个边际成本等于造纸的私人边际成本加上总体边际污染损害。然后他们会让每个造纸厂分担总产出，以使得纸张的价格等于生产的全部社会边际成本，这正是帕累托最优的解决方案所需要的结果。当拥有企业的人内化其外部性时，追求个人各自的效用最大化的私人动机就和追求公共效率的目标相吻合。污染危害不再是一个外部的第三方效果，而且任何试图将经济置于效用可能性边界上的政府干预都是不必要的。

在一篇发表于 1960 年的广为人知的论文中，罗纳德·科斯（Ronald Coase）证明了用庇古税来纠正外部性是不必要的——哪怕对于造成这些外部性的当事人来说，损害或收益仍然是外部的（Coase，1960）。为了保证效率，政府所需要做的事情就是规定外部性的所有权，这样外部性就能在市场上进行买卖。当存在一个能够交易外部性的市场时，私人集团有激励就外部性的有效规模进行谈判，就好像市场会产生激励机制来刺激人们对任何产品和服务进行谈判一样。这就是著名的**科斯定理**（Coase Theorem）。科斯定理的一个推论是，产权在最初属于市场中的任何一方都不影响最后取得有效率的配置。产权可以交给外部性的制造者，也可以交给外部性的承受者。

我们可以用第 6 章中"污染和产出成比例"的例子描述科斯定理。图 7.1（a）部分还原了图 6.4，这幅图描述了庇古税是如何解决污染的外部性的。在既没有政府干预也没有界定清洁空气的产权时，竞争性配置是 $(Q_C, P_C)$，位于市场需求曲线 $D$ 和私人供给曲线 $S^{priv}$ 的交点，这个结果只考虑了造纸的私人边际成本。有效率的配置是 $(Q_{opt}, P_{opt})$，位于市场需求曲线 $D$ 和社会供给曲线 $S^{soc}$ 的交点，这个结果考虑了造纸的私人边际成本以及造纸带来的总体边际外部损害。通过庇古税 $t$ 可以实现最优配置，税收等于在 $Q_{opt}$ 时的总体边际外部损害。

根据图 7.1（a），图 7.1（b）显示了减少污染的边际收益（$MB$）和边际成本（$MC$），横坐标表示的是污染的减少量，从 0 到 100%。0 点代表最初的竞争性均衡，即 $(Q_C, P_C)$。$MB$ 是图 7.1（a）中 $S^{soc}$ 和 $S^{priv}$ 之间的纵向距离，而 $MC$ 则是 $D$ 和 $S^{priv}$ 之间的纵向距离。

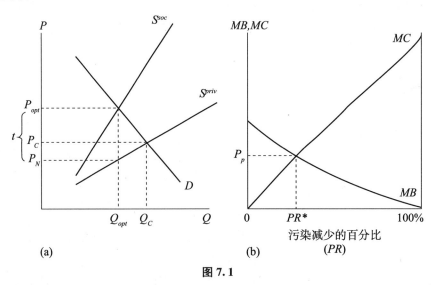

(a)　　　　　　(b)

**图 7.1**

在没有庇古税的情况下，市场能达到 $(Q_{opt}, P_{opt})$ 这一有效率的均衡吗？科斯的回答是"可以"，仅仅需要政府界定一下清洁空气的产权。如果外部性的范围非常有限，科斯的理论几乎是完全正确的。为了看清这一点，我们考虑一个最简单的例子：只有一个工厂在排放污染并且只有一个人受到了影响。

假设政府将清洁空气的产权界定给企业拥有者，这就等于说企业主有权利进行污染。在纸张的价格为 $P_C$ 时，如果企业主仅仅考虑了造纸的私人边际成本，那么他会选择产出水平 $Q_C$。在污染的权利被界定以后，企业主可以选择是否在市场上销售这个权利。同时，那个将受到污染影响的人会有激励从企业主手中购买一部分污染权利以期可以降低污染总量。参考图 7.1（b）。当 $PR=0$ 时，经济处于竞争性均衡，$MB$ 是受到污染影响的人每降低一单位污染获得的收益，$MC$ 是企业主降低污染的成本，他只需要考虑由于降低产量而损失的销售额。因此，企业主以任何介于 $MB$ 和 $MC$ 之间的价格将一单位的污染权利卖给受到污染影响的人，这样可以减少一单位污染，这对双方来说是双赢的。对第二单位污染来说，也是如此，依此类推，直到达到 $MB$ 和 $MC$ 的交点。假设在 $MB$ 和 $MC$ 的交点处，个人从企业主那里购买每单位污染的权利的价格是 $P_p$，企业主将售出 $PR^*$ 单位污染权。因为 $P_p$ 等于庇古税，本例中的污染的减少量等于图 7.1（a）中纸的产量从 $Q_C$ 减少到 $Q_{opt}$，此时，实现了纸的产量和污染水平的有效率均衡。

相对地，假设政府将清洁空气的产权界定给受污染的个人，这就等于说个人有权利阻止企业排放污染。现在，很自然地，企业主和个人之间谈判的起点是没有任何污染，因为想要排放任何一点污染，企业主都必须从个人那里购买污染权。从图 7.1（b）右侧的 $MB$ 和 $MC$ 开始，$MB$（$=S^{soc}-S^{priv}$）可以解释为增加污染带给个人的边际**损害**（damage），$MC$（$=D-S^{priv}$）是从 0 开始增加产出给企业主带来的边际**收益**（benefit）。如前所述，假设企业主付给个人 $P_p$ 来购买每单位污染权，污染市场将在 $PR^*$ 出清。直到产量从 0 增加到图 7.1（a）中的 $Q_{opt}$，我们再一次在没有庇古税的情况下取得了有效率的结果。无论是企业主还是个人获得清洁空气的产权，都不影响最终取得有效率的配置。①

但是，当存在大量的企业和个人时，就如我们最初的例子所描述的情况，科斯定理就会有很大的问题。原则上，这个定理仍将适用。无论清洁空气的产权被界定给市场的任何一方，双方都有激励以污染的边际收益和边际成本之间的某个价格交易污染权，就如同一个人、一个企业的例子一样。并且每个人都有兴趣去建立这样一个产权市场。但是，关于这个外部性问题的本质，以及其他任何效率配置问题来说，这会使经济低于其效用可能性边界，如在图 7.2 中的点 $A$。所有在点 $A$ 北方、东方以及东北方的在线段 $BC$ 上的点，相对于点 $A$ 来说，都是帕累托改进：它们可以在不损害另一个人利益的情况下，使一个人的境况变好，或者使两个人的境况都变好。一个理性人应该尝试从点 $A$ 移动到 $BC$ 上的任意一点，并且尽可能挖掘可以获得这些潜在收益的方法，通过市场交易污染权就是其中之一。

然而，建立一个污染权交易市场会遇到非常严重的实际困难，特别是当有一大群人受到外部性的影响时，而空气污染通常就是这样。将所有人集中在一起进行讨论，其交

---

① 在一对一的讨价还价中，价格可能不是 $P_p$。一方可能会从交换中得到更多的消费者剩余，这依赖于双方讨价还价的能力。例如，个人可能会向企业按照每单位产出征收一笔费用，数额等于 $MC$ 和 $MB$ 之间的差，从而可以获得污染权交易所带来的所有收益。但是有效率的污染量依然是 $PR^*$，这就是科斯定理的本质所在。

易成本高得不可想象。并且，假如企业拥有污染权，那么有些人会有激励搭便车，享受别人的谈判成果（对于企业主来说，如果受污染的人群拥有清洁空气的产权，那么同样会有一些企业主搭便车）。这里有一个问题，那就是每个受到污染影响的人都消费了同样的污染量，而并不是像在一个普通市场里那样，人们可以根据自己的意愿选择商品或服务的数量。这些困难让绝大多数经济学家相信当外部性分布广泛时，科斯定理是不适用的，而这种外部性恰恰是政府最常遇到的。在这种情况下去纠正外部性，必须使用庇古税（或其他等效的政策——见下面的内容）。

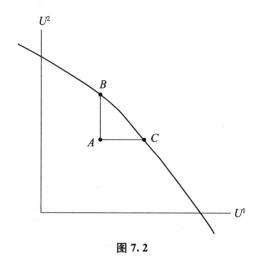

图 7.2

## 制定庇古税时的测量问题

在尝试设定针对各种污染的总体外部性的最优庇古税时，政府要面对两个困难的测量问题。第一个是**在最优状态**（at the optimum）下，庇古税必须等于总体边际损害。第二个是我们的科学知识仍然不足以完全了解减少污染的好处。

### ☐ 逼近最优

假设政府可以精确测量污染的边际损害。即使如此，当政府第一次尝试测量边际收益并设定庇古税的时候，它测量的污染水平仍然是错误的。参考图 7.3，这幅图是建立在图 6.4 和图 7.1 (a) 的污染和产出成比例模型基础上的。

在最优时，庇古税是 $t_{opt}$，等于产量为 $Q_{opt}$ 时 $S^{soc}$ 和 $S^{priv}$ 之间的距离 $gh$，而这等于最优时的总体边际损害。在政府向造纸厂征税之前，市场处于竞争性均衡（$Q_C$，$P_C$）。因此，当政府第一次测量总体边际损害时，它测量到的是 $ab$，即产量等于 $Q_C$ 时 $S^{soc}$ 和 $S^{priv}$ 之间的距离。如果 $Q_C$ 和 $Q_{opt}$ 距离很远，$ab$ 就会严重高估产量为 $Q_{opt}$ 时的总体边际损害，而后者才是政府希望知道的。

但是，如图 7.3 所示，政府可以通过一系列税收逐步逼近最优点。政府最初设定税收 $t_1$ 等于 $ab$，然后会知道 $t_1$ 太大了。市场越过了 $Q_{opt}$，并在 $Q_1$ 建立了新的均衡，该均衡

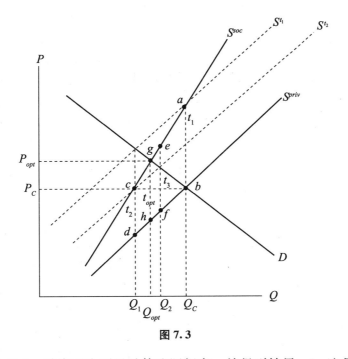

**图 7.3**

位于 $D$ 和 $S^{t_1}$ 的交点。政府再次测量总体边际损害，并得到结果 $cd$，这是在 $Q_1$ 上 $S^{soc}$ 和 $S^{priv}$ 之间的距离，并重新设定税收为 $t_2$（$=cd$）。这时，$t_2$ 太低了，市场再次从相反方向越过了 $Q_{opt}$，并在 $Q_2$ 建立了新的均衡，该均衡位于 $D$ 和 $S^{t_2}$ 的交点。此时的总体边际损害是 $ef$，是产量等于 $Q_2$ 时 $S^{soc}$ 和 $S^{priv}$ 之间的距离。把税收设定为 $t_3$（$=ef$），会使经济再次从另一个方向越过最优点，但是市场在逐渐靠近最优产量 $Q_{opt}$。因为这一系列的税收使经济从两个方向越过最优点，政府也许可以通过不多的几次尝试，就能够获得一个在最优时关于总体外部损害的合理估计。比如，在图 7.3 中，$t_2$ 就比较接近 $t_{opt}$。这也许是在实际操作中，我们能期望的最好结果。[①]

□ **减少污染的收益**

前一节中我们假设政府知道任何污染水平上的边际损害，这是一个不现实的假设，至少是非常特殊的假设。我们的科学知识还远远不能搞清楚各种不同污染造成的损害。美国政府确认了八种致癌物质，并禁止使用它们。另一个例子是禁止使用完全卤化的聚氨酯，因为它会破坏臭氧层，过去它曾经用在喷雾剂和冰箱里。但是另外将近 200 种政府认定的污染物——二氧化硫、颗粒粉尘、一氧化二氮、二氧化碳以及其他污染物——人们远不能确定其危害，并且科学界对此仍在激烈争论。对于这些污染物，任何如图 7.1（b）那样在不同的污染水平测量边际收益曲线的尝试都必然包含很多猜测成分，并且会招致严重的争议。结果，很多政府甚至都不去测量危害。相反地，它们任意设定一个污染减少目标或者污染标准，然后据此制定政策以期实现这一目标。

第7章

外部性：政策考虑

① 只要市场是稳定的，这一系列的税收就会收敛到 $t_{opt}$。即使是这样，税收也可以改变市场，使其在过高的产出和过低的产出之间波动，这种波动依赖于需求和供给曲线的形状。在这种情况下，政府将会花费许多时间逐渐逼近大概的 $t_{opt}$。遵循这种策略的政府，需要一点运气才能达到目的。

在这一过程中，最有效率的目标就是用最低的成本实现污染减排的目标。幸运的是，适用于最优庇古税的那些原则在绝大多数情况下依然适用于如何有效地实现污染减排目标。就如我们在第 6 章看到的那样，实现污染减排目标成本最低的方法就是对污染源征税，而且最好尽可能地接近污染物。政府所需要做的事情就是不断调整税收使得减排目标能够实现。这个结果不是帕累托最优的——经济仍然处于效用可能性边界下方——除非污染减排目标恰好就是达到使得减少污染的边际收益和边际成本相等的那个污染量。换句话说，此时的税收就不再是原来的庇古税。但是它仍然是有效的，因为它用最低的成本实现了污染减排目标。

### □ 命令和控制（CAC）方法

不幸的是，在应对污染时，政府经常使用数量政策来追求数量目标，而不是使用污染税这样的价格政策，而数量政策不仅成本非常高，而且很没有效率。美国尤其如此。1991 年联邦政府使用可销售的污染许可证来达到减少电厂排放二氧化硫的目标，我们将在下面指出，这种方法等价于污染税。自 1970 年和 1972 年联邦政府直接查处空气污染和水污染的工业污染源以来，这是仅有的少数几个使用价格策略来约束空气污染和水污染的重要例子。政府过度偏爱所谓的**命令和控制**（command and control）方法，这种方法要求所有的企业都必须安装特别的设备来减少污染排放。汽车上授权安装的污染控制装置是 CAC 方法的另一个著名的例子。

我们可以用第 6 章讨论的两个污染模型分析数量方法的高昂成本。再次考虑污染和产量成比例模型，并参考图 7.4 (c)。假设政府希望将污染量减少 45%，和新的均衡 $Q_1$ 比较，这也是纸张的产量从最初的 $Q_C$ 减少的比例。税收的解决方案就是征收等于 $t_1$ 的税收，这个税收可以将纸张的需求量减少到 $Q_1$，并使 $Q_1$ 成为新的均衡。图 7.4 假设企业有两种造纸方式，分别是 1 和 2，这两种方式的区别是它们的个人供给曲线，也就是它们造纸的私人边际成本。图 7.4 (a) 中的企业的个体供给曲线是 $s^1$，图 7.4 (b) 中的企业的个体供给曲线是 $s^2$。在最初的竞争性均衡 $(Q_c, P_c)$，每个第一种类型的企业都会向市场供给数量 $q_C^1$ 的纸张，每个第二种类型的企业的供给量都是 $q_C^2$。在有污染税的均衡下，每个企业为了追求利润最大化，在税后的价格水平 $P_N$ 向市场供给纸张，这个价格等于它的私人边际成本。这意味着，第一种类型的企业向市场供给 $q_1^1$，第二种类型的企业向市场供给 $q_1^2$。

将数量政策和税收结果相比较的最简单的方式是一种一视同仁的方法——政府要求每个企业都将产量减少 45%。在图 7.4 (a) 和图 7.4 (b) 中，$q_{45\%}^1$ 和 $q_{45\%}^2$ 表示 45% 的产量减少。相对于税收结果，第一种类型企业的产出从 $q_1^1$ 增加到 $q_{45\%}^1$，第二种类型企业的产出从 $q_1^2$ 减少到 $q_{45\%}^2$，一视同仁的方法在这个过程中明显付出了过高的成本。第一种类型的企业向市场每增加一单位的产出，其边际成本都高于（$MC > P_N$）第二种类型的企业向市场减少每单位产出的边际成本（$MC < P_N$）。

这个例子说明了无论企业的生产成本是否相同，税收带来的成本都比较低。税收政策通过模仿竞争性市场的成本—效率方式，隐含地考虑了这些差别。最小化供给总成本的方法就是使每个企业的边际成本相等。在一个竞争性均衡中，有着不同供给成本的企业向市场提供不同数量的产品，但是所有企业供给最后一单位产品的成本是一样的，因为它们都是在市场价格等于边际成本时向市场提供产品。当所有企业的边际成本相等时，

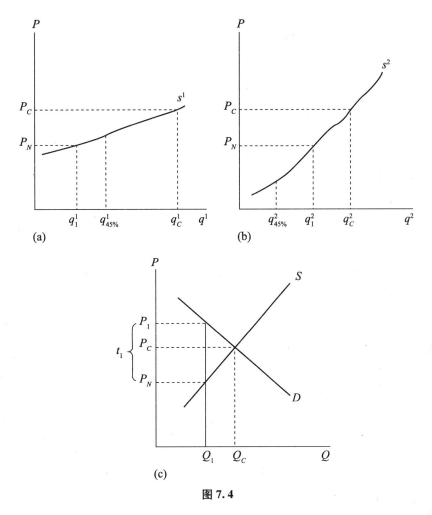

图 7.4

任意两个企业的产量相互替换，都会增加市场供给的总成本。这个例子说明了污染减排中的一个基本原则：当污染可以用不同的方法减少时，不同方法减少污染的边际成本应该相等。这就保证了任何污染减排目标都能以最小的成本实现。

总的来说，一视同仁的数量方法可能会呈现出这样一种"公平"的感觉：因为所有的企业都排放了污染，所以它们应该减少相同的产量或者用相同的方法减少污染。这也许可以解释为什么联邦政府的 CAC 政策会如此流行。但是，如何减少污染是一个效率问题，不是一个公平问题。合理的目标应该是用尽可能小的成本来达到污染减排的目标，而通过价格政策，例如污染税或其他类似的价格政策可以更好地实现这一目标。

另外，第 6 章讨论过有关水污染和空气污染的更现实的模型，它从另一个角度表明了 CAC 政策相对于污染税的不足。回想一下，在那个模型里，企业将干净的空气或水看作是生产资源。这样，空气（或水）成为一种生产要素，企业必须考虑如何让所有要素的 $\frac{MP_{factor}}{P_{factor}}$ 值都相等，从而无论企业生产什么，它们都能最小化总成本。污染的问题在于，对于企业来说，干净的空气（或水）的价格为 0，因此，企业有激励用任何方法去使用并且污染空气（或水）。污染税的优势在于它利用同样的利润动机来引导企业考虑应如何污染对它们来说过去是免费的水和空气。在税收政策下，企业有激励去发掘使用资本、劳动力和其他材料来代替空气（或水）的可能性，从而继续保持无论生产什么，都能最小化总成本。

CAC 政策让企业用一种特定的方式去减少污染，比如把过滤器装进烟囱来控制污染排放。在污染税的影响下，一些企业可能会选择用过滤器来减少污染，从而减轻税收负担。但是另一些企业可能会做出不同的选择，比如选择一种更洁净的燃料，或者什么都不做，就是缴纳污染税。无论企业选择什么方法，都是企业减少污染的成本最小的方法。因此，污染税可以让所有企业降低污染的成本总和最低。CAC 方法由于采用一种统一的特定方法，忽视了每个企业用其他生产要素代替空气（或水）的作用的能力是非常不同的。相反，税收隐性地并且自动地考虑了这种差异。

CAC 政策还有一个劣势，那就是空气（或水）的价格对企业来说仍然是 0，因此只要有用，企业仍然有很强的动机去使用空气（或水）。这就说明，企业有动机去欺骗。更重要的是，通过司法系统起诉欺骗者，对政府来说也同样是一种负担，而且会带来新的问题。它会增加 CAC 政策的支出，并且并不一定有效。假如对欺骗者的罚款不够高，企业也许会决定继续欺骗，因为承担继续欺骗而被抓住并罚款的风险对企业来说是值得的。同样，假如本该由联邦政府承担的起诉欺骗者的责任落在了州政府身上，那么企业很可能说服州政府不要起诉它们，否则它们就会搬到其他州去。

污染税在其他方面也会产生激励作用。企业必须自己来证明它们的污染已经减少了，政府不必负担这个责任。当然，企业会在税负上进行欺骗。但是，一旦企业的污染水平在最初就被确定——在污染税制度实行之前，而税负的责任非常明确，企业现在就有激励用其他生产要素替代空气（或水），减少污染，并向政府报告这一点，从而表明它们的税负责任应该减轻。如果企业已经用别的生产要素替代了空气（或水），并且减少了它们的税负，它们就不太可能会回到原来的生产技术。总的来说，就减少工业污染而言，和CAC 方法相比，污染税给企业带来的多种不同激励是价格策略优于数量策略的又一个有力的证据。

# 另一种价格策略：补贴和许可证

对政府而言，要实现减少污染的目标，在最优化或其他方面，至少是在成本上，税收并不是唯一适用的价格策略。另外两个可以选择的方式是对企业减少污染进行补贴，以及市场化的污染许可证。它们和污染税有相同的边际性质，因此在实现污染减排时，也有相同的最小化成本的性质。但是，它们在其他方面和污染税存在差别，这使得它们在某些具体事例中优于污染税或者不如污染税合适。

## □ 污染税、补贴和市场化许可证的边际相等性

为了考察税收、补贴和许可证在边际上是相等的，我们回到简单的污染和产出成比例模型，并且思考一个追求利润最大化、处于完全竞争中的造纸厂是如何应对这样的政策的。

**税收**

在征税时，企业的利润是：

$$利润 = pq - C(q) - tP(q)$$

式中，$p$ 为纸张的市场价格；$q$ 为造纸厂的产量；$C(q)$ 为造纸的总成本；$t$ 为每单位的污染税；$P(q)$ 为与企业产出相关的污染总量。企业在边际利润为 0 时，实现生产利润的最大化：

$$\frac{d\,利润}{dq} = p - \frac{dC}{dq} - t\frac{dP}{dq} = 0$$

或者

$$p = \frac{dC}{dq} + t\frac{dP}{dq}$$

这是我们熟悉的利润最大化时的竞争性供给法则：产量是价格等于边际成本时的生产水平。这里，随产量而增加的边际成本等于私人边际成本 $\frac{dC}{dq}$ 加上递增的污染税负 $t\frac{dP}{dq}$。考虑第二项，税收 $t$ 是按照每单位污染征收的，而 $\frac{dP}{dq}$ 则表明了每增加一单位产出会增加多少污染。[1] 因此这两者的乘积就是边际递增的企业污染税负。

**补贴**

当使用补贴去减少污染时，企业的利润方程变为：

$$利润 = pq - C(q) + s\left[\overline{P} - P(q)\right]$$

式中，$s$ 为每单位补贴；$\overline{P}$ 为最初在没有补贴的情况下测量的企业的污染水平。我们也可以将该方程表示为：

$$利润 = pq - C(q) - sP(q) + s\overline{P}$$

竞争性供给法则是：

$$\frac{d\,利润}{dq} = p - \frac{dC}{dq} - s\frac{dP}{dq} = 0$$

或者

$$p = \frac{dC}{dq} + s\frac{dP}{dq}$$

当 $s = t$ 时，这和税收政策下的竞争性供给法则是一样的。因此，对企业来说，税收和补贴对其减少产出的激励是一样的。唯一的例外是，补贴对企业要温柔一些，因为它们得到了补贴而不是被征税。在短期内，在补贴政策下，企业的利润要高一些。

**市场化污染许可证**

在**市场化许可证**（marketable permit）体系里，政府向企业颁发许可证，每张许可证给予企业一定数量的污染额度。假设政府向企业拍卖许可证，并且许可证的价格 $P_b$ 是通过拍卖确定的。那么，在许可证体系下，一个竞争性企业的利润方程就是

$$利润 = pq - C(q) - P_b P(q)$$

---

[1] 如果 $t$ 等于污染的总体边际损失，那么 $t\frac{dP}{dq}$ 就等于在最优水平下，额外一单位产出的总体边际损失，等式右边等于污染的全部社会边际成本，如之前的图所示。这样，这种税收更像是用来满足某一个给定的污染目标。

其中，$P(q)$ 既表示企业产生的污染总量，也表示它从拍卖中购买的许可证的数量。

竞争性供给法则是

$$\frac{\mathrm{d}\,\text{利润}}{\mathrm{d}q} = p - \frac{\mathrm{d}C}{\mathrm{d}q} - P_p \frac{\mathrm{d}P}{\mathrm{d}q} = 0$$

如果许可证的价格 $P_p$ 和税率 $t$ 相等，那么这个表达式和税收制度下的竞争性供给法则是一样的。但是，如果税收政策和许可证政策可以实现同样的污染减排总量，那么它们就必须是相等的。再次参考图 7.4（c）。在税收政策下，政府设定税率 $t$ 可以实现产出 $Q_1$。假设政府颁发总量为 $Q_1$ 的许可证，并且对其进行拍卖。因为对每个企业来说，在这两种制度下竞争性供给法则是一样的，因此许可证的拍卖价格 $P_p$ 必须等于 $t$，才能够产生产量为 $Q_1$ 的竞争性均衡结果。在这两种政策下，当企业向市场供给相同的产量时，它们的每单位边际污染成本也将上升相同的数量。

为了减少二氧化硫的排放，美国使用过一系列的许可证制度。最初，这些许可证允许一个既定标准的二氧化硫的排放量。后来，美国政府根据一个任意的公式将许可证分配给公用事业企业，并且允许许可证在市场上买卖。在几个月之后，许可证市场实现了均衡。

如上面所说，假设 $P_p$ 为许可证的均衡价格，同时假设一张许可证允许一单位的污染，并且假设企业最初被分配到的许可证是 $\bar{P}$。这样，在市场化许可证制度下，企业的利润方程是

$$\text{利润} = pq - C(q) - P_p \left[ P(q) - \bar{P} \right]$$

或者

$$\text{利润} = pq - C(q) - P_p P(q) + P_p \bar{P}$$

假如企业想要的污染量比它最初分配到的许可证所允许的污染量多，那么它就会在许可证市场上购买许可证。假如它有多余的许可证，它就会卖掉它们。在这些情况下，企业的竞争性供给法则是

$$\frac{\mathrm{d}\,\text{利润}}{\mathrm{d}q} = p - \frac{\mathrm{d}C}{\mathrm{d}q} - P_p \frac{\mathrm{d}P}{\mathrm{d}q} = 0$$

这和政府拍卖的情况是一样的，因此当 $P_p = t$ 时，和税收政策的情况也是一样的。

### □ 税收、补贴和许可证的区别

但是，这三种政策也不是在每个方面都相同。我们已经提过了一个明显的区别——对企业而言，补贴和市场化许可证更温和，因此相比于税收，可能更有政策优势。三者之间还有一些其他的微妙不同。

**补贴**

税收和补贴的不同在于它对企业的利润的影响，在税收的影响下，企业的利润在短期内会下降，但是在有补贴时，企业的利润在短期内会上升。这一不同可能会在减少污染时影响到两种政策的效果，特别是当污染和产出高度相关时，这也会成为反对补贴政策的理由。

图 7.5（a）描述了一个代表性造纸厂的边际成本（$MC$）和平均成本（$AC$）。图 7.5（b）描述了整个纸张市场。$AC^0$ 和 $MC^0$ 是在政府征税或实行补贴之前的曲线，这时市场

供给曲线是 $S^0$，是企业的边际成本曲线的和。最初的长期均衡处于（$Q^0$，$P^0$）。每个企业生产 $q^0$，并且获得零经济利润。

每单位税收将使平均成本曲线和边际成本曲线分别上移到 $AC'$ 和 $MC'$，而且总的市场供给曲线同样由于税收而向上移动。因为 $P$ 并不会因为税收而上升，企业现在就有了损失。当短期供给曲线变为 $S'$ 时，有些造纸厂会在长期退出市场，而剩下的企业会再次在价格 $P'$ 达到收支平衡。价格会上升到 $AC'$ 的最小值，并且产出会在长期减少到 $Q'$。因为污染和产出相关，退出的造纸厂实际上减少了污染的总供给量。

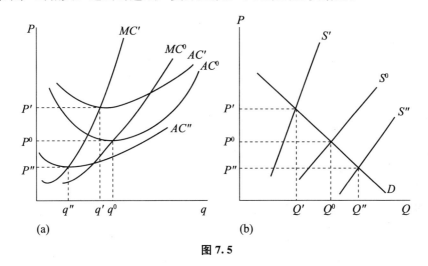

图 7.5

用于减少污染的每单位补贴也同样将边际成本曲线推至 $MC'$——因为生产成本在边际上增加了。但是因为企业获得了补贴，平均成本曲线降低到 $AC''$。企业在补贴政策下会获得利润，这会鼓励新的企业进入造纸业。当价格落到 $P''$，即 $AC''$ 的最低点时，新的企业才会停止进入，同时造纸厂会再次收支平衡。产出在长期会达到 $Q''$。在补贴下，每个企业的产出会下降到 $q''$。但是新进入的企业增加了总产出，如果污染和产出相关，那么总污染量也因此而增加了。

在此影响下，新的企业为了获得补贴而进入该产业，因此人们强烈反对采用补贴政策来减少污染。唯一可以阻止新企业大量进入的方法就是规定补贴只发放给现有的企业而不是新的企业，但是这就会允许现有的企业在长期获得经济利润，这也是该政策的不足之处。并且，因为没有企业会退出，该政策减少总产出和总污染的效果也不如税收。因此，税收政策显然是更好的政策。[①]

**污染许可证**

如果政府设定一个污染减排目标，那么相比污染税，市场化许可证有一个明显的优势。我们可以简单地规定颁发的许可证的数量，使允许污染的总数等于污染减排的目标量，同时可以建立一个许可证市场，让许可证的价格等于这个价格策略所能达到的最低成本。这里不需要像税收政策那样逐步逼近。同时，如果经济体处于一般性通货膨胀时

---

① 另一个可能的方法是给现有的企业和所有潜在的进入者提供补贴，数额为 $s\overline{P}$。采用这种方法后，潜在的进入者不需要进入这个行业，也能够获得补贴，所以不会出现进入的现象。在这种例子中，补贴一定是一次性总付的形式，因为它不会随着进入而改变。但是，确定所有的潜在进入者是不可行的。

期，税收必须阶段性调整，但是固定数量的许可证的价格却可以随着通货膨胀自动调整。

但是，相比于税收，许可证也有一些劣势。经济学家对许可证的最大担忧是，现有的企业会将许可证变为一种进入壁垒，持有超过它们实际所需的数量，从而增加新企业的进入成本，甚至完全阻断任何新的进入。在电力行业中，这不会是一个问题，因为电力行业都是受到管制的，但是如果许可证被用在更广泛的领域，这可能就是一个问题。

另外一个潜在的问题是，许可证市场很可能是全国性的，并且建立一个全国统一的许可证价格，就像二氧化硫的许可证市场那样。这里的问题是，全国性的市场隐含地假设了企业排放构成了全国性的总体外部性——但事实上，空气（或水）污染的危害往往是地区性的。这样，污染排放就成为一种个体外部性，并且需要在不同地区制定不同的许可证价格。举例来说，一个位于人烟稀少的缅因州的发电厂通过一个全国性市场把一张许可证卖给了一家位于人口稠密的洛杉矶的公用事业公司。在这个交易中，隐含的假设是，在缅因州减少污染的边际收益等于在洛杉矶增加污染的边际成本——很难相信这是正确的。针对这个问题，在不同地区设定一系列不同的税收要比建立一系列不同的地区性许可证市场容易得多。

### □ 税收、许可证和不确定性

在选择税收和许可证问题上，最后一个要考虑的因素是在测量减少污染的成本和收益时内在的不确定性。我们已经注意到，在确定减少不同种类污染的边际收益时，会遇到不确定性。减少污染的边际成本，即市场需求与（私人）供给曲线之间的差额，也显然不是确定无疑的。问题是，政策制定者们是不是也会更多地考虑有关边际收益和边际成本的不确定性问题？这个问题很关键，因为许可证可以更好地控制污染量，而税收可以更好地控制企业为了减少污染而不断增加的成本。

图 7.6 描绘了在不确定性下的政策选择问题。它假设政策制定者没有关于减少污染的边际收益和边际成本的准确知识。然而，他们直觉上知道曲线的大致形状。

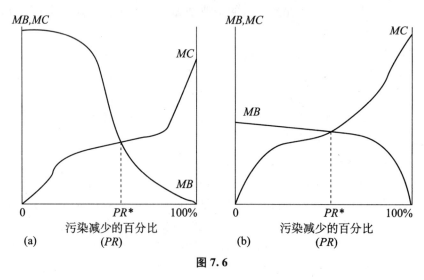

图 7.6

在图 7.6（a）中，当边际收益曲线非常陡峭，并且位于最优污染减排水平以下时，政策才有意义，而这时，在污染减排的很长一段区域中，边际成本曲线相当平坦。这种情况下，许可证是一个更好的选择。回想一下，在任何污染减排水平上，边际收益都等于剩下的污染量造成的边际损害。当控制了污染减排的数量时，政府可以保证剩余污染不会造成大的边际损害。如果许可证数量太少，市场就会向右远离污染减排的最优数量即 $MB$ 和 $MC$ 的交点，至少可以认为额外的成本不会很高。在这种情况下，使用税收的担忧来源于税收可能被设置得过低，这样只能削减很少的污染。他们肯定不希望市场向左远离最优点，因为如果是那样，剩余的污染造成的危害就会非常大。

在图 7.6 (b) 中，情况完全不同。政策制定者认为减少污染的边际收益曲线会非常平坦，但是在高于污染减排的最优量的地方，边际成本曲线会非常陡峭。在这种情况下，他们希望可以控制成本，因此税收是最好的选择。现在他们担忧市场会向右远离最优点，如果是那样，削减污染的成本会远远高于收益。如果税收制定得太低，市场会向左偏离最优点，至少剩余污染造成的损害不会特别大。

最好的政策选择必须是逐项单独处理。有人认为在绝大多数空气污染和水污染的例子中，边际收益曲线在最初快速下降，然后保持相对平坦直到百分之百完全清除污染；而边际成本曲线在最初保持平坦，直到绝大多数污染被清理掉，但是在此之后边际成本会快速上升。如果这是正确的，那么税收和许可证的选择就取决于边际成本和边际收益的交点。如果 $MB$ 和 $MC$ 在它们相对平坦的地方相交，并且平坦的区域足够大，那么许可证和税收政策就有相同的良好效果。政策决定也会呈现出上面提到的几种情况。如果它们的交点在 $MB$ 曲线的陡峭部分，那么许可证制度就是更好的选择；如果它们相交于 $MC$ 曲线的陡峭部分，那么税收就更合适。

# 废物处理和其他防御策略

## □ 废物处理

20 世纪 50 年代，美国联邦政府第一次认真地尝试减少污染，当时它建立了一个基金项目来补贴市政当局修建废物处理厂，处理它们辖区内的污水。这是一个针对污染的非常必要的防御策略，政府的目标是清除已经出现的污染，而不是从各种源头上减少污染排放。

毫无疑问，对已经既成事实的污染进行废物处理是一个值得考虑的选择。想象一下，科学家们发明了一种神奇的药片，而且成本极其低廉，把它扔进河流或者湖泊里，就能清理干净所有杂质，并且仍然让水质适合饮用。那么，使用这种药片无疑是对付污染的成本最小的方案。废物处理无疑没有这么便宜，但是处理污染时仍然存在大量的规模经济，足以让废物处理成为对抗任何污染的一种重要手段。

问题是，这是否应该成为减少污染的唯一策略？答案毫无疑问是否定的。最好的情况是，它可以结合污染税（或市场化许可证）使用。原因如下。第一个原因是前面阐述的原则，即各种不同的减少污染的方法的边际成本必须相等。污染税可以让所有减少污染的企业的边际成本相等。事后的废物处理有自己的边际成本。假如废物处理被单独使用，那么企业减少污染的边际成本就是零，而废物处理的边际成本显然要高于从源头上减少污染的边际成本。相反，没有废物处理时，从（企业的）源头上减少污染的边际成本最大，而事后清理污染的边际成本为零。成本最小化的策略倾向于同时使用这两种方式，并且让从源头上减少污染的边际成本等于废物处理时清理污染的边际成本。

第二个支持混合使用税收和废物处理策略的原因是，如果不在源头上向企业征税，就不可能在市场上有效改变它们的行为。在此考虑我们的污染和产出成比例模型。在没有污染税时，纸张市场的均衡位于需求曲线和私人市场供给曲线的交点，如图 7.1（a）中的初始均衡点。有效率的配置只能在均衡位于需求曲线和社会市场供给曲线的交点上时才能实现，而只有在企业的污染有成本时才会实现这种均衡，税收和许可证都可以取得这一效果。因此，从源头上减少污染的价格策略应该是任何最优策略的组成部分。

### □ 补贴受害者

另一项防御策略是向那些受到污染损害的人进行补贴，完全或部分补偿污染带给他们的伤害。其中一个例子是，补贴那些其房屋由于空气污染而变色的家庭和个人。这其实并不是一个好主意。油漆是一个种标准化的商品，不会产生任何外部性。我们在第 3章里说过，对这种商品而言，帕累托最优条件就是所有消费者的油漆和其他参考商品的消费的边际替代率必须相等，并且和它们的生产的边际转换率也相等。当这个条件成立时，所有的消费者以及油漆和其他商品的生产者都面对同样的价格，因为消费者和生产者设定了这两种商品的边际替代率和边际转换率等于这两种商品的价格比率。但是，如果那些由于空气污染而房屋变色的人可以按照补贴价格购买油漆，而其他消费者仍然要支付完全的价格，那么每个消费者面对的油漆的价格就不一样了。所有消费者的油漆和其他参考商品的消费的边际替代率必须相等的条件就无法成立。因此，以这种方式补贴受害者会使经济低于其效用可能性边界。

唯一可以采取的既能补贴污染这样的外部不经济的受害者，又避免带来新的无效率问题的办法就是以一次性总付的方式补贴受害者，比如向每一个人支付一笔钱。在第 3章，我们看到一次性转移支付将不会影响帕累托最优条件。[①] 同样，仍然要从源头对污染征税，从而达到效用可能性边界。

## 对政策的抵抗

当政府制定政策来纠正外部性时，面临的最后一个操作性困难是它们经常会受到它们希望帮助的人的各种抵制。一个很好的例子就是高速公路的拥堵。拥堵是总体外部不经济的一个例子。当司机们驶入一个拥堵的高速公路时，他们同时也增加了别的司机（和他们自己）的成本，因为这增加了他们的交通时间。但是拥堵取决于高速公路上的司机的总数，和每个司机的个体特征并不相关。

面对拥堵的最优反应是征收拥堵税，这个拥堵税等于一个新的司机进入高速公路时所有司机增加的交通时间的总成本。拥堵税每天都随时间变化，交通高峰时最高，而午

---

① 这里假定补贴由对其他人征收的一次性总付税支付。回顾有关分配问题的章节，我们假设除了一些特别讨论的之外，不存在其他任何无效率问题。

夜或者其他不拥堵的时间可以等于 0。拥堵税在一些城市——新加坡、伦敦、多伦多——已经被证明行之有效，但是在美国，人们抵制拥堵税。美国的司机虽然希望拥堵税可以改善交通状况，但是他们显然认为拥堵税会恶化他们的现状。

图 7.7 从司机的视角描述了这个问题。它将某条高速公路的运行状况描述为一个市场。横坐标表示高速公路上的司机数量。水平供给曲线 $S$ 假设可以按照一个固定的边际成本增加公路的运载能力。这个假设使我们可以忽略供给方的情况，从而集中考虑拥堵出现时市场的需求方。需求曲线 $D^{priv}$ 反映了高速公路对司机的使用价值，这个价值是可以从一个地方驶向另一个地方。这就是为什么他们一开始会到高速公路来。$D^{soc}$ 反映了高速公路对司机的完整的使用价值。在对公路的每一个使用水平上，它等于 $D^{priv}$ 减去所有司机由于拥堵而损失的时间的总边际成本，即新增一辆车进入高速公路而增加的成本。边际拥堵成本应该会随着使用公路的汽车数量的增加而增加，这也是为什么 $D^{priv}$ 和 $D^{soc}$ 之间的距离会随着公路的使用量而增加。

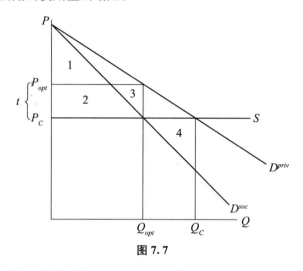

图 7.7

没有拥堵税的时候，均衡点是（$Q_C$，$P_C$），位于 $D^{priv}$ 和 $S$ 的交点。（$P_C$ 包含了供给以及保养公路的成本，并且假设这是由司机支付的。）公路使用的最优量是 $Q_{opt}$，位于 $D^{soc}$ 和 $S$ 的交点。通过一个拥堵税 $t$ 可以实现这个均衡，也把司机面对的总价格提高到了 $P_{opt}$。

我们将使用消费者剩余来显示在有和没有拥堵税的情况下司机的福利。在任何给定的使用量上，消费者剩余是 $D^{soc}$ 和 $S$（$=MC$）之间的面积。在没有拥堵税的均衡下，消费者剩余等于区域 $1+2-4$。拥堵税的想法是，通过将公路的使用量降低到 $Q_{opt}$（拥堵税 $=t \times Q_{opt}$），将负的区域 4 移走。但是司机必须支付拥堵税，拥堵税等于区域 $2+3$，这样公路使用量就是 $Q_{opt}$。如果拥堵税可以通过一次性转移支付的形式返还给司机，他们的福利状况显然会变好，因为他们的消费者剩余将为区域 $1+2$。他们会避开负的区域 4，这就是拥堵税的目的所在。

当然，不可能一次性返还拥堵税。它们会被用在一些政府服务项目上。但是，假设司机们相信他们不会得到州政府的任何服务，也就是不会得到任何形式的拥堵税的返还。他们将会认为，在有拥堵税的时候，他们的消费者剩余是区域 $1-3$。在收税之前，区域 2 表示的拥堵税是司机们福利的一部分，现在被转移给了政府，司机们会视其为福利的损失，并且没有任何补偿。区域 3 表示的拥堵税永远都不会是司机们福利的一部分，因此它代表一个无谓损失。如果区域 1−3（有拥堵税时的剩余）小于区域 1+2−4（没有拥堵税时的剩余），那么，司机们会反对拥堵税。

如果：

$$1-3<1+2-4$$

或者

$$4<2+3$$

那么抗拒。

从司机那里征收的拥堵税超过了他们为了回避负的剩余（负的剩余在没有拥堵税时随着拥堵程度而增加）而得到的利益。这很可能是大多数司机的观点。

图 7.8 从效用可能性边界的角度描述了问题的实质。在纵轴上的 $U^2$ 代表了司机的效用，横轴上的 $U^1$ 代表了其他人的效用。在最初，没有拥堵税时的均衡量是图 7.7 中的 $Q_c$，经济体位于点 $A$，在效用可能性边界以下，因为拥堵的外部性没有被正确考虑。最优的拥堵税会将经济体带到效用可能性边界上。但是如果司机们没有从他们缴纳的拥堵税中得到收益，他们会认为拥堵税将经济体带到了边界上诸如点 $B$ 这样的点，在此处，他们的境况比在点 $A$ 更差。此时，对拥堵税的抗拒是很自然的，因为拥堵税带来的收益被其他人而不是司机们享受到了。无论在什么情况下，如果外部性政策被这些政策计划要帮助的那些人所抵制，那么这些政策就很难执行。

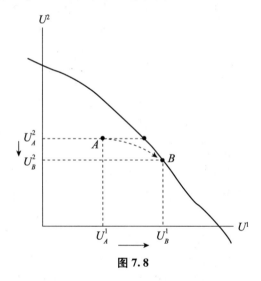

图 7.8

# 第8章

## 非排他性物品

非排他性物品，比如国防，是典型的外部性物品。回想在第 2 章讨论的非排他性物品的一个性质：如果一个人消费了这个产品，那么所有人都会得到这个产品提供的完整服务。非排他性在两个方向发挥作用。这个产品的购买者不能阻止其他任何人使用这个产品带来的服务，同时，这个产品的非购买者不能让自己不接受这个产品的服务，即使他们不想获得这种服务。因此，非排他性物品会带来终极的消费者外部性：任何人购买这种产品都会影响到所有其他人。

应该用单独一章来讨论非排他性物品，因为它和我们在第 6 章和第 7 章讨论过的外部性有一个本质的区别。在之前的章节里讨论的外部性都是由于私人市场活动比如造纸或者开车去商业区上班而带来的。与之不同的是，不能指望任何私人部门提供非排他性物品——因为人们有激励在其他人购买这种产品的时候搭便车。标准的排他性物品，比如纸张和汉堡包，可以市场化，因为如果你想拥有它们，你就会愿意为它们付费，从而约束着你对它们的需求。但是，对非排他性物品来说，则并非如此。即使你非常想拥有一个排他性物品，比如弹道导弹，你最好的选择是保持沉默并希望有其他人会购买这种物品。因为如果有人这样做了，你就可以不费分文地享受导弹带来的服务。在别人购买这个物品时，你搭了便车。因为所有人都有这种搭便车的激励，人们的需求不会通过市场表现出来，因此这个市场也就不能形成。社会别无选择，只能由政府作为代表来购买国防及其他非排他性物品。这就是为什么通常用公共物品来代表非排他性物品，与之相对的是，通常用私人物品来表示标准的排他性物品。

应该由政府部门来提供诸如国防之类的非排他性物品依然不是这类问题的最终解答。政府官员还需要回答两个困难的问题：

1. 政府应该购买多少国防？有效率的国防支出应该是多少？
2. 应该如何要求人们为国防付费（假设是通过某种税收)？

## 多少国防？

当思考应该提供多少国防时，主流的公共部门经济学家假设政府官员扮演了一个民众代理人的角色。这个问题不再是某个特定的政府官员比如总统或国防部长想要提供多少国防，相应地，这个问题现在是人们希望政府提供多少国防。如同所有的公共部门事务一样，人们的偏好起了决定性作用。

政府作为代理人这一原则假设了政府官员在一个虚拟市场上考虑应该提供多少国防。问题变为：如果国防可以在一个完全竞争市场上决定，那么这个均衡水平应该是多少？这里也有国防（或者任何其他非排他性物品）的市场供给和需求曲线。我们的目标是找到它们，并且找到它们所决定的供给和需求的均衡。这个虚拟市场上的均衡数量就是最优的或者说有效率的国防的供给量。

在供给方面，虽然具有非排他性这一性质，但国防市场没有任何特别之处。市场供给曲线 $S$ 代表了在每个产出水平生产国防的边际成本，这是供给曲线的通常解释。军队的武器和装备通常是由私人企业提供的，并且，我们假设政府官员知道供给的边际成本。

困难的地方在市场的需求方面。图 8.1 描绘了这种市场。产出 $Q$ 可以被理解为一种商品指数，它代表了国防支出的所有组成部分，其价格是 $P$。这个图假设只有两个个体，他们的需求曲线分别是 $d^1$ 和 $d^2$。市场需求曲线为 $D$，通常是所有个体的国防需求曲线的总和，但是有一些不同之处。它是个体需求曲线的纵向加总而不是标准的排他性物品的横向加总。因此，$D$ 是在纵向上 $d^1$ 和 $d^2$ 在每一点的和。按照这种不同方式获得总需求曲线的原因在于，对于私人排他性物品来说，所有的消费者面对同样的价格并且购买他们想要购买的数量。因此，在每一个价格水平上，总的需求量就是每个人的需求量的和——所以市场需求曲线是个体需求曲线的横向加总。对于像国防这样的非排他性物品来说，政府选择一个单一的国防的数量，然后每个个体都被迫消费这个数量。在给定的数量上，一个消费者的需求曲线给出了这个个体在这个数量上的需求价格，即他或她为了最后一单位国防所愿意支付的价格。因为个体需求曲线是不同的，因此，个体需求价格也是不同的。在 $Q_1$，个人＃1 愿意为最后一单位国防支付 $P_1^1$，个人＃2 愿意支付 $P_1^2$。在 $Q_1$，市场需求曲线上的价格是 $P_1^D$，即 $P_1^2 + P_1^1$，是个体需求价格的和。它被称为"市场需求价格"，是在 $Q_1$ 上两个个体愿意为最后一单位国防支付的总额。在每个产出水平上的市场需求价格也是由同样的方式决定的，即每一次都是个体需求价格的和。因此，在每个产出水平上，市场需求曲线是个人需求曲线的纵向加总。

在图 8.1 中需求曲线的基础上，图 8.2 加入了市场供给曲线。均衡是 $Q_e$，对应于 $S$ 和 $D$ 的交点。在政府可以选择的所有产出水平上，$Q_e$ 是唯一可以满足市场供给价格 $P_e^S$ 等于市场需求价格 $P_e^D$ 这一条件的产出水平。市场供给价格和市场需求价格相等实现了均衡 $Q_e$，这就是在有关市场交换的标准效率原则下得到的最优或者说有效率的国防数量：用于交换的最优产出水平就是购买者的边际价值等于供给者的边际成本时的产出水平。在 $Q_e$，也只有在 $Q_e$，所有个体用于交换的最后一单位国防的总价值（＝ $P_e^D$）等于最后一单位的供给成本（＝ $P_e^S$）。在 $Q_e$ 左边的所有产出水平上，市场需求价格都超过了市场供给价格——$D$ 都在 $S$ 的上方。消费者总体上愿意为下一单位产出支付的价格高于其供

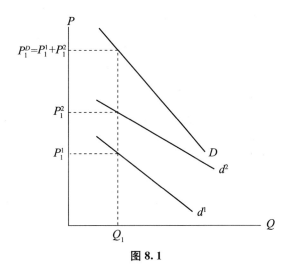

图 8.1

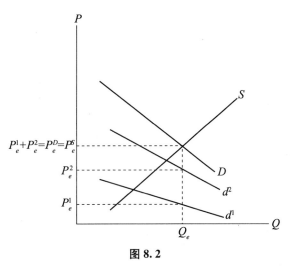

图 8.2

给成本，所以产出应当增加。在 $Q_e$ 右边的所有产出水平上，市场供给价格都高于市场需求价格——$S$ 都在 $D$ 的上方。供给下一单位产出的成本高于消费者总体上愿意为下一单位产出支付的价格，所以产出应当减少。$Q_e$ 就是有效率的产出水平。

用市场供给和需求价格的方法来分析问题，这提供了分析国防（或任何其他非排他性物品）的一种有效的法则，并且看起来与第 6 章和第 7 章介绍的外部性法则非常相似。在 $Q_e$，个人♯1 的需求价格 $P_e^1$ 代表他的边际消费价值 $MV_e^1$，个人♯2 的需求价格 $P_e^2$ 代表他的边际消费价值 $MV_e^2$。市场供给价格 $P_e^S$ 就是国防的边际成本 $MV_e$。因此，在最优点

$$MV_e^1 + MV_e^2 = P_e^1 + P_e^1 = P_e^D = P_e^S = MC_e$$

一般来说，对个体（或家庭）的任意数量 $H$，

$$\sum_{h=1}^{H} MV_e^h = MC_e$$

**在最优点，所有个体的边际价值之和等于国防的边际成本。**这一规则显然和采用庇古税（补贴）解决市场外部性是一样的，在庇古税（补贴）下，税收（补贴）等于所有

受到外部性影响的人的边际损害（收益）之和。唯一的不同点是，国防对于消费者的价值完全以外部性的形式表现出来，而对消费者来说，其他产品比如纸张是有私人用途的，可以和它们的外部性相分离。

## □ 萨缪尔森法则

关于非排他性物品的有效供给法则，最常见的表述方法是采用边际替代率和边际转换率的形式，这种边际比率以一种价格和边际成本为 1 的代表性私人物品作为参照。将私人物品定为产品 1。前面所述的 $MV_e^1$ 就与个人 $\#1$ 关于国防和产品 1 的边际替代率 $MV_{\text{defense},1}^1$ 相等。$MV_{\text{defense},1}^1$ 表示的是个人 $\#1$ 为了多消费一单位的国防而愿意放弃的产品 1 的数量，而这里所指的愿意放弃意味着效用没有变化。假设产品 1 的价格是 1，这是消费者 $\#1$ 为了多消费一单位的国防而愿意放弃的收入数量，这也是任何产品的边际价值的标准表示方法。类似地，$MV_e^2 = MV_{\text{defense},1}^2$。在供给方面，国防和产品 1 的边际转换率就是它们边际成本的比率。当 $MC_1 = 1$ 时，$MRT_{\text{defense},1} = MC_{\text{defense}}$。因此，当下式成立时，国防的供给就是有效率的：

$$\sum_{i=1}^{2} MRS_{\text{defense},1}^i = MRT_{\text{defense},1}$$

一般来说，对 $H$ 个个体（家庭），

$$\sum_{h=1}^{H} MRS_{\text{defense},1}^h = MRT_{\text{defense},1}$$

这就是著名的萨缪尔森法则，由萨缪尔森首先提出（Samuelson，1954）。它是供给非排他性物品的帕累托最优法则。

现在比较一下萨缪尔森法则和我们在第 3 章讨论过的私人排他性物品的帕累托最优法则：$MRS = MRT$。这两个法则都说明商品和服务应该在交易的边际收益和边际成本相等的点上进行交易。不同的地方在于，当人们购买额外一单位排他性物品时，只有他们自己获得收益，这种收益就是他们的 $MRS_s$。当政府提供额外一单位国防时，每个人都受到影响，所以边际收益是所有人对国防的 $MRS_s$ 的总和。

## □ 林达尔价格

瑞典经济学家埃里克·林达尔（Eric Lindahl）将虚拟市场的想法向前推进了一步。他提出可以通过一个所有公民都参加的拍卖会来决定国防或者任何其他非排他性物品的有效数量（Lindahl，1971）。林达尔的公共物品拍卖是对瓦尔拉斯拍卖的一种补充，经济学家通常用后者来描述私人物品的竞争性市场是否运行流畅，这个理论以法国经济学家利昂·瓦尔拉斯（Leon Walras）的名字命名。

在拍卖私人物品时，拍卖者喊出一个报价，并注意在那个价格上的需求和供给的数量。如果这两者的数量不相等，就不会成交。拍卖者会喊出另一个价格，并不断调整价格，直到供给和需求的数量相等，在那时，市场到达均衡状态。有些高度竞争的市场会像瓦尔拉斯描述的那样运行，比如股票、债券、农产品或者其他商品。

林达尔提出的公共物品拍卖要更加复杂。拍卖者喊出一个政府有可能提供的数量，并指出在这个数量上的边际成本或者供给价格 $P^S$。我们将这个数量称为 $Q_0$。然后他给每一个公民分配一个税赋份额或者一个价格使得每个个体的税收总和是 $P^S$，并且观察是不是每个公民都想在其被分配的税赋份额上消费 $Q_0$。如果这个方案被证明是不可行的，拍卖者会喊出第二个数量，观察新的价格，并尝试寻找一个税赋份额的分配方案，使得每个人都希望购买 $Q_0$。这个过程一直持续到拍卖者喊出均衡数量，如图 8.2 中的 $Q_e$。在这个数量上，可以找到一个税收分配方案使得每个人的税赋份额之和是 $P^s$，并且愿意购买 $Q_e$。每个人的税赋份额就是图 8.2 中的个体需求价格（也就是供给价格 $P^s$ 的一部分）。在这一点，拍卖结束，也决定了公共物品的有效供给量。

注意图 8.1 中，在拍卖者喊出的每个拍卖量上，都有一个税收分配方案或者说个体需求价格使得每个人都想购买那个拍卖量。这些价格之和是市场需求曲线 $D$ 上的市场需求价格 $P_e^D$。但是只有在 $Q_e$，拍卖者的第二个要求才得到满足，即每个人的个体需求价格或税赋份额相加等于市场供给曲线 $S$ 上的供给价格 $P^s$。在效率均衡点上个体需求价格，或者说税赋份额，就是**林达尔价格**（Lindahl prices）。

通过林达尔拍卖，我们应该如何使虚拟市场达到均衡呢？我们有一套方便且熟悉的分析框架，用以决定诸如国防这类非排他性公共物品的有效供给，这是值得肯定的。但这个分析框架很难成为政策制定者的准则。对初学者来说，林达尔拍卖显然过于复杂以至于无法实现，特别是所有公民都参加拍卖的情况下。但是，最困难的问题并不是过于复杂的拍卖规则。在进行虚拟市场分析时，一个更加基本的问题是搭便车。人们搭其他人的便车的可能性并不会简单地因为由政府提供非排他性物品而消失。参与林达尔拍卖时，人们没有动力一定要在分配到的税赋份额或价格上显示他们对公共物品的需求，特别是如果他们相信实际上可能会在拍卖结束时支付这个价格。相对而言，撒谎说只有在零税负时，他们才愿意购买任何拍卖者喊出的数量对他们来说更好，此时他们希望别人可以为此付费。不幸的是，似乎每个人都有相同的理由，而且都不愿意为此付费，这样拍卖就会流产。令人沮丧的现实是，政府在作为公民代理人来提供有效率的公共物品时，需要知道每个人的需求曲线。但是没有任何激励使得公民愿意显露他们的需求。在现实中，很难决定像国防这样重要的非排他性物品的有效供给量。

## 如何为国防付费

尽管在实际操作中有种种困难，但是林达尔价格依然是我们争取实现的目标。林达尔价格有两个理想的性质。第一，它提供了一个简单的测试，来判断国防或其他任何非排他性公共物品的供给是不是有效率的。如前面所述，这个判断的标准就是把（每个人的）林达尔价格相加，看它是不是等于给定数量上的供给价格或者边际成本。第二，林达尔价格被认为是一种为国防付费的公平的方式，因为林达尔价格用征税支付的手段提供公共物品和服务，所以它符合受益原则。

### □ 林达尔价格和税收的受益原则

受益原则起源于 13—14 世纪的欧洲封建社会，当时，贵族们需要向国王缴税或者上贡，感谢国王保护他们的领地不受外敌侵略。这些与国防利益有关的支付引申出了更一般的**税收的受益原则**（benefits-received principle of taxation）概念，并且这些概念一直延续至今。这个原则就是，公共物品（或服务）的使用者应该尽可能地按照他们从这些产品中获得的利益等比例地进行支付。此外，使用者们应该承担这些产品的全部成本。非使用者不应该为此进行任何支付。在为政府支出进行支付时，受益原则是一条在美国和其他几乎所有（如果不是全部的话）发达资本主义国家都被广泛遵循的原则。

受益原则不可能适用于所有的政府支出，一个显而易见的例子是对穷人进行转移支付。转移支付项目的受益者就是转移支付的接受者。如果他们需要为他们所得的收益缴税，那么他们实际得到的收益可能是负数。但是，由于本书中提到过的各种效率和配置问题，受益原则可以被广泛应用于各种公共部门中所有资源使用型政府支出项目。正确的做法是，出于公正的考虑，如果这个原则可以被执行，那么它就必须被执行。对受益原则的信奉推动了美国最近的税制改革。政府部门现在通常都会对诸如垃圾收集、使用公共海滩等公共服务收费，而不再对这些服务征收地方税。这些收费更紧密地贴近这些服务的使用者。

在资本主义国家出现税收的受益原则一点也不令人惊讶，因为市场本身就是以受益原则为基础运转的。如果你想要一种特别的商品或服务，你需要为此付费。在为公共物品或公共服务进行支付时，唯一需要考虑的与之相关的事情是我们的税收应该基于什么样的利益。人们应该按照每个人在社会获得的总收益中所占的比例来付费吗？或者按照平均收益来付费？抑或按照边际收益来付费？

一个很自然的回答是边际收益，因为这是我们在市场环境中购买私人物品所遵循的准则。尽管我们的收入和偏好不尽相同，并且对某种产品的需求量也不一样，但是我们的边际水平是相等的。我们的消费量恰好等于我们要支付的价格水平上的那个数量，这一点对每个人来说都是一样的，这个价格等于这个产品对于我们的边际价值，或者说等于相对于某个参照商品的 MRS。如果我们购买了很多单位的这种产品，我们支付的价格反映了我们购买的最后一单位产品的价值。

现在回到图8.2中表示的有关国防的虚拟市场。可以反映国防对两个人的边际价值或者 MRS 的价格，是他们在产量 $Q_e$ 上的需求价格 $P_e^1$ 和 $P_e^2$，即林达尔价格。林达尔价格或税收分配最接近我们购买私人物品和服务的方式，正因为如此，它才会被广泛认为是为国防进行支付的最公平的方法。

### □ 运用林达尔价格的一些困难

会不会仅仅因为林达尔价格相当于竞争性市场价格人们就采纳它？答案是"大概不会"。图8.3描述了用林达尔价格来给国防进行标价时的一个潜在的困难之处。这里的两个人，分别是鸽派和鹰派，鹰派对国防支出要热心得多。他们的个人支出曲线是 $d^{Dove}$ 和 $d^{Hawk}$。如上所述，$D$ 是市场需求曲线，是在每个产出水平上的 $d^{Dove}$ 和 $d^{Hawk}$ 的纵向加总，$S$ 是市场供给曲线。

在图8.3（a）中，鸽派对国防的支持和有效产量 $Q_e$ 并不相符。她的需求曲线在 $Q_e$ 和横轴相交，她愿意为最后一单位国防支付的钱是0。结果，当需求曲线纵向相加的时候，鹰派的需求曲线和市场需求曲线 $D$ 的交点也是 $D$ 和 $S$ 的交点。对鸽派来说，林达尔价格是 $P_e^{Dove} = 0$；对鹰派来说是，林达尔价格就是市场供给和需求价格，即 $P_e^{Hawk} = P_e^D = P_e^S$。鹰派为国防支付了全部成本，即使鸽派如同她的需求曲线显示的那样，同样得到了国防的全部利益。鹰派很可能会反对这个国防支出的"分配"方案。

公共部门经济学

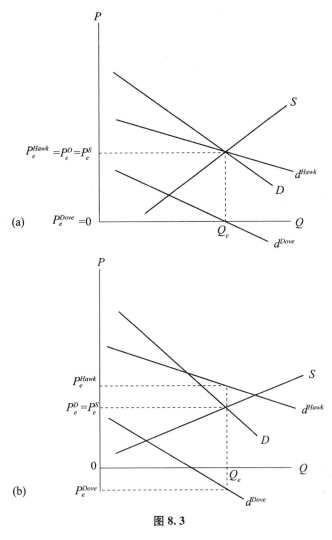

图 8.3

但不幸的是，事实对鹰派来说可能更糟——如图 8.3（b）所示。在这种情况下，鸽派对国防的支持程度甚至还不到 $Q_e$。对于那些超出她的需求曲线和横轴交点的新增的国防，她认为都只会为其带来负效用。从边际上来说，国防对她而言是坏的而不是好的产品。现在，当两条需求曲线相加时，在 $Q_e$ 处，鹰派的需求曲线高于市场需求曲线。鹰派的需求曲线高于市场需求曲线的数量就是鸽派的需求曲线低于横轴的数量。此时，林达尔价格是 $P_e^{Dove} < 0$ 和 $P_e^{Hawk} > P_e^D = P_e^S$。鹰派必须在 $Q_e$ 支付国防的全部成本，同时补贴鸽派国防对其造成的损害。思考一下关于伊拉克战争的争论。有些人（鹰派）希望美国更有侵略性并且派遣更多的部队进入伊拉克，另外一些人（鸽派）认为美国根本就不应该进行这场战争。前者有没有因为这场战争而对后者进行补贴？

用竞争性价格来模拟非排他性物品的运转情况，存在的问题是它只有一部分是正确的。确实，林达尔价格等于国防对个体的边际价值或者 MRS，就如同其他私人物品一样。但是，市场过程是双向的，这一点很重要。与私人物品不同的是，我们每个人都被迫消费相同数量的国防，而在那个数量上，每单位国防对我们的边际价值（或者 MRS）很可能是不一样的。每个人对相同数量的产品支付不同的价格，这与竞争性价格完全不同，竞争性价格对每个人而言是一样的。

另外，被迫消费同样数量的产品还有一点让人很不满意。国防的有效供给要求萨缪尔森法则必须成立：

$$\sum_{h=1}^{H} MRS^h_{\text{defense},1} = MRT_{\text{defense},1}$$

假设有些鸽派是如此反对国防以至于他们的 MRS 是负的，并且在消费第一单位国防时就趋于负无穷。那么，这是不是意味着不应该有国防了呢？在政府作为代理人的视角下，答案是"是的，不应该有国防"。除非有些鹰派是如此热衷于国防以至于他们的 MRS 在消费第一单位国防时就趋于正无穷，从而可以抵消鸽派的负 MRS 的影响。一般来说，持有强硬观点的人会对非排他性物品的分配产生巨大的影响，因为每个人都必须消费相同数量的非排他性物品。一个无法回避的事实是：在自由民主国家，决定类似国防这样的非排他性物品的消费量是一个巨大的困难，因为自由民主的国家要考虑每个人的偏好。

关于林达尔价格，最后一个需要牢记的是，虽然它是一个理想的方案，但它不是必需的。政府必须选择一个国防的消费水平——不管人们需要如何对它进行支付。假设政府选择了一个有效率的数量，而且保证了萨缪尔森法则成立。接下来，政府的任务就是确保这个方案尽可能以最有效率的方式实现，因为萨缪尔森法则的成立意味着经济可以回到其效用可能性边界上。在考虑如何让民众为这个方案付费时，政府唯一要考虑的事情是如何将经济保持在效用可能性边界上。如同我们在第 4 章看到的那样，只要支付国防的税收是一次性总付税，这个目标就能实现。只要实施已经选择的方案，林达尔价格就可以实现一次性总付的要求。政府决定所需要的国防的数量，然后执行林达尔价格。因此，每个人为国防支付的数额就是他或她的林达尔价格乘以国防的数量，无论接下来个人会有什么样的经济决策来应对这个国防支出，他或她所需支付的国防的数量都是不能改变的。但是，其他一些一次性总付税也能将经济保持在效用可能性边界上，比如按照人们的年龄向每个成年人征税，或者向每个人征收相同的税收，因为我们都从国防中得到了相同的收益。

年龄税毫无疑问是一种非常不公平的支付方式，但这并不重要。分配部门在设计再分配方案时，会考虑人们为国防进行的一次性总付。回想一下，我们的目标是设计一组一次性总付的税收和转移支付，使得经济可以保持在效用可能性边界上能够最大化社会福利的点处。税收和转移支付可以通过满足人际公平条件来使经济到达最优点，也就是保证每个人收入的社会边际效用都相等。假设很多贫穷的老年人最终被征收了与其消费比例不相称的用于国防的年龄税。穷人收入的社会边际效用高于平均水平，而年龄税降低了他们的收入从而进一步提高了他们的收入的社会边际效用。分配部门将会简单地用额外的转移支付来补偿他们，直到他们收入的社会边际效用等于其他人收入的社会边际效用。最后，对国防的支付取决于人们相对收入的社会边际效用，而不是他们对国防的偏好。那些有更高收入的人——收入的社会边际效用更低——最终会在整个国防地支出中支付一个不相称的份额。同样的道理适用于对每个人征收相等的税收。

事实上，当主流的公共部门经济学在各种公共物品的支付方案中考虑公平或平等原则时，税收的受益原则并没有发挥特别的作用。毫无疑问，一般的公共或公共部门经济学家都会部分地支持这一点。在主流理论中，所有有关公平的事情都被包含在社会福利函数和人际公平条件中，没有例外。如果可以运用林达尔价格，它的用处也是在于它的效率性质。它可以提供一个简单的测试来判断萨缪尔森法则是否成立，即政府是否提供了有效的国防供给量。我们只需要简单地比较供给价格的和，即国防的边际成本。采用这种方法支付国防开支是否公平并不重要。只有分配部门才有最终的决定权去决定结果是不是平等，他们通过再分配来使经济处于效用可能性边界上的最优点处。

## 机制设计问题

最后，国防最让人烦恼的问题依然是搭便车问题。这是政府所要面对的更一般化问题的一个具体表现：作为公众的代理人，政府需要了解人们的私人信息，才能制定一种能有效提供公共物品和服务的决策，但是人们有个人动机去隐藏这些信息不让政府知道。在我们已经讨论过的国防的例子中，政府需要知道个人的需求曲线以选择国防的有效供给量，但是人们有动机隐藏这些信息，希望可以搭其他人的便车。

应对这种私人信息问题的通常方法就是尝试解决所谓的**机制设计问题**（mechanism design problem）：设计一种机制或一系列步骤，在这种机制下，个人的最优策略或者效用最大化的策略就是吐露他们的真实情况。这确实是一项非常困难的任务。经济学家们已经对各种情况下的机制设计问题给出过各种各样的建议，但是到目前为止，还没有一种应对非排他性物品的可行之策。

爱德华·克拉克（Edward Clarke，1971）在 20 世纪 70 年代初期首次提出了一个方案，来解决提供国防这样的非排他性物品的机制设计问题。克拉克的机制如图 8.4 所示。[1]

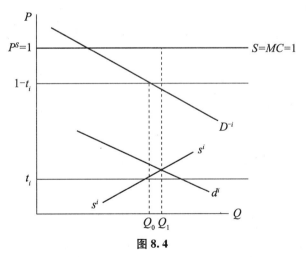

**图8.4**

假设一个国家由 $N$ 个人组成。政府首先在不同价格水平上询问 $N$ 个人对国防的需求量是多少，换句话说，就是询问他们的需求曲线是什么样的。即使人们可能说谎，也依

---

① 本书中的例子来自 Tideman and Tulloch（1976）。

然可以收集到关于他们的需求曲线的数据。他们没有动机在这个时候显露他们真正的需求曲线。然后政府随意设定一个税赋份额 $t_i$，$i=1,2,\cdots,N$，让每个人为国防进行支付。这个税赋份额不需要和每个人所说的需求曲线有关系。假设供给国防的边际成本是常数，等于1，如图中的供给曲线 $S$ 所示。那么税赋份额的和是1，即国防的供给价格。

该机制运转如下。政府选出一个人，比如说是个体 $i$，他的税赋份额是 $t_i$。然后国家将其他 $N-1$ 个人所说的需求曲线纵向相加，来构造这些人的市场需求曲线 $D^{-i}$，如图 8.4 中的 $D^{-i}$ 所示。（上标 $-i$ 表示除了 $i$ 的其他人。）其他 $N-1$ 个人的税赋份额的和是 $1-t_i$，如图中较高的税赋比例线所示。政府选择一个初始产出水平 $Q_0$，该产出位于 $D^{-i}$ 和税赋比例线（$1-t_i$）的交点。

现在，第一个人可以选择接受 $Q_0$ 或者她偏爱的其他产出水平。如果她选择了别的产出水平，她必须支付一笔税收去补偿另外 $N-1$ 个人的损失，因为他们被迫离开了 $Q_0$。用标准的消费者剩余的计算方法去测量，他们的总损失是从 $Q_0$ 到第一个人选择的产出水平之间的位于需求曲线 $D^{-i}$ 和税赋比例线（$1-t_i$）之间的区域。这个税收是在这个人的税赋份额之外额外添加的，被称为"克拉克税"。因为已经支付了克拉克税，所以另外 $N-1$ 个人同样愿意继续参与这个机制，并且会接受另外一个产出水平。直线 $s^is^i$ 和个体 $i$ 的税赋比例线 $t_i$ 之间的区域复制了 $D^{-i}$ 和（$1-t_i$）之间的区域。

假设此时 $d^i$ 代表个体 $i$ 的真实需求曲线。个体 $i$ 的最优选择是产出水平 $Q_1$，位于 $s^is^i$ 和 $d^i$ 的交点。这源于边际收益＝边际成本的标准论点。超过 $Q_0$ 的每一单位国防对个体 $i$ 的边际价值由需求曲线 $d^i$ 决定，而边际成本是 $s^is^i$，等于每单位的税赋份额 $t_i$ 加上新增的每单位的克拉克税。从而，在 $Q_1$，国防的边际收益和边际成本相等，从而在个体 $i$ 的所有可能的选择中，$Q_1$ 最大化了她的消费者剩余。更重要的是，相比于接受 $s^is^i$ 和某些错误的需求曲线的交点，个体 $i$ 在她的真实需求曲线上选择一个最优产出给予她更多的消费者剩余。因此，个体 $i$ 有激励去吐露她的真实需求曲线，并且我们也获得了新的国防的产出水平 $Q_1$。

在我们已经发现了个体 $i$ 的真实需求曲线之后，把她和其他人放到一起，然后再选出第二个人，比如个体 $j$，并且给他同样的选择：接受个体 $i$ 选择的 $Q_1$ 或者其他产出水平并支付克拉克税。这个选择也会让个体 $j$ 吐露他的真实偏好，并且他也许会选择另外一个产出水平。现在再把个体 $j$ 和其他人放在一起，并选出第三个人。继续这个过程，直到每个人都做出选择。最终，每个人都吐露了真实需求曲线，这个机制也选出了有效率的产出水平。为了看清这一点，假设个体 $i$ 是最后一个被选到的，而不是上面假设的第一个。这时，$D^{-i}$ 是另外 $N-1$ 个人的真实需求曲线的纵向加总。一旦个体 $i$ 吐露了她的真实需求曲线，并且选择了 $Q_1$，那么把 $D^{-i}$ 和 $d^i$ 相加，就得到了真实的市场需求曲线。同样，将 $t_i$ 和（$1-t_i$）相加，就得到了 $S$ 上的供给价格1。因此，$D^{-i}$ 和在 $Q_1$ 处的垂直线的交点与在 $Q_1$ 处的市场需求曲线和供给曲线的交点是相对应的。$Q_1$ 是国防的有效水平。

克拉克税的本质是，它使得每个人的决策成本基于别人的偏好而不是自己的偏好，通过这个过程，引导人们吐露他们的真实偏好。这个特点常见于其他问题的机制设计解决方案。然而，克拉克的机制并不太可行。它和任何政府曾经采用过的方法都不相同，并且也没有理由相信所有人都愿意去玩克拉克游戏。有些人可能会觉得参与这个过程的损失要大于潜在的收益。政府可能会强迫人们参与这个机制。不幸的是，不具有可行性以及需要强制是机制设计解决方案的常见问题。真正的问题是，对于想要扮演民众的代理人并且希望以所有人的偏好为基础来制定决策的政府来说，私人信息通常是不可逾越的障碍。

## 人们会搭便车吗？

最后还有一个有关非排他性物品的问题，如果有机会，人们是不是真的会搭便车？经济学家已经在实验室里，通过让大学生参与实验的方式研究过这个问题，这些大学生通常是经济学专业的，因此他们都懂得什么是激励。实验的标准形式是一个由学生参与的博弈游戏。每个学生都得到一笔代币，数量是 $W$，这些代币可以用来购买私人物品 $X$ 或者公共物品 $G$：$W=X+G$。每单位 $X$ 可以得到回报 $R$，每单位 $G$ 可以得到回报 $V$，同时 $R>V$。对每个学生来说，每单位私人物品的直接回报要大于每单位公共物品的直接回报。但是公共物品是非排他性物品，所以任何一个学生购买一单位 $G$，都可以使所有参加实验的学生得到 $V$。假设一共有 $N$ 个学生，因此每单位 $G$ 的总回报是 $NV$，而 $NV>R$。每单位公共物品给所有学生带来的总回报要大于一个学生购买私人物品带来的直接回报。这个博弈游戏可以是一次性的，也可以进行多轮，在每一轮，学生们可以得到的代币数量都为 $W$。在实验的最后，学生们会根据他们在游戏中购买的物品获得一笔金钱报酬。

因为对任一单位的 $G$ 或 $X$ 来说，$NV>R$，因此对所有学生而言，这个博弈的帕累托最优解是只购买公共物品 $G$。每一轮都只购买 $G$ 将最大化每个学生可以获得的总收益，即一笔等于 $WNV$ 的金钱奖励；如果只购买 $X$，那么每个学生只能得到 $WR$。但是这个博弈结构使得购买 $G$ 的决策不仅仅依赖于每个学生的个人兴趣。每个人感兴趣的事情是购买 $X$ 并且在其他人购买 $G$ 的时候搭便车。为了看清这一点，我们考察其中一个学生，比如说学生 $i$ 在每一轮获得的收益：

$$收益_i = RX_i + VG_i + V\sum_{j \neq i} G_j$$

其中，$W_i=X_i+G_i$。她获得的收益始终基于她自己购买 $X_i$ 和 $G_i$ 的回报，加上所有其他学生购买公共物品时带来的收益。但是，从学生 $i$ 的角度来看，不管其他人将怎样购买 $G$，学生 $i$ 只能控制自己购买的 $X_i$ 和 $G_i$。假设这个博弈游戏只进行一次。那么学生 $i$ 就有动力只购买私人物品——无论别人怎么做。购买一单位 $X_i$ 可以得到回报 $R$，购买一单位 $G_i$ 可以得到回报 $V$。因为 $R>V$，购买 $X_i$ 而不是 $G_i$ 会使 $i$ 的收益增加 $R-V$。（购买 $G_i$ 而不是 $X_i$ 会使 $i$ 的收益减少 $R-V$。）学生 $i$ 所面临的情况也是所有学生都会面临的情况。因此，预期的结果是，在一个一次性博弈游戏中，每个学生都只会购买 $X$，并且试图搭其他学生的便车。帕累托最优结果即每个学生都只购买 $G$ 是无法实现的。每个学生都只得到 $WR$ 而不是 $WNV$，后者只有在所有学生都购买 $G$ 时才会实现。

让这个游戏重复多轮，并不会改变预期结果。假设这个博弈游戏将进行 10 轮。一个理性自利的学生会通过被博弈论学者称为"逆向归纳法"的方法来解决这个博弈问题。这个方法是首先考虑博弈的最后一轮，第 10 轮。当博弈进行到这里的时候，第 10 轮就相当于一个一次性博弈，此时每个学生的策略都是只购买 X。每个学生都认识到这一点，所以他们假设在最后一轮大家只会购买 X。因此，这一轮的博弈已经被预先决定了，然后大家开始思考第 9 轮的情况。在第 10 轮被预先决定之后，第 9 轮就相当于一个一次性博弈，此时每个学生的策略都是只购买 X。因此第 9 轮也被预先决定了，然后开始思考第 8 轮，此时第 8 轮也相当于一个一次性博弈，因为最后两轮的博弈都已经被预先决定了。这个逆向归纳的过程会持续到第 1 轮，此时第 1 轮也等于一个一次性博弈。所以实验的预期结果是每个学生都只会购买 X，无论这个博弈会持续多少轮。自利动机会使人尝试去搭别的学生的便车。

但是，这些实验的实际结果与预期结果大不相同。大多数实验都会运行多轮。通常的结果是，在前面几轮，学生们会使用大量的代币购买公共物品，通常达到 50%，甚至更多。随着博弈的进行，公共物品的购买量逐渐下降，但不会像预期的那样等于零。在后面的轮次里，学生仍然会使用一部分代币去购买公共物品，在某些实验里会达到 25%。这些逐渐下降的结果非常显著，它们不会因为博弈实验本身的变化而有明显的不同，博弈持续的轮数、参加试验的学生人数、学生们是否彼此认识或者是不是在每一轮结束后都宣布结果，都不会显著影响实验的过程。虽然在每个实验中，学生个体的表现会有一些不同，但是实验的格局就是像上面所描述的那样。

学生们表现出合作而不仅是自利的行为，这无疑使主流公共部门经济学家感到非常高兴，因为他们相信人们会有一些兴趣来促进公共或社会福利。人们并不是完全自利的。但是在给定的博弈结构下，学生们的行为仍然让人困惑。经济学家詹姆斯·安德里奥尼（James Andreoni）组织过多次这类实验，他断定人们在进行合作并且对其他的利益做出贡献时，会感受到一种独特的温暖的光辉。在一次对其假设所做的测试中，他组织进行了两个实验，这两个实验的唯一区别在于对规则的文字表述。在第一个实验中，学生们被告知，任何一个人购买每单位公共物品 G 将使所有学生都获得收益 V。在第二个实验中，学生们被告知，任何一个人购买每单位私人物品 X 会使所有其他人都损失收益 V。

第一个实验的内容描述是这类博弈的正面景象。它让学生们假设他们的禀赋 W 单位的代币都应该是用来购买私人物品 X 的，然后他们可以做一些善事，牺牲一些自己的禀赋来购买一些公共物品 G。第二个实验的内容描述就仿佛是这类博弈的反面景象。它让学生们假设他们的禀赋 W 单位的代币都应该是用来购买公共物品 G 的，如果他们使用一些代币来购买私人物品 X 将会损害别人的利益。除了文字表述，这两个博弈和上面描述的标准博弈是一样的。但是，博弈的结果却大不相同。在正面景象的博弈中，学生们在每一轮都显著地使用了更多数量的代币去购买公共物品。在做善事的时候他们比在避免做坏事的时候表现出更多的自我满足。安德里奥尼（Andreoni，1995）将这些结果视为对他的温暖光辉假说的一些支持。

# 第 9 章
# 成本递减的服务：自然垄断

如果所有的市场都处于完全竞争状态，资本主义经济的运转状况最好，但是有些市场可能远远达不到完全竞争，甚至竞争程度都不会太强。而妨碍竞争的因素通常都在经济体系的供给方。有些产品或服务的生产表现出显著的规模经济，这种规模经济效应非常明显以至于在企业的产量规模占到整个市场相当大的比例之前，单个厂商的平均成本或单位成本都不可能达到最小化水平。这些产品的市场通常都是寡头垄断的，即几家大型企业统治了整个市场。寡头也许会也许不会进行合理的竞争。如果它们不进行竞争，通常就会受到政府的反托拉斯部门或者管制部门的注意。

规模经济可以非常大，以至于单个企业的平均成本会随着市场需求的增加而不断下降，如图 9.1 所示。该图表示了那些单个企业的平均成本（*AC*）和边际成本（*MC*）曲线，而 *D* 是整个市场的需求曲线。这里所指的市场可能是地区市场、全国市场甚至是全球市场，这取决于产品或服务的性质。经济学家将拥有这种特性的市场称为**自然垄断**

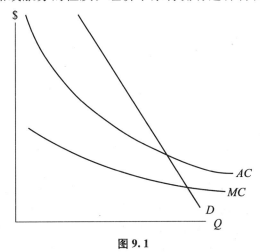

图 9.1

（natural monopoly），因为单独一个企业大量生产的平均成本很低，要比很多企业各自生产一小部分产量带来的高昂平均成本低得多。允许垄断的存在，节约了社会的稀缺资源。

正如第 2 章所提到的，自然垄断的情况是很罕见的。一些非常重要的产品和服务具有自然垄断的成本性质，包括：公共事业部门，诸如电力、水和污水处理；交通设施，诸如高速公路、桥梁、隧道和大规模的铁路运输；休闲康乐设施，诸如公园和海滩；电信行业，诸如无线电、电视和无线通信；电脑软件的生产，这个行业的规模经济的性质通常是全球性的。这些行业的性质是，相对于边际成本，初置成本都非常高。建设和维护电线、水网、污水处理管道、高速公路、轨道线路和公园的成本是非常高的；生产、传播和接收电视信号的成本也相当惊人；编写和测试电脑程序的成本也非常可观。但是，一旦投入了初置成本，消费者可以使用这些服务之后，新增的消费者多点亮一个灯泡、多增加一个水龙头，公路上增加一辆汽车，公园里多一个游客，多增加一台电视机，或者多一个消费者下载软件所带来的运营成本就几乎等于 0（这里不考虑公共事业部门、交通或者休闲设施的"拥挤"问题；拥挤问题属于外部性，那是另一个话题）。

提供产品和服务所必需的高额的初置成本和使用产品或服务时很低的边际成本相结合，产生了永远下降的平均成本曲线。再次参考图 9.1。在产量水平比较低的时候，平均成本曲线的水平很高，因为其中包含了高昂的初置成本。在这些服务建立了以后，边际成本曲线仅仅包括了新增的运营成本，因此是非常低的，从而在产量比较低时，$MC$ 远远低于 $AC$。当 $MC$ 低于 $AC$ 时，平均成本和边际成本的数学关系决定了 $AC$ 必定下降：为了让平均成本下降，边际成本必须小于平均成本，才能将平均成本"拉下来"。必须记住，当市场需求增加时，$MC$ 会一直低于 $AC$，这对于分析自然垄断非常重要。

资本主义通常会避免垄断。垄断者倾向于保持高昂的价格和较低的产量，虽然这是无效率的，但是可以维持经济利润，即使这和人们的公平感相抵触。这也可以解释为什么发达国家的政府经常会干预市场中的自然垄断。它们会允许垄断的供应以削减成本，但是它们一定想要避免垄断者提供这些重要服务所带来的一般后果。结果就是，为了促进公共福利的效率和公平，政府通常要么自己运营这些服务，要么将从事垄断服务的特许经营权授予私人投资者，然后对他们进行管制。

保持一个自然垄断市场的效率和公平，说起来容易做起来难。政府要解决的定价和投资决策难题都与私人企业所要面对的定价和投资决策问题不同，并且很容易产生争议。正如我们将会看到的，一个主要的不同之处在于，不能像在私人部门那样，用利润引导政府的决策，而且，利润往往是大部分争议的来源。政府必须依赖一些私人投资者和管理者都不熟悉的其他原则来解决这些问题。我们将会在本章考虑定价和投资决策。

## 定价决策

因为它们的生产特性，自然垄断情形下的产品和服务会受到政府的注意。但是从消费者的角度来看，它们与其他在市场上可以买到的普通的私人物品一样。因此，消费者和自然垄断企业之间达到有效率交易的帕累托最优条件，和我们在第 3 章推导出的其他所有有关私人物品的条件是一样的：$MRS = MRT$。消费者在自然垄断产品和别的私人物品之间的边际替代率等于生产这两种产品的边际转换率。同样，正如我们在第3章看到的，只有在自然垄断者的产品价格和边际成本相等时，这个条件才能满足。理由如下。假设作为参考的某种私人物品的价格和边际成本都是1。消费者根据自然垄断厂商的价格确定他们的 $MRS$。此外，$MRT$，即两种产品的边际成本的比值，现在也等于垄断厂商的边际成本。因此，为了实现 $MRS=MRT$，就必须要求 $P=MC$。图9.2描述了这一情况。它再现了图9.1中的市场需求曲线、企业的边际成本和平均成本曲线。

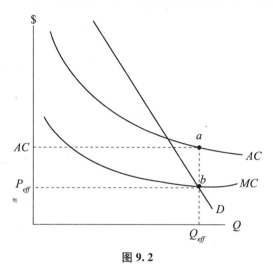

图 9.2

有效率的交易要求 $P=MC$，这个要求在需求曲线和边际成本曲线的交点处可以满足，这对所有的垄断者来说都是成立的。有效率的产出水平是 $Q_{eff}$，有效率的价格是 $P_{eff}$（$=MC$）。$Q_{eff}$ 是可以最大化交易净价值的产出水平，这里的净价值是指消费者获得的产品总价值减去生产者供给产品的总成本。和往常一样，当消费者的边际价值，即他们通常的 $MRS$，等于企业供给产品的边际成本时，净价值实现了最大化。①

但是，对自然垄断而言，这个有效率的方案出现了一点问题。因为，在 $Q_{eff}$ 处，边际成本低于平均成本，价格 $P_{eff}$ 并不足以抵消生产的总成本。在（$Q_{eff}$，$P_{eff}$）处，企业总的收益是 $P_{eff}Q_{eff}$，而总的成本是 $AC \times Q_{eff}$。企业的损失是（$AC-P_{eff}$）$\times Q_{eff}$，即图9.2中的矩形 $ACabP_{eff}$。无论企业是私有的还是国有的，政府都必须增加企业的收益来抵消这部分损失——必须为企业投入的生产要素支付机会成本。按照通常的说法，这些损失必须"在一般税收收入之外"被抵消，不过我们在这里可以多讨论一些主流公共部门理论之外的内容。

让自然垄断行业的产品的价格和边际成本相等，这满足了政府采取政策用以解决所有的配置问题或效率问题的第一个要求：这样可以让经济保持在效用可能性边界上，因为它满足了有效率交易的帕累托最优条件，即 $MRS=MRT$。剩下的另外一个要求是，在有效价格下，为了让经济体必须仍停留在其边界上，用来补偿企业损失的补贴必须是一次性总付的。而且只有支付是一次性的，它才能有效地成为分配部门的一次性总付税和一次性转移

---

① 在任何产量上，对消费者的总价值可以表示为在这个产量上需求曲线以下的区域，而对厂商的总成本为在这个产量上边际成本曲线以下的区域。这样，交换的净价值，即总价值减去总成本，在 $Q_{eff}$ 的产量上即 $D$ 和 $MC$ 的交点达到最大。

支付的一部分，将经济带到效用可能性边界上的极乐点处，使社会福利在所有可能的效率配置下都会实现最大化。回想一下，当税收和转移支付都是一次性总付的，可以满足人际公平条件时，即收入的社会边际效用在所有人之间都是相同的时候，经济就可以达到极乐点。分配部门在决定最优的一次性总付税和一次性转移支付时，会考虑提供给自然垄断企业的补贴，就像为国防而征收的一次性总付税一样。（如果你对这一点不清楚，请参考第8章。）对于自然垄断企业，政府在实现人际公平条件方面的唯一不同之处在于，向公众征收的一次性总付税必须足以支付对公众的一次性转移支付加上为了补偿自然垄断企业的损失而要求的转移支付。换句话说，为了补偿自然垄断企业而进行的一次性补贴超过了保持效率所需要的数量。它们隐含在社会为了实现分配公正和结果公平而付出的努力中。

总结一下，自然垄断企业达到有效率产出有两个不同的部分：

1. 让价格等于边际成本，这是实现任何私人物品和服务的有效率交易的标准条件。

2. 用一种一次性补贴补偿垄断者的最终损失。政府的分配部门在决定满足人际公平条件的最优一次性总付税和一次性转移支付时，会考虑到必须提供给自然垄断企业的补贴，以实现社会福利的最大化，从而保持收入的社会边际效用在所有个体间都相等。

## □ 美国的政策——平均成本定价和受益原则

美国政府拒绝了经济学家提出的自然垄断行业的边际成本定价方式，而是采用平均成本定价。这样做的原因是，边际成本定价违背了我们在第8章中介绍过的支付公共物品和服务的税收的受益原则。[①] 对税收的受益原则来说，自然垄断行业是完美的，因为它可以区分使用者和非使用者，以及积极的使用者和不积极的使用者。如前面所述，受益原则表示使用者应该承担服务的全部成本，非使用者不应该承担任何费用，积极的使用者应该比不积极的使用者支付更多费用。

在图9.2中，边际成本价格 $P_{eff}$ 部分满足受益原则。使用者支付 $P_{eff}$，而非使用者不用付费，由于 $P_{eff}$ 是每单位的价格，因此积极的使用者比不积极的使用者支付得更多。然而问题在于，$P_{eff}$ 并不能涵盖这种服务的全部成本，用以补偿损失的"在一般税收收入之外"的那部分补贴切断了使用和支付之间的纽带。例如，如果生活在一个州西部地区的人们在这个州的销售税和所得税收入中占有更大的份额，他们可能会中止补贴为这个州东部地区的人提供服务的电力设施。

政府通过设定效率价格 $P_{eff}$，并且采用向所有的使用者和潜在的使用者征收年费的方式，在表面上坚持受益原则，支付年费的人可以获得使用这些服务的特权。这个年费可以被用来补偿效率定价带来的损失。根据要求，这个费用应该是一次性的，但是分配部门也可以在设计一次性总付税和一次性转移支付的时候将这个费用考虑进去。比如说，低收入的学生和老人通常都是城市地铁系统的主要使用者，而他们可能无法负担一次性费用。分配部门会注意到这一点，并给他们额外的转移支付来弥补他们缴纳的费用。公共部门理论认为，那些有高收入的人（收入的社会边际效用相对较低）最终会为那些补

---

① 美国人给所有由自然垄断者征收的价格都起了名称。我们支付：电费；高速公路、桥梁和隧道的通行费；海滩和公园的准入费和停车费；地铁车费。无论叫什么名字，它们都可以被视为税收，因为它们是由公共决定的价格。

偿垄断企业损失的补贴买单，因为分配部门在设计税收和转移支付时会让收入的社会边际效用相等。这是必定会发生的，无论他们使用了多少垄断企业的产品或服务，或者即使他们根本没有使用。这相当于再次强调了第 8 章的观点，那就是在公共部门理论中，受益原则只在作为一个效率原则时才有用，而和公平原则无关。受益原则价格 $P_{eff}$ 是一个基于效率原则而设定的价格；补偿垄断企业损失的补贴暗含在人际公平条件中，这是和政府的结果公平目标唯一相关的条件。在任何情况下，政府都会拒绝边际成本定价，不会给垄断企业一次性费用。

在放弃边际成本定价之后，政府显然只剩下两个必然的选择，垄断定价或者平均成本定价。它们都和有效率的解（$Q_{eff}$, $P_{eff}$）一起表示在图 9.3 中。$MR$ 是与市场需求曲线 $D$ 相关的边际收益曲线。

一个选择是给私人投资者一个垄断特许经营权，然后让他们做他们想做的事情。这样做的优势是，规避了管制企业的成本。但是，让人担忧的事情是，私人投资者会和教科书里的垄断经营者的做法一样，最大化自己的利润。如果是这样，他们的产量就会在 $MR$ 和 $MC$ 的交点处，生产 $Q_M$，并且将价格定为 $P_M$，这个点在需求曲线上。最大化的利润是（$P_M - AC$）$Q_M$，即图 9.3 中的矩形区域 $P_M efg$。从公共利益的角度来看，这是个可怕的结果。相对于有效率的产出而言，现在这个结果使得价格太高、产出太低。而允许垄断者这样做的理由不过是为了用递减的平均成本达到节省成本的可能性。但是，如果垄断者将价格定为 $P_M$，那么节约的成本就都累积为利润，归企业主所有了，这样一来，一般公众就不能获得与低成本相对应的低价格。

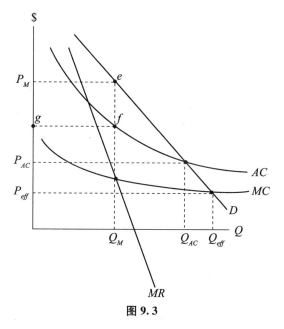

图 9.3

诺贝尔经济学奖获得者米尔顿·弗里德曼（Milton Friedman）指出，私人投资者应该理解公众对利润最大化的强烈不满，少获得一点利润，从而保持他们的垄断地位。[1] 这

---

① 更一般地来讲，弗里德曼不信任公共管制，他认为在有关自然垄断的大部分情况下，应该采取私人垄断而不是管制（Friedman, 1962, 27-30, 128-129）。

样也许是对的。举例来说，NFL（国家橄榄球大联盟）提高了超级碗比赛的票价，但是依然远远不到利润最大化的价格。我们知道这一点，是因为黄牛党依然可以用高于票价很多倍的价格倒卖球票。然而，政府拒绝采纳这种不监管的解决方案。公共项目的成本经常严重超标，比如耗资150亿美元的波士顿中心隧道工程（Big Dig），最初估计的成本只有20亿美元，这使得公众非常愤怒。而如果发现私人企业在公共项目上**谋取私利**（profiteering），那么必将导致舆论哗然、民怨沸腾。政府不想为自然垄断冒这种风险。

另一个选择就是我们现在选取的方案：将价格定为平均成本，并且供给产出 $Q_{AC}$。平均成本定价被认为是公平和效率之间的一个合理的平衡。平均成本价格 $P_{AC}$ 包含了服务的全部成本，因此这就满足了受益原则的要求。非使用者不用再像边际成本定价时那样补贴使用者。而且，虽然 $Q_{AC}$ 不是有效率的产出，但是根据自然垄断成本的含义，（$Q_{AC}$，$P_{AC}$）要比（$Q_M$，$P_M$）更加接近（$Q_{eff}$，$P_{eff}$）。在 $P_{AC}$，消费者更大程度地获得了自然垄断的成本优势带来的好处。

在美国，平均成本定价方案几乎被使用在所有自然垄断领域。电力部门的管制者尝试将价格定在一个适当的水平，可以抵消私人企业的运转成本并给投资者一点资本回报。高速公路、桥梁和隧道的收费则被设定为可以涵盖都市委员会为其付出的成本，都市委员会要负责它们的建造和保养。公园和海滩的门票则可以涵盖运转和保养这些场所的成本，依此类推。在美国，非常强调坚持受益原则的公平感。这很显然是主流公共部门理论和公众的公平观点相左的一个例子。

# 投资决策

在自然垄断行业，有一种在所有私人投资领域都不存在的具有全有或者全无性质的投资决策。我们在此处参考一个私人投资者进入完全竞争市场的决策。一个企业进入一个市场的决策通常都可以被视为在整个行业的总产出水平上增加一个边际产出，这个增量是如此之小，以至于新的进入者不会对产出和投入价格产生任何可以观察到的影响。因此，私人投资者可以根据已有的市场价格，合理估算他们进入的成本和收益。如果在现有的市场价格下，进入是有利可图的，那么企业就会选择进入；如果这会带来损失，那么就不进入这个市场。

对自然垄断行业来说，投资决策有着根本性的不同。这有两个原因。第一，对市场而言，这种决策是一个明确的、非边际的、全有或者全无的增量——要么所有的服务都由这个企业来提供，要么就没有任何服务。第二，如果政府选择了有效率的价格和产量，提供这种服务会带来损失。与其他私人领域不同，盈利性不是这个投资决策的参考变量。因此，根本的投资问题是：即使这会带来运营损失，应不应该提供这种服务？答案是：视情况而定。

经济学家们区分了两种情况，容易情形和困难情形。在**容易情形**（easy case）中，如图 9.4（a）所示，一个私人垄断者设定单一的价格至少能保证收支平衡。在图中，实线表示的需求曲线从上方穿过平均成本曲线 $AC$，在该交点处，垄断者能获得比收支平衡更好的结果，它可以获得利润。容易情形的极限状况是用虚线表示的需求曲线 $D'$，这条线和 $AC$ 正好相切。在这个切点进行生产，垄断者将正好达到收支平衡（$D'$ 上的其他任何位置都会带来损失)。容易情形之所以容易，是因为它是提供服务的充分条件。幸运的是，很多自然垄断行业都属于容易情形，包括：城市高速公路、桥梁、隧道；大多数流行的康乐设施；电台、电视和绝大多数的电信服务；大量的软件产业。

在**困难情形**（hard case）中，如图 9.4（b）所示，一个私人垄断者收取一个单一费用不可能实现收支平衡。需求曲线在任何地方都低于平均成本曲线，因此，垄断者制定任何价格都会遭受损失。当然社会可能依然想要获得这种服务，因此即使需求曲线低于平均成本曲线，也许它高出边际成本曲线的部分仍然足以提供服务。但是当需求非常低的时候，就不会有人提供服务了。

困难情形展示了提供服务的必要条件。它被称为困难情形是因为，即使这项服务应该被提供，获得与决策相关的信息也非常困难。不幸的是，有一些重要的情况属于困难情形，比较引人注意的是公路运输、农村地区的康乐设施以及很可能还包括大多数铁路交通。特别是铁路交通，在美国每个铁路系统都处在亏损中，即使市政官员多次提高票价试图弥补铁路亏损，也无济于事。

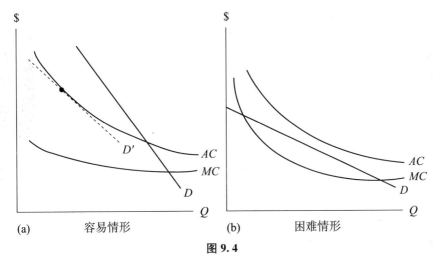

图 9.4

## □ 容易情形

容易情形之所以容易，是因为它可以通过标准的盈利性测试。只要任何产品能获得足够的利润或者保持收支平衡，那么就应该供给这种产品。这是因为经济分析中的总成本是参照总机会成本的。因此，如果企业收支平衡或者可以盈利，那么这个企业在生产中投入的所有要素都可以获得与在其他任何地方相同甚至更多的回报，这其中还包括了非常重要的资本投入。在规范化风险之后，企业的拥有者获得的资本回报至少和他们次优的投资机会可能获得的回报一样多（更具风险的投资需要更高的回报来弥补增加的风险）。因为所有的生产要素都获得了等于或者超过它们机会成本的回报，这表明它们被用在了可以发挥其最大价值的地方。社会已经最好地使用了这些稀缺资源。重新配置这些资源到次优选择中，将会使整个经济的效率遭受损失。

唯一的问题在于，自然垄断行业中的垄断者是不被允许盈利甚至不被允许收支平衡的。正如上一节中所论述的，能够最大化生产和消费的净价值的有效率的解决方案是将价格设定为与边际成本相等，垄断者承受损失，然后由一次性总付补贴来弥补损失。获得这项

（自然垄断）服务的可行性在于至少保证收支平衡，但这并不意味着这项服务必须收支平衡。与此同时，这也意味着，美国政府偏好的平均成本定价方案不会带来大的危害。与边际成本定价和提供补贴相比，平均成本定价和保持收支平衡确实会牺牲一些净价值。但是在自然垄断行业，以收支平衡的方式进行运营，至少和不提供服务的情况一样好。

### □ 困难情形

困难情形之所以困难，是因为利润已经完全不能作为是否值得提供一种自然垄断服务的参考。对这种情况的分析，依赖于消费者剩余对消费者的价值，这种价值难以估算，并且对公共部门来说是一个艰难的决策，因为人们并不习惯于这一分析方式。公共部门习惯于以利润为参考进行分析。

参考图 9.5，这是一个有关困难情形的分析。首先要考虑的是，是否提供一项服务，应该首先评估它的最大化点，看它是否能通过"极端测试"。这个最大化的点，就是它的有效率的边际成本价格 $P_{eff}$ 和边际成本产出 $Q_{eff}$，因为产出 $Q_{eff}$ 充分获得了从生产和消费最后一单位这种商品中得到的净价值。毫无疑问，这个行业应该在产出 $Q_{eff}$ 的水平上运转，但是这是另外一个问题，我们只讨论这项服务是否值得提供。同时，必须注意，平均成本价格在困难情形中是不可行的。

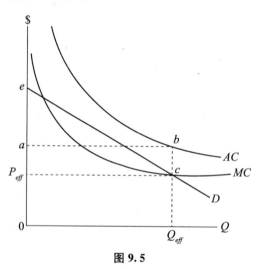

**图 9.5**

在 $Q_{eff}$ 处提供这项服务是不是比不提供这项服务更好呢？通常的分析是考察它是否能通过下面的消费者剩余测试。在 $Q_{eff}$ 处提供服务的总成本是 $AC \times Q_{eff}$，即区域 $0abQ_{eff}$。通过边际成本定价能获得的收益是 $P_{eff}Q_{eff}$，即矩形区域 $0P_{eff}cQ_{eff}$，该区域可以抵消一部分成本。企业的损失是 $(AC-P_{eff})Q_{eff}$，即矩形区域 $P_{eff}abc$。消费者剩余是需求曲线 $D$ 下方，价格线 $P_{eff}$ 上方，直到 $Q_{eff}$ 的区域，即三角形 $P_{eff}ec$。我们通过极端测试来比较消费者剩余和损失的大小。如果消费者剩余超过了损失，那么这项服务就值得提供，即 $P_{eff}ec > P_{eff}abc$。此时，消费者从这项服务中获得的消费者剩余大于他们必须为弥补损失而提供的补贴。相反，如果消费者剩余小于损失，即 $P_{eff}ec < P_{eff}abc$，那么就不会提供这项服务。弥补损失所需要的补贴超过了消费者能从这项服务中得到的消费者剩余。因此，在有效率的产出上，没有服务和提供服务的无差异点就是使得消费者剩余和损失相等的点，即 $P_{eff}ec = P_{eff}abc$。

不幸的是，知道在有效率的产出水平上的消费者剩余是一个苛刻的要求，远远超过容易情形中知道提供服务可以实现收支平衡的程度。它要求估计整个需求曲线，这是非常困难的，因为需求曲线上的高价格的部分很可能从来不会被观察到。完整的需求曲线只能从在一个比较窄的价格区间里估算出的需求曲线推测出来，然而没有任何人能够保证有某种合适的估算方法可以精确估计这一问题。

这里还有另外一个困难。在市场需求曲线下估算消费者剩余并不是估计消费者意愿支付的合理方法，除非不存在任何对这种产品的收入效应，也就是说，我们必须假设改变消费者的收入不会对该产品的需求量产生任何影响。自然垄断行业提供的绝大多数产品和服务都不符合这个假设。假设改变消费者的收入确实会影响到他们对这些产品的需求，一个相对合理的对消费者支付意愿的测度是计算补偿需求曲线所对应的区域，图 9.6 对此进行了描述。$D^C$ 是补偿需求曲线，$D^A$ 是实际市场需求曲线。

消费者从自然垄断者提供的服务中获得的价值就是价格从 $P_0$ 降到 $P_{eff}$ 的价值。价格 $P_0$ 实在太高，以至于需求量是 0。这和完全没有服务的情况是等价的。在消费者的收入不变时，实际需求曲线上的点是由不断下降的产品价格决定的。补偿需求曲线上的点同样是由不断下降的产品价格决定的，但同时消费者需要一次性放弃他们收入的一部分，这样他们的效用始终保持不变。如果没有收入效应，这两条曲线就是一样的。但是我们可能会预期，牺牲收入会降低对产品的需求。如果是这样，那么补偿需求曲线就会位于实际需求曲线的左边，如图 9.6 所示。（参考第 15 章对补偿需求曲线的进一步讨论。）

在补偿需求曲线上的每一点，价格等于 MRS，即消费者为了多消费一单位自然垄断产品而愿意放弃的某个参考产品的数量。当参考产品的价格为 1 时，MRS 就是消费者为了多消费一单位自然垄断产品而愿意支付的价格。随着价格在补偿需求曲线上不断下降，可以对不同的 MRS 进行比较，因为消费者始终保持在相同的无差异曲线上，保持相同的效用水平，此效用水平是价格为 $P_0$ 时完全没有这项服务时的效用。因此，需求曲线下面从 $P_0$ 到 $P_{eff}$ 的区域，即区域 $P_{eff} P_0 a$，就是价格从 $P_0$ 降到 $P_{eff}$ 的过程中消费者愿意支付的总量。消费者愿意支付的总量必须与损失相比较（即图 9.5 中的区域 $P_{eff}abc$），来决定这项服务是否通过了极端测试。相对地，当价格随着实际需求曲线下降时，在每一个价格水平上，它仍然等于 MRS，但是这些 MRS 是根据不同的无差异曲线也就是不同的效用水平测量的。因此，实际需求曲线以下、随着价格不断变化而产生的区域是不可比较的。

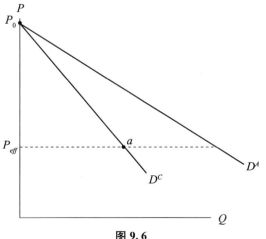

图 9.6

幸运的是，经济学家现在可以使用数值技术，根据估计的实际需求曲线来计算补偿需求曲线。但是困难的地方依然在于，除非在一个非常狭窄的价格范围内，一般很难估计绝大多数自然垄断企业所提供服务的实际需求曲线。

### □ 最小化赤字？

　　让我们假设可以估计出实际需求曲线。即使如此，仍然很难想象一个公共部门的官员会这样说服公众：一项总是在赤字状态下运营的服务是值得提供的，因为补偿需求曲线对应的消费者剩余超过了为了弥补损失所需要的补贴。人们理解利润和损失，但是不会理解消费者剩余和补偿需求曲线。人们对此会充满怀疑，因为人们认为那些精明的商业企业肯定会抱怨说，它们不可能在赤字状态下提供一种产品或服务，为什么政府就可以做到？

　　答案是自然垄断行业和标准的商业模式不一样，它们的平均成本会随着市场需求而不断下降。事实上，在困难情形中，从利润和损失的角度来看问题，会造成严重的危害。在容易情形中，政府尝试保持收支平衡，并且设定平均成本价格，正如我们所说过的，这不会带来什么危害。平均成本价格在困难情形中是不可行的，因此人们经常请求政府去选择人们认为的次优选择：如果城市轨道交通系统必须在赤字状态下运转，那么至少尝试最小化赤字。

　　但是，如图 9.7 所示，盲目最小化赤字会造成严重的危害。$MR$ 是与市场需求曲线 $D$ 对应的边际收益曲线。最小化赤字和最大化利润一样——即使利润是负的。因此，在 $MR = MC$ 处进行生产就可以使赤字最小化，这时的产出水平是 $Q_{MD}$，在需求曲线上的价格是 $P_{MD}$。最小化的赤字是 $(AC - P_{MD})Q_{MD}$，即矩形区域 $abcP_{MD}$。有效率的产出，即可以使得提供这项服务的净价值最大化的产出水平是 $Q_{eff}$，位于 $D$ 和 $MC$ 的交点。在赤字最小化之后，政府牺牲的净价值是在 $D$ 和 $MC$ 之间、从 $Q_{MD}$ 到 $Q_{eff}$ 的区域。（我们假设这里没有收入效应。）因此，很有可能这项服务可以在 $Q_{eff}$ 通过极端测试，但在 $Q_{MD}$，却无法通过这项测试。当价格等于 $P_{MD}$ 时，列车的上座率明显不足，而且车次过于频繁，这项交通系统是不值得提供的。在自然垄断的困难情形中，只考虑利润和损失的想法是完全错误的。

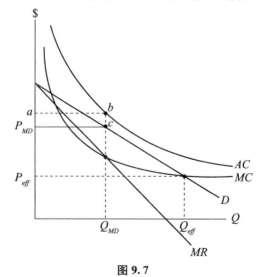

图 9.7

公共部门经济学

## 自然垄断的零边际成本

有了第一个使用者后，很多自然垄断行业的边际成本就趋于零。在一条公路、一条隧道或者一座桥梁修建好了之后，直到形成拥堵之前，在公路上新增一辆汽车所带来的边际成本几乎是零，事实上，新增的成本仅仅是对路基增加的微不足道的磨损程度。在并不构成拥挤的情况下，公园或海滩上新增一个游客的实际成本也可以忽略不计。无论已经有多少人收听或收看了某个节目，这个广播或电视节目新增加一个用户都同样是无成本的。网络用户下载一个软件的成本也是微不足道的——不管已经有五个人或者五十亿人下载了这个软件；毫不夸张地说，软件产业是全球性的自然垄断行业。

这种在新增很多用户的同时几乎不增加边际成本的特性带来了一些有趣的问题。我们将在本章讨论其中的两个。

### □ 非排他性物品VS. 零边际成本的自然垄断产品

非排他性物品和零边际成本的自然垄断产品经常被放在一起，被称为公共品，因为它们都具有消费的非竞争性这一特性。非竞争性是指任何人的消费都不会影响或者减少其他人获得的这种产品的数量。根据非排他性物品的定义，它本身就是非竞争性的，任何人消费了这种物品，都会让其他人获得这种物品带来的全部服务。而对自然垄断产品而言，如果它们的边际成本为零，那么它们也是非竞争性的。任何人使用这项服务，都不会对其他人使用同样的服务产生任何限制，也不会增加其他人使用这项服务的成本。

当然，任何人都可以把这两种产品放在一起，将之统称为公共品，但我们依然倾向于将"公共品"限定为非排他性物品。其中一个理由是，因为搭便车问题，非排他性物品几乎必须由公共部门提供，但是自然垄断产品可以由私人部门提供，比如绝大多数的电力设施、电视节目以及软件。另外一个理由是，虽然这两种产品都是非竞争性的，但是它们的有效配置大为不同。它们确实是两种不同性质的产品。图9.8描述了这种差别。

图9.8有两个假设，使得这两种产品尽可能地相似。第一个假设是生产任何一单位非排他性物品的边际成本都是零，这个假设对于国防、灯塔以及其他任何重要的非排他性物品来说都是不成立的。第二个假设是只有两个消费者。消费者♯1和♯2的需求是不一样的，但是每个人对于这两种产品的需求是一样的，分别用 $d^1$ 和 $d^2$ 来表示。既然两种产品的需求是一样的，并且它们的边际成本都是零，那么它们的有效产出水平是不是也一样呢？答案是否定的。

非排他性物品的市场需求曲线 $D^{NE}$ 等于 $d^1$ 和 $d^2$ 的**纵向**（vertically）加总，因为政府除了选择一个单一的产出水平外没有其他选择。有效率的产出水平是 $Q^{NE}$，在这一点，$D^{NE}$ 和横轴相交，两个需求曲线 $d^1$ 和 $d^2$ 上的价格的和是零，这就是供给价格。

自然垄断产品的市场需求曲线 $D^{NM}$ 等于 $d^1$ 和 $d^2$ 的**横向**（horizontally）加总，就如同其他任何私人物品一样。在给定的价格水平上，两个消费者都可以消费他们想要消费的数量。有效率的产出水平是 $Q^{NM}$，在这一点，$D^{NM}$ 和横轴相交，使得 $P_{eff}=MC=0$。当 $MC$ 等于 0 时，这两个人可以一直使用这种服务，直到它们的边际价值为零。

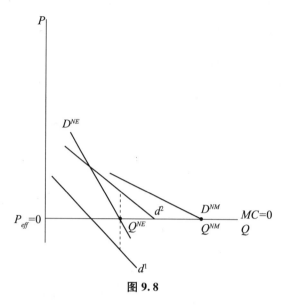

**图 9.8**

总结一下，虽然两种产品都有非竞争性，但这并不意味着它们是相似的物品。其中一个是极端的消费者外部性的例子。另一个是有递减成本结构的私人物品。它们可能都由公共部门来提供，但是它们进入公共部门的理由是完全不同的。在我们看来，把它们都看作公共品会掩盖了它们本质上的差异。

### ☐ 软件的效率定价

零边际成本的自然垄断行业有一个不同寻常的特征，那就是有效率的价格是零，正如前面的章节所描述的那样。企业生产这项产品的全部成本应该由一笔总付性的转移支付来补偿，以使经济维持在其效用可能性边界上。这给软件产业带来了一些有趣的特点，这个产业发展成了一个私人产业并且会一直保持这种状态，至少在美国是如此。

如前面所提到的，软件产业是一个非常特殊的产业，因为它是一个全球自然垄断的典型例子。生产新的软件程序的全部成本都来自编写和测试软件程序的过程。一旦这些程序编写完成，软件可以推向市场，它就可以毫无成本地让全世界每一个人在网络上下载。无论有多少人下载这个软件，边际成本都趋于零。

但是，软件企业不能允许无成本下载。它们希望可以像其他企业一样获得利润。它们可能会允许消费者从网络上下载软件，但是这只有在它们能够收费的情况下才可以——至少首次使用该软件的用户需要付费（现有的用户可以免费升级）。更常见的是，它们把程序装进 CD 然后进行销售。生产和运输 CD 的成本远远大于允许消费者在网络上下载程序的成本，但是对企业来说，这是一个获取利润的简单方法。

利润动机让软件业走向了无效率，如图 9.9 所示。$D$ 和 $MR$ 是市场需求曲线和边际收益曲线，这里描述的是一种只有唯一一个企业提供的软件。$AC$ 和 $MC$（$=0$）是企业的平均成本曲线和边际成本曲线。有效率的配置方案是（$Q_{eff}$，$P_{eff}=0$），位于 $D$ 和 $MC$ 的交点，这一点在横轴上。假定这个企业的目标是最大化利润。它生产 $Q_M$ 数量的软件（位于 $MR$ 和 $MC$ 的交点），将价格定为 $P_M$，并且获得利润（$P_M-AC$）$Q_M$，即矩形区域

$P_Mabc$。①

但是，有一种办法可以让企业实现有效率的产出 $Q_{eff}$。它可以采取图书馆模式。图书馆给消费者提供了一个极端选择。假如你想使用图书馆，你需要办一张卡，并且每年更新。私人图书馆通常收取年费，公共图书馆则可能不收费用。当你有了这张图书卡，你就可以在一年的时间里免费借阅所有你想借的书。相反，如果你没有图书卡，你就不能使用图书馆。

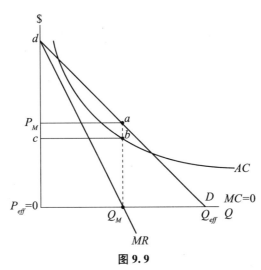

**图9.9**

私人企业将会很愿意向消费者提供这种全或零量报价。一个如上面所述的软件公司可以对每一个下载软件都收费。但是，假设它可以对消费者使用图书馆模式：缴纳年费，然后你就可以免费下载软件以及它将来的所有升级项目。事实上，只要缴纳年费，你就可以免费下载我们所有的软件产品。如果你不缴纳年费，那么你就永远不能再使用我们的任何产品。② 消费者愿意为下载每个软件程序付多少钱呢？答案是他们能从每一个软件程序中获得的总价值，我们可以认为这是需求曲线 $D$ 下方从原点到 $Q_{eff}$ 的所有区域，即三角形 $0dQ_{eff}$。该区域远远超过了单一价格下所获得的收益 $P_MQ_M$，即利润最大化的解决方案下的矩形区域 $0P_MaQ_M$。

好消息是，全或零量报价是有效率的。它产生了一个有效率的价格和产出水平（$Q_{eff}$，$P_{eff}=0$），并且年费是一次性总付的，这满足了保证经济位于其效用可能性边界上的要求。坏消息是，全或零量报价将消费者在市场交易中获得的所有收益都转变为了企业的高利润。因此，通过这种方式来实现有效率的结果，并不是特别有吸引力。

这个例子的政策含义是政府必须保持警醒，必须打破软件产业的进入壁垒来保持竞争。如果有很多企业生产类似的软件，那么它们一般不会使用全或零量报价。

全或零量报价通常被用于有线服务行业。消费者向有线服务供应商缴纳月费，然后

---

① 我们假设企业通过允许消费者从互联网付费下载的方法销售软件，这样 $MC=0$。而通过 CD 的形式销售软件将会提高边际成本，从而带来一个比（$Q_M$，$P_M$）更低的产量和更高的价格。

② 软件企业必须能够通过许可证等方法有效地将软件和个人电脑捆绑在一起，防止消费者将软件转借或者出售给他人使用。再销售的可能性破坏了全或零量销售的能力，这也是为什么全或零量销售一般仅限于服务行业。譬如，下面讨论的有线电视的例子。衬衫生产商不能够给它们的顾客提供全或零量的服务。

就能连接网络并且观看所有已经付费的有线频道。这也是网络服务和电视服务的有效率的解决方案。和软件产业的区别是，有线服务行业收取的费用是受到联邦政府或者地方政府管制的，这是为了限制有线服务企业从它们的消费者那里掠取的利益。这使得有线服务公司只能获取相对合理的资本回报。

# 第 10 章　美国的转移支付：公共选择视角

接下来的三章将分析转移支付，这是联邦政府、州政府和地方政府最后一个重要的支出项目。我们首先简要回顾一下美国主要的转移支付项目的演变历史，这些项目的目标是补助穷人或者防止人们变得贫困。

## 美国主要的反贫困转移支付项目

1601 年，伊丽莎白一世时期，英国建立了《济贫法》，订立了三条帮助穷人的原则：

1. 那些陷入贫困并且预期无力靠自身的力量脱离贫困的人，比如成年残疾人、孤儿以及老人，应当获得国家的同情和补助。

2. 身体健全的人应当工作。他们不能期望获得国家的补助。唯一的例外是身体健全、正在寻找工作但无法找到工作的人——用今天的话来说，就是非自愿的失业者。

3. 对穷人的补助必须受到地方政府的监管，因为地方政府能够知道谁是真正需要补助的，谁又是投机取巧、企图依靠公共救济金生活的。

这些原则背后的动机既慈悲又冷酷。社会愿意通过公共救济来帮助那些无依无靠的人，但与此同时，它也不愿被欺骗，去帮助那些完全可以自力更生的人。但是慈善的动机在《济贫法》的执行过程中被削弱了。英格兰为贫穷的成年人和他们的家人设立了救济院，为孤儿设立了孤儿院。它们在地方政府任命的监督员的管理下运行，这些监督员对穷人负有全部责任，并且没有多少有效的政府监督。这些监督员通常是残酷的、没有人道的，查尔斯·狄更斯（Charles Dickens）在他的著名的小说里记录了这些情况。

美国殖民者接受了 1601 年《济贫法》的原则，将之应用于公共慈善中，包括救济院和孤儿院。在北美革命和从英国独立出来以后，这些原则也没有任何改变；事实上，在此之后的 150 年里，变化微乎其微。公共救助依然是州政府和地方政府的职责，和狄更斯小说里描写的情景相比，救济院和孤儿院的状况也没有多大改善。联邦政府在对穷人的公共救助中，没有发挥一丁点儿作用。唯一和联邦政府有关的联邦社会法律，是 1912 年颁布的《童工法》，这项法律的目的是阻止工厂剥削童工。

20 世纪 30 年代的大萧条是一副催化剂，迫使联邦政府必须为救助穷人做出贡献。由于数以百万计的民众同时失去了工作，州政府和地方政府完全无力应对。失业率在深度衰退的 1933 年达到了 25.2%（Gordon，2000，p. A2）。这些人失去了工作并且很快陷入贫困，而且显然，这并不是他们自己的过错。最初，议会决定向州政府补贴数以亿计的美元去帮助它们补助失业者。随后，议会通过了由罗斯福总统签署的《社会保障法案》(1935)，这是美国历史上最重要的反贫困法案。从此以后，联邦政府成为反贫困的最重要力量。

### □ 1935 年的《社会保障法案》

1935—1937 年，《社会保障法案》及其后续支持性法案相继获得通过，建立了一套双管齐下的反贫困措施，一方面是社会保险，另一方面是公共救助（"福利"）。正如约翰逊总统在 1964 年宣称的那样，直到今天这套措施仍然是联邦政府对抗贫困的核心策略。社会保险的作用在于提供一种预防措施，防止人们陷入贫困。公共救助的作用在于救治，对已经陷入贫困的人们提供帮助。

正如名字所显示的那样，这项法案的核心是社会保险。这项法案建立了社会保险体系，建立了美国第一个为私人企业的雇员提供的公共退休金项目。[①] 通过工薪税，雇员在工作期间向这个体系内存钱，一半由个人支付，另一半由雇主支付。雇员和他们的配偶在退休之后，就可以领取公共养老金，直到他们去世为止，这就是所谓的社会保障金。对低收入工人来说，养老金是很高的，但是这并不意味着参与这个项目的资格是由经济情况决定的。任何向这个系统存钱的人，不论是富人还是穷人，都可以领取到养老金。社会保障系统的目标是预防穷人在退休之后陷入贫困并成为国家的负担。不管是工薪税还是养老金，都完全由联邦政府负责。

《社会保障法案》同样建立了三个针对穷人的新的公共救助项目，分别是老年人救助（OAA）、盲人补助（AB）以及对有未成年孩子的家庭的补助（AFDC）。这些项目的设计与 1601 年《济贫法》的第一条原则和第三条原则是一致的。它们是根据经济情况决定的——只有确实贫困的人才能得到救助——并且，正如名字所显示的那样，它们是有针对性的。仅仅是贫困还不足以有资格获得救助金。人们必须是穷困并且同时是老人，或者盲人，或者是单亲家庭，这些人都被认为不太可能依靠他们自己的力量摆脱贫困。[②] AFDC 项目的目标群体是有孩子的寡妇。在 20 世纪 30 年代，依然保持着传统家庭的形式，工作的女性比今天要少得多，几乎没有人有人寿保险。因此，一旦丈夫过世，就会

---

① 在 1911 年，联邦政府为军队建立了退休金基金，并在 1920 年为所有公务员建立了一个独立的退休金计划。州政府和地方政府也为它们的雇员建立了养老计划。

② 令人感到奇怪的是，有针对贫困人群中的盲人设立的计划，但没有为聋哑人设立辅助计划，即使一般来看，盲人的经济水平比聋哑人的要好。

使妇女和孩子陷入绝境，并且当时主流的观点是，妇女应该待在家里抚养孩子，而不是出去工作。

除了与1601年《济贫法》第三条原则保持一致之外，这三个公共救助项目都是由地方政府管理的，而不是联邦政府，并且很多州政府要求它们的地方政府管理这些项目。州政府同样可以决定每个受益人可以领取的救助金的水平。联邦政府的贡献是财政补助，不过只有一部分，大约占这些项目支付额度的50%～83%。原始计算公式里的比例随着每个州的救助水平以及人均收入而变化。

最后，最初的公共救助项目同时提供了现金和实物救助。现金补贴每月把补助金支票送给受益人，而实物补贴是支付给医疗供应商，包括医生、医院以及其他类似的向受益人提供服务的机构。相反，社会保险养老金是纯粹的现金形式，没有任何实物补贴。

联邦政府在1933—1937年之间设立了一些其他的社会保险和公共救助项目。在保险方面有四个主要的项目。失业保险是1935年建立的。它是一个由州政府管理的金融项目，让雇主对那些非自愿失业的雇员进行短时期的救助，这个项目受到联邦政府有限的指引。这个项目和1601年《济贫法》的第二条原则是一致的。联邦政府还在1933年启动了第一个针对农作物的价格补贴计划，在1937年设立了联邦最低工资标准。在大萧条之后产生了另一个重要的公共救助项目，即1937年设立的住房资助。最初，支出是直接用于兴建和运营针对低收入阶层的公共房屋项目。随着项目的不断演进以及公共房屋项目不再受青睐，这些补助更多地提供给租住私人公寓的租客，作为他们的租金补贴。

在20世纪后半期，联邦政府对社会保险和公共救助项目做出了一些显著的调整，增加了一些新的项目。但是1935年的《社会保障法案》所设立的预防和救助这两大对抗贫困的核心方式依然完好地继承了下来。下面介绍过去几十年间主要的变化和补充。

**20世纪50年代**：1951年，联邦政府设立了一项新的有针对性的公共救助项目——残疾人救助（AD）。和最初的公共救助项目一样，AD是由州政府管理的（在某些州是由地方政府管理的），州政府决定每月的现金支付和医疗供应支持，受益人每月所获得的补助中50%～83%来自联邦政府。1956年，联邦政府在社会保障系统内增加了残疾工人的收益。

**20世纪60年代**：《社会保障法案》最大的单项改动发生在20世纪60年代。1965年，为了响应约翰逊总统的向贫困宣战的号召，联邦政府设立了两个新的医疗补助项目——老年医疗保险（Medicare）和医疗补助（Medicaid）制度。老年医疗保险是一个全新的项目，其资金来源是面向该项目的新增工薪税。它的基本内容是针对65岁及以上年龄的老人的住院保险。作为额外价值，老年人还可以选择更多保险来涵盖医生上门问诊及相关服务。

医疗补助制度同样是一个新的项目，但是和老年医疗保险的内容大不相同。它的目标很简单，就是将四个公共救助项目下所有对医疗供应商的付款都置于一个管理体制下。因此，在最初，只有那些至少从四个公共救助项目的一个中领取现金补贴的穷人才有资格接受医疗补助制度的救助。同样，和其他四个项目一样，医疗补助制度也是由州政府管理的，州政府决定在本州内医疗补助的范围和力度。联邦政府每个月提供50%～83%的财政补助，这个幅度仅仅和每个州的人均收入水平相关（负相关），并且如果联邦政府提供了更多的财政补助，那么它允许每个州针对其他四项公共救助项目选择医疗补助制度的报销水平。在这个项目正式确立之后，医疗补助制度逐渐发展出了自己的道路，并且项目不断扩大，尤其是在 20 世纪 90 年代（参见后面的内容）。随着 1965 年以后医疗支出成本的不断上升以及覆盖范围的不断扩大，医疗补助制度的规模已经超过了其他所有公共救助项目的总和。这绝对不是 1965 年启动这个项目时的初衷。

**20 世纪 70 年代**：20 世纪 70 年代有三个主要的变化，其中两个是新项目带来的，另外一个是重组已有的项目。它们都是一项更大改革的一部分，这个改革是为了增加联邦政府在公共救助中的作用。一个新项目是食物券（1971 年），这是向贫困家庭和个人发放的优惠券，允许他们在购买食物的时候享受折扣优惠。食物券项目之所以值得注意，是因为它首次打破了 1601 年《济贫法》的三条原则。这个项目面向整个美国，并且没有分类针对性。所有的贫困家庭和个人都可以有资格获得食物券，这和他们的其他个人特征无关。

第二个新项目是劳动所得税抵免（EITC，1976 年），这个项目和联邦个人所得税相关联，并且由美国国税局（IRS）管理。它向低收入工人提供一个工资补贴。设计这个项目是为了抵消一些其他公共救助项目带来的对工作的负向激励——我们会在第 11 章讨论这些问题。和食物券一样，这个项目也是面向全美国并且同样是没有分类针对性的，只要对象是受雇用的工人即可。所有低收入的工人，不管他们的其他个人条件如何，都可以获得工资补贴。

重组项目是一个新项目——补充保障收入（SSI，设立于 1972 年，1974 年生效），这个项目整合了当时已有的 OAA、AB 和 AD 项目。联邦政府同样掌管了 SSI 并且设立了每月补助的水平。联邦政府制定的新的每月补助水平远远高于那些贫困州在原来三个项目中制定的标准。如果州政府愿意，它们可以对联邦政府的支付金额进行补充，那些富裕的州也确实这样做了。结果是，对那些原本在富裕的州接受被取代的三个项目补助的穷人来说，在新的 SSI 项目下，其生活没有产生实质性的改变。

很大程度上，由于最初的公共救助项目的运行情况在各个州有很大的差异，因此需要联邦政府发挥更大的作用。这些改革希望能够使全国的穷人受到更加一致的对待。SSI 是一种加强统一性的改革，但是正如所见的那样，它只能起到部分的作用。同时，AFDC 和医疗补助制度仍然是由州政府管理的，它们在各个州的运行情况仍然有很大差异。

**20 世纪 80 年代**：在这十年，没有什么主要的改变，只是医疗补助制度和 EITC 的规模有一些轻微的扩大。

**20 世纪 90 年代**：对公共救助改革而言，这是另一个重要的十年。最重要的结构性改革是在 1996 年，AFDC 被贫困家庭临时补助（TANF）所取代，正如我们所知的那样，克林顿总统将之称为福利的终结。这无疑是一种夸张，因为 AFDC 只是公共救助体系的一个组成部分，并且是一个相对较小的部分。但是，AFDC 已经和公众的福利意识相关联，并且自 20 世纪 60 年代传统家庭开始破裂时，就被不断地质疑。AFDC 项目的工作量在 20 世纪 60 年代末期呈爆炸性增长，很大程度上是由于那些有社会意识的律师去指导那些分居的或离婚的且有孩子的低收入父母（绝大多数是母亲），如何去申请那些他们有权获得的补助。AFDC 取代了 OAA 成为当时最大的社会救助项目，而公众们则怀疑在这个过程中，他们是不是被人利用了。与夫妻中一方的死亡不同，离婚和分居是有意识的决定。人们担心的事情是，他们救助的女性本可能获得工作，或者至少这些女性也应该是由她们分居的丈夫或孩子的父亲赡养，这违反了 1601 年《济贫法》的第一条原则。

TANF 最终结束了单身父母的这种权利。TANF 允许州政府将单身父母从公共救助的名单中剔除——如果这些单身父母已经连续两年获取了公共救助金，或者如果他们已经间歇性地在过去五年获得过公共救助金。五年后，继续支持单亲父母的州政府只能完全依靠自己的资金。TANF 同样改变了联邦政府的补助形式，从向每一个受益人配对支付到向州政府发放一笔整体拨款，州政府可以将之用在自己认为合适的方面，既可以是按月提供补助金，也可以是为受益人接受的服务提供补助，比如工作培训、教育或者养育孩子等。最初每个州得到的整体性拨款等于过去三年 AFDC 项目中联邦政府支付给州政府的资金的平均值。拨款额度会受到国会的审议，如果有必要，每六年也会进行一次调整。

　　20 世纪 90 年代还有两项重要的改变。一个是 EITC 项目中显著增加了工资补贴。另一个是医疗补助制度的明显扩张。联邦政府增加对怀孕妇女和儿童的一系列新的服务的财政补贴。此外，州政府现在也可以向家庭收入达到贫困线两倍水平的家庭提供医疗补助，这就是所谓的在医疗上贫困的家庭。[1] EITC 和医疗补助制度的扩张都缓解了那些无法获得 TANF 补助的低收入的妇女的窘境，她们原本不得不去工作。如果没有 EITC 和医疗补助制度的扩张，那些不能继续得到 TANF 补助的妇女，其生活将会非常艰难。

　　**21 世纪**：21 世纪以来唯一重要的改变是针对老年人处方药新增的补助金，这个项目包含在老年医疗保险内，在 2006 年开始生效。

　　表 10.1 列出了 2006 财政年度美国主要的社会保险和公共救助项目的支出情况。有几个地方是值得注意的。首先，社会保险项目占了总的转移支付的大约三分之二。请务必注意，这些补贴中的绝大多数都不是支付给穷人的，这些项目是为了预防人们陷入贫困的。[2] 其次，医疗补助制度占了整个公共救助转移支付的 52%，如此高的比例很可能是由医疗成本以超过通货膨胀的速度持续上升造成的。因为医疗补助制度的出现，现在支付给受益人的公共救助的主要形式是实物补贴而不是现金补贴。最后，快速上升的医疗成本使得医疗补助制度成为了一个庞大的项目。在接下来的 10～20 年，随着处方药补助金制度的实施和"婴儿潮"时期出生的人达到 65 岁，医疗补助制度将会超过养老金和残疾人救助，成为社会保险体系内规模最大的组成部分。

## 公共救助中的公共选择视角

　　在更基础的层面上，社会保险和公共救助项目背后的推动力是什么？主流观点是，人们会时常考虑他们的利他问题，思考有关结果公平或者分配公正性的问题，并且以集体的、多数人同意的规则同时采用民主决策的方式来实现现在的转移支付项目。主流公共理论采用按照伦理排序的社会福利函数，概括公众在这一演进过程中对结果公平的感受。

---

　　① 在联邦政府同意和财政支持下，某些州于 20 世纪 70 年代开始将医疗补助计划的范围适当扩展到需要医疗的、不能获得公共救助的低收入家庭。

　　② 无论私人还是社会保险，它们的一般目的在于平滑跨期之间的消费。当人们收入高的时候，牺牲一部分收入用来支付保费，这样就可以在投保的坏事情发生从而使得收入锐减的时候获得一笔收入。我们会在第 12 章详细讨论社会保险，包括它带来的平滑消费的性质。本章集中讨论政府尝试通过它的公共救助项目帮助贫困人群。

表 10.1　　　　　在美国，联邦、州和地方政府的收入支持计划（2006 财政年度）

| | 支出（十亿美元） |
|---|---|
| **社会保险** | |
| 　社会保障[1] | 549 |
| 　老年医疗保险 | 376 |
| 　军队和公务员退休 | 99 |
| 　失业保险 | 32 |
| 　退伍军人福利 | 64 |
| 　农业支持计划 | 21 |
| **小计：社会保险** | **1 141** |
| **公共救助（根据情况而定）** | |
| **现金救助** | |
| 　贫困家庭临时补助（TANF） | 34 |
| 　补充保障收入（SSI） | 57 |
| 　劳动所得税抵免（EITC） | 36 |
| **实物救助** | |
| 　老年医疗保险 | 301 |
| 　食品券 | 30 |
| 　住房资助 | 32 |
| 　其他公共救助[2] | 88 |
| **小计：公共救助** | **578** |
| **收入支持总额** | **1 893[3]** |

注：

1. 社会保障包括老年人、幸存者以及残疾人救济金。

2. 包括 50~60 个小项目，涉及的领域包括食品、教育、工作培训、医疗和其他社会服务。这些项目中的大多数救助采用实物形式。

3. 包括 1 740 亿美元联邦政府向个人的支付，这些支付没有包含在所列的栏目中。

资料来源：*Budget of the United State Government*，*Fiscal Year 2008*（Washington D. C.：U. S. Government Printing Office，February 2007），Part Five：Historical Tables，Table 3. 1 and 11. 3. 作者对州政府和地方政府于 2006 财政年度在公共救助中所占份额的估计是基于前几年的数据。

　　但是公共选择经济学家认为，这些观点言之无物。现实中，人们并不会将自利和利他分割对待，他们也不会超越某一特定层面——比如家庭——来思考结果公平问题，而且现实中，根本没有社会福利函数这种东西。我们所见到的转移支付项目，必定是完全从利己主义行为发展而来的。问题是，这种行为的形式是怎样的？

　　回想一下第 1 章介绍的詹姆斯·布坎南的观点，政府的合法性最终会延伸到国家的宪法公约：如果某个政府项目可以被宪法的制定者一致批准通过，那么它就是合法的。并且，布坎南假设这些制定者们对他们的经济和政治事务都是完全自利的。布坎南认为，由 1935 年的《社会保险法案》演化而来的社会保险项目，甚至包括公共救助项目，都会得到美国宪法的制定者们的一致支持——即使他们都非常富有。假设他们像罗尔斯所说的那样看待未来，即人们在思考公平问题时，无法未卜先知，就好像隔了一层无知的面纱。这层面纱是如此地不透明，以至于人们只好假设他们对前景一无所知并且他们的后代也是如此。如果是这样，那么，即使宪法制定者是完全自利的并且完全不会思考有关公平的问题，他们也可能会支持社会保险，甚至公共救助项目。他们这样做的理由是，即便他们今天生活富足，他们或他们的后代将来也许不会如同现在这样富足。假如不能，那么他们将会用已有的公共转移支付政策来保护自己，并且愿意为这些项目付钱。他们会认为税收是向公共保险政策支付保费，这是为了降低将来贫困的可能性。

这个论点对社会保险项目来说更有说服力，因为如果这些项目确实可以保护人们免于贫困，那么从自利的角度看，就没有必要再有公共救助项目。但是对公共选择经济学家来说，这并不重要。根据下述理由，从利己行为同样可以得到公共救助项目。

人们可能是自利的，但是人们同样清楚，利他或者慈善动机会增加他们自己的效用。我们知道这一点是因为很多人向私人慈善组织捐钱，而且他们的捐献是完全自愿的。这些捐献显然增加了捐献者自己的效用，否则他们就不会这么做。公共救助可以被简单地认为是私人慈善的延伸，因为有一个技术问题始终伴随着私人慈善，那就是搭便车问题。

在考虑慈善的搭便车问题之前，请注意在主流观点和公共选择观点之间公共救助存在显著差别。主流观点即社会福利观点将公共救助看作是一个非输即赢的问题。当人们开始考虑利他主义以及分配的公正性时，人们会认为公共救助是适宜的。从狭隘的自利角度出发，人们不会为支持公共救助而缴税，但是人们却愿意为了结果公平而这样做。在这样的思维模式下，公共救助体系被视为有一种非输即赢的性质：公共救助体系中的贫困的受益者增加了自己的效用，而那些不贫困的人则因为缴税而降低了自己的效用。在公共选择视角下，情况并非如此。自愿向私人慈善组织捐赠是一种双赢的形式：捐赠者在受益人获得赠品的时候也增加了自己的效用。因为公共救助只是私人慈善的一个扩展，它同样也是有双赢性质的。

双赢听起来更像一个与效率有关的话题，而和公平没什么关系。回想一下，无效率的行为会使社会处于效用可能性边界之下。纠正这些无效率行为，使社会重回效用可能性边界，会使每个人都受益。相反，主流观点的再分配政策是为了使社会沿着效用可能性边界移动，这会使得有些人得利而有些人遭受损失。

公共选择视角中，双赢的再分配政策实际上是与效率有关的。向私人慈善捐献的动机会增强，是因为慈善机构支援的受益人所面临的某些事情会困扰潜在的捐献者。捐献者担心这些人可能没有得到足够的食物，或者缺少住房，或者更一般地，缺少足够的资源使他们可以维持最低的生活标准。如果是这样，那么慈善的动机就是另外一种消费外部性：一部分人比如慈善受益人的效用进入了另外一部分人比如捐赠者的效用函数，从而影响了捐赠者的效用。根据这一观点，私人捐赠者只是简单地纠正外部性。因为这个原因，私人慈善以及扩展而来的公共救助被公共选择经济学家看作是**帕累托最优再分配**（Pareto-optimal redistributions）。他们的目标是使经济重新回到效用可能性边界，而不是沿着效用可能性边界移动。从主流观点的角度来说，这些项目是为了纠正消费外部性的无效率现象而设计出来的配置政策，而不是为了实现结果公平而设计出来的再分配政策。

## ☐ **帕累托最优再分配**

我们将用最简单的私人慈善模型来说明公共选择视角。假设这里有两种产品：食物（$F$），以及另一种可以用于所有其他服务的产品（$Y$）。假设 $Y$ 的边际成本和价格都是 1。（我们可以这样假设，是因为只有相对价格才会在资源配置中发挥作用。）这里同样只有两个人，富人（$R$）和穷人（$P$）。$P$ 通过消费两种产品得到效用：$U^P = U^P(Y_P, F_P)$。$R$ 同样从消费两种产品 $Y_R$ 和 $F_R$ 中得到效用。但是当 $R$ 想到 $P$ 时，他会因为知道 $P$ 没有足够的食物而感到难过。因此，他的效用同样取决于 $F_P$，即 $P$ 的食物消费，因此 $R$ 的效用函数是：$U^R = U^R(Y_R, F_R, F_P)$。$P$ 的食物消费给 $R$ 带来了一种外部性。假设最终

$Y$ 和 $F$ 都是在竞争性市场中生产，那么 $F$ 和 $Y$ 的价格 $P_F$ 和 $P_Y$（＝1）等于生产 $F$ 和 $Y$ 的边际成本。

如果没有外部性，我们从第 3 章知道，$Y$ 和 $F$ 的生产和消费的帕累托最优或者有效率条件将会是：

$$MRS^R_{F_R,Y_R} = MRS^P_{F_P,Y_P} = MRT_{F,Y} = P_F = MC_F$$

此时，$P_Y＝MC_Y＝1$。每个人的 $MRS$ 都表示了他们愿意为了多消费 1 单位的 $F$ 而愿意放弃多少单位的 $Y$。每个人都会将他们的 $MRS$ 等于 $P_F$。$MRT_{F,Y}$ 是生产 $F$ 和 $Y$ 的边际成本的比值，换句话说就是 $MC_F$，因为 $P_Y＝MC_Y＝1$。因此，$P_F$ 将会等于 $MRT_{Y,F}$，即为了多生产一单位 $F$，沿着生产可能性边界，需要牺牲的额外的 $Y$ 的数量。完全竞争时，所有人都会在市场价格 $P_F$ 和 $P_Y＝1$ 下购买 $F$ 和 $Y$，这将会产生帕累托最优条件。

当 $R$ 决定购买自己的 $Y$ 和 $F$ 时，他的决策完全是为了他自己。因此，对他来说，帕累托最优条件就是标准的：

$$MRS^R_{F_R,Y_R} = MRT_{F,Y} = P_F$$

此时，他会在市场价格 $P_F$ 和 $P_Y＝1$ 下向生产者购买 $F$ 和 $Y$。但是，当 $P$ 决定她的 $Y$ 和 $F$ 时，这里有两种边际条件需要考虑。一个是标准的 $MRS^P_{F_P,Y_P}$，即她愿意用多少单位的 $Y$ 去交换一单位的 $F$。另外一个是 $MRS^R_{F_P,Y_R}$，即 $R$ 愿意牺牲多少单位的自己的 $Y$ 来让 $P$ 多消费一单位的 $F$。因此，对 $P$ 而言，消费 $F$ 的帕累托最优条件是

$$MRS^R_{F_P,Y_R} + MRS^P_{F_P,Y_P} = MRT_{F,Y} = MC_F = P_F$$

正如我们所见到的，在完全竞争条件下，每个人都购买自己的 $Y$ 和 $F$ 时，这个条件将不会满足。

必须有人将外部性问题考虑进来。如果如上面所说，真的只有一个富人和一个穷人，这两个人很可能会进入一个科斯类型的讨价还价过程来实现最优，因为他们都有兴趣这样做。$R$ 将会愿意转送一部分自己的食物给 $P$，因为他的 $MRS^R_{F_P,Y_R}$ 显示，他愿意牺牲一些自己的消费能力来使 $P$ 消费更多的食物。并且 $P$ 肯定会接受这些转移的食物。这是一个双赢的转移支付，这也是自愿慈善捐助的基础。

### □ 为什么是公共救助？

但是，自愿私人捐助面临的问题并不在于有很多的穷人等着捐助，而是在于有没有足够多的富人愿意支援那些穷困的人。假设我们调整我们的简单模型，包括 $N$ 个富人，但是仍然只有 1 个穷人。和以前一样，富人消费 $Y$ 和 $F$ 都是私人的事情，可以由竞争性市场提供的 $Y$ 和 $F$ 来解决。但是，现在当 $P$ 消费了 $F$，所有的富人都受到了影响。帕累托最优条件变成：

$$MRS^P_{F_P,Y_P} + \sum_{R=1}^{N} MRS^R_{F_P,Y_R} = MRT_{F,Y} = MC_F$$

尝试通过每个富人向穷人自发捐助 $F$ 的情况来实现帕累托最优，就会产生搭便车问题。每个富人都可以从向穷人转移食物这件事中增加效用。但是，如果有别的富人给了穷人相同数量的食物，那么另一个富人的收益仍然会增加。因此，更好的方式是，让另外某个人向穷人转移食物，然后获得转移食物带来的全部收益，这样还避免了额外的投入。不幸的是，所有的富人都这样想。他们都会尝试搭便车，因此最终没有人会向穷人转移食物。

解决的方法是由政府通过公共救助项目来向穷人转移食物，比如食物券，并且向富人征税来为维持这个公共转移支付项目，这样他们就分担了成本。[①] 这样一来，所有的富人都和穷人一起得到了利益，社会也移动到了它的效用可能性边界上。这是一个双赢的、有效率的政策。

在第 7 章，我们已经研究了私人行为是如何带来外部性的，我们知道什么政策适于应对这种情况，那就是庇古补贴。政府应当补贴 P 的食物消费，补贴的额度应当等于富人为了使 P 多消费一单位食物而付出的总价值。但是，对富人而言，总体边际外部价值是 $\sum_{R=1}^{N} MRS^{R}_{F_P,Y_R}$，即全部 N 个富人为了使 P 多消费一单位食物而愿意放弃的 Y 的总价值。

在这个例子中，庇古补贴发挥作用的原因如下。面对一个补贴 s，食物对 P 的净价值变成 $P_F - s$，她会将这个价值等同于自己的 $MRS^{P}_{F_P,Y_P}$：

$$P_F - s = MRS^{P}_{F_P,Y_P}$$

但是 $MRT_{F,Y} = MC_F = P_F$。

当 $s = \sum_{R=1}^{N} MRS^{R}_{F_P,Y_R}$ 时，

$$P_F - s = MRT_{F,Y} - \sum_{R=1}^{N} MRS^{R}_{F_P,Y_R} = MRS^{P}_{F_P,Y_P}$$

或者

$$MRT_{F,Y} = MRS^{P}_{F_P,Y_P} + \sum_{R=1}^{N} MRS^{R}_{F_P,Y_R}$$

即帕累托最优条件。

假设有很多穷人。只要富人认为每个穷人的需求都是相等的，那么就不会带来什么不同。在这种情况下，任何一个穷人新增的一单位食物消费对每个富人都会产生相同的影响。因此，和只有一个穷人的情况一样，相同的帕累托最优条件适用于每一个穷人，并且都可以由上面所述的庇古补贴实现。每个穷人都应该可以用净补贴价格 $P_F - s$ 购买食物。

可能有很多贫困程度不同的穷人，比如接近贫困（near poor，NP）、贫困（poor，P）、非常贫困（very poor，VP），富人们对这些穷人的态度是不一样的。在这种情况下，每个富人的效用函数都是 $U^R = U^R (Y_R, F_R, F_{NP}, F_P, F_{VP})$，并且政府需要为不同贫困程度的穷人制定不一样的庇古补贴：

$$s_{NP} = \sum_{R=1}^{N} MRS^{R}_{F_{NP},Y_R}$$

$$s_{P} = \sum_{R=1}^{N} MRS^{R}_{F_P,Y_R}$$

$$s_{VP} = \sum_{R=1}^{N} MRS^{R}_{F_{VP},Y_R}$$

当然，$s_{VP} > s_P > s_{NP}$。

同样的分析适用于富人认为穷人可能会缺乏的任何物品，不管是食物、房屋、医疗

---

① 对富人征税应该是一次性总付的形式，从而保证经济体位于它的效用可能性边界上。

或者其他任何东西。在每一种情况下，政府都需要设计一种庇古补贴，使之等于穷人的消费对富人产生的总体边际影响，并允许穷人可以用补贴价格购买物品。这些补贴纠正了穷人的消费给富人带来的外部性，并且也将经济重新带回到效用可能性边界上。

### □ 现金救助还是实物救助？

上一节的模型强调了实物补贴——一种食物补贴，那么这是一个正确的模型吗？也许不是。回到很多富人和一个穷人 $P$ 的例子中。假设富人认为穷人 $P$ 缺少所有的生活必需品：食物、房子、衣服、医疗等。她的问题显而易见，就是缺少足够的收入来维持最低标准的生活。因此，富人会担心 $P$ 的全部的效用和福利问题。他们的效用函数是 $U^R = U^R (Y_R, F_R, U^P(Y_P, F_P))$。

在这种情况下，政府最好的应对之策是给 $P$ 一笔现金转移支付。对此，直观的解释是，对于任意给定额度的救助，和任何一种实物补贴相比，现金补贴可以带给 $P$ 同样或者更高的效用，而通常的预期是，她会得到更高的效用。因此，因为富人希望 $P$ 尽可能地比以前好，所以富人和 $P$ 都会倾向于现金转移支付。

图 10.1 从穷人的角度描述了现金补贴的优势。$I_0$、$I_1$ 和 $I_2$ 是 $P$ 的有关 $F$ 和 $Y$ 的三条无差异曲线。在没有任何救助时，她的预算线是 $DE$，这条线的斜率是 $-P_F/P_Y = -P_F$。最初的均衡在点 $A$，在这一点无差异曲线 $I_0$ 和预算线相切，她的消费量是 $(F_0, Y_0)$。

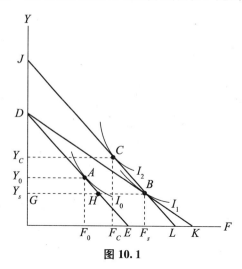

图 10.1

一种食物补贴 $s$ 将预算线旋转到 $DK$。她的新均衡在点 $B$，在这一点无差异曲线 $I_1$ 和新的预算线 $DK$ 相切。在有了补贴之后，她的消费水平是 $(F_s, Y_s)$，其中她在食物上花费了她自己的资源 $GH$，并且从政府处得到了补贴 $HB$，这构成了她的另一部分食物支出。

相对地，假设她从政府得到的是和食物补贴 $HB$ 价值相等的现金转移支付。这笔现金使 $DE$ 向上平行移动，新的预算线是 $JL$。在有了现金补贴之后，她的均衡在点 $C$，在这一点无差异曲线 $I_2$ 和预算线 $JL$ 相切，她的消费量是 $(F_C, Y_C)$。请注意，虽然相比于现金补贴，食物补贴使她消费了更多食物，但是现金补贴却使她的福利好于食物补贴时。这就是预期的结果。在有食物补贴时，她消费了更多的食物，是因为补贴改变了相对价格，使她更偏爱食物。相反，在现金转移支付条件下，$F$ 和 $Y$ 的相对价格依然不变，因此这里只有收入效应。设计转移支付时，收入效应应该是相同的，因此在有食物补贴时，额外的替代效应会使她购买更多的食物。[①]

但是，P 得到现金补贴时会更好，可以被视为是经济学家所讨论的"显示偏好论"。当她在有现金补贴时的约束线 JL 上购买 $(F_c, Y_c)$ 时，她可以购买 $(F_s, Y_s)$，但是当她在有食物补贴时的约束线 DK 上购买 $(F_s, Y_s)$ 时，她是无力负担 $(F_c, Y_c)$ 的。因此，相对于 $(F_s, Y_s)$，她显示出来要更偏好 $(F_c, Y_c)$。这里的直觉解释是对 P 的约束在现金补贴下不存在了。她必须改变自己的偏好去购买更多的食物，才能获得食物转移支付 HB；而在有现金转移支付时，她同样可以获得 HB，但是什么都不用购买。现金转移支付让她更加自由，所以也比以前更加好。这里的寓意是很清晰的，如果富人关注的是穷人的整体的福利，公共救助的形式就应该是现金。

哪一个是正确的模型呢？对于这个答案，美国政府显然一直很矛盾。从最初开始，公共救助项目就混合了现金和实物形式（请回想一下，三种最初的公共救助项目，OAA、AB 和 AFDC，每月给予受益人现金，同时也支付他们一部分的医疗支出）。并且，自 1935 年开始新增的项目，都是既有实物补贴——住房资助、食物券、医疗补贴制度——又有现金补贴——EITC。有些纳税人毫不怀疑地相信，穷人就是缺乏资源并且愿意给予他们现金。他们的动机是单纯的对穷人的利他主义。但是，另一些人却对此充满质疑，并且有些家长式作风。他们愿意帮助穷人，但是担心穷人可能不会用这些现金形式的转移支付购买他们和他们的家人真正需要的物品。他们很满意实物补贴表现出的某种责任性，这使得穷人可以把钱花在他们真正需要的东西上，比如食物、医疗或住房。现金和实物转移支付的混合体制似乎是对这两种观点的一种妥协。

## □ 实物转移支付的限制和责任性

实物模型允许穷人在这种补助下，以（庇古）补贴价格购买尽可能多的受补贴的商品。但是，美国政府通常不会这样做。它经常对补贴的数量进行限制——这样做有两个很好的理由。一个理由是，国会和州立法会希望知道，当它们针对某个特定的项目立法时，将为这个项目付出多少钱。但是当补贴是无限的时候，在受益人做出他们的消费选择之前，立法者都不可能知道这个项目的成本。举个例子，在图 10.1 中，只有当 P 在预算线 DK 上选择了消费点 B 之后，才能知道补贴的数量 HB。控制预算的方法之一就是预先设定每个人可以获得的补贴的上限。另外一个理由是，设定限制是为了避免有人再次卖出这些补贴。假如允许穷人不限制地用食物券以 70 美分的价格购买原价 1 美元的食物，即给人们 30% 的折扣，他们就会有动机尽可能多地购买食物券，然后将它们卖给并不贫困的人，以比如 80 美分的价格。给每个人可以获得食物券的数量设定上限可以消除这种动机。

但是，正如图 10.2 所示，给食物救助设定限制会消除其表现出来的责任性。图 10.2 复制了图 10.1 中最初的预算线 DE 和无差异曲线 $I_0$ 上最初的均衡点 A。假设政府允许 P 以 30% 的折扣使用食物券，上限是 $F_G$。新的预算线以点 D 为原点旋转 30% 直到点 G，即上限。超过点 G 之后，无论 P 购买多少食物，她都只能以食物券的形式获得转移支付

---

① 一个例外是，如果无差异曲线非常陡峭，例如是直角，那么食物补贴和等额的现金转移将使 P 位于相同的无差异曲线上。然而，这不是我们想要的结果。

$BG$。因此，预算线在超过点 $G$ 之后就变得和 $DE$ 平行了。平行的部分是 $GH$。新的均衡点是点 $C$，在这一点，无差异曲线 $I_2$ 和线段 $GH$ 相切。

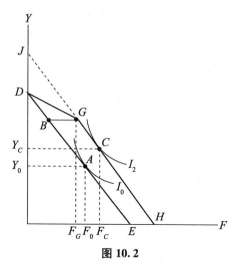

**图 10.2**

相对地，假设 $P$ 获得了一笔和食物券的上限 $BG$ 相等的现金转移支付，那么现金转移支付会平行地将她的预算线 $DE$ 向外推 $BG$ 的数额，新的预算线是 $JGH$。在现金转移支付下，她的新均衡点是点 $C$，和食物券项目下的均衡点一样。假如，在有食物券补贴时，$P$ 不在区域 $DG$ 中，那么最初的折扣就不会发生作用。她对于收到 $BG$ 单位的食物折扣补贴还是现金转移支付是无差异的。在两种情况下，她的选择是一样的，并且会得到相同的均衡。

检验限制能否产生制约是很简单的。假如 $P$ 购买了超过食物券补贴额度的食物，那么她就超过了补贴的限制而这个补贴也就不再发挥作用。对几乎所有得到食物券的家庭和个人来说，这种情况都是存在的，这就是为什么经济学家认为食物券就是另一种形式的现金转移支付项目。请注意，一旦超过了规定的上限，食物券本来显示出的责任性也就被打破了。如果穷人希望可以移动到线段 $GH$ 上的另外一点，他们可以少购买一些食物，这样他们就会到达线段 $GH$ 上的某一点，该点比最初的均衡点 $A$ 消费的食物要少——尽管在图 10.2 中，他们没有这样做。图 10.2 假设食物是一种正常品，对穷人来说，一般也确实如此。

## 帕累托最优再分配足够吗？

如果像公共选择经济学家所相信的那样，现金和实物形式的公共救助是由非贫困人的利他主义驱动的，那么帕累托最优再分配的结果足够吗？在没有社会福利函数的情况下，究竟有没有一种公共部门理论可以说明这一问题？主流经济学家对这两个问题的答案都是否定的。他们指出帕累托最优再分配虽然可以将经济维持在效用可能性边界上，但不会选择分配最佳的位置，只有社会福利函数能做到这一点。图 10.3 描述了一个两个人的例子，两个人的效用表示在坐标轴上。

请先看图 10.3（a）。假设个人♯2 拥有所有资源，因此经济从点 A 开始运转。如果个人♯2 是利他的，他会想要转移一部分资源给个人♯1。这种转移支付使得两个人都比以前好，因此经济会移动到点 A 的东北方。在某一点，比如说在点 B，个人♯2 的利他主义不再继续发挥作用了，因为从个人♯2 的角度看，个人♯1 已经获得了足够的资源了。从个人♯2 向个人♯1 转移更多的资源会使个人♯2 的福利变差。经济会沿着效用可能性边界向东南方移动。

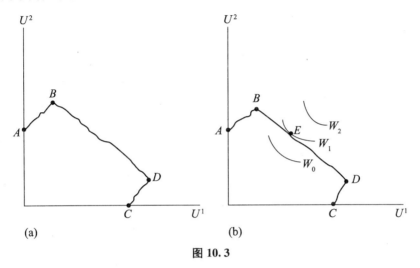

图 10.3

如果个人♯1 拥有所有资源，分析的过程也是一样的。在这种情况下，经济会从点 C 开始运转。如果个人♯1 是利他的，那么从个人♯1 向个人♯2 的转移支付会使两个人都变得更好，经济也会向点 C 的东北方移动。在点 D，当个人♯1 觉得个人♯2 已经有足够的资源时，他的利他主义就不再发挥作用。从个人♯1 向个人♯2 转移更多的资源会使个人♯1 的福利变差。经济会沿着效用可能性边界向西北方移动。受约束的效用可能性边界是 BD。

如果经济最开始是从越过点 B 或点 D 的地方，从另外一个方向开始运转的，那么由于效率的原因，帕累托最优再分配就应该发挥作用。效率要求所有的双赢再配置都被利用，以使经济达到帕累托最优：为了使有些人变好，只能使另外一些人变差。帕累托最优点是在 BD 上的那些点，即在受约束的效用可能性边界上的点。

认为帕累托最优再分配同样足够满足结果公平或者分配的公正性，其实就是认为点 B 或点 D 是必要的社会最优点。主流经济学家会对此有争议。比如，可能会有这种情况，很少一部分人控制了国家的绝大部分资源，而且他们并没有什么利他主义。结果将会是严重的收入分配不平等，恐怕很多人都会反感这种情况。完全接受帕累托最优再分配，同样在决定收入的最优分配的过程中完全忽略了穷人，而且这似乎也并不公平。

主流经济学家认为社会无法避免通过一个集体决策来决定资源的初始分配，并且这个决策要求有一个有关道德排序的集合，这个集合需要由一个社会福利函数以及与之相匹配的社会福利无差异曲线来表示。只有社会福利函数可以在受约束的效用可能性边界上决定分配的最优点——极乐点——图 10.3（b）中的点 E。在给定了图中的社会福利无差异曲线之后，点 E 实现了结果公平，而不是点 B 或点 D。

总结一下，主流经济学家同意公共选择理论所说的，如果人们都有对别人自发的利他主义，那么帕累托最优再分配是达到效用可能性边界的必要条件。但是他们相信可以满足人际公平条件、能实现社会福利最大化的一次性总付税和转移支付才是最终解决分配公正性的途径。主流观点的潜在含义是，如果一次性总付税和转移支付可以消除贫困并使得收入分配更公平，那么隐藏在帕累托最优再分配背后的私人利他动机就会完全消失。人际公平条件已经足以实现社会福利最优化；可能做到也可能无法做到帕累托最优再分配。

# 第11章

# 设计对穷人的转移支付的实际问题

在设计对穷人的转移支付时，有三个实际问题吸引着经济学家的注意：

1. 转移支付应当是现金形式还是实物形式？

2. 如果转移支付是实物形式，它们可以采用分权的形式运作吗？分权的意思是指，穷人收到补贴后，可以在某个已经运转的、分权化的市场上购买某种特定的商品，比如食物。另外一种选择就是集权化，这意味着由政府机构分配转移支付。因为最小化了政府对经济的干预，分权化的供给更受青睐。

3. 转移支付应该是范围广泛的还是有针对性的？广泛的意思是，每个人都可以得到转移支付，美国社会保险项目的精神就是这样。有针对性的意思是，转移支付的目标只有穷人。它们可以将所有穷人作为目标，比如食物券，或者是有分类的、更加准确地盯住某些有特定个人特征的穷人，比如 TANF，这个项目盯住的是贫困的单亲家庭。

我们在第 4 章和第 10 章研究过有关转移支付的主流理论和公共选择理论，它们为回答这些问题提供了指导，但这种指导方针并不够明确。在本章，我们将首先简要回顾一下这些理论的内容，然后转向与上述三个问题相关联的更加有针对性、更加实际的内容，包括在范围广泛和有针对性的转移支付之间做出选择。

## 主流和公共选择视角：理论告诉了我们什么？

### □ 主流理论

社会福利最大化的人际公平条件涵盖了对穷人进行转移支付的主流理论。转移支付以及为此而征收的税收应当是一次性总付的，这样做的目标是使所有人收入的社会边际效用相等。一次性总付的转移支付（和税收）必须是集权化的，因为是由政府机构进行再分配。但是，这个理论在处理现金和实物转移支付时没有差异。可以选择任何产品和要素用于转移支付，只要它是通常会被所有人大量供给或消费的某种物品。因此，转移支付当然可以是实物形式的。但是，与某种固定要素相关的收入或者某种禀赋收入同样也可以被转移支付，直到它相对于某种产品或者可变要素的人际公平条件成立，在这种情况下，转移支付应该是现金形式的。虽然满足人际公平条件的一次性总付税几乎一定是针对某些固定收入的来源征收，以至于人们总是用收入（现金）转移支付的形式考虑问题，但主流理论实际上认为实物和现金转移支付是一样的。最后，税收和转移支付必须以个体为目标，它们必须让个人之间收入的社会边际效用相等。

在实践中是不是能够以主流理论作为指导，使经济达到效用可能性边界上的巴托极乐点呢？这个问题充满争议。我们在第 5 章看到，在社会福利分析中经常用到三个假设：在相等的收入上有相等的社会福利权重，所有人的偏好都相同，以及收入的私人边际效用递减。在这三个假设下，每个人收入的社会边际效用相等，都等于均值，几乎没有人会支持这个结果。这里潜在的含义是在有扭曲税收的背景下必须考虑社会福利最大化的框架——回想一下奥肯的漏桶——而目标是在更加公平的收入分配所带来的收益与扭曲性税收和转移支付所带来的无效率及成本之间找到最佳平衡点。并且，在考虑了扭曲之后，这个理论表明必须集权化处理转移支付（和税收），最好是现金而不是实物形式，同时要有特定目标。下面我们将看到，为转移支付明确特定目标会带来一些实际操作中的困难。因此，政府也许要选择较为温和的目标，通过多种渠道实现效率和公平之间的最佳平衡。

### □ 公共选择理论

对穷人进行转移支付的公共选择理论建立在富人对穷人的利他主义基础上，而利他主义表现为消费外部性的形式：穷人的某些方面影响了富人的效用。因为这都是由外部性引起的，所以政策含义建立在外部性的具体形式上。如果富人关心的是穷人缺乏某些特定的物品，比如食物，那么我们就会看到穷人在购买这些特定商品的时候应该享有补贴。这种补贴是一种标准的庇古补贴。转移支付是实物形式的、分权的，并且是针对穷人的。如果相对地，富人相信穷人没有足够的资源并且关心穷人整体的福利状况，那么补贴就应该采用现金形式，并且必须是集权的。同样，这些转移支付仍然是针对穷人的。

唯一需要注意的是实物形式的庇古补贴。如果因为预算问责制或者为了防止倒卖的发生，政府选择对实物补贴进行限制，那么实物补贴就会等价于现金补贴。但是，它仍然是有针对性的。更广泛的目标和帕累托最优再分配的要求不一致。

但总的来说，在公共选择理论中，如何设计对穷人的转移支付仍然是模糊的。正如第 10 章所提到的，我们并不清楚富人究竟是关心穷人的某种特定的消费品还是关心他们整体的福利状况——也许两者兼而有之。同样地，在主流理论中如何设计转移支付也并不清晰。正因为这种模糊性，政策制定者们在回答本章开头的三个有关实际设计问题时，必然转向一些更加狭窄的议题。

在结束概括性讨论之前，请注意，除了主流理论和公共选择理论，我们在前面章节还提到了其他一些有关慈善行为的理论。比如说，其中一个解释是完全自私的动机：人们在进行慈善活动时，是为了显示自己的身份，就像他们的名字被列在交响乐团和艺术博物馆的捐献人名单中一样。已有的研究指出，大多数人在进行这种捐献时都在同等捐献范围中选择较低的数额，这在一定程度上支持了"捐赠显示身份"的理论。

另一种理论讨论了父母给孩子的礼物。这些礼物绝大多数都是实物而非现金，并且主要是用于孩子的教育开支。为什么父母要为孩子的教育花费这么多钱，而不是直接给孩子一大笔等值的现金，然后让孩子自由花费呢？对此有一种答案，首先由詹姆斯·布坎南提出，认为父母处于撒玛利亚人（乐善好施者）的两难选择之中。父母爱他们的孩子，并且希望孩子能走向成功。如果他们给孩子现金，就存在很大的风险，即孩子会把钱浪费在享受上，而不是为了将来做好准备。孩子知道父母爱他们，在花完钱之后就会向父母要更多的钱。父母知道这一点，并且也知道自己不能不这么做。当孩子这么做时，父母总是乐善好施的，他们会不断地给孩子钱。为了避免这种情况，父母就把孩子"拴在"教育上，从而提高孩子未来成功所需的素质（Buchanan，1975，pp. 71-75，也可参见 Bruce and Waldman，1991）。

文献中还讨论了有关施舍的一些其他动机，有些对设计公共转移支付有启示，有些则没有。至少它们帮助政策制定者澄清了设计转移支付理论中的模糊性问题。还有些因素会使情况更加严重，私人信息也会影响转移支付的设计，我们将在第 17 章讨论这一问题。

# 广泛的转移支付 VS. 有针对性的转移支付

政策制定者在决定如何设计转移支付时，特别是在回答前面的第三个问题时，即如何在广泛的转移支付和有针对性的转移支付之间做出选择，需要转而讨论一些更加狭窄的议题。一个简单的例子是布朗宁和布朗宁（Browning and Browning，1983，pp. 276-284）描述的有关这一选择的一些关键问题。在他们的基础上，我们使用了最新的数据，使其更符合美国今天的现实情况。

## □ 抵免所得税

用广泛的方式来帮助穷人的一个重要的优势是，对管理者来说，这通常比有针对性的方式更便宜。广泛方式中最便宜的方法是所谓的抵免所得税，相比于标准的无抵免的所得税，美国国税局（IRS）能够在几乎不增加成本的情况下运作抵免所得税。在有**抵免所得税**（credit income tax）时，每个纳税人会得到一个抵免份额或者补贴 $S$，然后按照收入缴纳所得税。假设对所有的收入水平，只有一个单一税率 $t$（即所谓的单一税率），抵免后的所得税为 $T=-S+tY$。抵免部分会被退还，因为这样做的目的是帮助穷人。也就是说，如果人们的税赋低于抵免额度，就会收到政府的支票。抵免所得税保证的最低收入是 $S$（即 $Y=0$）。

假设社会有五个收入阶层，每个阶层都有等量的四人家庭，这五个收入阶层是：10 000美元、20 000 美元、30 000 美元、40 000 美元和 50 000 美元。假设政府的主要目标是保证最低收入阶层的人们可以获得等于贫困线的收入，按照美国 2005 年的标准，即每个家庭约19 000美元。因此，政府希望，在有抵免所得税的情况下，10 000 美元的家庭可以得到9 000美元的净转移支付。为了集中考虑收入分配，假设政府希望高收入阶层的净税收等于低收入阶层的净转移支付。换句话说，这个例子是一个纯粹的自筹资金的再分配项目。假设用于其他目的的税收收入是按照其他方式征收的。

满足这些目标的抵免所得税是 $T = -13\ 500 + 0.45Y$，如表11.1所示。

| 表 11.1 | | 抵免所得税 | | | 单位：美元 |
|---|---|---|---|---|---|
| 收入 | 10 000 | 20 000 | 30 000 | 40 000 | 50 000 |
| 抵免额（S） | −13 500 | −13 500 | −13 500 | −13 500 | −13 500 |
| 税收（0.45Y） | 4 500 | 9 000 | 13 500 | 18 000 | 22 500 |
| 净税收（$T = -S + 0.45Y$） | −9 000 | −4 500 | 0 | 4 500 | 9 000 |
| 净收入 | 19 000 | 24 500 | 30 000 | 35 500 | 41 000 |

## □ 有针对性与所得税豁免相结合

尽管抵免所得税在针对穷人的补助中表现出较低的管理成本，但美国以及其他很多国家已经不再使用抵免所得税。为了保证穷人不再以税收形式将补助立刻交回给政府，低收入阶层的所得税被豁免了。下面将介绍一个有针对性的自筹资金方案，可以将其与抵免所得税相比较。政府将9 000美元转移给10 000美元收入阶层的家庭，然后征收15%的所得税，收入在20 000美元以下的家庭不用缴税。所得税是 $T = 0.15\ (Y - 20\ 000)$。表11.2描述了五个收入阶层的收入、税赋和转移支付情况。

| 表 11.2 | | 所得税豁免下的有针对性的转移支付 | | | 单位：美元 |
|---|---|---|---|---|---|
| 收入 | 10 000 | 20 000 | 30 000 | 40 000 | 50 000 |
| 转移支付 | 9 000 | 0 | 0 | 0 | 0 |
| 税收（$T = 0.15\ (Y - 20\ 000)$） | 0 | 0 | 1 500 | 3 000 | 4 500 |
| 净收入 | 19 000 | 20 000 | 28 500 | 37 000 | 45 500 |

在两种税收模式下，原来收入10 000美元的家庭，现在的收入都可以达到19 000美元的贫困线，但是实际上，两种税收方式的效果有很大不同。和有针对性的方式相比，抵免所得税有两个劣势。第一，抵免所得税的税率是45%，要比有针对性方式的15%的税率高得多。这种差别有很大影响，因为我们将在第15章看到，税收的无效率随着税率的平方而不断扩大。一种税收的税率是另一种税收的三倍，那么增加的效率成本就是九倍，而且，所得税的效率成本本身就很高。抵免所得税也许可以节省一些管理成本，但是它很快就会以效率损失的形式浪费掉节省下来的管理成本。这个例子充分说明了一个事实，那就是向最低收入阶层进行转移支付的广泛的方式会要求非常高的税率。第二，与此相关的是，抵免所得税要求税收收益来保证向穷人的转移支付，而这种税收收益远远超过有针对性方式下的收益。有针对性的方式征收9 000美元的税收收益来转移9 000美元给收入10 000美元的家庭。抵免所得税需要67 500美元的税收收益来保证13 500美元的净转移。在这个过程中，4 500美元的转移支付被交给了收入20 000美元的家庭，而政府无意帮助这些人。换句话说，和有针对性的方式相比，抵免所得税在转移支付中不如"有针对性的"有效率，这是所有广泛的转移支付方式都面临的问题。在广泛方式的体系内，有些实际上不需要救助的人也得到了转移支付，有时候甚至绝大部分受益人都不是真正需要帮助的，我们在下面将会看到这种情况。

但是，有针对性的方式同样有一些劣势，我们的例子就指出了其中的一种。公众眼中最伟大的成功故事就是一家人通过艰苦的努力终于摆脱了贫困。这和1601年英国《济贫法》的第二条原则是一致的，即有能力的人被认为可以实现自救而不必依靠政府的转移支付。想象一下，有些10 000美元收入阶层的家庭工作更加努力，或者接受了更正式的教育或工作培训来提升自己的能力，终于将他们的收入从10 000美元增加到了20 000美元。他们的实际生活状况改善了多少呢？在有抵免所得税的时候，他们的收入从19 000美元增加到了24 500美元，只增加了5 500美元。由于高税率，他们被迫放弃了新增收入中的45%，事实上，所有多增加10 000美元收入的家庭都是如此。**边际税率**（marginal tax rate，MTR），即新增收入中用于缴税的比例，是45%，这是在有抵免所得税时的税率。45%的MTR对于辛苦工作和接受更多培训的激励而言，是一种巨大的抑制。但是看一看在有针对性的模式里，那些10 000美元的家庭在把收入增加到20 000美元之后，仅仅比以前多了1 000美元的实际收入——他们的净收入从19 000美元变成了20 000美元。他们的新增收入的边际税率是90%，这并不是因为他们缴纳了更多的税——事实上他们没有缴税——而是因为他们损失了9 000美元的补贴。在边际上，损失1美元的补贴和多挣1美元以后再把它当做税赋缴纳出去是相同的。同时，请注意，任何其他人多挣了10 000美元之后，实际只多支付了1 500美元的税款。他们的MTR是15%，即所得税税率。因此，有针对性的方式有一种具有讽刺意味的效果，它实际上对穷人施加了最高的边际税率，并且这个税率高得根本无法接受。如果人们知道自己辛苦努力的回报是90%的税赋，那么还会有谁更努力地工作，或者接受更多的教育和工作培训？

实际上，这个例子中的90%的边际税率对很多美国的穷人来说，并不是完全虚构的。如果他们努力摆脱了贫困，他们不仅会失去每月可以得到的那些有针对性的公共救助项目的补助，还会失去住房资助、食物券以及其他在他们处于贫困时可以获得的社会服务。他们努力工作以后，损失的补助所造成的实际边际税率可能超过100%。我们将在下面看到，劳动所得税收抵免（EITC）会降低MTR，但是穷人和接近贫困的人在美国仍然要面对最高的边际税率，超过联邦个人所得税对最高收入阶层征收的35%的税率。总的来说，有针对性的方式使得富人保持了低税率，但是代价是伤害了那些努力尝试实现自救的穷人。

## □ 负的所得税

诺贝尔奖获得者米尔顿·弗里德曼长期主张一种负的联邦所得税，他认为这综合了抵免所得税的管理成本优势和有针对性方式的效率优势。当存在一种负的所得税时，IRS根据家庭规模划定一个收入水平，超过这个收入水平的家庭就缴税，低于这个收入水平的就获得转移支付。在负所得税体系下，这两部分人是完全分离的。可以征税的那部分人的税率和低于给定收入水平的家庭获得的转移支付率可以完全不同。但是，这两部分人都由IRS管理，就像今天的EITC项目。这样，和现存的多个分散的转移支付项目相比，可以节省数百万美元的管理成本。

人们发现负的联邦所得税还有两个吸引人的特点。第一，它对所有的穷人进行转移支付，而不像那些有针对性的项目，比如TANF和SSI。在一个有针对性的项目里，有些穷人从公共救助项目里获得了高额的补助，而别的穷人只得到很少一部分。同时，通过把对穷人的现金补贴收归国有，负的所得税克服了美国系统里一个让人困扰的问题，即穷人获得的补助不仅取决于他们的个人特征还取决于他们居住的地方。在 TANF 和 SSI 项目里，穷人得到的补助在不同州之间差异巨大，在 TANF 项目中相差甚至能超过 5 倍（2003）。毫不出奇的是，富裕的州通常会提供比穷的州高得多的补助。（医疗补助制度在不同的州同样差异巨大，不仅仅是针对某种特定的医疗服务的补助数额，还包括医疗补助的封顶金额。）一种负的所得税可以将补助标准在全国统一化。

它可以覆盖所有的穷人，并且可以在全国标准化补助的水平，虽然这对很多人来说很有吸引力，但是它有两个特点违背了 1601 年英国《济贫法》的两个原则，即只有无法自救的人才应该获得补助以及公共救助应当是地区而不是全国性的。结果，弗里德曼的负所得税计划在美国没有获得太大的进展。它仅仅是在 20 世纪 70 年代早期尼克松总统时期获得了比较认真的对待，但是从来没有向国会提交过正式的议案。尽管如此，各州之间不同的补助水平依然使政府通过了两项联邦补助项目——食物券和 EITC，作为对现有的公共救助项目的补充。同时，SSI 整合了原有的 OAA、AB 和 AD 项目，并且设定了最低支付金额，这个最低金额要高于那些低收入的州以往的补助水平。但是，富裕的州仍然提高了 SSI 的支付水平，这样各州之间的支付水平的差异依然非常大。美国仍然强烈坚持着 1601 年英国《济贫法》的原则。

## 有针对性转移支付项目中的实际问题

即使弗里德曼提出的负的联邦所得税的议案能够实行，有针对性的转移支付中仍然有许多实际问题不能解决，并且这些问题非常重要。我们在上面提到了其中一个问题——施加给穷人过高的边际税率，此外还有其他一些问题。我们将讨论几个更重要的问题，并以此结束本章。

### □ 满足三个目标

对有针对性的公共救助项目，美国人从来没有感到完全满意，并且看起来似乎永远不会满意。我们认为一个公共救助项目只有在满足以下三个目标时，才能被称为成功的项目：

1. **让"每个人"都脱离贫困**。1964 年，约翰逊总统向贫困宣战，宣称要根除贫困。到今天，这场战争仍然在继续。1960 年，有 3 900 万美国人生活在政府规定的贫困线以下。今天，这个数字是 3 700 万（2005 年）。当然，今天的人口规模比当时要大得多，所以从占总人口的比例来看，贫困人口从 1960 年的 22% 减少到了 2004年的 13%。每一年，总有一些人会滑落到贫困线以下，但是占总人口的 13% 这一数字仍然远远不能被人们接受，不能用来说明贫困已经被消灭。问题的关键不在于资金。经济学家已经设计出一个被称为"贫困差距"的统计指标，用来估计将所有穷人拉出贫困线所需的资金总额。在美国，贫困差距大约是 1 000 亿美元，这是一个完全可以实现的数字，事实上，联邦、州和地方政府花费了超过 4 万亿美元

（2006 年）。当然，如果没有用于社会保险和公共救助项目的 1.6 万亿美元，贫困差距还要大得多，但是在有了社会保险和公共救助项目之后，再增加 1 000 亿美元应该是很容易的。

**2. 公共救助项目不能给纳税人增加太多的成本。** 当联邦政府有巨大的财政赤字时，这个目标显得尤为重要。里根和两个布什政府就面临巨额财政赤字。

**3. 保持工作的激励和家庭的完整。** 这个目标回到了 1601 年《济贫法》的原则，即如果可能的话，有劳动能力的人就不应当获得救助。当谈到公共救助时，美国的纳税人显然不希望被当成傻瓜。

不幸的是，一个有针对性的公共救助项目不可能同时满足这三个目标。有些东西必须被放弃，但这样会带来不满。

问题开始于转移支付的计算公式（我们将会考虑现金支付的形式，但是这里的分析和实物形式的补助是一样的）。作为救助原则，向穷人转移金钱的唯一合理的方式是事实上已经实行的方式。政府划定一个收入标准，$Y_C$，低于这个标准的人获得救助而高于这个标准的人则不会得到救助。$Y_C$ 将会随着家庭规模而变化，在我们的例子里，假设家庭有 4 个成员。然后，政府会提供一个补贴 $S$。补贴金额等于规定的收入标准 $Y_C$ 和家庭实际收入 $Y_A$ 之差的某个比例，$X\%$，即 $S = X\%(Y_C - Y_A)$。在这种转移支付公式里，家庭的全部收入等于其实际收入加上所收到的补贴，即 $Y_T = Y_A + S$。$X$ 必须是一个非常高的比例，这样才能向收入非常低的家庭提供足够的补助。下面的数据实例将会假设 $X\% = 75\%$。同样，我们将贫困线设定为 20 000 美元。

第一个必须考虑的问题是，如何设立收入标准。最自然的观点是贫困线，因为救助的目标群体是穷人。（事实上，在 TANF 和 SSI 项目里，州政府和联邦政府设定的补助收入标准远远低于贫困线，因为还有其他项目以及 EITC。）假设 $Y_C = 20 000$ 美元，根据我们之前的例子，补贴公式就是 $S = 0.75(20 000 - Y_A)$。这种形式的公式说明了可以保证提供的最低收入水平，即一个家庭实际收入为 0 时的总收入。假设 $Y_A = 0$，根据我们的公式，$S = 0.75 \times 20 000$ 美元 $= 15 000$ 美元 $= Y_T$。收入在 0～20 000 美元之间的家庭也会获得一定数额的补贴，并且他们的总收入会超过 15 000 美元。

$$Y_T = Y_A + S = Y_A + 0.75(20 000 - Y_A) = 15 000 + 0.25 Y_A$$

这个公式能在多大程度上满足我们前面提到的三个目标呢？答案是非常不理想。首先考虑前两个目标。这个公式显然无法满足第一个目标。所有在获得补贴之前处于贫困中的家庭，在获得补贴之后，仍然处于贫困中。为了看清这一点，假设一个家庭距离贫困线只差 1 美元，即他们的收入是 19 999 美元，他们满足获得补贴的条件：

$$S = 0.75 \times (20 000 - 19 999) = 0.75 （美元）$$

$$Y_T = 19 999 + 0.75 = 19 999.75 （美元）$$

因此，即使包括了补贴，所有的家庭的总收入依然处于 15 000 美元（最低保证收入）到 20 000 美元之间，无法达到 20 000 美元。他们仍然处于贫困中。

在此类公式中，应该将补助标准划定为贫困线的 $1/X$ 倍，这里 $X$ 是小于 1 的正数，这样才能让所有人都脱离贫困。我们来计算一个收入为零的家庭获得的补贴即最低保证收入，他们获得的补贴是：

$$S = X(20 000(1/X) - Y_A) = 20 000 （美元）$$

这里 $Y_A=0$。当 $X=0.75$ 时，$Y_C$ 将是 （1/0.75）×20 000 美元＝26 667 美元（约数），这样就能使所有人都脱离贫困了。这个公式会向富人发放补助并把一些纳税人从应税人群中移除，这使纳税人的成本大大增加。当 $X$ 变小时，这些问题会成倍放大。

在前面比较抵免所得税和有针对性的补助时，我们已经讨论过这个公式对工作的负激励。现在让我们用这个例子来仔细看看这种负激励到底有多严重。让我们回到20 000美元的收入标准，然后再次看看一个家庭的总收入：

$$Y_T=15\ 000+0.25\ Y_A$$

这个公式表明，贫困家庭每多挣 1 美元，只能留住 0.25 美元。MTR 高达 0.75，这是因为每多挣 1 美元，这个家庭就要损失 0.75 美元的补贴。我们考察如下的例子，比如这个家庭的户主比以前更加努力地工作，她的收入从 12 000 美元增加到了 16 000 美元，比以前多了 4 000 美元。这个家庭收到的补贴则下降了 3 000 美元，从 $S=0.75×$ （20 000－12 000）＝0.75×8 000＝6 000（美元），降到 $S=0.75×$（20 000－16 000）＝ 0.75×4 000＝3 000（美元）。因此，这个家庭的总收入仅从 $Y_T=12\ 000+6\ 000=18\ 000$ （美元）上升到 $Y_T=16\ 000+3\ 000=19\ 000$（美元），只增加了 1 000 美元。由于补贴的下降，多挣的 4 000 美元中损失了 3 000 元。

总的来说，在这种补贴公式里，MTR 就是 $X\%$。$X$ 可以稍低一些以降低边际税率，但是如果这样，那么当 $Y_C=$贫困线时，这个公式就距离让所有人脱离贫困的目标更遥远，或者只能被迫把 $Y_C$ 设定得更高以实现让所有人脱离贫困的目标，而如果这样，整个项目就会更加昂贵。对工作的负激励是在这个计算公式下另外两个目标之间的权衡关系。

### □ 劳动—闲暇模型中的工作激励

根据关于劳动力供给的劳动—闲暇模型，在标准公式下，人们会选择少工作，如果他们确实工作的话，这违反了有劳动能力的人应该努力工作让自己摆脱贫困的救助原则。图 11.1 和图 11.2 描述了在转移支付项目中保持工作激励的困难。

图 11.1 首先描述了一个关于工资补贴的标准经济分析。每个人从两种物品中获得效用：来自工作的收入（$Y$）——用来购买产品和服务——以及不工作时的闲暇（$Leis$）。每个人对收入和闲暇的偏好由效用函数 $U=U$（$Y$, $Leis$）决定，在图 11.1 中分别是无差异曲线 $I_0$ 和无差异曲线 $I_1$。每个人有 16 个小时用于工作或享受闲暇（8 个小时用来睡觉），在获得补贴之前，工资是 $W_0$。预算约束线为：

$$Y=W_0（16-Leis）=-W_0 Leis+16\ W_0$$

斜率是 $-W_0$。这个人在点 $A$ 即预算线和无差异曲线 $I_0$ 的切点实现均衡。她获得 $Y_0$ 的收入以及 $Leis_0$ 小时的闲暇。

假设她获得一个工资补贴 $s$，这使她的工资增加到 $W_s$，

$$W_s=（1+s）W_0$$

这不是上面的补贴公式里的补贴，但是它提供了一个很好的基准，可以用来分析补贴公式的效果以及其他可能的选择。在图 11.1 中，工资补贴使预算线向上旋转。新的预算线的斜率是 $-W_s$，并且均衡点也移动到了点 $B$，即新的预算线和无差异曲线 $I_1$ 的切点。新的均衡是（$Y_s$, $Leis_s$）。

有趣的问题是，$Leis_s$ 会落在 $Leis_0$ 的左边还是右边？也就是说，在有了补贴之后，人

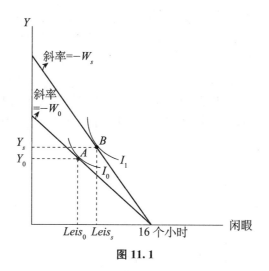

图中标注：

$Y$

斜率$=-W_s$

斜率$=-W_0$

$Y_s$
$Y_0$

$B$

$A$
$I_1$
$I_0$

$Leis_0$  $Leis_s$  16 个小时

闲暇

图 11.1

们会工作得更多还是更少？在图 11.1 中，她享受了更多的闲暇因而工作更少了，但是总的来说，这个问题的答案依然是模棱两可的。这取决于增加工资所带来的收入效应和替代效应，这两种效应对工作的努力程度的作用是相反的。

替代效应是增加工资的一种相对价格效应。当工资增加时，享受 1 小时闲暇的成本从 $W_0$ 增加到 $W_s$，闲暇就变得相对更贵了。相对地，牺牲闲暇时间来进行成本变低了的工作，获得收入的成本变得更低。因此，这种相对价格的变化会使人们更加偏好收入而不是闲暇，因此人们会更加努力地工作。替代效应将会使人们在无差异曲线上向更多收入和更少闲暇的方向移动。

收入效应是一种绝对价格效应，是一种购买力效应。有了更高的工资后，人们购买收入和闲暇的能力都提高了，就如更高的预算线所描绘的那样（除非人们选择根本不工作）。假设收入和闲暇都是正常品，更高的购买力意味着人们会消费更多的收入和闲暇。但是更多的闲暇意味着更少的工作，因此，收入效应会使她或他工作得比以前少。

因此，补贴对工作的影响取决于替代效应（更偏好工作）和收入效应（更偏好闲暇）的相对大小。在图 11.1 中，收入效应更大，但是也有可能出现相反的结果（闲暇减少了）或者和以前一样（闲暇没有变化）。

这个基准分析揭示了一个非常重要的问题。保守派因为担心公共救助项目对工作的负激励而闻名，这个分析确实显示了一些让人担心的事情。任何形式的补贴都必然增强人们的购买力，并且会因此产生降低工作意愿的收入效应。我们难以避免收入效应对工作造成的负面影响。

但是，公共救助的标准公式对工作有双重负面影响。它给穷人提供了更多的总收入，因此收入效应对工作的负面影响是存在的。但是，我们可以看到，由于获得更多收入的同时失去了补贴，它同样向受益人征收了很高的边际税率。这带来的替代效应同样会对工作产生负面影响。图 11.2 用我们最初的例子描述了这一情形。在这里，补助收入标准仍然是 20 000 美元，补贴率仍然是 75%。

我们知道最低保证收入是 15 000 美元，当一个家庭自身收入为 0 时，它就可以获得这笔补贴。因此，新的预算线是位于 15 000 美元位置的水平线，此时 $Leis=16$（没有工作）。然后，因为户主每多挣 1 美元就会失去 0.75 美元，她的有效工资从 $W_0$ 降低到

$0.25W_0$。与图 11.1 中补贴后的预算线不同，这里的预算线向相反方向旋转，直到达到 20 000 美元。个体从点 $A$ 转向点 $C$，即新的预算线和无差异曲线 $I_2$ 的切点。闲暇时间从 $Leis_0$ 增加到 $Leis_s$，这是符合预期的，因为现在除了收入效应，替代效应也对工作有负面影响。当工资从 $W_0$ 降低到 $0.25W_0$ 时，增加 1 个小时的闲暇的成本只有原来的 1/4，闲暇变得相对便宜了。相对地，现在提高 1 美元的收入需要牺牲原来 4 倍的闲暇时间，赚取收入变得相对更贵了。相对价格效应使人们更偏向闲暇，因此人们会工作更少。总的来说，标准公式对有劳动能力的人的工作产生了最大限度的负激励。

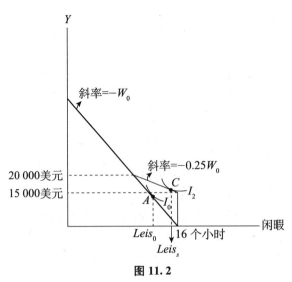

**图 11.2**

### □ 强制措施

20 世纪 80 年代初期，经里根总统提议和国会通过之后，美国放弃了几乎所有保持工作激励的努力。AFDC 项目（被 TANF 取代）下的计算公式将 $X\%$ 提升至 100%，超过了在计算公式中扣除掉的前几个月的收入。假设将贫困线定为补助收入标准（但是请注意，实际上补助收入标准是低于贫困线的），根据前两个目标来看，将 $X\%=100\%$ 是有道理的。它让所有人都摆脱了贫困，并且成本并不太大。增加的总补贴额等于贫困差距，这是一个相对较小的数额。但是对于处于贫困的人们来说，这完全摧毁了他们的工作激励。因为所有人的收入最终都是贫困线——无论他们能挣多少钱，哪怕一分钱都不挣。最低保证收入就是贫困线。因此，唯一可以促使人们工作的方式就是通过一种强制措施，称为**工作福利制**（workfare）。联邦政府要求所有的州都要迫使人们接受正式的教育或者工作培训，或者有一份工作，以此作为获得补助的条件。但是，大部分州都不积极实行工作福利制，因为联邦政府没有给予州政府足够的补贴来提供足以帮助穷人获得收入的教育和工作培训。工作福利制能否成功同样还取决于每个州的经济状况。企业必须愿意雇用这些新的劳动力，但是在 1981—1982 年，整个经济陷入了自大萧条以来最大的衰退中。

但在 1996 年，工作福利制成为了新的 TANF 项目的核心，并且，因为州政府要求能工作的受益人都要工作，受益人必须以此为条件来换取联邦补助，这使它很有成效。现在，这项补助作为整笔补助金一次性发放给州政府，州政府用来补助受益人每月工作、培训和找工作方面的开支。经济增长、能够使受益人在两年后离开福利救济、建立了更有效的教育和培训项目，以及对有工作的人提供的孩子看护项目，使得 TANF 的负担到 2001 年下降了 40%。因为这个原因，这个项目被广泛地视为一个成功的项目。

但是，强制措施并不能使所有人满意，因为在 TANF 项目中，对单身母亲而言，强制措施应用得过度了。毫无疑问，从 1935 年到 1996 年，由于传统家庭模式被打破，社会对单身母亲家庭的态度有了很大改变。在 1935 年，绝大多数人认为单身母亲应该在家里抚养孩子。到了 1996 年，绝大多数人认为只要有工作能力，这些女性就应该出去工作，而把孩子交给幼儿园或者托儿所。

## ☐ 劳动所得税抵免

正如图 11.1 所指出的，为了保持工作激励，政府最好的选择就是提供工资补贴。这个补贴的计算公式应当是 $S=X\%\times Y_A$，其中 $Y_T=Y_A+S=(1+X\%)Y_A$。这种补贴会使替代效应偏向工作，因为根据这个公式，在边际上，无论一个人的收入水平是多少，他获得的收入都是收入加上收入的 $X\%$。

在这种情况下，EITC 就是一种工资补贴。低收入工作者获得的工资补贴可以让他们的工资收入最高达到补助收入标准。收入为 11 350 美元并有两个孩子的家庭获得的补贴是 40%（2006 年；收入的限额随着 CPI 的提升而逐年提高）。在 20 世纪 90 年代，政府增加了 EITC 补贴以抵消那些有针对性的公共救助项目带来的工作负激励，这项措施非常有效。但是，类似 EITC 这样的补贴也有自身的困难。

首先，$S=X\%\times Y_A$ 这样的计算公式不可能符合公共救助的原则，因为一个没有收入的家庭就无法得到补贴，这样就会陷入无法生存的境地。这也是为什么前面描述的基于一个补助收入标准进行差额补贴的公式是标准公式的原因。至少，工资补贴可以作为标准公式的补充，而这也正是 EITC 所扮演的角色。

其次，一种像 EITC 这样的补贴，要面对极其严重的经济学家所谓的**切口问题**（notch problem）。切口问题是指工作的负激励在补助收入水平处会上升，也就是在补贴将会停止而征税将会开始的这个切口。对于穷人从转移支付的受益人到纳税人的角色变换，政府需要慎重对待，要防止过高的甚至超过 100% 的边际税率的出现。所有有针对性的转移支付项目都存在这个问题，而在类似 EITC 这样的工资补贴项目中，这个问题特别突出。

假设一个人挣到了等于补助收入水平的工资，在 EITC 项目里是 11 350 美元，此时，补贴停止了。11 350 美元能获得的最大补贴是 4 536 美元，即收入的 40%（40%×11 350美元＝4 540 美元，IRS 将之调整为 4 536 美元），此时其总收入是 15 886 美元（＝11 350美元＋4 536 美元）。如果这个人再多挣 100 美元，她的收入将达到 11 450 美元，她将会失去她所有的补贴。她此时的总收入是 11 450 美元，而不再是工资为 11 350 美元时的15 886 美元。多挣 100 美元让她的总收入下降了 4 436 美元，边际税率高达 4 436%！显然，政府想要避免这种对工作努力的惩罚。

政府为了避免切口问题，就将 EITC 项目增加了两个收入区间。在第二个区间，工资从 11 350 美元到 14 850 美元，最大补贴额度被固定在 4 536 美元。当收入超过 14 850 美元时，即在第三个区间，每多挣 1 美元，就减少 21 美分的补贴，直到补贴下降到 0，此时的收入水平是 38 348 美元。

但是，从避免工作的负激励的角度来看，为了预防切口问题而增加的这两个收入区间并不是没有成本的。在第二个区间，一个工作者从补贴中得到的只有收入效应，这会使他更偏好闲暇而不是工作。这里没有替代效应，因为对这一收入区间内的任何收入水平而言，补贴都是定额的 4 536 美元。而处于最后一个区间的工作者，即那些收入在 14 850美元到 38 348 美元之间的人，无论他们面临的个人所得税是多少（对这个收入水平的人而言，通常是 $10\% \sim 15\%$），都要额外面对 $21\%$ 的 MTR，因为他们每多挣 1 美元，就会从 4 536 美元的最高补贴中扣除 21 美分。总体来看，他们虽然仍然得到补贴，但是在边际上却多交了税。因此，这里的收入效应和替代效应都使人偏好闲暇而不是工作，就如我们在图 11.2 中描绘的有针对性项目中的标准补贴公式一样。此外，那些要缴纳 $15\%$ 个人所得税的人的 MTR 甚至要高于那些最高收入水平的人要负担的个人所得税，$36\%$（$=15\%+21\%$）vs. $35\%$。对这些工作者的负激励使人感到不安，因为他们中的大多数都是极为成功的例子：他们依靠不断增加自己的收入而使自己摆脱了贫困。最后，大多数从 EITC 项目中获得转移支付的人都处于第二和第三个收入区间，他们并不贫困。作为一个反贫困项目，EITC 的针对性总体上看是没有效率的。

总的来说，EITC 虽然没能真正消除最低收入阶层的工作负激励，但确实大幅度减少了这种负激励。和标准公式 $100\%$ 的补贴率相比，EITC 的 $40\%$ 的补贴率也只是将最低收入阶层的 MTR 降低了 $60\%$。EITC 同样向最低收入阶层转移了大量金钱。但是，作为一个有针对性的反贫困项目，它有一些让人非常不满意的问题，所有这些问题都是由于要避免可怕的切口问题而造成的。政府当然不希望对收入水平在 11 350 美元到38 348 美元之间的人造成工作意愿的负激励，同时政府也不希望将大量的金钱转移给这些人，但是在一个工资补贴项目里，政府别无选择。

在付出最小的成本，同时还要保持对低收入人群的工作激励的情况下，似乎没有办法使"所有人"都摆脱贫困。如果你能设计一种方法同时满足反贫困的三个目标，那你就出名了。

# 第 12 章

# 社会保险：社会保障

提供社会保险已经成了美国联邦政府最重要的职能。在 2005 财政年度，仅仅是社会保障系统就支出了 8 600 亿美元，这其中包括每月向退休人员及其家属发放养老金，每月向残疾人发放补助，以及老年医疗保险项目的支出，这远远超过了 4 950 亿美元的军费支出。大约 4 000 万退休人员和他们的家属以及 800 万残疾人从社会保障中领取养老金和补助，这大约占了美国总人口的 16％。并且，还有一些其他的社会保险项目没有被包括在社会保障之中，这些项目还要花费联邦政府 1 500 亿～2 000 亿美元的支出，其中主要是那些没有被社会保障覆盖的联邦雇员的退休养老金、失业保险、退伍军人福利支出以及对农民的价格补贴。

美国公众对社会保障养老金（"社会保障"）和老年医疗保险有着特别的关注，因为大量在 1947—1964 年之间的 "婴儿潮" 时期出生的人面临退休问题。给定现有的福利框架和关于经济的各种假设，社会保障系统的委托人预测了未来 75 年的支出，这包括增加的健康成本和寿命预期。根据他们的一些中间假设，他们预测这两个项目的支出占 GDP 的比重将会从 2004 年的 7％增加到 2040 年的 14％，而到了 2079 年，将增加到 20％。根据历史数据，整个联邦财政平均占 GDP 的 19％（Palmer and Saving, 2005）。

社会保障系统的资金来源是向雇主和雇员征收的工薪税。在现行的税率下，预期可获得的资金完全不足以支付未来 75 年的社会保障金额。预期的短缺超过 4 万亿美元。经济学家和其他相关人士提出了一系列改革社会保障系统的建议，将其置于一个健全的可长期运行的财政基础之上，其中包括将部分保障金私有化。但是，国会目前还不愿意对此做出任何改变。

本章的目标是理解社会保险的有关经济原则，而不是考虑各种改革提案，这些原则是所有改革提案都必须考虑到的。在确立了这些原则之后，我们将会以社会保障退休养老金为例，考察其应用情况。

　　一个重要的经济问题是，为什么社会保险会被置于首要地位？市场是如何失灵的？以及它为什么会促使保险进入公共部门？


## 社会保险的需求

　　正如第 10 章所提到的，社会保险完全不同于公共救助。公共救助是根据经济调查结果确定的，是对已经陷入贫困的人提供现金转移支付或实物救助。而与此相反，社会保险不是根据经济情况确定的。它的目标是保护所有收入阶层的人们不会因为某些特定事件的发生而严重影响其收入水平，从而遭受消费以及生活水平的下降。比如，社会保障养老金之于退休、老年医疗保险之于疾病、失业保险之于失业都发挥类似的作用。正是这些事件的存在才体现出社会保险的好处。当这些事件发生时，社会保险确实会保护低收入人群免于贫困，但是这些社会保险项目的支出主要由富人承担。

### □ 私人保险

　　人们对保险的需求，无论是私人的还是公共的，都是源于人们面临生活中的不幸时，对保护收入和消费的渴望，经济学家认为人们有一种希望在不断变化的环境中平滑消费的天性。这种自然天性，无论是在"好年景"，即那些被投保的事情没有发生的时候，还是在"坏年景"，即那些不幸的事情发生的时候，都是存在的。人们愿意在好年景放弃一些他们的收入和消费，向保险公司支付一笔保费，而回报就是当坏年景来临的时候，人们可以从保险公司得到支付。这样一来，在好年景和坏年景，消费就会更加均等，也就是被平滑了。让我们在转向讨论由市场失灵带来的公共保险问题之前，首先考虑一下人们对私人保险的需求。

　　图 12.1 显示了收入和效用之间的关系。请注意，效用函数 $U(Y)$ 凹向横轴（用数学语言来说，$U(Y)$ 是凹函数），因此，我们假设人们有递减的收入的边际效用（$MU_Y$），即 $U(Y)$ 的斜率随着收入的增加而连续递减。递减的 $MU_Y$ 说明在任意一个收入水平，比如 $Y_0$，收入水平下降一定量（比如下降 $a$）所减少的效用要比收入水平提高同等量所增加的效用大：$[U(Y_0) - U(Y_0 - a)] > [U(Y_0 + a) - U(Y_0)]$。换句话说，有递减 $MU_Y$ 的人都是风险规避的，他们有一种特别的在收入下降时保护自己的愿望。风险规避是保险需求的基础，图 12.2 对此进行了描述。

　　图 12.2 假设所有的人都是同质的，并且天然有两种情况。在好的情况下，消费者可以得到收入 $Y_1$，等于 60 000 美元。在坏的情况下（疾病、失业、因疾病造成的半退休），收入下降到 $Y_2$，等于 20 000 美元。令 $p$ 表示坏情况发生的概率，因此，$1 - p$ 就是好情况发生的概率。

　　经济学家假设，当人们知道不同自然状态发生的概率时，人们就会尝试最大化他们的预期效用。预期效用是每一种状态下的效用的加权平均，权重就等于每种状态发生的

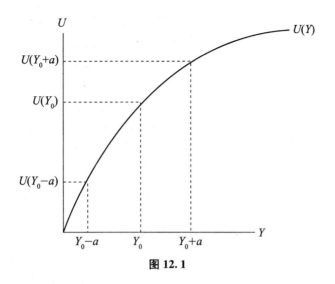

**图 12.1**

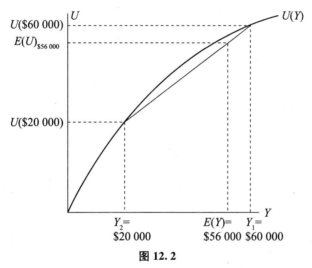

**图 12.2**

概率。在我们的两种状态的例子中，预期效用就是：

$$E(U)=(1-p)U(Y_1) + pU(Y_2)$$
$$= (1-p)U(\$60\,000)+pU(\$20\,000)$$

预期效用是图中 $U(\$60\,000)$ 和 $U(\$20\,000)$ 之间的连线，精确的位置由 $p$ 的值确定，即由坏的情况发生的概率确定。图 12.2 假设 $p=0.1$。因此，预期效用是

$$E(Y) = Y_E=0.9Y_1+0.1Y_2=0.9\times\$60\,000+0.1\times\$20\,000$$
$$=\$56\,000$$

预期效用是 $E(U)_{\$56\,000}$。$E(U)_{\$56\,000}$ 是 $E(Y)$（$=\$56\,000$）与 $U(\$60\,000)$ 和 $U(\$20\,000)$ 之间连线的交点所对应的效用水平，位于 $U(\$60,000)$ 下方的线段 10% 的地方。

### 精算公平和完全保险

$E(U)_{\$56\,000}$ 是消费者在没有保险的时候能得到的最大效用。但是，他们可以在有保险时更有效地对抗坏的情况。为了证明这一点，首先注意在坏的情况下损失是 40 000

（＝60 000 － 20 000）美元。因为坏的情况发生的概率是 0.1，因此每个人的预期损失是 4 000 美元 [$E$（损失）＝0.1×40 000 美元]。假设一个保险公司可以对一大群消费者进行保险，并且任何一个人的坏情况发生的概率都和其他人坏情况发生的概率独立。在这种情况下，对所有投保人来说，会有 10％的人发生坏情况，而不是每个人都会发生。由于保险公司要支付给发生坏情况的每个投保人 40 000 美元，此时，保险公司的预期损失就是支付给每个投保人的 4 000 美元。如果保险公司向每个投保人收取 4 000 美元的保费，假设没有管理成本和市场成本，它就正好盈亏平衡。（我们将会在后面放松这个假设。）一种用来防范坏情况发生的保险，如果征收的保费等于损失的预期价值，就是**精算公平保险**（actuarially fair insurance）。而当坏情况发生时支付全部损失的保险就是**完全保险**（full insurance）。在我们的例子里，完全保险的金额是 40 000 美元。

在有了精算公平完全保险后，消费者的情况会比以前好，因为它去除了消费者面临的不确定性，并且完全平滑了不同状态下的消费。图 12.3（a）对此进行了描述。在有精算公平完全保险时，消费者无论在好的情况还是在坏的情况下，收入都是 56 000 美元：

好情况：$Y$＝ \$ 60 000－保费＝ \$ 60 000－\$ 4 000＝\$ 56 000

坏情况：$Y$ ＝ \$ 20 000＋保险支付－保费

$\qquad$ ＝ \$ 20 000＋ \$ 40 000－\$ 4 000＝ \$ 56 000

因为现在在每种情况下，收入都是确定的 56 000 美元，消费者的效用就是 $U($\$ 56 000$)$，这一点位于 $U(Y)$ 上 $Y$＝\$ 56 000 的地方。而且，因为 $U(Y)$ 是凹函数，$U($\$ 56 000$)$ 高于 $E(U)_{\$ 56 000}$，即有保险时的效用高于无保险时的预期效用，如图 12.3（a）所示。

请注意，这个结果来自消费者是风险规避者，有着递减的 $MU_Y$。如果 $MU_Y$ 是不变的，$U(Y)$ 就是一条从原点出发的直线，那么 $U($\$ 56 000$)$ 将等于 $E(U)_{\$ 56 000}$，消费者将不会从保险中得到任何收益。这种情况中的消费者被称为是**风险中性的**（risk neutral），意指他们对风险状况无差异。他们不会从可以去除不确定性的保险项目中得到任何好处，因此接受存在不确定时的预期结果就是他们最好的选择。

另一个非常重要的地方是，完全保险是消费者最好的结果。有着更低保费但只能覆盖部分损失的部分保险通常都不如完全保险。图 12.3（b）对此进行了描述。

假设保险公司向消费者提供一种保险项目，它们在坏情况发生的时候只向消费者支付 10 000 美元，这就是所谓的**部分保险**（partial insurance）。在那种情况下，预期损失是 0.1×10 000美元＝1 000 美元。如果保险公司向消费者收取 1 000 美元的保费，那么这就是一个精算公平保险。现在的结果是：

好情况：$Y$＝ \$ 60 000－保费＝ \$ 60 000－\$ 1 000＝\$ 59 000

坏情况：$Y$ ＝ \$ 20 000＋保险支付－保费

$\qquad$ ＝ \$ 20 000＋ \$ 10 000－\$ 1 000＝ \$ 29 000

从消费者的角度看，和完全保险相比，部分保险的问题在于没有去除不确定性。在 $Pr$＝0.9 时，消费者会得到 59 000 美元，而在 $Pr$＝0.1 时，消费者会得到 29 000 美元，

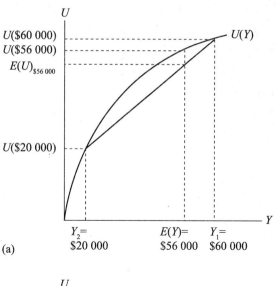

(a)

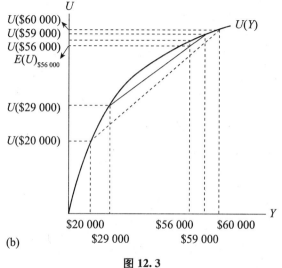

(b)

**图 12.3**

预期收入是 $E(Y) = 0.9 \times \$59\,000 + 0.1 \times \$29\,000 = \$56\,000$。[①] 和没有保险时相比，精算公平部分保险没有改变预期收入。但是它确实改变了预期效用，正如图 12.3（b）所描述的那样。预期效用现在位于从 $U(\$59\,000)$ 到 $U(\$29\,000)$ 之间的线段上，这条线段高于没有保险时的 $U(\$60\,000)$ 到 $U(\$20\,000)$ 之间的线段。$E(U)$ 上升了，是因为收入在一定程度上得到了平滑。但是，因为 $U(Y)$ 是凹函数，新线段上的任何一点

---

① 一般来看，在精算公平部分保险下，保险额是保费 $X$ 的 $\dfrac{1}{p}$ 倍。这样，预期收入为

$$E(Y) = (1-p)(\$60\,000 - X) + p(\$20\,000 + \frac{1}{p} \cdot X - X)$$

$$= (1-p)(\$60\,000 - X) + p \times \$20\,000 - (1-p)X + p\frac{1-p}{p} \cdot X$$

在没有买保险的时候，上式 $=(1-p) \times \$60\,000 + p \times \$20\,000 = E(Y)$。如果 $p=0.1$ 时，$E(Y) = \$56\,000$。在完全保险下，$\dfrac{1}{p} \cdot X = \$60\,000 - \$20\,000$，确定性收入为 $Y = \$60\,000 - X$。

（包括 $E(U)_{\$56\,000}$ 对应的这一点）肯定仍然低于 $U(\$56\,000)$，即低于完全保险时的没有不确定性的情况。这一点对任何部分保险项目都是成立的。它给出的预期效用从高于 $U(\$56\,000)$ 的某一点开始，在低于 $U(\$56\,000)$ 的某一点结束，因此，它必定低于 $U(\$56\,000)$。$E(U)_{\$56\,000}$ 随着部分保险的数额的增大而增大，但是直到它成为完全保险，它始终都低于 $U(\$56\,000)$。

结论是，精算公平完全保险是面对不确定性时风险规避型消费者的帕累托最优选择。在此时，经济处于效用可能性边界上。

**风险溢价**

在转向公共保险之前，我们再介绍另外一种有关完全保险价值的观点。当消费者是风险规避者时，他们会愿意接受一个完全保险，即使这可能不是精算公平保险。这种意愿使得保险公司可以制定一种保险项目，能够覆盖它们全部的管理和市场成本，并在支付了所有要求必须支付的保险金额之后，还能挣到一些会计利润。参考图 12.4，我们继续讨论我们的例子。

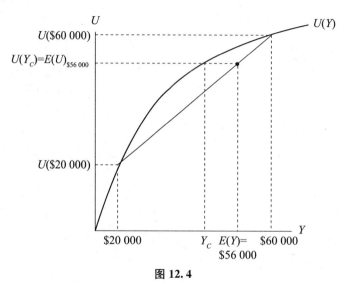

图 12.4

我们已经看到了消费者在没有保险时的预期收入是 56 000 美元，并且会接受预期效用 $E(U)_{\$56\,000}$。因此，他们对于以下两种情况无差异，即接受一个不确定性结果，或者接受一种保证带来一个确定性收入（图中的 $Y_C$）以及确定性效用 $U(Y_C)=E(U)_{\$56\,000}$ 的完全保险政策。这 60 000 美元−$Y_C$ 就是他们的**风险溢价**（risk premium），是他们为了从一种有风险的环境转到一种确定环境而愿意放弃的金额。风险溢价是保险公司能从购买完全保险的消费者手里得到的最大数额的保费，此时，消费者在任意情况下，收入水平都是 60 000 美元减去风险溢价。风险溢价要大于精算公平保费，这也就是为什么消费者从精算公平保费中得到了收益。消费者的风险规避程度越大，也就是消费者的效用函数越凹（越凹向横轴），风险溢价就越大。直观的解释是，风险规避程度更大的消费者，在坏情况发生时，由给定的收入水平下降带来的效用损失更大。如果消费者是风险中性的，那么风险溢价等于 0，他们会愿意接受有风险的情形，并且不会愿意为了去除这种情况而支付任何钱。

## □ 社会保险

既然风险规避型的消费者愿意为了完全保险而向保险公司支付保费，并且允许保险公司获取利润来抵消它们的各种成本，那么，为什么还需要公共提供的保险呢？答案是私人保险市场经常被一些问题所困扰，这些问题会阻止市场有效运转，在某些情况下，甚至让保险市场无法运转。这些问题随着投保的类型的不同而变化，但是有一点在政府部门参与的所有保险市场上都是相同的，那就是私人信息或者不对称信息。任何人都有一些私人信息，保险公司需要知道这些信息才能确定什么样的保险产品可以盈利，但它们很难获得这些信息。个体的私人信息导致两种市场失灵问题的出现，即逆向选择和道德风险。如果信息问题非常糟糕，但人们希望得到保险，那么政府别无选择，必须提供保险。

### 逆向选择

**逆向选择**（adverse selection）问题之所以会出现，是因为在需要投保的坏事情上，不同的人有不同的风险。有些人有很好的基因并且生活方式很健康，而另一些人的基因不够好，而且生活方式不够健康。有些人在他们退休之后还有很长的寿命，而有些人只有很短的预期寿命。有些人是蓝领，比如汽车工人，他们的工作会经常面临失业的风险，而另一些人，比如终身教授，似乎永远不会被解雇。这样的例子还有很多。

只要保险公司可以知道每个人的风险等级，不同的风险本身就不是问题。它们仅仅需要向不同风险等级的人收取不同的保费即可。汽车保险就是一个例子。保险公司有充足的数据表明，青年男性有着最高的事故率，所以保险公司向他们的汽车保险征收最高的保费。但是如果有不同风险的人们对他们的风险有私人信息，而保险公司对此并不知情，那么保险公司很可能就无法确定有利可图的保险项目。

如果我们将之前的例子拓展到包括两个风险等级的消费者，每个风险等级里有同样多的人数，那么私人信息的问题就变得更清楚。如上所述，假设消费者在坏情况不发生的时候可以挣得 60 000 美元，而在坏情况发生的时候只能挣到 20 000 美元。同样和上面一样，假设对低风险的消费者而言，坏情况发生的概率是 $p=0.1$。高风险的消费者和低风险的消费者有相同的偏好（即相同的效用函数），但是坏情况发生的概率是 $p=0.8$。他们的情况如图 12.5 所示。

高风险消费者的预期收入是 28 000 美元 $[E(Y) = 0.8 \times \$20\,000 + 0.2 \times \$60\,000 = \$28\,000]$，没有保险时的预期效用是 $E(U)_{\$28\,000}$。他们的预期损失是 32 000 美元 $[= 0.8 \times \$40\,000]$。在有完全保险和精算公平保费的情况下，他们会在每一种状态下都获得 28 000 美元，其效用为 $U(\$28\,000)$。

如果保险公司知道每类消费者的风险等级，那么保险公司就可以通过向两个风险等级的消费者提供精算公平完全保险来实现收支平衡。这样，向低风险的消费者征收的保费是 4 000 美元，而向高风险消费者征收的保费是 32 000 美元（假设没有管理和市场成本）。此时，私人保险市场能实现帕累托最优，社会也会达到效用可能性边界。

相对地，如果保险公司无法知道每个人是低风险还是高风险的，那么，它们唯一的选择就是用一个单一的保费价格提供完全保险。如果它们知道一半人属于高风险，一半人属于低风险，那么一个显而易见的选择就是提供 18 000 美元的保费价格，即高风险和低风险消费者的预期损失的平均值：$0.5 \times \$4\,000 + 0.5 \times \$32\,000 = \$2\,000 +$

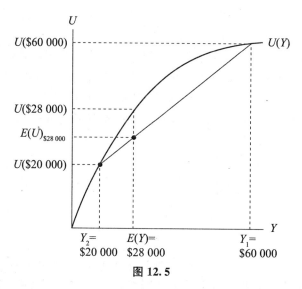

图 12.5

$16 000 = $18 000。如果处于两个风险等级的消费者都购买保险，那么保险公司就会实现收支平衡。但是，低风险消费者可能不会这样做，对他们来说，接受有风险的预期效用 $E(U)_{\$56\,000}$ 的结果要更好。[①] 在这种情况下，只有高风险的消费者才会购买这种平均价格的保险。他们会非常高兴以 18 000 美元的保费价格来保障 32 000 美元的预期损失，对他们而言，这比精算公平完全保险更好。这种保险池给保险公司带来了反效果，因此被称为逆向选择。

不幸的是，高风险的消费者的收益来自保险公司的支出，而保险公司在遭受损失。它们收取 18 000 美元的保费，但是要为高风险消费者的 32 000 美元的预期损失进行保险。结果就是，它们会停止提供保险。随之而来的有两种可能性。一种是市场完全失灵，另一种是保险公司只向高风险消费者提供保险并收取 32 000 美元的保费。因此，即便是在最好的情况下，低风险消费者也无法买到保险，哪怕他们愿意购买完全保险并且愿意支付超过精算公平价格的钱来获得保险。在最坏的情况下，如果高风险消费者无力承担 32 000 美元的保费，那么任何风险等级的消费者都没法购买保险。可以满足所有消费者对保险需求的唯一方式，就是由政府来提供保险。

但是，政府提供保险并不意味着没有别的问题。政府也没有更好的办法来区分消费者的风险等级，因此它能做的最好的选择就是提供一种单一保费的保险，并且强迫所有人都购买。保费将会以税收的形式扣除，就如同用来资助社会保障系统的工薪税。此时，有一个问题会立即浮现出来，对低风险消费者来说，这个单一保费太高了，而对高风险消费者来说，这个单一保费太低了，因此，这种强制性社会保险就具有了再分配职能。原则上，保险本身并不具有再分配职能，人们只会为保护自己免于风险而支付自己的费用。但是，由于私人信息，强制性社会保险不可避免地在不同风险等级的人之间进行了再分配。

### 道德风险

社会保险的问题还不止于此。所有的保险，包括私人和公共的，在私人信息下都面

---

[①] 按照效用的形式，在完全保险且保费为 $18 000 时，他们的确定性效用为 $U(\$42\,000)$。如果他们的风险溢价少于 $18 000，那么 $E(U)_{\$56\,000} > U(\$42\,000)$。有风险的情况带来了更高的效用水平。

临道德风险问题。道德风险有两种主要形式，直接的和间接的，并且都会带来效率成本。直接效果是，在承保方不知情的情况下，消费者可以影响坏情况发生的概率。举例来说，在退休保险问题上，人们有激励提前退休获取保险。面对医疗保险时，人们有激励选择不健康的生活方式。面对失业保险时，人们更有可能接受有高失业风险的工作。这些信息是私人的，除非投保的事情合理地发生，或者投保人只是面对保险系统进行投机博弈以求获得保险，否则承保方是无法知道这些信息的。比如，人们提前退休是因为他们的健康状况不佳或者他们的工作强度太大，还是仅仅因为他们只是想领取退休保险并且不用工作？在这些例子中，试图进行投机博弈显然会增加社会的机会成本。

　　道德风险的间接效果是它会增强人们接受保险的动力，从而增加承保人的支出。更重要的是，在完全保险下，支出增加得最多，而完全保险是在没有私人信息时的最优保险形式。如果保险是私人的，增加的支出会迫使保险公司征收更高的保费。一个经典的例子是健康保险，完全保险使投保人看病和进行医疗检查的边际成本趋于零。此时，哪怕是很微小的病痛，人们都会有非常大的激励去看医生，而医生也会有激励使用预防性的药物，并且进行那些他们知道不会提供多少有用信息的测试。如果保险是公共的，增加的支出会要求更高的税收，而更高的税收会产生大量的效率损失。我们将在第 15 章证明一种税收的效率损失随着其税率的平方扩大。

### 社会保险的意义

　　对社会保险来说，保险的道德风险成本有两个重要的含义。第一，几乎可以肯定，对任何保险来说，社会保险的最优水平不是完全保险。第二，即使私人保险市场被私人信息问题严重困扰，甚至只有高风险人群才会购买保险，社会保险也不能完全取代私人保险以及其他形式的自我保险。这两个含义都表明，一旦私人市场失灵，政府就要被迫选择经济学家所谓的"次优解"。在有私人信息时提供保险，社会就无法达到它的效用可能性边界。政府能做的最好的工作就是平衡社会保险带来的收益和成本。正如在经济分析中经常提到的那样，社会保险的最优水平是在边际收益和边际成本相等的地方。

## □ 社会保险的收益和成本

　　如果仅考虑社会保险的效率含义，并且不考虑在不同风险等级之间的再分配效果，那么社会保险带来的收益是向人们提供了在不同状态下平滑其消费的机会，就如私人保险一样。决定这些收益大小的一个重要因素是社会保险会在多大程度上挤出经济学家所谓的"自我保险"，这些"自我保险"和社会保险面临同样的风险，它可能会也可能不会以私人保险的形式存在。举例而言，提供公共养老金会不会导致人们减少储蓄，以应对退休之后的生活？提供失业保险会不会导致人们减少预防性储蓄，这些储蓄本来可以在失业时暂时维持生计？提供公共医疗保险会不会导致人们用公共保险替代他们自己的私人医疗保险？根据公共保险挤出各种不同自我保险的程度的不同，公共保险平滑消费所带来的收益也会相应地减少。

　　关于社会保险的成本，决定道德风险所带来的成本大小的关键因素是人们改变他们行为从而在公共保险上投机博弈的能力和意愿，以及政府在多大程度上能发现这种投机行为。另外一个重要的成本与社会保险的功能特点有关：人们会不会被迫去做他们不想做的事情？举例而言，低工资的工人缴纳的工薪税会不会超过他们自己本身愿意为退休而储蓄的金钱？如果是，那么这是除了高税率之外的另一个效率损失。

**最优部分保险**

社会保险的两个含义促使我们去检验社会保险的边际收益是否等于其边际成本。完全保险可能不是最优的，我们已经看到完全保险最大程度上实现了用保险平滑消费所带来的收益，但同时也最大化了提供保险的道德风险成本。因此，随着保险逐步从部分保险移向完全保险，进一步平滑消费的边际收益在下降，而道德风险的无效率带来的边际成本在逐渐上升。当边际收益等于边际成本时就是最优点，而此时，几乎可以肯定保险额度低于完全保险。

部分保险的形式通常是保险生效前的抵扣或者投保人的共付（共同保险），这样可以抵消一部分坏情况发生的成本。抵扣和共付减少了保险的消费平滑收益，因此增加了边际收益。它同样减少了道德风险的边际成本，因为它强迫投保人承担一部分坏情况发生时的成本。这样就可以减少人们利用保险系统进行投机博弈的激励，同时也减少了人们对保险的过度使用。

**没有社会保险？**

并不是在任何情况下，社会保险都是可取的。对于部分社会保险而言，在某些情况下，即使它的边际收益和边际成本相等，也有可能无法通过总的收益成本检测。在边际收益和边际成本相等时，总的净收益（收益减去成本）最大化，因此，如果在满足这个条件时，净收益仍然是负的，那么社会保险就不值得提供。社会保险挤出的自我保险越多，它的直接成本和道德风险成本就越高，社会保险就越有可能有负的净收益。但是，对于绝大多数社会保险项目来说，挤出效应和道德风险成本都很难精确测量。结果就是，经济学家对于某种社会保险项目是否合适的问题经常会有严重分歧。

假如对某一种特定的风险来说，社会保险没有通过总的收益成本检测，那么最有可能的候选项就是采用根据经济情况确定的一种公共救助项目，而这种项目所针对的事件原本可以采用保险来应对。这种项目的目标是帮助那些可能会因为坏事件的发生而陷入贫困的人。医疗补助制度就是医疗市场的一个例子。不幸的是，这种根据经济情况决定的公共救助项目同样面临挤出效应和道德风险成本。戴维·卡特勒和约翰·格鲁伯（David Cutler and John Gruber，1996，pp. 403-427）的估算显示，每一美元的医疗补助制度费用会挤出低收入家庭 20%～50% 的私人医疗保险。那些有资格享受医疗补助制度的人，有同样的动机来过度使用医疗服务，这对任何一种提供完全保险医疗保险项目——无论是私人的还是公共的——来说都一样。

# 社会保障养老金

根据社会保险的原则，我们开始分析社会保障退休养老金。上面描述的社会保险的收益和成本问题会出现在任何政府保险项目中，虽然这些项目的具体形式各不相同。但是，也有某些特别的社会保险项目有一些与单纯的成本和收益问题一样重要的其他问题，在考虑是否需要对这些项目进行改革以及如何进行改革时，必须考虑到这些问题。社会保障养老金就是这样一个项目。

## □ 社会保障养老金项目的结构

为了分析社会保障养老金的问题，我们需要知道这个项目的结构。这是一个相当复杂的项目，一些设计上的特点都关系到我们对这个项目的分析。

1935 年的《社会保障法案》建立了一个由受托人董事会管理的社会保障信托基金，这个董事会管理所有的收入，向所有项目参与者支付保障金，并且对可以增加未来收益的资产项目进行投资。最初，这个项目只包括退休养老金，但是后来信托基金又增加了伤残保险（1956 年）和住院保险（1965 年，老年医疗保险，后来还有其他形式的医疗保障）。这个基金通常被认为是 OASDIHI 的前身。OAS 是指老年人（old age）和幸存者保险（survivors insurance），DI 是指伤残保险（disability insurance），HI 是指老年医疗保险项目下的住院保险（hospital insurance）。

以下有关收入和补贴的特性适用于退休养老金（OAS）。

1. 信托基金的主要收入来源是雇员缴纳的工薪税，现在几乎包括了所有私人部门的工人。税率是 15.3%，其中包括用于 OAS 的 10.6%，用于 DI 的 1.8% 以及用于 HI 的 2.9%（老年医疗保险）。税负由雇主和雇员各承担 50%，虽然我们将在第 19 章看到，这种分割对税收负担没有任何影响。绝大多数经济学家都假设雇员承担了所有的税收负担，一部分原因是他们本身就承担了一半的税收负担，另一部分原因是雇主会降低工资来减少他们应该承担的税负。用于 OAS 和 DI 的税收都有一个征税上限，这个上限每年会随着平均工资的增加而上升。2005 年，这个上限是 9 万美元。HI（老年医疗保险）部分的税收没有上限。

2. 养老金的收益是以年金的形式发放的，受益人从退休到去世都可以每月领到一笔收入。这种收益还可以扩展到去世受益人的伴侣的一生。对任何有资格获取补助的受益人，这份补助都有两个计算步骤：

（1）信托基金会考虑受益人 35 年挣得的最高收入。每一年的收入都用于计算补助额度，这个额度受到工薪税上限的约束（比如，2005 年是 9 万美元）。每一年的收入都按照以后每年的工资的平均增长率增加，直到退休时间为止（即直到补助开始的时间），随着时间的推移，每一年的收入都相应地进行这样的计算。比如，20 年前的收入，会按照其后每年的平均工资增长率换算成现在的收入。经过这样的计算后，收入水平最高的 35 年的工资会被加总，然后除以 35，再除以 12，得到每个人的月均指数化收入（AIME）。

（2）AIME 会乘以基本保险额（PIA）的比例，这就是每个人每月得到的补助收入。PIA 公式对低收入人群赋予了很高的权重。2005 年，权重的分配是，AIME 收入的前 627 美元占 90%，627 美元到 3 152 美元占 32%，剩下的部分直到 AIME 的上限只占 15%。PIA 每年随着 CPI 的增长而增长，因此，社会保障年金不会受到通货膨胀的威胁。

3. 受益人的配偶和家属也同样有资格获得年金补助（PIA），但是要受到上限约束。平均每个家庭每个月可以得到的补助总额是由一个基于受益人 PIA 的计算公式决定的。从来没有工作的妻子可以得到 PIA 的 50%。在有两个受益人（即有两个曾经工作的人）的家庭里，AIME 较低的配偶可以得到自己的 PIA 或者其丈夫/妻子的

PIA 的一半——他/她会得到其中数额较高的那一个。但是，如果配偶选择他/她自己的 PIA，这两份 PIA 都会受到家庭总 PIA 的限制，因此会比两人中最高那个 PIA 的两倍要小。换句话说，在有两个受益人的家庭里，收入较低的配偶可能失去部分或者全部 PIA——尽管他们在工作时期也缴纳了工薪税。

4. 人们可以退休并领取他们的全额 PIA 的年龄被称为"完全退休年龄"。最初，完全退休年龄是 65 岁。1983 年的《社会保障法案》修正案提出逐年延缓完全退休年龄，到 2012 年完全退休年龄是 67 岁。人们可以选择在 62 岁退休并开始领取退休金。在 62 岁和完全退休年龄之间退休的人领取的退休金会相对少一点，但实际上，在整个一生内，这和他们在完全退休年龄退休所领取的退休金的数额是一样的。如果人们推迟到 70 岁才退休，那他们可以领取更高一些的退休金。同时，为了保证在完全退休年龄之前开始领取养老金的人确实是真的退休，而不是针对社会保障系统进行投机，收入超过 11 000 美元（2005 年）时，每多收入 1 美元，就会减少 50 美分的社会保障金，直到社会保障金为 0。

5. 自 1983 年改革以来，信托基金每年都会积累一些剩余资金。这些剩余资金都被用来投资于美国国债，债券的利息收入将被用来支付未来的退休金。自 2001 年联邦财政的非社会保障部分深陷赤字以来，信托基金就开始对联邦政府贷款，用于联邦政府的其他财政开支。这些贷款有助于降低政府的利息成本。

## □ 修改后的现收现付系统

如前面所述，和标准的社会保险相比，政府保险项目经常有一些额外的成本和收益，这些成本和收益对于分析这些项目非常重要。社会保障养老金的缺点（并且是一个很大的缺点），就是社会保障信托基金和私人养老金基金的运作方式不一样。一个私人养老金基金必须保证资金完全到位以保持其偿付能力。也就是说，这个基金必须不断积累财产，并依靠这些积累的财产不断盈利，以保证足以支付现在的雇员在未来退休时的养老金。

一个完全基金制的养老金基金可以设定确定养老金收益的方案，或者确定养老金缴纳的方案。在**固定养老金收益的方案**（defined benefit plan）里，基金同意向每个退休者支付一笔一次性总付的养老金或者支付年金，这都是按照退休者工作时的收入为基础计算得到的。通常情况下，这笔数额是基于最后一年的收入，或者最后几年收入的平均数。企业承担了一定的风险，确保每年有足够的企业收入投入到养老金基金中去，使得养老金基金的资金保持充裕。在**固定养老金缴纳的方案**（defined contribution plan）里，企业和雇员会每年向养老金基金中每个雇员的账户中缴纳年费。这通常是指 401K 计划，因为这是它在联邦个人所得税里的代码。一个雇员在退休时可以领到的钱完全取决于其基金（含利息）的积累情况。根据定义，养老金基金总是完全基金制的，并且雇员承担所有和他们的养老金财产有关的风险。在私人养老金的初期，绝大部分都是采取固定养老金收益的方案。但是从 1980 年开始，企业转向风险相对较低（对它们来说）的 401K 养老金，这是一种固定养老金缴纳方案的基金，到 2004 年，63％的私人养老金都采取固定养老金缴纳方案的形式（Munnell and Sunden，2006，Figure 3，p.2）。

在 1935 年，罗斯福总统签署的社会保障项目是一种确定缴纳方案的项目。但是，在那时，供养退休老人是很困难的，以至于这些方案纷纷被废除。相对地，投入到信托基金的收入都立即支付给它所覆盖的退休者，这笔收入来自他们的工薪税。第一张社会保障支票付给了伊达·梅·福勒（Ida May Fuller），金额是 24.54 美元。在最初几年，信托基金一直无法积累资产进行投资。经济学家将这种养老金系统称为**现收现付**（pay-as-you-go），相对于完全基金制的养老金系统。

直到 1983 年，社会保障养老金仍然是现收现付的，里根内阁说服了国会在信托基金中保留一些盈余，用以应对可以预见的"婴儿潮"时期出生的人的退休问题。1983 年有两个主要的改革，一个是增加了工薪税，另一个是通过一系列的微调将完全退休年龄从 1983 年的 65 岁增加到 2012 年的 67 岁，从而减少了需要支付的养老金。这些改革的结果是，受托人董事会预测信托基金的盈余在 21 世纪的前 20 年会不断增加，然后会持续下降，到 2058 年将下降为 0，即以 1983 年为起点的 75 年预测的终点。2058 年之后，如果没有新的改革，社会保障项目会再次变成一个现收现付项目。即使在这 75 年中，社会保障项目也只是一个修改过的现收现付项目，远远不是一个完全基金制的系统。

1983 年的预测可能太过于乐观了。到 2005 年，基金的年支出已经和预测的 2018 年的工薪税的收益相等，在此之后，政府的债券即基金的财产会逐年下降，到 2043 年会下降为 0。到那时，信托基金会再次成为一个名义上的基金，而没有任何财产。事实上，到那时，这个养老金项目还不如现收现付项目，因为它将在赤字下运转。1983—2005 年之间没有任何改革，而如果未来也没有新的改革，2043 年以后，预测的工薪税收入将无法满足预测的年金支出，而赤字可能将会无限期存在下去。2005 年，预测的养老金项目的资金缺口超过 4 万亿美元。

## □ 有关现收现付养老金系统的经济学

### 基本 OLG 模型

现收现付养老金系统的长期经济效果完全不同于完全基金制的养老金系统。经济学家用来考虑不同养老金系统的最简单的基本模型是所谓的世代交叠模型（OLG）。在这个模型中，在每一个时代最少包括 2 代人或 2 个组群，即年轻的工人和年老的退休者。根据生命周期假说，所有的人对他们一生的消费决策都有相同的偏好和计划。他们没有信贷约束，因此他们可以在人生的任何时期进行借贷来平滑消费，如图 12.6 所示。标准的收入模式是，$Y$ 会在中年时期一直上升，但是在退休以后迅速下降。因此，为了平滑他们一生的消费 $C$，他们会在年轻的时候借钱消费，消费的额度会超过他们的储蓄额；然后在中年的时候进行储蓄，偿还年轻时的债务并且为未来进行储蓄，以便退休之后可以依靠这些储蓄支持其消费。给定消费的边际效用递减这一假设，消费者对于平滑不同时期的消费的兴趣，就如同他们对于在充满不确定性的世界里平滑不同状态下的消费的兴趣一样。在基本模型中，假设市场为完全竞争市场，因此经济会运转在其生产可能性边界上，并且所有的消费者都对未来的事情有着理性的预期，包括价格和回报率。也就是说，他们能够准确预测未来的平均情况，这种预测是没有误差的。最后，死亡时间是确定的，人们可能有也可能没有动机为后代留下遗产。在这里，我们暂时假设人们没有遗产动机。

### 一个完全基金制的、确定缴纳方式的方案

在这个基本模型里，引入一个完全基金制、确定缴纳方式的方案对经济没有任何影响。确定缴纳方案的本质是，政府对这个逐年积累的基金进行投资，来最大化基金缴纳

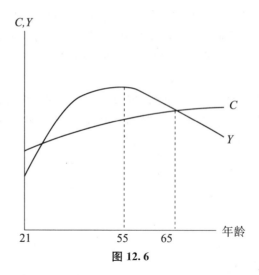

图 12.6

者的效用。所以，基金的投资方式必将如同消费者自己拥有基金、自己进行投资一样。因此，已经设定好自己一生的消费和储蓄计划的消费者将只会简单地减少他们的私人储蓄，减少的额度和他们被迫为了公共养老金而缴纳的额度相等。个人储蓄将会下降，其额度会和政府储蓄增加的额度相等，因此，国家的储蓄率是不会变的。无论公共养老金计划何时被引入经济运行中，对消费和储蓄以及其他事情都不会有任何影响。

**现收现付系统**

但是，引入一个由工薪税支撑的现收现付系统就完全是另一种情况。假设一个简单情形，只有两代人，即年老的退休者和年轻的工人。在这个项目被引入后，第一代人即退休者会收到一个纯粹的转移支付，平均每人的份额是 $T$，这是由第二代人即年轻的工人支付的。退休者对这个项目几乎没有任何贡献。

当第二代年轻的工人退休的时候，他们也会收到一份转移支付，这是由第三代年轻的工人支付的，这些人是在项目开始运转时出生的。平均每个第二代人得到的转移支付是 $(1+g)T$，$g$ 是每一代人的工薪税收益的增长率。假设工薪税税率是不变的，$g$ 就是税基的增长率。税基是总工资，即 $wL$。因此，从一代人到下一代人的税基的增长（大约）等于工资的增长率 $g_w$ 加上劳动力的增长率 $g_L$。$g = g_w + g_L$。假设劳动力的增长率和人口的增长率相同。举例而言，如果劳动生产率每年增长 1.5%，人口每年增加 1%，那么第三代工人的税负就比第二代工人多 2.5%，因为他们比第二代工人的劳动生产率高1.5%，并且人口规模大 1%。在一个现收现付系统里，所有的工薪税收益都会被立刻支付给现在的退休者，因此收益（转移支付）同样增加了 2.5%。这个过程会持续下去，每一代人收到的转移支付都会比他们为前一代人而支付的金额大 $(1+g)$ 倍。

**代际再分配**

有可能每个人都可以从现收现付养老金系统中获得利益，但实际上这并不可能。在这个养老金系统开始的时候，每一个第一代退休者都可以得到额度为 $T$ 的养老金，这是由第二代年轻的工人支付的。没错，在第二代年轻的工人退休的时候，他们可以得到 $(1+g)T$，看来他们同样得到了收益。但是，他们必须储蓄 $T$，这些数额被用来支付给老年的退休者。他们本来可以通过这笔钱获得一定的市场回报率，假设是 $r$，并且没有税收，这个回报率等于资本的边际产出。在美国，资本的边际产出 $r$ 大于工薪税收益的增

长 $g$。因此，第二代工人由于被迫储蓄 $T$ 而损失了 $(r-g)T$。这个道理对以后每一代人都成立。他们为了支付给老年人的养老金而进行储蓄，获得工薪税的增长率 $g$，但是如果他们持有这笔钱，就可以得到回报率 $r$。他们同样因为缴纳工薪税而损失了 $(r-g)$。

在本质上，现收现付公共养老金系统引入了一种代际再分配，这种再分配使得第一代退休者得到了利益，而后来的每一代人都遭受了损失。我们可以证明，如果没有资本税，在极限情况下，以后每代人的损失的现值之和等于付给第一代人的转移支付。[①] 如果资本收入也被征税，那么以后每代人的损失的现值总和要远远大于最初的转移支付。

### 消费增加/储蓄减少

在有关消费者一生的、基本的长期 OLG 模型里，一个从年轻人向老年人进行的跨代的转移支付会减少储蓄、增加消费。如果我们假设没有遗产，那么就会很容易地看到这一点。没有遗产并不是一个很糟糕的假设，因为绝大多数人都不会留下或只会留下很少的遗产。

最初的退休者得到转移支付 $T$，这增加了他们整个生命周期内的资源，因此他们会增加消费。如果现在和未来的消费都是正常品，那么两者都会增加。也就是说，他们会为了未来的消费而储蓄一些转移支付，以此平滑他们的消费。年轻的工人（以及未来的每一代人）都只拥有相对较少的资源，因此他们会同时减少现在和未来的消费，以在资源减少的情况下平滑消费。但是，老的一代人已经快要接近死亡，因此和年轻人相比，他们有更高的边际倾向把所有新增的资源都消费完，而相对来说，年轻人还剩下很多年需要平滑消费。因此，第一代退休者增加的消费超过了第二代年轻工人减少的消费，经济中总的消费增加了。因为在生产可能性边界上，经济中是没有失业的，所以更多的消费就意味着更少的储蓄。同样，政府储蓄也没有变化，因为总的工薪税收益一次性付给了老年退休者。因此，总储蓄下降了（总消费上升了）。

在极限情况下，除了第一代退休者以外，所有的后来者下降的消费（增加的储蓄）的现值会正好和第一代退休者增加的消费的现值相等。但是，因为几乎所有未来世代的人现在几乎都未出世，所以存在现收现付的养老金系统时，总的消费总是高于总的储蓄。

基于不同的边际消费倾向，一生中资源的改变会带来消费的增加（储蓄的减少），这看上去没什么值得担心的，但是在长期，这会对经济有非常大的负面影响。一个严重的问题是，消费的增加（储蓄的减少）意味着在一个完全就业的经济体内投资会永久下降。随着时间的推移，投资下降反过来又会导致更少的资本存量，并导致生产率下降，也就会导致更少的产出和更低的工资。加州大学伯克利分校的艾伦·奥尔巴克（Alan Auerbach）和劳伦斯·科特利科夫（Lawrence Kotlikoff）建立了一个基本的 OLG 模型来模拟不同政府政策的长期效果。在没有遗产的基本模型里，他们发现引入现收现付的公共养老金系统，支付相当于平均工资的 60%，会最终减少 23% 的资本存量以及 5.8% 的税

---

① 如果你不熟悉这个概念，我们将在第 20 章成本—收益分析中讨论将未来的美元折算为现值的概念。它与将现期美元按照复利折算为未来价值的步骤相反，做法是按照某个（些）年增长率计算增长到某一未来时期的资产的价值。一个有关复利的例子是，计算退休时用来决定社会保障年金的 AIME 时使用的以往工资的指数。对于那些用现值贴现价值的家庭来说，除了第一代人之外所有代人的总损失为 $\sum_{t=0}^{\infty} \frac{1}{(1+r)^t} \frac{r-g}{1+r}(1+g)^t T = \frac{1}{r-g}(r-g)T = T$。当对来自资本的收入按照 $t$ 的税率征税时，$r$ 变为 $r(1-t)$，它同时降低了现值加总符号内的分子和分母。分子的下降是主导性的，这增加了损失的现值。

前工资。消费者福利的损失等于其一生的资源减少了 6.9％所带来的损失（Auerbach and Kotlikoff, 1987, p. 153）。由于会带来储蓄下降，现收现付养老金系统对宏观经济造成的影响可能是巨大的。

**对储蓄的其他影响**

但是，从理论和实践上，都有理由让我们相信现收现付养老金系统对储蓄和经济体的影响比奥尔巴克和科特利科夫的模拟结果要小得多。在理论层面上，哈佛大学的罗伯特·巴罗（Robert Barro, 1974）注意到，在基本模型里增加遗产动机会导致非常不同的结果。假设老年人对他们的孩子有利他动机，并且不希望孩子被政府的政策所伤害。他们能够理解，现收现付的养老金系统是一种从孩子那里把钱转给老年人的再分配制度。因此，他们会把最初的转移支付储蓄起来，然后再将这些储蓄连同利息（利率为 $r$），以遗产的形式返还给他们的子女。子女们知道这一点，就会将工薪税视为一种强制的固定养老金缴纳方案，而基于此，正如我们已经知道的那样，他们可以调整他们的储蓄和消费计划。结果，消费不会由于最初的退休者的行为而增加，所以以后每一代人都不会承受其一生资源的损失，因此，未来的消费也就不会改变。代际再分配对经济运行就不会有任何影响。

绝大多数经济学家相信没有遗产的基本模型比巴罗的利他遗产模型更接近现实。然而，还有其他的实际原因让我们怀疑现收现付系统对宏观经济的影响是不是会那么大。一个原因与公共养老金系统的道德风险成本相关，即公共养老金系统会导致提前退休。社会保障系统几乎肯定会有这种效应，因为完全退休年龄被定为 65 岁之后，很快绝大多数工人都到 65 岁开始退休。提前退休的人会为了退休增加储蓄，因为人们预期会比退休年龄活得更长。同时，由于工作年数更少，他们在工作时就要有更高比例的储蓄，保证退休以后有足够的生活来源。经济学家们将之称为公共养老金的退休储蓄效应。

消费可能不会大幅度下降的第二个原因是很多消费者都面临信贷约束，特别是那些低收入者。他们不会有足够的借贷来平滑他们一生的消费。相对地，如果他们有工资，他们的生活只能是从领到工资到花光工资，而储蓄是非常少的。对这些消费者而言，他们缴纳的工薪税相当于一种强迫储蓄，这种储蓄他们本来不会进行。如果是这样，他们的消费下降的数额就是工薪税的数额——他们的边际消费倾向是 1。这也帮助经济抵消了最初的退休者增加的消费。

第三个让我们对基本模型的预测产生疑问的原因是大部分人不会为他们的退休做充分准备，即使他们有充足的一生的资源去做这样的准备（下面会对此进行更详细的讨论）。人们在计划自己的消费时，似乎会对现在和不久之后的事情予以过多的关注，而对相对较远的未来关注过少。在任何情况下，他们的行为都和基本 OLG 模型里的理性的、生命周期型的消费者相去甚远。结果，基本模型的含义对于指导政策改革而言，可能意义不大。

当然，我们发现有很多关于社会保障系统会挤出私人储蓄的实证估计。其中最好的一个声称每一美元的工薪税可能会挤出 30％～40％的私人储蓄（Gruber, 2005, p. 344）。当我们考虑到美国投资有很大一部分资金来自海外时，每一美元储蓄的下降只会带来 40～60 美分的投资下降（Stiglitz, 2000, p. 370），同时，社会保障养老金的宏观经济影响可能远远小于奥尔巴克和科特利科夫的模拟结果。即使储蓄受到的影响是巨大的，联邦政府也可以通过提高税收从而增加政府储蓄的办法很容易地抵消由社会保障系统带来的储蓄下降。比如说，乔治·W·布什在 21 世纪初期的两次减税所减少的政府储蓄比所有对现收现付社会保障养老金造成个人储蓄下降的合理的估计都要大。

**作为再分配项目的社会保障**

现在我们要强调的是，在关于社会保障改革的公开辩论中经常会忽略一点，即社会保障项目并不仅仅只是一个公共养老金计划。从其设计初衷来看，它显然也是个再分配项目，从两个方面可以看出这一点。第一，通过 PIA 收益公式，它试图在同一代人之间进行再分配，这使得低收入者在退休时能比高收入者有更高的替代率。AIME 中，每个工人的平均替代率是大约 40%，但是我们已经知道，对低收入工人来说，替代率可以达到 92%。第二，如同基本模型指出的那样，现收现付的特性使得一生中资源的大部分在代际间进行再分配。代际再分配的规模在美国特别大，因为从 1937 年到 1983 年，工薪税税率逐渐提高，从最初的 2% 提高到了现在的 10.6%，同时其覆盖的工人的范围也大大扩展了。因为增加的工薪税收益都被立即支付给现在的退休者，作为其增加的补助收益，所有在 1983 年改革以前退休的人都从这个系统中获得了正的回报，这意味着他们纳税的回报超过了资本的边际产出。而不是像简单的基本模型所说，仅仅是 1935 年前后那些最初的退休者才获得了收益。1983 年改革以后，退休的人群都开始承受损失（除了低收入工人），他们从工薪税中得到的收益比资本的边际产出少，并且可以预测，未来退休的人群所承受的损失还会无限期继续下去。

彼得·戴蒙德和彼得·奥扎格（Peter Diamond and Peter Ozag，2005，p. 16），这两位有关社会保障改革辩论的主要参与者，将对 1983 年以前退休的人的转移支付描述为社会保障信托基金的遗留债务，税收都被用于转移支付，从来没有可能作为信托基金的财产积累下来。到 2005 年，如果社会保障变成了一个完全基金制的养老金计划，那么之前其失去的财产连同利息共计 11.6 万亿美元，都是未来的年轻人要负担的。[①]

如果国家对公平的态度符合第 5 章的社会福利分析，那么代际间规模如此巨大的再分配可能会带来一些公平问题。年轻的一代人从不断提高的生产率中得益，从平均水平上来说，他们比老一代人更加富裕，因此社会保障转移支付是代际公平的。即使如此，由于转移支付造成的储蓄、投资、生产率以及产出的潜在下降在某些人看来可能过于巨大，以至于需要为这样的再分配的公平性提供一个合理的解释。

## □ 作为社会保险的社会保障

社会保障养老金的宏观经济影响是评价这个项目的非常重要的一点，但并不是唯一重要的地方。本章第一节讨论过的社会保险的收益和成本有着同样重要的意义，并且还有与之相关的其他一些在社会保险项目中经常提及的问题。这些事宜触及了问题的核心：为什么要有公共养老金项目？

**逆向选择**

有两个基本的不确定性问题和退休计划相关。第一个是退休的时间。工人不可能准确地知道他们什么时候会退休。疾病、不喜欢现在的工作或者在晚年失业都可能促使人们做出退休的决定，而这些事情在它们出现以前，是很难在长期进行预测的。第二个不

---

[①] 戴蒙德和奥扎格（Diamond and Ozag，2005）做出的 11.6 万亿美元的估算中，假设在 2005 年年满 55 岁或者以上的人，其收益不会被削减，这在当时显然是一个必须遵守的政治约束。

确定性是退休时间的长度，这取决于预期寿命。人们不可能知道他们可以活多久，而且直到晚年并且接近或已经退休，都不太可能预测他们的寿命。我们在本章已经知道如果人们有关于不确定事件的私人信息，私人保险市场就要面临逆向选择的问题。在最好的情况下，逆向选择会导致私人保险市场的资源配置无效率；而最坏的情况是，它可以让市场完全失效。与预期寿命有关的不确定性导致了私人养老金的逆向选择，这是年金市场的核心问题。所以，社会保障收益的形式是年金，并不是出于偶然。

### 年金的优势

私人保险在人们退休之后向他们发放年金，而在退休之后，年金是保持消费的明智的方式。假设一个人想要在他退休之后以尽可能高的水平平滑其消费，同时不想留下遗产。他可以在两种财产中进行选择。他可以：（a）从一个保险公司领取年金，年金按月发放，直到他死去；或者（b）寻求一种安全的非年金形式的财产组合，比如政府债券，并且依靠债券的利息生活，债券到期之后还能得到本金。对于任何给定的初始价格，保险公司都能提供高一点的年金，因为每个人都会在未来的某一年死掉，而在那之后，保险公司也就不再支付年金了。相反，即使在人死之后，非年金形式的财产的回报也可能会继续下去。年金带来的更高的收入和消费资金流，使其作为退休财产非常有吸引力。

相对地，假设一个人想要留下财产。年金仍然有它的优势，因为这是提供人们消费资金来源的最便宜的方式，所以可以让人们给后代留下更多的遗产。它同样保证了留给后代的遗产数量与老人的寿命长短没有关系，这对于任何有遗产动机的人来说，都非常有吸引力。

### 年金市场的逆向选择

除了作为退休财产的吸引力之外，在美国年金远远没有得到充分利用，年金市场非常小，而且非常昂贵，管理成本非常高。导致市场狭小和昂贵的一部分原因是逆向选择。承保方希望能够区分不同预期寿命的人，以此发放年金。从承保方的观点来看，低风险的人是那些预期寿命比较短的人，而高风险的人是预期寿命比较长的人。如果它们可以确认这两种人，它们就会以更低的价格向预期寿命短的人发放年金，而以更高的价格向预期寿命长的人发放年金。但是，投保人对自身预期寿命的了解要远远超过承保方，所以，承保方被迫以同样的价格向所有人发放年金。对于预期寿命短的人来说，单一价格太贵，因此他们会退出市场，使得保险公司必须面对更加"逆向"的客户群——那些有更长预期寿命的投保人，这反而使得保险公司必须设定更高的年金价格。结果就是，年金市场变得非常小，只有那些有很长预期寿命的人才会愿意付出高昂的价格来购买年金。那些预期寿命相对较短的人虽然也想购买年金，但是却被市场拒之门外。唯一可获得的资源就是公共养老金项目，比如社会保障，这个项目按照给定年龄向每个人发放年金，这和他们的预期寿命无关。

随之而来的一个问题是，公共年金实际上对购买力进行了再分配，从那些有较短预期寿命的人（低风险，这些人支付的太多）转向了那些有较长预期寿命的人（高风险，这些人支付得太少）。在社会保障制度下，有两条主要的转移支付渠道：（1）从男人转向女人；（2）从低收入人群转向高收入人群，因为一般来说，收入更高的人活得更长。从男人向女人的再分配是一种对 PIA 公式中的再分配的"支持"，因为女人的 AIME 一般都比男人低。从低收入人群向高收入人群的再分配在某种程度上直接抵消了 PIA 公式中的再分配。这种对高收入人群的再分配导致的抵消效果可能成倍放大，因为高收入人群更加可能结婚，伴侣可以获得的 50％的收益是一种对已婚夫妇的再分配。

**私人保险市场的其他问题**

虽然有再分配影响，但是除了逆向选择，还有一些别的原因让人们偏好公共年金市场，而不是私人年金市场。

家长式管理：糟糕的退休计划

彼得·戴蒙德（Diamond，2004）认为美国的私人年金市场实在是太小了，除了逆向选择之外一定还有其他的问题。他相信人们并不理解年金的优势。那些使用年金的人经常做出一些糟糕的选择。一个例子是，人们经常要求有 20 年保证的年金方案，如果受益人在 20 年内死亡，那么在剩余的年份，年金会继续支付给他们的后代。这极大地降低了标准年金方案的成本优势，事实上这是一种非常昂贵的留下遗产的方案。但是，很多人根本不会购买年金，戴蒙德相信这是年金市场如此之小的最重要的原因。供给者面临的问题是缺乏需求。

人们在面临计划退休时，不能够理解年金的价值所在，这是大多数问题的症结所在。计划退休是一个复杂的过程。在他们的工作时期，人们需要一个适宜的储蓄计划，他们必须选择一个合适的投资组合来实现他们的储蓄目标，然后在他们退休之后，他们需要调整其投资组合，来提供他们在退休期间的消费以及给他们后代的遗产（如果他们愿意留下遗产的话）。这些都是困难的决策。而事实上，绝大多数人都可悲地没有为退休做好准备。在美国，只有一半的人有私人养老金，而且大多数私人计划是 401K 养老金计划，这是一个固定缴纳方案的养老金，它要求雇员们选择他们退休账户里要持有的财产。太多的人所选择的投资组合没有充分地分散化，以至于不能保证他们远离风险，而且他们经常没有选择那些可以保证他们退休时有最高储蓄的缴纳方案。最近的一项研究显示，在美国，接近退休年龄（55～64 岁）的人们持有的金融资产的中位数在 2004 年少于 3 万美元（Munnell and Sunden，2006，Table 1，p.2）。一个与此相关的问题是，退休的时候储蓄太少，人们会使他们的伴侣非常容易陷入贫困。老年寡妇的贫困率是老年人一般贫困率的三倍。

1935 年的社会保障养老金的一个主要动机是家长式的，因为如果没有公共养老金，太多人会在退休时储蓄不足。养老金背后的含义是当人们退休时，可以提供给人们一定的物质基础，以防止他们陷入贫困，它并不是要向所有的工人提供退休收入。戴蒙德和其他人相信，在今天，家长式管理这个理由对于保持社会保障的完整运行而言依然有效。它避免人们做出一些糟糕的退休计划和选择——主要是人们储蓄太少以及人们太少使用年金。这样一来，它帮助人们平滑了他们一生中的消费，就像一个理性地考虑一生的消费者应该做的那样。这个观点很有价值。2005 年，在美国，三分之一的老年人从社会保障中领取的收入占他们退休收入的 90％或更多，而剩余三分之二的老年人也领取了占其退休收入 50％以上的社会保障收入（Diamond，2004，Table 1，p.2）。

这一类的"家长式理由"被广泛用来支持社会保险项目。在大多数情况下，经济学家通常会避开这些观点，他们倾向于认为人们自己能做出最优选择，并且也应该给予人们这样做的自由。但是，有些时候，有如此强烈的证据显示人们是非理性的，这意味着他们可能不能做出符合自己最佳利益的选择。退休计划似乎就是这样一个例子，至少对绝大多数人来说是这样。

通货膨胀的风险

私人年金的另一个劣势是它们通常无法保护人们防范通货膨胀。少数的指数化通货膨胀率的私人养老金也只能在一定限度内防范，比如每年3%。保险公司不能很好地应对通货膨胀，因为这是一个所谓的会影响到每一个人的"总体风险"。承保方想要盈利，就只能提供应对个体风险的保险方案，这些个体风险与其他任何人无关。当风险是个体性的而且是无关的时候，比如一场交通意外，向大量的人提供保险降低了承保方承担的总风险。这是向大量人群进行保险的风险分散效应，而且这是可以使用保险来保障不幸事件的原因。但是，因为总体风险（比如通货膨胀）在相同的时间以相同的方式影响了每一个人，所以保险公司的风险也就和每一个投保人一样，这样就没有分散风险的可能。将社会保障养老金按照 CPI 进行指数化，并且不加以限制，这是只有政府才能做到的事情。

对抗市场风险

还有另外一个理由支持固定收益方案的社会保障年金，这就是它可以帮助人们分散他们的退休投资组合的市场风险。现在主要的私人养老金都是固定缴纳方案的，因此这显得特别有价值。对此的反对意见是，社会保障年金总是要面临政治风险，譬如联邦政府在某天选择不再遵守对未来的退休者的义务，或者至少是削减补助。但 2005 年的政治局势表明，对任何 55 岁及以上的老人来说，对养老金的任何改革至少不会触动他们的利益。

管理成本

最后一个支持社会保险的观点是，相比于私人保险，公共保险项目对管理者来说总是很便宜，养老金也同样如此。提供养老金有巨大的规模经济，而只有公共项目可以完全发挥这种优势。公共保险同样可以避免私人保险的市场成本。这两点所节约的成本是非常大的。私人年金的管理成本要占到年金的 10%，而私人养老金的平均管理成本大约是 6%。相对地，社会保障养老金的管理成本大约是年金的 0.6%（Stiglitz，2000，p. 359）。[①]

道德风险

在本章第一节，我们已经看到道德风险会同时给社会保险带来直接和间接成本。直接成本是指人们会用自己的私人信息来对保险系统进行投机博弈，以增加使用保险的概率。用来支付保险项目的税收会带来无效率，这是社会保险最主要的间接成本。

社会保障养老金的直接道德风险成本是人们有提前退休的激励。人们在 65 岁或 62 岁退休是因为健康原因，还是仅仅因为人们想要获得社会保障养老金而不工作？政府没有能力区分这两种动机。如前所述，当把完全退休年龄设定为 65 岁时，似乎确实有一种提前退休的效应。但是，除此之外，大多数经济学家相信在 62 岁和完全退休年龄之间退休的人的比例是非常小的，所以这并不是一个重要的问题。经济学家之所以这样相信，是因为在完全退休年龄之前退休的人的收益会减少，并且超过最低养老金水平的养老金收益可能会减少 50%。

工薪税的效率成本的大小在经济学家之间是存在争议的。关键的问题是，人们会把

---

① 医疗保险是另外一个公共部门有巨大成本优势的领域。公共项目，例如老年医疗保险和退伍军人住院，比私人保险商（其中包括保健组织）有着更低的管理费用。

他们承担的税负和他们退休时获得的收益直接联系起来。经济学家并不把受益原则下税收的增长看作是无谓损失。它们类似于为私人物品支付的价格。只有不与直接收益相连的税收才会带来效率的无谓损失。

从字面上看，只有收入最高的 35 年中缴纳的工薪税才会和最终的养老金收益直接相关，因为只有这些年的收入才会被包括到 AIME 的计算公式里，这些计算公式是以 PIA 收益为基础的。但是，很多年轻的工人和年老的工人在收入最高的 35 年之外的年份中依然缴纳了工薪税，因此这些税收都不会带来相应的收益。所以，它们可能是无谓损失的来源。类似地，如果他们最终获得的收益没有超过他们高收入配偶的 50%，那些工作收入很低的已婚男性或女性缴纳的税赋通常也不会带来收益。如果两个人的 PIA 超过了家庭上限，低收入配偶也可能会损失收益。当人们为增加的收入缴纳的税赋低于其可能带来的收益时，工薪税也会带来效率的无谓损失。对于所有这些人来说，工薪税都可能带来巨大的无谓损失。

一个不太直接的解释可能是，人们可以看见他们缴纳的工薪税和他们最终的养老金收益之间的联系，但是他们看得并不清楚。比如说，很多人很可能并不知道只有收入最高的 35 年的收入会被用来计算他们的养老金收益。在任何情况下，只要人们广泛地认为工薪税是一种符合受益原则的税收，无谓损失的问题就不会带来什么后果。

哈佛大学的马丁·费尔德斯坦（Martin Feldstein）是一位部分私有化社会保障养老金的强力倡导者，他相信工薪税带来的无谓损失是非常大的。他估计为了保持现有养老金项目处于可持续的基础上，每增加 1 美元的税收的成本是 1.5 美元，这是因为更高的税收会带来无谓损失（Feldstein，2005，p. 9）。这是估计的工薪税的无谓损失的上限。

效率损失的另一个来源是工薪税对某些人来说是一种强迫储蓄，如果人们无须被迫缴纳工薪税，他们会花掉税收收入而不是将它们储蓄起来。强迫人们去消费和储蓄而不是允许人们自己选择，很显然降低了人们的福利，并且代表着一种效率损失。想必低收入工人更多地感受到了强迫储蓄带来的损失。我们不知道有哪些研究对强迫储蓄的效率损失进行了估计。

## □ 社会保障改革

我们已经有了很多关于社会保障改革的提议，包括保持现有系统并调整税收和收益的计划，以及部分或全部私有化整个系统并在系统内建立固定缴纳方案的个人账户。因为这些提议中，没有任何一份被采纳，我们可以用一些能够应用到任何改革提议上的一般性评论来结束本章。

### 关注回报率

公众出于两个原因关注社会保障养老金：一个是将要到来的"婴儿潮"那代人的退休情况；另一个是人们感觉到，如果现在的工人可以拿回税收收入并且自己投资，他们的储蓄回报要比从工薪税里得到的收益大得多。前者的影响主要来自媒体的报道，预测将来的工人与退休者的比率将会下降，这确实是非常大的变化。在 1950 年，这个比率是 16/1，到 2000 年迅速下降到了 3/1，而预测到 2040 年大概只有 2/1（Stiglitz，2000，p. 365）。当我们考虑回报率的事情时，20 世纪后半期的股票回报率是 5.5%。相反，从 1973 年到 2003 年，退休者从他们的工薪税中得到的回报率仅有 1.9%（Gruber，2005，p. 341）。

这些数据都是很戏剧化的，当我们考虑它们的影响时，有些论点必须牢记在心。第一，这两个问题是相关联的。回想一下现收现付养老金计划的回报率等于基于不变税率的工薪税的增长率，即等于人口增长率和劳动生产率的增长率之和。这两者在20世纪最后25年都迅速下降，前者是因为1947年到1964年的前所未有的"婴儿潮"，之后紧接着是同样前所未有的生育率迅速下降的10年，后者是因为从1973年到1996年，生产率的增长平均每年下降0.9%。人口增长现在大约保持每年1%。从1996年开始，生产率大约每年平均增长1.5%。如果这个趋势持续下去，那么今天进入劳动力市场的年轻人可以预期从他们的工薪税中每年获得2.5%的回报——假设没有其他的税收和收益计划的改变。

然而，2.5%仍然低于5.5%的平均股权回报率，但是这两个数据无法直接比较，因为5.5%的股权回报率含有风险溢价。投资股票市场是有风险的，因此投资者要求更高的股票回报率来补偿市场风险。高收入人群有更高的储蓄和分散化的投资组合，包括一些无风险的美国国债，使他们在边际上对于风险资产和无风险资产无差异。因此，对他们来说，对于风险溢价的最好估计是5.5%的平均股票回报率和极度安全的美国国债的平均回报率的差，后者大约是3%。风险溢价对于没有分散化投资组合的小储户和无储蓄者来说相对较低。假设政府在将来依然会兑现社会保障收益的义务，无论怎样，今天的年轻工人管理他们自己的分散化投资所获得的收益比支付工薪税所得到的收益要高大约0.5%，而不是3%。

### 更长的预期寿命和不断扩大的收入不平等

关于20世纪后半期的"婴儿潮"和出生低潮的问题是一个暂时现象——虽然这个"暂时"对社会保障计划来说可能要持续75年。对于社会保障信托基金来说更长期的问题是更长的预期寿命和不断扩大的收入不平等。在1940年以后，女性的预期寿命增加了5岁而男性的预期寿命增加了4岁（Diamond and Orszag，2005，p.14），收入高出工薪税上限的人的比例从1985年的10%增加到2005年的15%（Diamond and Orszag，2005，p.15）。这两个趋势都预测了在长期社会保障信托基金中运营的现收现付系统将每年都会出现赤字。预测显示，在"婴儿潮"时期出生的人死亡之后，在现在的税收和收益计划下，未来从工薪税中得到的收益将不足以支付当时退休者得到的补助，这种情况会无止境地持续下去。总的来说，社会保障养老金系统已经有了一系列问题，而且确实需要改革。

### 巨额遗留债务

所有的改革提案都必须面对的一个重大问题是，一旦建立现收现付系统，那么改革的成本将非常大。让我们回到上面提及的基本OLG模型，在那个模型里我们介绍了现收现付养老金系统，通过这个模型，我们可以非常容易地看清这个问题。第一代退休者从后来历代人的付出中获得利益。假设政府打算终结这个系统。那么当这个系统终结时，最后一代退休者将会是最大的输家。他们在工作时，为这个系统支付了工薪税，但是却没有从这些税收中获得任何补偿。

让我们更现实一点，为了应对"婴儿潮"时期出生的人的退休，1983年的改革突然改变了社会保障的回报率，1983年之前退休的所有人得到的回报都高于市场回报，而1983年之后退休的人得到的回报都低于市场回报。关键的问题是，任何试图在信托基金的资本耗尽之后，将其从无止境的赤字运营中挽救出来的改革计划都会面临一个严重的问题，那就是要在现在和将来几代人已经承受的负担基础上，再加上新的巨额成本，来应对 1983 年以前退休的人的遗留债务。

11.6 万亿美元的遗留债务是如此巨大，以至于绝大多数改革提议都没有打算将信托基金转变为一个完全基金制的基金。相对地，这些改革提议的目标是保持基金在改革后的 75 年时间里的巨额偿付能力，基金里的剩余资本与每年的支出额的比率保持恒定或者不断增大。当基金的资产只是部分基金制时，将遗留债务分散到未来所有人身上要好于将之全部集中于接下来的几代人。对那些想要保留社会保障系统的提议来说，这就要求按照某种组合来增加税收并减少补助。而对那些希望将一部分工薪税收入转到私人的固定缴纳方案的账户上的改革提议来说，人们必须提高储蓄率并将储蓄加入到基金中来，否则，基金的资本将会被更快耗尽。在这两种情况下，整个经济的储蓄率都必须提高。在前一种情况下，政府储蓄增加了；而在第二种情况下，个人储蓄增加了。无论是哪种方式，现在和未来的人们都必须储蓄更多、消费更少，来保证信托基金有足够的支付能力。

**维持还是替换社会保障养老金？**

一般来说，那些想要通过调节税收和补助收益来维持这个系统的人往往倾向于：

■ 接受家长制的观点，认为这个系统能够通过年金形式的补助收益，以及对夫妻关系的额外保护，来防止大多数人做出糟糕的退休计划。

■ 喜欢这个系统同时造成的代际和同代间的再分配。

■ 相信这个系统的道德风险成本很低，特别是工薪税带来的无谓效率损失很低。

■ 对于养老金的政治风险考虑得不多。

另一方面，那些偏好将部分或整个系统私有化的人往往倾向于：

■ 否定家长制的观点，并且更愿意认为人们是普遍理性的，应该给予人们做出自己退休决策的自由。

■ 强调私人储蓄可以带来更高的收益，而对由此带来的市场风险考虑不多。

■ 相信公共养老金在保护人们免于贫困之外，不应该有意进行再分配。

■ 相信工薪税产生了巨大的无谓效率损失。

好消息是，无论采取哪种策略，目前预测的赤字问题都是非常易于管理的。需要为保持支付能力而增加的储蓄占 GDP 的 2.6%，这大约是"婴儿潮"时期出生的人们还是孩子时所增加的教育支出，更近期一点来说，这大约等于 20 世纪 90 年代国防开支的比例（Diamond，2004，p.1，fn 2）。所有的经济学家都同意信托基金的赤字问题越快解决越好，因为拖延只会增加改革后的人们为了实现信托基金的可持续偿付能力而承受的负担。

# 第3篇

## 税收理论和政策

# 第 13 章

# 追求征税中的公平

本书的第 3 篇从公共支出理论转到税收理论。第 13 章首先对税收理论和政策作一个概述，然后探讨在达到税收公平目标时所面临的问题。

## 税收理论的主要论题

主流税收理论中包含两个主要论题，一个是规范性的，另一个是实证性的。规范性的论题主要讨论如何设计税收从而提升社会福利，或者更狭义地定义为在效率与公平方面的公共利益。而实证性的论题主要研究政府征收的各种税收所造成的经济影响。其中两个最重要的实证性问题是：税收对个人的消费、储蓄和劳动力提供的意愿，以及厂商投资的意愿会产生怎样的作用？是谁最后承担了各种税收的负担？公务员需要知道这些问题的答案，从而使其制定的税收政策可以增进社会福利。

公共选择学派的经济学家为税收学文献提供了第三个论题。我们知道，这一派的经济学家认为人们进入政府工作是为了提升自己个人的利益，而不是出于改善在效率与公平方面的公共利益。从管理公立机构的官员的行为中可以看到种种为个人利益考虑的行为模式。从公共选择的角度看，他们都是不择手段进行自我扩张的人；他们的主要目标是试图使自己的机构变得尽可能庞大。这使得他们迫使立法机构不断增加税收，而立法者却无法阻止这种诉求。并且，为了选民的利益他们也有动力增加花费从而提高他们再度竞选的机会。因此，在税收理论中对于公共选择学派经济学家而言的一个重要论题是寻找限制立法机关征税权力的途径，例如修宪，从而限制公共支出规模。和前几章一样，在第 3 篇中我们重点讨论税收理论中两个主流的论题。

## 六种主要税收

主流经济学家集中讨论六种税收，发达市场经济中政府选择这六种税收来提高它们大部分的税收收入：个人所得税；工薪税；企业所得税；消费税和一般销售税；财产税；增值税（VAT）。

■ **个人所得税**（personal income tax）是对个人取得收入征收的一种税收。它对个人征收，但通常通过公司收取。公司从雇员的工资中代为扣取这项税收，然后个人每年报一次税，确定年度的应纳税额。如果从工资中代扣的部分过多，纳税人会从政府得到一笔退款，而如果代扣部分不足，他们需要向政府补缴。

■ **工薪税**（payroll tax）是对收入中工资或者薪水部分征收的一种税收。在美国，联邦工薪税的收入被指定用于支付社会保障系统中的退休养老金、伤残补偿和年老者的医疗保险。这项税收中的一半由雇员承担，而另一半由雇主承担，并且和个人所得税一样，雇员承担的部分也是由雇主从其工资中扣除，缴纳给政府。还有许多其他国家使用工薪税来支付社会保障的花费。

■ **企业所得税**（corporation income tax）是对企业会计利润征收的一项税收。在美国，在合伙和独资形式下的会计利润会作为收入分配给不同的合伙者和所有人，因此，企业所得税会以个人所得税形式征收。

■ **消费税**（excise tax）是对于销售单一产品征收的一项税收，是对销售这种产品的企业征税。譬如汽油税。**一般销售税**（general sales tax）是对广泛范围内销售的某类产品和服务征收的税收，通常是对所有应税产品征收单一税率。它同样是对企业征收。

■ **财产税**（property tax）是一种对各种财富的价值征收的税收，最通常的是住宅、商业和工业物业。它对财产的所有者征税。课税财产的价值由税务当局定期评估决定，评估的价值可能与资产的市场价值相同或者不同。一种比较常见的财产税是遗产税或者继承税，这是对被继承人去世后遗留给他或她的继承者的财产的价值所征收的税收。在遗产税下的应纳税额向被继承者的财产征收，而在继承税下向继承者征收。

■ **增值税**（value-added tax）的征税对象是企业增加的价值，即销售收入和购买的中间产品（原材料投入）之间的差价。它是对企业征收的税。存在收入和消费两种形式的增值税。收入形式的增值税如同以上的定义，之所以称为收入形式的增值税，原因在于，企业所增加的价值是它付给生产中各主要要素的支出，例如劳动、资本和土地，从而是它对国民收入增加的价值。消费形式的增值税允许企业在计算其应税增值时，从它们增加的价值量中扣除投资。因为用国民收入仅可以购买两种最终产品——消费品和投资品，从价值增值中扣除投资等价于向消费征税。

除消费税之外，其他几种税收可以称为**宽税基税**（broad-based taxes），因为它们要么是对某一大类产品征税（一般销售税），要么是对大量个人和厂商征税（其他税种）。在美国，政府征收前五种税。表 13.1 中记录了联邦政府（2006 财政年度）、州政府

公共部门经济学

（2004 财政年度）和地方政府（2004 财政年度）收入的主要来源。

**表 13.1**                     **联邦、州和地方政府的收入来源**

| A. 联邦政府（2006 财政年度） | | | | |
|---|---|---|---|---|
| | | | （十亿美元） | 占总支出的比例（%） |
| **总收入：税收收入和收费** | | | 2 407 | (91) |
| | （十亿美元） | 占总收入的比例（%） | | |
| 个人所得税 | 1 044 | (43) | | |
| 社会保障捐款 | 838 | (35) | | |
| 企业所得税 | 354 | (15) | | |
| 其他税收和收费 | 171 | (7) | | |
| **盈余** | | | （一）248 | (9) |
| **总支出** | | | 2 655 | (100) |
| B. 州政府（2004 财政年度）[1] | | | | |
| | | | （十亿美元） | 占一般性收入的比例（%） |
| **联邦政府救助金** | | | 395 | (33) |
| **总税收** | | | 590 | (49) |
| | （十亿美元） | 占总税收的比例（%） | | |
| 一般销售税和消费税 | 293 | (50) | | |
| 个人所得税 | 196 | (33) | | |
| 所有其他税收 | 101 | (17) | | |
| **直接使用费和杂项收入** | | | 209 | (18) |
| **总一般性收入** | | | 1 194 | (100) |
| C. 地方政府（2004 财政年度）[1] | | | | |
| | | | （十亿美元） | 占一般性收入的比例（%） |
| **救助金** | | | 430 | (40) |
| | （十亿美元） | 占总补贴的比例（%） | | |
| 来自联邦政府 | 51 | (11) | | |
| 来自州政府 | 379 | (89) | | |
| **总税收** | | | 420 | (38) |
| | （十亿美元） | 占总税收的比例（%） | | |
| 财产税 | 308 | (73) | | |
| 其他税收 | 112 | (27) | | |
| **直接使用费和杂项收入** | | | 244 | (22) |
| **总一般性收入** | | | 1 094 | (100) |

注：
1. 仅可获得 2004 财政年度的州政府和地方政府数据。

资料来源：*Budget of the United State Government*，*Fiscal Year 2008*（Washington，D. C.：U. S. Government Printing Office，2007），Part Five：Historical Tables，Tables 1.1 and 2.1. U. S. Census Bureau，*State and Local Government Finances by Level of Government*，*2003-04*，*U. S. Summary*，available on the Census Bureau's Website.

    表 13.1 说明联邦政府依赖于个人所得税、为社会保障系统提供资金的工薪税，以及企

业所得税。个人所得税是美国最大的税，但美国超过 75％的纳税人支付工薪税的数额高于个人所得税。州政府依赖于个人所得税（43 个州）和一般销售税（45 个州）（有些州仅有财产税）。对住宅和企业财产征收的财产税无疑是地方政府最重要的税收。表 13.1 也说明，州和地方政府的收入来源严重依赖对特定服务的收费和来自其他政府的救助金。

在欧洲，政府也征收个人和企业所得税、用以支持其社会保障支出的工薪税，以及财产税。但与美国相比有一个不同点。它们选择对商业活动征收增值税（VAT）而不是一般销售税。在 2005 年，欧盟的增值税占所有税收收入的 31％（OECD，2005，Supplement 1，p. 38）。

经济学家关注的最后一种宽税基税是**个人消费税**（personal consumption tax，也被称为**个人支出税**（personal expenditures tax））。如同个人所得税一样，个人消费税也是针对个人征收。两者之间的区别在于，在个人消费税下个人在每年计算应税所得时可以从收入中扣除储蓄。因为收入只能用来消费或者储蓄，收入减去储蓄即为消费。与其他六个税种不同，个人消费税并不被普遍采用。然而，由于许多主流经济学家喜欢用个人消费税来代替个人所得税，因此，它仍然在文献中起着重要作用。经济学家认为这是可以满足公平和效率两方面要求的较好的税种。

# 税收政策的五个目标

经济学家认为，在理想状态下，任何的宽税基税都应该拥有五种特性：（1）易征收；（2）易遵从；（3）灵活性；（4）促进经济效率；（5）促进结果公平。

## □ 易征收与易遵从

前两种特性，易征收和易遵从，是管理方面的基本要求。前者是从税务部门的角度考虑，而后者是从纳税人的角度考虑。易征收意味着税务部门可以用相对较小的花费和精力征集到大量的税收收入。政府所征收的所有主要税收都满足这个要求；它们一定要满足这个要求，否则不会被采用。例如，美国国税局在 2005 财政年度征收了 2 万亿美元的个人所得税、工薪税和企业所得税收入，使用的管理预算为 102 亿美元，仅占所征税收收入的 0.5％（U. S. Government Accountability Office，2005，p. 1；U. S. Government Printing Office，2007，Table 1）。

易遵从是指纳税人能够用合理的时间、花费、记录，计算出他们的应纳税额（遵从税法）。遵从性要求解释了为什么发展中国家更多地依赖于营业税而不是个人税。发展中国家的识字率较低，这就意味着大部分人无法收集和整理用于报税（例如个人所得税）的记录和其他信息。他们甚至无法填写纳税表格。

易遵从的性质还具有一种行为学的要素。人们（及商业活动）不仅要能够保留用以报税的纪录，而且还要愿意把这些记录提供给税务局。被征税的物品会透露一些私人信息，譬如收入的某些来源或者消费的各种物品。如果他们可以轻易地隐藏这些信息不提供给税务局，那么依靠对这些物品征税来提高税收收入显然是不可行的。例如，和美国人相比，欧洲人不太愿意交税，这也许可以解释为什么与美国联邦和州政府相比欧洲国家更多地依赖于对商业活动征收的增值税（VAT），而较少地依赖于个人所得税。无论如何，征收和遵从性要求是紧密联系的。如果纳税人不能够或者不愿意缴纳某种特定税种，税务局就会很难征收到这种税。

## □ 灵活性

灵活性是一个宏观经济学方面的特性。税收政策是财政政策的主要工具，用以作为熨平经济周期的稳定性工具。使用减税可以刺激总需求，推动经济走出衰退，而增税可以冷却过热的经济并防止发生通货膨胀。政府在商品和服务方面的支出（$G$）一般很难及时调整来达到稳定性的目的，而个人转移支付计划也仅能影响到相对较少的人群。

为了满足灵活性的特性，宽税基税必须具有两个特性：税务机关可以轻松并快捷地改变应纳税额；应纳税额的变化可以很快影响到构成总需求的一个或几个组成部分。美国联邦个人所得税基本满足这些要求。大部分成年人都缴纳这种税收，而大部分的应纳税额都是由商业部门从个人薪酬中代扣，这样税法中的变化就可以在法律生效后的一两个月内发挥作用，并且个人应纳税额的变化可以通过边际消费和储蓄倾向（$MPC$ 和 $MPS$）对人们的消费和储蓄决策产生直接影响。唯一需要警惕的是，如果人们猜测税收的改变只是暂时的而不是永久的，税收增加或减少所带来的边际消费倾向会相对较小，但在税法做出改变后的一两个季度内，可支配收入临时变化所带来的边际消费倾向依然能够对总需求产生显著的影响。

## □ 经济效率

大多数的税收都不能够提高经济效率。从第3章中我们知道经济体为了实现资源的帕累托最优配置，为了达到效用可能性边界，所有的经济参与者都必须面对相同的价格。宽税基税的问题在于这些税都是扭曲性的。它们使购买者和销售者面对不同的价格，从而在经济中产生了非效率。例如，在销售税下，一方面，消费者根据商品和服务的含税价格做出消费决策。另一方面，制造商根据税后价格做出生产决策，因为它们必须把价格中的税收部分缴纳给税务局。只有扣除消费税后的价格才可以视为收入，用以支付生产要素和作为利润。同样，在所得税下，生产商对于劳动力的需求是基于包括所得税的工资和薪水，而个人的劳动力供给决策也是基于他们拿到手的钱，即税后的工资和薪金。当购买者和销售者根据不同的价格做出自己的决策时，帕累托最优条件即对于所有商品和服务（以及生产要素）来说的 $MRS=MRT$ 不能成立，从而经济会位于其效用可能性边界的下方。我们认为税收产生了无谓损失，没有人可以获益。因此，税收政策的经济效率性质需要从另一个方向表述，即避免无效率。我们的目标是设计一种或者一套税收，可以在最小化无效率或者无谓损失的情况下获得给定数量的税收收入。

## □ 结果公平

最后，用以实现结果公平的税收政策设计与一国的转移支付政策紧密联系在一起，这主要是因为政府通过向一部分人——富裕阶层——征税，并将这笔钱转移给另一部分人——贫困阶层，来实现结果公平。我们需要深入思考一下这种再分配的两方。对于征税方，社会面临的问题是采用哪种方法向富裕阶层征税才是最公平的办法。它们需要按照收入（或者消费，或者财富）的某一比例征税，或者较高收入阶层的人需要比中等收入和低收入阶层的人支付更高比例的所得税吗？低收入阶层的人应不应该缴纳任何税收？由于涉及公平，这些问题在不同的国家产生了激烈的争论，但基本上没有提出任何有效的解决办法。

## 税收和公共支出理论

通过第 2 篇中主流公共支出理论的讨论，我们事实上已经讲了许多主流税收理论。事实是，有关如何设计税收的许多规范性主题可以纳入公共支出理论中。譬如我们已经讨论过的那些税收：

■ 一次性总付税（转移支付），用以满足收入的社会边际效用相等的人际公平条件（第 4 章）。

■ 庇古税（补贴），用以纠正外部性（第 6 章和第 7 章）。

■ 关于成本递减服务的边际成本定价法。这种递减的成本价格有很多不同的称谓——各种费用、价格等——但由于它们是公共部门制定的，因此可以被认为是某种税（第 9 章）。

■ 非排他性公共物品的林达尔价格（税）（第 8 章）。

对于这些税有两点需要说明。第一，人们总是认为税收是某种不好但必不可少的东西。但在公共支出理论描述税收设计时，税收仅仅是一种"好东西"，而不是邪恶的。税收可以帮助社会实现社会福利最大化，在效率和公平方面实现社会利益。上述后三种税收提高了社会效率。在存在市场失灵的时候，它们有助于恢复帕累托最优，并将经济体推回到效用可能性边界上。满足实现社会福利最大化的人际公平条件的一次性总付税（转移支付）可以直接带来结果公平。它们使社会达到效用可能性边界上的巴托极乐点，也就是在边界上所有可能的帕累托最优配置中在分配上最好的点。

第二点在公共支出和税收的主流理论中具有相当重要的含义。假设政府可以采用征税和一次转移支付来实现人际公平条件，那么税收学的主流理论可以完全归纳到公共支出理论中去。不会存在独立于公共支出理论的税收理论。原因如下。公共支出理论要么描述了如何在一个特定的环境下设计一种税收，例如上述三种效率性税收，要么没有提供答案，例如当以边际成本定价时如何为成本递减服务提供补贴，或者由于林达尔价格的不切实际性，如何提供非排他性公共物品。如果公共支出理论没有给出答案，那么如同我们在第 8 章和第 9 章看到的那样，可以简单地认为用以抵偿支出的税收是用以满足人际公平条件的一次总付税或者转移支付的一部分。这笔税收应该是一次性的，从而保证经济位于效用可能性边界上。这样，用以实现人际公平条件的税收和转移支付的形式仅需要做一个调整，即征收来的一次性总税收需要足以抵偿必要的一次性总转移支付，从而使收入的社会边际效用均等化，并且抵补其他的公共支出。用以融资的税收就没有用武之地。因此，主流税收理论能够逐渐发展起来，其主要原因在于政府实际使用的宽税基税不是一次性总付税，而是扭曲性的。这种税收不能够保证经济处于效用可能性边界上。

## 公平和主流理论

　　我们从追求税收公平开始对于税收理论的讨论，因为这一主题和前几章的内容具有非常紧密的联系。我们在讨论公共支出理论时并没有考虑税收可能具有扭曲性。

　　之前我们关于社会试图达到结果公平或者分配公正的讨论并没有得到一个令人满意的结论。回想一下，好坏参半。好消息是达到社会福利最大化的人际公平条件提供了一种简单而完整的描述，用以说明在原有的分配不是最优的情况下，运用税收和转移支付来实现收入的最优分配和收入的最优再分配。坏消息在于，之前的讨论并没有为制定税收和转移支付政策提供实际的指导。第4章和第5章描述了理论应用中面临的三个严重的困难。第一，通过再分配达到效用可能性边界上的极乐点需要一次性总付税和转移支付，如前所述，没有一种现实的宽税基税是一次性总付税。第二，社会需要一套公认的个人的伦理排序，从而可以加总成一个社会福利函数，但这种认同很难达到，主要有三个原因。政策制定者很难及时知道在某一时点适当的社会福利函数是什么；没有人能够提出令人信服的论证，说明在有关收入分配无差异的罗尔斯平均主义和功利主义两种极端之间社会福利函数应该采用哪种形式；人们也不清楚在民主条件下社会福利函数的形式（阿罗的一般不可能性定理）。第三，经济学家试图通过引入阿特金森三大假设得到可操作的社会福利函数——有相同收入的人的边际社会福利权重相等，所有人具有相同的品味或者偏好，收入的私人边际效用递减。但这些假设所导出的结论认为，每一个人最终只能达到平均的收入水平，这是每一个人都不会接受的结论。

　　要想摆脱这种窘境，可以考虑奥肯的漏桶理论，认识到税收和转移支付都是有成本的。它们是扭曲的而不是一次性总付税，因此会带来无效率，表现为无谓损失。它们还带来管理征收和遵从成本。这样，从实际角度出发，最优的再分配涉及两方面的平衡，一方面是收入分配越来越平均所带来的收益，由有效的社会福利函数决定；另一方面是税收和转移支付的成本，如同奥肯的漏桶理论所阐释的那样。由于再分配的成本，最优点的收入依然是不平均的。这样，根据主流理论，考虑追求结果公平，其本身并不是一个明智的选择。征税和转移支付的扭曲性和其他成本也必须一并予以考虑。

　　在以前的章节中，我们遇到的其他有关征税的公平原则是依据人们从不同公共服务中得到的收益征税。这种受益原则无疑被视为是对一般公众征税的公正原则，但在主流公共部门理论中这还不能被视为是一种公平原则。在主流理论中有关结果公平的所有问题都与达到社会福利最大化的人际公平条件联系在一起。受益原则仅有助于提高效率水平，例如用来对成本递减服务进行边际成本定价，或者对非排他性物品进行林达尔定价。

## 支付能力原则

　　早在伯格森和萨缪尔森建立他们的社会福利函数之前大约150年，对于税收中的公平问题存在另一个历史悠久的主流观点，它来自 18 世纪末到 19 世纪初亚当·斯密和约翰·斯图亚特·穆勒（John Stuart Mill）的著作。这种观点被称为**支付能力原则**（ability-to-pay principle），斯密和穆勒认为这就是公平原则，而不用考虑征税的效率成本问题。斯密和穆勒的支付能力原则并不仅仅是作为与税收公平的社会福利观点有关的另一种选择。在所有的发达市场经济体中，公众在讨论税收公平时经常提到的恰恰是支付能力原则，而非社会福利的观点。

在斯密和穆勒的时代，受益原则是税收公平原则中唯一被普遍接受的原则。这种观点可以追溯到 14、15 世纪的欧洲封建社会，当时的贵族需要向国王缴税来换取对其封地的保护，免于受到外来侵略。然而，在 18 世纪末，封建社会解体，人口大量增长并在地区间流动，政府开始提供各种公共服务。斯密和穆勒认识到仅依靠受益原则不足以维持税收和公共服务之间的联系。他们发现需要另一种关于税收公平的原则，原因在于人们都愿意为公共利益做出牺牲。他们应该不再期望因为税收支付而得到某种特别的交换物。这种将税收视为一种牺牲的观点导致人们认为税收是一种不好但必不可少的东西。

问题在于如何要求民众为了公共利益做出牺牲。他们的答案是：依照人们的支付能力。进一步，他们认为税收支付应该遵守两个额外的次级原则：横向公平和纵向公平。**横向公平**（horizontal equity）要求两个在所有相关经济维度都相同的人应该支付相同的税收。**纵向公平**（vertical equity）允许政府对不相同的人征收不同的税。

这两种次级原则给社会提出了两个必须回答的直接而困难的问题。第一，在哪种意义上人们在税收上被视为是平等或者不平等的？两个次级原则都需要回答这个问题。第二，对不同的人应该征收怎样不同的税收？这只是由来已久的有关分配公正的问题在税收方面的体现。在支付能力方面，要求横向公平可以被视为寻找理想的税基，即征税对象。原因在于，任何一种税都是在一定税基上征收的一个（一套）税率。这样，两个具有相同税基的人必须支付相同的税，这与横向公平一致。同样，要求纵向公平可以被视为寻找理想的税收结构，这包括两个组成部分。一个是可以适用于不同税基价值的税率，而另一个是纳税人在计算税收义务时可以从税基中扣除的部分以及其他税收减免。个人所得税中常见的例子是当计算应该计入税收的收入即"应纳税收入"时，第一笔数量的收入可以从税收中豁免——这可以保护低收入人群免予缴税——以及从收入中扣除非正常医疗开支。我们的讨论从横向公平即寻找理想的税基开始。

## 横向公平：理想的税基

对于哪种特定的税基可以满足纵向公平的要求，斯密和穆勒都没有给出令人信服的判断。直到大约 150 年之后，在 20 世纪 20—30 年代之间，哥伦比亚大学的罗伯特·黑格（Robert Haig）与芝加哥大学的赫伯特·西蒙斯（Herbert Simons）两位经济学家取得了突破性发展。黑格（Haig，1921）和西蒙斯（Simons，1938）提出了一种研究理想税基的方法，立刻在经济学家中得到广泛的采纳，如今依然是支付能力传统的标准。它包括以下三个原则：

1. **人们最终承担了税收负担**。政府可能会选择对商业活动而不是对人征税，譬如销售税、增值税和企业所得税。从支付能力的观点看，相关的问题是由什么人承担了这些税收。企业能否通过提高价格将税收负担转嫁给它们的消费者，或者通过降低工资的形式转嫁给工人，或者让企业所有者承担税收负担？经济学家将税收义务的支付称为税收的**影响**（impact），将最终的税收负担称为税收的**归宿**（incidence）。在第18章我们将看到，虽然政府决定了任何一种税收的影响，但它的归宿或者负担由市场对于这种税的反应决定。就目前而言，我们仅需要知道在决定理想的税基时，应该注意税收的归宿或者负担。

2. **当人们承受一种税收的负担时，牺牲了效用**。现代经济学理论将个人的经济福利表示为他们从经济决策中获得的效用，由效用函数表示。因此，一种税收的负担就是它带来的效用损失。马丁·费尔德斯坦（Martin Feldstein，1976）提出了一种用效用而不是用支付的税收来衡量税收横向公平的现代版本。

■ **横向公平**（费尔德斯坦）：在征税前拥有相同效用的两个人在税后应具有相同的效用。

以备未来参考，费尔德斯坦也提出了相应的有关纵向公平的最低要求，即税收不能带来效用的逆转：

■ **纵向公平**（最低要求）：如果税前第一个人比第二个人拥有更高的效用，那么在税后第一个人依然应该比第二个人的效用更高。费尔德斯坦关于横向公平和纵向公平的解释被主流经济学家广泛采纳。

3. **理想的税基是衡量效用的最佳替代物**。政府不能对效用征税，所以它们所能做的就是对任何被认为是衡量效用的最佳替代物征税。这点也是主流经济学家之间存在争议的地方。他们都赞同黑格和西蒙斯决定理想税基的三个原则，但他们对什么是衡量效用的最佳替代物各执己见。主要的候选对象是收入与消费。

## □ 黑格-西蒙斯收入

黑格和西蒙斯认为衡量效用的最佳替代物为收入，广义的定义为在一年中购买力的增量（假定税收按年征收）。购买力的提高是消费和个人净财富的改变之和。这样，$Y_{HS}$ = 消费 + 净财富的改变 = $C + \Delta NW$，其中：$Y_{HS}$ 为黑格-西蒙斯收入，$C$ 为消费，$NW$ 为净财富。消费是购买力的执行结果，而净财富的改变是推迟到未来几年消费的购买力。利用现在的国民收入记账方法，净财富的改变来自加入到净财富中的收入中的个人储蓄（$S$）以及资本利得或损失（$CG$）。资本利得是指在整年中，年初持有的资产价值的改变。这样，$Y_{HS} = C + S + CG$。但消费和储蓄的总和是个人收入（$PI$）。[①] 因此 $Y_{HS} = PI + CG$。黑格-西蒙斯收入是个人收入和资本利得之和。$Y_{HS}$ 一般被称为"增量标准"，因为收入被定义为一个税务年度购买力的提高（增量）。$Y_{HS}$ 的另一个常用的名称是综合税基，一般用缩写 $CTB$ 表示。

这样，结论是两个具有相同 $Y_{HS}$ 的人被认为是相同的，应该支付相同的税收。并且，

---

① 个人收入不是可支配收入，因为个人收入衡量了缴纳个人所得税之前的收入，因此更适合成为税基的组成部分。

既然 $Y_{HS}$ 被视为衡量效用的最佳替代物，因此横向公平既以纳税额的形式（斯密和穆勒的最初解释）又以效用的形式（费尔德斯坦的现代版本）得到了满足。两个拥有相同黑格-西蒙斯收入的人支付相同的税收并牺牲相同数量的效用。两个具有不同数量 $Y_{HS}$ 的人是不相同的，可能支付不同数量的税收，但差异的程度取决于社会对于纵向公平的解释。

黑格和西蒙斯的观点是令人信服的。他们提出将 $Y_{HS}$ 作为理想的税基的观点立刻得到了大部分主流经济学家的认同。$Y_{HS}$ 能够获得如此广泛的认同是出人意料的，因为关于结果公平的大多数观点都充满了各种争议。这种广泛的认同一直保持到 20 世纪 70 年代，当时有大量的主流经济学家开始提出用消费作为税基能更好地满足黑格-西蒙斯的三个原则。如今，大多数主流经济学家可能倾向于使用消费而不是黑格-西蒙斯收入来作为理想的税基。在本章稍后部分我们将讨论消费的论点。

**应该无关紧要的差异**

一旦同意将 $Y_{HS}$ 作为理想的税基，它在设计税收中就有许多很强的含义。例如，它要求尽可能宽的个人所得税，这一要求在实际中不可能满足。以下是一系列在个人所得税中应该无关紧要的差异，但经常不是这样。在下列括号中简要罗列出了一些反例，它们是美国联邦所得税中违反宽黑格-西蒙斯收入标准的特性，我们将在第 14 章详述这些特性。

收入的来源

所有的收入来源均应当包含于税基中：

■ **个人收入与资本利得**——$Y_{HS}$ 的这两个组成部分应该全额计入税基并征收相同的税率。（资本利得税中的一部分几乎总是从税基中剔除。）

■ **劳动所得与非劳动所得**——在个人所得中，收入的所有来源都应当被计入税基，无论它们是劳动所得——工资、利息和提供劳动、资本以及土地所得到的租金——还是来自转移支付的非劳动所得。（有些现金转移支付并没有被计入税基——例如公共救助转移支付以及社会退休保险福利中的一部分。）

■ **劳动所得的不同来源**——所有对劳动要素的支付都应该被计入税基。（某账户的利息收入，例如用来作为个人退休账户的 IRA 和 401K 账户，没有计入税基。）劳动收入是以现金还是以实物形式获得并不重要。（许多以实物形式获得的收入并没有计入税基，其中最重要的是一些额外补贴收益，譬如雇主为雇员承担的养老计划和医疗保险。）

收入的使用

税基反映了一年中购买力的提高。它与购买力是如何使用的无关：

■ **消费与储蓄**——收入是用于消费还是储蓄并不重要。（购买 IRA 和其他为退休后提供收入的金融投资计划并不计入税基。）

■ **消费的不同类型**——人们选择消费哪些东西并不重要。（在计算应税所得时，纳税人可以从收入中扣除很多类型的消费，例如为医疗保障支出的特别费用、花费在房屋分期贷款上的利息，以及慈善捐助。）

■ **资本利得的类型**——按照税法的措辞，资本利得（损失）是否实现或积累并不重要。实现是指在这一年资产被卖掉，因此利得（损失）被"实现"。积累的意思是依然持有资产，因此利得（损失）作为纳税人的储蓄而存在。在这两种情况下购买力都提高了，因此两者的差异可以忽略不计。（只有实现的资本利得（损失）才是税基的一部分。）

税法必须考虑这些差异，因为一旦税收存在，立法机构就会利用它来达到社会目标（例如鼓励为退休而储蓄，鼓励拥有房屋，补贴私人慈善捐款，为面临庞大医疗支出的人提供税收减免）。并且，纳税人或者税务局很难评估税基中的某些合法项目。（例如实物资产所积累的资本利得；如果不在这一年度中出售，一所房屋或者一件艺术品所增加的价值如何估计？）无论怎样，一旦将 $Y_{HS}$ 作为理想的税基，所有以上的差异都有可能违背人们对于横向公平的认识。

在计算应税所得时，只有唯一一种从 $Y_{HS}$ 中的扣除是合法的：营业费用。营业费用是纳税人用以获得他们收入的那些支出。这样，他们应从纳税人收入所带来的购买力中扣除，并不应成为税基的一部分。一个例子是一个人因为工作要求而购买的制服。什么构成了合法的营业费用引发了许多法律争论。例如，美国法院从营业费用中剔除了从郊区到城市的交通费，认为这应该是选择居住在郊区的消费成本的一部分。无论怎样，合法的营业费用应当从税基中剔除，这一原则毋庸置疑。

最后应指出的是，税基必须根据通货膨胀进行调整，这样才能使 $Y_{HS}$ 收入真实反映购买力的提高。没有经过适当的调整，人们真实的纳税责任会受到通货膨胀的影响，这不是合情合理的事情。例如，假设你在 1982 年以 100 美元的价格购买了一些股票，在2005 年以 200 美元卖出。应税的资本利得为 100 美元（＝200 美元－100 美元）。但在1982—2005 年间，价格水平翻了一番，也就是说在 2005 年需要 200 美元才能购买到1982 年价值 100 美元的商品和服务。这 100 美元的资本利得并不能代表购买力的提高，因此不应当被征税。根据指数调整资本利得就是以从购买到卖出的时间内累积的通货膨胀水平提高购买价格。在我们的例子中，资产的购买价格应提高为 200 美元，所带来的资本利得为 0，这才是资产带来的购买力提高的真实价值。

简而言之，在黑格-西蒙斯标准下的理想税基为 $Y_{HS}$ 减去营业费用，并根据通货膨胀进行调整。

### 所有其他的税收都是不适当的

一旦认为 $Y_{HS}$ 是理想的税基，那么政府征收的所有其他税收——一般销售税、增值税、财产税、企业所得税等——必然都是不适当的。它们总会带来横向的不公平，因为它们不能保证两个具有相同 $Y_{HS}$ 的人承受相同的税收负担。事实上，许多违反横向公平的情况确实存在。其他税收也可能使得税前和税后的 $Y_{HS}$ 发生逆转，因此违反了费尔德斯坦的纵向公平的最低要求。

### □ 黑格-西蒙斯收入和效用

黑格-西蒙斯收入是衡量效用的一个恰当的替代物吗？这是在支付能力传统中一个基本的问题，因为根据黑格-西蒙斯论证的第三步，是否愿意接受任何一种税基作为理想的税基取决于它是否能够很好地代表效用。令人遗憾的是，对于这一问题的答案基本一定是"否"。

我们用标准的劳动—闲暇模型来说明为什么收入不能作为衡量效用的恰当的替代物。假设人们从收入（$Y$）和闲暇（$Leis$）中获得效用，记为效用函数 $U=U(Y, Leis)$，用图

13.1 中的无差异曲线 $I_0$、$I_1$ 和 $I_2$ 表示。人们每天睡 8 个小时，剩下 16 个小时用于工作或者闲暇。每小时工资为 $W$，因此每个人的预算约束为 $Y = W(16 - Leis) = -W \cdot Leis + 16 \cdot W$，由图中的预算约束线表示。预算约束线的斜率为 $-W$。

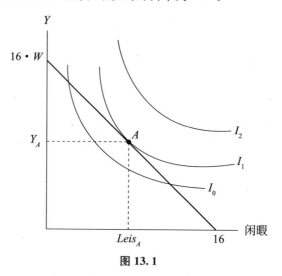

图 13.1

收入是不是衡量效用的恰当的替代物取决于人们是不是相同的。假设人们是相同的——相同的品味、相同的技术、相同的机会。在这种情况下，图 13.1 适用于每一个人。他们都在点 $A$ 达到效用最大化，在这一点上预算约束线和无差异曲线 $I_1$ 相切，人们得到收入 $Y_A$，我们假设这是他们所有的黑格-西蒙斯收入。$Y_A$ 很好地代表了效用，因为每一个人都获得了相同的效用。事实上，如果所有的人都是相同的，那么几乎所有事物都可以成为衡量效用的恰当替代物，不仅仅是收入，而且还有所有人消费的任何东西，因为所有人都会购买相同数量的这种商品或者服务。[1]

当然，人与人是不相同的，这就是困难所在。如图 13.2 所示，假设两个人具有相同的品味，但是技术和机会不同，其中第二个人有更高的技术水平。图 13.2（a）描述了这种情况。因为具有相同的品味，两个人具有同一组无差异曲线。但第二个人得到更高的工资，$W_2$ 相对于 $W_1$，反映了他更高的技术水平，因此沿着更高的预算约束线，他得到了闲暇（$Leis$）和收入（$Y$）的更好的一组选择。为了方便描述，图 13.2（a）假设第二个人选择更多的闲暇来获得他的收益，因此选择无差异曲线 $I_2$ 上的点 $B$。和图 13.1 一样，第一个人仍然选择无差异曲线 $I_1$ 上的点 $A$。显然，第二个人获得了更高的效用，但两个人拥有相同的黑格-西蒙斯收入（$Y_A = Y_B$）。在这种情况下，收入不能很好地代表效用。如果根据两个人的黑格-西蒙斯收入征税，第一个人比较吃亏，虽然她支付了相同的税，但她在税前的状况更差。

图 13.2（b）假设两个人拥有相同的技术和机会，因此有相同的预算约束线，但品味各不相同。第一个人偏好闲暇，因此其无差异曲线为 $I_1^1$、$I_2^1$、$I_3^1$，而第二个人偏好工作，其无差异曲线为 $I_1^2$、$I_2^2$、$I_3^2$。他们都是在第二条无差异曲线上达到均衡，即 $I_2^1$ 和 $I_2^2$，这代表他们达到了相同的效用水平。但是他们的收入不同，分别为 $Y_2$ 和 $Y_1$，因为

---

① 如果两种商品是完全替代的，那么有些人可能消费一种商品，而其他人消费另一种。譬如一栋大房子和一间公寓都提供了相似的住房服务。这样，住房服务，无论是大房子的还是公寓的，都无法作为税基。

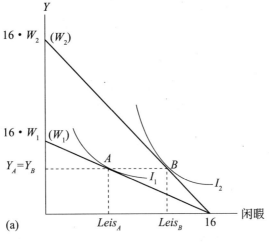

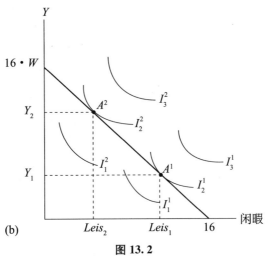

图 **13. 2**

第二个人通过更加努力地工作而达到了此效用，而第一个人花费更多的时间在闲暇上。这再次证明，收入并不能很好地代表效用，虽然似乎第二个人达到了更高的效用，但事实上两个人的效用水平相同。如果以他们的黑格-西蒙斯收入为基础进行征税，税后第二个人的效用很可能较低，即使税前他们具有相同的效用。

问题在于，当人与人之间品味、技术或者机会各不相同时，事实也的确如此，收入仅仅体现了产生效用的一部分因素；它忽视了组成效用的闲暇这一部分。因此，收入很可能不是衡量效用的一个恰当的替代物。

然而这个问题并不是黑格-西蒙斯收入所独有的。无论怎样选择税基，都无法涵盖闲暇时间，这样也只能反映产生消费者效用中的一部分因素。这样，在寻求理想的税基时，支付能力原则陷入了一个严重的全有或全无问题。要么当人们完全相同时，许多税收都可以作为衡量效用的完美替代物，要么当人们有差异时，完全没有一种东西可以作为衡量效用的恰当的替代物。不幸的是，后者是现实的情况。

## □ 消费作为理想的税基

目前许多主流经济学家喜欢将消费作为理想的税基，它所面对的公平问题也要采用同样的三个黑格-西蒙斯原则。它同样意识到消费可能不是衡量效用的完美替代物。但是，它认为与黑格-西蒙斯收入相比，消费是衡量效用的一个更好的替代物，这基于以下的原因。

选择收入作为衡量效用的最佳替代物，所带来的第一个问题在于时间范围是错的。人们达到的效用应该随着他们的一生而调整，而不是以一个年度为基准，因为人们可以暂时性地在一两年拥有异常高的或者低的收入（效用）。因此，在人们整个一生中的效用能够最好地衡量他们究竟活得怎样，无论是在绝对意义上还是和其他人相比。（试想那些以研究或教学津贴生活的研究生，他们现在的收入和效用远远低于他们一生平均的收入和效用。）第二，消费行为直接产生效用。将 $Y_{HS}$ 作为理想税基的支持者们不得不考虑以购买力替代效用，因为收入是以年度来衡量的，而人们可以今天储存一些购买力到未来消费。然而从一生的角度看，这种局限性就不适用了。显然，跨期消费的形式是衡量人们一生中所拥有效用的最好的替代物。第三，大多数人都过着有自我约束的经济生活。他们生来不会有太多或者完全没有收入，死时仅会留下一些甚至没有遗产。他们一生中所赚取的收入（加上任何得到的私人或者公共转移支付）最终都会消费掉，因此他们的消费产生了他们一生中所获得的所有效用。对于那些留下不菲遗产的人，这些遗产可以被认为是最终的消费行为，也产生了效用。

出于这些原因，对费尔德斯坦的横向公平原则的正确解读应该是基于一生的：在税前两个拥有相同的一生效用的人，在税后应当拥有相同的一生效用。既然消费产生了效用，在实践中此原则变为：在税前两个拥有相同一生消费水平的人，在税后应当有相同的一生消费水平。[①] 对消费征税满足这个要求。

关于这一点还有一些微妙的事情。假设税务局通过跟踪人一生的税收支出，以人的一生作为基础进行征税。那么，用收入还是消费作为税基变得无关紧要，因为每一个人都受到一个用一生衡量的预算的约束：一生的收入必须等于一生的消费（将遗产视为最后一笔消费）。如果税务局选择对收入征税，它将调整在生命完结前的最后一次税收，用来保证这一生的税收和按照消费征收是一样的。并且税务局也有能力跟踪税收支付。我们在第12章看到，社会保障部门会跟踪人一生的收入，从而计算一个人退休后的养老金。

但是，税收总是以每年为基础来征收的，而没有注意到税收支付在不同时期的特征。在这种情况下，消费必须成为税基，来保证两个在税前拥有相同的一生消费水平的人，在税后也有相同的一生消费水平。对收入征税的问题在于，两个拥有相同的一生收入水平的人，通过每一年选择不同的消费和储蓄水平，可以拥有不同的一生消费。因此，与对消费征税相比，按年对收入征税导致了不同的一生纳税数量。

以下这个简单的两时期模型说明了需要以年为基础对消费征税的必要性。假设两个人在第一年和第二年的收入均为 $Y$。个人 #1 会消费掉她在当期所有的收入。个人 #2 会在第一期储蓄，获得的储蓄的回报率为 $r$。这样，在第二期，他会消费第二期赚得的收入和在第一期积累的包含利息的储蓄。在这两期的消费形式为：

---

① 可以将一生的效用和消费理解为将跨期的效用和消费折算为现在的价值，使之可以相互比较。在下面提到的一生的收入也可以这么理解。如果你不太了解贴现的概念，请阅读第20章第一节的内容。

|  | 第一期 | 第二期 |
|---|---|---|
| 个人 #1 | $C_1 = Y$ | $C_2 = Y$ |
| 个人 #2 | $C_1 = 0, S_1 = Y$ | $C_2 = Y + Y(1+r)$ |

两个人一生的消费，按照比率 $r$ 贴现到现在为：

个人 #1：$C_{PV}^1 = Y + \dfrac{Y}{1+r}$

个人 #2：$C_{PV}^2 = 0 + \dfrac{Y}{1+r} + \dfrac{Y(1+r)}{1+r} = \dfrac{Y}{1+r} + Y$

这两个人有相同的（贴现的）税前一生消费。如果政府每年对消费征收税率为 $t$ 的税收，他们（贴现的）一生的税收支付同样也相等。（在税前贴现的一生消费流乘以税率 $t$。）唯一的区别在于，个人 #1 每一期都将缴税，而第二个人在第二期缴纳所有的税收。

假设他们按照税率 $t$ 缴纳每年的所得税。与消费税不同的是计算现值的方法变了。贴现率反映了两个人可以获得的储蓄的回报。因为利息收入也是收入，需要征税，贴现率为无税利率 $r(1-t)$。做了这个修正后，个人 #1 的贴现的一生税收为

个人 #1：$T_{PV}^1 = tY + \dfrac{tY}{1+r(1-t)}$

和个人 #1 一样，个人 #2 每期都为收入 $Y$ 缴税。但是他在第一期的储蓄收益为 $r$，是他的资本所得，也应该被课税。如果我们假设利息税在第二期缴纳，那么个人 #2 的贴现的一生税收为

个人 #2：$T_{PV}^2 = tY + \dfrac{tY}{1+r(1-t)} + \dfrac{trS}{1+r(1-t)}$

在第一期的储蓄为税后收入 $Y(1-t)$。因此

$$T_{PV}^2 = tY + \dfrac{tY}{1+r(1-t)} + \dfrac{trY(1-t)}{1+r(1-t)}$$

这违反了纵向公平。两个人在税前有相同的（贴现的）一生消费水平，但在税后有不同的（贴现的）一生消费水平，原因在于个人 #2 缴纳了更高的一生税收。

这种从消费标准的角度看而引出的问题被称为"储蓄的双重征税"。它首先在第一期被课税了一次，使得储蓄的金额仅等于税后的收入 $Y(1-t)$。然后在第二期，已经被征税的储蓄所带来的利息收入又被征了一次税。

根据在第 19 章讨论的不同税收的归宿的内容，在这个简单的例子里，通过豁免来自资本的收入，一种所得税可以等价于一种消费税。如果对储蓄回报不征税，相应的贴现率为 $r$ 而不是 $r(1-t)$，在上述个人 #2 的税收中，最后一项就没有了。这样，按年征收的税率为 $t$ 的所得税等价于一种按年征收的税率为 $t$ 的消费税。还需要注意的是，在我们的例子中，通过豁免资本所得，所得税等价于对工资收入 $Y$ 征税。然而，一般情况下，一种工薪税并不等价于一种消费税。为了证明这一点，考虑在第 12 章中分析社会保障的 OLG 模型。工薪税仅在工人年轻时支付，然而年轻一代和退休的年老一代都要支付消费税。这两种税并不等价。

使所得税等价于消费税的其他办法，可以让所得税下的纳税人在计算他们的应纳税收入时扣除他们的储蓄。但这是一种个人消费税，在这一章的前面已经讨论过了。

## □ 马斯格雷夫关于横向公平的观点

那么什么是较好的税基，收入还是消费？理查德·马斯格雷夫（Richard Musgrave，

1990）这位 20 世纪后半期美国杰出的公共部门经济学家认为，关于这个问题的争论是有误导的。他认为在税收中的横向公平应该被解释为它在法律上的意义。对相同的人同等对待仅仅意味着保证税收不会以一种不恰当的方式歧视某些人。人们的纳税责任不应该依赖于他们的种族、信仰、性别，或者任何其他个人化的体征。除此之外，寻找效用函数的最佳替代物是没有意义的工作。在他看来，收入和消费都是最好的税基。选择一个，然后关注纵向公平、税收结构，特别是适用于不同收入或者消费水平的税率。与是选择收入还是消费作为税基相比，关于纵向公平的社会选择会对福利分布产生更为深远的影响。[①]

马斯格雷夫的立场具有一定的价值，但是它显然没能胜出，至少在美国是如此。人们仍然在争论用个人消费税或者州销售税代替联邦个人所得税的合理之处。我们在第 14 章和第 19 章会继续讨论这些争论。在本章剩下的部分，将讨论纵向公平的要求，马斯格雷夫视之为一个中心议题。

## 纵向公平

在确定了税基之后，如何有差别地对待不平等，这个问题实际上是将分配公正的要求应用于税收政策上。这样，人们就感到惊奇，这个问题经常会引发各类不同意见和大量争论，并且从来没有一个令人满意的解决方案。在决定税率应该根据收入或者消费而改变的问题上，和决定什么是最优收入分布一样，人们从没有找到答案。在这一点上，美国的经验具有一定的启发性。在联邦个人所得税下，适用于最高收入水平的税率从 20 世纪 60 年代开始就起起伏伏，从 91％ 依次到 50％、28％、33％、39％，再到之后乔治·W·布什减税后的水平 35％（2003 年）。允许从税基中减免和扣除的形式也经常改变。和税收结构相关的问题似乎从未得到解决。

事实上，公众对于税收政策中的纵向公平问题的讨论无外乎一个更一般的问题，即税收应该是累进的、等比例的还是累退的？经济学家找到许多方法来定义这些名词，但是目前来看最通用的定义是采用平均税负的形式。为了描述的方便，假设黑格-西蒙斯收入被选为理想的税基。然后，对任何税收，形成了对每个纳税人的税收负担 $T^h$ 与纳税人的黑格-西蒙斯收入的比率 $\dfrac{T^h}{Y^h_{HS}}$。我们想知道，当 $Y^h_{HS}$ 增加时，平均税负如何随着 $Y^h_{HS}$ 改变。

当收入增加时，如果 $\dfrac{T^h}{Y^h_{HS}}$ 也提高，这种税收被称为**累进的**（progressive）。有更高收入的纳税人在税负中承担的比例更大。

---

① 在有关所得税和消费税的争论中，公平并不是唯一的议题。效率同样重要，特别是在长期中。经济学家通过设立简单的、程式化的增长模型，并引入不同种类的宽税基税，来研究税收的长期效果。这些模型表明用一种消费税取代一种所得税最终会导致储蓄、投资、生产力和增长的快速增长，因为这时不再对储蓄征税。大多数倾向于用消费税代替所得税的经济学家一般都会这样处理问题，这是因为消费税长期的效率优势，而不是因为它会更加公平。我们将在第 14 章中继续讨论所得税和消费税的效率和公平问题。

当收入增加时，如果 $\dfrac{T^h}{Y^h_{HS}}$ 保持不变，这种税收被称为**等比例的**（proportional）。所有的纳税人在税收负担中按收入承担了相同的比例。有更高收入的纳税人承担更大的税收负担，但不是等比例更大的负担。

当收入增加时，如果 $\dfrac{T^h}{Y^h_{HS}}$ 递减，这种税收被称为**累退的**（regressive）。有更高收入的纳税人在税收负担中承担了更小的比例。在绝对数量上，他们可能承担也可能没有承担更少的税负。

注意，我们非常小心地定义 $T^h$ 为一种个人在某给定税收下的税收负担，而不是税收支付。在一种所得税下，税收负担经常等于税收支付，但在其他税种下，并不成立。销售税、增值税和企业所得税由商业机构缴纳。前面也提到，在这种税收下个人承担的税负依赖于市场对这些税收的反应。市场决定这些税收负担是由企业的消费者、工人还是持股人承担，然后才能决定它是累进的、等比例的还是累退的。

另外一点需要注意的是，衡量平均税收负担的方法依赖于理想税基的选择。在上面的分析中，如果认为黑格-西蒙斯收入是理想的，那么税收负担比率的分母应该为 $Y_{HS}$，平均负担应当以年为基础衡量。相反，如果认为消费是理想的税基，那么平均税负应当以一生为基础衡量，分母中为贴现的一生消费（或者收入）。我们知道，选择消费作为理想税基的想法依赖于一种一生的视角。这样，确定税收是累进的、等比例的还是累退的也应当以一生为基础。

在以后的章节中，我们会看到，人们似乎强烈偏好等比例的或者累进的税收而不是累退的税收。然而，还不是很清楚为什么大多数人相信税收应该是累进的或者等比例的，不清楚对于那些喜欢累进税收的人，累进的程度应该是多少。仅仅说税收应该是累进的，还远不足以确定实际的税收结构。

第 14 章分析美国的联邦个人所得税，在这一章中提出，从支付能力角度看应该采用个人消费税。在美国和其他地方，所有关于这些税收的公共讨论中，或明或暗地都隐藏着支付能力观点的影子。

# 第14章

## 运用支付能力原则：联邦个人所得税

在关于税收政策的公开讨论中，美国的联邦个人所得税是一个用来说明支付能力原则的很好的例子。它是世界范围内所有税种中税收收入最高的一种税，并且，它的设计遵照了黑格和西蒙斯的建议，因为它对个人所得和资本利得都征税。而且它采用了**累进税率结构**（graduated rate structure）：不同收入区间适用的税率随着收入的增加而提高，因而看上去是一种极具累进性的税。

然而从原则到实践有许多妥协。并不是对个人所得和资本利得的所有组成部分都征税，其结果是，大多数纳税人的税基——称为**应税所得**（taxable income）——比他们的黑格-西蒙斯收入要简单很多。此外，个人所得和资本利得的某些部分被征收较低的税率。人们注意到了这些存在于联邦税基和黑格-西蒙斯理想状态之间的差异，这些差异损害了人们对于横向公平的要求。相对于累进税率结构所显示的累进性，这些差异同样显著降低了高收入阶层税收的累进性，这损害了某些人对于纵向公平的感受。我们根据第13章中介绍的支付能力原则来衡量横向和纵向的不公平的代价。

## 联邦个人所得税的结构

联邦个人所得税（PIT）源于1913年第16次《美国宪法修正案》，它第一次允许联邦政府对所得征税。在所得税之前联邦政府的主要收入来源是对进口商品征收的关税。经过整个20世纪，PIT演变成了一个高度复杂的税种。描述这种税的规则和条款，被称为法典，现在长度超过2 000页。

幸运的是，我们只需要理解这种税收结构的几个特点，用以分析这种税更重要的经济学含义，尤其是和那些正在进行的政策辩论相关的话题。这些特点可以分为两类，累

公共部门经济学

进税率，以及税基（应税所得）与黑格-西蒙斯收入下的理想税基之间的主要差异。

## □ 累进税率

描述适用于不同应税所得水平的一系列累进税率非常复杂，国会一直无法决定应该以个人还是以家庭为基础征税。妥协的结果是采用两套税率，一套适用于个人，而另一套适用于已婚的夫妇。在美国国税局（IRS）的术语中，单一的纳税人"单独"报税。已婚夫妇可以选择"单独"报税，税率适用他们自己的所得，也可以选择联合报税，税率适用于丈夫和妻子总共的所得（但是不包括孩子的所得）。不同选择适用的税率见表14.1。表中的税率是2005年采用的税率，税率范围在10%～35%之间。

**表 14.1**　　　　　　　　　　　　累进税率：美国联邦个人所得税（2005年）

| 已婚，联合报税 | | 已婚，单独报税 | | 个人 | |
|---|---|---|---|---|---|
| 边际税率（%） | 收入档次（美元） | 边际税率（%） | 收入档次（美元） | 边际税率（%） | 收入档次（美元） |
| 10 | 0～14 600 | 10 | 0～7 300 | 10 | 0～7 300 |
| 15 | 14 600～59 400 | 15 | 7 300～29 700 | 15 | 7 300～29 700 |
| 25 | 59 400～119 950 | 25 | 29 700～59 975 | 25 | 29 700～71 950 |
| 28 | 119 950～182 800 | 28 | 59 975～91 400 | 28 | 71 950～150 150 |
| 33 | 182 800～326 450 | 33 | 91 400～163 225 | 33 | 150 150～326 450 |
| 35 | 大于 326 450 | 35 | 大于 163 225 | 35 | 大于 326 450 |

资料来源：Website of the Tax Foundation, U.S. Federal Individual Income Tax Rates History, 1913 - 2007, www. taxfoundation. org/publications/show/151. html.

关于累进税率表，有许多需要理解的地方。第一，每个应税所得适用的范围被称为**税率档**（tax bracket）。第二，累进税率被称为一系列**边际税率**（marginal tax），因为它们是纳税人的下一美元收入所位于的税率档，从而按照那个税率纳税。例如，一个单一纳税人在2005年应税所得是20 000美元，他面对的边际税率就是15%，因为他的下一美元应税所得将被征收15%的税；如果他的应税所得是125 000美元，他的边际税率就是28%；依此类推。第三，这一系列税率档本身的税率适用于所有的纳税人，无论他们的所得是多少。例如，一个在2005年收入100万美元并且单独报税的个人要为她的前7 300美元付10%的税，她接下来的22 400（＝29 700－7 300）美元所得需缴纳15%的税，依此类推，而35%的边际税率仅对她最后的673 550（＝1 000 000－326 450）美元所得征收。所以，尽管她的边际税率是35%，她应税所得的平均税率（应纳税额除以应税所得）只是33%。[①] 第四，税率档的分界随通货膨胀而调节；它们每年都随该税收年度CPI的增长而提高。第五，注意比较已婚纳税人联合报税的税率档和单一纳税人的税率档，联合报税人前两个税率档（10%和15%）的宽度刚好是单一报税人的两倍。因此，在2005年总收入在59 450美元以下的已婚夫妇联合报税和单独报税并没有区别。不过对于最后四个税率，已婚夫妇联合报税的税率档没有单独税率档的两倍那么宽。这个模式对于在本章稍后讨论的正在进行的其中一项政策争论非常重要，被称为对已婚夫妇的税收惩罚。

---

① 平均税率是 33.047% ＝（0.10× $7 300+0.15× $22 400+0.25× $42 250+0.28× $78 200+0.33× $176 300+0.35× $673 550）/ $1 000 000 ＝（ $730 + $3 360 + $10 562.50 + $21 896 + $58 179 + $235 742.50）/ $1 000 000＝ $330 470/ $1 000 000＝0.330 47＝33.047%。

## □ 应税所得 VS. 黑格-西蒙斯收入

在理想的黑格-西蒙斯标准下全部个人所得以及资本利得都应该被课税，而且都适用相同的累进税率。两类税种都远未达到理想要求，在联邦个人所得税下的应税所得要远低于黑格-西蒙斯收入。

### 个人所得

只有大概40%～45%的纳税人每年的个人所得被美国国税局登记为应税所得。个人所得和应税所得的差异主要包含三个大类：个人免税额、免征额和扣除额。

■ **个人免税额**（personal exemptions）是指美国国税局认为潜在可以成为应税所得但是选择不征税的所得。在2005年每个纳税人都获得了3 200美元的个人免税额。已婚纳税人联合报税时，夫妻双方以及抚养的每个小孩都可以获得个人免税额。因此，一对抚养了两个小孩的已婚夫妇可以获得12 800美元（＝4×3 200美元）的个人免税额。个人免税额根据通货膨胀调整；它每年都随着CPI的增长而提高。

■ **免征额**（exclusions）是所得中的那些被美国商务部在计算国民收入时认为是个人所得但是不被美国国税局计为应税所得的项目。五种最重要的免征项目按顺序是：雇主支付给雇员的额外福利，主要是对雇员养老金计划以及医疗和一生保险计划的贡献；转移支付，包括现金和实物的公共补助支付（例如贫困家庭临时补助、补充保障收入、医疗补助和食物券）以及部分或者全部的社会保障退休金；商务部估算的非市场收入——主要是私有住宅拥有者获得的估算租金收入，使其在买房与租房之间可比较①——以及农户自身消费的自种粮食；纳税人购买的用来为退休提供收入的金融资产，例如个人退休账户（IRA）和401K——这些退休资产的利息收入也被排除在应税所得之外；来自被称为"市政债券"——州和地方政府发行的债券——的利息收入。

■ **扣除额**（deductions）是消费中纳税人可以在计算他们的应税所得时减去的项目。四种最重要的扣除额是：大病支出②；州所得税③和地方财产税；纳税人主要居住地的抵押贷款利息支出；向慈善组织的捐款，其中最重要的是向纳税人所在的宗教机构以及学院和大学的捐款。

纳税人在计算他们的应税所得时减掉这些特定的免征额和扣除额，这被称为"逐条列举"。如果不采用逐条列举，纳税人还被赋予了选择权，可以要求一种标准扣除额（在2005年单一报税人是5 000美元，联合报税人是10 000美元），他们可以在计算应税所得时从所得中减去标准扣除额。大多数纳税人在他们第一次成为私有住宅拥有者时选择逐条列举，于是可以减去他们抵押贷款的利息以及地方财产税。（正是这两种扣除的存在导致逐条列举更加有利，但他们还可以减去他们的估算租金收入。即便私有住宅拥有者选择不逐条列举，也可以扣除他们的估算租金收入。）

---

① 屋主自住房屋的估算租金在国民核算账户中被计入私有住宅拥有者的租金收入以及住房服务的消费以保持国民收入和国民产品相等。类似地，非市场的农业生产价值被计入收入和消费。

② 大病支出被定义为那些超过美国国税局称为调整总收入（AGI）7.5%的支出，大致相当于纳税人在个人免税额、免征额、扣除额被减去之前的收入。

③ 纳税人有扣除估算的在他们州的销售税下支付的税的选择，如果其数额大于他们州的所得税。

公共部门经济学

最后一点需要注意的是，从 2003 年开始个人所得中的一项——股息获得了税率的优惠。无论纳税人的应税所得有多少，适用于多数股息的最高边际税率都被限制在 15%。这个税率上限之所以重要，是因为绝大多数股息是由收入分布中的前 20% 的纳税人获得的，那些人的边际税率要远远高于 15%。

**资本利得**

现实中，对资本利得的税务处理和黑格-西蒙斯标准下理想的税务处理有两个重要的不同。首先，一项资本利得只有在被实现后，也就是说资产在征税年之内被出售后，才会被课税。应税所得是资产的买入价和卖出价之间的差额，无论资产的购买时间是什么时候。因此仍然是纳税人储蓄的一部分、仅仅在账面上增加的收益并没有被课税，尽管它们确实代表了购买力的提高，因而是黑格-西蒙斯收入的一部分。其次，资本利得几乎总是被征收优惠的税率。在 2005 年，适用于资本利得的最高税率是 15%，和股息的税率相同，只要该资产被持有超过一年（所谓的长期资本利得；短期资本利得是从持有不到一年的资产中获得的收益，短期资本利得被课征通常的累进税率）。和股息相同，绝大多数的资本利得被高收入的纳税人获得。

最后一点，资本利得和资本损失在黑格-西蒙斯标准下应该被对称地处理，但是实际情况并不是这样的。只要资本损失少于资本利得，纳税人就可以无限制地从资本利得中减去资本损失。但是从其他收入来源中减去的资本损失在任何一年中最高只能有 3 000 美元。损失超过 3 000 美元的必须"留待"之后的年份中使用，仍然是任何一年中从非资本利得的收入中最高减去 3 000 美元。

对联邦个人所得税进行综述之后，我们转向许多公众关心的问题。任何时候只要收入被征税，这些问题就可能发生；它们显然并不是联邦个人所得税所特有的。第一个问题是应税所得和黑格-西蒙斯收入的诸多不同。

# 横向公平和个人所得的纳税

因为个人免税额、免征额和扣除额，只有不到一半的个人所得需要被征税，因而联邦个人所得税受到广泛的指责，认为它违反了横向公平。但是对违反横向公平的指责针对的是免征额和扣除额，而不是个人免税额。原因是个人免税额行使了一项与免征额和扣除额不同的、人们倾向于接受的职能。让我们首先来考虑个人免税额。

## ☐ 个人免税额

所得税中个人免税额的作用是保护最低收入的纳税人和他们的家庭免于税收之苦。因此，它们通常被认为是纵向公平而不是横向公平。个人免税额本身倾向于使得所得税在低收入到中等收入的范围内相当具有累进性，并且至少在整个收入的范围内有适度的累进性。这个即使在税率不是累进的时候也成立。

美国民众似乎比较适应这种中等和低收入阶层的累进性。例如，许多人曾经建议用一种单一税率替代累进税率，即所谓的单一税计划。但是单一税的支持者几乎总是包含一系列个人免税额，这些个人免税额可以提供的对低收入人们的保护与当前税制情况下个人免税额和标准的扣除额一同提供的保障相同。

图 14.1 表明包含个人免税额的单一税是一种累进税。该图假设单一税的税率是 20%，而个人免税额是 10 000 美元（对于单一纳税人）。它还假设在税基中不存在免征额和扣除额，因此应税所得和黑格-西蒙斯收入相比，唯一的区别就是个人免税额。黑格-西蒙斯收入 $Y_{HS}$ 在横轴，而平均税率（负担）$T/Y_{HS}$ 在纵轴，$T$ 是应纳税额。存在两个边际税率，个人免税额为 10 000 美元，在此金额以下的收入其边际税率是 0，而超过 20 000 美元的收入的边际税率是 20%。边际税率用水平的实线表示。10 000 美元以下收入的平均税率 $T/Y_{HS}$ 都是 0，然后从虚线处开始上升。刚开始它上升得相当迅速，然后变得平缓许多，趋近但是永远不会达到 20%。例如，在收入为 20 000 美元时，税是 2 000美元 ［=0.2×（20 000 美元−10 000 美元）=0.2×10 000 美元］，而平均税率是 10%（=2 000 美元/20 000 美元）。在收入为 50 000 美元时，税是 8 000 美元 ［=0.2× （50 000美元−10 000美元）=0.2×40 000 美元］，而平均税率是 16%（=8 000 美元/50 000美元=0.16）。在收入为 100 000 美元时，税是 18 000 美元 ［=0.2× （100 000美元−10 000 美元）=0.2×90 000 美元］，而平均税率是 18%（=18 000 美元/100 000美元=0.18），接近 20% 的边际税率。平均税率在前 50 000 美元收入时上升得要比后 50 000美元收入时快得多，然后在超过 100 000 美元后缓慢地趋近 20%。但这种税至少在整个收入范围内有适度的累进性。如果没有个人免税额，这种税将是完全成比例的，$T/Y_{HS}=20\%$，等于单一（边际）税率。[①]

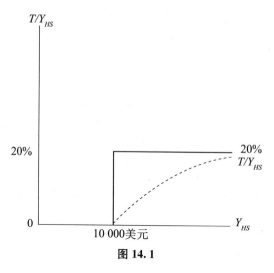

图 14.1

## □ 免征额和扣除额：漏洞

立法机构把免征额和扣除额放入所得税中主要是为了鼓励某些社会需要的行为，例如向慈善的捐款、成为房主以及为退休储蓄。尽管这些目标是值得鼓励的，免征额和扣除额似乎损害了人们对于横向公平的感受。他们看到有相同黑格-西蒙斯收入的纳税人因为申报不同数额的、允许的免征额和扣除额而纳税额非常不同。这就是为什么免征额和扣除额通常被叫做"漏洞"，这是一个贬义词，用来表明通过这些工具减少应税额被认为是不公平的。[①]

很难评价免征额和扣除额导致的横向不公平，因为在税收学中有两种概念上的横向公平。一种是两个具有相同黑格-西蒙斯收入的人应该缴纳相同的税，这是公开税收政策讨论中对横向公平的通常的解释。另一种是马丁·费尔德斯坦经济学概念上的横向公平，两个税前有相同效用的人应该在税后仍然有相同的效用。

如果美国国税局对除了个人免除额以外的所有黑格-西蒙斯收入课税，那么这两种概念的横向公平都会得到满足。两个有相同黑格-西蒙斯收入的人将纳相同的税。并且，因为黑格-西蒙斯收入被认为是效用的最佳替代物，于是由定义可知两个有相同的税前和税后黑格-西蒙斯收入的人就有相同的税前和税后效用。

一旦政府允许所得税中有免征额和扣除额，这两种横向公平就产生了分歧。如以上所说的，两个黑格-西蒙斯收入相同的人可能支付迥异的税，而这些税被认为违反了横向公平。不过，如费尔德斯坦所指出的那样，假设市场是竞争的，那么市场就会挽救第二种经济学版本的横向公平。市场针对税收结构做出反应，这些反应遵循了以下两个原则，一个在长期适用而另一个在短期适用。

1. **长期**：一旦市场对一项新立法的免征额或者扣除额做出充分反应并达到了其长期均衡，那么两个有相同税前效用的人也一定有相同的税后效用。在长期中，税收结构不可能是横向不公平的一个来源（Feldstein，1986）。[②]

2. **短期**：从一个长期均衡出发，任何税收结构的变化确实导致了用效用衡量的横向不公平，但是只是暂时短期存在，直到市场再次回到它的长期均衡。

私人自住房屋和出租公寓的市场是费尔德斯坦原则的很好例证。美国联邦政府在促进住房所有率上有悠久的传统。在 20 世纪 30 年代，政府建立并资助了一个单独的储蓄和贷款银行业，其目的就是为房主提供低息的抵押贷款。而且国会自由利用联邦个人所得税来促进住房所有率。相对于租房者，房主获得了三大减税优惠：从他们的应税所得中扣除了他们付给自己的估算租金收入，而且在计算他们的应税所得时房主还可以扣除他们抵押贷款的利息以及他们缴纳的地方财产税。相对于租住公寓，这些"漏洞"确实鼓励个人拥有住房，但是基于费尔德斯坦从效用角度解释的横向公平原则，这些"漏洞"不是长期中横向不公平的来源。

为了说明这一点，参照图 14.2。图 14.2（a）描述了私人住房市场，图 14.2（b）是公寓市场，用来与图 14.2（a）中的住房服务相比较。在图 14.2（a）中，私有房屋的数量（$H$）在横轴而按年计算的房屋价格（年租金）（$P_H$）在纵轴。类似地，在图 14.2（b）中，公寓单位的数量（$A$）在横轴而公寓年租金（$R_A$）在纵轴。在图 14.2（a）中，引入三大减税优惠之前的需求和供给曲线分别是 $D_H$ 和 $S_H$，在图 14.2（b）中分别是 $D_A$ 和 $S_A$。减税优惠前的住房市场均衡是（$H^0$，$P_H^0$），公寓市场均衡是（$A^0$，$P_A^0$），

---

① 我们忽略了企业支出，按照黑格-西蒙斯标准，它是一种合法的扣除。企业支出的扣除不是漏洞。

② 如果市场不是竞争性的，那么市场力量而非税收结构是任何在长期可能持续的横向不公平的来源（见 Feldstein，1976）。

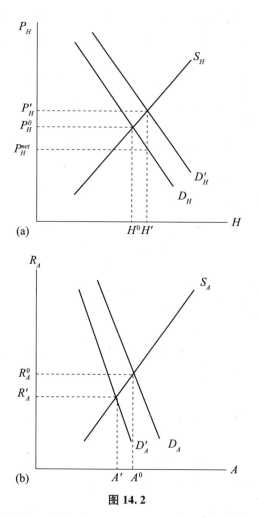

图 14.2

分别是两图中 D 和 S 的交点。按年计算的房屋价格 $P_H^0$ 被假定等于公寓的年租金 $R_A^0$。[①] 房主和租房者的处境相同;他们向可比较的住房服务支付相同的价格。

引入三种减税优惠提高了对住房的需求而降低了公寓的需求,因为现在拥有房子更加有吸引力。房屋的需求垂直向上移动,距离等于三种减税优惠的大小,从 $D_H$ 到 $D_H'$。同时,公寓的需求从 $D_A$ 向下移动到 $D_A'$,因为人们想要搬出公寓搬进私有房屋。图中所示是最终的长期均衡。实行减税优惠之后,私人住房市场的均衡是 $(H', P_H')$,而公寓市场的均衡是 $(A', R_A')$。

确实如国会希望的那样,三种减税优惠促进了房屋的私有化,而不是租房。私有房屋的数量从 $H_0$ 提高到 $H'$ 而出租的公寓数量从 $A_0$ 减少到 $A'$。但是房主和公寓的租户在税后均衡中的处境相同,正如他们在原先的均衡中一样。按年计算的房屋价格可能从 $P_H^0$ 提高到 $P_H'$,但是房主关心的价格是除去减税的价格。那个价格是 $P_H^{net}$,等于 $P_H'$ 减去减税的价值,即 $D_H'$ 和 $D_H$ 之间的垂直距离。$P_H^{net}$ 等于公寓的新均衡价格 $R_A'$。这两个价格相等并不是巧合;它是唯一可能的长期均衡结果。如果人们在减税之前为可比较的私有房

---

① 如果人们偏好房屋胜过公寓,那么实行减税优惠之前的房屋价格应该高于公寓的租金以体现对房屋的偏好。但是这一点并不会改变以下的讨论。因此,假设初始的按年计算的价格(租金)相等会简单一些。

屋和公寓支付相同的（按年计算的）价格，那么在减税之后他们必须仍然支付相同的价格。再一次，房主和租房者的处境相同，向相似的住房服务支付相同的价格。满足了费尔德斯坦经济学版本的横向公平：两组减税前有相同效用的人在减税后也有相同的效用。在新的长期均衡中没有横向的不公平。

减税优惠会带来相同的效用，这种结果并不是住房市场特有的。它是任何竞争性市场的自然结果。竞争性市场的其中一个特征是同等的机会或者同等的使用权，这个特征导致了在任何长期均衡中的横向公平——对相同的人一视同仁。只有当相同的人被同等对待时，一个竞争性市场才可能处于它最终的均衡状态，因为相同的人不必接受不公平的待遇。他们会不断调整直到他们被同等地对待，在这个例子中表现为人们从公寓中搬到私有房屋中，直到按年计算的两种价格再次相等为止。

这个例子的另外一个启示是竞争性市场最终会阻止国会为相同人中的某部分人提供优惠。税法似乎有利于房主而不是租房者，但是在新的长期均衡中两者都能够获益。对可比较的住房服务，他们都面对更低的、同样的价格，对房主是 $P_H^{net}$ 相对于 $P_H^0$，而对租房者是 $R_A'$ 相对于 $R_A^0$。一旦市场达到新的长期均衡，有利于房屋所有权还是房主，两者并不相同。

但在短期，这是完全不同的问题。假设国会突然取消三种减税优惠。直接的效果是房主的境遇现在比租房者更差了。他们需要减税来支持按年计算的价格 $P_H'$。我们称减税的价值被**资本化**（capitalized）到了更高的住房价格中。在取消减税后，对于可比较的住房服务，房主支付 $P_H'$ 而租房者只支付 $R_A'$。现在出现了横向不公平，相同的人被不平等地对待。但是这种横向不公平只是暂时的。人们会对这种价格差异做出反应，即搬出私有房屋并搬进公寓，直到回到原先税前的均衡，按年计算的价格等于 $P_H^0$ 和 $R_A^0$。一旦价格再次相等，就不存在横向不公平。

### □ 取消免征额和扣除额？

既然改变税收结构在短期会产生横向不公平，这是否意味着国会应该保留所有现存的免征额和扣除额呢？答案是"不一定"，因为免征额和扣除额有它们自身的效率和公平的代价。它们同时也不是向偏好的行为补贴的最好方式。

免征额和扣除额带来了两种无效率，一种影响它们起作用的具体市场，在我们的例子中就是住房和公寓市场，而另一种与所得税本身有关。我们将在第15章中看到，一项使市场偏离自然的供给和需求均衡的税收或者补贴会产生无谓的效率损失，无论是政府还是任何其他人都无法获得。在我们的例子中，税前的均衡 $H^0$ 是房屋自然的供给和需求均衡数量。通过将市场移动到 $H'$，减税优惠在住房市场中产生了无谓损失。问题的实质是在住房市场中供给的房子，其通过 $D_H$ 衡量的真实边际价值小于通过 $S_H$ 衡量的边际成本。第二种效率成本在于所得税本身倾向于产生无谓损失，而损失随着税率的平方增加。如果从联邦个人所得税中移除所有的免征额和扣除额，那么税基大概会有现在的两倍那么多。这意味着政府只需要一系列等于现在一半的税率就可以获得相同数量的收入。由于给定无谓损失是税率平方的函数，所得税的无谓损失会大约减少它当前值的四分之三。

免征额和扣除额所带来的公平的成本潜在地违背了纵向公平。回到我们的例子中，住房市场倾向于以收入分割开。并且，在累进税率中高收入的人比低收入的人面对更高的边际税率。因此，在节省纳税上，三种减税优惠对于高收入的人比对于低收入的人更有价值，这意味着减税之后，对于高收入者的住房价格和租金比对于低收入者降低得更多。换句话说，这三种减税优惠一定程度上扭转了累进税制所体现的累进性。这可能有损人们对于纵向公平的感受。

在累进税制中，对累进性的削弱是免征额和扣除额本身所固有的。考虑另外一个例子，因为向慈善的捐款而允许的扣除额。向慈善捐款 1 美元的净价格是 $1 \times (1-t)$ 美元，$t$ 是适用于捐赠者的边际税率。比如，在 33％的税率档下，纳税人每捐助 1 美元善款就为他们节省了 33 美分的税，因为慈善捐款的扣除额减少了他们 1 美元的应税所得。捐助的净价格是 67 美分（＝$1-0.33=1-t$）。纳税人的收入越高，$t$ 就越高，于是扣除额的价值就越高。

一种避免损害累进性的方法是使用税收抵免而不是免征额或者扣除额来鼓励某些行为。**税收抵免**（tax credit）是按照一个纳税人税赋的比例计算的。例如，一个 10％的税收抵免将降低 10％的应纳税。但是 10％的抵免适用于所有的纳税人，所以是独立于个人收入和个人所处的税率档的。

税收抵免导致对于所有纳税人成比例的税赋减少，因为它是"在加总线下"得到的，即在计算了纳税人应税所得的纳税义务之后。相反地，在累进税率结构下免征额或者扣除额非成比例地减少税赋，因为它是"在加总线上"计算的，在计算纳税义务之前降低了应税所得。

在最近几年，联邦政府越来越多地采用税收抵免。尽管如此，所有现存的免征额和扣除额的共同作用是消除了许多原本存在于累进税率下对高收入群体征税的累进性。

最后一点关于免征额和扣除额的困难在于，它们可能是政府用来补贴它们偏爱活动的一种过于昂贵的方式。一个很好的例子是州和地方（市政）债券的利息免征。它通过降低州和地方政府需要为它们的债务支付的利息来给它们补贴。例如，假设一种需征税债券例如公司债券的利率是 10％，因此 1 000 美元需征税债券一年的利息就是 100 美元。（一般债券的面值或者说本金为 1 000 美元。）另外假设位于 25％或者以上税率档的纳税人购买市政债券。在 25％税率档的纳税人在获得 1 000 美元债券的 100 美元利息的同时，支付 25％税率档的税，即 25 美元，这与获得 1 000 美元市政债券 75 美元的免税利息之间无差异。在任何一种情况中他们都获得 75 美元的利息。因此，假设市政债券的利率是 7.5％，是应税债券税率的四分之三。州和地方政府可以发行 1 000 美元免税市政债券而不是 1 000 美元的需征税债券，需要的补贴额是 25 美元，即节省的利息支出（在 10％利率下的 100 美元利息相对于 7.5％利率下的 75 美元利息）。但是问题在于，位于 28％、33％和 35％税率档的纳税人也想购买市政债券。如果他们购买 1 000 美元的需征税债券，他们分别要为 100 美元的利息支付 28 美元、33 美元以及 35 美元的税，留给他们 72 美元、67 美元以及 65 美元的税后收入。接受 1 000 美元免税市政债券的 75 美元利息是对于他们更好的交易。但是对于联邦政府这是一个不好的交易，因为政府必须牺牲来自最高三个税率档纳税人的超过 25 美元的税收收入，来为州和地方政府提供 25 美元的利息补贴。更好的办法是直接向这些政府提供 25 美元的补助金，通过额外 25 美元的税来支付。补助金会降低政府能够获得的总税收收入，因此降低了所得税的无谓损失。

慈善的扣除额的问题在于慈善捐助的需求价格弹性。如果该弹性大于 1，那么在最高税率档的纳税人面对的慈善价格降低 35％时，将会产生超过 35％的慈善捐助的增加。

每收到 1 美元的慈善捐款，政府就损失 35 美分，但是总体上慈善捐助的增加超过 35 美分。相反，如果该弹性小于 1，那么相对于慈善捐助的增加政府在税收收入中失去的更多。

总之，根据效用版本的横向公平，认为免征额和扣除额会产生横向不公平的观念并不正确。尽管如此，人们可以辩解，认为消除这些漏洞所带来的效率和纵向公平的收益可能是值得的，足以弥补这些漏洞所带来的短期横向不公平。已经获得支持的活动确实不应该再被补贴，但是如果国会想要支持这些活动，直接补贴通常是一种更好的选择。

## 资本利得的税收优惠

正如之前所提到的，根据黑格-西蒙斯标准，联邦个人所得税在两个方面有利于资本利得。资本利得的最高税率是 15%（2005 年），以及资本利得只在实现（一项资产被出售）时被征税而不是在利得积累的每年逐年征税。一般认为降低税率是为了刺激储蓄的需要，尽管没有什么有力的证据表明美国个人储蓄对税后收益率的增长做出了任何反应。而出于平等对待金融资产以及实物资产的需要，普遍认为应该在出售资产后才对资本利得课税。很容易记录金融资产中每年积累的利得（损失），但是很难记录许多种类实物资产积累的利得（损失）。挂在私人房间中的画去年升值了多少？房屋的价值是增加了还是减少了？除非出售了画或者房屋，否则不可能确实地知道其价值。为了税收目的，可以每年估算实物资产的利得（损失），当资产被出售的时候再有一个调整。但是纳税人可能要被迫出售资产以支付利得累积上的课税，而人们基本都认为这是不公正的。实物资产的定价问题在美国是明确的；国会从来没有认真考虑过基于累积额向资本利得征税。

不能基于累积额向资本利得课税，实际上是相对于黑格-西蒙斯理想状态下税基的一项免征，与个人所得的免征额和扣除额在效率和公平上的作用相同。它有利于以资本利得形式获得收益的资产，从而扭曲了资本市场。它还降低了税收系统的累进性。基于实现的收益向资本利得征税而不是基于累积额征税，这种做法使政府起到了向纳税人提供免息贷款的作用，并且贷款的价值在累进税率下随着收入的增加而增加。

为了理解这种免息贷款的实质，假设一个处于 25% 税率档的纳税人花 100 美元购买了一项资产并且持有了两年。为简单起见，假设这项资产在这两年中每年增长 100%：在无税的情况下，第一年末它变成了 200 美元，第二年变成了 400 美元。

在基于实现的收益课税的情形下，纳税人在第二年末支付税款。两年的资本利得是 300 美元（=400 美元－100 美元）。300 美元利得被征 25% 的税即 75 美元，在第二年末留给纳税人税后 325 美元（=400 美元－75 美元）。

如果这项资产被基于累积额课税，在第一年末 100 美元（=200 美元－100 美元）的资本利得将被课税。25% 税率下的税是 25 美元，征税后留给纳税人 175 美元（=200 美元－25 美元）。然后到第二年末这 175 美元价值增长到两倍，即 350 美元。纳税人在第二年支付 43.75 美元的税，即 175 美元资本利得的 25%。在第二年末，这项资产的税后价值是 306.25 美元（＝350 美元－43.75 美元），与基于实现的收益课税情形下的税后净资产价值相比少了 18.75 美元（＝325 美元－306.25 美元）。

基于实现的收益课税的方法给资产拥有者带来了额外的价值，这种价值来自不用为第一年的资本利得缴纳 25 美元的税收。这 25 美元实际上就是一项在第一年末来自政府的免息贷款。为了理解这一点，假设政府在第一年末借给纳税人 25 美元，并且要求在第二年末偿还这 25 美元，没有利息。纳税人将把这项贷款收入投资到收益率为 100％的资产上，因此资产在第二年末价值倍增到 50 美元。贷款融资的资产在第二期的利得是 25 美元（＝50 美元－25 美元），纳税人要为其支付 6.25 美元（＝0.25×25 美元）的税。纳税人在第二年末把 25 美元的原始贷款还给政府，没有利息。支付的税收加上贷款还款是 31.25 美元（＝6.25 美元＋25 美元），留给纳税人 18.75 美元（＝50.00 美元－31.25 美元），正好等于基于实现的收益纳税而不是基于累积额纳税所节省的税收。

在 10％～35％的税率区间，免息贷款的价值以及相应的税收节省会随着税率的增长而增长，因为税率越高，在第一期避免的税就越多。所以，高收入的纳税人获得更多的贷款，这降低了税收的累进性。

## 通货膨胀以及对来自资本的收入的课税

按照黑格-西蒙斯标准，税基应该根据通货膨胀调整以避免实际税赋随着通货膨胀率的变化而变化。事实上，美国联邦个人所得税只是针对通货膨胀进行了部分调整。根据 CPI 指数化的主要项目包括税率档的收入上限、个人免税额以及标准扣除额。而最重要的遗漏是没有保护资本收入免受通货膨胀的侵蚀。

来自资本的收入需要受到特别保护以免受到通货膨胀的影响，因为通货膨胀对资本有两个作用而对工资只有一个作用。资本的收益等于资产的价值——一个存量——和资产的收益率——一个流量——的乘积，而通货膨胀会影响这两个量。相反，工资或者薪水只被通货膨胀影响一次，因为它是一个单一的流量。造成的结果是，如果没有指数化通货膨胀，对资本收入征收的税会高于对工资收入征收的税。

通货膨胀对于资本的第一个作用是：从购买某项资产开始，资产的名义价值随着累积的通货膨胀而提高。如果价格在过去的 10 年中上升了 1 倍，那么平均而言，住房的价值也会同样地倍增，股票的价值也同样。债券也同样被通货膨胀影响，因为现在需要 2 000美元的贷款购买 10 年前要花费 1 000 美元的机器。如此等等。

预期通货膨胀对资产价值的累积作用对应于通货膨胀对工资的累积作用，因为名义的或者观测到的工资也随着预期通货膨胀率的增长而增长。当经理和工人们就工资合约谈判时，他们将劳动供给和需求建立在实际工资 $W/P$ 而不是名义工资的基础上。因此，如果一个通货膨胀在五年期间使价格水平上升了两倍，那么工资也应该增加两倍以保持实际工资不变。实际工资应该随着劳动生产率的增长而增长，而不是一般通货膨胀的结果。

通货膨胀对资本收益的第二个作用是它对于收益率的影响。暂时假设没有所得税。

在这个情况下，每年的资本收益率完全随每年的预期通货膨胀增长。[1] 要理解其中的原因，假设两个人或者两家机构处于一个借贷关系中，许多金融证券正是产生于这种借贷关系（例如公司和政府债券、住房抵押贷款以及银行存单）。假设在一个没有通货膨胀的世界中，一份价值1 000美元的一年贷款合同会有5%的利率（收益率）。如果贷方一年以后可以得到1 050美元——原本的1 000美元贷款加上1 000美元的5%（0.05×1 000美元＝50美元），贷方就愿意今天借出这1 000美元。借款者愿意支付5%的利息，如果他赞成这项贷款。反之，假设借贷双方都预期未来一年的通货膨胀率为10%。在这个情况下，贷方会坚持要求15%的利率才贷款。她要求从现在起一年后购买力提高5%，但是在存在10%的通货膨胀的情况下，为了防止1 000美元的购买力受到损失，她需要10%的利率。她预期从现在起一年之后需要1 100美元去购买今天1 000美元可以买到的东西。所以她把10%的通货膨胀率加到贷款利率中以获得一年之后5%的购买力提高，从而要求15%的利率才贷款。[2] 借款者的考虑是根据他一年需要牺牲多少购买力才可以获得这项贷款。他知道在存在10%的预期通货膨胀时15%的利率涉及的一年后购买力的损失与没有预期通货膨胀时5%的利率是相同的。所以他接受15%的贷款利率。

在没有所得税时通货膨胀对于预期资本收益的影响可以被总结为费雪公式，以经济学家欧文·费雪（Irving Fisher）的名字命名：

$$i = r + \left(\frac{\Delta P}{P}\right)_E$$

式中，$i$ 为名义或者观察到的利率（收益率）；$r$ 为以购买力提高衡量的实际利率（收益率）；而 $\left(\frac{\Delta P}{P}\right)_E$ 为预期的通货膨胀率。名义或者观察到的一项资产的收益率随预期通货膨胀率一对一地增长。

通货膨胀对资本收益率会有影响，但它并没有对工资产生类似的进一步作用。[3] 这样，既然来自资本或者工资的收入都没有依据通货膨胀指数化，那么资本收入会比工资收入征收更重的税。

保护资本收入免受通货膨胀侵蚀的方式依赖于收益的形式。在之前我们看到资产的收益表现为资本利得的形式，例如住房和股票，资产的购买价格应该随着累积的通货膨胀而提高，因为在从其售价中减去通货膨胀率以计算可纳税的资本利得之前，就购买了资产。对于支付利息的资产，在计算可课税利息收入时应该从名义或者观察到的利率中减去通货膨胀率（假设预期和实际的年度通货膨胀率在一年期间或以内是相等的）。[4] 这个调整依据的是没有税收时的费雪公式，如果实际税前收益率是 $r$，那么在税率为 $t$ 时，实际的税后收益率应该是 $r(1-t)$。根据没有税收时的费雪公式，有 $r = i - \left(\frac{\Delta P}{P}\right)_E$。因

---

① 如果利息支付是连续的，例如大多数的银行储蓄账户，那么资本的瞬间收益随预期通货膨胀进行一对一的调整。银行储蓄的瞬间收益大致等于每天的收益，即年收益除以360（天）。每天的收益被连续地计以复利并且一对一地随每天的通货膨胀率调整。

② 使她的购买力提高5%需要的准确的利率是（1+0.05）×（1+0.1）＝1+0.15+0.005＝1+0.155＝1+15.5%。我们将忽略诱使利率提高0.5%的最后一项。

③ 这很容易理解，如果通货膨胀被看做是一个连续的过程，通货膨胀率被定义为连续复利计算的瞬间率。那么，当工资只是每年调整的时候，工资的调整将是一年中瞬间率按照复利累积的通货膨胀。

④ 利率和通货膨胀率可以是用连续复利计算的瞬间率或者年率。之后的例子假设它们是年率。

此，$r(1-t)=(1-t)\left[i-\left(\dfrac{\Delta P}{P}\right)_E\right]$。需要纳税的利息应该扣除每年的通货膨胀率。

相反，全部的名义或者观察到的利息收入都需要纳税。假设名义利率仍然一对一地随通货膨胀调整。那么根据费雪公式，实际的税后收益率是 $r=(1-t)\,i-\left(\dfrac{\Delta P}{P}\right)_E$；实际的税后收益率小于 $r(1-t)$。例如，如果 $i=16\%$，$r=4\%$，$\left(\dfrac{\Delta P}{P}\right)_E=12\%$，税率是 25%，那么正确计算得到的税后收益率是 $r(1-t)=4\%\times0.75=3\%$。如果在计算应税利息所得时从 $i$ 中减去 $\left(\dfrac{\Delta P}{P}\right)_E$，实际的税后收益率将等于 3% $[=0.75\times(16\%-12\%)=0.75\times4\%]$。但是如果全部的名义利息都会被课税，$i(1-t)=16\times(0.75)=12\%$，而 $r=(1-t)\,i-\left(\dfrac{\Delta P}{P}\right)_E=12\%-12\%=0$。实际的税后收益率是 0。对来自资本的收入征收了过重的税收。进一步，实际的税后收益率随着通货膨胀率的波动而波动，然而它始终应该是 3%。例如，如果通货膨胀率从 4% 增长到 16% 而名义利率也从 4% 增长到 20%，那么向全部名义利息课税导致实际收益率 $r=(1-t)\,i-\left(\dfrac{\Delta P}{P}\right)_E=20\%\times0.75-16\%=15\%-16\%=-1\%$。[①]

这些例子说明当通货膨胀高涨时资本收入承担了沉重的税负。在 20 世纪 70 年代，当美国的通货膨胀达到了两位数时，许多资产的实际税后收益率是负的。工资收入者并不会承担这种沉重的税负，因为税率档、个人免税额以及标准扣除额都依据通货膨胀指数化了。

## 累进税率

国会选择累进税率而不是单一税率以增加所得税的累进性，但是累进税率产生了许多在单一税率下不会产生的令人担忧的问题。我们已经讨论了其中的一个，即黑格-西蒙斯理想税基上的免征额和扣除额一定会降低累进税率的累进性，因为它们对于高收入的纳税人成比例地更有价值。

### 收入平均

另外一个问题是允许纳税人在一段时间内对他们的收入取平均数以维持横向公平的需要。考虑两个纳税人，一个人的收入是常数而另一个人的收入波动剧烈。个人#1 在两年间每年有应税所得 50 000 美元，而个人#2 在第一年有应税所得 0，而在第二年有 100 000 美元。因为两人在两年间都挣了 100 000 美元，横向公平要求他们在两年中的纳税也相同。[②] 但是在累进税率下，个人#2 可能在这两年间要支付更高的税。例如，在 2005 年的税收结构中，个人#1 需要每年纳税 8 415 美元，然而个人#2 要在第二年支付

① 不同的纳税人面对不同的边际税率，准确的名义利率如何随预期通货膨胀调整从来都不是清楚的。在我们的例子中通货膨胀率从 12% 增长到 16%，名义利率需要增长到 21.333% 以保持税后实际收益为零。

② 为了简便起见，我们将忽略贴现，因为它不是收入平均的中心问题。

19 706.50 美元或者两年期间多交 2 876.50 美元（＝19 706.50 美元－2×8 415 美元＝19 706.50 美元－16 830 美元）的税。纠正这个问题的方式是允许个人♯2 在第二年计算他的应纳税额时对他两年的收入求平均，因此假设他每年有应税所得 50 000 美元。美国曾经允许收入在几年中求平均，但是现在已经不这样做了。所以，有不稳定收入的纳税人处于一种不利的处境。

### □ 婚姻惩罚

一个年内版本的平均问题是所谓的婚姻惩罚，这在美国是一个一年四季都发生的事情。它来自累进税率和政府没有决定是向个人还是向家庭征税这两个方面。正如我们所看到的，政府想要给结婚的夫妇一个税收优惠，它允许他们使用一个相对于单个纳税人的放宽的税率档系列进行联合申报。

当对联合申报的选项进行立法时，政府考虑的是那个时候的典型家庭，丈夫工作而妻子要么兼职要么就不工作，因此丈夫通常有最高的收入，并且常常是唯一的收入。相对于与夫妇联合收入水平相同的单一纳税人，稍微放宽的税率档给收入相距较大的夫妇一种税收优惠。这种优惠被认为是适当的，因为相对于个人，家庭的需求更大。

出现双方都工作的夫妻时，这个政策从税收优惠变成了税收惩罚。当两个有相似收入的人们结婚时，相对于他们仍然单身并单独申报各自的税赋然后相加而言，联合申报可能增加他们的税赋。之所发生这个问题，是因为前两个税率档之后联合申报的税率档并没有单独申报税率档的两倍那么宽。结果就是与他们可以分开申报并根据他们各自的所得纳税相比，将他们的收入合并起来会使他们进入更高的税率档。[①]

例如，比较在 2005 年的税率和税率档下，以下两对有 800 000 美元应税所得的高收入夫妇的情形。第一对夫妇：一个人有 800 000 美元应税所得而另一方没有应税所得。第二对夫妇：夫妻双方都有 400 000 美元应税所得。第一对夫妇是国会考虑的情形；相对于如果他们单身并分开申报，他们获得 6 000 美元的优惠。他们获益是因为在放宽的税率档下 800 000 美元收入中的多数征收了较低的税率。相反，第二对夫妇因为结婚并联合申报大致遭受到 13 000 美元的惩罚。他们受损是因为他们合并的更多所得面对更高的税率。这个例子中的模式在累进税率下以及已婚夫妇和单一纳税人有不同税率档的情形下是不可避免的。有非常不同收入的夫妇倾向于从联合申报中获益，而收入近似的夫妇倾向于受损。这个问题只有通过以个人为基础课税来避免，那样一个人是否结婚就不重要。所有的家庭成员都将根据他们个人的所得按照单一的税率档系列继续支付应该支付的税。避免婚姻惩罚的唯一的其他方式是单一税率。

## 向消费征税而不是向收入征税？

如第 13 章所提到的，很多经济学家偏好用个人消费税来替代联邦个人所得税。在

---

① 已婚夫妇可以选择分开申报，但是已婚夫妇单独申报的税率档是联合申报税率档的一半宽，所以通常选择这个选项没有优势。

1986 年税改法案的审议中，里根政府曾经严肃地考虑过调整到个人消费税。但是最终，政府还是决定维持所得税。

财政部提出过一个基本上是教科书版本的所得税。它要求国会取消几乎所有的免征额和扣除额，这样除了仍然保留的个人免税额以外，应税所得会近似于黑格-西蒙斯收入 (U. S. Department of the Treasury，1984)。国会同意政府维持所得税，但是最终决定保留大多数存在的免征额和扣除额。尽管如此，许多经济学家和政治家继续支持某种形式的消费税，或者是个人消费税或者是全国销售税，来替代个人所得税。我们将讨论个人消费税，因为它仍然是向个人征税。全国销售税将向企业征税，其代表的是更加彻底地偏离个人所得税。

在考虑用个人消费税替代个人所得税时需要注意三点。第一是至少在原理上，需要涉及相当戏剧性的有关效率和公平的取舍。第二是转换到个人消费税要解决的一整套管理问题。第三是现行的美国联邦个人所得税的混合本质；它已经有许多消费税的特征。

## □ 效率和公平的权衡取舍

经济学家通常通过建立简单的、完全竞争的 OLG 模型，如我们在第 12 章使用过的用来分析社会保障系统宏观影响的模型，来比较税制改革对效率和公平的影响。这些模型被改写以适应包含许多不同种类的宽税基税，并且模拟非常长的一段时期，通常为150 个时期，覆盖许多代人。因此，它们特别适合分析不同的税制改革对长期经济增长的影响。一般而言，用它们的理想形式来代表被分析的税种，例如税基是黑格-西蒙斯收入的所得税。

各种税收通过它们对储蓄、投资、资本存量随时间的演变以及要素生产率的作用来影响经济的长期增长。

在这些简单的 OLG 模型中，从一项（理想的）所得税到一项（理想的）消费税的转换会对这些变量造成影响，这并不出奇。通过从税基中剔除储蓄，储蓄和投资最终会显著增加，这导致更多的资本存量以及更高产出的经济。结果是在许多 OLG 模型中，在新的长期均衡中的人均产出和消费每年高出 10% 或者更多。[1] 美国产出的 10% 是 1.2 万亿美元（2005 年），人均产出每年增加 4 000 美元，这是经济体中相当庞大的动态效率收益。

不过这个改革有一个缺点，即困扰人们的公平问题：在转换到个人消费税时，老龄一代要承受巨大的损失。老龄一代的问题是，在个人所得税下，他们的退休储蓄在他们工作的时候已经被课税两次。他们的储蓄来自税后的美元，而他们的储蓄收益每年又被课税（回顾第 13 章的例子）。如果维持所得税，他们能不用缴税，使用储蓄支持他们在退休年份中的消费。然而如果变成个人消费税，他们在使用退休储蓄消费时会被第三次课税。

社会不愿意用这样的方式惩罚老年人，尤其在美国。在过去的 20 世纪中的一半时间内，联邦政府主要通过增加社会保障养老金以及建立联邦医疗保险实际上扩大了对老年人的支持。结果，在这段时间内极大地降低了老年人的贫困率；当 1960 年政府开始测量

---

① 从所得税到支出税的转变或者许多其他税改和财政政策都在奥尔巴克和科特利科夫（Auerbach and Kot-likoff，1987）中被加以分析。

贫困率时，老年人的贫困率远高于全国平均水平，到 1990 年左右变得低于全国平均水平。美国公民不希望放弃这些成就，这可能是个人消费税没有获得通过的主要原因，尽管它有庞大的效率收益。

似乎没有办法解决这种效率—公平的两难困境。奥尔巴克等人（Auerbach et al.，2001）试验了各种不同的方法，用以在转变到个人消费税时减少老年人的负担。他们认为可以降低这种负担，但是也会消除个人消费税带来的大部分动态效率收益。

## □ 管理的问题

任何大的税收改革都涉及许多困难的管理问题。我们会强调在个人消费税替代个人所得税的公众讨论中凸显的几个问题。

### 扣除额的复杂性？

税收改革者几乎总在寻找办法来降低税收系统的复杂性。不幸的是，当向资本收入征税时，税收总是难以避免地变得复杂，主要原因在于资产及其收益的形式多种多样。退一步讲，纳税人面对相当大的遵从负担来准确记录自己的资本收入。相对于个人所得税，个人消费税看起来似乎有一种管理上的优势，因为储蓄没有被课税，但这个优势并不是真实存在的。问题在于个人消费税可能是基于现金流来实施的，它的税基，即消费，是以一种差额的形式计算的。让纳税人直接记录他们的消费需要他们每天记下他们的消费交易，这是一项极其繁重的任务。相反，纳税人会被要求记录下他们所有来源的进账，例如收入和贷款，以及来自这些进账的所有形式的储蓄。储蓄包括购买的所有资产，以及可以作为额外储蓄积累的任何现有资产的收益，这是资本收入的一种重要组成部分。消费于是被视为纳税人进账和储蓄之间的差额，并将被征税。这实际上是所得税下要求纳税人记录的一系列相同的记录；只是税基的计算不同而已。因此，转变为个人消费税并不会明显降低遵从税法的复杂性。

### 个人消费税是累退的？

某些人反对消费税，因为他们相信消费税是累退的。在任何一年中家庭消费占收入的比重随着收入的增长而下降，因此如果从年度的角度看，消费税似乎是累退的。我们会在第 19 章税收归宿中更详细地讨论这个问题。就目前而言，即使从年度的角度看，个人消费税也不需要一定是累退的，知道这点就足够了。政府可以为一个累进的消费税税率立法，正如它对收入征税一样，这样，高收入纳税人比低收入纳税人成比例地多付消费税。一些年轻人有基于一生的消费计划，他们会借钱增加他们的消费，而累进税率结构会为这些年轻人带来麻烦。不过重点在于，如果社会需要，个人消费税可以是高度累进的。

### 实物资产的课税

在对购买实物资产所产生的消费和收入流征税时，相对于个人所得税，个人消费税确实有一个优势。这个优势在于视角的不同。所得税的支持者持一个年度课税的观点并要求课税反映纳税人每年实际赚取的收入。也就是，他们采用事后观点看待税基——对这一年中实际发生的收入流课税。个人消费税的支持者持一个终生课税的观点。因此，他们愿意基于预期的结果对今天课税，而不是基于实际的结果，这是一个事前课税的观点。这是一个在对实物资产课税时的特定优势。

考虑购买住房的例子。在购买住房时，纳税人答应为购买实物资产进行一项储蓄活动，只要这个人能够住在这个房子里，这项实物资产就会每年提供住房服务流。在个人所得税下，住房服务流被看作是估算租金，应该作为黑格-西蒙斯收入的一部分被征税。在个人消费税下，住房服务流被看作是估算消费，也应该每年被课税。但是很难估算住房服务的价值，所以在所得税下国税局避免对其征税。如果美国采用个人消费税，显然它们会同样难以估算，但是现在政府有一个选择。如果住房市场处于均衡状态，那么住房的购买价格等于预期的住房服务流的价值（贴现到现值）。① 所以在事前课税的观点下，究竟是对住房的初始投资课税还是对住房服务流课税并没有分别。换句话说，政府可以选择让所有纳税人预支在实物资产上的赋税。

因此，对于住房这件事，在个人消费税下的选择是：

1. **标准选项**：允许纳税人扣除住房的购买价格（一种形式的储蓄），而每年向估算的住房服务消费课税（估算困难）。

2. **预支选项**：不允许纳税人扣除住房的购买价格（对储蓄征税），并且不向每年估算的住房服务消费课税。

这两个选项从事前的角度看是等价的。事实上，纳税人对金融资产也可以选择选项2。

人们经常为资产融资借款，尤其是住房。② 在一段时间内借款和偿还债务的服务（本金和利息）与在个人消费税下为这项资产融资贷款面临相同的选项。为了理解这一点，考虑纳税人借款支付整个住房的价格，而本金和利息的还款额恰好与住房服务的消费流相符。在这种情况下，不会有任何的净消费因而也就不应该有税。最初的贷款付款与购买住房所代表的储蓄相匹配。它们并不能用来消费。而住房服务的消费与偿还贷款所代表的储蓄（减少未偿付的贷款是一种储蓄行为）匹配，以至于净消费是零。所以在贷款融资的情况下，以上的两个选项变成了：

1. **标准选项**：允许纳税人从税基中扣除住房的购买价格而将贷款的付款作为税基的一部分；将每年估算的住房服务的消费计入税基，但是从税基中扣除贷款服务。

2. **预付选项**：不允许纳税人扣除住房的购买价格（对储蓄征税），并且不将贷款的付款作为税基的一部分；不向每年估算的住房服务的消费课税，并且不允许每年扣除贷款服务。

从事前的角度看，这两个选项同样也是等价的。

**赋税是遗产还是继承？**

转变为个人消费税时必须解决的一个问题是：是将遗产视为死者的最后一笔消费还是他们后代的一笔收入？在前一种情况下，在死亡的时候就按照对死者适用的税率对遗产全额征税。在后一种情况下，这项收入只在后代消费它的时候才被课税。这里的问题涉及了政府究竟是想要以个人为基础还是以家庭为基础征税，美国从来就没有完全解决过这个问题。在死亡的时候对遗产征税符合向个人征税的观点，遗产是去世者最后的消费行为，并结束了她经济方面的一生。将遗产计入后代的收入符合向家庭征税的观点，因为作为家庭单位的消费只在后代消费遗产的时候才发生。

---

① 如果你对这个概念不清楚，第20章的第一节有关于贴现的讨论。
② 人们也为进行消费借款，而借款的付款变成税基的一部分，如果它们被用于支付消费。

## □ 混合的个人所得税

OLG 模型比较了一种理想的个人所得税和一种理想的个人消费税的经济影响，这种个人所得税的税基是黑格-西蒙斯收入，而个人消费税的税基是纳税人的全部消费。但是这些比较是否能够告诉我们所得税转变为消费税的实际影响，是值得怀疑的，主要有两个原因。一是如我们所看到的那样，目前的联邦个人所得税远不是黑格-西蒙斯理想状态的所得税。二是我们几乎可以肯定消费税也不会是理想的个人消费税。考虑现存的所得税，它碰巧是这两种纯粹税种的混合版本。它包含一系列符合个人消费税而不是个人所得税的特征。最重要的两个特征是向退休储蓄和住房购买征税。

如我们所见到的，任何为了向退休提供收入而购买的资产，无论是个人自己购买还是他们的雇主以他们的名义购买，都被从所得中扣除。而且，这些退休资产的收益也是免税的，只要它们是被用于购买更多的这种资产。例如个人退休账户（IRA）和 401K 账户。只有在退休时出售或者转换成养老金的时候，这些资产才被征税。这恰好是一个纯粹的消费税的处理办法，假如出售的收益或者养老金被用来消费而不是储蓄。

目前按照个人消费税下的预支选项（2′）对住房征税，只有一个例外：贷款服务中的抵押贷款利息部分在所得税下可扣减。假设因为政治的原因而维持在新的个人消费税中扣除抵押贷款利息。那么转变成个人消费税对于大多数纳税人并不会有大的差异，包括许多现在的老年人。他们的财富主要包括金融退休资产和/或住房，而对这些资产的税收处理并不会变化。因此，转变到个人消费税也许不会对储蓄、投资以及长期经济增长有大的影响，也不会给许多现在的老年人带来巨大的损失。在这场特殊的税收改革中，效率和公平之间的权衡取舍更多存在于原理中而不是实际中，至少在美国的情况是这样。[1]

---

① 如果抵押贷款利息扣除没有被保留，那么个人消费税会增加住房纳税负担。

# 第 15 章 税收与无效率：征税的超额负担

税收是一场不可避免的灾祸，当亚当·斯密和约翰·斯图亚特·穆勒引入这一观点时，他们认为纳税人不得不为了公共利益做出必要的牺牲。人们不得不认识到，他们缴纳的税收使政府能够提供大量社会需要的商品和服务，而这些商品和服务是市场可能无法提供的。现状就是如此，即使有些人并不认同需要提供某些商品和服务，他们也不得不缴纳税收。斯密和穆勒的牺牲性原则完全不同于当时流行的税收的受益原则。受益原则认为税收收入与从政府获得的特别利益直接联系在一起。

税收是一场不可避免的灾祸，仅从经济学角度考虑也成立。政府实际使用的税收总是会给经济体带来无效率。因此，税收给个人带来了超额负担：人们缴纳税收造成的效用损失超过了纳税金额本身造成的直接效用损失。经济学家称这种超额负担为税收的**无谓损失**（deadweight loss）。这样，从反方向理解税收有关的效率目标，就是尽可能减少无效率。具体来说，效率目标就是在带来最小的超额负担或者无谓损失的情况下征收到给定数额的税收收入。

然而，最小化无效率仅仅是设计税收问题的一半。税收还必须与人们的公平观念相吻合。税收和转移支付是通过再分配资源实现社会结果公平和分配公正目标的主要途径。如同我们在第 5 章看到的，主流经济学家假设社会更看重公平而不是不公平。但我们同时发现，政府以公平的名义进行的再分配越多，税收和转移支付造成的效率损失即奥肯漏桶就越大。这样，税收设计最终关系到提高公平和减少无效率两者之间的平衡。

本书首先在第 15 章分析税收的超额负担。接着，在第 16 章讨论如何在造成最小效率损失的前提下征收到给定数额的税收，并以税收中的公平—无效率两难选择作为结束。

## 征税的超额负担

我们用一个非常简单的消费者模型简要论证税收的超额负担问题。假设一个人用一个固定的收入禀赋 $I$ 消费两种商品 $X$ 和 $Y$，两种商品的税前价格分别为 $P_X$ 和 $P_Y$。假设 $P_Y=1$，这样 $Y$ 的单位就和以美元计价的收入相同。消费者的预算约束为

$$P_X X + P_Y Y = I，或者，给定 P_Y = 1, P_X X + Y = I$$

如图 15.1 所示，消费者的偏好或者效用由无差异曲线 $I_1$、$I_3$、$I_5$ 表示。没有税收时的预算线为 $LM$，其斜率为 $-P_X$。均衡状态下，消费者位于点 $A$，是预算线和无差异曲线 $I_3$ 的切点，其消费量为（$X_A, Y_A$）。

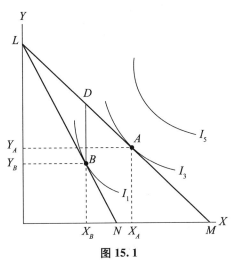

**图 15.1**

假设政府对消费商品 $X$ 征收了一种消费税，其税率为 $t$。这种税既可以是从价税，也可以是从量税。**从价税**（ad valorem tax）表示为价格上的一个百分比，例如在酒店房间或者饭店饮食价格上加 $5\%$ 的税。一般销售税也是从价税。在我们的例子中，一种从价税将会使消费者购买 $X$ 的价格提高到 $P_X(1+t)$，其中每消费一单位的 $X$ 将支付税收 $tP_X$。**从量税**（per-unit tax）是在每单位产出上征税，例如在美国对每加仑汽油或者每一盒香烟征收的联邦和州的消费税。在我们的例子中，每一单位税收将使消费者购买每单位 $X$ 的价格提高到（$P_X+t$）。用哪种形式的税收分析超额负担都不会造成显著的差异。我们假设税收是从价税，因此 $X$ 的价格为 $P_X(1+t)$。

$X$ 价格的提高使消费者的预算线沿着 $X$ 轴向内旋转到 $LN$，如图 15.1 所示。加入税收之后的预算线的斜率为 $-P_X(1+t)$。税收迫使消费者选择均衡点 $B$，为新的预算线和无差异曲线 $I_1$ 的切点。消费者现在的消费量为（$X_B, Y_B$）。消费者为 $X$ 商品支付的税收为 $DB$，是在新的均衡点 $B$ 处原来的预算线和新的预算线之间的垂直距离。[1]

---

税收降低了消费者的效用，从无差异曲线 $I_3$ 所代表的效用降低到无差异曲线 $I_1$ 所代表的效用。这种效用的损失超过了税收支付给消费者带来的负担，为了说明这一点，我们需要一种用收入衡量的效用损失来与税收支付做直接比较。恰当的收入衡量方法是无差异曲线 $I_3$ 和 $I_1$ 之间的平行距离。这个平行距离可以用沿着曲线上的任意一点来衡量，但是两个标准的并且自然的选择是在原有的和新的价格水平上来衡量。参见图 15.2。

在图 15.2（a）中，平行距离是在原来不含税的价格上衡量，称为**希克斯等价变换**（Hicks' equivalent variation，HEV）。[①] 根据以下的论证，它是消费者愿意放弃的一次性收入总量，使之可以回到原来的价格水平。征税使消费者位于无差异曲线 $I_1$ 与 LN 相切的点 B 上。假设能够回复到没有征税之前价格，但相应地，消费者不得不一次性放弃一部分收入。如果消费者不放弃收入，他将回到点 A。通过一次性放弃了部分收入，人们不可能再达到点 A，因为在牺牲了一部分收入后，消费者的预算线平行向下移动。没有税收，消费者的状况仍会有所改善，直到牺牲的收入总额正好等于 $I_3$ 和 $I_1$ 之间的平行距离乘以原来不含税的价格。在均衡的时候，消费者位于由虚线表示的预算线 OP 上的点 C。OP 和 LM 平行。现在，消费者在两个价格之间无差异，一个是有税收的新价格，而另一个是原来不含税但必须放弃一次性总收入的价格。在这两种情况下，他都位于无差异曲线 $I_1$ 上。因此，用原来不含税的价格衡量的 $I_3$ 和 $I_1$ 之间的水平距离，可以被视为消费者为了不交税而愿意支付的那笔收入。这样，它是用收入衡量的征税后消费者的效用损失。

在图 15.2（b）中，用商品 X 的新的含税价格衡量的平行距离被称为**希克斯补偿变换**（Hicks' compensating variation，HCV）。它是消费者要求补偿的超额一次性总收入的数量，使得消费者在缴纳税收和面对商品 X 的新含税价格之间无差异。在没有税收时，消费者原本位于无差异曲线 $I_3$ 上。假设征税，但同时消费者会收到一笔一次性收入来补偿他的税收支出。如果消费者没有收到补偿性收入，他会位于无差异曲线 $I_1$ 上的点 B。拿到一次性收入后，消费者会达到比 $I_1$ 更高的无差异曲线上。如果他得到的一次性总收入等于 $I_3$ 和 $I_1$ 之间的水平距离乘以 X 的新的含税价格，在均衡的时候他将位于 $I_3$ 和虚线 QR 相切的点 F。QR 和 LN 平行。现在，消费者在面对原本 X 的不含税价格与加上作为补偿的超额一次性收入之后的新的含税价格之间没有差异。在以上两种情况下，消费者位于无差异曲线 $I_3$ 上。这样，以新的含税价格计算的 $I_3$ 和 $I_1$ 的平行距离可以被认为是消费者用以弥补税收造成伤害的补偿。如上所述，它是用收入衡量征税后消费者的效用损失的第二种可行的办法。

任何一种用收入衡量的效用损失都可以用来说明税收的超额负担。我们选择 HEV，因为它可以直接与实际偿付的税额做比较。图 15.3 重新描述了图 15.1 中不含税和含税时的均衡。像以前的分析一样，消费者支付的税收由线段 DB 表示。但是，HEV 是以无税收之前的价格衡量的 $I_3$ 和 $I_1$ 之间的平行距离，即在 $X_B$ 处的垂直距离 DE。DE 超过了 DB：消费者愿意为消除税收而支付的金额，即用收入衡量的效用损失，超过了支付的税收 DB。BE 就是税收的超额负担，效用的损失超过了税收支付带来的直接效用损失，两者均以收入衡量。换句话说，假如回复到未征税之前 X 的价格，消费者拿回税收收入 DB，他也回不到原来的效用水平 $I_3$。他需要等于 DE 的收入才能达到 $I_3$。显然，征税

---

① 英国经济学家希克斯（J. R. Hicks）提出了衡量效用损失的两种方法，如图 15.2 所示。

给消费者带来了负担，超过了他们所支付的税收。

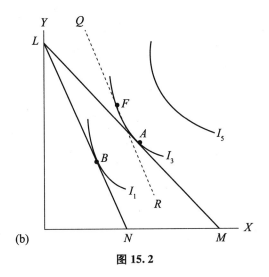

(a)

图 15.2

(b)

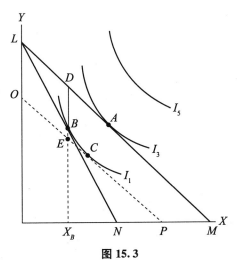

图 15.3

超额负担是税收带来的无效率或者无谓损失。在给消费者带来的总损失 $DE$ 中，缴税额 $DB$ 表示从消费者到政府的一种转移支付。但是没有人获得效用损失 $BE$——它仅仅是一种无谓损失。

## □ 相对价格与替代效应

税收改变了消费者和厂商面对的相对价格，因此它会带来超额负担或者无谓效率损失。回顾第 3 章中的基本模型，我们可以直观地看到这一点。在此模型中，我们引入了帕累托最优（效率）条件，作为经济体达到它的效用可能性边界的必要条件。我们看到只有当每一个人面对相同的商品和要素价格时，商品经济中的帕累托最优条件才能够成立。

税收的问题在于它造成了消费者与厂商之间的价格差异，这使得一个或者更多的帕累托条件不能成立，使经济处于它的效用可能性边界的下方。根据以上两种商品的例子，有关的帕累托最优条件是，$X$ 与 $Y$ 之间的边际替代率必须等于生产 $X$ 与 $Y$ 的边际转换率：$MRS_{X,Y} = MRT_{X,Y}$。如果消费者和厂商面对相同的价格 $P_X$ 和 $P_Y$，且市场是完全竞争的，以上条件一定成立。消费者消费 $X$ 和 $Y$ 使得 $MRS_{X,Y} = P_X/P_Y$，而厂商生产 $X$ 和 $Y$ 使得它们的 $MRT_{X,Y} = P_X/P_Y$（$MRT_{X,Y}$ 是边际成本的比率，$MC_X/MC_Y$）。但是对 $X$ 征收一笔消费税产生了一个在消费者与厂商之间的价差，大小等于税收的数额。消费者购买 $X$ 的支付价格是原有价格加上税收，即 $P_X(1+t)$。相应地，厂商得到的是不包含税收的价格 $P_X$，因为厂商必须把税额 $tP_X$ 交给政府。每销售一单位的 $X$ 厂商会得到 $P_X$，用以购买生产要素以及获得资本收益。结果，消费者的 $MRS_{X,Y}$ 等于相对价格 $P_X(1+t)/P_Y = P_X(1+t)$，假设 $P_Y = 1$，厂商的 $MRT_{X,Y}$ 等于 $P_X/P_Y = P_X$。$MRS_{X,Y} \neq MRT_{X,Y}$，经济位于它的效用可能性边界下方，如图 15.4 所示。税收以效用损失的形式带来了一种无效率或者无谓损失，而这些损失无法弥补。

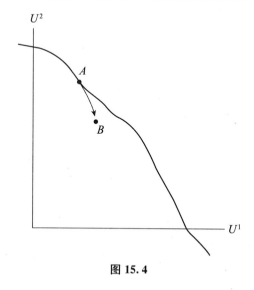

图 15.4

### 替代效应

相对价格的变化带来了税收的无谓损失，这意味着替代效应是损失产生的根源。为了说明这一点，我们回到简单的消费者模型，考虑图 15.5，它再现了图 15.1 中税前和税后的均衡。税收提高了消费者面对的商品 $X$ 的价格，降低了消费者的消费数量，从 $X_A$ 降到

$X_B$。我们知道，经济学家将商品价格引起的需求数量变化划分为收入效应和替代效应。图15.5描述了这两种效应。在两者的共同作用下，消费者从 $I_3$ 上的点 $A$ 移动到 $I_1$ 上的点 $B$。

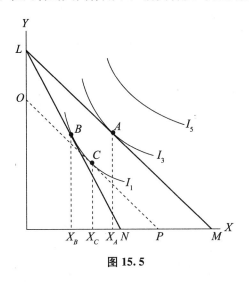

图 15.5

收入效应是一种绝对价格效应，也被称为一种购买力或者真实收入效应。商品 $X$ 的价格从 $P_X$ 上升到 $P_X(1+t)$ 降低了消费者的购买力，因为现在他必须花费更多的稀缺收入购买每一单位的 $X$。这等价于消费者一次性收入的降低，它会使消费者到达税后无差异曲线 $I_1$ 上的点 $C$。在图15.5中，点 $C$ 位于点 $A$ 的左边，这意味着 $X$ 是一种正常品。消费者真实收入的下降会降低商品 $X$ 的需求量，从 $X_A$ 降到 $X_C$。然而，收入效应也会起到反作用。如果 $X$ 是一种劣等品，真实收入的下降会增加需求数量，在图15.5中，点 $C$ 将位于点 $A$ 的右方。

替代效应是一种相对价格效应。它意味着消费者倾向于用那些变得相对便宜的商品替代那些变得相对昂贵的商品。为了将替代效应与收入效应区分开，我们用沿着某一条给定无差异曲线的移动表示替代效应，这样可以保证效用不变。在图15.5中，商品 $X$ 价格上升的替代效应使消费者从 $I_1$ 上的点 $C$ 移动到 $I_1$ 上的点 $B$，即税后的均衡点。既然替代效应是用沿无差异曲线的变动来衡量的，它的符号几乎总是负的：提高商品 $X$ 的相对价格会降低对它的需求量，反之亦然。在图15.5中，点 $B$ 位于点 $C$ 的左边；替代效应进一步降低了商品 $X$ 的需求量，从 $X_C$ 降到 $X_B$。唯一的例外是当 $X$ 和 $Y$ 的无差异曲线是直角形时。在这种情况下，替代效应为零，因为当预算线围绕直角形无差异曲线旋转时，不会带来需求量的改变。虽然如此，我们依然预期在收入效应和替代效应两者的共同作用下，需求曲线向右下方倾斜。对于正常品，当商品价格上升时，收入效应和替代效应共同降低了需求数量，而当商品价格下降时，两者共同增加了需求量。

税收给消费者带来的超额负担与替代效应有关，与收入效应无关。为了证明这一点，考虑图15.6，它重复了图15.1中税前与税后的均衡状况。

假设政府想要通过对消费者征收一次性总税收得到税收收入 $DB$。我们知道，一次性总税收使得经济体沿着它的效用可能性边界移动，并不会带来无效率。在消费者看来，一次性总税收并不会改变相对价格。它使得没有税收时的预算线 $LM$ 向下平移了 $DB$ 的距离，到达虚线 $ST$。这样，它仅仅会给消费者带来收入效应；不存在替代效应。消费者

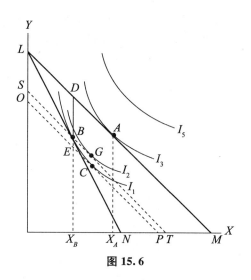

**图 15.6**

达到无差异曲线 $I_2$ 上新的均衡点 $G$。

从 $I_1$ 到 $I_2$ 用收入衡量的效用损失是距离 $DB$。这是消费者为了剔除税收而愿意放弃的一次性总收入。但 $DB$ 确实是交给政府的税收总额。一次性总税收不会带来超额负担。这样，从 $I_1$ 上的点 $A$ 移动到 $I_2$ 上的点 $G$ 是支付 $DB$ 数量税收所**不可避免的损失**（unavoidable loss）。税收显然会带来效用损失，用 $DB$ 衡量税收负担。这一负担一定不会小于支付的税收总额。

不同的是，采用消费税从消费者那里征收到 $DB$ 税额，会将消费者推向更低的无差异曲线 $I_1$。用收入衡量的消费者损失是 $DE$，大于他们支付的税额 $DB$。与一次性总税收相比，消费者承担了一种超额负担 $BE$，这是从消费者那里征收到 $DB$ 税额时**可以避免的损失**（avoidable loss）。并且，超额负担（可以避免的负担）完全是替代效应所造成的。

为了证明替代效应造成了超额负担，我们假设政府对消费者征收一笔一次性总税收，使消费者位于无差异曲线 $I_1$ 上。消费者将位于无差异曲线 $I_1$ 与用虚线表示的无差异曲线 $OP$ 的切点 $C$ 上，支付 $DE$ 数量的税收，它是无税时的无差异曲线（$LM$）和有税时的无差异曲线（$OP$）之间的平行距离。和所有一次性总税收一样，支付的税收等于以收入衡量的税收造成的效用损失。然而，当使用消费税时，消费者负担了上升的商品 $X$ 的价格，替代效应开始发挥作用。价格改变带来的收入效应是从 $I_3$ 上的点 $A$ 移动到 $I_1$ 上的点 $C$。如果仅有这个效应，那么就不会存在税收的超额负担。但替代效应推动消费者沿着 $I_1$ 从点 $C$ 移到点 $B$。这样，支付的税额将会下降，从一次性总税收时点 $C$ 的 $DE$，下降到消费税下点 $B$ 的 $DB$。通过降低对 $X$ 的需求量，替代效应降低了消费 $X$ 所支付的税收。但和同等数量的一次性总税收相比，它并没有降低税收的总负担，因为消费者仍然位于 $I_1$ 上。这样，因为替代效应的存在，支付的税额比总负担要小；存在税收的超额负担。

## 运用需求与供给曲线衡量超额负担

### □ 补偿需求曲线

可以用商品 $X$ 的需求曲线来表示征收消费税的额外负担，这种需求曲线是补偿性的，而不是实际的需求曲线。补偿需求曲线提供了一种前后一致的方法来描述以收入衡量的税收造成的效用损失，而实际的需求曲线做不到这一点。第 9 章中，在讨论如何衡量从成本递减的服务中获得的效用时，我们区分了补偿需求曲线和实际需求曲线之间的区别。我们需要在这里回顾一下，因为两种需求曲线之间的区别是分析税收造成的无谓损失的核心。

图 15.7 描述了在简单的消费者模型中，商品 $X$ 的实际和补偿需求曲线，以及含税的价格 $P_X(1+t)$ 和不含税的价格 $P_X$。实际需求曲线 $D^{act}$ 表示在图 15.1 中实际含税的和不含税的均衡。在 $P_X(1+t)$ 上，消费者愿意购买 $X_B$；在 $P_X$ 上，消费者愿意购买 $X_A$。补偿需求曲线 $D^{comp}_{U=U_1}$ 是在每种价格下商品 $X$ 的消费量，假设当价格下降时消费者一次性放弃一笔总收入，或者当价格上升时获得一笔一次性总收入，这样可以保证他的效用水平为 $U_1$；$U_1$ 与图 15.1 中无差异曲线 $I_1$ 相对应。在含税价格 $P_X(1+t)$ 上，消费者位于 $I_1$ 并想要购买 $X_B$。因为这是实际的有税收时的均衡，实际和补偿需求曲线会在点 $(X_B, P_X(1+t))$ 相交。消费者愿意一次性放弃一笔收入来换取更低的价格，其中包括原本不含税收时的价格水平 $P_X$。在每一个低于 $P_X(1+t)$ 的价格上所放弃的收入仅足以保证消费者位于 $I_1$ 上，从而处于效用水平 $U_1$。但是，假设存在对 $X$ 的收入效应，放弃收入会降低对 $X$ 的需求量，从而商品 $X$ 的需求量会低于实际需求曲线上的需求量。当价格低于 $P_X(1+t)$ 时，$D^{comp}_{U=U_1}$ 位于 $D^{act}$ 的左边（而当价格高于 $P_X(1+t)$ 时，位于 $D^{act}$ 的右边）。在图 15.6 中，沿着 $I_1$，在 $P_X$ 的需求量为 $X_C$，如图 15.7 所示。换言之，沿着 $D^{comp}_{U=U_1}$ 的需求量仅反映了改变 $X$ 价格的替代效应，然而 $D^{act}$ 同时反映了替代效应和收入效应。仅当不存在 $X$ 的收入效应时，两条曲线重合。

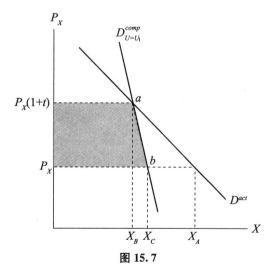

图 15.7

任何一条需求曲线上的价格都等于 $MRS_{X,Y}$，消费者多消费一单位 $X$ 而愿意放弃的 $Y$ 的数量。和例子中的一样，当 $P_Y=1$ 时，$Y$ 的单位与以美元表示的收入一样。因此，$MRS_{X,Y}$ 表示消费者愿意为了多消费一单位 $X$ 而愿意放弃的收入，从无差异的角度理解，这是因为她可以通过用 $Y$ 交易 $X$ 获得相同的效用。从含税价格 $P_X(1+t)$ 出发，让价格以增加一单位 $X$ 的需求量的微小幅度下降到不含税的价格 $P_X$。每一个新价格都代表了消费者为了得到下一单位 $X$ 而愿意放弃的收入。

收入的连续增加可以沿着 $D_{U=U_1}^{comp}$ 作比较，因为消费者位于同一条无差异曲线上，拥有相同的效用水平。因此，低于 $D_{U=U_1}^{comp}$ 直到价格轴上 $P_X(1+t)$ 和 $P_X$ 之间的整个阴影部分，即 $P_X(1+t)\, abP_X$ 区域，是消费者为了得到 $P_X$ 与 $P_X(1+t)$ 之间的收益而愿意放弃的收入数量。它对应着图 15.6 中的 $DE$，即消费者为了回到不含税价格而愿意支付的收入数量。它是一种以收入衡量税收带来的效用损失的有效方式。不同的是，在沿着 $D^{act}$ 的每一个价格水平上，收入的增量由不同的无差异曲线即不同的效用水平来衡量，因而不能用来衡量支付意愿。因此，在 $D^{act}$ 下直到价格轴上 $P_X(1+t)$ 和 $P_X$ 之间的区域，不能作为一种以收入衡量效用损失的有效方式。[1]

图 15.8 用供给和需求曲线描述了消费税给消费者带来的超额负担。假设供给曲线 $S$ 在不含税价格 $P_X$ 上是完全有弹性的。也就是说，在 $P_X$ 上边际成本是常数；消费者每多供给一单位 $X$ 都会得到 $P_X$。补偿需求曲线为 $D_{U=U_1}^{comp}$，表示商品 $X$ 的需求数量，同时假设消费者保持在无差异曲线 $I_1$ 上，如图 15.6 所示（在效用水平 $U_1$ 上）。因为供给是完全有弹性的，价格从 $P_X$ 上升到 $P_X(1+t)$ 时，需求量从 $X_C$ 下降到 $X_B$。需要注意的是，我们使用实际的含税和不含税价格衡量超额负担，而不是实际的含税和不含税的需求数量。在图 15.7 中，没有税收时沿着 $D^{act}$ 的需求量为 $X_A$，大于 $X_C$。用收入衡量的效用损失是低于 $D_{U=U_1}^{comp}$ 直到价格轴上 $P_X(1+t)$ 和 $P_X$ 之间的整个阴影部分，即 $P_X(1+t)\, abP_X$ 区域。它对应着图 15.6 中的 $DE$。征收到的税收是 $P_X(1+t)\, acP_X$ 区域，等于 $[P_X(1+t)-P_X]X_B = tP_X X_B$，这是消费者实际支付的税收。它对应着图 15.6 中的 $DB$。超额负担是三角形区域 $abc$，是用收入衡量的征税的效用损失和实际支付税收数额之间的差额。它对应着图 15.6 中的 $BE$。经济学家将 $abc$ 区域称为税收造成的**无谓损失三角形**（deadweight loss triangle）。它代表了消费者承担的效用损失中没有被政府作为税收收入得到的那一部分。

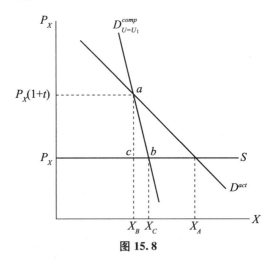

图 15.8

## □ 对什么征税？

以上的供给和需求分析引出了关于税收政策的一种普遍对策：为了降低效率损失，

---

[1] 一个例外是，如果 $X$ 的收入效应为零，在此时，$D_{U=U_1}^{comp}$ 恰好与 $D^{act}$ 重合。

需要对缺乏需求（供给）弹性的商品和服务（生产要素）征税。理想状态下，政府想要对需求（供给）完全无弹性的商品（要素）征税，从而完全避免无谓损失。如图 15.9 所示。它与图 15.8 基本相同，除了补偿需求曲线 $D^{comp}_{U=U_1}$ 是垂直的，即完全无弹性。它对应着消费者的无差异曲线是直角形的例子。这时不存在价格改变的替代效应。

商品 $X$ 的需求量仍保持在 $X_C$，但价格从 $P_X$ 上升到 $P_X(1+t)$。这样，以收入衡量的效用损失 $P_X(1+t)abP_X$ 区域——在两个价格之间的 $D^{comp}_{U=U_1}$ 以下的区域，等于征收到的税收收入，同样也是 $P_X(1+t)abP_X$（ $=tP_XX_C$）区域。征税没有带来效率损失。

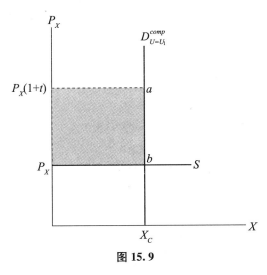

图 15.9

这种政策措施的不足在于它很可能被应用于实际需求（要素供给）曲线，而不是我们需要的补偿曲线。遗憾的是，对实际需求（供给）曲线非常缺乏弹性的商品（要素）征税并不一定可以避免无谓损失。问题在于无谓损失仅依赖于替代效应，而实际需求（要素供给）曲线既反映替代效应，也反映收入效应。

然而，这种措施也可能适用于商品和服务。正常商品和服务的替代效应与收入效应对需求的影响是同方向的。因此，如果实际需求弹性非常低，譬如基本接近于零，替代效应和收入效应有可能非常低，而较低的替代弹性可以减少无谓损失。唯一的例外是劣等商品和服务，它们的收入效应为负：税收引起的价格上升降低了消费者的真实收入，增加了需求量。在这种情况下，一个小的实际需求弹性可能是大的收入效应和替代效应相互抵消的结果，而一个大的替代效应会产生大量的无谓损失。然而，劣等品并没有很多，因此这种可能性并没有很大的现实意义。

**要素供给：劳动**

然而，将这种政策措施应用于要素供给会带来更大的问题，而对许多政府，包括美国而言，来自要素供给的个人所得税是收入的重要来源。问题在于，对于劳动力供给和储蓄，替代效应和收入效应会相互抵消。这样，对要素供给征税从表面看来是基于实际要素供给曲线的高效率税收，但事实上它们会带来大量的无谓损失。

图 15.10 说明了问题的实质。图 15.10（a）表示劳动力供给中标准的收入—闲暇模型，我们在本书中已经多次使用过此模型。消费者从收入（$Y$）和闲暇时间（$Leis$）中获得效用，由无差异曲线 $I_1$ 和 $I_2$ 表示。个人拥有 16 个非睡眠小时，可以在劳动和闲暇中进行分配，工资为 $W$。没有税收时的预算约束是 $Y=W(16-Leis)$，或者 $Y=-W\cdot$

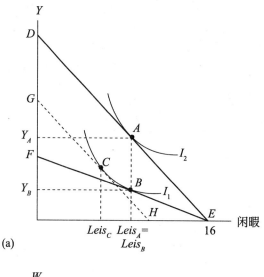

(a)

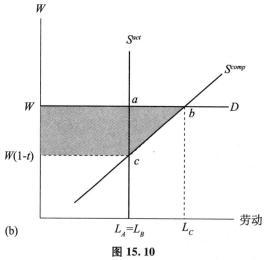

(b)

**图 15.10**

$Leis+16 \cdot W$。它由图 15.10（a）中的预算线 $DE$ 表示，斜率为 $-W$。没有税收时的均衡为无差异曲线 $I_2$ 上的点 $A$，在这一点，个人花费 $Leis_A$ 的闲暇时间，获得 $Y_A$ 的收入。以税率 $t$ 征收的工薪税将个人的有效工资拉低到 $W(1-t)$，并使预算线向下旋转到 $FE$，新的斜率为 $-W(1-t)$。新的均衡为无差异曲线 $I_1$ 上的点 $B$，在这一点，个人拥有 $Leis_B$ 的闲暇时间，获得的收入为 $Y_B$。因为闲暇时间没有改变（$Leis_A=Leis_B$），在这个例子中假设劳动力供给是完全无弹性的，参见图 15.10（b）中的实际劳动力供给曲线。当工资为 $W$ 和 $W(1-t)$（以及所有其他工资水平）时劳动力供给为 $L_A（=L_B）$。实际劳动力供给曲线 $S^{act}$ 是完全无弹性的。

　　完全无弹性或者至少非常缺乏弹性的劳动力供给并不罕见，确切地说，这时替代效应和收入效应倾向于相互抵消。替代效应是一种相对价格效应。当工资从 $W$ 下降到 $W(1-t)$ 时，赚取收入显得相对不太吸引人（人们更倾向于闲暇）。例如，假设因为 25% 的工薪税，使得工资从 10 美元下降到 7.50 美元，那么以前需要花 3/4 小时的闲暇时间才能赚取 7.50 美元，而现在需要花费 1 小时闲暇时间。或者说，以前花费 1 小时闲暇时间的成本为 10 美元的收入，而现在仅需要 7.50 美元的收入。与征税前相比，闲暇现在显得更吸引人。但更多的闲暇意味着更少的劳动。这样，工资改变的替代效应使得劳动力供给曲线向上倾斜。工资的下降降低了劳动力供给量，反之亦然。

收入效应是一种绝对价格或者购买力效应。由于征税，工资下降，消费者获得收入和闲暇时间的能力不断降低。她的真实收入或者购买力降低。收入减少时，人们会减少购买各种需要的商品，因此个人花费更少的收入和更少的闲暇时间。但更少的闲暇意味着更多的工作，因此收入效应会使得劳动力供给曲线向下倾斜。工资的下降会增加劳动力供给，反之亦然。替代效应和收入效应对于实际劳动力供给曲线 $S^{act}$ 的总效应是不确定的。它可以是向上或向下倾斜的，也可以像我们的例子中显示的那样完全无弹性。事实上，在美国的总体劳动力供给对于很多种工资来说，看上去确实接近于完全无弹性。

在这个例子中，实际供给曲线可能是完全无弹性的，而补偿供给曲线却不是。再考虑图 15.10 (a)。沿着 $I_1$ 旋转无差异曲线，从价格为 $W(1-t)$ 的 $B$ 点旋转到价格为 $W$ 的 $C$ 点，我们获得了 $W$ 和 $W(1-t)$ 之间的补偿供给曲线。（虚线 $GH$ 与 $DE$ 平行。）这就明确了替代效应对于劳动力供给的影响。因为无差异曲线不是直角形的，替代效应存在并且是负的，这同我们的预期一致。工资的上升降低了对闲暇的需求量，沿着 $I_1$ 增加了劳动力供给量。补偿供给曲线向上倾斜。

图 15.10 (b) 描绘了向上倾斜的补偿供给曲线 $S^{comp}$ 以及完全无弹性的实际供给曲线 $S^{act}$。假设厂商的劳动力需求曲线 $D$ 在没有税收时的工资 $W$ 上是完全有弹性的。该图说明，虽然从完全无弹性的实际供给曲线 $S^{act}$ 看，工薪税不会带来无谓损失，但考虑到补偿供给曲线 $S^{comp}$ 时，工薪税确实会带来损失。当工资从 $W$ 下降到 $W(1-t)$ 时，劳动力供给的补偿数量从 $L_C$ 下降到 $L_A$，即使此时劳动力供给的实际数量并没有改变。以 $S^{comp}$ 表示的超额负担或者无谓损失近似地由商品的需求衡量。以收入衡量的税收带来的效用损失是 $S^{comp}$ 以下工资轴上 $W$ 和 $W(1-t)$ 之间的区域，即阴影部分 $WbcW(1-t)$。支付的税额为 $[W-W(1-t)]L_A = tWL_A$，即 $WacW(1-t)$ 区域。超额负担或者无谓损失是以收入衡量的效用损失和支付的税额之间的差额，即三角形区域 $abc$。

来自麻省理工学院（MIT）的杰瑞·豪斯曼（Jerry Hausman）最早提出了一种办法，用以从计量估计的实际劳动力供给中，区分联邦个人所得税带来的收入效应和替代效应。在 1981 年发表的一篇著名文章中，他证明美国几乎完全无弹性的劳动力供给实际上是收入效应和替代效应相互抵消的结果，而这两个效应都相当大，大约为 0.3。基于估算的替代效应，他认为联邦个人所得税产生的无谓效率损失大约等于所征收到的税收收入的 29%。在他的文章发表之前，许多经济学家都假设这种税收似乎是相当有效的，仅仅因为实际劳动力供给弹性相当低（Hausman, 1981, Table 3, p.54）。在豪斯曼之后，一些估计结果有些小、有些大，但一般认为个人收入所得税会带来相当大的无谓损失。

## □ 加入供给一方

到目前为止，我们都假设商品 $X$ 的供给曲线为完全有弹性的。事实上，大多数商品的供给曲线都是向上倾斜的，即使在长期也是这样。因为供给向上倾斜，生产者不能像我们的例子中那样，将全部消费税都加入到价格中去。这样，它们不得不承担一部分税收的超额负担，如图 15.11 所示。

征税之前的均衡为 $S$ 和 $D$ 的交点 $(X_0, P_X^0)$。在这里，$D$ 是商品 $X$ 的实际需求曲线。

征收从量消费税 $t$ 将厂商每一单位产出的边际成本提高了 $tP_X$，因此供给曲线垂直向上移动了 $tP_X$ 到 $S'$。因为 $P_X$ 跟随 $X$ 沿着供给曲线上升，当 $X$ 增加时，$S'$ 和 $S$ 之间的垂直距离增加。新的均衡为 $S'$ 和 $D$ 的交点 $(X_t, P'_X(1+t))$。在为每单位 $X_t$ 支付了 $tP'_X$ 的税收后，每个厂商都剩下价格 $P'_X$ 用以支付生产要素和获得资本的回报。政府征收到的总税收是 $tP'_X X_t$，为矩形区域 $P'_X(1+t)bdP'_X$。

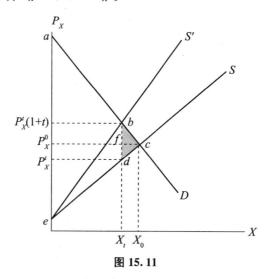

图 15.11

需要注意的是，税收逐渐提高了消费者的价格，从 $P_X^0$ 到 $P'_X(1+t)$，降低了厂商的价格，从 $P_X^0$ 到 $P'_X$。结果，市场的两方都承担了税收的负担。在这个例子中，我们假设消费者的实际和补偿需求曲线相同——不存在收入效应。那么，在初始价格 $P_X^0$ 上，消费者获得的消费者剩余等于 $acP_X^0$，是需求曲线下到 $P_X^0$ 的区域。消费者剩余是消费者能够以 $P_X^0$ 的价格消费 $X$ 的效用所得。厂商也获得了生产者剩余，等于 $ecP_X^0$ 区域，这可以被认为是一种纯经济利润，是它们获得的收入 $P_X^0 X_0$ 和供给 $X_0$ 的总成本——等于 $S$ 以下到 $X_0$ 的区域——之间的差额。[1]

税收使得两方都损失了他们的一部分剩余，因为 $X$ 的数量和对应的价格均发生了改变。消费者遭受了损失，这是因为他们为每单位 $X$ 支付了更多，但消费了更少。厂商有损失，是因为它们从每单位 $X$ 中收入更少，并且销售得更少。消费者剩余减少到 $abP'_X(1+t)$ 区域，而生产者剩余下降到 $edP'_X$ 区域。剩余的总损失为 $P'_X(1+t)bcd P'_X$ 的面积。有一部分剩余损失以税收收入的形式转移到政府手中，即 $P'_X(1+t)bd P'_X$ 区域。但是余下的剩余损失，三角形区域 $bcd$，是无谓效率损失，它由消费者和厂商共同分担。消费者承担的损失部分为 $bcf$ 区域，而厂商承担的损失部分为 $dcf$ 区域。

超额税收负担的出现是因为税收使市场偏离了自然均衡产出 $X_0$，即 $S$ 和 $D$ 的交点。新的产出 $X_t$ 太低。在 $X_t$ 生产额外一单位产出的价值为 $P'_X(1+t)$，为需求曲线（边际价值或者 $MRS$）在 $X_t$ 的高度，而生产下一单位的成本仅为 $P'_X$，是供给曲线（边际成本）在 $X_t$ 的高度。同样地，从 $X_t$ 到 $X_0$，生产所有额外单位产出的价值超过了它们的成本（$D$ 在 $S$ 之上）。通过对产量的扭曲，税收产生了无谓损失。结果是消费者的效率损失和

[1] $S$ 代表每生产一单位 $X$ 的边际成本，因此在 $S$ 以下直到任何给定 $X$ 产量的区域就是生产 $X$ 产量的总成本。

厂商的利润损失，这两种损失构成了税收的超额负担。

## □ 超过一种税收时的无谓损失

计算超过一种税收的损失和计算单独一种税收的损失，两者遵循相同的原则。在我们的例子中，假设消费者消费许多不同的 $X_S$，记为 $X_1$、$X_2$、$X_3$ 等，如同图 15.8 一样，对第一种商品征税。对 $X_1$ 的税率记为 $t_1$。假设，政府接着对第二种商品 $X_2$ 以 $t_2$ 的税率征税。如同第一种税收对 $X_1$ 的影响一样，第二种税收会为 $X_2$ 带来无谓损失三角形。图 15.8 也适用于对 $X_2$ 的分析，这同 $X_1$ 的分析相同，唯一的区别在于 $S$ 是对 $X_2$ 的供给曲线，需求曲线是对 $X_2$ 的补偿需求曲线。每一种新税都会为消费者带来新的超额负担，数额等于它本身市场中的无谓损失三角形，如同图 15.8 中的计算一样。

但是加入第二个无谓损失三角形并不能反映对消费者征收第二种税收所带来的超额负担的全部改变。超额负担是给消费者带来的以收入衡量的两种税收的效用损失减去政府的税收收入。假设以补偿需求而言，$X_1$ 和 $X_2$ 为互补品。那么，对 $X_2$ 征税，会提高消费者面对的 $X_2$ 的价格，减少对 $X_1$ 的补偿需求。因为 $X_1$ 已经被征税，$X_1$ 降低的需求数量会减少从 $X_1$ 征收到的税收收入，从而增加税收的超额负担。

图 15.12 描述了征收 $t_2$ 如何减少了来自 $X_1$ 的税收收入。初始均衡点为图 15.8 中的状态。$D_{t_1}^{comp}$ 为仅有 $t_1$ 时 $X_1$ 的补偿需求。此时 $t_2$ 为零。均衡状态和图 15.8 中的一样，税收收入为 $[P_{X_1}(1+t_1)-P_{X_1}]X_1^B = t_1 P_{X_1}X_1^B$，由图 15.12 中的矩形区域 $P_{X_1}(1+t_1)ac\,P_{X_1}$ 表示。无谓损失为三角形 $abc$。因为 $X_1$ 和 $X_2$ 为互补品，额外的税收 $t_2$ 使得 $X_1$ 的补偿需求曲线向左下方移动到 $D_{t_1+t_2}^{comp}$。需求的移动并没有改变 $X_1$ 的价格，但它确实降低了 $X_1$ 的（补偿）数量，购买量从 $D_{t_1}^{comp}$ 上的 $X_1^B$ 变为 $D_{t_1+t_2}^{comp}$ 上的 $X_1^D$。随着数量的下降，$X_1$ 的税收收入也会减少。新的税收收入为 $[P_{X_1}(1+t_1)-P_{X_1}]X_1^D = t_1 P_{X_1}X_1^D$，等于矩形区域 $P_{X_1}(1+t_1)de\,P_{X_1}$。税收收入减少了矩形区域 $dace$。这样，对 $X_1$ 征税所造成的超额负担增加了 $dace$ 区域。现在，$X_1$ 的总无谓损失为 $dabe$ 区域，为原有的无谓损失三角形 $abc$ 加上由于对 $X_2$ 征税而给 $X_1$ 造成的税收收入损失。如果 $X_1$ 和 $X_2$ 为替代品，对 $X_2$ 征税可能会增加对 $X_1$ 的补偿需求，从而增加来自 $X_1$ 的税收收入。$X_1$ 的无谓损失将会减少，减少量等于税收收入的增加量。

计算两种税收收入的无谓损失的方法可以应用到任何数量的税收上。计算损失时，假设每次仅增加一种税收。第一种税收 $t_1$ 会为 $X_1$ 带来无谓损失三角形。加入第二种税收 $t_2$。它会给 $X_2$ 带来第二个无谓损失三角形，但是可能会改变 $X_1$ 的税收收入。加上 $X_1$ 的税收收入损失（减去税收收入的增加）从而得到这前两种税收的总损失。加入第三种税收 $t_3$，计算对 $X_3$ 的无谓损失三角形。然后加入考虑 $t_3$ 后为 $X_1$ 和 $X_2$ 带来的总税收收入损失（减去总税收收入所得）。继续这种方法，直到考虑了所有的税收。高级教科书中证明了以哪种次序考虑税收并不重要。一组税收的总损失并不会随税收的次序而变化，它等于每个被征税市场的无谓损失三角形之和加上或者减去考虑每一种新的税收后前一个被征税市场税收收入的损失或增加。这种一次一种税收的技术正确计算了给消费者带来的总体效用损失——这种损失以收入衡量——减去整个税收集合所带来的税收收入。

这种技术的一个重要含义在于，只要没有被征税的市场是竞争的，没有其他扭曲市场的力量，那么没有被征税的市场中就不会产生损失。由于被征税和没有被征税商品是互补品或者替代品，因而即使其他市场中的税收增加或者减少了没有被征税市场中的需

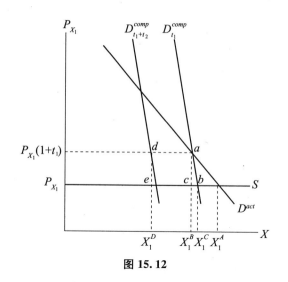

**图 15.12**

求，以上结论也成立。原理在于在没有被征税的市场，当需求发生移动时，价格依然保持等于边际成本，因此需求变动后，在新的需求曲线上最后一单位交换的边际价值等于供给曲线上最后一单位交换的边际成本。因此，新的数量是市场交换下有效率的数量；需求移动没有带来无谓损失。总的税收收入没有发生变化。结论是在分析损失时，可以忽略没有被征税的市场。[①]

## 效率损失的三种弹性衡量

供给和需求的无谓损失三角形带来了衡量三种问题的简单近似公式：（1）一种税收的总无谓损失；（2）一种税收的边际无谓损失，即税率的一个微小变动带来的损失的变化；（3）税率小幅提高带来税收收入的每额外一美元增长所导致的边际损失。这些公式都是以被征税商品（要素）的（补偿）需求价格弹性表示的。高级教科书中会推导多种税收的类似的公式，但这些更加复杂的公式并不比单一税收下的公式带来更多的直觉信息。

### ☐ 一种税收的总无谓损失

考虑图 15.8。无谓损失部分 $abc$ 为一个三角形，所以计算损失区域大小的公式为 $1/2 \times$ 底 $\times$ 高。底为 $\Delta X$，是税收造成的 $X$ 的补偿需求量的变化，即 $(X_C - X_B)$。高为 $\Delta P$，是税收造成的价格变化，即 $(P_X(1+t) - P_X)$。这样，无谓损失 $L$ 为

$$L = \frac{1}{2} \Delta X \Delta P$$

但是从价税条件下 $\Delta P = t P_X$。因此，

---

① 回忆在第 14 章中提到的私人拥有房屋和公寓的例子。它说明了对私人拥有的房屋市场征税时，仅给这个市场带来的效率损失，而对公寓市场并没有带来损失，即使这种税收改变了对于公寓的需求。

$$L = \frac{1}{2} t \, P_X \Delta X$$

关于 $P_X$ 的 $X$ 的补偿需求弹性为 $E_{X,P_X}^C = \dfrac{\Delta X}{X} / \dfrac{\Delta P_X}{P_X}$。

这样，为了以补偿需求弹性的形式表示无谓损失，我们对 $L$ 乘以和除以 $X$、$P_X$ 和 $\Delta P = t P_X$：

$$L = \frac{1}{2} t P_X \left( \frac{\Delta X}{X} / \frac{\Delta P_X}{P_X} \right) \left( \frac{t P_X X}{P_X} \right)$$

$$L = \frac{1}{2} t^2 E_{X,P_X}^C P_X X$$

式中，$E_{X,P_X}^C$ 为关于 $P_X$ 的 $X$ 的补偿需求弹性。

损失方程的一个重要含义在于税收的超额负担或者无谓损失与税率的平方正相关。例如，将税率减半会将税收的无谓损失降低到较高税率时的四分之一。另一个重要的含义在于损失和补偿需求弹性成正比，而弹性直接依赖于价格改变的替代效应。

### ☐ 一种税收的边际损失

一种税收的边际损失是税率的微小变化所带来的损失变动。换句话说，它是损失对税率的求导：

$$\mathrm{d}L / \mathrm{d}t = t E_{X,P_X}^C P_X X$$

不考虑税率变化对征税前税基 $P_X X$ 的间接影响。边际损失随着税率和替代效应的程度而增加。

### ☐ 额外一美元税收收入的边际损失

税收带来的总税收收入 $T$ 等于 $t P_X X$。税率的微小变化所带来的税收收入的改变是总税收收入对 $t$ 求导：

$$\mathrm{d}T / \mathrm{d}t = P_X X$$

再一次，我们忽略了税率的微小变化对税基 $P_X X$ 的间接影响。因此，额外一美元税收收入的边际损失为 $\mathrm{d}L/\mathrm{d}t$ 与 $\mathrm{d}T/\mathrm{d}t$ 的比率。

$$\frac{\mathrm{d}L}{\mathrm{d}T} = \frac{t E_{X,P_X}^C P_X X}{P_X X} = t E_{X,P_X}^C$$

为税率和补偿需求弹性的乘积。这是个异常简单的公式，简化了对税收引起的无谓损失的计算。例如，如果对某种商品或要素 $X$ 的补偿需求弹性为 $0.4$，而 $X$ 的税率为 $10\%$（$0.10$），那么税率的微小变动带来的每额外一美元税收收入的额外损失为 $0.04$ [= $0.10 \times 0.4$] 美元。

这样，我们就完成了对税收的超额负担或者无谓损失的分析。这一章的分析为第 16 章奠定了基础，在下一章，我们考虑当税收为扭曲性税收时，税收中关于公平与效率的两难选择。

# 第 16 章　在税收的公平和效率之间权衡取舍

在主流公共部门理论中，政府的最终目标是要最大化社会福利，而社会福利由社会福利函数表示。无论政府是将支出用于纠正市场失灵，还是设计税收来偿付支出，最终目标都不会改变。对于税收政策来说，政府在力图最大化社会福利时，也在追求公平目标和效率目标。如同在第 5 章中讨论的那样，公平目标是使用税收（和转移支付）来提升公平。在最大化社会福利的主流模型中，不平等是有成本的。效率目标是在获得最小无谓损失的同时，政府采用各种税收收入来为它的支出提供经费。不幸的是，这两个目标总是会相互冲突，而政府必须力图在两种相互冲突的目标之间取得平衡。第 16 章首先讨论达到效率目标的原则。然后讨论如何在税收中达到公平与效率的最佳平衡，从而实现社会福利最大化。

## 最小化税收带来的损失

实现在给定税收收入条件下最小化损失的效率目标，关键在于每额外一美元税收收入的边际损失 $dL/dT$，我们在第 15 章的最后推导了它的表达形式。原因在于政府必须遵守对 $dL/dT$ 的边际相等原则来最小化损失：税率的设定要使每额外一美元税收收入的额外损失在所有商品和要素之间相等。为什么 $dL/dT$ 必须相等？我们考虑在该比率不相等的时候，如何提升效率。假设商品 1 的 $dL/dT$ 为 2/1，而商品 2 为 1/1。商品 1 税率的一个微小提高所带来的无谓损失为：每额外一美元税收收入的损失为 2 美元，而对商品 2 税率的一个微小提高，每额外一美元税收收入的无谓损失为 1 美元。只要该比率不同，政府就可以通过提高有较低比率商品的税率，降低有较高比率商品的税率，带来较小的无谓损失，而征收相同数量的税收收入。

在这个例子中，政府应当提高商品 2 的税率，多征收一美元的来自商品 2 的税收收入，同时降低商品 1 的税率，少征收一美元的来自商品 1 的税收收入。这不会带来总税收收入的变化，但是总的无谓损失减少了。通过少征收一美元来自商品 1 的税收收入，这种商品的无谓损失减少了 2 美元。通过多征收一美元来自商品 2 的税收收入，来自这种商品的无谓损失增加了 1 美元。净无谓损失减少了 1 美元（−1＝−2＋1）。

政府应当继续提高商品 2 的税率、降低商品 1 的税率，直到两个比率相等。假设它们在 1.6/1 时相等。在这一点，不再存在保持税收收入不变但减少无谓损失的可能性。从商品 2 多征收一美元的税收收入所增加的无谓损失为 1.6 单位，而每降低从商品 1 征收的税收收入一美元，无谓损失就减少 1.6 单位。税收收入和无谓损失都不变。对这两种商品征税的总无谓损失已经不可能再低了。

进一步看，以这种方式调整税率，确实会使这个比率倾向于均等化。考虑到 $dL/dt = t E^C_{X,P_X}$，其中 $t$ 为税率，$E^C_{X,P_X}$ 为商品 $X$ 对本身价格的补偿需求弹性。既然 $dL/dt$ 直接依赖于税率 $t$，提高商品 2 的税率会增加它的 $dL/dt$，降低商品 1 的税率会减少它的 $dL/dt$，这驱使两个比率是位于 2/1 和 1/1 之间的某个数值。如果两个比率从不相等，那么具有较高比率的商品不应该被征税。这相当于假设某一种商品的补偿需求（供给）弹性为零的情况，此时，对这种商品（要素）征税就等价于一种一次性总付税。所有需要的税收收入都应该来自这种商品的税收。

最后，对商品 1 和商品 2 成立的结论对所有商品和要素都成立。当 $dL/dt$ ——每额外一美元税收收入的额外损失——在所有商品和要素之间都相等时，总体无谓损失均等化。

## □ 逆弹性法则

公式 $dL/dt$ 产生了总体无谓损失最小化的两个简单而等价的方法。我们已经证明在所有商品之间，$dL/dt$ 都相等，并且 $dL/dt = t E^C_{X,P_X}$。假设均等化的比率为常数 $k$。那么对于所有商品 $t E^C_{X,P_X} = k$，或者 $t = k/E^C_{X,P_X}$。对每一种商品的税率应当与这种商品的补偿需求弹性成反比例关系。这被称为**逆弹性法则**（inverse elasticity rule，IER），以最小总体无谓损失带来给定税收收入的法则。[1] 它表明需求弹性较小的商品其税率应该较高，反之亦然。在第 15 章中讨论到减少超额负担或者无谓损失时，也有相似的直观感觉。[2]

## □ 等比例变动法则

与 IER 等价的一种法则为**等比例变动法则**（equal percentage rule）。将补偿需求弹性拆分为它的各组成部分：

$$t E^C_{X,P_X} = t\Big(\frac{\Delta X}{X} \Big/ \frac{\Delta P_X}{P_X}\Big) = k$$

但对于从价税来讲 $\Delta P_X = t P_X$。因此 $\Delta X/X = k$。为了在最小总体无谓损失的条件下征收到给定数量的税收收入，制定的税率应当使所有商品的补偿需求的变化比率相同。

---

① 逆弹性法则一般也被称为拉姆齐法则，用以纪念第一个提出这个法则的人弗兰克·拉姆齐（Frank Ramsey，1927）。

② 高级教科书会介绍如何修改 IER，来考虑对互补品和替代品征税的问题。更复杂的法则并不会改变单一商品的 IER 背后所蕴涵的基本原理。

图 16.1 将以上两个法则联系在一起。它描绘了 $X_1$ 和 $X_2$ 这两种商品的供给和需求。假定供给曲线（边际成本）$S$ 为常数，并且两种商品的供给曲线相同，是一条经过不含税价格 $P^0$ 的水平线。$X_1$ 和 $X_2$ 的补偿需求曲线分别为 $D_1$ 和 $D_2$，其中 $D_1$ 相对缺乏弹性而 $D_2$ 相对富有弹性。图中假设两种商品的无税收均衡相同，即 $(X_1^0, P_1^0)$ 和 $(X_2^0, P_2^0)$，并且 $X_1^0 = X_2^0$，$P_1^0 = P_2^0$。假如政府需要提高税收收入，那么等比例变动法则表明对每一种商品的税率必须使得两种商品的补偿需求量下降的幅度相等。因为两者的初始值相等，两种商品的等比例变化等同于两种商品相同数量的改变。假设数量改变到 $X_1^t = X_2^t$ 可以征收到要求的税收收入。那么对 $X_1$ 的税率应该为 $t_1$，相应的含税价格为 $P_1^0(1+t_1)$，需求量为 $X_1^t$，而对 $X_2$ 的税率应该为 $t_2$，相应的含税价格为 $P_2^0(1+t_2)$，需求量为 $X_2^t$。按照逆弹性法则，对 $X_1$ 的税率较高，因为它的补偿需求相对缺乏弹性。按照这种方式对商品征税保证了在给定税收收入的情况下总体无谓损失最小化。

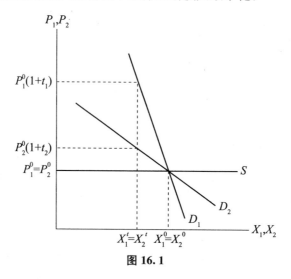

**图 16.1**

对主流经济学家来说，逆弹性法则与等比例变动法则带了一个不太令人接受的结论：一般来说，如果政府想要最小化无谓损失，它应当对几乎所有商品、服务和生产要素征税。[①] 这是一种高度侵入性的税收政策，它与政府应当在防止市场失灵的情况下最少干预经济的主流原则背道而驰。政府可能在它预算的支出方成功地限制了自己对少数几个市场的干预。但如果它要保证税收收入的无谓损失最小化，就必须在税收方广泛地干预市场体系。

当然，政府确实在用税收体系广泛进行干预。众多商品和服务，其实是"几乎所有的"商品和服务，被征收了一般销售税和增值税，而且几乎所有来自生产要素的收入来源都被征收了所得税。即使是这样，这些宽税基税倾向于对所有的应税项目征收一个单

---

① 因为只有相对价格的改变才会带来无谓损失，这里就必须有至少一种没有被征税的商品或者要素。否则，如果对所有商品和要素按相同的税率征收，将不会改变相对价格从而不会带来损失。例如，在第 15 章第一节我们讨论的简单消费者模型中，如果政府设定 $X$ 和 $Y$ 的税率均为 $t$，那么价格同时升高 $(1+t)$ 等价于按照 $(1+t)$ 的比率降低消费者的收入禀赋。$\left[ (1+t)P_X X + (1+t)P_Y Y = 收入 \leftrightarrow P_X X + P_Y Y = \dfrac{收入}{(1+t)}. \right]$ 这种税收等价于一种一次性总付税，不会存在无效率损失。如果在经济中不存在一次性总收入的税收来源，对所有商品和要素按照税率 $t$ 征税将不会提高任何税收收入。

一税率（或者一套税率），而最小损失法则就是要根据单个商品和服务的补偿需求和供给弹性改变税率。公共部门经济学家研究了对于偏好的各种约束，用以调整单一税率，但是没有一种约束条件能够在实践中成立。而且，同样令人感到沮丧的是，基本上不可能获得关于所有商品与要素的补偿需求和供给弹性的信息，而我们需要这种信息来调整税率使之能够尽量最小化无谓损失。因此，社会在获得税收收入的同时，不得不承受比理论上最小量大的无谓损失，即使理论上最小量的数额也可能很庞大。这也是税收的另一个不可避免的损失。

## 税收中的效率—公平权衡取舍

最小化无效率仅是设计税收时面临问题的一半。税收还不得不与人们对于公平的认识相吻合。税收和转移支付是用再分配社会资源来提升社会结果公平或者再分配公正目标的主要方法。如同我们在第 5 章中看到的，主流经济学家假设社会喜欢公平，不喜欢不公平。但我们还看到，政府以公平的名义再分配得越多，来自税收和转移支付的效率损失就越大——譬如奥肯漏桶理论。因此，设计税收最终涉及在提升公平和减少无效率两者之间的平衡。

图 16.2 采用效用可能性边界和社会无差异曲线描述了这种两难选择的实质。社会想要处于其效用可能性边界的极乐点上，即图中的点 $B$。极乐点将会达到最高的社会福利水平，用社会福利无差异曲线 $W_4$ 表示，而选择点 $B$，不会造成效率和公平的冲突。从再分配的角度讲，极乐点是边界上所有有效率点中最好的一个，可以通过沿着边界的一次性总付税和转移支付达到这一点。

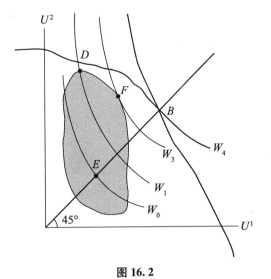

图 16.2

扭曲性税收排除了存在极乐点的可能。扭曲性税收所造成的超额负担或者无谓损失使社会无效率运作，位于效用可能性边界以下的某个点。税收导致受限的效用可能性集合，譬如在图 16.2 中的阴影部分。社会目标仍然是达到尽可能最高的社会福利水平，由社会福利无差异曲线表示，但最高的水平一定会比 $W_4$ 所代表的社会福利水平低。经济学家将在受到限制的效用可能性中达到最大的社会福利，称为**次优**（second-best）分析。一个经济体中的许多特征可以使得寻求社会福利达到次优：扭曲性税收；政府无法消除的某些市场中的垄断力量；法律规定的预算约束；非对称（私人）信息，等等。但是它们都有一个共同的特性——它们使社会不能达到极乐点。反过来看，如果极乐点的条件可以满足，这种分析称为最优分析。然而，这些条件是不现实的。政府要能够确保所有商品和服务的配置都是有效的，使经济位于效用可能性边界，并且，税收和转移支付必须是一次性总付的，才能保证经济位于边界上。现实世界中的条件在某种程度上总是次优的。

一种次优的环境一般都会导致效率与公平目标之间的两难选择。为了讨论的方便，我们假设扭曲性税收是无效率的唯一来源。对扭曲性税收而言，效率的目标就是给定任意的政府收入，总体无谓损失最小化。在图 16.2 中，最小化损失的税收模式可以被认为保证经济体尽可能靠近它的效用可能性边界。这可以用代表受限制可能性的阴影部分中点 $D$ 表示。移动到点 $D$ 后，达到的社会福利水平用 $W_1$ 表示。

至于公平，假设我们采用在第 5 章提到的阿特金森关于社会福利和效用的三个假设：在相同环境下的人拥有相同的边际社会福利权重 $\Delta W/\Delta U$；每个人都有相同的品味或者偏好；所有人的收入的边际效用 $\Delta U/\Delta Y$ 递减。在这些假设下，如果社会可以设定一次性总付税和转移支付，就可以避免任何效率损失，那么收入分配一定会均等化。每个人都应当具有相同的收入和效用，由图 16.2 中的 45° 线表示。阿特金森假设使不平等变得有成本；理想的目标是平等。假设在不完美的次优世界，政府可以实现平等，但是仅仅在 45° 线上的点 $E$。移动到点 $E$ 所达到的社会福利水平为 $W_0$。

社会可以达到的最高社会福利水平为社会福利无差异曲线 $W_3$ 上的点 $F$，在这一点 $W_3$ 正好和阴影部分的受限制的效用可能性集合相切。点 $D$，有效率的最小化损失点，并没有点 $F$ 好，因为它带来了更大程度的不平等。点 $E$，公平的选择，没有点 $F$ 好，因为它带来了更多的无效率。点 $F$ 是可能存在的效率与公平目标的折中里最好的一个。即使它不满足任何一个目标，但它最大化了社会福利。

次优环境几乎总是涉及类似的折中，税收政策也是这样。经济学家经常在以下两个环境下考虑效率与公平之间最好的选择。一个是当政府可以对（几乎）所有对象征税时，它可以最小化损失。另一个是涉及政府仅能选择一种税收时的两难选择。研究的备选方案都是非常重要的税种，经常是个人所得税，因为当征税对象为个人（或者家庭）时，效率与公平之间的两难选择会更加明显。假设在两种情况下，政府的目标是相同的：它想要设计一套税收，或者一种单一税收，在给定政府需要征收的税收收入时最大化社会福利。

经济学家可以解决类似的问题，但是需要的分析工具已经超出了本书的范围。所以在此我们仅对每一个问题提供一个直观性的讨论。幸运的是，在税收设计的决定因素中暗含的经济学含义是相当直观的。

## □ 对（几乎）所有对象征税

如同我们在第 15 章和本章第一节看到的，减少税收无效率的关键在于补偿需求（要素供给）弹性，它衡量了价格改变的替代效应。政府应当对那些弹性小的商品和要素征收最高的税赋。如果社会仅关心效率，那么根据逆弹性法则，制定的税率应当与补偿弹性成反比例关系。

但是社会还要关注公平，并且对公平的关心也被纳入社会福利函数。考虑到公平之后，目标是最大化社会福利。问题在于，考虑社会福利函数后，设计税收政策需要更多考虑什么？它如何修正基于逆弹性法则的政策措施？

如果社会福利函数是以个人可以买到的单个商品或服务的形式来定义的，问题的答案就变得很清楚。将社会福利函数表示为

$$W = W(U^1(X_{11},\ldots,X_{1i},\ldots,X_{1N}),\ldots,U^h(X_{h1},\ldots,U{hi},\ldots,U_{hN}),$$
$$U^H(X_{H1},\ldots,X_{Hi},\ldots,X_{HN})) = W(U^h(X_{hi}))$$

其中有 $H$ 个个体，$h = 1,\ldots,H$，以及 $N$ 种商品，$i = 1,\ldots,N$。假设政府对商品 $i$ 征收一种税收，并且所有的人都购买这种商品。税收会减少每个人对于商品 $i$ 的消费，从而降低了效用。进而，每个人的效用下降会降低社会福利。以个人 $h$ 为例。税收通过个人 $h$ 对社会福利造成影响，其中的传导过程为：

$$t_i \uparrow \rightarrow X_{hi} \downarrow \rightarrow U^h \downarrow \rightarrow W \downarrow$$

$W$ 改变了多少依赖于社会对于个人 $h$ 的伦理权重，在第 5 章中我们通过个人 $h$ 的收入的社会边际效用 $SMU_Y^h$ 总结了这一影响。回顾一下，$SMU_Y^h = \frac{\Delta W}{\Delta U^h}\frac{\Delta U^h}{\Delta Y_h}$，是边际社会福利权重 $\left(\frac{\Delta W}{\Delta U^h}\right)$ 与个人 $h$ 的收入的私人边际效用 $\left(\frac{\Delta U^h}{\Delta Y_h}\right)$ 的乘积。

在最优的情况下，政府需要通过税收和转移支付使所有人的收入的社会边际效用相等。这是达到极乐点所需要的人际公平条件。对于社会福利来说，谁消费了商品并不重要，因为每个人都拥有相同的 $SMU_Y$。但是在一个次优的环境下，收入的社会边际效用总是不相等的，因此谁消费了商品变得至关重要。假设有两个人——个人 $h$ 和个人 1，由于税收，他们对于商品 $i$ 的消费量下降了相同的数量，但是个人 $h$ 拥有较高的收入的社会边际效用。因此，即使两人对商品 $i$ 的消费下降了相同的数量，个人 $h$ 导致社会福利的下降要高于个人 1 的影响。[①]

因此，在追求公平时，对那些收入的社会边际效用高的人，政府应当对他们消费的商品降低税收，而对那些收入的社会边际效用低的人，政府应当对他们消费的商品征更高的税。这很好理解，因为较贫困人的收入的社会边际效用相对较高（较高的收入的私人边际效用以及可能较高的边际社会福利权重），而较富裕的人的收入的社会边际效用较低（较低的收入的私人边际效用以及可能较低的边际社会福利权重）。因此，从公平出发的政策措施非常直观。它建议：对穷人消费较多的商品保持低税收，而对富人消费较多的商品增税。

一言以蔽之，在追求税收的效率与公平时，对于大范围商品和要素的税收设计主要依赖于两个因素：补偿需求（要素供给）弹性和收入的社会边际效用的模式。前一个是税收设计的效率部分，而后一个是公平部分。

这两个组成部分有可能是相互矛盾的，这导致了效率—公平的两难选择。一个很好

---

① 对商品 $i$ 征税也会增加或者减少对商品 $i$ 的替代品或者互补品的消费，从而对个人和社会福利带来进一步的影响。因为它们不会改变效用是如何影响社会福利的直觉，我们忽略这些额外的影响。

的例子是：一般销售税下，对于是否应该从税收中豁免用于家庭消费的食品购买，美国州政府做出了不同的决定。有 45 个州采用了一般销售税，其中 26 个州选择从税收中豁免用于家庭消费的食品购买，而 19 个州没有豁免。

支持对用于家庭消费的食品购买征税的观点认为，这种税收可以在带来较低无谓损失的同时征收到大量税收收入。对食品的需求是非常缺乏（价格）弹性的，大概为 0.2 或者更少，并且补偿需求也似乎是非常缺乏弹性的。食品是一种必需品，因此它的需求的收入弹性也相当低。较低的收入弹性以及较低的实际需求弹性意味着较低的补偿需求弹性。因此，对用于家庭消费的食品购买征收较高的税收满足效率的要求。但是对食品较低的需求弹性使生产者很容易通过提高食品价格将税收负担转嫁给消费者，我们将在第 18 章讨论这一点。另外，用于家庭消费的食品购买与收入的比率会随着收入的上升而锐减，因此税收的负担会不成比例地落到穷人的头上。这是一种高度累退的税。因为穷人有着更高的收入的社会边际效用，从公平层面上讲这种税必须保持在低水平。

在这个案例中，这些州在如何解决效率和公平的取舍问题上无法达成一致。26 个州选择从税收中豁免用于家庭消费的食品购买，可以推断这些州更受公平取向的影响。而 19 个选择对食物征税的州显然更注重税收增长和效率取向。没有哪一方必然是对的或错的，它们只不过采用了不同的应对方法来解决效率—公平权衡取舍这个困难的问题。

## □ 最优所得税

第 5 章初步阐述了社会同时关注效率和公平时最优所得税额的决定问题。简单地回顾一下，例如有两个人，富人 $R$ 和穷人 $P$，他们的效用只取决于收入。社会福利函数是三个阿特金森假设的具体化：收入水平相同的人有相同的社会福利权重，每个人的偏好相同，以及收入的私人边际效用 $MU_Y$ 递减。在公平方面我们想努力实现的理想目标是，满足社会福利最大化的人际公平条件，达到效用可能性边界上的极乐点：使每个人收入的社会边际效用相等。在阿特金森假设之下，这等同于让收入的私人边际效用相等。如果可能的一次性总付税和转移支付能够使得对富人收税并转移支付给穷人不带来无效率，则穷人和富人的边际效用应该是相等的。给予 $P$ 一美元收入会带来社会福利的增加，这种边际收益为 $MU_Y^P$，而从 $R$ 身上拿走一美元收入会带来社会福利的减少，这种边际成本用 $MU_Y^R$ 表示。当再分配收入的边际收益和边际成本相等，即 $MU_Y^P = MU_Y^R$ 时，分配是最优的。因为每个人有相同的偏好，收入的边际效用相等表明富人和穷人必须有相同的收入，即平均收入。所有超过平均水平的收入需征收 100% 的税，而所有低于平均水平的人需要将其收入提高到平均水平。在阿特金森假设下达到的公平可以作为一个理想的、为了达到结果公平或者分配公正而努力的基准点。相反地，从公平目标的角度看不平等是有代价的。

然而，在扭曲性税收下，税收和转移支付带来的无谓损失增加了转移收入的边际成本。这些成本可以用奥肯漏桶来形象地表示，它们包括了管理税收和转移支付项目的成本、使纳税人和转移支付接受者遵从税法的成本以及收取转移支付所需要的成本。我们用 $MC_{OLB}$ 表示奥肯漏桶的边际成本。最优的再分配仍然位于再分配的边际收益和边际成本相等的点上。但现在税收和转移收入的总边际成本是 $MU_Y^R + MC_{OLB}$。在最优点，$MB_{redistribute} = MU_Y^P = MU_Y^R + MC_{OLB} = MC_{redistribute}$。这是在存在扭曲性税收和转移支付时，要求平等的公平目标与税收及转移支付的效率目标之间的最佳的妥协，此时 $MU_Y^P > X_1^i$，

$Y_R > Y_P$。收入的再分配没有把所有人的收入都拉到平均水平。税收和转移支付的低效率是依然存在不平等问题的原因。如果你不清楚这些结论，请参考第 5 章中的讨论。

## □ 正式的最优所得税问题

余下的问题将关注以下两个小问题：在决定所得税税率的大小时，哪些参数是最重要的？多少收入需要被转移支付？第一个使用正式的模型来探讨这个问题的经济学家是詹姆斯·莫里斯（James Mirrlees），（在 1971 年）他关于最优所得税的模型是使其在 1996 年获得诺贝尔经济学奖的首要贡献。

莫里斯的最优所得税模型以及此后的很多追随者都具有基本上相同的结构。一个共同的基础是它们都包含了三个阿特金森假设，所以如果一次性总付税和转移支付是可能的，则所有人都有相同的效用。最优所得税问题的最简单版本包含了以下要素。

经济体由一种单一的生产要素劳动（$L$）组成，它被用来生产单一的、具有各种用途的消费商品 $C$。经济中有 $H$ 个个体，他们提供劳动，并消费商品。他们具有相同的效用函数，$U$：$U_h = U(C_h, L_h)$，$h = 1, \cdots, H$。这就是阿特金森的相同偏好假设。社会想要最大化的社会福利函数是第 5 章中的阿特金森社会福利函数：$W = \dfrac{1}{1-e} \cdot \sum_{h=1}^{H} U(C_h, L_h)^{(1-e)}$，其中 $e$ 是社会对不平等的厌恶度，$e = [0, \infty]$，这里 0 表示分配在效用上无差异，$\infty$ 表示罗尔斯的平均主义。将 $e$ 的值从 0 向 $\infty$ 移动代表对不平等的厌恶度的提高。

个体之间的一个差别是他们的技术水平。他们技术的分布用 $h$ 的升序表示，也就是说人 1 的技术水平是最低的，而个人 $H$ 的是最高的。劳动 $L$ 的基本单位称为劳动的一个有效单位。具有技术水平 $h$ 的人有 $hL$ 个有效劳动单位，所有有效劳动单位在生产中都是完全替代的。工资 $W$ 用每个有效劳动单位的工资来定义，因此个人 $h$ 获得 $Y_h = WhL$ 的收入。模型中没有储蓄，因此所有个人获得的收入都被用来消费。没有税收，因此 $C_h = Y_h = WhL$，其中消费商品的价格定义为 1。另外，生产是规模报酬不变的，因此不会有净利润来分配给个人，而正是这些人拥有企业。出售 $C$ 的总收益等于付给劳动的总工资。

政府需要征税来支持一定数额的公共消费 $R$，以便能应对资源配置方面的市场失灵，例如提供国防和公共道路等。也用 $C$ 的单位表示 $R$。可用的最简单的税种是单一税率的抵免所得税（在第 11 章中描述过）。个人 $h$ 支付的税额是 $T_h = -S + tY_h$。假设通过所得税提供的抵免 $S$ 是政府唯一进行的转移支付项目。政府的预算约束是 $R = \sum_{h=1}^{H} T_h$。

征税导致的一个直接后果是使每个人的可支配收入从 $Y_h = WhL$ 变为 $Y_h = S + (1-t)WhL$。通过使消费和劳动之间的边际替代率等于税后工资率（其中 $C$ 的价格 =1），即 $MRS_{C,L}^h = (1-t)Wh$，个人最大化他们自己的效用。对于征税的这种反应是税收带来的无谓损失的根源，其损失由劳动的补偿供给弹性 $E_{L,W}^{comp}$ 决定。

政府的问题是设定税收函数的两个参数抵免 $S$ 和税率 $t$，来最大化社会福利。它所面临的两个约束是政府预算约束 $R = \sum_{h=1}^{H} T_h$，以及个人对于税收的反应 $MRS_{C,L}^h = (1-t)Wh$。

这个问题的解超出了本书讨论的范围。然而，很清楚的是 $S$ 和 $t$ 的最优水平取决于四个因素：政府的配置型开支所需要的税收收入 $R$，个人之间技能的分布，社会对不平等的厌恶 $e$，以及劳动的补偿需求弹性 $E_{L,W}^{comp}$。就税率来说，在下列条件下它会更高：

1. 更高的税收收入 $R$ 的需要。如果政府需要更多的开支来纠正经济中的配置性问题，则需要征更多的税。

2. 个人之间技能的分散程度更大。技能的不平等程度越大，市场收入的不平等就越大，通过提高 $t$ 和 $S$ 来进行再分配所引致的税收收入就越高。

3. 更高的 $e$。社会对不平等的厌恶度越高，不平等的成本就越高，进行再分配所引致的税收收入就越高。

4. 更低的 $E_{L,W}^{comp}$。劳动的补偿供给弹性是税收（以及通过 $S$ 的转移支付）无效率的来源。如果 $E_{L,W}^{comp}$ 为零（关于 $C$ 和 $L$ 的无差异曲线是右直角形的），则不存在税收的无效率。税收和转移支付一次性总付是有效率的，在征税和转移支付之后所有人都会得到效用的平均值。所有高于平均水平的收入都会被 100% 地征税。当 $E_{L,W}^{comp}$ 从零开始上升时，税收造成了无谓损失，损失的数额与 $E_{L,W}^{comp}$ 一同增大。为了减少无效率，税率 $t$（和 $S$）应该相应地更低。

在这些简单模型中，税率的大小对于 $e$ 和 $E_{L,W}^{comp}$ 尤其敏感，以至于不能仅使用模型本身作为税收政策的一个指引。因为 $e$ 和 $E_{L,W}^{comp}$ 的值具有太多的不确定性，人们并没有信心就此说明税率应该是怎样的。然而，在 1986 年的《税收改革法案》（TRA86）中，许多经济学家使用了最优所得税模型来支持将对最高收入的边际税率从 50% 降低到 28% 的减税政策。在当时，$E_{L,W}^{comp}$ 的估计值在 0.1～0.4 的范围内，给人的感觉是社会对不平等的厌恶是相当低的（回忆第 5 章中哈伯格关于 $e$ 低于 0.5 的推测）。这些数值表明一个 30% 左右的税率是合理的，这也是 TRA86 决定的最高所得税税率。

从 1986 年起，联邦个人所得税中针对最高收入的税率上升到克林顿执政时期的 39.6%，而后降低到乔治·W·布什执政时期的 35%。假设作为一个参考点，28% 是 1986 年正确的最高税率。那么从那时起最高税率是否就应该上升呢？这很难说。

一方面，如果有的话，近来劳动供给的补偿需求弹性在缓慢上升。原因之一是女性比男性有更高的劳动供给弹性，而从 1986 年起女性在美国全部劳动力中所占的比例增大。另外，经济学家们现在相信遵从税法的成本约占所征得税收的 10%，这也是奥肯漏桶的成本之一。在 1986 年之前没有人对该执行成本给予太多的注意。这两个趋势都增加了所得税带来的无效率，从而支持了将最高税率降低到 28% 以下的呼声。

另一方面，从 1986 年起收入分配不平等程度大大增大了。从 20 世纪 70 年代中期开始，美国的收入基尼系数持续上升，从 1975 年的 0.397 上升到 1986 年的 0.425，再到 2005 年的 0.469。对于逐步上升的不平等的担忧也增大了，体现出社会对于不平等的厌恶同样提高了。在简单的最优所得税模型中，更高的 $e$ 对于税率有着特别剧烈的影响。此外，联邦政府的税收要求 $R$ 从 2003 年起显著增加，这主要是由于伊拉克战争以及在 2006 年设立的医疗保险体系中的 2006 处方药福利。所有这些因素都表明最高税率应该高于 28%。但还不清楚这两种效果中的哪一种占主导地位。

所有这些最优所得税税率的研究唯一的共识是，就像上面的模型中描述的那样，使用累进税率结构而不是单一的固定税率仅会带来社会福利轻微的增加。这个结果给那些喜欢单一所得税的人提供了论据。

不论人们从最优所得税模型中能得到怎样的正确信息，我们都可以断定的是，在考虑所得税改革问题时，比起支付能力观点，主流经济学家更偏好最优所得税体系。就像我们在第 13 章中所看到的，支付能力观点考虑到了所得税的公平性而没有考虑税收所带来的无效率。为了达到横向公平的目的，它的大部分注意力都集中在对合理税基的定义上。最优所得税体系在两个方面有分歧。第一，它假定人们在没有考虑所得税的无效率性问题的情况下就不能考虑它的公平问题。这两者是齐头并进的关系，因为主流公共部门经济学的最终目标是最大化社会福利，而这要求设计税收时在公平和效率之间达到最佳的平衡。如果忽略无效率，则最优所得税模型开出的处方就是将人们的收入完全拉到平均水平，而这显然不会有人喜欢。第二，主流的社会福利观点遵循马斯格雷夫的建议，在涉及税收时主要关注纵向公平，而不是横向公平。它的关注点是合适的税率（或税率集合），而不是什么样的收入组成部分应该被征税。然而，这两种观点并不是完全分离的，因为偏好通过消费对收入征税的主流经济学家可以认为是偏好对黑格-西蒙斯收入征税，而不是像现在的税收那样，仅针对黑格-西蒙斯收入的某一部分。同样，以纵向公平的名义，最优所得税文献的关注点在合适的税率（税率集合）上，而不是税基。

此外，不管税基是什么——是黑格-西蒙斯收入，还是诸如工资、消费等这样的收入的构成部分，最优所得税模型都有大体上相同的正式结构。模型的目标仍然是最大化社会福利；如果税收是一次性总付的，平等会是模型的结果；而消费者（生产者）对税收的反应是无效率的来源。最优税率（或税率集合）将是在最大化社会福利时达到公平和效率之间的最佳平衡的税率（或税率集合）。主流社会福利观点为有关所有税种的扭曲性税收理论提供了一种前后一致的方法。

# 第 17 章
## 税收、转移支付和私人信息

私人信息或不对称信息是指人们具有关于他们自身的信息，并且除非花费很大代价来调查和监视，包括政府在内的其他主体无法得到这些信息。就像在第 2 章中指出的那样，私人信息本身就是一种市场失灵，而且往往是政府难以克服的。在以前章节中讨论了两个有关私人信息的重要例子，一个与具有非排他性特征的公共物品有关（第 8 章），另一个跟社会保险有关（第 12 章）。这两个例子都说明了私人信息如何阻碍市场形成，因此政府应该提供人们需要的公共物品或某种形式的保险。在公共物品的例子中，私人信息带来了道德风险和逆向选择的可能性，这妨碍了保险公司提供盈利性的保险政策，用以抵御被保险人面临的风险。不幸的是，政府干预依然会受到私人信息的困扰。政府提供公共物品和社会保险并没有消除搭便车的动机以及道德风险和逆向选择的可能性。结果就是政府不可能给出解决这些问题的有效方案。

将政府视为代理人的主流观点认为，政府会按照公民的偏好对市场失灵做出反应，而公共物品的例子说明私人信息的存在会造成很大的困难。如果人们有能力隐藏关于自身偏好的信息，而且有动力这样做的话，政府并不能轻易地达到自己的目标。

私人信息带来的困难绝不仅限于公共物品和社会保险两方面。政府的税收和转移支付政策也常常会被私人信息弄糟。税收方面的问题是，纳税人可能向政府隐藏部分税基，这会减少税收收入。例如在征收个人所得税时人们对政府隐瞒收入来源，或者企业和它们的消费者进行现金转账，在销售税下可以不申报这些销售收入。向政府隐瞒的个人收入和销售收入越多，为了获得一定数额税收收入所需要的税率就越高。就像我们在第 15 章中所看到的，税收的无效率或无谓损失的增加是以税率的平方来度量的。

转移支付的问题在于，人们可能会利用他们的个人信息来取得本不应该属于他们的转移支付。一个例子是，那些收入远在贫困线以上的人可以通过隐藏足够多的收入，表现得很穷，来满足获得各种公共救助的条件。为了阻止这种行为，政府会大幅度改变转移支付项目的设计，而这些项目原本适用于完美信息的情形。更进一步，如果关于人们经济福利状况的信息很大程度上是私人的，政府以最终结果公平或分配公正名义进行的收入再分配的尝试很可能不会达成所愿。即使政府能够使用一次性总付税和转移支付，它也可能不能采用税收和转移支付来满足社会福利最大化的人际公平条件。

第17章考虑有关税收和转移支付的信息问题。我们将从税收讲起，并使用个人所得税作为一个例子。

## 私人信息和税收

纳税人可以采用避税和逃税两种办法减少他们的纳税额，而税收部门对这两种办法有清楚的区分。**避税**（tax avoidance）指的是纳税人利用税法条款来减少他们的税收负担，例如在美国联邦个人所得税法下利用投资于可免税的退休证券来减少他们的应税所得，以及用慈善捐款或自己的房屋抵押产生的利息来请求税收减免。而逃税则完全是非法的。事实上，国会将这些条款纳入个人所得税，用来鼓励人们为退休进行储蓄、向慈善机构捐款、购买他们自己的房屋而不是租住。国会希望纳税人能够充分利用这些为他们提供减免税的条款。

相反，**逃税**（tax evasion）则是一种非法行为。它是指利用私人信息来减少纳税，例如纳税人在纳税申报单上不声明他们需要纳税的收入来源，或者以从未发生的慈善捐款为借口要求税收减免。美国国税局（IRS）试图通过每年审计一定量的纳税申报单，并对作弊者予以严重惩罚来限制逃税，这些惩罚包括大额罚款，甚至在某些情况下会判处监禁。然而，它的努力只取得了一定程度的效果，主要是因为它只能审计申报单中的一小部分。IRS自己估计2001年纳税人在个人所得税方面能够逃掉1 980亿～2 340亿美元的税额负担，这大概占全部税收收入的22%（U. S. Government Accountability Office，2005，Table，p. 1）。税收部门与各种逃税问题展开了全方位的斗争。

### 逃税的经济学

因为逃税是犯罪行为，所以经济学家会基于有关犯罪的标准经济学模型来分析它，该模型首先由迈克尔·阿林汉姆（Michael Allingham）和安格内尔·桑德默（Agnar Sandmo）提出。阿林汉姆和桑德默（Allingham and Sandmo，1972）将犯罪行为简单地视为一种按照经济期望值计算的结果。以盗窃为例。该模型认为，一个潜在的窃贼会将犯罪的收益与成本进行比较，犯罪的收益由能被偷到的钱数决定，而其成本由被抓后受到惩罚所带来的效用损失衡量。收益和成本都是期望值，因为它们包含了窃贼对于被抓到概率的估计。期望收益等于不被抓到的概率乘以偷到的钱所带来的效用，而期望成本等于被抓到的概率乘以惩罚所带来的效用。经济学家们假设在涉及不确定性的条件下个人试图最大化他们的期望效用。因此，犯罪仅仅在期望效用为正时才会发生，或者说在期望收益超过期望成本的时候才会发生。假设期望效用为正。那么最优的犯罪活动数量就是最大化期望效用或期望净收益的值，期望净收益是指期望收益和期望成本之差。当边际期望收益等于边际期望成本时，净收益最大。

如果潜在逃税者严格地将逃税视为一种经济决策，那么有关犯罪的经济学模型可以适用于分析逃税行为。假设纳税人的收入为 $Y$，而 $Y$ 是私人信息。那么除非对纳税人的申报单进行审计，否则 IRS 不会知道 $Y$ 的值。为了将例子简化，我们假设个人所得税是一种单一税，税率为 $t$。如果纳税人是诚实的，他会申报所有的收入，并付 $tY$ 的税，其税后收入是 $Y(1-t)$。

而作为逃税者，他必须决定将 $Y$ 中的多少写入他的纳税申报单，$Y_D$ 为申报的收入。被查处（审计）的概率是 $p$，这意味着不被查处（不被审计）的概率是 $(1-p)$。如果不被查处，纳税人仅仅对他申报的收入付税，等于 $tY_D$。如果被查处，纳税人会以税率 $t$ 对所有的收入纳税，外加在其未申报的收入部分 $(Y-Y_D)$ 上施加的罚款 $f$。罚款数额是 $ft(Y-Y_D)$。因此，可能的两种税后收入是：

不被查处：$Y_{NC}=Y-tY_D$

被查处：$Y_C=Y-tY-ft(Y-Y_D)=Y(1-t-ft)+ftY_D$

相应的效用是：

不被查处：$U(Y_{NC})=U(Y-tY_D)$

被查处：$U(Y_C)=U(Y(1-t-ft)+ftY_D)$

逃税者的期望效用是：

$$E(U)=(1-p)U(Y_{NC})+pU(Y_C)$$

而 $Y_{NC}$ 和 $Y_C$ 都取决于 $Y_D$，即申报的收入数额。

图 17.1 描述了逃税者的决策问题。用横轴表示不被查处时的收入 $Y_{NC}$，用纵轴表示被查处时的收入。无差异曲线表示由不同的 $Y_{NC}$ 和 $Y_C$ 构成的期望效用水平。45°线是一条参照线，代表诚实纳税人，他们申报了全部收入，因此对于所有收入水平 $Y$ 都有 $Y_{NC}=Y_C=Y(1-t)$。线段 $AB$ 表示纳税人申报不同数额的收入 $Y_D$ 时所能获得的不同的收入组合。它按照如下的步骤构建。

在给定的收入水平 $Y$ 处，申报全部收入的诚实纳税人位于 45°线上的点 $A$，税后收入为 $Y(1-t)$。当不诚实的纳税人减少申报的收入数额时，不被查处时的税后收入数额 $Y_{NC}$ 增加，而被查处时的税后收入数额 $Y_C$ 减少。纳税人从点 $A$ 向东南方向移动。极限点为点 $B$，在此处纳税人完全不申报自己的收入。如果没有被查处，在点 $B$ 处 $Y_{NC}=Y$。如果被查处，在点 $B$ 处 $Y_C=Y-tY-ftY=Y(1-t-ft)$。当纳税人在 $AB$ 之间减少申报的收入数额 $Y_D$ 时，$AB$ 的斜率恒为 $-f$，即惩罚率。也就是说，$AB$ 是一条斜率为 $-f$ 的直线。为了说明这点，让我们回顾 $Y_{NC}$ 和 $Y_C$ 的公式。如果 $Y_D$ 减少 1 美元，纳税人在被查处时的税后收入减少 $ft$ 美元，在不被查处时的税后收入增加 $t$ 美元。因此，斜率 $\mathrm{d}Y_C/\mathrm{d}Y_{NC}=-ft/t=-f$ 是一个常数。$AB$ 是逃税者在决定 $Y_D$ 时所面临的预算线。

逃税者的目标是最大化他的期望效用，在预算线 $AB$ 上给定的收入可能性下达到最高的无差异曲线。

在点 $C$ 实现了期望效用最大化，在这点，无差异曲线 $I_3$ 与 $AB$ 相切。最优的申报收入数额是 $Y_D^*$，在不被查处时产生收入 $Y_{NC}^C=Y-tY_D^*$，在被查处时产生收入 $Y_C^C=Y(1-t-tf)+tfY_D^*$。在点 $C$，两种收入之间的边际替代率即无差异曲线 $I_3$ 的斜率等于预算线的斜率，这也是消费者处于均衡状态时的标准条件。$MRS_{Y_{NC},Y_C}$ 是这两种收入的边际期望效用之比的相反数，等于 $-\dfrac{(1-p)MU_Y(Y_{NC})}{pMU_Y(Y_C)}$。$AB$ 的斜率是 $-f$。因此，在最优的 $Y_D^*$ 处，

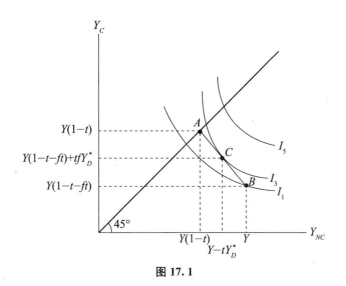

**图 17.1**

$$\frac{(1-p)MU_Y(Y_{NC})}{pMU_Y(Y_C)} = f$$

也可以这样理解均衡条件，选择 $Y_D$ 使得边际期望收益与边际期望成本相等。就像上面所指出的，当不被查处时减少 $Y_D$ 会使税后收入增加 $t$ 倍，当被查处时税后收入减少 $ft$ 倍。因此，减少 1 美元 $Y_D$ 的边际期望收益是 $(1-p)MU_Y(Y_{NC})t$，边际期望成本是 $pMU_Y(Y_C)ft$。在 $Y_D^*$ 处，边际期望收益等于边际期望成本，$(1-p)MU_Y(Y_{NC}) = pMU_Y(Y_C)f$。两边同时除以 $pMU_Y(Y_C)$，就得到纳税人的均衡条件。

## □ 减少逃税的政策

IRS 有两种政策工具用以减少或消除逃税，即提高惩罚率 $f$，或通过审计更多的纳税申报表来提高被查处的概率 $p$。然而，这两种工具并不等价，因为增大审计力度要求更多的资源，而提高惩罚率对 IRS 来说实际上没有成本。在有些时候，提高 $p$ 所需要的更多的资源远远超过了因为逃税减少而增加的税收收入。对于提高惩罚率来说就不会有这种在资源成本和额外税收收入之间的权衡问题。

### 提高惩罚率

图 17.2（a）描述了提高惩罚率的效果。提高 $f$ 会加大预算线的斜率的绝对值，使之从 $AB$ 旋转到 $AB'$。新的均衡点是点 $D$，在这点无差异曲线 $I_2$ 与 $AB'$ 相切。因为 $Y_{NC}$ 减少，而 $Y_{NC}=Y-tY_D$，申报的收入增加。

为了消除逃税，政府需要将惩罚率提高到足够高的水平，来驱使纳税人达到 45°线的均衡上来，在那里 $Y_D=Y$。为了计算能够实现该目标的 $f$，首先，我们注意到沿 45°线的均衡条件是 $MRS_{Y_{NC},Y_C} = -f$。但 $MRS_{Y_{NC},Y_C} = -\frac{(1-p)MU_Y(Y_{NC})}{pMU_Y(Y_C)}$。因为沿 45°线 $Y_D=Y$，在 45°线上边际效用也相等，$MRS_{Y_{NC},Y_C} = -(1-p)/p$。因此，如果惩罚率 $f$ 即 $AB$ 斜率的相反数被提高到 $(1-p)/p$，则 $MRS_{Y_{NC},Y_C=Y_{NC}} = -f$。（粗线的斜率为 $-f$。）纳税人在 45°线上处于均衡状态，他们会申报其所有的收入——在图 17.2（a）中是无差异曲线 $I_1$ 上的点 $A$。

在有关犯罪的经济学模型中，将惩罚增加到足够大总是能消除犯罪行为，但这个惩

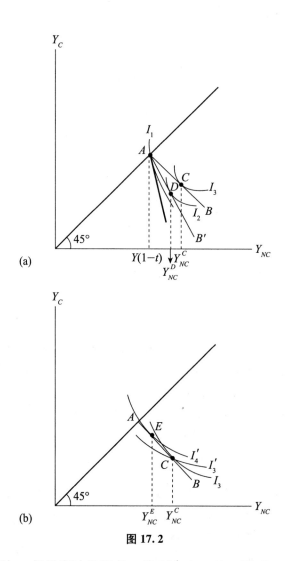

图 17.2

罚可能过于严厉。例如，假设审计的概率 $p$ 是 2%（0.02），则 $(1-p)/p=0.98/0.02=$ 49。惩罚率必须是未申报收入应缴税率的 49 倍。社会一般认为如此高的惩罚违背了惩罚必须与所犯罪行相匹配的立法原则。如果是这样的，IRS 必须承担加强对纳税申报表审计所带来的成本，以助于减少或消除逃税。

**提高被查处的概率**

加强审计工作会提高 $p$，降低 $(1-p)/p$，从而减小无差异曲线的斜率 $MRS_{Y_{NC},Y_C}$ 的绝对值。也就是说，无差异曲线在每一个 $(Y_{NC},Y_C)$ 的组合上都变平坦了，如图 17.2（b）所示。而且，穿过点 $C$ 的无差异曲线 $I_3'$ 比原先的无差异曲线 $I_3$ 代表更低的效用水平。因为 $p$ 的提高增大了期望效用所占的比例，该期望效用由 $U(Y_{NC})$ 即被查处时的税后效用表示。

在更平坦的 $I_3'$ 上的点 $C$ 不再是纳税人的均衡点。新的均衡点是点 $E$，在此处无差异曲线 $I_4'$ 与预算线 $AB$ 相切。又一次地，$Y_{NC}$ 减小，这意味着 $Y_D$ 增加——纳税人申报更多的收入。如上所述，提高 $p$ 使得 $(1-p)/p=f$ 能消除逃税，但这可能要求审计部门做出巨大的努力。例如，如果 $f=2$，对未申报收入的税收处以一个相当严厉的 200% 的罚款，那么为了消除逃税，$p$ 必须等于 $1/3$：$\dfrac{1-\dfrac{1}{3}}{\dfrac{1}{3}} = \dfrac{\dfrac{2}{3}}{\dfrac{1}{3}} = 2$。将被查处的概率提高到 33%

将要求增加大量的资源，以至于增加征得的税收所带来的收益远远小于增加的资源成本。严厉的处罚和审计资源适度增加相结合，以求大大减少而不是完全消除逃税，这样的策略更可能是 IRS 最佳的选择。

### 税率的改变

最后需要注意的一点是税率 $t$ 也可能会对逃税行为的多少产生影响。在我们这个简单的例子中，预算线 $AB$ 的斜率 $-f$ 与 $t$ 不相关。因此，$t$ 的改变使预算线 $AB$ 平行移动。$t$ 的增大使 $AB$ 下移，$t$ 的减小使 $AB$ 上移。[①] 图 17.3 描述了 $t$ 增大所带来的影响。

$t$ 的增大使 $AB$ 下移至 $A'B'$。现在，均衡点是点 $F$，即 $I_2$ 和 $A'B'$ 的切点。假设图中 $Y_{NC}$ 和 $Y_C$ 都是正常品，因而两个收入都会减少。税后收入的减少主要是因为更高的税率。申报的收入 $Y_D$ 会增加还是减少则不确定。假设税率从 $t$ 增大到 $t'$。一方面，如果这个人没有被查处，$Y_D$ 的减少导致更多的税后收入 $Y_{NC}$，其增加额是 $(t'-t)\Delta Y_D$。逃税的边际收益增加。另一方面，如果这个人被查处，$Y_D$ 的减少导致更少的税后收入 $Y_C$，其减少额是 $(t'-t)f\Delta Y_D$。逃税的边际成本也会增加。因此，$Y_D$ 会增加还是减少取决于 $(1-p)$ 和 $p$ 的值，以及在 $Y_{NC}$ 和 $Y_C$ 处收入的边际效用。不同的惩罚公式可能会导致预算线的非平行移动，因而对逃税行为产生不同的影响。但在我们关于纳税惩罚的设定下，税率的改变可能增加或者减少逃税。

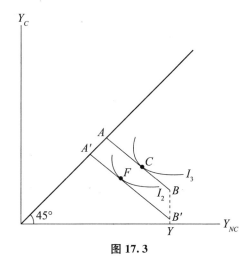

图 17.3

### □ 增加税收收入的策略

与提高税率以增加税收收入的办法相比，提高惩罚率以及加大审计力度来减少逃税看起来更有吸引力。提高税率会大大增加征税带来的无谓损失，而另外两种办法则能在

---

① 假设 $t$ 增大到 $t'$。在点 $B$，没有收入被申报，$Y_{NC}=Y$，$Y_C$ 从 $Y(1-t-tf)$ 移动到 $Y(1-t'-t'f)$，垂直移动了 $Y(t'-t+t'f-tf)=Y(t'-t)(1+f)$。

增加税收收入的同时惩罚或阻止欺骗者。在增加税收收入的同时，需要平衡加强审计所带来的资源成本；而如果需要大量新的税收收入，则提高税率可能是唯一可行的措施。但不管怎样，采用更严厉的惩罚和/或加大审计来作为提高税收收入的措施肯定是值得考虑的。

在采取这些措施之前，社会需要考虑一个更重要的问题：它是否真的想阻止或消除逃税？答案可能是肯定的，但也并非完全如此肯定。这在一定程度上取决于社会福利函数包含哪些人。考虑社会由这样一些人的集合组成：诚实的人，用 $H$ 标记，这些人从不会逃避纳税；不诚实的人，用 $DH$ 标记，他们按照犯罪的经济学模型行事，并且非常希望能逃税。社会可能决定其社会福利只取决于诚实的人，我们可以用社会福利函数 $W = W(U^H)$ 表示。不诚实的人通过非法的逃税行为所获得的效用增加不会导致社会福利的增加。结果是，不诚实的人将他们自己剔除出社会的考虑范围。另一种情形是，社会可能考虑每个人的福利，我们可以用社会福利函数 $W = W(U^H, U^{DH})$ 表示。不诚实的行为并不一定会被宽恕，但它也不会将这些人从社会中剔除出去。

在第一种情形中，毫无疑问社会是想消除逃税行为的。消除逃税能增加政府可以得到的税收收入，从而降低诚实的人身上的税收负担。而且，政府减少逃税的努力导致不诚实的人的效用损失对社会福利并没有影响。政府应该将惩罚率提高得足够高来消除逃税，在我们前面的简单模型中惩罚率应为 $(1-p)/p$。没有必要担心针对犯罪的惩罚是否合适，因为不诚实的人不会被考虑在内。而这时也完全不用负担加强审计带来的资源成本。

相比之下，第二种情形会更复杂，毫无疑问也会更贴近现实。在承受应有的惩罚之后，人们之前的过错会被原谅。现在的难点是在诚实和不诚实的人之间存在社会福利的权衡取舍。如前面所述，诚实的人会因为不诚实的人的逃税行为而蒙受损失，因为他们必须纳更多的税来满足政府的税收需求。通过降低他们的效用，逃税降低了社会福利。但同时，不诚实的人会因为被允许逃税而获益。事实上，从他们的角度看能逃掉所有的税是最理想的状态。通过提高他们的效用，逃税提高了社会福利。因此，如果不诚实的人获得的效用所带来的社会福利提升，高于诚实的人损失的效用所导致的社会福利减少，允许逃税就会增加社会福利。

在下述两种情形下逃税可能会带来社会福利的提升：

1. 很高比例的一部分人是不诚实的。在某点上，社会可能会达到一个临界点，在这里"（几乎）所有人都在欺骗"的说法成为事实。一旦欺骗成为社会规范，试图阻止欺骗可能徒劳无功。

2. 欺骗的人主要是穷人。穷人有相对更高的收入的边际效用，因此他们通过欺骗获得的效用增加在社会福利函数中占有更大的权重，可能比富裕的诚实纳税人要高得多。我们可以试想一下地下经济，在那里劳动服务的交易往往用现金进行，因而很难被税收当局追踪到。地下经济毫无疑问使很多穷人获益，虽然肯定并不仅仅包括穷人。

形成合法和非法产品的地下市场的那些激励给市场系统带来了一种完全不同的认识。主流观点认为市场系统是好的，并不坏。政府干预只有在市场失灵时才是正当的，否则应该由功能完好的市场去配置商品和服务。然而当市场转入地下时，不管它们多有效，对政府而言都是一个问题,这恰恰是因为它们使政府难以取得税收。这个问题有多重要,部分取决于参与地下交易的人们是否被包括到社会福利函数中,以及如果包含的话,他们的社会边际效用的权重有多大。

一种怀疑的观点认为,对于大多数发达市场经济体来说,逃税的人的比例足够低,而且主要集中于富人群体,以此来说明政府减少逃税的努力是有道理的。然而这仅仅是一种猜测。显然很难获得关于逃税和地下经济的可信的数据。

### □ 税收赦免

惩罚和加强审计是减少逃税的大棒政策。而更温柔的胡萝卜政策是税收赦免,在此政策下税务局(Department of Revenue,DOR)给逃税者几个月的时间来申报之前隐瞒的收入并纳税,而不用被惩罚。税收赦免是否有效还有待讨论。其目的是诱导那些害怕被审计到的、风险厌恶的纳税人站出来承认他们过往的逃税行为。如果这些纳税人今后能够痛改前非并停止逃税,那就更好了。但税收赦免也有其缺点。风险偏好程度较小的逃税者可能会承认一次,但如果他们相信 DOR 在将来的某个时候有另一个赦免期,他们就会继续逃税。如果能免于惩罚,迟缴税显然比现在就缴税好。而且,一些诚实的纳税人很可能会反感这种对逃税者的仁慈。更坏的情况是,如果这种反感足够强烈,他们自己也可能会成为逃税者,税收赦免会增加总的逃税数额,这种令人担忧的可能性极有可能成为现实。

关于税收赦免的经验研究并不是令人鼓舞的。在一个著名的研究中,詹姆斯·奥尔姆和威廉·伯克(James Alm and William Beck,1993)考察了科罗拉多州一次税收赦免之前、期间和之后的所得税征收情况,这次的赦免期在 1985 年 9 月 15 日—11 月 15 日之间。他们发现赦免对税收收取情况没有影响,甚至在赦免期内也没有。可能一些诚实的纳税人确实改弦更张并开始逃税,虽然奥尔姆和伯克没有办法证实这个可能性。

## 私人信息和转移支付

关于完全信息下的转移支付的主流理论主要有两种思路。一种是帕累托最优再分配的概念,它通过公共选择角度(在第 10 章中讨论过)进入到理论当中。另一种是社会福利最大化的人际公平条件,以此来提升最终结果公平或分配公正(在第 4 章中讨论过)。让我们简要地回顾这两种理论。

帕累托最优再分配是用转移支付来提升效率,并将经济带到它的效用可能性边界的。如果富人对穷人是利他主义的,就会出现这种再分配,结果是富人的效用取决于穷人的某些特性。实际上,对于穷人的经济剥夺给予了富人一种消费外部性。转移支付的形式取决于穷人的哪些方面给富人带来了困扰。如果他们认为穷人缺乏资源来购买适量的生活必需品,例如食物、衣服、住所、医疗,则转移支付应该用现金进行。如果他们将穷人看作是缺乏某种特殊的商品,比如缺乏足够的食物的人群,那么转移支付应该采取补贴的形式,对穷人的食物消费进行补贴。在这种情况下,提供这些商品的转移支付可以被**分权化**(decentralized),食物的市场仍然像以往一样运行,而政府以某种补贴率对穷人购买的食物给予报销。从主流观点看，能够将实物转移支付分权化是很好的，因为与现金转移支付相比，它减少了政府对经济的干预，而现金转移支付一定由政府提供（也就是说，**集权的**（centralized））。

主流理论认为，如果人们是利他的，帕累托最优再分配是将经济带往效用可能性边界的必要条件，但不是充分条件。社会还必须达到边界上的最优点，也就是极乐点，来满足最终公平和分配公正。这需要额外的一系列一次性总付税和转移支付，直到每个人的收入的社会边际效用都相等。（转移支付也必须是一次性总付的，以使经济处在边界上。）如果这些以公平为基础的税收和转移支付充分地减小了富人和穷人之间的经济差异，以至于富人对于穷人的利他主义动机消失了，那么帕累托最优再分配就不再是必要的。

### □ 布莱克贝-多纳德森（Blackorby-Donaldson）医疗保健模型

对主流理论的两种思路来说，私人信息都有着特别的意义。对于帕累托最优再分配，私人信息的存在使通过补贴进行的实物援助的分权化有可能不是最优策略。政府对援助的配给有可能比分权化补贴更优。另一个可能性是，政府无法建立起一系列税收和转移支付，使所有人的收入的社会边际效用都相等，即使这些税收和转移支付是一次性总付的。两种问题的根源都一样：由于缺乏有关个人的信息，政府并不能防止人们领取本不属于他们的补贴，这种情况在完全信息下可以避免。经济学家认为，完全信息的转移支付政策可能是无法实施的。如果政府实施政策的结果不能一如预期，那么政策的那些可取之处也就毫无意义了。

查尔斯·布莱克贝和戴维·多纳德森（Charles Blackorby and David Donaldson, 1988）提出了一个私人信息下的转移支付模型。它是一个非常简单的模型，有关如何向需要医治的人提供医疗服务，模型说明了主流理论的两种思路如何受到私人信息的影响。它也可以用来阐述**机制设计问题**（mechanism design problem）——怎样设计转移支付项目，使得人们有激励来揭示关于自己的真实信息。在这个例子中，问题是那些声称自己病了的人是否真的病了，并需要医药治疗。

布莱克贝-多纳德森假设经济由两组人构成：健康的人（$H$）和病人（$I$）。每组中的人都是相同的，因此他们由组中的一个人表示。社会生产两种商品，一种可以用于所有用途的商品 $Y$ 和医疗服务 $Z$，后者能够改进病人的健康状况。健康的人只从 $Y$ 中获得效用，而病人需要从 $Y$ 和 $Z$ 两者中获得效用。他们的效用函数是：

$$U^H = Y_H$$
$$U^I = Y_I - e^{1-Z}$$

注意医疗服务 $Z$ 不能治好病，只能减轻病人的病情。如果他们不购买或没有收到医疗服务，$Z=0$，那么他们需完全承担病痛。他们的效用以 e 为底呈指数递减，e 约等于 2.8。如果他们购买更多的医疗，病情带来的效用损失就随之减小。在 $Z=1$ 处，效用的损失减小到 $-e^{1-1} = -e^0 = -1$。如果 $Z$ 大于1，则指数部分变成负数，$e^{1-Z}$ 变得小于1。

经济体系中的生产部分极其简单。经济中有 6 单位的资源可以用来生产 $Y$ 或 $Z$。生产可能性边界是 $Y+Z=6$。既然 $Y$ 全部被 $H$ 或 $I$ 消费，另一种形式可以写成 $Y_H + Y_I + Z = 6$。

**最优完全信息的情况**

假设政府拥有两组人的完全信息，因此它能够达到效用可能性边界。这被称作最优边界，以区别于私人信息下受到更多限制的次优边界。

因为模型非常简单，我们很容易描述其最优效用可能性边界。为了使经济处在它的边界上，只有一个帕累托最优条件需要满足，那就是 $Z$ 和 $Y$ 之间的边际替代率与边际转换率必须相等。$MRT_{Z,Y}$ 是生产可能性边界的斜率，等于 $-1$。多生产一单位的 $Z$ 意味着少生产一单位的 $Y$，反之亦然。$MRS_{Z,Y}$ 只适用于 $I$，因为只有这类人从 $Z$ 中获得效用。$MRS_{Z,Y_I}$ 是他对于两种商品的边际效用之比 $MU_Z/MU_Y$。$MU_Z$ 是 $U^I$ 对 $Z$ 的导数。函数 $e^{V(Z)}$ 的导数是 $e^{V(Z)}\dfrac{dV}{dZ}$，即函数自身乘以指数部分对 $Z$ 的导数。这样，$\dfrac{d(-e^{1-Z})}{dZ} = -e^{1-Z}(-1) = e^{1-Z}$。$MU_Y=1$，每多生产一单位的 $Y_I$，对 $I$ 带来一单位的效用增加。这样 $MRS_{Z,Y_I} = MU_Z/MU_Y = e^{1-Z}$。只有当 $Z=1$ 时，$MRS_{Z,Y_I} = MRT_{Z,Y}=1$。因此，要使经济处在它的最优效用可能性边界上，$Z$ 必须等于 $1$。

如果 $Z=1$，则社会有 5 单位的资源在 $H$ 和 $I$ 之间分配，用于购买 $Y$。图 17.4 中画出了 $Y$ 的不同的配置所达到的最优效用可能性边界。$H$ 的效用用横坐标表示，$I$ 的效用用纵坐标表示。假设 $Y_H=0$，那么 $U^H=0$，$U^I=5-e^{1-1}=5-1=4$。当 $Z=1$ 时，$I$ 的效用总是比他在配置为 $Y_I$ 时少一单位。点 $A$ $(0，4)$ 是最优可能性边界的一个端点，是 $I$ 的最大可能点。对应的另一个端点 $B$ $(4，0)$ 指 $H$ 得到 4 单位 $Y$：$U^H=4$，$U^I=1-1=0$。在点 $A$ 和点 $B$ 之间的最优可能性边界的斜率为 $-1$，因为一单位 $Y_I$ 的减少意味着一单位 $U^I$ 的减少，而一单位 $Y_H$ 的增加意味着一单位 $U^H$ 的增加。因此最优效用可能性边界就是线段 $AB$。[1]

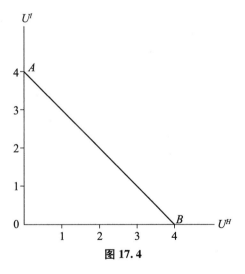

**图 17.4**

**次优私人信息的情况**

假设政府掌握的私人信息非常少，以至于它并不知道谁是健康的，而谁在生病。事实上这是非常糟糕的信息，是可能的最差情况，但它是一种最简便的途径，用以阐明私

---

① 最优边界会超过点 $B$ 达到 $(5，-1)$，但是我们截止到点 $B$，因为假设疾病不会带来负效用。

人信息所可能导致的问题。[1]

第一个应该提出的问题是，政府在面对非完全信息时，能否达到部分的最优效用可能性边界？为了考虑这个问题，假设政府选择通过一家政府运营的诊所来实行医药配给。因为只有一种其他商品 $Y$，假设政府也负责配置 $Y$，即它配给所有的商品。它对声称自己健康的人提供 $Y_H$，而对声称生病的人提供消费束 $(Y_I, Z)$。它知道只有当 $Z$ 等于 1 时，经济才能处于最优效用可能性边界。因此，为了达到最优边界，它必须对声称生病的人提供消费束 $(Y_I, 1)$，对声称健康的人提供 $Y_H$，这样 $Y_H + Y_I = 5$。

个人的私人信息给政府带来的问题是，政府并不知道谁真的是健康的或在生病。这个问题很重要，因为只有当健康的人接受政府提供的 $Y_H$ 而生病的人接受所提供的 $(Y_I, 1)$ 时，经济才能处于它的最优效用可能性边界。为了保证这个结果，需要对政府施加两个约束：每个人必须更加偏好为自己准备的消费束，而不是为他人准备的消费束。用他们的效用表示就是：

健康的人：$U^H(Y_H) \geqslant U^H(Y_I, Z)$

生病的人：$U^I(Y_I, Z) \geqslant U^I(Y_H)$

经济学家称这些为**自我选择性**（self-selection）或**激励相容约束**（incentive compatibility constraints）。它们是自我选择性的，就是说人们自愿地揭示自己的真实身份。它们是激励相容的，就是说两个人的效用最大化动机与政策的意图是相容的。不管用哪种解释，它们都能解决机制设计问题，因为它们确保人们会讲出关于自己的实情。

考虑健康的人的自我选择性约束。$H$ 只在乎 $Y$，$Z$ 对她没有用。因此只有当 $Y_H$ 至少跟 $Y_I$ 一样大的时候，她才接受 $Y_H$ 而不是 $(Y_I, Z)$。在最优边界上 $Z = 1$，有 5 单位 $Y$ 可以分给 $H$ 和 $I$。自我选择性约束意味着 $H$ 必须至少占 $Y$ 的一半，或者说 $Y_H \geqslant 2.5$。因此，给定私人信息，$Y_H = U^H = 2.5$ 是最优效用可能性边界中可以取到的一个极限值，即图 17.5 中的点 $A$（2.5，1.5）。可以给予 $H$ 少于 2.5 单位的 $Y$，但 $I$ 也必须小于 2.5 单位。当 $Y_H + Y_I < 5$ 时，$Z > 1$，$MRS_{Z,Y_I} \neq MRT_{Z,Y} = 1$。经济将处于在 $U^H = 2.5$ 左边的一个次优效用可能性边界上，如图 17.5 所示。

接下来考虑 $I$ 的自我选择性约束。$I$ 想要一些 $Z$ 来增进他的健康，但如果 $Y_H$ 比 $Y_I$ 大得足以抵过缺乏 $Z$，他将接受 $Y_H$ 而不是 $(Y_I, Z)$。这对于 $Y_H$ 的数量设定了一个上限，使 $I$ 能讲出自己的实情，而使经济处于最优边界。在这个上限处

$$U^I(Y_I, 1) = Y_I - e^{1-1} = Y_H - e^{1-0} \geqslant U^I(Y_H, 0)$$

$$Y_I - 1 = Y_H - e$$

但 $Y_I + Y_H = 5$，或 $Y_I = 5 - Y_H$，因此

$$5 - Y_H - 1 = Y_H - e$$

e 约等于 2.8，因此

$$2Y_H = 4 + e = 4 + 2.8 = 6.8$$

$$Y_H = 3.4$$

如果 $I$ 选择 $H$ 的配置，即 $Y_H = 3.4$，他的效用是 $U_I = 3.4 - e = 3.4 - 2.8 = 0.6$。当

① 这个模型显然有一个不现实的特性，就是政府不知道谁是健康的，谁得了病，但是政府知道两群人的效用函数。在私人信息的模型中，政府关于偏好的知识在文献中是一种通用的假设。它创造了一种便利，可以集中考虑关于个体收入、健康等私人信息所带来的各种困难。

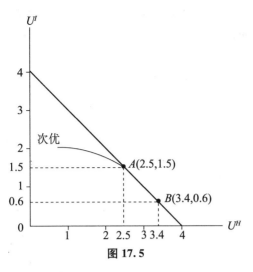

图 17.5

$Y_H$ 等于 3.4 时，$Y_I$ 等于 1.6。如果 $I$ 转而选择为他预备的配置（1.6，1），则他的效用是 $U_I = 1.6 - 1 = 0.6$，跟接受 $Y_H$ 一样。因此为了使经济处于它的最优效用可能性边界，$I$ 必须取得至少 1.6 单位的 $Y$。只要少于这个量，他就会假装成 $H$。因为对于任意 $Y_H \geqslant 2.5$，$H$ 也会申明自己为 $H$，经济体中不生产 $Z$，因而不会处于其最优效用可能性边界。同时，最优和次优边界都会在 $Y_H = 3.4$ 即图 17.5 中的点 $B$（3.4，0.6）处终止。如果 $Y_H > 3.4$ 且 $I$ 假装成 $H$，那么 $Y_I = Y_H > 3.4$。为 $H$ 和 $I$ 生产的总的 $Y$ 将大于 6.8，这将大于可以提供给两个人的 6 单位资源，因而是不可行的。

**购买药品的补贴：第三优解**

从上面可以得到的一个结论是，政府对 $Z$ 的配额能达到最优效用可能性边界的某部分，也就是 $Y_H \geqslant 2.5$ 和 $Y_H \leqslant 3.4$ 之间的线段，即线段 $AB$。那么下面的问题是，这与分权化的解如何进行比较？在分权解中，$I$ 被允许在私人市场上购买医疗服务。回答这个问题要明确的第一点是，如果 $Y$ 和 $Z$ 的市场是竞争性的，正如经济达到最优效用可能性边界所必需的那样，那么两种商品价格之比（的负值）必须等于 $MRT_{Z,Y}$，即生产可能性边界的斜率。但在整个边界上 $MRT_{Z,Y} = -1$。因此 $P_Z/P_Y = 1$，进而我们假设 $P_Y = P_Z = 1$。$H$ 一定不会购买 $Z$。他的真实收入或购买力等于他对 $Y$ 的消费 $Y_H$。$I$ 一定会购买 $Z$，其购买的价格 $q$ 是由政府设定的不等于 1 的数。他的真实收入或购买力是 $Y_I + qZ$。如果他购买 $Z$ 得到了补贴，则 $q$ 小于 1。

首先需要注意的是，为了达到最优效用可能性边界，$q$ 必须等于 1——不能补贴 $Z$。这是因为消费者将他们对于两种商品的 $MRS$ 定为商品价格的比值，从而达到效用最大化，而为了处于最优边界，$I$ 的 $MRS_{Z,Y_I}$ 必须等于 1，即 $MRT$ 的值。当 $P_Y = 1$ 时，$Z$ 对于 $I$ 而言的价格也必须等于 1，因此 $q$ 必须为 1。

无补贴的结果是布莱克贝-多纳德森简单模型所特有的。健康的人没有对生病的人表现出利他主义，这样就没有理由补贴 $I$ 对于 $Z$ 的购买。一个更复杂的具有对病人的利他主义的模型会要求存在补贴，以达到最优效用可能性边界——这是一种从 $H$ 到 $I$ 的帕累托最优再分配。

从信息的角度出发，更重要的是，存在对 $Z$ 的补贴时，自我选择性或激励相容约束要求 $H$ 和 $I$ 必须具有相同的购买力。换句话说，不论政府将 $q$ 的值设定为多少，该约束

都是 $Y_H = Y_I + qZ = 3$。理由是，如果购买力是不相等的，每个人都会声称自己是具有更高购买力的那个人。例如，假设 $I$ 比 $H$ 具有更高的购买力。那么 $H$ 会声称自己是 $I$。因为政府不可能知道谁是健康的或是生病的，也不可能知道更富有的那个人会利用他的购买力做什么。$H$ 可能会声称要买 $Z$ 从而获得补贴，但事实上却将他的所有购买力花在 $Y_H$ 上。另外，如果 $H$ 具有更高的购买力，$I$ 将会声称自己是 $H$，并会使用一些 $Y_H$ 来购买 $Z$。

等购买力约束条件显示，在分权化政策下，在最优效用可能性边界上只有一点是可能的。在最优边界上 $Y_H = Y_I + qZ$，$q = 1$，$Z = 1$ 时，配置将会是 $Y_H = 3$，$Y_I = 2$，$Z = 1$。所达到的效用是 $U^H = Y_H = 3$，$U^I(Y_I, 1) = Y_I - e^{1-1} = 2 - 1 = 1$。在图 17.6 中，在分权化补贴政策下，点 $C$（3，1）是最优效用可能性边界上唯一可以达到的点。

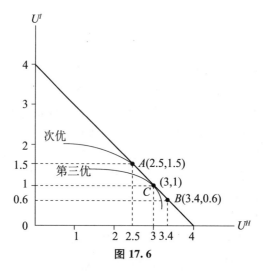

图 17.6

可以通过补贴 $Z$（$q < 1$）来满足 $I$，或者通过对 $Z$ 征税（$q > 1$）来满足 $H$ 以实现其他对效用的配置。[①] 它们用图 17.6 中标记为第三优的过点 $C$ 的曲线表示。因为 $q \neq 1$，这些配置不可能是最优配置。如图中所示，它们也不可能是次优边界，因为等购买力的约束比次优边界上的任何限制区域都要严格。例如，假设一个对于 $Z$ 的补贴使得 $Y_H = U^H = 2.5$，位于次优和第三优边界的连接处。在配额政策下，$Y_I$ 也等于 2.5，而 $Z = 1$。这在补贴政策下不可能是一个均衡，因为 $I$ 比 $H$ 更有购买力。$H$ 将声称自己是 $I$。因此，当 $Y_H = U^H = 2.5$ 时，在补贴政策下，$Y_I + qZ$ 也必须等于 2.5。这只有当 $q < 1$，$Z > 1$，以及 $Y_I < 2.5$ 时才会发生，在此情形下 $I$ 处于配额政策时他所能达到的效用之下。[②]

这个模型有两个重要的含义。其一是，政府对医疗服务的配给要优于分权化的补贴，除非资源在健康的人和病人之间是平均分布的。这很好理解。想想美国的某些医生，他们向医疗保险、医疗补助计划和私人保险的承保人提供他们从未进行过的医疗服务的发

---

① 当 $Z$ 的取值为 0 到 1 时，$MU_Z$ 即 $e^{1-Z}$ 的变动范围是 e 到 1。当 $Z > 1$ 时，$MU_Z = \frac{1}{e^{Z-1}} < 1$。这样，当 $P_Z = q = 1$ 时，$I$ 购买 1 单位的 $Z$；当 $q < 1$（补贴）时，购买量大于 1 单位；而当 $q > 1$（征税）时，购买量小于 1 单位。

② 当 $Z > 1$ 时，$MU_Z = \frac{1}{e^{Z-1}} < 1$，并且 $MU_Y = 1$。这样，$I$ 在 $Z > 1$，$Y_I < 2.5$ 时，比在 $Z = 1$，$Y_I = 2.5$ 时境况变差。$I$ 不想用 $Y$ 来交易 $Z$，因为 $Z$ 的边际效用较低。

票。如果政府不能轻易地监管医生和病人，从而决定他们是否真正需要医疗服务，虚假声明的情况就会变得很普遍。因此，由政府自己的诊所提供医疗服务而不是补贴病人获得这些服务，这样的成本更低。布莱克贝-多纳德森模型中政府获得的信息是如此匮乏，以至于由政府提供医疗配额是更可取的选项（除了图 17.6 中的点 C）。

第二个含义来自分权化选择下的等购买力的结果。它表明了一个更一般性的问题，也就是，如果政府缺乏关于人们收入的信息，那么它就不能用税收和转移收入的办法来使收入的社会边际效用相等，而这却是社会福利最优化所要求的。问题并不在于现实生活中的税收和转移支付不大可能是一次性总付的，虽然事实确实如此。它是一个更深刻的信息问题。如果政府不知道人们的收入，那么在再分配项目下需要被征税的那些高收入群体就会声称自己的收入足够低，以便获得领取补贴的资格。政府不能简单地实行再分配项目。当然，政府确实有一些关于人们收入的信息。但即使在这种情形下，布莱克贝-多纳德森模型也说明了一个重要的事实：如果人们拥有关于他们收入的私人信息，政府就不可能达到最优效用可能性边界上的极乐点。给定人们拥有关于自身收入的私人信息这一事实，政府的税收—转移支付项目应该关注其所必须满足的自我选择性或激励相容约束条件。将这些约束施加到税收—转移支付项目的设计上时，如果一条或更多的约束起作用的话，将不再可能达到极乐点。这时政府就被限制在一条次优效用可能性边界上。

总之，当政府试图提升在公平和效率方面的公共利益时，私人信息经常把它们置于一道严峻的障碍之下。搭便车、道德风险和逆向选择、逃税以及转移支付上的约束——这一系列难题数目繁多，涵盖了许多更加重要的市场失灵问题，而这些问题正是资本主义国家的政府所必须克服的。

# 第18章

## 税收归宿：理论问题

公共部门经济学一般仍然被称为财政学，这也是这个学科最初的名字。亚当·斯密曾经研究过政府部门，他的研究对美国经济学家有着巨大的影响。在 20 世纪中期以前，英国经济学家遵循亚当·斯密的传统，仅仅关注税收理论和政策。之后，公共支出开始受到同等的重视，财政学的名字才开始让位于公共部门经济学。

税收的归宿问题一直是财政学的一个中心问题：谁承受某种税或税收集合的负担？经济学家将税收的**归宿**（incidence）——负担——与该税的**影响**（impact）区分开来，后者是指税收所针对的对象，正是他们给政府写纳税支票。归宿和影响可能是不同的，因为当政府对市场交易和销售商品征税时，市场自然地对征税做出反应。例如，某种销售税对商业企业进行征收，它们给政府写纳税支票从而承担税收的影响。但如果它们能用更高价格的形式将税转嫁给消费者，它们就可能会避免部分甚至是全部的税收归宿。如果是这样，那么消费者会承担部分或全部的税收归宿，即使他们在表面上并没有缴纳这种税。经济学研究的根本兴趣在于税收的归宿，而不是它的影响。

关于税收归宿的专业文献数量非常庞大，可能是公共部门经济学各领域中最大的一类。对于需要钻研的学生来说这是一类繁杂的文献，不仅仅是因为它内容庞大。它还包含了度量税收归宿的许多不同的方法，既有经验的，也有理论的，这在初次阅读的时候必然会令人感到困惑。

对于税收归宿的研究本质上是一个经验研究。其目标是决定政府所使用的各种税收的负担，使得政府官员能够对它们的公平性有合理的判断。某种特别的税是否有助于或阻碍了社会对分配公正的追求？解答该问题需要了解该税种的归宿。然而，对于一些主要税种的归宿问题，专业经济学文献中存在着尖锐对立的意见。最著名的例子之一是关于企业所得税的。20 世纪下半期的两个主要公共部门经济学家里查德·马斯格雷夫和阿诺德·哈伯格对于美国企业所得税的归宿各自进行了独立的研究（Krzyzaniak and Musgrave, 1963；Harberger, 1962）。马斯格雷夫的结论是，该税收被超过 100％地转移给消费者，而哈伯格的结论是税收的负担几乎全部落到了公司股东们身上。受尊敬的经济学家之间对税收归宿问题有着严重的意见分歧的例子还包括销售税、社会保险工薪税、财产税等。

经验文献中出现差异原因一定程度上是由于税收归宿的理论问题还远未得到解决。经济学家提出了度量税收归宿的不同方法，而这些度量并不是必然彼此一致的。他们在合理设计税收方面也意见不一，一些问题包括：某种税收的归宿能否独立于政府预算的其余部分来考虑？税收归宿应该以年还是一生为基准来度量？不同的选择可以导致关于某种税收归宿的截然不同的结论。

第 18 章讨论税收归宿的理论问题。本章考虑文献中关于税收归宿的各种不同方法，并展示它们之间的一些不一致之处。但是，本章的主要目标是强调经济学家已经达成共识的一些原则，即使这些原则可能不完全是彼此一致的。税收归宿理论的发展体现了一种传统的智慧。然后第 19 章考虑六个主要税种的归宿问题的经验研究：个人所得税、工薪税、销售税、企业所得税、财产税和增值税[*]。

## 供给、需求和税收归宿

在大多数经济学原理教科书中可以找到的对于税收归宿的分析是一个好的开始。一个普遍性的例子是对商品的销售所征收的每单位消费税，这种商品由在完全竞争市场中运营的企业生产。关于每单位消费税的一般的例子是在每加仑汽油或每盒香烟上所征的税。对于展示市场是如何应对征税的，税收的供给和需求分析很有用，它能够引出关于税收归宿的一系列重要的原则。幸运的是，分析的结果跟我们选择了某种商品或服务的消费税并不相关。下面所要推导的原则适用于对商品和生产要素征收的所有税种。同样地，在单位税和从价（价格的百分比数值）税之间也没有分析上的重要区别。仅仅是因为单位税的效果能够更容易地在供给和需求图上精确地体现出来。

图 18.1 描述了商品 $X$ 的完全竞争市场。$X$ 的数量在横轴上，$X$ 的价格在纵轴上。不存在税收的市场均衡是 $(X_0, P_0)$，在市场供给曲线 $D$ 和市场需求曲线 $S$ 的交点处。假设政府对 $X$ 的销售征收消费税，每单位 $X$ 征收 $t$ 美元。因为该税是对企业征收的，它们承受税收的影响，并且是税收的第一反应者。回忆供给曲线 $S$ 表示在每一单位产出处市场供给 $X$ 的边际成本。现在企业必须对每单位产出支付 $t$ 美元的税，它们供给每单位产出的边际成本也已经上升了 $t$ 美元。结果是，$S$ 在每一点处都恰好平行地向上移动 $t$，到 $S'$。它们供给 $X$ 的意愿降低了。新的市场均衡是 $(X_t, P_{gt})$，在 $D$ 和 $S'$ 的交点处。$P_{gt}$ 称为**含税价格**（gross-of-tax price），因为它包含了消费税。在对每一单位的 $X_t$ 支付税收 $t$ 之后，企业面对的每单位 $X$ 的价格是 $P_{nt}$，即**不含税价格**（net-of-tax price），按两种价格的定义有 $P_{gt} = P_{nt} + t$。政府获得的税收收益是 $tX_t$，也就是长方形区域 $P_{gt}abP_{nt}$。

企业可能承担消费税的影响，但其归宿或负担却是由这个市场中的消费者和企业共

---

[*] 实际上，第 19 章介绍了五个主要税种的税收归宿问题：个人所得税、工薪税、销售税、企业所得税和财产税。——译者注

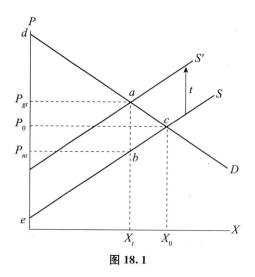

**图 18.1**

同分担的。市场能将征税的负担分给市场中的两边，因为征税会产生两种价格，而之前只有一种价格。在征税之前，消费者和生产者都基于 $P_0$ 做出其需求和供给的决定。在征税之后，消费者的需求决定的基础是 $P_{gt}$，即含税的价格。与之对应的是，企业的供给决定的基础是 $P_{nt}$，因为这是它们在售出每一单位 $X$ 之后可以用来支付生产要素并为其投资者提供回报的全部所有。因此，由于消费税的缘故，消费者所面对的实际价格从 $P_0$ 上升到 $P_{gt}$；同时，企业所面对的实际价格从 $P_0$ 下降到 $P_{nt}$。消费者蒙受了损失，因为他们为每单位商品支付了更高的价格（$P_{gt}$ vs. $P_0$），而获得更少的产出（$X_t$ vs. $X_0$）；企业也蒙受了损失，因为它们从每单位商品中得到的更少（$P_{nt}$ vs. $P_0$），产出也更少（$X_t$ vs. $X_0$）。

消费者和企业的损失也可以用标准的消费者和生产者剩余区域表示。唯一要注意的是需求曲线必须是补偿需求曲线，如果在对 $X$ 的需求上没有收入效应的话就是这样。使用实际需求曲线时，消费者剩余不是对福利损失的有效度量。[1] 在征税之前的消费者剩余是区域 $dcP_0$，即需求曲线以下、价格线 $P_0$ 以下到 $X_0$ 为止的三角形区域。征税的结果是，消费者剩余减少为 $daP_{gt}$，即需求曲线以上、价格线 $P_{gt}$ 以下到 $X_t$ 为止的三角形区域。消费者剩余的损失是区域 $P_{gt}acP_0$。在征税前生产者剩余是区域 $ecP_0$，即供给曲线以上、价格线 $P_0$ 以下到 $X_0$ 为止的三角形区域。征税的结果是，生产者剩余减少为 $ebP_{nt}$，即供给曲线以上、价格线 $P_{nt}$ 以下到 $X_t$ 为止的三角形区域。生产者剩余的损失是区域 $P_0cbP_{nt}$。

最后要注意的一点是，消费者和生产者剩余加起来的损失只有一部分作为税收收入被政府获得。总的剩余损失是区域 $P_{gt}acbP_{nt}$，而政府收取的税收收入是矩形区域 $P_{gt}abP_{nt}$。它们的差——三角形区域 $abc$——就是第 15 章中所描述的超额负担或无谓效率损失，即最终没有人能得到的那部分消费者和生产者的税收负担。

### □ 弹性和税收归宿

在图 18.1 中税收归宿被非常平等地在消费者和生产者之间进行分割，但这只是供给

---

① 在第 15 章介绍衡量税收带来的无谓损失时，我们已经讨论过补偿和实际需求（要素供给）曲线之间的差异。回忆一下，实际需求（要素供给）曲线反映了价格变化所带来的替代效应和收入效应，而补偿需求（要素供给）曲线仅反映了替代效应。只有使用补偿需求曲线时，消费者剩余才是衡量价格变化带来的福利损失的一种有效方法。如果对这些问题不太清楚，请参考第 15 章的有关内容。

和需求曲线的形状所导致的。不同的形状会导致对税收负担不同的分配。税收归宿的基本原则之一是归宿取决于需求和供给的相对弹性。表述这条原则的一种方式是这样的：如果需求相对于供给更缺乏弹性，消费者就会更多地承担税收的负担。无论用哪种顺序表述，这个陈述都是成立的。[①] 这条原则背后的直觉是，在市场中不愿意对价格做出反应的一方（更缺乏弹性的一方）会受到税收的损害。

图 18.2 中所描述的两个极限情形具有指导意义。在图 18.2（a）中，需求相对更缺乏弹性，因为它是**完全无弹性的**（perfectly inelastic）：在相关的价格范围内垂直。当 $S$ 按上面的数量 $t$ 移动到 $S'$ 时，市场价格从 $P_0$ 移动到 $P_{gt}$，提高了整个税收 $t$ 的大小。数量 $X_t$ 停留在 $X_0$，不含税价格 $P_{nt}$ 停留在 $P_0$。企业受到了税收的影响，但完全没有承担税收的归宿。它们能够将全部的税收负担以更高价格的形式转嫁给消费者。企业总是试图将税收以更高价格的形式转移给消费者，这体现在将供给曲线按税收的额度向上移动上。但它们只有在市场价格升高了整个税收的大小时才会成功，就像图 18.2（a）中所示的那样。然而，市场价格的提升通常是小于整个税收的额度的，如图 18.1 所示，在这种情形中它们将负担转嫁给消费者的尝试只是部分地成功。

在图 18.2（b）中，供给是相对缺乏弹性的，因为它是完全无弹性的。无论价格有多高，企业都愿意供给 $X_0$，至少在相关的价格范围内是这样的。现在 $S$ 和 $S'$ 重合，一条垂直的曲线不可能向上移动。结果是，市场均衡不受影响。$X_t$ 停留在 $X_0$，而市场价格 $P_{gt}$ 停留在 $P_0$。消费者不承担税收的负担。他们跟在没有征税的时候一样，以同样的价格消费同样多的数额。相反地，$P_{nt}$ 下降了整个税收的额度，因此企业承担全部的税收负担。

## □ 什么时候影响等于归宿？

关于税收归宿的第二个原则从图 18.2 中对完全无弹性供给的分析中得来：如果被征税的市场的一方具有完全无弹性的供给（需求）曲线，那么税收的影响就是税收归宿。也就是说，所征得的税收收入代表了税收的负担。在图 18.2（b）中消费税是对企业征收的，而企业的供给曲线完全无弹性。所征得的税收收入是区域 $P_0 a b P_{nt}$。同时，生产者剩余从 $P_0 a X_0 0$ 降低到 $P_{nt} b X_0 0$，损失了 $P_0 a b P_{nt}$，恰好是税收收入的数额。税收的影响即是税收归宿。

同样的原则适用于处于被征税一方的消费者，但同样要注意的是需求（要素供给）曲线必须是补偿性曲线，而非实际的曲线。对于商品和服务的市场来说这个区别可能不重要。由正常品的定义，收入效应对所有的正常品都是正的，而收入效应和替代效应作用的方向相同，使得需求曲线向下倾斜。因此，只有当不存在收入效应和替代效应时，对某种商品的需求曲线才可能是完全无弹性的；在这种情形下实际和补偿需求曲线是同一条曲线，而且是完全无弹性的。这些情形只有对极少的商品才会成立。[②]

然而对要素需求曲线而言，实际和补偿性曲线之间的差别确实是重要的，而大多数

---

① 例如，供给相对于需求越缺乏弹性，供给者承担的税收就越多。

② 关于实际和补偿需求（供给）曲线的注意事项并不适用于厂商的要素需求和产品供给，因为对于厂商而言，这两种曲线之间并不存在差异。实际要素需求和产品供给曲线仅反映了价格变动所带来的替代效应，并不存在收入效应。

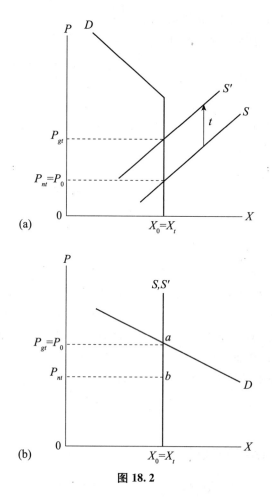

**图 18.2**

对个人征收的税都施加在要素收入的来源上，例如个人所得税。考虑劳动的供给，它占了个人所能获得的要素收入的大部分。在第 15 章中我们看到，在标准的劳动力供给的劳动—闲暇模型中，替代和收入效应按相反的方向发生作用。由于替代效应，所得税所导致的税后工资的减少会降低工作努力程度（替代效应使得供给曲线向上倾斜，因为人们在更低的税后工资下用闲暇替代收入）。但由于收入效应，税后工资的减少会提高工作努力程度（收入效应使得供给曲线向下倾斜，因为更低的工资所导致的购买力下降使得人们选择更少的闲暇——他们工作更加努力了）。[①] 因此，图 18.3 中所描绘的劳动力市场的情形是很有可能发生的。

　　劳动力的数量由横轴表示，工资由纵轴表示。需求曲线 $D$ 来自企业。完全无弹性的供给曲线 $S^A$ 是劳动力的实际供给曲线。它反映了替代效应和收入效应对于劳动力供给的综合作用，这两者恰好互相抵消了。更具有弹性的向上倾斜的供给曲线 $S^C$ 是劳动力的补偿供给曲线。我们知道它表示当个人处于一条给定的无差异曲线上时，不同工资处的劳动力供给之间的关系。这样，$S^C$ 只体现工资变动的替代效应，从而是向上倾斜的。$S^C$ 与 $S^A$ 在税后工资 $W_0(1-t)$ 处相交，这里假设 $S^C$ 代表劳动—闲暇模型中沿税后无差异曲线

---

① 　如果你不清楚这些问题，请参考第 15 章中有关"要素供给：劳动"的内容。

的劳动力供给。

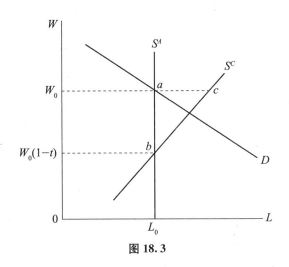

**图 18.3**

征税前的市场均衡是 $W_0$，在 $D$ 和 $S^A$ 的相交处。以税率 $t$ 针对个人征收的工资所得税将个人的工资从 $W_0$ 降到 $W_0(1-t)$。（这里我们假设一个工资的从价百分数，因为所得税种正是这样征收的。）在所供给的劳动的每一数量处，个人供给劳动的意愿都提升了税收的数额 $tW$。因为实际的供给曲线是垂直无弹性的，它不可能移动。企业支付的市场工资停留在 $W_0$ 处，而个人得到的工资下降到 $W_0(1-t)$。实际的劳动供给停留在 $L_0$ 处。税收的负担完全落到个人头上，因为企业以 $W_0$ 的工资继续雇用 $L_0$ 数量的劳动，就像征税前一样。进一步地，现在看来当用实际供给曲线 $S^A$ 度量的时候，税收的影响就是税收的归宿。所征得的税收收入是 $tW_0L_0$，等于矩形区域 $W_0abW_0(1-t)$。在 $S^A$ 上度量的征税前的个人剩余为矩形区域 $W_0aL_00$，即工资线 $W_0$ 以下到 $L_0$ 为止的区域。换句话说，这也就是全部的劳动收入，因为当 $S^A$ 完全无弹性时供给劳动的机会成本为零。征税后个人的剩余是 $W_0(1-t)$ $bL_00$，即税后工资线 $W_0(1-t)$ 以下到 $L_0$ 为止的区域，也就是税后工资收入。税收所导致的剩余损失是税前和税后剩余之差，也即区域 $W_0abW_0(1-t)$，等于所征得的税收收入。在这种度量办法下影响等于归宿。

然而，使用 $S^A$ 来代表税收导致的剩余损失是不合理的。这个损失应该用补偿供给曲线 $S^C$ 来度量。正如第 15 章中所讨论的，正确度量的工人剩余的损失是 $S^C$ 后面到工资轴为止的区域，即区域 $W_0cbW_0(1-t)$，这比所征得的税收收入多了一个区域 $abc$。因为税收导致的无谓损失，即区域 $abc$，税收的负担超过了所征得的税收收入（税收的影响）。上面的结论如下：只有当个人的补偿需求（要素供给）曲线完全无弹性时，对个人所征的税收的影响才等于归宿。也就是说，只有当替代效应是零的时候影响才等于归宿。为零的替代效应进一步说明了这种商品（要素）的无差异曲线是直角的，这样沿某条给定的无差异曲线，价格（工资）的改变对需求（要素供给）数量没有影响。而且，为了使实际需求（要素供给）曲线为完全无弹性的，收入效应也必须为零。替代效应和收入效应均为零的商品（要素）被称为处于绝对固定的需求（供给）中。

不幸的是，极少的商品和要素是处于绝对固定的需求（供给）中的。土地的供给也许是唯一重要的例外。然而，除了土地税之外，针对个人的税收的归宿几乎都不等于它的影响。

最后需要注意的是，对处于绝对固定供给中的商品或要素所征的税是一次性总付税，因为纳税人对税收所做出的任何决定都不可能改变他们的纳税责任。因此，影响即是归宿原则的一条结论是：一次性总付税的归宿就是这种税的影响，即所征得的税收收入总额。

### □ 与市场的哪一方被征税无关

税收的供给和需求分析揭示了关于税收归宿的另一条基本原则：立法者选择对市场的哪一方征税与税收归宿无关。无论是对购买者还是对供应者征税，税收归宿都一样。回到图 18.1 中的例子，假设国家税务局不是对企业征收税率为 $t$ 的每单位消费税，而是派征税代表坐在零售店的收银台旁，对商品 $X$ 的消费者收取一个每单位税 $t$（参见图 18.4）。

征税前的均衡是 $(X_0, P_0)$，即图 18.1 中 $S$ 和 $D$ 的交点。因为现在税收的影响施加在消费者身上，他们的反应是将其需求曲线向下移动一个税率 $t$ 的额度到 $D'$。他们为消费的最后一单位 $X$ 支付的意愿在每一产出处都下降了税收的数额。新的均衡是 $(X_t, P_t)$，在 $S$ 和 $D'$ 的相交处。如果税率 $t$ 在两个图中是一样的，那么税后均衡也会是一样的。企业从消费者那里得到价格 $P_{nt}$。在付税之后，消费者面对的含税价格是 $P_{gt}$，像前面一样，$P_{gt} = P_{nt} + t$。就像对企业征收消费税的情形一样，价格和数量对市场的双方都是一样的，因此基于消费者的税收的归宿与消费税的归宿相同。唯一的不同是在基于消费者的税收情形中，市场价格也就是在收银台所付的价格是 $P_{nt}$，而在消费税情形中该价格是 $P_{gt}$。但对于税收归宿来说重要的是，消费者和企业作需求和供给决定时所基于的价格在两种税收下是一样的。

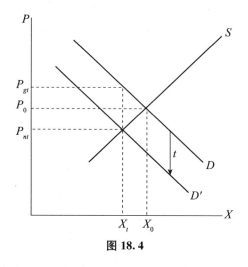

**图 18.4**

然而，实际操作的考虑很可能会使政府偏向于向市场的某一方征税。对于商品和服务的购买征收基于消费者的税会比对企业征收消费税成本更高，这解释了政府为什么偏好对商品的销售征收消费税。在对要素征税方面，对消费者征收的个人所得税能够很容易被修改，以便将纳税人的个人情况纳入考虑。例如，政府可能想免除低收入纳税人的所得税。它也可能想让同样收入的大家庭比小家庭缴更少的税，因为大家庭有更大的需求。这两种目标都可以通过对某种所得税的个人减免来达到。提供这样的对低收入和大家庭的税收保护在对企业征收诸如工薪税或增值税之类的要素税时并不那么容易做到。

保护低收入纳税者和大家庭可能要求建立一个独立的转移支付项目，来将收取的部分税收返还给他们，这比通过个人所得税保护他们在管理上要更困难。虽然在原则上，对市场一方征收的某种税收的归宿总是能够通过对市场另一方征收一种税复制出来。

### ☐ 市场决定税收归宿

在相对弹性和市场方原则之后，还有另外一条关于税收归宿的基本原则：市场而不是立法者决定所有税收归宿。确实，立法者选择对哪种商品或要素以多高的税率征税很重要，但在这些决定做出之后，市场接手来决定税收的负担在购买者和销售者之间怎样分摊。政府不能立法规定谁承受其税收的负担，甚至不能选择是对购买者还是销售者进行征税。这条原则的一个直接的推论是，没有考虑市场如何对税收做出反应的税收归宿分析很明显会是无用的劳动。在考虑税收归宿时，你必须保持对所征税的市场的供给和需求弹性加以一定的考虑。

# 税收归宿的一般均衡分析

供给和需求分析产生了关于税收归宿的一系列重要的原则，但它从来不是税收归宿分析的全部。其缺点是，它是对单一市场的部分均衡分析，而对税收归宿的研究内在地要求包括整个经济体的一般均衡分析框架。坚持一般均衡分析有两个理由。第一，单一市场的供给和需求分析认为对税收做出反应所带来的价格变动是分析税收归宿的关键，但问题是重要的税种特别是包括个人所得税在内所有宽税基税都会导致许多价格同时发生改变。仅仅关注被征税的单一市场忽视了其他价格的变化可能会怎样影响个人和企业。第二，经济学原理教科书上的经济活动循环图提醒我们经济是一个封闭的、相互依赖的系统（除了进出口带来的外泄）。从个人和企业那里征得的税收收入不会马上消失，它们留存在经济中，并且进一步影响个人和企业。结果是，税收归宿分析必须考虑政府是如何使用其税收收入的。让我们考虑税收收入的安排问题，因为它体现了在整个经济体框架内人们是如何认识税收归宿的。

### ☐ 税收收入的安排

关于税收收入的安排可以做出一系列不同的假设，而其中没有哪种假设对于税收归宿的分析是完全令人满意的。

#### 平衡预算归宿
一种显然的选择是关注政府实际如何花费那些从某种税或税收集合中得到的收入，并考虑整个税种的归宿和支出包。经济学家称这种方法为**平衡预算归宿**（balanced-budget incidence），以表明政府开支被假设为与所征得的税收收入相等，从而所有的税收收入都被考虑进来了。这种方法在分析上是合理的，而且很明显是符合实际的。但因为它内在地将税收归宿跟财政支出联系在一起，从而使人不再思考各种税收自身的归宿问题。而且，很多类型的公共支出的归宿是难以确定的。例如，怎样分配某种非排他性公共物品如国防或一些免费提供的成本递减的服务如公共高速公路的归宿往往不是直观的。另外，大多数税种并不会标明用于特定的支出，因此平衡预算体系对于考虑某种单一税收的归宿并不是很有用。它在将政府用于获取收入的整个税收集合作为一个整体研究时最有用。基于这些理由，经济学家没有选择平衡预算体系来分析单一税种的归宿问题。

**受益税**

然而，平衡预算归宿体系引出了一条被经济学家广为接受的税收归宿原则。它关注以收益为基础来征得的税收。假设一种税收被指用作某种特定的开支，而且涵盖了全部支出。一个例子是对某种成本递减服务所设定的平均成本价格，如覆盖全部建设和维护成本的高速公路通行费。只有从高速公路上受益的人才付费。在这种情形中，通行费按照公共定价和征税的受益原则来设置。这条关于受益税的原则是这样的：**按照税收的受益原则设置的税种不是税收归宿分析的对象**。该原则的理由是，受益税并不是纳税人的负担。相反地，人们只有当自己会从被征税的服务中获得一定的净收益的时候才支付受益税。在这方面受益税就像市场价格，经济学家自己也不会关注汉堡包价格的归宿。

受益原则可以有相当广泛的潜在应用，这取决于人们对于特定税种的看法。一个例子是为美国社会保险系统筹资的工薪税。工薪税通常被认为是一种宽税基税，它的归宿令人很感兴趣，因为个人的税收支出并不会像在私人养老金项目中那样被用来在投资基金中进行积累以支付他们将来的退休养老金。在任一年中收取的大部分税收收益都被用来付给现在的退休者。但假设雇员们将他们今天的工薪税看作是隐性地获得政府的一种承诺的途径：即政府会对将来世代的雇员征收工薪税，其税率足够在现在的雇员退休时支付他们的公共养老金。在这种情形中，现在的雇员完全可以将他们所纳的税看作是为将来的养老金所进行的支付，从而可以认为是一种受益税。如果他们确实这样看待所缴纳的税，那么传统的认识是该工薪税的归宿不是一个需要研究的问题。因此工薪税不是对整个美国税收系统的归宿进行研究的一部分。

另一个例子是美国的地方财产税，一些经济学家将其看作宽税基税，而其他一些经济学家则将其看作是用以支付当地公共服务的受益税。在后一种解释下，地方财产税的归宿就不是一个需要研究的问题。

**单一税收的归宿**

假设某种单一税收不是被指定用于特定的开支的，我们应该怎样在一个一般均衡的框架下考虑它的归宿问题呢？阿诺德·哈伯格（Arnold Harberger，1962）在20世纪60年代提出了一种方法，在经济学家中获得了广泛的认同。他提出考虑单一税收归宿的最好的途径是通过以下的概念实验进行。首先建立一个经济的一般均衡模型，在其中政府对某一种商品或要素征税。然后假设政府就像个人能够保留从他们身上征收的税收收入时所作的决策那样花费这些收入。这等于一次性地返还税收收入，并让消费者花费它们。（如果是对企业征税，则将一次性的转移支付付给企业的所有者。）换句话说，哈伯格的方法是一种概念上的平衡预算归宿实验，其中包含一种税收和一种同时发生的对个人的一次性转移支付。它考虑税收和一次性转移支付相结合的一揽子计划的归宿问题。

尽管有着广泛的接受度，哈伯格的方法并不是不存在困难的。一个直接的问题是它离现实很遥远。政府几乎不可能像个人那样花费税收收入。因为搭便车问题，个人不可能购买非排他性物品，也不会像政府那样，以公共养老金、保险、对穷人的资助等形式提供同样数额的转移支付。但尽管这样，哈伯格的概念性方法是考虑税收收入的最简便的方法，它将关注点集中在某一种税收的归宿上，这也是其在经济学家中被广泛接受的原因。

一个更深层次的理论问题是，哈伯格的概念实验提出了到底度量的是什么的问题。要明白这个问题，让我们回到第 15 章中的两种商品的例子，在那里我们建立了税收的超额负担或无谓损失的概念。在例子中，消费者购买两种商品 $X$ 和 $Y$，政府对个人购买的 $X$ 征收一个从价税 $t$。$Y$ 的价格等于 1，所以 $Y$ 的数额等于收入的数额。图 18.5 重新描绘了图 15.1 中的税前和税后均衡。

$LM$ 是无税情况下的预算线。它的斜率是 $-P_X/P_Y = -P_X$。对 $X$ 征税使 $X$ 的价格升高到 $P_X(1+t)$，并将预算线旋转至 $LN$。在征税前，消费者处于无差异曲线 $I_3$ 上的均衡点 $A$，消费 $(X_A, Y_A)$。征税使得消费者来到无差异曲线 $I_1$ 上的均衡点 $B$，消费 $(X_B, Y_B)$。征得的税收收入等于 $DB$，即税前预算线（$LM$）和税后预算线（$LN$）之间的垂直距离。

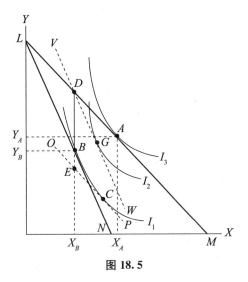

**图 18.5**

在哈伯格的概念实验中，政府将税收收入一次性返还给消费者。这个一次性转移支付使得税后预算线 $LN$ 以 $DB$ 即税收收入的大小平行向上移动到虚线 $VW$。（$VW$ 与 $LN$ 平行。）消费者将会在无差异曲线 $I_2$ 上的点 $G$ 达到均衡。当存在一次性转移支付时，税收带给消费者的负担是多少？答案是税收的超额负担或无谓损失。使用希克斯等价变换（HEV）来度量损失，税收带来的总损失是用税前价格度量的税前无差异曲线 $I_3$ 和税后无差异曲线 $I_1$ 之间的平行距离，即距离 $DE$。这是消费者为了回到原先的价格愿意一次性放弃的收入数额。它超过实际返还的税收收入的数额是 $BE$，因此 $BE$ 是税收的超额负担。换句话说，哈伯格的概念实验让税收归宿和税收的无效率相等。它必须是这样，因为当税收收入被一次性返还时，消费者的损失也就是 $X$ 的价格上升所导致的损失，即是无谓损失。

用这种方法使归宿和无效率相等还存在一系列的困难。首当其冲的是，图 18.5 是一种局部均衡分析，它忽视了在哈伯格的概念实验中，如果是在一般均衡的设定下，价格事实上会怎样变化。对单个个体成立的事情并不必然对个体的加总成立。假设政府对每个人征税，并将所得的收入逐个地一次性返还。任何大的税收和转移支付操作都会使经济沿着它的生产可能性边界移动，并使相对价格发生改变。回顾第3章中，生产可能性边界的斜率的绝对值是在完全竞争市场中价格之比。如果因为征税的原因，$X$ 和 $Y$ 的价格之比从预算线 $LM$ 的斜率的绝对值变为预算线 $LN$ 的斜率的绝对值，那么当税收收入被一次性返还给个人时它们毫无疑问会再次发生改变。图 18.5 中的消费者会面对不同于 $VW$ 的价格线，并将处于不同于 $I_2$ 上的点 $G$ 的均衡。这样，当哈伯格的税收返还依然使消费者处于经济中时，税收/转移支付的结合将导致经济中的价格类型处于不固定的状况中。它们肯定会不同于经济中的实际价格，因为概念实验跟税收收入花费的实际情形是如此不同。更进一步地，如果一次性返还导致预算线的斜率与税后预算线的斜率不同，图 18.5 中的 $BE$ 将不再是消费者所面临的税收负担。新的无谓损失程度将会与之不同。

尽管有这些含糊不清之处，但经济学家已经采纳了哈伯格的方法，并选择以下两种途径之一来描述税收归宿：

　　a. 在一个一般均衡模型中进行带有一次性返还的税收实验，注意到价格的类型会改变其结果，运用 HEV 或希克斯补偿变换（HCV）来度量价格变化所导致的税收归宿。HEV 体现的是消费者愿意支付多少来回到起初的无税价格的问题。HCV 表示的是消费者会要求多大的一次性补偿，使得他们在新价格处跟初始价格处一样好。

　　b. 在一个一般均衡模型中进行带有一次性返还的税收实验，注意到价格的类型会改变其结果，对价格的变化导致谁受益、谁受损的问题进行非正式的、启发性的陈述。这是哈伯格的选择，我们在第 19 章中描述他对于美国企业所得税的分析时会看到这一点。

哈伯格方法的第二个难点是它看起来并没有完全秉承归宿分析的精神，因为税收收入的一次性返还完全把税收支付本身剔除出考虑范围了。税收负担的唯一来源是其所带来的价格变化。虽然这可能看起来有些奇怪，但在给定税收收入会被用来做些什么的情况下，它仍然是考虑税收归宿的一个明智的选择。另外，哈伯格方法还跟另一条被接受的税收归宿原则完全相冲突，即对于非扭曲性一次性总付税，税收的影响即是归宿。哈伯格方法只能被应用在扭曲性税收上，这些税收会产生超额负担。为了说明这一点，假设图 18.5 中的消费者支付一个一次性总付税，并使其处于无差异曲线 $I_1$ 上。因为一次性总付税会使税前预算线以该税的额度平行向下移动，消费者将会处于 $I_1$ 上的点 $C$。如果税收收入被一次性返还，她将回到无差异曲线 $I_3$ 上的点 $A$，因而没有任何负担。对一个消费者是如此，对许多消费者也是如此。如果政府对每个人征收一个一次性总付税并一次性地将税收收入返还，那么什么都不会发生。经济将会回到初始的均衡，没有人会有负担。

因此，经济学家采用了两种互相冲突的原则来衡量税收归宿，一种应用于扭曲性税收，而另一种应用于非扭曲性（一次性总付）税收。

　　1. **扭曲性税收**（distorting tax）：进行哈伯格的带有一次性返还的税收实验，并用上面的 a、b 途径来衡量归宿。

2. **非扭曲性（一次性总付）税收**（non-distorting（lump-sum）tax）：影响等于归宿。用所缴纳的税额来衡量税收归宿。在前一个例子中，税收收入完全没有起作用；而在后一个例子中，税收收入就是整个税收归宿。这是经济学家中关于税收归宿的传统观点，虽然存在不一致性。[1][2]

### 差别税收归宿

税收归宿分析的最后一种方法是考虑将一种税收用另一种能够收取同样数额收入的税收替代时的归宿。这被称作**差别税收归宿**（differential tax incidence），这种办法有其吸引力，因为政府有些时候确实进行等收入的税收替代。它看起来能够解决税收收入的归宿问题，但事实上不是如此。为了了解归宿是怎样变化的，人们必须知道第一种税收归宿和第二种税收归宿。因此，如果税收是扭曲性的，税收替代等价于一个两步的哈伯格实验：收取第一种税并将其收入一次性返还，然后收取第二种税，同样将收入一次性返还。度量两次的归宿，看从一种税变成另一种税时税收归宿是如何变化的。事实上，哈伯格的方法可以看作是一种差别归宿实验，在其中用一种扭曲性税收替代一种一次性总付税。一旦税收收入被一次性返还，一次性总付税对经济就没有影响。因此，当使用哈伯格方法时，用一种扭曲性税收替代一次性总付税的归宿等于在最初征收一种扭曲性税收。

## □ 一般税的等价性

对于扭曲性税收的两个一般的度量，上面中的 a 和 b 引出了税收归宿的另一条原则：如果两种扭曲性税收能够导致整个经济中同样类型的相对价格变化，那么这两种扭曲性税收有相同的归宿。这条原则对相对价格度量 b 必然成立，因为税收归宿是完全基于由税收导致的相对价格类型的改变。它对于归宿即超额负担的度量 a 也同样成立。超额负担仅仅取决于价格改变的替代效应，而替代效应又是基于由相对价格改变所导致的沿着给定无差异曲线的移动的。如果两种税收使相对价格发生相同的改变，那么它们会导致沿任一无差异曲线的相同的运动。因此，在衡量超额负担时，不管采用福利损失的 HEV 还是 HCV 来比较所征得的税收收入，税收的超额负担都必定是一样的。

相对价格原则引出了一条关于一般税等价问题的非常有用的基准定理。一种**一般税**（general tax）有以下两个性质：

1. 如果税收是针对某种商品或要素市场的一方征收的，那么该市场方的所有交

---

① 出于以下的考虑，哈伯格有关平衡预算的方法不能够被应用于一次性总付税的研究中：从消费者的角度看，如果政府用以花费税收收入的方法与消费者自己处理这些税收收入的方法带来的价值是一样的，那么一次性总付税就不会有负担。

② 为了将税收收入和一种扭曲性税收联系在一起，我们假设政府将税收收入储存起来，因而拥有了盈余。但是这个假设会带来一些价格方面的影响。熟悉宏观经济学中 *IS-LM* 模型的学生知道，不带来政府支出增加的税收支出会使 *IS* 曲线向下移动。如果经济依然是完全竞争并且就业充分的，国民收入依然保持在生产可能性边界上，那么利率就会下降。利率的下降会使得某些人受益、另一些人受损，因而成为了归宿分析的一部分。因此需要注意价格的变动，在这种情况下表现为资本的年度价格（成本）的一部分。并且，即使是一次性总付税，利率也会下降，因此一次性总付税的影响将不仅仅表现在税收归宿上。无论在哪种情况下，经济学家都偏好哈伯格的一次性总返还假设，而不是在归宿分析中采用的政府储存税收收入的假设。

易者面临相同的税率（或税率集，如果使用累进税率的话）。

2. 如果税收是针对一系列商品或要素征收的，那么性质 1 对每一被征税的商品或要素都成立，而且税率（或税率集）对所有被征税的商品或要素都是相同的。

有关一般税的例子包括对所有供给者征收的、涵盖大范围的商品和服务的销售税，对所有个人征收的、涵盖所有收入来源的个人所得税，黑格-西蒙斯收入就在此列。一个特别的税种的例子是企业所得税，它对公司的会计利润征税，但不对独资经营和合营企业征税。

决定宽税基税的归宿是一项艰难的任务，这要求在思考该问题之前有一个基准性的结果。一种有用的基准情形是在最简单、界定完善的一般经济体中这些税种的归宿，该经济体具有以下四个特性：

1. 相同的消费者。
2. 所有商品和要素市场都是完全竞争市场。
3. 生产函数是规模报酬不变（CRS）的，因此不存在纯利润——在完全竞争情况下总支出等于对生产要素的全部支付。
4. 单一的时间段，也就是说，这是一个不存在储蓄和投资的静态经济。

对于这个经济体，关于税收归宿的基准定理是这样的：在一个具有同质消费者的完全竞争、不盈利的静态经济中，对任意商品或要素子集征收一般从价税，其税收归宿与对商品和要素集的余集征收一般从价税完全一致。

思考这个定理的一种自然而直观的方法是将商品和要素的集合分离开来对待。假设有 $N$ 种商品和要素，$X_i$，$i=1$，…，$N$，可以分成 $G$ 种商品和余下的 $N-G$ 种要素。商品的集合是 $(X_i,$ …，$X_g,$ …，$X_G)$，要素的集合是 $(X_{G+1},$ …，$X_m,$ …，$X_N)$。假设税收是对消费者征收的。一个对消费者所购买的商品征收的税率为 $t$ 的一般支出税使消费者所面对的商品价格升高到 $(P_1(1+t),$ …，$P_g(1+t),$ …，$P_G(1+t))$，但要素价格不变。该定理说的是该税收归宿能够用对消费者所供给的所有要素征收的一种一般税 $t^*$ 复制出来。一般要素税使消费者收到的要素价格（他们能得到的报酬）降到 $(P_{G+1}(1+t^*),$ …，$P_m(1+t^*),$ …，$P_N(1+t^*))$，但商品价格保持不变。（对于要素税，$t^*$ 是负的——详见下面的讨论。）

在描述如何使两种税收等价之前，让我们花一点时间来思考这个定理值得关注的内涵。在美国，人们对用一种宽税基税替代另一种的优点争论得很热烈，诸如用一种个人支出税、国家销售税或对企业的增值税来替代联邦个人所得税的问题。但在这个简单的基准模型中，上述定理表明所有这些税种都能被设计成具有相同的归宿。该定理在某种个人支出税和一种个人所得税之间建立起了相等的关系。同时，因为对市场的哪一方征税与税收归宿无关，消费者缴纳的个人支出税与对公司购买的生产要素征收的增值税等价。因此，一般销售税等价于增值税，所有这四种宽税基税都能被设计成具有相同的归宿。

那么，现在的问题就是，怎样设计税率来使得这些税种等价？为了说明这个问题，让我们考虑一种一般支出税和一种个人所得税是怎样影响帕累托最优法则的，按照该法则个人对于任意两种商品或要素的 $MRS$ 等于企业在这两种商品或要素之间的 $MRT$。对 $MRT$ 的解释是，如果考虑的是两种商品，即是它们的边际转换率；如果是两种要素，则是生产的边际技术替代率；如果是一种商品和一种要素，则是边际产出。在这两种税的情况下企业面对的价格都是未经税收调整的价格：$(P_1, \cdots, P_G; P_{G+1}, \cdots, P_N)$。企业将任意两种商品或要素的价格之比设定为等于它们的 $MRT$。在两种税下个人面对的价格是：

一般支出税：$(P_1(1+t), \cdots, P_G(1+t); P_{G+1}, \cdots, P_N)$

一般所得税：$(P_1, \cdots, P_G; P_{G+1}(1+t^*), \cdots, P_N(1+t^*))$

个人将任意两种商品或要素的价格之比设定为等于它们的 $MRS$。

考虑以下三种可能的商品和要素的组合：

1. 任意两种商品，比如说商品 $c$ 和 $d$。在支出税下，个人规定

$$MRS_{c,d} = P_c(1+t)/P_d(1+t) = P_c/P_d = MRT_{c,d}$$

在所得税下，$c$ 和 $d$ 都不会被征税。因此

$$MRS_{c,d} = P_c/P_d = MRT_{c,d}$$

两种税都不会推翻两种商品之间 $MRS=MRT$ 的等式。

2. 任意两种要素，比如说要素 $h$ 和 $m$。在支出税下，$h$ 和 $m$ 都不会被征税。因此

$$MRS_{h,m} = P_h/P_m = MRT_{h,m}$$

在所得税下，个人规定

$$MRS_{h,m} = P_h(1+t^*)/P_m(1+t^*) = MRT_{h,m}$$

两种税都不会推翻两种要素之间 $MRS=MRT$ 的等式。

3. 任意一种商品和一种要素，比如说商品 $c$ 和要素 $m$。在支出税下，个人规定

$$MRS_{c,m} = P_c(1+t)/P_m \neq P_c/P_m = MRT_{c,m}$$

在所得税下，个人规定

$$MRS_{c,m} = P_c/P_m(1+t^*) \neq P_c/P_m = MRT_{c,m}$$

这两种税都会推翻一种商品和一种要素之间 $MRS$ 和 $MRT$ 的相等关系，因此是扭曲性税收。为了保证它们对经济有相同的影响，进而有相同的税收归宿，它们必须以同样的方式影响该等式。在 $P_c(1+t)/P_m = P_c/P_m(1+t^*)$ 或 $1+t = 1/(1+t^*)$ 的情况下就是这样的。或者写成 $(1+t)(1+t^*) = 1$。例如，如果对商品的税率 $t=1$（100%），那么对要素的税率 $t^*$ 必须等于 $-1/2$（$-50\%$）：$(1+1) \times (1-1/2) = 2 \times (1/2) = 1$。

两种税的符号和大小会有一定差别，仅仅是因为对个人征收商品和要素税的方式的定义不同。商品市场的税收使消费者面对的价格高于企业面对的价格，而要素市场的税收使消费者面对的价格低于企业面对的价格。

图 18.6 阐明了这个问题。图 18.6（a）描述了商品 $c$ 的竞争性市场，18.6（b）描述了要素 $m$ 的竞争性市场。在 $X_c$ 的商品市场中个人是需求方，企业是供给方。与税收 $t$ 对应的是企业面对的税后价格 $P_{nt}$。如果 $t=100\%$，则消费者面对的 $X_c$ 的价格 $P_{gt}$ 就是 $P_{nt}$ 再加上 100% 的税（也就是 $P_{nt}$ 的两倍）。在 $X_m$ 的要素市场中，个人是供给方，企业是需求方。与税收 $t^*$ 对应的是企业面对的价格，不过这时的价格是 $P_{gt}$，即含税价格。例如，企业给它们的雇员以含税的工资。个人面对的价格是 $P_{nt}$，是税后的价格，即他们可以拿回家的报酬。因此，如果 $t^* = -50\%$，那么 $P_{nt}$ 就是 $P_{gt}$ 的一半，即个人能拿回家的报酬是他们的含税薪酬的一半。进一步地，因为在这个不存在纯利润的经济中总销售额等于

273

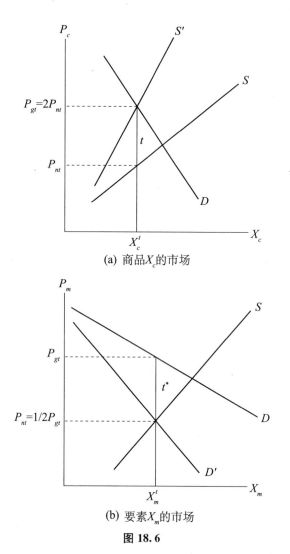

(a) 商品$X_c$的市场

(b) 要素$X_m$的市场

**图 18.6**

总要素收入，对所有商品的不含税价格征收 100％的销售税与对所有要素的含税价格征收 50％的税产生的税收收入是一样的。当 $(1+t)(1+t^*)=1$ 时这两种扭曲性税收 $t$ 和 $t^*$ 在每一方面都是相同的，因此它们必然有着相同的税收归宿。[①]

**差别在细节中**

关于一般税等价的基准定理即是一个用以思考宽税基税归宿问题的基准结果。事实上，定理所包含的四种宽税基税的归宿是不可能相等的，但这个定理提醒我们它们之间的任何差别都是细节导致的。在此情形中细节指的是实际经济与定理所基于的最简单的经济所不同的方方面面。

在第 13 章中将黑格-西蒙斯个人所得税与个人支出（消费）税进行比较时我们已经

———————

　　① 如果每一个子集都包含一系列商品和要素，定理也依然成立。唯一的不同在于，如果 $t$ 是对第一个子集的商品征收的税率，那么它也是对这个子集要素的补贴率，对其他子集的 $t^*$ 也是这样处理。并且，一个子集可以仅包含一种单一的商品或要素。这样做的含义是，对一种商品或者要素按照比率 $t$ 进行的征税或者补贴，其归宿与对其他 $N-1$ 种商品和要素按照比率 $t^*$ 进行的征税和补贴是一样的，只要 $(1+t)(1+t^*)=1$。

思考了一个例子。例子假设了一个具有储蓄可能性的多期经济，而不是基准模型中的静态一期经济。我们发现只有当个人所得税将所有资本产生的收入剔除时，个人所得税才会等价于个人支出税。否则，相对于支出税的情况，所得税会使储蓄被双倍征税，这会产生完全不同类型的税收归宿。

我们会在第 19 章中考虑其他类似的"细节"，在那里我们将讨论经济学家如何使用税收归宿的原则来决定宽税基税的实际归宿问题。这些细节包括个体之间的差异、非竞争市场、对于归宿的长期和短期视角的不同等，事实上除此之外还有很多其他的可能性。正如本章的开头所表明的，一些宽税基税的实际的归宿还没有定论；经济学家对于它们的归宿经常有着极其不同的观点。他们得出了不同的结论，是因为他们在哪些细节对某种特定税收的归宿最重要的问题上有分歧。

# 第 19 章

# 税收归宿：应用

第 19 章将描述经济学家如何使用第 18 章建立的税收归宿的原则去思考各种不同税收的归宿问题，主要强调六种宽税基税[*]。本章将从阿诺德·哈伯格关于企业所得税的开创性分析入手，这一分析诞生于 1962 年（Harberger，1962）。他关于企业所得税归宿的论文首次讨论了税收归宿问题的一般均衡模型。这一模型很快成为了公共经济学家分析税收归宿问题的首选模型。

## 哈伯格的税收归宿一般均衡模型

哈伯格的税收归宿模型是我们在第 3 章讨论过的标准的"两产品、两要素"一般均衡模型的一种演变。这里简单回顾一下。我们有两种产品 $X$ 和 $Y$；有两种生产要素劳动力（$L$）和资本（$K$），我们使用规模报酬不变（CRS）的生产函数 $X=X(L_X，K_X)$ 和 $Y=Y(L_Y，K_Y)$。人们向企业提供的劳动力和资本保持在一个固定不变的水平，人们提供的总的劳动力和资本分别为 $L$ 和 $K$。人们对 $X$ 和 $Y$ 的偏好相同，因此，所有人关于 $X$ 和 $Y$ 的效用函数也相同。产品和要素市场都是完全竞争的，因此两个市场中个人和企业都是价格接受者。同时，完全竞争市场和规模报酬不变的生产函数意味着企业销售 $X$ 和 $Y$ 的利润正好等于它们为资本和劳动力支付的成本。在生产中没有纯粹的经济利润，否则，就必须进行税收归宿分析。

当我们假设生产函数是规模报酬不变的时候，我们还需要另外一个假设来得到一个有趣的一般均衡模型，这个假设就是生产 $Y$ 和 $X$ 的企业要素密集度并不相同。这意味着

---

[*] 实际上主要强调了五种宽税基税。——译者注

当它们面对同样的劳动力和资本的价格 $P_L$ 和 $P_K$ 时，使用的劳动力和资本的投入量是不同的。我们假设 $Y$ 相对来说是资本密集的而 $X$ 相对来说是劳动密集的。因此，当价格比率给定为 $P_L/P_K$ 时，$K_Y/L_Y > K_X/L_X$。这个假设非常必要，这样才能保证生产可能性边界向外凸，当经济体沿着生产可能性边界从一个均衡移动到另一个均衡的时候，产品和要素的价格会随之变化。（下面将会叙述价格是如何变化的。）如果生产两种产品的要素密集度是相同的，生产可能性边界将会是一条直线——这意味着成本保持不变——并且无论是产品的价格还是要素的价格都不会随着经济体在边界上的移动而发生变化。成本不变的情况是不真实的，并且税收归宿分析对此也不感兴趣。[①]

对于税收归宿分析而言，完全竞争的假设有两个直接并且重要的含义。第一，在均衡时，向市场供给的所有劳动力和资本即 $\bar{L}$ 和 $\bar{K}$ 都必须被使用。如果 $\bar{L}$ 中的一部分劳动力没有被雇用，那么市场上就会有劳动力的超额供给，并且价格 $P_L$ 也会下降，直到生产 $Y$ 和 $X$ 的企业愿意雇用全部的 $\bar{L}$。第二，个人必须接受同样的工资（针对他们供给的劳动力）以及同样的资本回报（针对他们供给的资本）——无论在 $Y$ 和 $X$ 的生产过程中是否使用了它们。如果生产 $X$ 的企业的工资更高，劳动力将会从生产 $Y$ 的企业流向生产 $X$ 的企业，这将使得生产 $X$ 的企业的工资下降而生产 $Y$ 的企业的工资上升。这种流动将会一直持续到这两个企业工人的工资相同为止。

## □ 模型的运行

税收归宿分析要求我们必须理解经济是如何应对那些会改变均衡的事情的。当经济沿着生产可能性边界移动时，两产品、两要素模型将会得出可预测的结果。图 19.1 和图 19.2 描绘了相对价格是如何随着需求的变化而改变的。

在图 19.1 中，经济最初位于生产可能性边界的点 $A$ 处。点 $A$ 处的斜率是 $X$ 和 $Y$ 之间的边际转换率 $MRT_{X,Y}^A$，等于 $X$ 和 $Y$ 的边际成本的比率。在完全竞争情况下，$X$ 和 $Y$ 的价格等于 $X$ 和 $Y$ 边际成本，因此

$$MRT_{X,Y}^A = \frac{MC_X^A}{MC_Y^A} = \frac{P_X^A}{P_Y^A}$$

如果人们变得更喜欢 $X$，就会导致对 $X$ 的需求上升、对 $Y$ 的需求下降，如图 19.2 所描述的情况。图 19.2（a）描述了 $Y$ 的市场，图 19.2（b）描述了 $X$ 的市场。图 19.2（a）中，$Y$ 市场最初的均衡位于点 $(Y^A, P_Y^A)$，这一点是需求曲线 $D_Y$ 和供给曲线 $S_Y$ 的交点。类似地，图 19.2（b）中，$X$ 市场最初的均衡位于点 $(X^A, P_X^A)$，这是需求曲线 $D_X$ 和供给曲线 $S_X$ 的交点。点 $(Y^A, P_Y^A)$ 和点 $(X^A, P_X^A)$ 对应于图 19.1 中的点 $A$。人们偏好的改变使得 $X$ 的需求曲线上升到 $D_X'$，并将经济带到一个新的均衡点 $(X^B, P_X^B)$，位于图 19.2（b）中 $D_X'$ 和 $S_X$ 的相交处。与此同时，$Y$ 的需求曲线下降到图 19.2（a）中的 $D_Y'$ 处，并且得到一个新的均衡点 $(Y^B, P_Y^B)$，位于 $D_Y'$ 和 $S_Y$ 的相交处。点 $(X^B, P_X^B)$ 和点 $(Y^B, P_Y^B)$ 对应于图 19.1 中的点 $B$。

正如我们预期的，对 $X$ 偏好的增加导致 $X$ 的价格上升以及 $Y$ 的价格下降，如图

---

① 本章的附录解释了为什么不同的要素密集度会导致生产可能性边界向外凸，即使生产函数为规模报酬不变的。

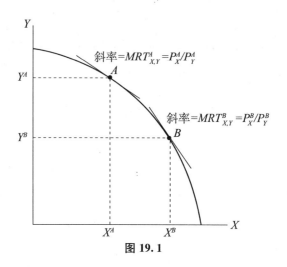

**图 19.1**

19.2 所示。图 19.1 还描述了相对价格 $P_X/P_Y$ 的上升。$MRT^B_{X,Y}$（即点 $B$ 处的生产可能性边界的斜率）超过了 $MRT^A_{X,Y}$（即点 $A$ 处的生产可能性边界的斜率），因此 $\dfrac{P^B_X}{P^B_Y} > \dfrac{P^A_X}{P^A_Y}$。

相对价格发生变化是因为要素价格会随着劳动力和资本从生产 $Y$ 的企业流向生产 $X$ 的企业而发生变化。生产 $Y$ 的企业面对下降的需求，因此会放出一些劳动力和资本；而与此同时，生产 $X$ 的企业因为需求的上升，会寻求更多的劳动力和资本。但是相对而言，$Y$ 是资本密集的，因此在点 $A$，$K_Y/L_Y > K_X/L_X$，即 $\dfrac{K_Y}{L_Y} > \dfrac{P^A_L}{P^A_K}$。因此，与生产 $X$ 的企业的需求相比，生产 $Y$ 的企业释放出相对较多的资本和相对较少的劳动力。结果就是，资本会有过剩供给，劳动力会有过剩需求，这会降低 $P_K$ 并且提高 $P_L$。随着 $P_L/P_K$ 的上升，两种企业都变得更加资本密集，资本会得到完全使用而劳动力则有剩余。更进一步，因为 $P_L$ 在上升，而生产 $X$ 的企业使用了相对更多的劳动力，生产 $X$ 的边际成本上升，因此，导致 $X$ 的价格上升。相对地，因为 $P_K$ 在下降，而生产 $Y$ 的企业使用了相对较多的资本，生产 $Y$ 的边际成本会下降，因此，导致 $Y$ 的价格下降。边际成本随着经济沿着生产可能性边界移动而发生的变化解释了为什么图 19.2 中的供给曲线会向上倾斜。同时，在完全竞争条件下，因为价格等于边际成本，$P_X/P_Y$ 会上升，如图 19.1 和图 19.2 所示。

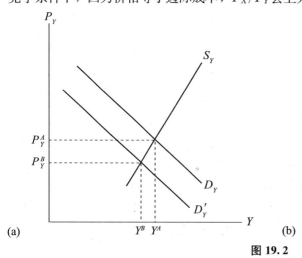
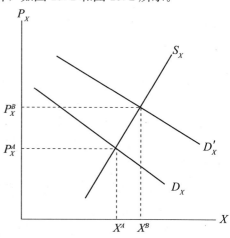

(a)　　　　　　　　　　　　　　(b)

**图 19.2**

小结一下，为了生产更多的 $X$ 和更少的 $Y$，经济沿着生产可能性边界移动时：

1. $P_X/P_Y$ 会上升。
2. $P_L/P_K$ 会上升。
3. 两家企业都会变得更加资本密集来保证所有的劳动力和资本都被使用。

当生产更多的 $Y$ 和更少的 $X$ 时，经济沿着生产可能性边界移动会导致完全相反的结果。

我们现在已经可以在一个简单的两产品、两要素模型中，考虑各种可能的税收的归宿。在这个模型中对税收归宿问题进行的分析，是我们在更加复杂的现实条件下分析税收归宿问题的基准或者说初步尝试。

## □ 税收归宿等价

在这个简单的模型中，绝对固定要素供给这一假设可以在更广泛的各类税收问题中立即建立起一系列的归宿等价。对个人供给劳动力获得的工资或者供应资本获得的资本利得征收的税收，或者是同时向劳动力和资本利得收入（即黑格-西蒙斯收入）征收的宽税基所得税，都是一次性总付税。回想一下，哈伯格假设，所有税收收入都会通过一次性总付的转移支付回到人们手中。[1] 但是，如果一次性总付税会通过一次性总付的转移支付回到人们手中，那么税收和转移支付对经济都不会产生任何影响。事前的税收/转移支付的均衡和事后的税收/转移支付的均衡是相同的，而且没有价格变化。因此，任何这些税收的归宿都被假定是税收的影响，即税收收入额。调整税率从而使得每一种税收都得到同样的收益就使得这三种税的归宿相等。

更进一步，根据被征税的市场互不相干这一原则，对所有使用劳动力的企业征收的工薪税等价于对人们的工资征收的所得税，对企业的资本收入所征的税收等价于向人们的资本利得征收的所得税，并且向所有为劳动力和资本进行支付的企业所征收的增值税等价于一个宽税基的（黑格-西蒙斯）所得税。所有这些向企业征收的要素税都是一次性总付的。如果税收收益也是对它们一次性返还的，那么要素的价格和配置在生产 $X$ 和 $Y$ 的企业之间不会有任何改变。[2] 因此，它们的归宿被假设为是所有税收的收益，并且可以和另外一种适当的税率所引致的情况等价。

此外，第 18 章所发展出来的宽税基税的不同子集可以在两种产品的支出税与一种（黑格-西蒙斯）所得税之间建立等价关系，这两种税都是向个人征收的。对所有人而言，税收会使产品价格提高同样的比例还是使要素价格降低同样的比例，两者之间没有差异。税收归宿相同。类似地，对两种企业而言，一种对 $X$ 和 $Y$ 征收的一般销售税与一种向劳动力和资本的报酬征收的增值税是等价的。更进一步，根据绝对固定要素供给的假设，因为所得税和增值税是一次性总付税，因此支出税和一般销售税也是如此。如果税收收益以一次性总付的形式返还给人们，就如哈伯格假设的那样，那么任何税收都不会对经济产生任何影响。因此，所有这些税收归宿都等于所征收的税收收益。

因此，在这个模型中，唯一有趣的税收是那些会产生扭曲效果的、并非一次性总付

---

① 与之等价的说法是，如果政府按照个人想要做的那样花费税收收入，那么它们也按照一次性总付的方式获得这些收入。

② 因为个人拥有企业，所以收入是由企业所有还是由个人所有无关紧要。

的特别税收。最接近现实的情况是在一种产业中向一种要素的使用者征税，也就是，对生产 X 的企业或者生产 Y 的企业征收劳动力的工薪税或者资本所得税——但并非两者同时进行，或者是向 X 或者 Y 征收消费税。哈伯格选择分析企业所得税，这种税收是向企业的资本收入征税，但并不向独资经营和合营企业征税。

### □ 企业所得税的归宿

哈伯格假设企业部门是更加资本密集的。因此，假设生产 Y 产品的资本相对密集的企业代表公司，生产 X 的劳动相对密集的企业代表非公司企业，比如合营企业或者独资经营企业。

图 19.3 描述了征收企业所得税对产品 Y 和 X 价格的影响。图 19.3（a）描述了产品 Y 的市场，图 19.3（b）描述了产品 X 的市场。Y 和 X 征税前的价格分别是 $P_Y^0$ 和 $P_X^0$，分别位于图 19.3（a）和图 19.3（b）中的需求曲线 D 和供给曲线 S 的交点。在这两个图中，为了便于对比，假设两种产品的税前价格是相等的，即 $P_Y^0 = P_X^0$。企业所得税提高了生产 Y 的边际成本，因为现在对于生产 Y 的企业来说，资本变得更贵了。图 19.3（a）中 Y 的供给曲线从 $S_Y$ 向上移动到 $S_Y'$，并且在 $D_Y$ 和 $S_Y'$ 的交点得到 Y 的新的更高的价格 $P_Y'$。假设对消费者而言，Y 和 X 是相互替代的，Y 的价格变高将导致 X 的需求量增加。图 19.3（b）中 X 的需求曲线从 $D_X$ 向上移动到 $D_X'$，并且得到一个更高的价格 $P_X'$。

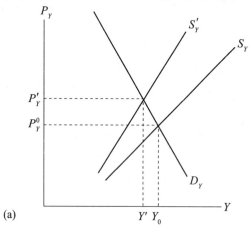

(a)

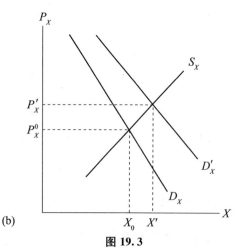

(b)

**图 19.3**

在这两个图中，我们假设税后价格依然相等，即 $P'_X = P'_Y$。这个结果是可能的，因为向生产 $Y$ 的企业征收资本所得税会使得 $Y$ 的价格在生产 $Y$ 和生产 $X$ 的企业之间形成一个楔子。因为企业设定了要素价格的比率 $P_L/P_K$ 之后，劳动力和资本之间的边际技术替代率 $MRTS_{L,K}$ 在生产 $Y$ 的企业和生产 $X$ 的企业之间不再相等，这样有效生产的条件就不能得到满足。因此，税收会导致经济低于其生产可能性边界，事实上，向任何一种企业使用的任何一种生产要素征收任何一种税收都会导致这样的结果。[①]

图 19.4 描述了这种情况。经济从征税前的点 $A$ 移动到征税后的点 $B$。根据该图，在点 $A$ 和点 $B$，边际成本的比率都等于相对价格的比率，这一情况在征税前和征税后都是存在的，如图 19.3 所示。事实上，哈伯格假设价格比率 $P_X/P_Y$ 并不会变化，或者，至少并不会改变很大，所以向产品价格征税的影响在税收归宿分析中基本可以忽略。

但是，劳动力和资本的价格的情况并非如此。它们确实会发生变化——就是按照以前的章节讨论过的经济运行的改变方式来变化。资本和劳动力从生产 $Y$ 的企业向生产 $X$ 的企业流动，会导致资本的超额供给和劳动力的超额需求，因为生产 $Y$ 的企业是相对资本密集的。$P_L$ 会上升，而 $P_K$ 会下降，并且和以前相比，两个产业都会变得更加资本密集以保持固定劳动力和资本供给的完全雇佣。

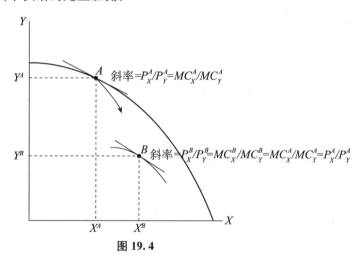

图 19.4

图 19.5 描述了资本变化带来的市场调整。其中图 19.5（a）描述了对于生产 $Y$ 的企业而言资本市场是如何变化的，而图 19.5（b）描述了对于生产 $X$ 的企业而言资本市场是如何变化的。我们假定任何一个产业的供给曲线都是完全无弹性的，因为在两个产业里无论资本的需求曲线是不是向下倾斜的，资本的全部供给量都是固定的。我们可以将每幅图里的 $P_K$ 理解为资本的年回报（资本按年计算的价格）。在征税前，每个产业中的资本的价格都是 $P_K^0$，分别位于图 19.5（a）中的 $D_K^Y$ 和 $S_K^Y$ 的交点，以及图 19.5（b）中的 $D_K^X$ 和 $S_K^X$ 的交点：$S_K^X + S_K^Y = \overline{S}_K$，即所有个人供给的资本总量是固定的。

企业所得税造成了产业 $Y$ 中企业资本的需求曲线从 $D_K^Y$ 降低到 $D_K^{Y'}$，降低的幅度即是税收的额度。因为向生产 $Y$ 的企业提供资本的供给曲线是完全无弹性的，拥有 $Y$ 企业的

———————————

① 如果你不太清楚这一点，请回顾第 3 章中的相关讨论：为了使经济达到它的生产可能性边界，为什么两个产业中劳动力和资本的边际技术替代率必须相等。

个人的资本回报立即降低到 $P_K^{Y^{net}}$，即 $D_K^Y$ 和 $S_K^Y$ 的交点。但是，这个状况不可能持续，因为在 $Y$ 企业，资本的供给者现在获得 $P_K^{Y^{net}}$，而在 $X$ 企业，资本的供给者获得 $P_K^0$。他们对税收的反应是把他们供给的资本从 $Y$ 企业转向 $X$ 企业：$S_K^Y$ 移动到左边，同时 $S_K^X$ 移动到右边。这种移动会一直持续到生产 $Y$ 的企业的资本税后净回报 $P_K^{Y^{net,final}}$ 等于（没有征税的）生产 $X$ 的企业的资本回报 $P_K^{X^{final}}$。这个回报对应于图 19.5（a）中的 $D_K^Y$ 和 $S_K^{Y'}$ 的交点，以及图 19.5（b）中的 $D_K^X$ 和 $S_K^{X'}$ 的交点。

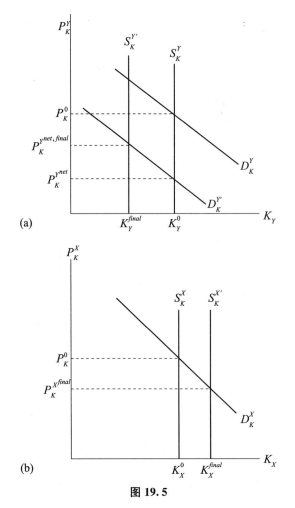

图 19.5

资本供给的调整过程说明了立法机关不能只在被征税部门孤立地考察税收归宿问题。在我们的例子中，所有资本供给者的收入都下降了，因为资本的价格从征税前的 $P_K^0$ 下降到了征税后的 $P_K^{X^{final}} = P_K^{Y^{net,final}}$。立法机关仅仅想要向公司股东的资本所得征税，这种意图会被竞争性市场的运作机制削弱，这种机制保证了任何一种要素的供给者获得的收入都必须相等，无论他们的要素被用于生产什么。

哈伯格的分析指明了向资本和劳动力所征税收的归宿问题取决于四个要素：税收的规模；被征税的要素对其所在产业的重要性；产品 $X$ 和 $Y$ 的需求弹性；两个产业中的劳动力和资本的替代弹性。前两个要素，即税收的规模和被征税要素的重要性，决定了被征税企业对税收的反应有多大，即 $Y$ 的供给曲线 $S_Y$ 的移动程度，如图 19.3（a）所描述的。第三个要素，产品 $X$ 和 $Y$ 的需求弹性，决定了征税后资源在生产 $Y$ 和生产 $X$ 的产业之间会如何流动。也就是说，它们决定了 $Y$ 的需求量会下降多少以及 $X$ 的需求量会上升多少，分别如图 19.3（a）和图 19.3（b）所示。资本和劳动力的移动程度决定了资本的超额供给和劳动力的超额需求有多大，就如同资源在生产 $Y$ 和 $X$ 的企业之间流动的情况。第四个要素，$X$ 产业和 $Y$ 产业中的劳动力和资本的替代弹性，决定了图 19.5 中的资本需求曲线的形状（斜率）。这条曲线的形状事实上决定了资本回报会因为要保持（资本和劳动力的）完全雇佣和资本市场的均衡而下降的程度。比如，如果资本和劳动力在生产 $X$ 的产业中是完全替代的，那么 $D_K^X$ 在价格 $P_K^0$ 处将会是水平的且是完全有弹性的。生产 $Y$ 产品的企业的资本将会一直移动到 $P_K^{Ynet,final}$ 等于 $P_K^0$，此时资本已经不能再承受任何税收负担了。税收归宿将由劳动力完全承担。

哈伯格注意到，当时对后三种要素最好的实证估计表明资本回报会因为税收而下降，以至于使资本几乎能够完全承受税收负担。哈伯格的结论被经济学家广泛引用，并且已经是一种对此问题的普遍看法。大部分经济学家假设由于征税而造成的企业收入下降的负担会（几乎）全部由资本的供给者来承担。因为资本收入主要集中在高收入人群，所以资本税收被普遍认为是一种非常激进的累进税。

## □ 基本模型的几种变化

第 3 章介绍过的一般均衡模型提供了一个非常简便的思考税收归宿问题的基本框架。然而，研究税收归宿所要解决的问题远不止于此。模型的一些简单变化就会导致主要税种的归宿问题得出一些非常不同的结论。我们将会简单分析其中四种变化：可变要素供给，非同质人群，可流动和不可流动的要素，以及非竞争性市场。

### 可变要素供给

放宽固定要素供给的假设对税收归宿问题的静态分析和动态分析都会造成影响。在静态分析中，也就是在一期哈伯格框架中，假设资本和劳动力的供给是变化的（以及在此基础上考虑对价格变化的反应），所导致的主要不同之处是税收不再是一次性总付的。哈伯格的方法适用于以下所有情况：征税，以一次性总付的方式返还税收收益，考察产品和要素价格是如何变化的，以及在价格变化的基础上得出归宿的结论。这些税种的归宿已经不再是税收本身的影响，即所征得的税收收入。假定具有向上倾斜供给曲线的可变要素供给同样影响了要素和产品价格的变化程度，这种程度是相对于固定要素模型中的完全无弹性的劳动力和资本供给曲线下的要素和产品价格的。可变要素供给当然是更有现实意义的假设。

但是在可变要素供给假设下，税收归宿分析的最大不同发生在长期动态分析中。我们曾在第 12 章中使用长期世代交叠模型（OLG）分析一个现收现付的公共养老金系统，就是一个这样的例子。在长期世代交叠模型中向资本收入征税，会带来和哈伯格模型完全不同的影响。

假设一部分或者全部资本所得税（比如企业所得税）的税收归宿在短期主要是由资本供给者（比如企业的所有者）承担——正如哈伯格模型所假设的那样。当资本收入下降时，人们的储蓄率最终都会下降。下降的储蓄降低了当期的投资额，这会降低未来可获得的资本额度。资本存量的降低会导致劳动生产率下降。因为在完全竞争的劳动力市场，真实工资等于劳动的边际产出，所以在上面所描述的这种情况下，真实工资下降了。因此，长期看来，下降的储蓄和投资必然会移动，其移动的程度至少等于税收归宿的一部分，甚至很可能是很大一部分。当劳动力和资本的供给都可变时，劳动者不可能期望自己会避开对资本收入征税的负担。

**非同质人群**

放松同质人群的假设同样会对税收归宿的静态分析和动态分析产生影响。在静态分析中，假设一种对产品 $X$ 征收的税最终提高了价格比率 $P_X/P_Y$。消费更高比例产品 $X$ 的人们会承担更高比例的税收归宿。显而易见的例子是对游艇和家庭食物的消费。那些收入非常高的家庭承担了游艇的几乎全部的税收归宿，这是因为游艇的价格随着税收的增加而提高；而那些收入比较低的家庭则承担了绝大部分的家庭食物消费的税收归宿，因为食物的价格也由于税收而提高了。

当我们同时考虑可变要素供给时，假设非同质人群最值得注意的影响也出现在长期动态分析中。主要税收的归宿和它们的均衡归宿相比发生了变化，均衡归宿不同于简单静态模型里的一次性总付的税收收益。再次考察第 12 章里的世代交叠模型会说明这个问题。在一期哈伯格模型里，可以通过选择适当的税率使所有主要税收的归宿都相同。在世代交叠模型中，这样的情况会发生改变，正如我们在第 13 章中已经讨论的那样。我们知道这个例子，对青年/工作的一代人以及老年/退休的一代人的资本收入以及青年/工作的一代人的工资收入征收的宽税基（黑格-西蒙斯）所得税。对两代人的消费都征收支出税。因此，无论税率如何，从所得税转向支出税的影响不会是中性的。这将会对以退休金为主要生活来源的老年人/退休者带来沉重负担，这些人的退休金都是他们在年轻时通过工作积累下来的。在前一种情况下，即征收所得税时，他们需要为自己的储蓄所获得的利息缴税，这样可以获得更多的税后收入。在所得税保持不变的情况下，他们可以减少自己的储蓄，因为在退休后的消费不用缴税。但是，在征收支出税之后，他们缴纳的税赋是他们消费其储蓄时的三倍。简而言之，税制改革可能会对代际间的税收归宿问题带来很大的动态影响，这种影响是简单的一期哈伯格框架无法考虑的。

**可流动和不可流动的要素**

在一些情况中，某些要素比另外一些要素更具有流动性。比如，从州（或省）和地方的角度来看，资本具有非常高的流动性，并且显著高于劳动力的流动性。这些流动性差异会影响州和地方的税收归宿，因为那些流动性相对较差的要素一般都承担了不适当的税负比例。

事实上，绝大多数向州和地方提供的资本都来自境外的个人和金融机构，这些个人和金融机构可能位于美国的其他州或地方，甚至可能来自美国之外。结果就是，向州或地方供给的资本量会有一个转折点，如图 19.6 所示。在每幅图中，$S_K S_K$ 曲线中向上倾斜的部分是当地个人和企业供给的资本量。当资本回报水平达到"世界"资本回报水平 $P_K^{world}$ 时，供给就会变成完全有弹性的状态。从州或地方的视角来看，只要资本投资者在本地得到的回报和在其他地方能得到的回报一样，那么无论本州或本地想得到多少资本，它们都可以得到。任何一个单独的州或地方都太小了，对 $P_K^{world}$ 没有任何影响力。在 $K_1$ 右边，在资本供给问题上，所有供给者都是价格接受者。

无论对市场的哪一方征税，税收的影响包括税收归宿都将是相同的，而特殊的资本供给条件给出了这个原则的一个例外情况。假设州或者地方决定在征收州或者地方个人所得税的同时向本地公民征收资本所得税，图 19.6（a）描述了这种税收带来的影响。本州或者本地的资本需求曲线是 $D_K$，税前的资本量是 $K_0$，位于 $S_K S_K$ 和 $D_K$ 的交点处。税收向上推动了供给曲线中向上倾斜的部分，那是本地公民提供的资本量，供给曲线向上倾斜的部分抬升的程度等于税收的数额。本地公民供给的资本量从 $K_1$ 下降到 $K_2$，但是这些下降的部分很容易就被"世界"其他的供给者填补了，"世界"其他的供给者不会受这些税收的影响。因此，税后均衡仍然是（$K_0, P_K^{world}$），税收对当地资本市场没有影响。然而，当地资本供给者的税后净收益下降了，下降的程度等于税收的额度。他们独自承担了税收的负担，因为对当地的资本市场而言，他们是相对缺乏流动性的供给者。

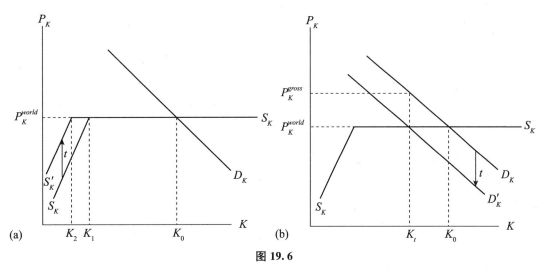

图 19.6

图 19.6（b）描述了向当地企业征收资本所得税的效果，这是对资本市场的需求方征税。这种税收将资本的需求曲线下拉，从 $D_K$ 到 $D'_K$，下降的程度等于税收的额度。资本的均衡量下降到 $K_t$，位于 $D'_K$ 和 $S_K S_K$ 的交点处。对企业而言，资本价格上升到 $P_K^{gross}$，但是企业所有者即资本供给者的收益依然是 $P_K^{world}$。资本家不能承受税收负担，因为他们的回报等于"世界"资本市场的回报水平。这些资本家也包括了向本地企业供给资本的本地公民。相对应地，企业会通过提高产品价格把这些负担"向前"转嫁给企业产品的消费者，或者降低工资把这些负担"向后"转嫁给企业的工人。消费者和工人必须承担税负，是因为相对于资本，他们更缺乏流动性。

与对供给方征税相比，向需求方征税有两点重要不同。第一，与向资本供给方征税不同，向资本需求方征税不会给地方资本家造成负担。第二，只有对需求方征税才是"反商业"的，这意味着税收会降低州和地方的劳动力和资本使用量以及生产的数量。相反，对供给方征税不会给资本、劳动力和产出市场造成任何影响。它仅有的影响是给资本的地方提供者造成了一定的负担。因此，如果一个州（地方）想要通过对资本收入征税使得它的税收系统更加具有累进性，同时也不损害当地的商业活动，那么它应当对当地公民来自资本的收入征税，将其划入州（地方）所得税的一部分，而不是对当地企业创造的资本收入征税。

### 非竞争性市场

绝大部分税收归宿研究都假设完全竞争，这样做的原因在于，无论在静态分析还是动态分析中，价格接受行为都是最容易研究的。同时，大多数要素和产品市场的竞争性都比较强，因此在绝大多数情况下，完全竞争的假设对现实状况都是一个合理的近似。但是，在一些特殊情况下，市场显然不是竞争性的，并且市场力量的不同形式会对向这个市场征收的税和税收归宿产生显著的影响。

一个非常好的例子是企业所得税的归宿问题。寡头垄断企业可以控制市场价格，这在商业领域是很常见的。因此，像哈伯格那样假设市场都是完全竞争的就不太准确了。但关键问题是，哈伯格的结论认为企业所得税中的大部分是由股东承担的，那么寡头垄断企业的价格操控行为会不会改变这一结论呢？答案并不清晰。经济学家对于寡头垄断行为并没有达成理论上的共识。事实上，我们甚至并不清楚大型企业的目的。但是，至少有这种可能性，即它们可以避免部分或者全部的企业所得税，这取决于它们如何使用自己的市场力量。

举例而言，企业的管理者们似乎更有兴趣尽可能扩大企业的市场份额（即总的销售额或者总收益）。甚至，企业的股东们似乎愿意在短期内以牺牲利润最大化为代价实现这一目标，而管理者们可以通过实现这一目标来获得令人满意的利润。图 19.7 描述了短期内利润最大化和市场份额最大化两种目标的不同之处：$d$ 是企业的需求曲线，$MR$ 是企业的边际收益曲线，$AC$ 和 $MC$ 分别是企业的平均成本曲线和边际成本曲线。为了实现利润最大化，企业必须选择产出水平 $q_{PM}$，位于 $MR$ 和 $MC$ 的交点处，并将价格定为 $P_{PM}$。此时的利润水平是 $(P_{PM}-AC)q_{PM}$，也就是矩形 $aP_{PM}bc$。为了实现市场份额或者说总收益最大化，企业选择的产出水平是 $q_{SM}$，此时 $MR=0$，并且将价格定为 $P_{SM}$。此时的利润是 $(P_{SM}-AC)q_{SM}$，也就是矩形 $eP_{SM}fg$。此时的利润明显低于利润最大化情况下的利润水平，但是我们假设股东们对此利润水平依然满意。

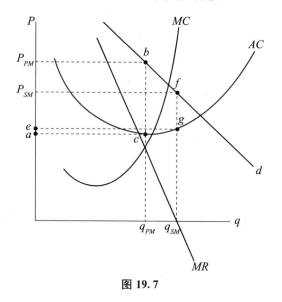

图 19.7

假设没有企业所得税时，企业在点 $(q_{SM}，P_{SM})$ 处实现了市场份额最大化的目标。税收会提高企业的成本。如果股东们坚持要将利润保持在令他们满意的 $eP_{SM}fg$ 这一水平，那么管理者就要提高产品价格并降低产量，这会导致企业向利润最大化的产出和价格水平 $(q_{PM}，P_{PM})$ 靠近。在销售最大化的情况下，税后利润可能会和税前利润一样高，此时，股东们逃避了税收负担。这些负担通过更高的产品价格转嫁到了消费者身上，或

公共部门经济学

者通过更低的工资转嫁到了企业的工人身上，企业可以通过雇用更少的工人来实现这一目的。与股东承受税收负担的结果相比，上述两种情况中的任何一种所实现的税收的累进效果都要差得多。

可以将市场份额最大化模型视为马斯格雷夫实证发现的理论论证，请注意，在第18章一开始，我们提到马斯格雷夫发现消费者要承担超过100％的企业所得税。但是，事实上，由于寡头垄断企业行为的不确定性，我们很难判断究竟是谁承担了税收负担。

## 归宿的来源和用途分析

几乎是在哈伯格发展出关于税收归宿的一般均衡理论的同时，位于华盛顿布鲁金斯研究局的约瑟夫·佩奇曼（Joseph Pechman）开创了另一种完全不同的方法，这种方法被称为来源和用途分析。他的想法是，利用经济学家和诸如美国国税局之类的各种政府机构收集到的并且可以被研究者们使用的关于个人和家庭的详细数据来进行分析。佩奇曼的策略很特别。他利用这些数据，并且使用了税收归宿文献中不同的假设和结果，将个人和家庭承担的美国主要的税种分成来源部分和用途部分。他的目的是根据税收归宿分析，发展出一套关于税收负担的可行的分配方法。然后，他考察不同收入阶层的税收负担，来确定个人税收和整套税收系统是累进的、几乎等比例的还是累退的。他测量累进程度的标准是第13章讨论过的标准方法：当 $Y$ 增加时，平均税收负担 $T/Y$ 的性状。在这里，$T$ 是个人承担的税收负担，$Y$ 是个人或家庭的黑格-西蒙斯收入（他们的税前收入）。

佩奇曼选择以年为基础来测量税收归宿，在他的计算中，税收负担的来源和用途分别是：

- **来源**：转移支付加上收入，从劳动、资本和土地（不重要）中得到的收入。
- **用途**：消费和储蓄。

将税收负担分解到收入的各种来源和用途上非常重要，这是因为以年为基础：在转移支付中，穷人占据了更高的比例；而富人得到了更大比例的资本收入；并且消费收入比随着收入的增加而快速下降。因此，向转移支付和消费征税，具有很强的累退性，而向资本收入征税是比较激进的累进税。

佩奇曼利用他的来源和用途分析法，和同样来自布鲁金斯研究院的伯纳德·奥克纳（Bernard Okner）一起发表了两篇有关税收归宿问题的论文（Okner and Pechman，1974，1985）。佩奇曼和奥克纳的研究非常有影响力。他们的研究被税收归宿的相关文献广泛引用，并且毫无疑问地出现在有关主要税种的税收归宿问题的公开讨论中。

### □ 美国的主要税种

下面将要讨论佩奇曼和奥克纳对美国主要的五个税种进行的所谓的中心变量分析（这是他们最受关注的分析方法）。

#### 联邦和州的个人所得税

为了便于讨论，佩奇曼和奥克纳假设劳动力、资本和土地的供给都是绝对固定的，因

287

此个人所得税的影响就是它们的归宿。在第 13 章，我们已经看到，这并不是一个合理的假设。这些要素的实际供给可能都接近完全无弹性，但是劳动力和资本的补偿供给几乎肯定不是完全无弹性的。实际劳动力和资本供给的无弹性基本上是替代效应和收入效应相互抵消的结果，并且这两个效应还可能都非常大。替代效应不等于零，这就意味着对这些要素征收所得税会产生无谓效率损失，这也应该被视为税收负担的一部分。[①]

在佩奇曼和奥克纳的分析中，简单忽略了实际和补偿性供给弹性的不同，当然还有很多别的经济学家也这么做。很多经济学家发表了关于联邦和州（以及地方）的个人所得税归宿问题的论文，他们假设纳税额就是税收负担。在任何情况下，根据影响等同于归宿这一假设，出于个人免税额和标准扣除额的原因，联邦个人所得税在较低的收入范围内都是高度累进的（具体参见第 14 章关于联邦个人所得税的讨论）。渐进的税率使得税收在高收入阶层持续保持累进性，但是这种建立在税率基础上的累进性会由于各种免除和减免条款而被大幅度削弱（请再次参阅第 14 章）。结果就是，只有在较低的收入阶层，税收负担才能保持中等程度的累进性。但是，总的来说，税收依然是累进的。因为绝大多数州的所得税都是模仿联邦税收，所以这个结论对州的税收也是成立的。

### 社会保障工薪税

工薪税是为了保证社会保障系统的运转，同时向市场的两方（供给者和需求者）征收的，并且它有两个分离的部分。第一，雇主和雇员分别缴纳雇员工资或薪酬收入或者根据当年的 CPI 计算的一个上限值的 6.2%。2005 年，这个上限值是 90 000 美元。这一部分税收专门用于社会保障养老金和对残疾人的转移支付。第二，雇主和雇员分别再缴纳雇员工资或薪酬收入的 1.45%，并且没有上限。这一部分是专门用于老年医疗保险的。

因为我们假设劳动力是一种绝对固定的供给，纳税额就是税收归宿。这里唯一的问题是，国会试图将这一负担在雇主和雇员之间进行分配。不幸的是，市场不会允许税收负担被分裂成两个部分。这一负担会全部由雇员来承担（雇员个人和他们的家庭），如图 19.8 所示。

劳动力的需求曲线 $D_L$ 向下倾斜，但是根据假设，劳动力的供给曲线 $S_L$ 是垂直的、完全无弹性的。税前均衡是 $(L_0, W_0)$，位于 $D_L$ 和 $S_L$ 的交点。两个部分加总以后的税率是 7.65%（= 6.2% + 1.45%），这使得企业的需求曲线向下移动到 $D_L'$，移动的幅度就是税收的额度。当 $S_L$ 完全无弹性时，雇主付给雇员的工资就会下降到 $W_0(1 - t_f)$，下降的幅度就是税收的额度，这里 $t_f = 0.0765$，是企业负担的税收。然后，雇员负担的税收同样为 7.65%，会再次使他们的工资沿着垂直的 $S_L$ 下降到 $W_0(1 - t_f - t_e)$，下降的幅度同样是税收的额度，这里 $t_e = 0.076\ 5$，是雇员负担的税收。由于这种两重下降，雇员的税后净工资下降了 15.3%。税收归宿是两部分加总的纳税额，等于区域 $W_0 a b W_0(1 - t_f - t_e)$，这些税收完全由雇员承担了。

在佩奇曼和奥克纳的固定劳动力供给假设下，用于社会保障的工薪税是高度累退的，有两个原因可以说明这一点。首先，这项税收只向工资和薪酬收入征收。从某种程度上说，这样做会导致这项税收成为一种累退税，因为资本收入免予征税。但是，导致工薪税成为一种高度累退税的原因是大多数税收适用的 90 000 美元收入限额（在 2005 年）。

---

① 在一个一般均衡框架下，假设税收收入按照一次性总付的形式返还时，无谓损失就是全部的负担。

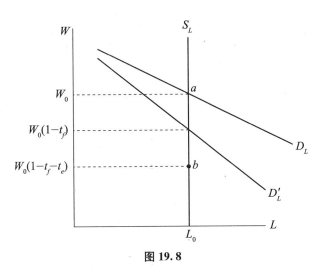

**图 19.8**

因为当收入大于 90 000 美元时，$T$ 为固定的，这样 $T/Y$ 会随着 $Y$ 的增加而稳定下降，直到趋近于 0。收入最高的 CEO 的税收负担和年收入 90 000 美元的雇员是一样的。这个"上限"措施使得工薪税成了五个主要税种里面最为累退的一种税。

**企业所得税**

在他们的中心变量分析中，佩奇曼和奥克纳接受了哈伯格的结论，即企业所得税几乎完全是由企业的股东来负担的。因此，他们把全部税收负担都分配给资本收入。因为资本收入主要集中于高收入人群，所以普遍认为企业所得税是一种非常强的累进税。

**州的一般销售税**

州的一般销售税通常按照一个单一比例向各种商品广泛征收。值得注意的一个例外是，有 26 个州对家庭的食物消费免于征税。有些州同样对一定数额的衣服消费也免于征税。只有很少的州对服务也征收和商品同样的销售税。

佩奇曼和奥克纳的中心变量分析假设商品供给在长期有充足的弹性，因此将商品供给看作是完全有弹性就是合理的。在这个假设下，虽然商品供给者向州政府缴纳了税收，但它们仍然可以通过更高的价格将税负转嫁到消费者身上。商品价格最终会上升，而上升的幅度就是税收的额度。图 19.9 描绘了这一情况。

$X$ 是被征税的一种商品，它的需求曲线是 $D$，征税前的供给曲线是 $S$，其中 $S$ 是完全有弹性的。征税前的均衡是 $(X_0, P_0)$，位于 $D$ 和 $S$ 的交点。销售税 $t$ 会把供给曲线上推到 $S'$，上升的幅度就是税收的额度，新的均衡位于 $(X_t, P_{gt})$。$P_{gt}$ 是消费者为 $X$ 支付的含税价格，和税前价格相比其上升的幅度就是税收的额度。对企业而言，不含税价格 $P_{nt}$ 仍然维持在 $P_0$。税收的负担被全部转嫁到了消费者身上。[①]

根据供给完全有弹性的假设，佩奇曼和奥克纳将销售税的负担完全分配给了个人和

---

① 看起来企业似乎承担了一部分的税收负担，因为它们的销售总量从 $X_0$ 下降到 $X_t$。但是供给曲线 $S$ 代表的是供应 $X$ 的长期边际成本。当在 $P_0$ 处 $S$ 为水平线时，企业得到的价格仍然等于生产 $X$ 的长期边际成本，为 $P_0$。成本为机会成本，因此 $X$ 的边际成本等于将这些资源用于下一个最优用途的价值。如果边际成本为常数，当产量 $X$ 下降到 $X_t$ 时，空置出的资源会被用于它的下一个最优用途中，其价值等于 $X$ 的价值（$P_0$）。这样，企业的拥有者和资源的任何使用者都不会承担销售税所带来的负担。

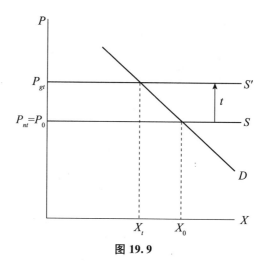

**图 19.9**

家庭。税赋与消费额成正比，即 $T = tC$，这里 $t$ 是州的销售税税率，$C$ 是消费额。因为 $C/Y$ 会随着收入的增加而迅速下降，$T/Y$ 同样也会随着收入的增加而迅速下降，所以销售税是高度累退的。

**地方财产税**

地方财产税是向一个社区内的居民、商铺和企业的财产征收的税赋。在一个商业不繁华的小规模社区，地方财产税的大部分来源是当地居民。地方的税务评估员将会定期对被征税的财产价值进行评估，评估的范围包括土地以及土地上的建筑物。估计的价值和市场上的土地和建筑的价值可能接近，也可能相差甚远。通常按照估计出来的价值以单一税率进行征税。（有些社区针对居民和商铺会有两种不同的税率，所有的居民按照一种税率纳税，而所有的商铺按照另一种税率纳税）。

佩奇曼和奥克纳的中心变量分析对于土地和建筑（资本）有不同的假设。无论出于哪种目的和用途，土地的供给一般都是严格固定的，因此他们假设土地所有者要承担全部的税收归宿，其承担的份额等于财产税税款中土地的那一部分。因为土地通常高度集中于富人手中，因此土地部分的财产税是高度累进的。

相反，对一个地方来说，资本的供给基本上是完全有弹性的，正如图 19.6（b）和图 19.9 所示。因此，在一个地方，很可能出现资本家逃避了税收负担，并且税收负担转嫁到消费者和工人身上的情况。但是，如果企业选择将它们的资本迁出本地以逃避向建筑物征收的财产税，它们最后必然要选择另外一个地区安置它们的建筑，然后同样会被征收相关的财产税。因此，佩奇曼和奥克纳以及其他绝大多数经济学家假设，资本家承担的税负等于他们资本的价值乘以全国平均水平的地方财产税税率，这使得这项税收仍然是高度累进的。只有在那些地方税率和全国平均税率不一样的地区，税收负担才会分担到其他要素上，而分担的比例等于地方税率与全国税率的差。在那些地方税率比全国平均税率高的地区，消费者和工人会承担一部分税负，因为资本离开了他们的社区。在地方税率比平均税率低的地区，消费者和工人得到一些好处，因为新的资本进入他们的社区。相对于全国平均水平而言，资本在这些地区得到了补贴，而补贴则转移到了消费者和工人身上。因为全国平均水平主导了（税收）归宿的计算，并且从全国来看消费者和工人承担的税收负担或者获得的补贴相互抵消，因此财产税被看做是一种高度累进的税种，绝大部分都由高收入的土地所有者和资本家承担了。

总的来说，佩奇曼和奥克纳的分析认为美国的税收体系混合了累进税（个人所得税、企业所得税和地方财产税）和累退税（社会保障工薪税和州的一般销售税）。他们的结论是，美国的税收并不是非常注重再分配。税收负担比例 $T/Y$ 从最低收入阶层的 20.6% 到最高收入阶层的 27.1%，他们将这一状况描述为基本成比例的，或者充其量最多是轻度累进的（Okner and Pechman，1985，Table 4.4，p.48）。

### □ 对来源和用途分析的警告

在 1984 年的加拿大经济学年会上的主题报告中，约翰·沃雷（John Whalley）提醒其他经济学家要对税收归宿的来源和用途分析保持警惕（Whalley，1984）。他指出，这一分析（来源和用途分析）的结论对于分析每一种税收的假设非常敏感。如果我们小心选择不同的假设，每一种在它本身看来都可能是合理的，最后税收体系可能会显得非常累进或者非常累退。当研究者不区分逐年视角和一生视角时，这一点就变得非常明显。沃雷认为，不应该这样做。他更倾向于采用一生视角，在这种情况下，有关个人分配的假设就不再重要了。沃雷通过对加拿大税收体系的分析，向人们展示了这种警示信息。在他的分析中，加拿大税收体系和美国的体系非常类似。

使用佩奇曼和奥克纳的中心变量假设，沃雷发现在全部收入阶层的整体税收归宿方面，加拿大和美国非常相似，都是轻度累进的。但是，当选择不同的假设时，加拿大的税收体系会显示出明显的不同，既可能是高度的累进状态（$T/Y$ 比率从最低收入阶层的 11% 到最高收入阶层的 70%），也可能是高度的累退状态（$T/Y$ 比率从最低收入阶层的 100% 到最高收入阶层的 16%）（Whalley，1984，p.666 and Table 7，p.670）。这样巨大的变化幅度很显然对来源和用途分析方法的使用造成了巨大的麻烦。

人们能够操纵的税收归宿游戏的本质是这样的。如果你想让税收体系看起来比佩奇曼和奥克纳的中心变量分析的结果更加累进，那么就选择那些能够降低累退税累退性质的假设，或者将它们从税收归宿分析中全部去掉，或者，如果可能的话，让累进税显得更加累进。相反，如果你想让税收体系看起来比佩奇曼和奥克纳的中心变量分析的结果更加累退，那么就选择那些能够降低累进税累进性质的假设，或者将它们从税收归宿分析中全部去掉，或者，如果可能的话，让累退税显得更加累退。这里，我们举一些例子来加以说明。

**更加累进**——两种累退税是州的一般销售税和社会保障工薪税。为了使销售税变得不那么累退，我们要从一生视角而不是逐年视角来考虑。因为遗产对大多数人来说是不重要的，所以一生的消费大约是一生的转移支付和劳动收入的一定比例。因此，将销售税的负担分配到整个一生，就可以使其看起来不那么累退了。更进一步，布朗宁和约翰逊认为，一些转移支付，特别是社会保障养老金，是随通货膨胀而上升的。因此，社会保障养老金会自动调整以应对由于销售税而导致的消费品价格的升高，这样一来，整个一生收入中的转移支付大部分都能逃避税收负担了。因为相对于劳动收入来说，一生的转移支付是更加倾向于穷人的，因此，从一生视角来看，销售税有可能实际上是有轻微累进性质的。

关于社会保障工薪税，假设现在的工作者接受了这样一种观点，即联邦政府承诺，在他们缴纳工薪税之后，他们在退休时一定能得到社会保障养老金。也就是说，政府承诺一定会继续对未来的工作者征收足够的税收来支付现在的工作者的养老金。那么，本质上，现在的工作者会将他们缴纳的税赋看作是一种受益原则的税赋，这就将这种税从归宿分析中去除了。

从另一方面说，个人和企业所得税能够变得更加累进，因为它们都只对名义资本收入征税。当我们不将单纯因为通货膨胀而实现的收入移除的时候，就会使得相对劳动收入而言，对资本收入施加了更高的真实税收负担。事实上，真实税后资本回报在通货膨胀率高的时期可能是负的，正如美国1980年前后经历过的那样。任何增加资本所得税的相对负担的行为都会使得税收体系显得更加累进。

**更加累退**——在佩奇曼和奥克纳的中心变量分析中，两种税是高度累进的，分别是企业所得税和地方财产税。可以从以下四个方面降低企业所得税的累进性质：

1. 假设国家的资本供给是完全有弹性的，所以供给者的回报由世界市场决定。图19.6（b）可以应用到这个例子中——资本家不会承担由企业的会计利润产生的税收负担。这些税收负担通过企业的产品转嫁到了消费者身上，或者转嫁到企业的雇员身上，这两种方式都大大降低了税收的累进性，甚至如果大部分税收负担被转嫁到消费者身上，这项税收可能会出现累退性。

2. 假设企业的目标是市场份额最大化，如图19.7所示，因此税收使得企业更加转向利润最大化的结果，然后大部分或者全部税收负担转嫁到了消费者或者雇员身上。

3. 接受一种长期理论，即虽然短期内资本家承担了税收负担，但是长期效果是减少储蓄、投资以及经济的产出，这会降低真实工资，并且将税收负担转嫁到工资或者薪俸收入上。

4. 假设企业所得税是符合受益原则的税赋，在这种情况下，这种支付为有限责任公司的股东提供了一种保护。如果企业破产，企业的债权人不能获得股东个人的私人财产。因此，企业所得税可以被看做是股东为这种保护而自愿付出的费用。

关于财产税，假设地方财产税是符合受益原则的，税收用来支付地方公共服务。如果人们也购买地方的各种税收—公共服务，那么这种假设就是合理的。比如，人们会为了更好的学校而支付更高的税收，正如他们为更好（或更差）的私人物品和服务支付更多（或更少）的钱一样。

从另一方面说，从逐年视角来考察州的销售税的归宿，会让它们显得更加累退。从佩奇曼和奥克纳的观点出发，可以认为社会保障工薪税只是另一种一般税，会因为收入上限的缘故而显得非常累退。

沃雷还考察了其他一些可以让税收体系显得更加累进或者更加累退的假设，但是以上的例子已经足够说明问题的本质。

## □ 长期视角

在税收归宿这一问题上，很多经济学家都批评了佩奇曼和奥克纳的逐年视角。他们认为税收归宿应该以一生为基础进行测量，这一方面是因为很多人的年收入可能会发生比较大的变化，另一方面是因为只有一生的视角才能完整考察每一个人的全部经济情况。在一生的视角下，被逐年分配给个人和家庭的税收负担的现值将会和他们的收入或消费的现值进行比较。[1]

从逐年视角向一生视角转变，会给税收归宿的来源和用途分析带来两方面的影响。首先，收入的来源和用途是不同的。整个一生的收入来源有三种形式：继承遗产、公共和私人转移支付的年现金流以及工资和薪俸收入的年现金流。收入的用途是每年的消费以及最后临终时的遗产，其中遗产只对很少一部分人有重要的意义。请注意，资本收入是不包括在收入来源中的。这样做的原因是平均来说储蓄增长的回报率和用来抵扣未来收入的现值的回报率是相匹配的（参见第 20 章），因此人们的储蓄不会产生收入净增长。所有的资本收入平均来说都只影响不同时期的消费而已。所以，在考虑分配税收负担时，资本收入只在用途方面产生影响，而不会影响来源方面。

其次，一生收入的两个最重要来源——转移支付和劳动收入——远远少于逐年视角中的转移支付和劳动收入。大部分转移支付都是在年轻和老年时获得的，并且大部分得到转移支付的人都是因为他们在某个特定时期贫穷而不是因为他们一生都贫穷。类似地，在一生的视角下，一个工作者获得劳动收入的变动只有逐年视角下变动的三分之一或二分之一。而在用途方面，绝大多数人最终消费了他们一生的转移支付收入和劳动收入，这表明，不同个人和家庭之间一生消费的差异要小于逐年消费的差异。当我们考虑到整个一生收入的来源和用途，其各部分的变动和差异都小于逐年情况时，任何一种税收一生的归宿对于如何在一生内将税收负担分配到不同的收入来源和用途上的敏感性，就要远小于逐年分配税收负担的情况。并不令人惊讶的是，绝大多数关于美国税收体系的一生归宿的研究都发现，这套体系并不具有很强的再分配效应。他们的结论与佩奇曼与奥克纳的逐年评估的结果是相同的：整个美国的税收体系基本上是等比例的，充其量最多有轻度的累进性。

## 来源和用途分析与一般均衡模型

当哈伯格发展出关于税收归宿的一般均衡分析时，正规的一般均衡模型还处于"婴儿期"。结果，他被迫去使用一个非常简单的两产品、两要素模型，并且只能考虑企业所得税的边际变化。在之后的四十年中，一般均衡模型有了长足发展，现在这个模型已经可以处理以下一系列问题：不连续（庞大的）税收变化；人们处于不同的收入阶层；很多不同的商业部门；一个定义更加完整的政府，这样的政府可以同时征收很多不同的税种，并且利用税收收益来供给各种公共物品、公共服务以及进行转移支付。

相对于来源和用途分析，一般均衡模型还有一个非常显著的优势，那就是一般均衡模型可以测量税收带来的无谓损失并将之纳入税收负担中。这一点很重要，因为所有的主要税种都会产生扭曲。然而，与来源和用途分析一样，一般均衡模型也必须依靠大量的假设，很多时候涉及关于经济运行本质的假设。这些假设包括：对消费者效用函数的参数进行假设，这些假设关系到他们对私人和公共物品以及闲暇的相对偏好；私人物品

---

[1] 第 20 章将会讨论如何将一个变量例如税收负担或者收入的每年价值的流量转换为一个一生的现值。一个变量的现值是一个一次性总付额，如果个人或者家庭今天收到这笔钱，他们会视其与他们实际每年收到的价值流量相等。

和服务市场的竞争性（所有市场都是完全竞争市场是一个标准假设）。长期模型必须给出更多假设，这些假设包括个人和企业如何对未来进行预测，而经济学家对此所知甚少。[①]不幸的是，税收归宿的分析结果常常对这些假设的不同选择非常敏感。

　　总的来说，经济学家没有一个分析税收归宿的最佳模型。来源和用途分析对于个人税收归宿的假设以及逐年视角和一生视角的选择非常敏感。一般均衡模型对于模型结构的假设非常敏感。我们可以说，大多数研究税收归宿的公共经济学家更偏好一般均衡模型，而来源和用途分析则仍然主导着有关税收归宿的公共讨论。一个可能让人好奇并同时感到安慰的事实是，在税收归宿的文献中，对于美国整体税收体系的归宿问题，一般均衡模型与来源和用途分析（不管是逐年视角还是一生视角）所得到的结论很相近。这个结论就是，不管采用哪种分析方法，美国的税收体系都是处于等比例和轻度累进之间的。

## 附录　规模报酬不变、不相等的要素密集度和生产可能性边界

　　在规模报酬不变（CRS）生产模式下，$Y$ 和 $X$ 的产量总是会沿着一条直线变动。图 19A.1 描述了这一情景。

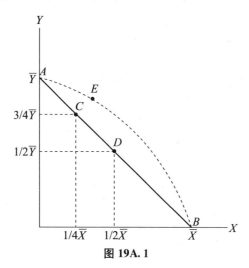

**图 19A. 1**

　　假设所有的劳动力 $\bar{L}$ 和资本 $\bar{K}$ 都用来生产 $Y$。经济体将会生产出 $Y$ 的最大产量，即点 $A$ 处的 $\bar{Y}$。相对地，如果 $L$ 和 $K$ 都用来生 $X$，经济体将会生产出 $X$ 的最大产量，即点 $B$ 处的 $\bar{X}$。当我们使用 CRS 生产函数时，从 $\bar{Y}$ 开始，如果四分之一的劳动力和资本被分配用于生产 $X$，那么经济体将会生产四分之三的 $\bar{Y}$ 和四分之一的 $\bar{X}$，这就是直线 $AB$ 上

　　① 理性预期是一种一般的假设，意味着人们不会系统性地夸大或者低估变量的未来价值，这些变量包括他们的收入、税收、利率和通货膨胀率。

的点 $C$。如果一半的劳动力和资本被分配用于生产 $X$，那么经济体将会生产二分之一的 $Y$ 和二分之一的 $X$，这就是直线 $AB$ 上的点 $D$。依此类推，直到 $\overline{X}$。换句话说，CRS 生产函数的假设条件允许产量沿着直线 $AB$ 移动，如图 19A.1 所示。如果企业关于两种要素的密集度相等，那么从 $Y$ 的生产中释放出来的 $L$ 和 $K$ 将恰好就是生产相应份额的 $X$ 的最小成本所需要的 $L$ 和 $K$，此时 $AB$ 就是经济体的生产可能性边界。线性的边界是成本不变的边界，在边界上，生产 $Y$ 和 $X$ 的边际成本保持不变。因此，完全竞争条件下，价格等于边际成本，$P_Y$ 和 $P_X$ 在边界上保持不变。$P_L$ 和 $P_K$ 也保持不变，因为当沿着边界将资源从 $Y$ 的生产转向 $X$ 的生产时，不会产生任何劳动力和资本的超额供给和超额需求，反过来也是一样。从一种产品的生产中释放出来的要素，恰好就是另一种产品的生产所需要的。因此，在有效分配资源或者保持资本和劳动力的完全雇佣时，要素价格不需要变化。当价格没有变化时，税收归宿分析就显得没什么意思。

让我们重新从全部资源用于生产 $Y$ 开始。假设 $Y$ 产业释放了四分之一的资本和劳动力。在 CRS 生产函数下，此时直线 $AB$ 上的点 $C$ 是一个可能的生产点。但是如果 $Y$ 相对更加资本密集，那么经济体重新分配资本和劳动力就会使两种产品的产量都增加，此时 $Y$ 产业拥有四分之三以上的资本和不到四分之三的劳动力，剩余的资源被用于 $X$ 产业。通过再分配资本和劳动力，经济体可以达到虚线上的点 $E$。对于 $AB$ 上的所有点来说，在 $Y$ 和 $X$ 之间重新分配资本和劳动力，都可以产生这样的效果。虚线是经济体的生产可能性边界，它凹向原点。生产可能性边界上边际成本的比率是 $MRT_{X,Y}$，即边界的斜率，它在边界上是变化的。因此，$P_Y$ 和 $P_X$ 在边界上也是变化的，正如本章所描述的一样。当经济体在弓形的边界上移动时，形成的资本和劳动力的超额需求和供给也会造成 $P_L$ 和 $P_K$ 的变化，正如本章所描述的一样。相对地，税收会导致资源的再分配，并且会进一步影响产品和要素的价格，要素价格变化就成为税收归宿分析的核心。

# 第4篇

## 成本——收益分析

# 第 20 章

# 成本—收益分析

成本—收益分析是对政府投资的分析，这些政府投资包括高速公路、桥梁、隧道、垃圾处理厂等项目的建设，先进武器系统的购买，为提高就业进行的职业培训项目等。政府的成本—收益分析类似于私人公司对其工厂和设备投资的分析。在这两种情形中，政府和公司都试图决定计划中的投资项目是否值得上马。但是政府的投资分析要更为困难，因为它会面对一系列私人投资中不会遇到的问题，这些问题表现在理论和实践两方面。

## 耐久性和现值公式

在讨论成本—收益分析的实际问题之前，无论是对私人还是政府投资的分析都需要面对一个直接的困难。这就是，投资意味着私人或政府资本存量的增加，而资本是耐用品。今天购买或建设的资本在一年之后甚至很多年后都会有产出和持续的收益流。例如，在今天由私人或政府机构购买的电脑有可能会用上三到五年，直到它们被新的更好的电脑替代为止；其他设备如桌子、显示器和投影仪则可能会用上十年甚至更久；而建筑物如办公楼和高速公路则可以使用很长时间，这个时间可能长达四十年以上。问题在于不同时期所收到或花费的美元的价值是不一样的。

### □ 贴现到现值

为了解释为什么在不同时期的美元价值是不一样的，让我们假设某人在今天给你 1 美元，或在一年以后给你 1 美元。基于一系列理由你会很肯定地选择在今天得到 1 美元：通货膨胀将侵蚀在一年以后获得的那 1 美元的价值；这个人可能在一年后食言并推翻今天的承诺——未来总是不确定的。我们可以假设不存在通货膨胀，而且你确定无疑地知道这个人将会在一年后的今天付给你 1 美元。但即便这样，你仍然会偏好今天的 1 美元，哪怕你在这一年中并不想花掉它。你（以及事实上其他任何人）会这样做的原因是，人们有机会存下这 1 美元，并获得投资所产生的利率，或投资回报率。假设一年期**存款证明**（certificate of deposit，CD）或一年期美国政府债券的回报率是 8%。因为存款证明是由联邦政府担保的，而美国政府债券通常被认为是世界上最安全的金融证券，所以不需要考虑两者的风险问题。如果你今天得到 1 美元并购买了其中一种证券，在一年之后你将会得到 $1 \times (1+0.08)$ 美元，等于这 1 美元加上 0.08 美元的利息。因此，假设你有机会以 8% 的无风险收益率进行投资，今天的 1 美元和一年以后的 1.08 美元对你来说是无差异的；在这种意义上说，今天的 1 美元等于一年后的 1.08 美元。

同样的道理，将来任何时期收到（或花费）的美元都存在这种等价性质。这样，如果今天收到 1 美元并以 8% 的利率投资两年，在第一年年底会增加到 1.08 美元，而这 1.08 美元会在第二年再次增加 8%。第二年年底的美元价值会是 $[1 \times (1+0.08)](1+0.08) = 1 \times (1+0.08)^2 = 1.17$ 美元。因此，今天收到的 1 美元等于两年后收到的 1.17 美元。因为每一年钱的数目会以 $(1+0.08)$ 的乘数增长，今天的 1 美元等于三年后收到的 $1 \times (1+0.08)^3$（$=1.26$）美元，等于五年后收到的 $1 \times (1+0.08)^5$（$=1.47$）美元，等于 $n$ 年后收到的 $1 \times (1+0.08)^n$ 美元。更一般地，假设从今以后一直可以得到 8% 的收益率，那么今天的 $X$ 美元等于 $n$ 年后收到的 $X(1+0.08)^n$ 美元。计算现期美元的未来价值被称作**复利计算未来价值**（compounding to future values），在本例中复利乘数等于 $(1+0.08)$，而复利利率等于 8%。

比较不同时期美元价值的第二种途径是计算将来收到的美元在现期的价值。计算未来收到的美元的现值称作**贴现到现值**（discounting to present value），即利用复利计算现期美元的未来价值的反向操作。如果今天的 1 美元等于一年后的 $1 \times (1+0.08)$ 美元，那么一年后收到的 1 美元就等于今天收到的 $1 \times [1/(1+0.08)]$ 美元：$1 \times [1/(1+0.08)] = 0.93$ 美元。如果你今天有 0.93 美元并且以 8% 的回报率投资一年，则一年后就会值 1 美元：$0.93 \times (1+0.08) = [1/(1+0.08)](1+0.08) = 1$ 美元。因此，0.93 美元被称作从今天起一年后所收到的 1 美元的**现值**（present value）。$1/(1+0.08)$ 这一项称作一年后收到的美元的贴现因子，而 0.08 称作贴现率。乘以 $(1+0.08)$ 可以用复利计算出下一年的美元价值，除以 $(1+0.08)$ 则将一年后的美元贴现到现在。

将未来价值贴现为等值的现期价值与利用复利将现期价值转换成等值的未来价值的方法一样，只不过使用的是贴现因子而非复利因子。从现在起三年后收到的 1 美元的现值是 $1 \times [1/(1+0.08)^3]$（$=0.79$）美元；五年后收到的 1 美元的现值是 $1 \times [1/(1+0.08)^5]$（$=0.68$）美元；$n$ 年后收到的 1 美元的现值可以表示为 $1 \times [1/(1+0.08)^n]$ 美元。更一般地，假设贴现率是 8%，并且钱可以不断地以 8% 的利率重新投资，$n$ 年后收到（或花费）的 $X$ 美元的现值是 $X[1/(1+0.08)^n]$ 美元。两者的价值是相等的，这是因为如果你在今天拥有 $X[1/(1+0.08)^n]$ 美元，而且可以用 8% 的利率投资，那么这笔钱会在从现在起的 $n$ 年后变成 $X$ 美元：$X[1/(1+0.08)^n](1+0.08)^n$ 美元 $= X$ 美元。

总的来说，不管是收到钱还是花掉钱，将现期美元复利计算到将来的年份，或者将未来的美元贴现到现期，这两者是等价的。

## □ 现值公式

因为分析私人投资比分析公共投资更加直接，我们首先考虑一个私人公司进行的一项机器方面的投资。因为投资于机器的美元发生在现在，一个比较未来实现的净收益与初期投资成本的很自然的方法是计算未来实现的净收益的现期价值。令：

$I_0$＝发生在今天的初始投资成本。假设购买机器用保留的现金收入支付。

$R_i$＝在第 $i$ 年收到的净收益，等于机器使该公司得到的产出增加所带来的收益减去在第 $i$ 年使机器运转和维护机器所产生的所有成本。

$r$＝贴现率，表示为一个小数值（在我们的例子中是 0.08）。假定公司经理的职责是尽量提升股东的利润水平。因此，贴现率反映了该公司股东所获得的基于他们的投资的年度回报。这样，当分析某项投资时，贴现率体现了资本的机会成本。

$N$＝计划中该机器能产生正净收益的最后一年。

贴现到现值的净收益流的表达式是

$$\sum_{i=1}^{N} \frac{R_i}{(1+r)^i} = \frac{R_1}{(1+r)^1} + \cdots + \frac{R_i}{(1+r)^i} + \cdots + \frac{R_N}{(1+r)^N}$$

贴现的现金流可以直接与发生在今天的初始投资 $I_0$ 进行比较。如果：

(a) $\sum_{i=1}^{N} \frac{R_i}{(1+r)^i} > I_0$，投资机器。机器产生的额外收益贴现到现值后高于初始投资成本。

(b) $\sum_{i=1}^{N} \frac{R_i}{(1+r)^i} = I_0$，以下两种选择对于公司股东来说没有差异：（1）让公司经理投资于机器；（2）让公司经理将数额为 $I_0$ 的钱发放给股东，然后让股东自己按利率 $r$ 来投资。为了解释这个问题，让我们在式子的两边都乘以 $(1+r)^N$ 来将其复利计算到 $N$ 年后。如果股东在今天得到 $I_0$ 数目的钱，在 $N$ 年后他们将得到 $I_0(1+r)^N$。如果公司经理投资于机器，然后将以后历年收到的净收益发放给股东，$N$ 年后股东将会得到的收益为：在第一年年底得到 $R_1$，并以 $r$ 的利率投资 $N-1$ 年，在第 $N$ 年得到 $R_1(1+r)^{N-1}$；在第二年年底得到 $R_2$，并以 $r$ 的利率投资 $N-2$ 年，在第 $N$ 年得到 $R_1(1+r)^{N-2}$；类似地，直到他们在第 $N$ 年得到最后一笔收益 $R_N$。到第 $N$ 年为止收到的收益流一共是 $R_1(1+r)^{N-1} + \cdots + R_i(1+r)^{N-i} + \cdots + R_N$，恰好等于 $I_0(1+r)^N$。股东并不会在乎公司经理是投资于机器还是将数目为 $I_0$ 的钱分给他们。

(c) $\sum_{i=1}^{N} \frac{R_i}{(1+r)^i} < I_0$，不会投资于机器。而是将 $I_0$ 数目的钱分给股东，让其自己以利率 $r$ 进行投资。

经济学家将贴现后的净收益流与初始投资成本之差定义为**投资的现值**（present value of an investment）（$PV_I$）：

$$PV_I = -I_0 + \sum_{i=1}^{N} \frac{R_i}{(1+r)^i}$$

一种投资的现值一般也被称为**现值公式**（present value formula）。

用现值公式决定的投资法则是，如果：

(a) $PV > 0$，投资。

(b) $PV = 0$，投资于机器或将 $I_0$ 数目的钱分发给股东并让其按利率 $r$ 进行投资，这两种选择对于公司经理来说无差异。

(c) $PV < 0$，不投资。而是将 $I_0$ 数目的钱分给股东，让其自己以利率 $r$ 进行投资。

如果资金数目有限，使得公司不能够投资于所有能产生正的现值的项目，那就应该选择可以产生最高现值的投资组合（其中包括没有用于项目投资而以 $r$ 的收益率投资的资金）。

下边按顺序列出了对现值公式的一些评论：

1. 贴现率 $r$ 可视为公司资本的机会成本；它是公司股东能够从自有的投资中获得的收益率。在一段时期内，如果股东从自己的储蓄中获得的收益率不断变化：$r_1$，$r_2$，…，$r_i$，…，$r_N$，那么每一年必须单独采用不同的贴现率 $r_1$，$r_2$，…，$r_i$，…，$r_N$。例如，第一年的贴现因子为 $\dfrac{1}{(1+r_1)}$，第二年为 $\dfrac{1}{(1+r_1)(1+r_2)}$，第三年为 $\dfrac{1}{(1+r_1)(1+r_2)(1+r_3)}$，第 $n$ 年为 $\displaystyle\prod_{i=1}^{N}\dfrac{1}{(1+r_i)}$。

2. 人们常常提到"某一项投资的收益率"。经济学家称这个收益率为这项投资的**内部收益**（internal yield），定义为贴现率 $\rho$，该贴现率使得投资的现值等于零。也就是说，这个收益率使得该公司对于是否进行这项投资无差异。内部收益 $\rho$ 是令现值公式等于零的解：

$$PV_I = 0 = -I_0 + \sum_{i=1}^{N}\frac{R_i}{(1+\rho)^i}$$

以这种方式计算的内部收益考虑了回报的时间选择。例如，考虑两种在 10 年内都会产生总值为 10 000 美元的未贴现收益流的机器。第一种机器在第一年产生 9 900 美元的净收益，余下九年没有收益，第十年可以得到 100 美元，再之后为 0。第二种机器在第一年产生 100 美元的净收益，余下九年没有收益，第十年得到 9 900 美元，再之后为 0。则第一种机器是一项好得多的投资，会产生高得多的内部收益，这仅仅是因为它的大部分净收益产生得比后者早。[①]

虽然用各自的内部收益来衡量投资项目很方便，但使用内部收益的概念为投资项目排序时必须非常小心。如果资金是无限量的，那么接受所有内部收益大于贴现率的项目等价于接受所有具有正的现值的项目。但是在通常情况下，资金一般有限，那么按内部收益的高低选择投资项目可能会跟按现值排序做出的选择不一样。在这种情形下，按内部收益排序会得出错误的结论，因为按现值排序总是正确的。

按内部收益对投资项目进行排序的问题在于，内部收益忽略了项目的规模，而现值的计算则不会。下面的例子阐述了为什么规模的问题是重要的。考虑四个投资项目，其中包括三个小项目和一个大项目。三个小项目都具有稍高于大项目的内部收益，但所有项目的内部收益都远高于贴现率。它们都具有正的现值。在基于更高

---

① 高级教科书会说明，用来计算内部收益的公式可能不会给出一个确定的解。可能存在一个、许多或者没有解使得现值等于零。我们将不考虑这种复杂的问题，假设公式可以给出一个单一解 $\rho$。

的内部收益而选择了前三个小项目之后，就没有足够的资金来投资第四个项目了。因此余下的资金必须以更低的贴现率来进行投资。如果投资项目是基于它们的现值进行排序的，那么更有可能的是选择大项目同时加一两个小项目，剩下更少的资金来以更低的贴现率进行投资。这样一来选择的投资组合的总现值会更大，这是更理想的结果。所以结论是清晰的：应该总是以现值来对投资项目进行排序。

3. 通货膨胀不会影响现值公式，因为在贴现的收益流中，分子中的净收益和分母中的贴现率都在以每年 $(1+\pi)$ 的乘数增长，其中 $\pi$ 是年通货膨胀率。例如，在第一年通货膨胀使得净收益增长至 $R_1(1+\pi)$，真实贴现率变为 $\dfrac{1}{(1+r_1)(1+\pi)}$，也就是名义贴现率。[①] 到第 $i$ 年为止，以通货膨胀率 $\pi$ 持续的通货膨胀会使分子和分母都增长 $(1+\pi)^i$ 倍。而当分子和分母都以相同的乘数增长的时候，贴现的收益流的值是不变的。因此，如果分子中使用的是名义（实际）净收益，那么就在分母中使用名义贴现率。如果分子中使用的是真实净收益，则在分母中同样使用真实贴现率。

4. 就像在大多数建设工程中那样，初始投资成本会发生在开始的很多年中。在这种情况下，在第一年、第二年及以后产生的初始投资成本需要跟未来净收益一样贴现到现值。对于学生来说一个熟悉的例子是大学教育，大学毕业以后可以获得比没有大学学位的人更高的收入。上大学的投资会分摊在起初的四年当中，而在第五年会获得更高的收入。令 $I_i$ 为第 $i$ 年的上大学的成本，$R_i$ 为从第五年开始的第 $i$ 年的收益增长，则教育的现值为：

$$PV_{education} = -\sum_{i=1}^{4} I_i \frac{1}{(1+r)^i} + \sum_{i=5}^{N} R_i \frac{1}{(1+r)^i}$$

式中，$N$ 为预计退休的年份。[②]

# 成本—收益分析与私人投资分析

对于包括私人和公共部门在内的任何投资项目，使用现值公式来决定是否值得投资是任何投资分析中必需的步骤。但它只是一个确保在不同时期收到或花费的美元等价，并且是具有可比性的机械性的工具。投资分析的有趣之处在于力图量化现值公式中的要素，特别是贴现率 $r$ 以及产生的未来净收益流 $R_i$。下面将再次考虑私人公司的经理在计算他们提议的投资项目的现值时所需要面对的问题。

## ☐ 私人投资分析

对于私人公司，$r$ 取决于公司股东所能得到的储蓄机会，而这些是公司不可能确切

---

① $(1+r)(1+\pi) = 1+r+\pi+r\pi = 1+i$，其中 $i$ 是通货膨胀率为 $\pi$ 时的名义或者观测到的利率。例如，如果如我们例子中所假设的，$r=0.08$，$\pi=0.05$（5%），则名义利率 $i=0.08+0.05+0.004=0.134$，或者 13.4%。一般会忽略交叉项，名义利率表示为实际利率与通货膨胀率之和，即此例中的 13%。

② 几乎所有的研究都表明大学教育的现值非常大，如果美国的大学生知道这一点，将会非常开心。对于大多数年轻人来说，大学教育是一个很好的投资。

知道的。选取太低的 $r$ 会产生两方面的偏差：（1）因为这种做法会增大贴现后的净收益流，因而使得公司接受太多的投资项目；（2）对于两项具有相等的未贴现的未来净收益流的投资，这种做法会偏向于选择净收益发生在更远将来的投资，因为更远将来净收益的贴现值不会因为过低的贴现率而变得太低。相反地，选择太高的 $r$ 则会拒绝更多的项目，而且在其他因素相同的情况下会偏向于选择净收益发生在较近的将来的投资。无论哪种错误都会相对于选择正确贴现率的情形降低公司的盈利，因而会损害股东的利益。[①]

选择正确的净收益流 $R_i$ 同样是困难的，或者可能更不容易。没有人能够确切地知道未来发生的事情，因此经理能够做的就是逐年估计 $R_i$。对于每个估计的 $R_i$ 可能会有一个期望值和概率分布，而这些取决于一些事情，例如预测的未来经济状况，或者正在国会进行辩论的会直接影响到公司的立法。比如一项对于公司产品的进口关税，这个关税能够在一定程度上保护公司与国外对手的竞争；或者关于工作场所安全的立法，而保证公司能够适应新的更严格的法律会提升公司的投资成本。因此，在上述例子中，如果预期经济在投资期限内会处于繁荣中，或者关税获得通过，或者安全立法失败，那么预测的 $R_i$ 就会非常高。相反地，如果预期经济会陷入衰退，或者关税不获通过，或者安全立法成功，那么预测的 $R_i$ 就会很低。公司经理必须给出他们认定的上述三项事件的发生概率，从而相应地调整预期的 $R_i$。因此，每一个可能的概率都会产生一个相应的结果。就像我们在第 12 章中所看到的，对于未来的不确定性会将未来的净收益的价值降低到它们的预期价值之下。

### □ 成本—收益分析

就像私人公司的经理所做的那样，在分析政府投资项目的时候，政府官员也需要选择合适的贴现率来估计不确定的未来净收益流。对于公共投资来说原理可能有所不同，但面对的问题是一样的。此外，政府官员需要面对三个对于私人公司来说不存在的评估难题：不能使用市场价值来评估其中某些甚至是所有的收益和/或成本；对于收益和成本的分配问题的考虑；政治压力给分析带来的虚假收益和/或成本。然而，在讨论这些特定的问题之前，我们需要建立关于成本—收益分析的三个基本原则。

## 关于成本—收益分析的三个基本原则

第一个原则与成本—收益分析的预期有关。毋庸置疑，在一个理想的世界中，每一项成本—收益研究在经济学理论上都是正确的。但是在现实世界中不可能追求这种完美。成本—收益分析最多能够为政府政策的制定者提供一种实践指导。原因是对政府投资项目的需求取决于以下两个因素：（1）投资项目中相关收益和成本的属性；（2）投资项目执行时潜在的经济环境。第二个因素会带来问题，因为潜在的经济环境决定了对所有投资项目的收益和成本应该怎样来进行评价。例如，市场价格是如何被税收和垄断力量扭曲的，分析人们是否认为收入的分配是最优的。在下面我们将会看到一些例子。不同的

---

① 如果经济会进入繁荣或者经历萧条，预期贴现率在未来几年会改变，因而不确定性会增加。

政策分析者可能会对收入的分配做出不同的假设，没有哪个分析者会奢望能将经济中所有的因素囊括进来。

尽管理论存在潜在的模糊之处，但大多数经济学家认为进行认真的成本—收益分析能更好地服务于政府和社会。因此，第二个原则是政策制定者应该努力地将现值公式中的因素量化到可以满足所有潜在的政府投资的程度。为达到这个目的，我们有三条基本的指导方针：

1. 识别所有项目真实的收益和成本的来源。
2. 使用最前沿的评估技术来努力估算收益和成本。
3. 避免将虚假的收益和成本带入分析中。

在理想状态下，政府机构会监督各种成本—收益研究，以使得同样的评价标准会应用在所有的项目中。满足上述指导方针的成本—收益分析肯定能给有关社会政策的讨论提供信息，并能提升政府的决策水平。

第三个原则是，成本—收益分析必须假设经济处于充分就业的状态，除非在研究中特别指出了非充分就业。成本—收益分析的主要目的是帮助政策制定者决定社会稀缺资源的最佳利用途径，而充分就业假设最适合这个目标。它强调每个潜在的政府投资项目不但会与其他可能的政府支出竞争，而且也会与私人领域的消费和投资机会竞争。这样，就像经济分析中所要求的，任何投资带来的成本都应当被视为机会成本。如果经济正好处在衰退期，有大量的失业，那么某个特定的投资项目确实可能会通过雇用一些当时失业的劳动力来暂时造福社会。但是其他政府开支或者私人消费和投资的开支也可以达到同样的目的。显然，成本—收益分析很难确定一项特定的政府投资在就业方面的效应是否必然会大于（或小于）其他可能的具有相同规模的开支增加所带来的就业效应。所以，谨慎的选择就是简单地假设充分就业，并且专注于衡量每个投资项目所特有的收益和成本。

# 成本—收益分析的要素

有了以上三个基本原则之后，让我们考虑采用现值公式评估的成本—收益分析的一些特别要素，我们将从合适的贴现率开始说起。

## □ 公共贴现率

在上面已经提到，在私人公司的现值公式中贴现率 $r$ 是公司资本的机会成本，是公司股东在他们自己的储蓄上可以获得的收益率。私人投资的回报率必须高于储蓄的回报率，投资才有价值。

### 机会成本的观点

一些经济学家提出在成本—收益分析中所用到的贴现率是**公共贴现率**（public rate of discount），应该将其与公共资本的机会成本等同看待。这里的机会成本是指，如果将用作公共投资的资金留在私人部门所能获得的回报。假设进口和出口的数额相等（近似地相等），就像大多数国家的情况一样，那么 GDP 就是私人消费（$C$）、私人投资（$I$）以及政府开支（G）之和：GDP＝C＋I＋G。在进一步的充分就业假设之下，$GDP = \overline{GDP_{FE}}$，事实上在给定的年份它是一个常数，则政府开支的任何变化必然以私人消费和投资的变化为代价：$\Delta \overline{GDP_{FE}} = 0 = \Delta C + \Delta I + \Delta G$，或者 $\Delta G = -\Delta C - \Delta I$。两边除以 $\Delta G$，得到 $1 = -\dfrac{\Delta C}{\Delta G} - \dfrac{\Delta I}{\Delta G}$。上式的右边给出了私人消费和投资的减少占政府投资改变的比例。唯一的问题是私人消费和投资减少所带来的回报的损失是怎样构成的。

私人投资减少而损失的回报是私人投资在边际上的生产力。政府投资必须至少达到这个私人投资的生产力，以确保将资金从私人投资中取走是正确的。对私人投资生产力的最佳度量是税前的平均投资回报率 $r_{BT}$。任何对资本收入的税收都会将私人投资的产出在私人和公共部门之间进行分配。因此，在私人投资上每一美元的减少会牺牲一年以后 $(1 + r_{BT})$ 美元的国民收入和产出。这样，$(1 + r_{BT})$ 度量了现期和未来收入之间的边际转换率（$MRT_{Q_t, Q_{t+1}}$）。

私人消费减少而损失的回报也是个人从他们的储蓄上所能得到的回报率。政府投资必须至少达到人们从储蓄上所能获得的回报率，以确保要求他们减少私人消费的正确性（通过税收增加他们的储蓄）。对储蓄回报率的最佳度量是税后的平均储蓄回报率 $r_{AT}$。在私人消费上每一美元的减少会为个人带来一年以后 $(1 + r_{AT})$ 美元的可支配收入和可能的消费。这样，$(1 + r_{AT})$ 度量了个人在现期和未来消费之间的边际替代率（$MRS_{C_t, C_{t+1}}$）。

因此，按照机会成本的观点来看，对于成本—收益分析来说合适的公共贴现率是私人投资和私人储蓄回报率的一个加权平均，其中的权重等于公共投资的资金中来源于私人投资和私人消费的比例：

$$r_{public} = \frac{\Delta I}{\Delta G} r_{BT} + \frac{\Delta C}{\Delta G} r_{AT}$$

从原则上描述公共贴现率应当多大是一回事，而出于政策目的试图估计它则又是另一回事。一个直接要面对的现实难题是，没有人确切地知道私人投资或私人消费的减少占公共投资的资金增加的比例。如果 $r_{BT}$ 和 $r_{AT}$ 的值大体上相等，这将不会是一个问题，但是至少在美国它们是不相等的。资本收入被征收非常重的税，首先是在公司部门的企业所得税，然后是联邦和州的个人所得税。因此，资本的边际生产率 $r_{BT}$ 远远高于储蓄的税后回报率 $r_{AT}$。大多数 $r_{BT}$ 的估计值在 $10\% \sim 25\%$ 之间，而 $r_{AT}$ 在 $3\% \sim 6\%$ 之间（这是剔除通货膨胀影响后的真实回报率）。一个经常被引用的估计来自马丁·费尔德斯坦（Martin Feldstein，1997，pp. 116-117），他认为在美国 $r_{BT}$ 和 $r_{AT}$ 的合理的估计是 $12\%$ 和 $5\%$。在 $\Delta I / \Delta G$ 和 $\Delta C / \Delta G$ 的权重不确定的情况下，即便是费尔德斯坦所得到的两个回报率之间 $7\%$ 的差异，仍然会给 $r_{public}$ 留下非常大的可能性区域。

解决这个问题的一种方法是用一系列处于 $5\% \sim 12\%$ 之间的不同的贴现率来对未来各项公共投资的净收益进行贴现，希望在所有不同的贴现率下，现值公式都是一致地为正的或负的。然而这样做的可能性不大。就像前面所指出的，使用更高的贴现率会使具有正的现值的投资更少，而且会倾向于选择更早产生回报的投资。

### 其他观点

经济学家并不普遍接受公共贴现率代表了政府使用资金的机会成本的观点。另一个被广泛采纳的观点是，公共投资会带来能被个人最终消费的服务，例如在高速公路上驾驶的便利。因此，所有将来的消费都应该采用社会认为合适的现期和将来消费的边际替代率来贴现。他们称之为**边际社会时间偏好率**（marginal social rate of time preference）（$MRS^{Soc}_{t,t+1}$）。$MRS^{Soc}_{t,t+1}$与上面提到的$MRS_{C_t,C_{t+1}}=r_{AT}$即税后的储蓄回报率最接近，因而会偏向于一个相对较低的公共贴现率。这种观点的反对者承认扭曲性的税收提高了投资资金的机会成本，但是他们认为增加的资金成本在现值公式中应该在初始投资成本$I_0$而不是贴现率中得到体现。例如，假设提高税率对每一美元税收收入带来40美分的成本，其中包括无谓效率损失以及行政和承诺成本，那么$I_0$就应该增大40%。

贴现率的机会成本观点和社会时间偏好率观点会得出截然不同的公共贴现率数值，而且不幸的是，没有一个令人信服的方法来确定哪一种观点是更好的。不同的模型倾向于支持一种或另一种方法，而且所有的模型在本质上都仅仅只能描述实际经济的一部分。我们所能做的只是提供一些总结性的论断：

1. 大多数经济学家同意社会需要用一个比私人储蓄率更低的贴现率来贴现将来的消费。也就是说，$MRS^{Soc}_{t,t+1}$小于$MRS^{Soc}_{C_t,C_{t+1}}=r_{AT}$。这有两个理由。第一个理由是，私人储蓄有一个为储蓄者所忽略的外部性成分，那就是任何将来的储蓄回报都会被征税，并用以提供公共服务或转移支付给其他消费者。因此，就像其他任何能带来外部经济的活动一样，储蓄应该被补贴。我们需要更多的私人和公共投资，而更低的贴现率会鼓励更多的公共投资。第二个理由是，生活在现在的几代人没有给将来未出生的人，尤其是那些生活在遥远未来的人的福利以足够的权重。保障未来的人的利益的最好方法是假设一个非常低的$MRS^{Soc}_{t,t+1}$。这个观点在关于全球变暖的辩论中尤其引人注目，在这个问题上人们需要考虑100年或更远以后地球的状况。在成本—收益分析中拒绝采用非常低的贴现率会从根本上忽略生活在遥远未来的人的利益。例如，在费尔德斯坦对$r_{AT}$的估计中，当贴现率为5%时，在100年后因为全球变暖的改善所获得的100美元收益的现值为76美分。注意，最终在求解$r_{public}$的公式中，公共贴现率的机会成本方法也会用更低的$MRS^{Soc}_{t,t+1}$来代替$MRS^{Soc}_{C_t,C_{t+1}}=r_{AT}$。

2. 当存在税收导致的市场扭曲时，对于公共贴现率，广泛使用的关于公共产出的理论模型会得出一个比前述机会成本方法或边际社会时间偏好率方法要复杂得多的公式。这个模型在本书讨论的范围之外，但我们可以肯定的是，在一定的限制性假设之下是可以推导出机会成本观点下的$r_{public}$的。但是其他限制性的假设则会得出截然不同的结果。其中一个最简单结果的前提假设是：在更大的世界资本市场决定的价格下，对一个国家的资本供给是完全有弹性的。在此假设之下，公共部门增加的资本需求不会影响任何国内价格或回报率，因此也不会减少私人消费。因此，充分就业时，所有公共投资的增加是以私人投资的减少为代价的。在机会成本公式中$\frac{\Delta I}{\Delta G}=1$，因此$r_{public}=MRT_{Q_t,Q_{t+1}}=r_{BT}$。$r_{public}$反映了资本的边际生产率，而且有可能会很高。这个结果在理论模型中很常见，而在世界其他地区的回报率下，资本能够以任意数量供给，这个假设对于很多小国来说可能是一个合理的假设。相反地，在这个特殊的理论模型中没有简单而真实的假设能够得出$r_{public}=MRT_{C_t,C_{t+1}}=r_{AT}$（或者说，更低的$MRS^{Soc}_{t,t+1}$）的结果。其他带有税收扭曲的理论模型确实能够支持这个结果，但是这些模型已经被用来证明边际社会时间偏好率的观点了。

3. 最近，马丁·威茨曼（Martin Weitzman）强调了经济学家在合适的公共贴现率上的分歧。威茨曼（Weitzman，2001）对经济学家进行了一个调查，要求他们给出关于公共贴现率的建议。他从48个不同国家的经济学家手中收到了2 160份答卷。建议的贴现率范围在−3％～27％之间，其中大多数在1％～6％之间，而它们的均值不到4％。显然经济学家对给出公共贴现率来进行公共政策分析起不到多大的帮助作用。可能对于成本—收益分析唯一的选择是尝试大范围的贴现率，将各种不同的结果提供给政府官员，由其来做最终的决定。官员们所要做的仅仅是对选择接受哪个贴现率做出最佳的判断。

4. 先不论好坏如何，负责监督所有的政府成本—收益分析的美国联邦政府预算管理办公室对于大多数公共投资推荐使用7％的（实际）贴现率。相对于公共贴现率的边际社会时间偏好率观点来说，7％的贴现率看起来和机会成本观点更一致。而同时它也会导致对收益发生在很远的将来的投资产生严重的歧视。

### □ 不确定性

对于不确定性条件下决策的完整分析不属于本书所讨论的范围。我们只对不确定性的某一种含义做一些评论，这些不确定性来自未来的收益和成本，并且是私人投资和政府成本—收益分析都会遇到的问题。只要人们是风险厌恶的，不确定的未来净收益（收入）的贴现流就会比净收益的预期值小。我们在第12章中考虑个人对于保险的需求时阐述过这个问题。

假设所有的人都是一样的，并且采用前后一致的方式看待拟建项目的各种净收益，这种方式仅仅关注不确定性问题。图20.1重复了图12.2和图12.4，并重新加以解释，以说明成本—收益分析的问题。图中描绘了一个代表性消费者关于收入的效用函数 $U(Y)$，并假设收入的边际效用递减。也就是说，人们是风险厌恶的。图20.1假设一个政府项目有两种可能的结果。在一种最有利的情形下，项目会以0.9的概率对个人产生现值为60 000美元的贴现后的净收益流。但在另一种差一些的情形下，净收益的现值只有20 000美元，这种情形的概率是0.1。该项目净收益的预期现值是 $0.9 \times 60\,000 + 0.1 \times 20\,000 = 56\,000$（美元）。项目的预期效用为 $E_{\$56\,000}(U)$，位于连接 $U(\$60\,000)$ 和 $U(\$20\,000)$ 的线段顶端往下十分之一处。

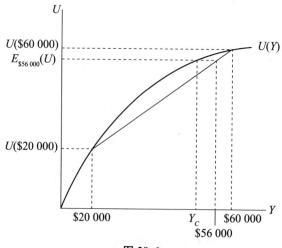

图 20.1

这个人将会收到一个现值为 $Y_C$ 的收入流，获得与 $E_{\$56\,000}(U)$ 相同的效用，而且 $Y_C$ 为确定性的值。这样，$Y_C$ 被称为一种不确定净收益流的**确定性等价**（certainty equivalent），在计算现值公式时，也应该将其加入贴现后的净收益流中。当人们是风险厌恶的时候，预期现值 56 000 美元这个数字高估了不确定的净收益流的价值。

或者说，（56 000－$Y_C$）美元是这个人愿意付出的用以将不确定净收益流转化为确定收益流的风险溢价。这样，从投资的预期现值中减去人们愿意付出的以私人保险的标准形式（譬如汽车保险或健康保险）表示的保费，就可以估计出 $Y_C$。这些保费表明人们愿意付多少钱来避免车祸或生病所带来的不确定性。

### □ 衡量净收益的问题

成本—收益分析面临着一系列衡量收益和成本方面的困难，而在私人投资分析中并不存在这些困难。大体上的问题是不能够用市场价格来评估项目的收益和成本。在私人投资分析中，标准的假设是任何一个项目相对于整个商品和要素市场来说都是很小的，从而对市场价格没有影响。因此，不管是出售项目所生产的额外产出的收益，还是项目中生产、运营和服务所产生的成本，都用现期和预期将来的商品与要素价格得到了正确的评估。图 20.2 阐明了这些。

公司所生产产品的市场最初处于均衡点（$Q_0$，$P_0$），即市场需求（$D$）和供给（$S$）曲线的交点。某公司考虑一个能够增加它在市场上的产出的项目。增加的产出 $\Delta q$ 使得市场供给移动到虚线 $S'$。但是 $\Delta q$ 相对于市场产出 $Q_0$ 来说太小，这使项目产出所得的收益在这一年还是可以恰当地用 $P_0 \Delta q$ 来度量的，这对于以后所有的市场预期价格来说都是类似的。同样的推论适用于采用均衡市场要素价格来评估项目的成本。

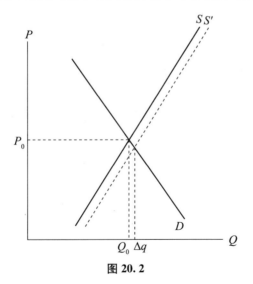

**图 20.2**

而在成本—收益分析中问题没有这么简单。公共项目所产生的收益和成本往往使其自身不可能或者不适合用均衡市场价格来评估。在这些例子中，成本—收益分析者必须发挥他们的才智来开发替代的方法来评估收益和成本。四种最常见的特性使得另外的评估方法成为必要：

1. 某些项目的收益和成本是无形的。

2. 某些项目是巨额的，也就是说它大到足够引起一个或多个市场的价格发生变化。

3. 某些项目的收益和成本是非市场化的：要么其收益是免费得到的，要么其资源是征用的（免费征用的）。

4. 市场价格被税收或垄断因素扭曲，也就是说消费者和生产者对于各种商品和要素面临着不同的价格。当市场被扭曲的时候，其实必定是这样，评估公共项目的收益和成本需要使用被经济学家称为影子价格的特殊的价格。

**无形收益或成本**

无形（intangibles）是指项目的收益或者成本不能用任何显性的办法给出以数量表示的价值。无形收益的例子包括一个国家的武装部队所保障的国家安全，派遣宇航员到月球所带来的国家声誉，拥有一支职业运动队给一座城市带来的社区精神和凝聚力。一个常见的无形成本的例子是在修建诸如大坝和桥梁之类的大型公共工程时有一个或许多的建筑工人殉职。

无形收益或成本显然为成本—收益分析带来了问题，因为只有当所有现值公式的要素都能用数量价值表示时分析才是有用的。当无形收益或成本很普遍的时候，比如说分析国家安全问题时，必须抛弃成本—收益分析。国防部转而使用一种对军事选项的**成本—有效性分析**（cost-effectiveness analysis）。它简单地设置不同的国家安全目标，试图以最低可能的成本来达到这些目标，也就是说，用一种成本—有效性的方式。

然而，在大多数情况下无形收益或成本仅仅是整体收益或成本的一小部分。在这些情形中，它试图尽可能多地量化投资的收益和成本，来给出一个对无形收益和成本的下界或上界的合理认识。例如，假设政府考虑两个项目 $X$ 和 $Y$，$X$ 会带来无形收益，而 $Y$ 没有。对于 $Y$ 以及 $X$ 的所有可以量化的因素进行的成本—收益分析显示 $PV_Y > PV_X$。两者之差 $PV_Y - PV_X$ 表明了 $X$ 必须具有的可以使其比 $Y$ 更优的最小无形收益值。这个最小值的合理数额有时候可能会是令人震惊的。[①]

经济学学界内部对在建筑工程上失去的生命的价值或者因为减少污染而拯救的生命的价值是不是无形成本或收益一直存在争议。一些经济学家提出了给人类生命赋予价值的方法，他们认为这些方法对于成本—收益分析是合理的。下面以生命的损失为例加以说明。

一个通常的提议是认为生命的价值与其经济价值相等。生命的经济价值是假设一个人能生存下去时，在其一生中的预期收益的现值，它主要取决于这个人的职业和死亡时的年纪。计划中的建设项目的预期成本包括对建筑工人殉职的可能性的估计值，以及因为死亡而导致的收入损失的现值的估计值。美国司法系统在法律程序中进行损失赔偿时已经考虑了这个标准。经济学家呼吁估计已故者继承人的收入损失，这些需要从损失的一生的收入中减去假设他或她还活着时所需要的年度消费。

一些经济学家认为生命的损失也应该包括对去世者家人和朋友所承受的痛苦的估计值，这也是美国司法系统接受并应用到实践中的一个观点。在涉及生命损失的案例中，

---

① 如果和 $X$ 相关的是无形成本，并且基于 $X$ 的可以量化的因素有 $PV_X > PV_Y$，那么 $PV_X - PV_Y$ 表明了 $X$ 必须具有的可以使其比 $Y$ 更优的最大无形成本值。

法官可以在经济学家对经济价值的估计的基础上加入他们所认为合适的对活着的人所承受的痛苦的估量。

　　而其他一些经济学家的观点是，那些从事诸如建筑大坝之类的危险工作的建筑工人自己已经考虑了失去生命的风险。如果建筑公司因为死亡风险而提供了高工资，那么生命的预期损失已经成为了工资成本的一部分，因而不必要进行进一步的调整。密山（Mishan，1971）认为只有预料之外的死亡风险需要被加入到正常的项目成本中去。[①]

　　还有其他一些经济学家，其中最知名的是约翰·布鲁姆（John Broome，1978），提出生命的损失是真正的无形损失，是无法衡量的。他指出成本—收益分析必须使用一个预期价值来作为对生命损失的事前看法，因为被评估的项目还没有真正开始实施。但在他的观点中，对于政府来说正确的立场却是一种事后看法。该观点如下：假设政府修建大坝的时候平均有两个建筑工人死亡。选择在大坝上工作的人们有一种关于失去自己的生命的事前看法。他们接受这份工作部分地是因为死亡的概率很低。但布鲁姆认为这是无关紧要的，因为政府确切地知道两个人会在工作中死亡，而基于与个人无关原则，政府不应该在乎这些人是谁。因此，政府持事后看法是合适的。这等价于能够事先确认那两个将会殉职的人。可以假定的是，如果那两个工人确切地知道他们将会殉职，任何数量的金钱都不能（或者说至少要一笔巨额的钱才能）说服他们去从事这份工作。布鲁姆认识到事后看法会导致一种结果，那就是任何几乎必定会导致即便是一个人死亡的项目都永远不应该被执行。相反地，任何计划中的能够拯救至少一条生命的项目都应该实施。因为他认为这两种立场都是荒谬的，他的结论是生命的价值确实是无形的，而且不可能被合理地估量。

### 巨额投资

　　诸如水电大坝和大规模（铁路）运输系统的政府投资项目都不是对于这个市场的边际增加，而大多数私人投资却是这样。它们被认为是**巨额投资**（lumpy investment），因为它们能够显著地增加市场供给，并改变以后的市场价格。新的大坝将会降低整个区域内的电价，而新的大规模运输系统会降低该城市很多居民的运输成本。

　　图 20.3 显示了评估巨额投资时的问题。先看图 20.3（a）。在公共项目实施之前初始均衡在（$Q_0$，$P_0$）点，即市场需求曲线 $D$ 和原先的市场供给曲线 $S^0$ 的交点。项目将市场供给增加到 $S^1$ 并建立了一个新的均衡（$Q_1$，$P_1$）。由项目所带来的产出的增加 $Q_1-Q_0$ 既不能用原始价格 $P_0$ 衡量也不能用新价格 $P_1$ 衡量。像我们在第 9 章对于成本递减服务的讨论中阐述过的，对于项目收益的合适的度量是希克斯补偿变换（HCV）或者希克斯等价变换（HEV），即是两个价格之间的补偿需求曲线后面的区域。图 20.3（b）描述了HEV 的使用。$D^A$ 是来自图 20.3（a）的实际市场需求曲线。$D^C$ 是补偿需求曲线，此时消费者处于新的效用水平，价格为 $P_1$。阴影部分就是 HEV，即假设让消费者回到初始价格而不是面对新的更低的价格时所要求得到的一次性收入补偿。这是对项目可能导致的数量增加 $Q_1-Q_0$ 给消费者带来的收益的一个合适的度量。

　　经济学家在估计巨额投资时更偏好 HEV，而不是 HCV，因为政府可能同时在考虑一系列可能增加市场供给的项目。因为 HEV 是度量在初始价格以及新的效用水平时的收益，比较不同项目的 HEV 值会给这些项目一个具有一致性的排序。而相比之下，

---

① 和美国的法律实践中考虑损失的价值相一致，密山加入了给家庭和朋友带来的预期伤痛和伤害。

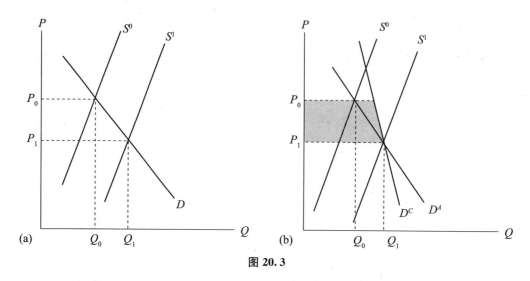

图 20.3

HCV 度量沿着同一条需求曲线上的收益，并在初始效用水平和项目导致的新的价格下进行补偿。当不同的项目产生不同的价格时，在 HCV 中用以衡量收益的价格每次都在变化，从而会导致不一致的排序。

**非市场收益和成本**

某些公共项目的部分收益甚至所有收益都不是市场化的，它们是简单的直接给予的。给定政府参与这些项目的实质，这不会令人感到惊讶，比如说成本递减服务和增加技术外部性的活动。就成本递减服务来说，多一个人在不拥挤的高速公路上驾驶，或者多一个人游览不拥挤的海滩或公园的边际成本本质上是零。说到外部性，建设发电用的大坝能够产生适合垂钓和游泳的湖泊，并且能给农田提供灌溉，所有这些外部收益都是政府提供的。类似地，减少水和大气污染的环境政策使个人和企业获益，而水和空气都是没有市场的——它们都是普遍使用的资源。

如果可以知道这些服务和收益的需求曲线，那么分析者就可以像在上面的巨额投资情形中描述的那样建立合适的 HEV（或者 HCV）来进行评估。但是经济学家往往对于潜在的需求曲线几乎没有或根本没有直接的认识。例如，在大多数乡村高速公路上几乎没有收费站，所以价格总是为零。在需求曲线上也没有其他的点可以被观测到。同样地，个人和企业也从不会被要求支付在新鲜空气或水上的收益。因此，在所有这些例子中，成本—收益分析者必须想尽办法来估算出这些收益。下面我们将简单地提及三种这样的尝试。

评估收益的来源

考虑一个新的高速公路网络经过农村的部分，例如美国的跨州交通系统。比起人们在这些区域内使用的其他道路，跨州交通系统更安全，也更节省时间。因此，分析者可以试图估计死亡和非死亡事故的减少，从而估计出事故的减少对于个人的价值。非死亡事故导致的平均医疗成本可以用来评估非死亡事故的减少，但是评估死亡事故又一次带来了如何估量生命价值的问题。时间的节省可以用平均小时工资来衡量，如果节省下来的时间很多，则可以用一个工资的倍数来衡量。可以假定工资代表最后一个（边际）工作小时的价值，边际下的时间将具有更高的价值。无论如何，事故和旅行时间的减少绝对是人们选择高速公路旅行的部分原因。就事论事，它们至少是有关高速公路旅行的未知需求曲线背后的偏好因素的一部分。

### 快乐价格估计

经济学家使用了称为**快乐价格估计**（hedonic price estimation）的统计步骤来试图解释个人对于新鲜空气的需求。这个步骤被用在购买房屋方面。这个想法是，房屋是一种所谓的特征商品，它具有一些能够提升对于这幢房屋的需求的属性和特征。这些特征包括：房屋自身的属性（大小、类型、年限）；性能属性（大小、外观）；邻里特征（处于住宅或商业区、安全性、临近公共交通）；社区特征（学校的质量、合适的税率）；房产所在地的污染程度。通过对很大数量的房产收集这些特征，经济学家能够估计各种特征对于房屋价格独立的影响。这项估计被称为"快乐"，因为它指的是在每一项特征上所获取的愉快的感觉，人们因此愿意为它们付费。

所估计出来的新鲜空气对于房屋价格的独立影响，被用来计算在每一档次的空气质量下新鲜空气的边际价值。按照通常的价格反映边际价值的原理，估计出的边际价值被假设为人们愿意为新鲜空气支付的价格。然后把这些价格和房屋购买者的其他数据如收入和个人属性相结合，就可以估计出对新鲜空气的需求曲线。

快乐价格估计的一个重要缺点是它有一个隐含假设，即当个人在购买房屋时，他们确切地买到了他们所想要的那一些特征。也就是说，他们处于一个任何特征的价格都等于其边际价值的均衡状态，包括房产所在地的空气质量。这对于购买另一种特征商品——汽车的选择来说可能是真的，因为当人们购买汽车时他们能够对每一种特征都做出选择。但是这对于购买房屋来说很大程度上是不可能的。假设一个购买者在临近城市和新鲜空气两方面都有需求，如果新鲜空气只可能在离城市 50 英里以外的地方才能得到，那么就必须放弃某一方面。购买者不可能在两种特征上都处于均衡状态。然而，快乐价格估计出的新鲜空气对于消费者的价值确实有些道理。

### 或有评估

还有一种揭示非市场收益的价值的技术，就是对人们进行调查，直接询问他们。这项技术被用在环境问题上，对于这类问题不存在一个即便是类似于住房市场的非直接市场可以用来估计收益。例如人们对避免油轮泄漏污染海滩和海岸线或者保护他们可能永远不会真正到达的荒原区域所愿意支付的钱。这种调查技术被称为**或有评估**（contingent valuation），因为回复者的答案取决于他们所被要求考虑的具体情形。这些调查也会收集回复者的个人信息，这些信息可以同问题的答案一起被经济学家用来对新鲜水或空气的需求曲线进行估计。

对于所调查信息的价值，经济学家存在严重的分歧。其中一些人认为它们确实给出了对于新鲜水或空气的支付意愿的合理估价，而另外一些人却不这样认为。但是还没有其他办法能估计原油泄漏的社会成本或荒原区域的价值。然而不管怎样，在评估 1989 年阿拉斯加海岸线外的埃克森·瓦尔迪兹油轮泄漏事件对埃克森造成的损失时，美国的法庭接受了或有评估的估计值，它们从此也被用在类似的法庭诉讼中。[1]

### 影子价格

在成本—收益分析中，需要考虑各种税收和市场扭曲，这是成本—收益分析中的一

---

[1] 关于或有评估的不同观点，可以参考的文章包括 P. Portney（综述），W. Hanemann（支持），P. Diamond and J. Hausman（反对）in the *Journal of Economic Perspectives*，Fall 1994。

个更困难的现实问题,这些税收和市场扭曲使得个人和企业面对同样的商品和要素需要支付不同的价格。在上面关于公共贴现率的机会成本观点的讨论中,我们涉及了一个这样的例子。因为资本的回报需要缴税,合适的贴现率是在普遍使用的带有扭曲性税收的公共产出模型中,在一系列限制性假设之下,对于资本的税前和税后回报的加权平均。在同样的模型和限制性假设之下,同样的法则也适用于公共项目中的商品和要素的价格。也就是说,对于所有被税收扭曲的市场,政府对于所有市场性项目的投入和产出应该赋予的价格是生产者和消费者所面对的价格的加权平均,其中的权重等于所使用的商品和要素的比重,而这些商品和要素是以私人生产和消费的减少为代价的。经济学家将这些加权平均价格称为**影子价格**(shadow prices)。

为什么政府需要在成本—收益分析中使用影子价格?其中的经济学思想与我们在第15章中所讨论的计算某种给定税收的无谓损失的方法背后的思想是一样的。我们在那里指出,计算对于某种商品 X 的税收所导致的无谓损失必须包括 X 的替代商品或互补商品的市场中的税收收益变化。理由是税收带来的无谓损失是消费者剩余和生产者剩余的损失减去政府所取得的任何收益。税收收益仅仅是一种将消费者剩余和生产者剩余向政府的转移,而不是社会的无谓损失。同样地,政府购买投入品和/或供给产出品的任何改变都会带来商品和要素的私人生产与消费的变化,这必然改变从这些私人市场中征收的税收收入,因而会改变由税收扭曲所导致的经济中的总体损失。这些在税收收益上的获利或损失在评估任何投资计划时都应该被考虑到。就像公共贴现率一样,简单的影子价格仅仅发生在商品和要素的价格都由世界市场决定的小国情形中。这时相关的价格是一个市场价格,也就是生产者所面对的价格。它是投入品的含税价格和产出品的不含税价格。但也同上面提到过的一样,这个结果只在一个广泛使用的带有税收扭曲的政府生产模型中,并且在一系列限制性条件之下才会适用。

从实际操作的角度看,影子价格难以令人满意,因为几乎所有的商品和要素市场都会或多或少地被税收扭曲。因此普遍需要用影子价格来评估政府投入和产出,并不局限于某一小部分商品和要素。此外,与上面描述的加权平均模型相比,由市场力量导致生产者和消费者之间的价格扭曲的模型会得出不同的关于影子价格的公式。一般来说,对于政府评估成本和收益的合适的影子价格是生产者价格加上一个调整量,这个调整量揭示出政府生产的边际变化所导致的无谓损失的变化。加权平均的解释仅仅在一系列严格的假设之下才适用。无论合适的影子价格是什么,它显然对模型的设定是敏感的。

不幸的是,没有模型能够对存在于经济中的各种各样的市场扭曲进行一个精确的描述。成本—收益分析最多能够针对税收收益的预期变化来调整少数一些要素和商品的价格,以估计这些调整是否能够在较大程度上影响投资的现值。

### ☐ 收益和成本的分配

在分析投资项目时,政府需要考虑收益和成本的分配,还是仅仅需要计算总体收益和成本的现值?这也许是所有成本—收益分析的问题中最棘手的部分。

实用主义者当然一定倾向于忽略成本—收益的分配问题,这有两个理由。一是在成本—收益分析中引入归属的公平问题会带来各种各样的难题,这将在下面讨论到。二是公平角度的考虑能轻易压倒在考虑之中的各种项目的内在效率性,而效率被普遍认为是成本—收益分析的核心。总之,大多数政府实施的投资项目都对配置性(效率)市场失灵有反应，这些失灵包括外部性、非排他性物品以及递减成本等。因此，难道在这些方面的投资选择不应该更严格地立足于效率原则，即采用总体收益和成本来进行分析吗？

然而不幸的是，理论表明上述问题的答案是"不"。一定需要考虑项目收益和成本的分配问题。实用主义的观点是很成问题的。如果成本—收益分析可以忽略分配方面的考虑，它就显得太简单了，但也少了主观性。

在一个非常强的假设下，忽略收益和成本的分配问题的实用主义方法能够在理论上证明是对的：政府持续不断地用一次性税收和转移支付重新分配收入，以使得所有人收入的社会边际效用相等。回顾第4章，个人 $h$ 收入的社会边际效用是个人 $h$ 的边际社会福利权重与其收入的私人边际效用的乘积：$SMU_Y^h = \left(\frac{\Delta W}{\Delta U^h}\right)\left(\frac{\Delta U^h}{\Delta Y_h}\right)$。我们也知道令所有人 $h=1, \cdots, H$ 的 $SMU_Y^h$ 相等，即为社会福利最大化的人际公平条件。因为上述情形中发生了重新分配，那么包含政府投资在内的基于配置原因所做的政府决定，其分配影响就是无关紧要的。任何人们不想要的分配的效果会被更正过来。假设一个项目倾向于使富人受益，而成本却更多地由穷人承担。例如一个从城市到临近山区的高速公路计划，这会使城里的富人去他们的滑雪小屋更加方便，但同时会使一些低收入城市家庭被迫从他们的屋子里迁移走，因为高速公路会穿过他们的居住区域。当高速公路修建的时候，满足人际公平条件的重新分配会将这些不想要得到的分配结果考虑进去。

这个假设下的另一个直接结论是这个经济体事实上等价于一个单一消费者经济。就像图 20.4 所示，商品和服务的总数目可以用一系列无差异曲线来排序。坐标轴是两种商品 $X$ 和 $Y$ 的总数目。就像个人的无差异曲线对个人的消费集 $X$ 和 $Y$ 进行排序一样，社会无差异曲线 $SI_0$、$SI_1$、$SI_2$ 等按照社会的偏好和无差异来排列 $X$ 和 $Y$ 总额的各种不同的可能的组合。例如，只要 $X$ 和 $Y$ 都是人们想要的，我们就可以说 $SI_2$ 上的 $A$ 社会偏好于 $SI_1$ 上的 $B$，因为 $A$ 包含了更多的 $X$ 和 $Y$。如果没有潜在的人际公平假设，这个结论就不一定是正确的。假设社会认为 $A$ 的分配比 $B$ 的分配差。即使 $A$ 包含了更多的两种商品，从社会的角度看，$A$ 依然远远差于 $B$，那么 $B$ 就会社会偏好于 $A$。这样关于 $X$ 和 $Y$ 的总额的具有连续性和传递性的社会无差异曲线集合就不可能建立起来了。

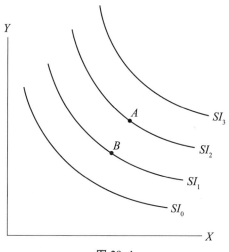

**图 20.4**

更进一步地，在人际公平假设下，从社会无差异曲线推导出对 $X$ 和 $Y$ 的总体需求曲线，正如从个人无差异曲线推导出对 $X$ 和 $Y$ 的个人需求曲线一样。$X$ 和 $Y$ 的总体生产函数（生产可能性边界）起到跟个人预算约束一样的作用。因此，成本—收益分析能够用总体需求曲线（以及要素供给曲线）来评估项目的收益和成本。一个例子是用基于总体或市场补偿需求曲线的 HEV 来评估巨额投资的收益，就像上面描述的那样。补偿性的市场需求曲线也可以从社会无差异曲线和总体生产函数中推导出来。

当然，假设政府总是连续地重新分配收入总额来满足人际公平条件，这是一个极端的夸张假设。没有哪个现实中的政府在以这个政策为目标。人们可能会说没有一个特别的政府会这样来进行重新分配，因为社会认为收入分配已经是最优的了。然而我们可以看到没有哪个国家特别是没有哪个资本主义国家已经解决了这个分配问题。① 因此，成本—收益分析需要面对两个令人苦恼的事实。一是收入的分配不是最优的，$SMU_Y$ 对于所有人并不是相等的。二是许多市场被税收和各种各样的市场势力所扭曲。上述两个问题表明，在理论上，包括投资决策在内的政府决策的分配效应与增进社会福利的目标是直接相关的。

这个一般性的观点已经在第 16 章的图 16.2 中得到了阐述，我们在这里将图 16.2 复制为图 20.5。假设经济中没有扭曲，两个人 ♯1 和 ♯2 的效用水平分别在两个坐标轴上，连接 $U^1$ 和 $U^2$ 组合的曲线是效用可能性边界，$W_0$、$W_1$ 等是两个人的社会福利无差异曲线。理想的点是在未被扭曲的效用可能性边界上的巴托极乐点 $D$，在这里社会达到 $W_3$ 的福利水平。但是因为经济中的各种扭曲，这个点并不可能达到。事实上，阴影区域给出了在发生扭曲的情况下效用组合（$U^1$，$U^2$）的限制集合。

假设经济现在处于 $W_0$ 上的点 $A$。政府正在考虑两个投资项目：第一个将会把经济带到 $W_1$ 上的点 $B$，第二个将会把经济带到 $W_2$ 上的点 $C$。从效率的角度考虑，第一个项目可能会被认为是两个项目中更好的，因为它会使经济更接近无扭曲的效用可能性边界。它具有更高的总现值。但是第二个项目会是人们更偏好的，因为它将导致更高的社会福利水平。其在效率方面的损失比更佳的分配效应所带来的补偿要大。忽略项目的分配效应会使得成本—收益分析者更偏好第一个项目，而这样做会牺牲一定的社会福利。

不幸的是，如果考虑项目成本和收益的分配问题，成本—收益分析将会变得更难，而且更具有主观性。这有两个理由。第一，这样分析就不能再依赖于总数额。必须针对每个人（或者相关的群体，比如说高、中、低收入人群）来计算一个项目的成本和收益的现值。成本和收益的来源跟上面所述的一样：项目本身的直接收益（成本），例如高速公路所带来的安全性的增加和旅行时间的减少，或者反污染项目带来的更清洁的环境所产生的收益；由于项目的原因而导致的相关市场价格的离散变化所带来的收益或成本，这些收益或成本用 HEV 来衡量。然而 HEV 必须基于每个个体（或个体群组）的需求和要素供给曲线来进行单独的计算。这样我们需要加入每个人由项目所带来的所有纯收益或损失的份额。一个明显的例子是每个人所支付的用来弥补成本递减服务的损失的税收份额，这些服务会以边际成本定价，或者干脆直接给予。对于分析者来说，这些收益和

---

① 在美国，认为收入分配是最优的观点很难被大多数人接受，特别是 20 世纪 70 年代以来日益严重的不公平带来了很多忧虑。

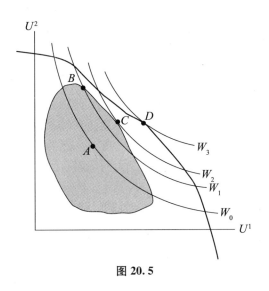

图 20.5

成本显然要比使用总市场需求和供给曲线的时候更难估计。

第二，个人的现值 $PV^h$ 必须用个人收入的社会边际效用 $SMU_h = \beta_h$ 来归总。一个项目所导致的社会福利的改变是 $\Delta W = \sum_{h=1}^{H} \beta_h PV^h$，其中 $H$ 是个人或个人群组的数目。如果 $\Delta W > 0$，项目就是值得的。如果资金有限，那么就应该选择组合后产生最高 $\Delta W$ 的一些项目。

在计算社会福利的改变的时候，各种各样的难题都会出现。分析者不知道每一个人受到项目影响的信息，那么与之有关的群组会怎样？同时，在归总个体群组的现值时所使用的合适的收入的社会边际效用又是什么呢？这些显然都是主观性的问题，而且其答案会对投资项目的选择产生巨大的影响。例如，不管考虑中的投资项目集合的总体效率属性如何，赋予穷人一个适当高的边际社会福利权重总能够从根本上保证项目能带给穷人正的净收益（也就是说，正的 $PV^{poor}$）。

不管选择的群组和 $SMU_h$ 如何，它们都必须被所有的政府机构广泛使用以评估潜在的政府项目。否则，分析者通过选择他们自己的 $SMU_h$ 集合会很容易地推选出他们所喜爱的项目。然而，因为社会并没有解决好它们的分配问题，人们永远不会清楚正确的 $SMU_h$ 集合会是什么。

从实用主义的角度看，分析者最应该回答的是效率问题：每一个项目的总的 $PV$ 是什么？[①] 一些经济学家因而建议忽略成本—收益分析的分配问题，这是不足为奇的。如果人们想分析项目成本和收益的分配问题，这当然是合情合理的。但是在总现值被尽可能地量化之后再将分配作为一种无形的问题来最后加以考虑，这并没有将分配的评判标准即 $SMU_h$ 带入到现值的计算当中。这可能是一个好的现实建议，但是只要政府为了弥补项目带来的所有不良分配效应而没有进行最优分配，那么该建议在严格的理论角度就是不合适的。然而可以确定的是所有的政府都不是这样的。

---

① 支持这种观点的最有名的经济学家是芝加哥大学的阿诺德·哈伯格，他强烈支持用一种实用主义的方法进行成本—收益分析。哈伯格（Harberger，1971）在一篇被广泛引用的关于成本—收益分析的文章中，列举了一套他认为合适的实用的原则。

## 避免一些陷阱：虚假成本和收益

成本—收益分析并不能避免政治操纵。政府官员往往对推销或阻止某些项目有直接的政治意图。为了这个目的他们往往会鼓吹某些并非真实的收益或成本。很难判断他们是在有意识地做这些，还是只是不知道真实的收益和成本。然而不管原因是什么，关注错误的收益和成本都可能会对公共领域的决策造成巨大的损害。因为虚假收益和成本往往跟真的一样大，甚至要大得多，所以损害的后果尤其严重。因此，如果在关于项目的可行性的辩论中虚假收益或成本盛行，它们往往会是决定性的。下面是一些更普遍的错误。[①]

### □ 区域乘数

大型公共项目需要一系列支持服务，当项目在建时服务于建设工人，当项目建成以后服务于运营人员。他们需要食品、衣服、住所、娱乐设施，诸如此类。结果是，新的饭店、超市、服装店、宾馆、居所和电影院等设施会随着项目的建设而产生。而在偏远地区建设一个水电项目可能会使得平地诞生一整座城镇。项目建设区域获得的这些额外收益被称作项目的"二次收益"。因为这些二次收益本质上是一种由初始投资所导致的凯恩斯式的乘数效应，它们的整体收益很可能是项目直接收益的很多个乘数倍。

但是，这些二次收益是否真的是社会的净收益呢？答案几乎是确定的：不是。如果经济已经处于充分就业状态，就像成本—收益分析的标准假设一样，那么投入到这些新的二次投资中的资源实质上是以经济中其他地方类似投资的减少为代价的。其他地方的资源损失导致了二次的乘数损失效应，这些损失必须从项目周边地带的二次收益中减去。在充分就业假设之下，二次收益和损失应该是恰好互相抵消的。

如果该区域中存在失业，那么项目的二次收益会超过二次损失，从而可以带来净收益。但是任何具有跟分析中的项目同样大小的政府开支的项目都可能会产生同样数额的净二次收益。有说服力地声明某个项目的净二次收益必定比同样大小的其他任何政府投资或消费开支的净二次收益更大将会是困难的。因此，不管是否假设充分就业，最好的办法都是忽略所有这些二次收益，而专注于真实的、直接的项目成本和收益。

### □ 劳动力博弈

区域乘数问题的一个变体是计算建筑工人和项目运营者所获得的总工资收入，以此作为项目的一种收益。政治家普遍将项目的雇员收入当做项目的主要收益之一。事实上，政府常常坚持对计划中的政府投资项目进行一项研究，称为经济影响研究，以此来分析项目带来的就业收益。然而经济影响研究与合适的成本—收益分析是非常不一样的。

首先，将工资算作收益从表面上看就是荒谬的，因为付给建筑工人和运营人员的工资是项目成本的一部分，而不是收益。把一大块成本从成本一边移到收益一边可以使几乎所有项目看起来都是值得实施的。

① 关于错误的更详细讨论，请参见 R. Tresch, *Public Finance：A Normative Theory* (2nd edn) (San Diego：Academic Press, 2002)。

计算就业收益的一个最根本的事实是看工人是否正处于失业状态，而且更重要的是，通过各方面的努力都不能受雇。如果这样的话，工人所得的工资就可以算作收益，因为雇用工人的机会成本是零。但是在充分就业假设之下，这个假设显然是行不通的，而且即使工人眼下并没有被雇用，他们也毫无疑问可以在其他政府项目或在私人部门中进行生产。有许多其他途径可以雇用这些未就业人员——他们几乎绝不是不能受雇的。因此，最好的办法是将工资算作成本，这样是更合适的归类。而且，将工资算作收益会导致毫无根据的对大项目而不是小项目的偏好，仅仅是因为它们能雇用更多的工人。这个道理对于计算二次收益也是一样的——大项目的二次收益必然会更大。

## □ 重复计算

一些成本—收益分析进行了纯粹的重复计算。例如，假设成本—收益分析者使用快乐价格技术或者或有评估调查，来估计居住在一条计划兴建的新机场跑道附近的居民因为飞机起飞和降落的噪声所遭受的损失。此外，该研究将跑道修建后房屋价格的预计下跌作为一项成本。将这两项加在一起就会带来纯粹的重复计算。这些人要么可以继续居住在机场附近，并承受噪声带来的损失，要么可以用一个较低的价格卖掉房屋来避免噪声。如果住房市场在噪声方面是均衡的，那么房屋价格的下降必然会等于面临噪声污染所遭受的损失的贴现值。在这两种情况中他们的损失的现值是一样的。因为人们不可能同时留在原处和搬走，将未来损失的贴现流加到房屋价格的下降上是对损失的重复计算。

## □ 总结评论

进行好的成本—收益分析绝非易事。这要求同时具备经济理论、智慧和判断力等多方面的素质。尝试量化现值公式中的每一个要素时都会面临很多困难，包括是否选择了合适的公共贴现率、是否衡量了免费给出的收益的价值和相关市场上价格的离散变化所带来的收益或成本，以及是否选取了合适的影子价格以评估项目的投入和产出。计算项目成本和收益的分配会带来更多的困难。它使得对成本和收益的评估必须针对个人而不是在总体层面上进行，而且要求针对受项目影响的每个个体或人群选择其收入的社会边际效用。成本—收益分析可能没有其他选择，最多只能对每个要素尝试不同的假设，来看它们是怎样影响项目的排序的。不同的假设几乎一定会导致不同的项目排序，但至少在推荐某些特定的项目的时候，清楚地知道做了什么假设。最后，在所有能量化的因素都被考虑了之后，仍然可能有无形的成本或收益需要引入到分析当中来。

尽管如此，大多数经济学家仍然相信只要在成本—收益分析中做到以下几点，关于政府投资项目的公共政策争论就会被很好地解决并为人所了解：

1. 关注真实的项目成本和收益。
2. 尝试量化现值公式中各种不同的要素。
3. 对所有潜在的项目使用具有前后一致性的方法。
4. 避免引入二次收益、就业效应以及其他虚假收益和成本。
这是一项难以完成的工作，但仍然值得为之不懈努力。

# 第 5 篇

# 财政联邦制

# 第 21 章　财政联邦制：政府职能划分

**联邦制政府**（federal government）是一种分级的政府结构，在这个结构中每一个政府都对其直接下级政府拥有某种形式的司法权力，但同时每一个政府都对其内部事务保持控制权。许多发达市场经济体都是联邦制结构。美国就是一个例子，它拥有联邦政府、50 个州政府（在其他联邦制国家是省政府）和超过 89 000 个市镇和地方性政府团体，诸如地区教育委员会和大都市的区委员会。诸如欧盟这样的国家之间的经济联合体提供了另外一种联系，一种超越国家的政府，它对其成员国家拥有某些司法权力。一个联邦制结构的直接结果就是每个人同时是超过一个政府的公民，例如在美国和欧盟通常是三个或者更多个政府。[①]

联邦制政府产生了许多单一制政府情况下不存在的经济问题，本书到目前为止都假设单一制政府。第 21 章和第 22 章着重讨论两个最重要的基本问题。一是给财政层级中不同层级的政府配置政府的立法职能。二是由于政府的课税和支出政策，人口和其他资源可以在低层级政府中移动，这对于社会效率和公平的追求有一系列影响。

第 1 章确定了在市场经济中合情合理的政府经济职能，这些职能全部都基于处理各个不同种类的市场失灵。正如理查德·马斯格雷夫（Richard Musgrave）所建议，可以认为这些经济职能要求了三种不同类型的政府政策：稳定政策，这些政策致力于诸如充分就业、低通货膨胀和长期经济增长这样的宏观经济目标；配置政策，这些政策纠正由于诸如外部性、自然垄断和私人信息问题而产生的无效率；分配政策，这些政策再分配资源以达到最终结果公平和分配的公正性。在联邦制政府下，社会必须决定哪一个层级

---

[①] 与联邦制政府相对的是单一制政府，在单一制政府中所有的政府权力都集中在中央政府。但是事实上，在实行单一制政府的国家里，地方政府确实有许多经济职责，有时甚至比联邦制政府下的地方政府还要多。所以，在第 21～23 章讨论的原则也适用于那些单一制政府的国家。在属于经济合作与发展组织（OECD）的 30 个资本主义国家中，8 个是联邦制政府结构：澳大利亚、奥地利、比利时、加拿大、德国、墨西哥、瑞士和美国。其余的成员是单一制政府结构。

323

的政府来行使以上所述的这些职能。这是一个重要的决定，因为如果职能没有在不同层级的政府中恰当分配，不同的政府政策目标之间可能很容易相互冲突。收入分配是一个明显的例子。假设个人♯1和个人♯2居住在一个州的同一个地方。如果州政府和地方政府都要制定分配政策，可能发生的情况是州政府希望从个人♯2向个人♯1再分配而地方政府希望从个人♯2向个人♯1再分配。必须避免这种不一致。一般而言，在只有一个政府的模型中，主流观点认为政府试图在同时追求效率和公平时最大化社会福利。联邦制结构并不会改变政府部门总的经济目标。第21章讨论在联邦制层级中如何合理配置政府的经济职能。

人口和其他资源在一个国家之内流动之所以产生财政上的意义，原因在于他们流动的动机一方面就是来自不同政府的公共政策。考虑那些寻找一个新的居住地的人。假定他们大多数是因为一个工作机会而来到一个州或者省。一旦做出工作决定，他们就会在其他不同的地点之中寻找最适合他们的那个，他们考虑的其中一个因素是在每个地点内的课税和支出组合。在人们在何处居住的决策中，当地公立学校的质量以及财产税的数量占重要地位。一旦人们选择了一个地点，他们就成为了可以决定将来课税和支出决策的投票人。正如人们可以进入那些他们喜欢其政策的地点一样，他们也可以离开那些他们不喜欢其课税和支出政策的地方。经济学家认为人口和其他资源因为公共政策而进入和离开社区、州甚至是国家的流动，可以轻易地破坏政府部门对效率和公平的追求。另外，低一层级的政府可以通过支出和课税政策对资源进行竞争，它们有参与这种竞争的激励，而这种竞争倾向于无效率，不会增进社会福利。正如人口可以流动，资本也可以。州和地方的课税政策可以对企业选择在哪里设厂和投资具有实质性的影响。第22章讨论了更加重要的人口和资源流动的含义。

## 配置政府职能

到20世纪70年代，对于在联邦制层级中合理配置政府职能的问题，主流的经济学家已经达成了一个共识：国家以下级的政府可以承担许多配置资源的职能，但是国家政府应该被赋予稳定和分配的职能。从那时开始，在稳定和配置职能方面的共识就保持稳固，但是关于分配职能的共识则有些被削弱。现在，文献中有许多模型允许州（省）和/或者地方的再分配政策与中央政策同时存在。而且，作为一个实际的问题，许多从国家到州和从州到地方政府的补助金就源自分配方面的考虑。

### □ 稳定职能

经济学家将宏观经济稳定政策默认地赋予国家政府。理由是这样的，只有国家政府才希望设计有效的政策来实现宏观经济政策目标，例如降低失业率和抑制通货膨胀。即使对于美国这也是正确的，美国最大和最富有的州本身就是非常庞大的经济体。支持国家稳定政策的论证有三个主要部分。我们将美国作为一个例子。

第一个部分是国家级以下经济的本质。假设为州经济体以及然后为地方经济体建立了一系列宏观经济账户，例如国民核算账户，使得州（地方）的收入（$Y$）等于州（地方）的产出。州的产出包括了来自州（地方）的家庭部门（消费）、商业部门（投资）、政府部门（政府购买）和外国或者世界其他地区部门的支出（出口减去进口）。

$$Y = C + I + G + (Ex - Im)$$

当我们从国家政府转到州政府，然后再到地方政府时，在总体的比例中变得越来越重要的自然是外国或者世界其他地区的部门。许多由州内的家庭、企业和政府购买的制造品都是由在州边界之外的企业生产的。从州的观点看，它们是进口。同样地，很多州内企业生产的货物被卖给州以外的家庭、企业和政府。从州的观点看，它们就是出口。对于一个州如此，对于州以内的地方就更是成立。

换句话说，州和地方类似于被大国包围并且和大国贸易的小国家。但与小国不同，它们完全暴露于发生在边界之外的经济事件中。它们没法制定商业政策，例如对进口征收关税和向出口提供补贴，从而控制进入和流出州的货流。美国宪法禁止州政府和州内地方政府征收关税。州和地方也没法限制储蓄和投资在它们的边界流动；它们是完整的全国金融和资本市场的一部分。简而言之，在它们经济中所发生的一切都在很大程度上受制于发生于它们边界之外的事件，而它们几乎完全无法控制这些事件。①

可供它们选择的宏观经济政策在其他方面也受到极大的限制。论证的第二个部分在于，州和地方并不发行它们自己的货币，所以它们无法通过货币政策来追求宏观经济目标。这就只给州（地方）留下财政政策来追求宏观经济目标，而第三个部分是，即使在财政政策中，它们也受到太多的限制以至于这些政策不会非常有效。与国家政府不同，州（和地方）政府无法定期发行债券为运营支出融资，而只能为资本支出融资。大多数州宪法要求它们的地方长官每年都提交平衡的运营预算。即使这些条款不存在，华尔街也会强制其达到平衡预算的要求。持续拥有运营赤字的州很快会发现，它们的债券会被降级到需要支付高额利率的垃圾债券状态。所以，为了对抗衰退，州政府所能做的最多的就是保证平衡预算随着支出和课税的增加而增加。但是因为平衡预算乘数大约等于1，需要很大的预算增加才足以在经济中产生显著扩张效应，这不可能在政治上获得通过。事实上，州财政政策通常是顺周期而不是逆周期的。例如，一个州的经济陷入衰退的典型情景是税收减少，从而导致预算赤字。于是州就必须通过同时缩减支出并增加税收来削减赤字，而这两种措施都是会加剧衰退的紧缩性财政政策。

州政府长官经常讨论一个能够刺激州内经济增长和充分就业的美好的经济策略。但是这些政策通常包括以补贴来吸引其他州的企业，这些补贴形式包括免税以及提供受补贴的租金和公共设施的工业园区。但是，这些政策不可能非常有效。大多数的州都在玩这样的把戏，于是这些政策可能互相抵消，而只有企业获得了好处。而补贴的资金必须以增加的税收支付，这将对经济产生紧缩的效果。

总而言之，完全开放的经济、无法使用货币政策以及严峻的财政政策限制，这些合在一起使州政府不大可能有效地实现宏观经济政策目标。这对于州成立，对于地方更加成立。所以宏观政策就留给了国家政府。

欧盟的成员国在追求自身的宏观经济目标时，面对很多与美国州政府相同的不利因素。它们全部移除了它们成员内部之间的关税，而且大多数国家通过使用欧元放弃了实

---

① 外部事件包括国家政府的决定。许多州非常依赖有关军事硬件和软件的国防合同，而这些合同随着国防需求的变化起伏不定。

施货币政策的可能性。在追求自身财政政策上，它们确实比美国的州有更多的自由，但是它们同样相当严格地限制允许的运营赤字的数额。实际上，使用欧元的成员国家放弃了对它们自己经济的大部分控制。

### □ 配置职能

在 20 世纪 50 年代末，一个研究国家、州、地方政府之间合理经济关系的国会委员会邀请芝加哥大学的乔治·斯蒂格勒（George Stigler）出席听证。作为证词的一部分，斯蒂格勒（Stigler，1957，pp. 213-219）写了一部专题著作，标题为《地方政府职能的合理范围》，这部著作作为在三级政府中配置不同的政府职能建立了一个基本原理。[①] 他的观点很快就成为了主流公共部门经济学家的共识。

斯蒂格勒使用了公理化方法，证明州和地方政府涉足多方面政府配置职能的合理性。他认为，在现代自由民主下生存的民众会接受两个关于政府部门经济职责的原则。第一个原则是相信参与式的民主，这有两层含义。一层是第 1 章描述过的政府作为代理人的原则，即政府在制定其经济政策的时候，应该严格地作为民众代理人行动并遵循他们的要求。另一层是，民众越接近政府决策过程，政府作为代理人的原则就可以运行得越好。理想的设计体现在新格兰市镇会议上，在会议上每个公民都直接对政府的所有决策包括经济决策和其他决策投票。更大的市镇、城市和州要求一个代表形式的政府，因为代表越接近民众，参与式民主运行得就越好。地方官员比州官员更可能了解他们选民的利益，而州官员则比国家官员更清楚州选民的利益。当政府官员离他们所代表民众的地理距离增加时，他们关于选民偏好的知识就变得越来越模糊，也就偏离了政府作为代理人的理想状况。

第二个原则在美国被称为"州权"，在这个原则下，单个州或者地方的民众有权利依据他们自己的愿望制定政策，因此这些政策与其他的州或者地方不同。这个原则是对某种担忧的反应，人们担心国家提供意味着对全体公民提供一种标准化的服务。州权原则也被视为是允许在州和地方之间进行一种健康的试验，因为从其他州和地方解决经济问题的方式中，某个州或者地方的公民可以学习到经验教训。

结合参与式民主以及州权原则，斯蒂格勒如此总结道：**经济决策应该发生在最低层级的政府，这和决策的效率性相一致**。我们刚看到在国家级之下的宏观经济政策无法有效。然而，这并不适用于配置职能。这里，斯蒂格勒的结论可以被理解为，将各种配置职能下放到最低层级的政府，以达到与经济效率一致。因为大多数为解决效率问题而从事的政府经济活动都集中在外部性和成本递减/自然垄断的情形中，于是问题就变为成本递减和外部性的程度。

与现实相同，对于大多数自然垄断，在地方或者最多在区域级别上，成本很快就停止递减。考虑公共设施、桥梁和隧道以及诸如公园和海滩这样的休闲设施。只有与电信、电台以及电视广播相联系的成本递减可能发生在全国范围内。因此，配置的主要问题涉及外部性。

在地理上，外部效应可以影响的范围根据外部性的不同来源而迥异，从地方的（城市公路的拥堵）到国际的（二氧化碳排放导致全球变暖）。鉴于这种差异，华莱士·奥兹

---

① 斯蒂格勒（Stigler，1957）的地方的意思是州或者地方，即任何在联邦制层级中除了国家政府以外的政府。

公共部门经济学

（Wallace Oates，1972，pp. 34-35）分析了将外部性分配给不同层级政府的理想配置，这种配置建立了一种在外部性影响的范围和负责纠正外部性的司法权之间的**完美对应**（perfect correspondence）。以这样的方式将外部性和司法权相匹配，可以使政府部门有最大的可能性达到有效地处理外部性。过于狭义或者过于宽泛的司法权设定都不大可能达到有效的结果。

在外部性/司法权不匹配时，如何防治污染是一个好例子，用以说明这个问题。假设三个州都与一个湖接壤，每个州都有某些企业生产相同的产品，并把污染物倒进湖里，而防治污染的责任被赋予州一级政府。进一步假设，只有其中一个州对其企业征收庇古税以减少污染。这不可能是一个有效的解决方案，因为其他州的企业可以继续污染而不会受到惩罚。此外，如果在其他两个州的企业才是主要污染者，那么一个州将污染降到安全水平的努力很可能是徒劳的。一个州课税的主要影响是将其企业置于相对于其他两个州的竞争劣势上。在这种情况下，更好的选择是一个区域性的、对所有排污企业课税的反污染政策。一个当前值得注意的例子是全球变暖，它要求所有国家共同努力以有效的方式减少二氧化碳的排放。《京都议定书》是实现这个目标的一种尝试，但美国这一最大的二氧化碳排放者没有签署该条约，这一事实损害了目标的实现。

出于同样的原因，远大于外部效应的司法权也可能是无效率的。在 20 世纪 70 年代，美国政府要求所有汽车都必须安装反污染设备，对于许多消费者而言，这一决定无疑是一种不必要的支出，从而是一种资源浪费。只有在城市或者其他人口密集的地方，汽车污染才是有害的，在这些地方许多车会同时在路上行驶。在农村或者其他人口并不密集的州，驾驶者要为减少污染的设备支付大概 1 500 美元，而这些设备可能对于任何人都没什么好处。一个更有效率的做法是，由州或者地方政府对人口密集地方的驾驶征收庇古污染税。如今的电脑科技使得征收这样的税相当容易，但是在美国命令安装反污染设备的年代并非如此。

配置职能的方案大体上遵循了斯蒂格勒提出的在尽可能最低的层级提供配置服务的要求。图书馆、地方警察和消防队所参与的活动，其外部性大部分释放到它们服务地区的边界之内。州政府规范公共设施，并建立大城市范围的委员会为城市及其周边提供轨道交通，且为运营和建设桥梁隧道筹措资金。根据海滩和公园坐落的地点，决定它们由州或者地方经营。州警察在公路上巡逻，并处理超越地方边界的犯罪案件。国家的主要配置职能是提供国防；一国的国防影响这个国家中的每一个人。

## □ 分配职能

在公共部门经济学家中，传统的主流观点是将分配职能归于国家政府。因为国家政府也要负责宏观稳定政策，这就意味着州和地方政府的职责就仅限于提供其中一部分的政府配置职能。

如同稳定职能，将分配职能指定给国家政府在一定程度上是一种既定事实。传统的论点认为，允许州和/或地方制定再分配政策很容易产生两个问题：不同政府之间的政策不一致；在较低一级政府之间存在潜在的恶性竞争。将分配职能指定给国家政府就避免了这两个问题。

### 潜在的不一致

回顾在单一制政府模型中，为了达到最终结果公平或者分配的公共性，社会要首先明确关于所有公民的一组伦理排序。这个排序可以用伯格森-萨缪尔森个人主义的社会福利函数表示，$W = W(U^h(Y_h))$，$h = 1$，…，$H$，$Y_h$ 是个人 $h$ 的收入，$U^h$ 是他的效用函数，而 $H$ 是个人的总数。马斯格雷夫的（理想的）分配功能就是通过一次性总付税和转移支付，在不同个人之间再分配收入，使其满足社会福利函数的人际公平条件，即所有人的收入的社会边际效用 $SMU_Y^h$ 应该相等。同时，我们知道 $SMU_Y^h = \left(\dfrac{\Delta W}{\Delta U^h}\right)\left(\dfrac{\Delta U^h}{\Delta Y_h}\right)$，是边际社会福利权重 $\dfrac{\Delta W}{\Delta U^h}$——社会福利函数决定的伦理评价和 $\dfrac{\Delta U^h}{\Delta Y_h}$——每个人的收入的私人边际效用的乘积。这样的再分配可以将社会带到效用可能性边界上的巴托极乐点。[1]

在联邦制条件下，考虑如何为分配问题建立模型时，假设只存在两级政府，国家政府和许多地方政府。加入州或者省这样的第三层政府并不会改变较低层级的再分配问题的实质。

第一点要注意的是，用单一制政府模型分析分配问题的方法无法被应用到联邦制政府结构中。具体而言，无法假设国家和地方政府可以拥有它们自己的伯格森-萨缪尔森个人主义的社会福利函数，这一函数被定义为涵盖在其司法权限内的所有公民。如果它们可以有这样的函数，那么就非常可能发生在本章引言中提到的潜在不一致。见图 21.1。

假设国民社会福利函数为 $N = N(U^h(Y_h))$，是关于一国所有公民的函数，$L^k = L^k(U^{hk}(Y_{hk}))$ 是关于地方 $k$ 所有公民的社会福利函数，将生活在地方 $k$ 的个人 $h$ 记做 $hk$。考虑生活在 $k$ 的两个人，$1k$ 和 $2k$。图 21.1 描绘了连接两个人的效用 $U^{1k}$ 和 $U^{2k}$ 的组合的效用可能性边界。在任何国家或者地方发生再分配之前，社会位于点 $A$。图 21.1（a）中的曲线 $N_0$、$N_1$、$N_2$ 是两个人基于国民社会福利函数 $N$ 的国民社会福利无差异曲线。图 21.1（b）中的曲线 $L_0^k$、$L_1^k$、$L_2^k$ 是两个人在地方 $k$ 的社会福利无差异曲线。这两套社会福利无差异曲线肯定会不同，因为国民曲线代表了由整个社会决定的这两个人的伦理排序，然而地方曲线仅仅代表了由地方 $k$ 的公民决定的这两个人的伦理排序。图中排序的差异程度使得它们要求的再分配相互不一致。国家政府想要向个人 $2k$ 征税，转移给个人 $1k$，从而满足其人际公平条件，并达到图 21.1（a）中它的巴托极乐点 $B^N$。地方要求完全相反的再分配，以满足其人际公平条件，并达到图 21.1（b）中的巴托极乐点 $B^L$。

那些年长的美国人可能会记得在 20 世纪 60 年代发生的公民权利斗争，他们对这种潜在不一致会深有体会，当时，国家和州在合理对待白人和黑人的问题上有不同观点，这导致国家政府强制合并了某些州的公立大学和其他机构。更一般而言，如果社会想要对最大化社会福利有一套清晰的认识，它就需要避免潜在的不一致。

**竞争问题**

当人们可以迁移时，正如在大多数国家他们可以做到的那样，允许地方再分配会引发地方之间的恶性竞争。假设一个城市决定向它的富有公民征税，从而为它的贫苦公民提供转移支付和社会服务。假定这个结果来源于中产阶级和穷人所支持的一套伦理排序，在对伦理排序的多数投票制下，中产阶级和穷人加在一起超过了富有公民。但是富人并非必然要接受这个结果。他们可以选择逃到郊区，与其他富人一起生活，从而避免为援

---

[1]　我们没有考虑征税和转移支付中会产生的不可避免的无效率，它们使最优分配的问题变得更加复杂。假设一次性总付的课税和转移支付允许我们以可能的最简单的方式关注将分配职能分配给非国家政府。

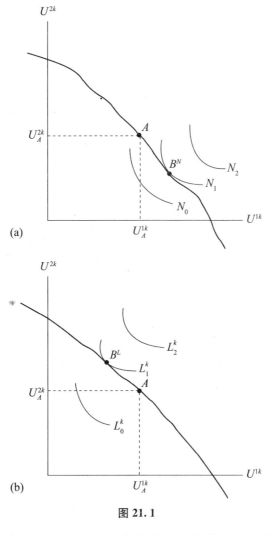

图 21.1

助城市穷人而承担的额外税收。而留给城市的是税基的减少，这使得帮助穷人变得更加困难。

对于见证了 20 世纪后半期富人向郊区迁移的美国人而言，这种城市和郊区为了高收入民众而进行的潜在竞争并不陌生。向郊区的迁移尤其加大了不平等，因为它导致了在高收入郊区和城市内部之间公立学校质量的巨大差异。这些在教育质量上的差异往往使得不平等在之后的数代人中延续下去。

所以，为了避免潜在的不一致和竞争问题，传统主流的解决办法是将分配职能交给国家政府。这隐含地表明，最终结果公平或者收入分配公正的问题必须从国家的视角来考虑，由社会福利函数代表的个体伦理排序需要基于所有的公民。不应允许州和地方政府表达或者实施有关分配的偏好。在其 1972 年的著作《财政联邦制》中，华莱士·奥兹强调了关于分配职能的传统主流观点。他不仅支持国家层面的再分配，作为一种理想状况，他还提出州和地方政府应该通过符合受益原则的征税，为分派给它们的配置职能筹措费用。一个例子就是为地方非排他性物品例如警察的保护建立林达尔价格或者税（价格等于每一个公民的边际收益）。受益性的税收是理想的，因为它们并不需要从一个纳税人向另一个纳税人的再分配；每个人都只获得自己付款了的服务。正如希望的那样，任何来源于政府征税或者支出政策的再分配将完全来自国家政府（Oates，1972，p. 150）。

**仅由国家进行再分配的反对意见**

只允许国家政府进行再分配可能会避免不一致和竞争问题，但这是在联邦制政府中解决分配问题的一个并不令人满意的方案，存在着诸多困难。

首先，由奥兹提出的使用受益性税收来为地方服务筹措资金的解决方法并不完全适用于自然垄断，而这些自然垄断无疑是由州和地方政府提供的。让我们回顾一下，这些服务的有效提供要求价格等于边际成本，但这将导致赤字。通过一次性总付税来为赤字筹措资金，于是变成将赤字、一次性总付税和转移支付相结合来满足社会福利最大化的人际公平条件。因为地方政府没有社会福利函数，它们不得不通过其他方式提高课税来为赤字融资，但是没有任何原则来指导它们。一个人可能认为这并不重要，因为任何一次性总付的支付都可以弥补赤字。它们可以选择一种简单的一次性总付税，比如向所有潜在使用者征收年费，然后让国家政府去纠正因此导致的任何不想要的分配结果。一个可能的例子是，年长者和学生会更多地使用公共轨道交通，而他们的收入一般会低于平均水平。所以，公共轨道交通的年费可能是累退的，可能需要由国家政府通过它的再分配政策来弥补，从而满足国家的人际公平条件。这样的支付组合将会是有效率的。但是，如果不依赖国家政府纠正任何可能产生的分配的不平衡，地方政府就没法完全为它们自己的服务筹措资金，这种结果依然不能令人满意。

其次，一个更大的困难在于，在主流公共部门模型中，由社会福利函数代表的一个政府所管辖公民的伦理排序是该政府政治特征的唯一来源，是唯一来自政治过程的元素。在州和地方政府中抛开社会福利函数，它们就不能作为单独的、可识别的个体。它们仅仅变成了代表民众权益行动的代理人，对于它们所尝试解决的经济问题没有任何帮助。它们只收集关于民众偏好和提供服务的生产函数的信息，并按照信息行动。作为政府，它们本身没什么不一样的，这种为联邦制政府建模的方式无法令人满意。

最后，州和地方政府当然会关心它们自己公民的分配问题。然而在州和地方的税收归宿，以及州和地方向当地穷人提供收入转移和其他社会服务等方面，存在着激烈的公开争论。在第10章中我们知道，在大萧条之前，美国的公共救助完全是州和地方的职责，其理由是，地方政府官员比国家政府要更加了解谁真正需要公共救助而谁在逃避责任。这是斯蒂格勒的参与式民主原则在分配问题上的应用。尽管20世纪30年代中期的人口增长使得这种理由变得不确定，但1935年的《社会保障法案》仍然将建立新的公共救助项目的行政职责赋予了州政府，包括决定每月的补助水平，而国家政府被限制为仅能制定某些宽泛的资格指导以及提供财政资助。直到现在，仍然由州管理医疗补助计划以及贫困家庭临时补助计划，并且现在的医疗补助计划比所有其他公共救助项目加起来还要庞大。简而言之，将所有的关系到分配的事都交给国家政府，这样的联邦制政府模型是不现实的，至少不符合美国的实际。

**一个财政联邦制的替代模型**

我们认为，如果否认政治特性，并且不关心除国家政府之外其他各级政府的分配问题，那么一个联邦制政府模型就没有把握到联邦制的精髓或者现实。应该假定，低一层级政府拥有一个社会福利函数，这个函数包含它所有公民的伦理排序，这些排序会根据税收和转移支付而发生变化，而税收和转移支付会在公民中再分配购买力。同时，必须认真对待潜在的不一致以及竞争问题。在单一制政府模型中，我们没法假设每个政府都有包含其全部公民的伯格森-萨缪尔森个人主义的社会福利函数。正如我们已经看到的那样，这就可能导致在不同层级政府之间出现再分配的不一致，而且也可能导致地方之间的恶性竞争。为了避免这些问题，必须对不同层级政府的社会福利函数施加某些限制。

传统主流模型通过不允许除了国家政府外的其他所有政府拥有社会福利函数来避免这些问题。这个限制在我们眼中过于严格，理由前面已经阐述过。相反地，我们假设以下一套社会福利函数更加符合联邦制精神。最低层级的地方政府拥有标准的伯格森-萨缪尔森个人主义的社会福利函数。定义下标和上标 $h$、$l$ 和 $s$，其中，$h$ 代表个人，$s$ 代表州，而 $l$ 代表地方。在州 $s$ 中的地方 $l$ 的社会福利函数是 $L^{ls} = L^{ls}(U^{hls}(Y_{hls}))$，其中 $hls = 1ls, \cdots, hls, \cdots, Hls$ 表示生活在州 $s$ 中的地方 $l$ 的全部公民。州（省）政府尊重它辖内地方的社会福利函数。它的社会福利函数是 $S^s = S^s(L^{ls}(U^{hls}(Y_{hls})))$，其中 $s = 1, \cdots, S$ 是州的数目，而 $L^{ls}$ 是州 $s$ 内地方的社会福利函数。接着国家政府尊重州（省）的社会福利偏好。它的社会福利函数是 $N = N(S^s(L^{ls}(U^{hls}(Y_{hls}))))$。经济学家称这种形式的社会福利函数是**王朝式的**（dynastic），这个名字来自家族的情况，家长关心孩子的效用，而孩子关心他们孩子的效用，然后这样一直在不同代人之间延续下去。

这种王朝式社会福利函数的政策含义如下。地方政府通过一次性总付的税收和转移资源来满足标准的单一制政府下的人际公平条件，使得它们公民的收入的社会边际效用相等：

$$SMU_Y^{ls} = \left(\frac{\Delta L^{ls}}{\Delta U^{hls}}\right)\left(\frac{\Delta U^{hls}}{\Delta Y_{hls}}\right)，对所有的 hls = 1ls, \cdots, Hls$$

$hls = 1ls, \cdots, Hls$ 即生活在州 $s$ 中的地方 $l$ 的人们。

然后，从州的角度出发，州（省）政府在其不同地区之间通过一次性总付的转移资源使得收入的社会边际效用相等：

$$SMU_Y^s = \left(\frac{\Delta S^s}{\Delta L^{ls}}\right)\left(\frac{\Delta L^{ls}}{\Delta U_{hls}}\right)\left(\frac{\Delta U^{hls}}{\Delta Y_{hls}}\right)$$

在地方之内一次性总付的转移支付保证了后两项相等，而由州在地方之间进行的一次性总付的转移支付保证了整个 $SMU_Y^s$ 是相等的。

最后，从国家的角度出发，国家政府在它的不同州之间通过一次性总付的转移资源使得收入的社会边际效用相等：

$$SMU_Y^N = \left(\frac{\Delta N}{\Delta S^s}\right)\left(\frac{\Delta S^s}{\Delta L_{ls}}\right)\left(\frac{\Delta L^{ls}}{\Delta U_{hls}}\right)\left(\frac{\Delta U^{hls}}{\Delta Y_{hls}}\right)$$

地方以及州的一次性总付的转移支付保证了最后三项相等，而国家政府在不同州之间的一次性总付的转移支付保证了对于所有公民整个 $SMU_Y^N$ 相等。①

这个王朝式社会福利结构给每个政府一种特征，以及对于它们公民收入分配的关心，同时它避免了潜在的不一致和竞争问题。在不同层级政府的再分配政策上不会存在不一致问题，因为每一政府都接受在联邦制层级中它的直接下一层级政府的伦理排序。竞争问题可能产生，但是它只可能在高一层级政府允许它发生的情况下产生；这个并不是王

---

① 地方可能需要调节它们的一次性总付的转移支付，因为它们被州征税或者从州接受转移支付，而州可能需要调节它们的一次性总付的转移支付，因为它们被国家政府征税或者从国家政府接受转移支付，但是原则上从各个政府的角度可以使社会边际效用相等。

朝式结构所固有的。在之前提过的例子中，如果城市的富裕人群迁徙到郊区，来逃避为支付给城市穷人的转移性收入而征收的税款，那么州可以通过对富裕的郊区征税并且把收入转移回城市来应对。

相对于传统分析框架，我们的这个替代模型还有另外一个优势：它为救助金提供了一种分配动机。救助金是从一个政府向另一个政府的转移支付，如以上从国家政府到州政府以及从州政府到其地方政府形式的一次性总付的转移支付形式。（一次性总付税可以看作是负的救助金。）发达市场经济中的政府大量使用救助金。在美国，国家给州的救助金占州所有收入的 32％，而国家和州给地方的救助金占地方所有收入的 39％（FY 2004）。此外，许多救助金的确有分配的作用。美国的例子包括，国家资助州为它们的贫困家庭临时补助和医疗补助计划提供的资金，这项资金占到了所有国家补助金的 47％，以及州政府给予它们地方政府用来资助其公立学校的资金，这些资金一般会给贫困社区额外的资源。到目前为止，学校补助是最重要的州补助金。相对地，由于传统模型只包含国家的社会福利函数，它没有为救助金提供任何的分配动机，也没有为提供任何救助金留下多少余地。我们会在第 23 章讨论与救助金相关的议题。

**什么是正确的联邦制政府模型？**

尽管我们看到了我们的联邦制模型较之传统的模型的优势，但我们并不清楚它在理论上或者实证上是否为正确的模型。研究地方再分配可能性的经济学家为他们的分析选择了许多不同的模型。通常的选择大多遵循了传统的观点：要么是国家政府直接对它的公民征税和进行转移支付，要么是地方政府对它们的公民征税和进行转移支付，但是两级政府都不进行再分配。他们并没有假定社会福利的结构是王朝式的。此外，美国的分配政策同时遵循传统的模型以及我们的替代模型。我们注意到，许多前面分析的资金分配项目与我们的模型是一致的。同时，我们在第 10 章描述了许多直接向个人再分配资源的国家项目，这些项目并没有经过州或者地方政府。明显的例子包括由美国国税局运营的劳动所得税抵免、食物券以及补充保障收入。此外，大多数州并不要求地方参与医疗补助计划和贫困家庭临时补助计划，因此这些项目本质上是传统模型和我们的替代模型的结合。

毫无疑问，美国公民不情愿完全接受我们的替代模型，因为他们观察到在拨款资助项目中，相对于富裕的州和社区，最贫困的州和社区为它们的贫穷公民提供较少的收入和社会服务支持。显然，跨州和地区的救助金并不足以抵消州和地方资源的不平衡。往更深一层想，某些公民可能怀疑在某些州和地方已经表达出伦理偏好，从而更偏好传统的仅有国家级再分配。无论怎样，在追求最终结果公平或者分配公正的同时，美国公民没法在一个联邦制政府内部就再分配资源的合理方式达成共识。

第 22 章

# 可流动资源的效率与
# 公平问题

在 1956 年，查尔斯·蒂布特撰写了一篇文章，从经济学角度赞扬了联邦制形式的政府。这种热情赞誉是基于联邦制层级中人们根据低层级政府的经济政策进行流动。他推测，民众拥有"用脚投票"的能力，他们能够离开他们不喜欢的社区（州/省），加入他们喜欢的社区（州/省），这种能力可以产生两个非常好的效果。一个效果是，它消除了搭便车问题，这一问题为低层级政府提供非排他性物品带来困扰，这些非排他性物品包括警察和消防部门。民众受到激励可以通过迁徙到一个更好的社区来显示他们的偏好。另一个效果是，它使政府提供的非排他性物品和民众对这些物品的偏好之间能够更好地匹配，因为有相似品味的人们倾向于聚集在一个社区中。结果就是更有效率地供给这些物品（Tiebout，1956）。

蒂布特的推测催发了大量文献，研究在一个联邦制政府内人口流动以及资本流动的经济学影响。他对这些文献的影响巨大，以至于几乎所有针对政府政策而产生的人口或者其他资源流动所带来的经济学影响都被称为蒂布特效应。

事实上，蒂布特关于联邦制的观点有些过于乐观。经济学家发现人口和资本的流动为潜在的无效率进入经济开辟了新的渠道。它还可能使得最终结果公平或者分配公正性更难实现。更糟的是，人们因为政府政策而进行的流动甚至不会达到均衡，这种情况下联邦制政府的效率和公平是有争议的。

经济学家发展了种类繁多的模型来探究人口在州（省）和地方之间流动的含义，其中大多数是研究后者。它们在许多方面存在不同，例如：

- 政府的目标（最大化社会福利，不考虑公平问题的帕累托最优，最大化地方发展商或者拥有所有土地的地主的利润）
- 它们供应的物品类型（从非排他性物品到私人物品）
- 用来为支出筹集资金的税（财产税，所得税，一次性总付的人头税）
- 社区中的政治过程（一人一票民主，某种形式的代议制政府，地主和开发商

做出所有的课税和支出决策)

　　■人们获得收入的方式(通过在社区内生产产品来挣取工资,从土地所有权上获得租金,通过拥有提供给社区或者其他地方的资本获得利润,当他们迁移时带走他们的禀赋收入)

　　■存不存在土地市场(从土地非常充裕以至于免费,到土地是稀缺的从而需要地租)

　　■迁徙是代价高昂的还是没有成本的

　　■社区如何应对周围社区的政策(从在做决策时假设其他社区的政策是给定的,到考虑到所有社区政策如何相互作用来影响人口或者资本的流动这种高度复杂的决策)

以上这个清单并没有列出所有不同之处。

在本章中,不可能介绍一个有代表性的模型来说明所有可能的模型变化。相反,我们以文献中广为人知的两个模型开始,一个来自约瑟夫·斯蒂格利茨(Joseph Stiglitz),而另一个来自马克·波利(Mark Pauly)。斯蒂格利茨模型说明人口的流动可以是有效率的,也可以是无效率的;简单来说,几乎任何结果都是可能的。波利模型强调了一种潜在的困难:无法达到一个均衡,使所有人失去迁移到其他社区的动力。这两个模型的结果各不相同,所以它们体现了上述提到过的文献中不同模型之间存在的巨大差异。而且,和大多数蒂布特文献中的模型一样,它们都是关于地方政府的模型。

## 斯蒂格利茨模型:任何事情都可能发生

斯蒂格利茨模型属于这样一类模型,它假设居住地位于一个国家中一个未完全开发的地区,譬如新的边疆。假设每个社区中都有充分的土地,并且是免费的,因此没有描述一个土地市场的需要。(人们在他们土地上建造的房屋仅仅是他们选择购买的许多消费品和服务中的一种,并没有什么特殊的重要性。在这些模型中,重要的是土地市场。)另外,人们可以没有成本地从一个社区迁移到另一个社区(Stiglitz,1977)。

一旦人们来到一个社区,他们就和所有其他人一起生产。每一单位产出都可以被用于以下两种用途之一:作为全能的私人消费品;或者成为非排他性的、每一个人都能平等享有的公共品。公共品具有社区内的非排他性,但是对于提供它的社区却是排他性的。也就是说,一个社区提供的公共品没有给生活在其他社区的任何人提供好处。这个是关于地方提供非排他性品的标准假设。一个例子是只可以在社区内抓捕犯人的地方警察。

在区域内,所有人对于私有和非排他性物品有完全相同的偏好,而每一个社区的目标是最大化每一个人的效用。最后,公共品通过对每个人收取一次性总付的人头税以及对生产的利润征税来筹措经费。

拥有免费土地和一次性总付人头税的边疆类模型是最有可能产生有效率均衡的模型。不幸的是,根据模型具体结构的差异,它们也能够产生许多不同种类的无效率结果。我们可以通过描述一个社区的生产函数以及个人偏好来看到这些各种各样的可能性。

令 $N=$ 社区里的总人数,每一个人都工作来生产产出 $Q$,产量由生产函数 $Q = f(N)$ 决定,如图 22.1 所示。劳动是生产的唯一要素,$f(N)$ 表现出劳动的边际报酬递减。劳动

的边际产量即 $f(N)$ 的斜率随着 $N$ 的增加而递减——当更多的人来到城镇并加入生产 $Q$ 时，每一个新进入的人产生的额外产出递减。劳动的平均产量 $f(N)/N$ 即从原点出发到 $f(N)$ 的射线的斜率也随着 $N$ 的增加而递减。（图中画出了对应 $N_1$ 和 $N_2$ 的射线。）

$Q$ 可以一对一地转化为一种全能的消费品 $X$ 或者非排他性物品 $G$。但是如果生产 $X$，则一单位 $X$ 被给予每一个人。所以，社区的生产可能性边界是 $f(N) = NX + G$。

每个人都会消费 $X$ 和 $G$，并有消费两种商品的效用函数 $U = U(X, G)$。每个人的预算约束都是整个社区生产可能性边界的 $1/N$：$f(N)/N = X + (1/N)G$ 或者 $X = f(N)/N - (1/N)G$。

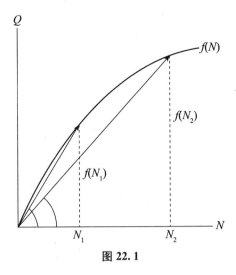

图 22.1

图 22.2 画出了当社区中的人数为 $N$ 时，每个消费者效用最大化的均衡。$I_0$、$I_1$、$I_2$ 是消费者对于 $X$ 和 $G$ 的无差异曲线，而预算线是 $X = f(N)/N - (1/N)G$，其中在 $X$ 轴上的截距是 $f(N)/N$，在 $G$ 轴上的截距是 $f(N)$，斜率是 $-(1/N)$。每个消费者在点 $A$ 达到效用最大化，消费 $X_A$ 并且在社区投票提供 $G_A$ 的非排他性物品。因为政府的目标是最大化（完全相同的）消费者的效用，它会提供 $G_A$。（这将是完全相同的个体在直接民主制下的结果。）

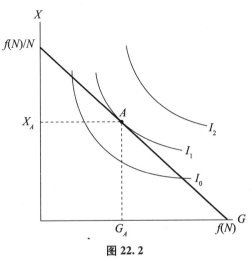

图 22.2

图 22.3 显示了当社区人数增加时最大效用的变化。用标注为（1）～（4）的预算线表示 $N$ 增加对每个人预算约束的影响。当 $N$ 增加时，截距 $f(N)/N$ 递减——因为劳动的平均产出递减。所以，如果 $G$ 为 0，提供给每个人的 $X$ 减少。预算线的斜率－$(1/N)$ 的绝对值也减小。因为 $f(N)$ 随着 $N$ 的增加而增加，如果 $X$ 为 0，可以提供的 $G$ 的数量会增加。当 $N$ 增加时，存在对于私人物品的挤出而不影响 $G$。在这种预算线下，每个消费者可以达到的最大效用一开始会增加，在图 22.3 从点 $A$ 到点 $B$，但是之后减少，从点 $B$ 到点 $C$ 再从点 $C$ 到点 $D$。最初效用的增加是由于可以增加 $G$ 的产量的能力。但是最终，为每个人生产一单位 $X$ 的能力降低，超过了 $G$ 的增加，从而效用减少。用蒂布特文献中的术语说，私人物品的生产变得越来越拥挤。

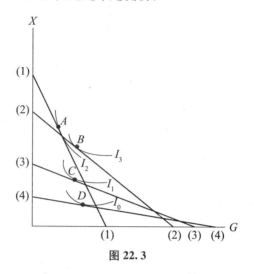

**图 22.3**

效用先增加后减少的形式决定了人们从一个社区迁移到另一个社区时会发生什么情况。要了解这些可能性，假设有两个社区，每个社区都有许多免费可利用的土地，总人口数量是 $N^*$，他们要么选择在这个社区生活，要么选择另一个社区。再假设两个社区的生产函数是完全相同的，并且所有的人也都是完全相同的。因为人们是完全相同的，并且迁移是无成本的而土地是免费的，唯一可能的均衡是不同社区之间横向公平的均衡：无论人们选择哪个社区，他们都必须获得同等的效用。必须如此，因为如果生活在某个社区的人们比生活在另一个社区的人们有更高的效用，那些在低效用社区的人们会迁移到高效用的社区，直到每个人都有相同的效用。

图 22.4 描绘了三种可能性。$N_1$ 是生活在社区 1 的人数，而 $N_2$ 是生活在社区 2 的人数。从左到右 $N_1$ 增加，从右到左 $N_2$ 增加，并且 $N_1 + N_2 = N^*$，即总人口。标注为 $V(N_1)$ 和 $V(N_2)$ 的曲线分别给出了对于每一个 $N_1$ 和 $N_2$ 的人数在社区 1 和 2 可达到的最大效用。从左向右读 $V(N_1)$，而从右向左读 $V(N_2)$。如以上描述的那样，最大效用先上升然后下降。

在图 22.4（a）中，在整个人口 $N^*$ 上 $V(N)$ 对称地上升和下降，并在 $N^*/2$ 达到顶点。结果两条曲线相互重叠。每个社区生活着总人口中一半的人数，并且每个人都获得最大的可能的效用。

此外还需要注意，在图 22.2 所描述的在给定人口情况下的效用最大化点上，当无差异曲线的斜率等于预算线的斜率时，消费者处于均衡状态。因此对每一个消费者，

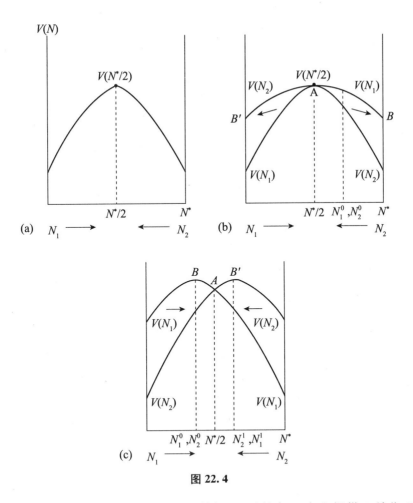

**图 22.4**

$MRS_{X,G} = 1/N$，或者 $N \cdot MRS_{X,G} = 1$。同样，通过给每一个人提供一单位 $X$，在生产中 $NX$ 与 $G$ 进行一单位对一单位的交换。也就是 $MRT_{NX,G} = 1$。所以，$N \cdot MRS_{X,G} = MRT_{NX,G}$，这就是生产非排他性物品（如 $G$）的有效率的帕累托最优条件。地方非排他性物品会被有效率地提供，这一性质是地方政府模型中通常会得到的结果。总的说来，图 22.4（a）证明蒂布特的猜想是正确的。公共品被有效率地提供，并且人们的迁移保证了他们可以获得最大的可能的效用。

$V(N)$ 上升然后下降的模式依赖于消费者的偏好以及生产中劳动的边际收益递减的程度。并没有什么令人信服的理由说明为什么此模式应该是对称的。这是一种缺陷，因为非对称的 $V(N)$ 可以产生许多问题。图 22.4（b）提供了一种可能性。与图 22.4（a）一样，非对称的 $V(N)$ 在 $N^*/2$ 达到顶点，所以在点 $A$ 存在一个有效率的最大效用均衡，每个社区生活着一半的居民。但是 $A$ 并不是一个稳定的均衡。假设最初超过一半的人口在社区 1 中出现，社区 1 中有 $N_1^0$ 而社区 2 中有 $N_2^0$。在初始的分布中，社区 1 的效用超过了社区 2 的效用，因此社区 2 的人们想要迁移到社区 1。最终每个人都生活在社区 1 并获得效用 $B$。如果最初超过一半的人口在社区 2 中出现，则情况正好相反。社区 2 的效用超过社区 1 的效用而每个人都从社区 1 迁移到社区 2。最终每个人都生活在社区 2 并获得效用 $B'$。$B$ 和 $B'$ 是仅有的稳定均衡而它们是无效率的。它们提供的效用小于点 $A$ 的效用，即在每个社区中生活的人数为 $N^*/2$ 时所获得的效用。

在图 22.4（c）中，非对称的 $V(N)$ 在 $N^*/2$ 之前达到各自的顶点。结果唯一的稳定均衡是 $A$，再一次，人们没有达到最高的可能效用。假设 $N_1^1$ 的人最初在社区 1，因为那是最大化他们效用的数目，效用等于 $B$。但是 $N_2^2$ 在社区 2 的人得到的效用低于社区 1 的人，所以他们迁移到社区 1 直到每个社区生活着一半的人口，并获得效用 $A$。如果有 $N_2^1$ 的人最初生活在社区 2，这一数量会最大化他们的效用，等于 $B'$，那么会发生相同的迁移。现在社区 1 的人们迁移到社区 2，因为他们有较低的效用并且均衡再次位于点 $A$，每个社区生活着一半的人口。$A$ 是唯一的稳定均衡，并且其效用小于每个社区有可能产生的最大效用。

总之，人们的迁移可以产生稳定的有效率的均衡，但是它同样很容易产生一个或者多个稳定但无效率的均衡。蒂布特关于一个联邦制政府是有效率的猜想并不一定正确。

## 波利模型：存在均衡吗？

相对于斯蒂格利茨模型，波利模型迥然不同（Pauly，1976）。在他的模型中，居住地是更有历史的、发展完善的社区，位于这个国家人口密集的位置。在这个区域中，土地是稀缺的，因此无论位于哪个位置，土地都会获得正的租金。这个地租 $R$ 在任何一个社区内都是相等的，但是在不同社区之间可能不相同。波利假设，在每个社区中存在固定数量的地块用以建造房屋，并且所有社区中地块的总数等于在这些社区之间寻找住处的人口总量 $H$，从而模型化了土地的稀缺性。因此，每个人必须选择在这个区域中的某一个地块居住。

因为波利想重点讨论当人们迁移时如何达到均衡的问题，他做了若干其他简化假设，而几乎所有这些假设都与斯蒂格利茨模型不同。在他的模型中没有生产函数。人们拥有禀赋收入 $Y$，当人们搜寻最适合他们的社区时，他们会携带着这个收入。每个社区的政府提供类似于私人物品而不是非排他性物品的物品 $G$，并且依据受益原则为该物品筹措费用。每个人为每单位物品支付一笔数额为 $g$ 的价格或者税。可以想象 $G$ 是小学和中学教育，它们事实上既由私人提供也由公共提供。让每单位 $G$ 代表特定质量的教育，而 $g$ 是每单位质量的价格。不同的社区间 $G$ 的质量可以不同。

在波利模型中，个人有定义在所有私人物品 $X$ 和教育质量 $G$ 上的偏好，$X$ 的价格是 1。$X$ 包括他们在其购买的地块上选择建造的任何房子；再次提醒的是，在这些蒂布特模型中重要的是地租而不是建造在土地上的房子。与斯蒂格利茨模型不同，人们可以拥有不同的偏好。因此，为每个人 $h$ 定义单独的效用函数：$U^h = U^h(X_h, G)$，$h=1，\cdots$，$H$。每个人的预算线是 $Y_h = X_h + gG + R$，其中 $G$ 和 $R$ 的取值取决于个人选择居住的社区。

假设总共有 $L$ 个社区。于是每个社区 $l$，$l=1，\cdots，L$ 由三个要素定义：公共提供物品的质量 $G_l$；社区中地块的数目 $H_l$；地块的租金价值 $R_l$。假设按照由社区所提供的教育质量为社区排序，$G_1$ 是最低的质量而 $G_L$ 是最高的质量。

为了阐释蒂布特的思想——人们的迁移应该在公共提供的物品和偏好之间产生一种

更好的匹配，假设人们对于 $G$ 具有不同的偏好，并且从低到高排序。被提供的质量 $G_l$ 是由生活在社区 $l$ 的人们直接投票决定的，通过简单多数的方式确定获胜的选票数目。假设对于 $G$ 的偏好是排好序的，那么中间投票人的偏好是决定性的。[①] 中间投票人是这样的个人，他对于 $G$ 的偏好位于社区中已排序偏好的中间。图 22.5 说明了中间投票人所产生的结果。

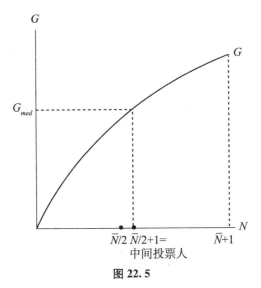

图 22.5

横轴表示社区中的人，而纵轴表示他们对于 $G$ 的偏好。曲线 $G$ 给出了对于 $G$ 已排序的偏好，中间投票人的偏好等于 $G_{med}$。如果在社区中有 $\overline{N}+1$ 个人，$\overline{N}$ 是偶数，那么 $\overline{N}/2$ 的人会偏好质量低于 $G_{med}$ 的 $G$，而 $\overline{N}/2$ 的人会偏好质量高于 $G_{med}$ 的 $G$。考虑在 $G_{med}$ 和下一个最低质量 $G_{med}-1$ 之间的投票。$G_{med}$ 将会胜出，因为它将获得 $\overline{N}/2$ 个人的票——其偏好比 $G_{med}$ 更高的质量 $G$——加上中间投票人的票。这将击败 $\overline{N}/2$ 个将投票给 $G_{med}-1$ 的人，因为他们偏好低于 $G_{med}$ 的质量 $G$。此外，在任何两个低于 $G_{med}$ 的质量 $G$ 之间进行投票，总是会由更高质量的获胜。因此最终 $G_{med}$ 会成为反对 $G_{med}-1$ 的一票并且击败它。按照相似的论证逻辑，$G_{med}$ 将会比 $G_{med}+1$ 赢得更多的投票，也就是中间投票人加上数量为 $\overline{N}/2$ 的偏好低于 $G_{med}$ 的质量的投票人。另外，在任何两个高于 $G_{med}$ 的质量之间进行投票，更低质量总是会获胜。因此最终，$G_{med}$ 会成为反对 $G_{med}+1$ 的一票并且获胜。

相对于蒂布特型的选址模型，中间投票人模型是具有压倒性的政治选择模型，因为它导致了确定的结果。如果代议制政府的立法者可以参与互投赞成票（如果你为我的项目投票，我也会为你的项目投票），结果会变得更加不明确。立法者也可能为了增加他们再次当选的可能性而进行投票，而不是为了表达他们对于效率和公平等公共利益的观点。在这些情况下的结果异常难预测。

假设 $G_l$ 由多数表决制决定，并且用三个向量描述人们必须选来作为居住地的地区的特征：

$\vec{G_1} = (G_1，\cdots，G_l，\cdots，G_L)$，已排序的公共提供物品的质量。

---

$\vec{H} = (H_1 , \cdots , H_l , \cdots , H_L)$，每个社区地块的数量。

$\vec{R} = (R_1 , \cdots , R_l , \cdots , R_L)$，每个社区地块的租金价值，假设其在一个社区内相等。

为了在给定预算约束的限制下最大化他们的效用，每个人面对由向量 $G_l$ 和 $R_l$ 决定的离散的选择集合。$G_l$ 进入他们的效用函数和预算约束，而 $R_l$ 进入他们的预算约束。除了中间投票人以外，没有人可以找到与他们偏好的 $G$ 准确匹配的选择，所以给定可利用的选择 $L$，他们尽可能尝试做得最好。这导致必须满足两个均衡条件，即每个人的一个离散效用最大化条件和一个总搜寻均衡条件。

**效用最大化条件**（utility-maximizing condition）：个人 $h$ 选择社区 $l^*$，当且仅当他面对 $G_{l^*}$ 和 $R_{l^*}$ 获得的效用超过他面对任何其他可利用的 $G$ 和 $R$ 的组合所获得的效用时。让 $V^h(G_l , R_l)$ 代表个人 $h$ 在面对 $G_l$ 和 $R_l$ 时获得的效用，个人 $h$ 选择 $l^*$，当且仅当 $V^h(G_{l^*} , R_{l^*}) > V^h(G_l , R_l)$，$l \neq l^*$ 时。

**总搜寻均衡条件**（overall search equilibrium condition）：每个人都要生活在某个地方。所以，总搜寻均衡条件就是偏好特定社区的人数必须等于那个社区的地块数目。让 $n(l)$ 等于偏好社区 $l$ 的人数，搜寻均衡条件是 $n(l) = H_l$，$l = 1 , \cdots , L$。如果这个条件没有满足，那么要么 $G_l$，要么 $R_l$，要么两者必须同时调整直到条件满足。

不幸的是，并不能保证可以通过 $G_l$ 和 $R_l$ 的调整满足总搜寻均衡条件。设计波利模型就是为了说明均衡不存在的可能性。为了说明这个问题，想象有一个如图 22.6 的线段所代表的初始均衡。每个线段代表其中的一个社区，而 $G_l$ 和 $R_l$ 是在每个社区选择的质量 $G$ 以及土地的出租价值。社区对 $G_l$ 从低到高进行排序。另外，我们知道每个社区的人们对于 $G$ 有不同的偏好。假定只有社区 $l$ 中的中间投票人最偏好 $G_l$。所以考虑将人口按照对于 $G$ 的偏好在每个线段中排序。最终，线段将采用不同的长度表示每个社区中地块数目的差异。

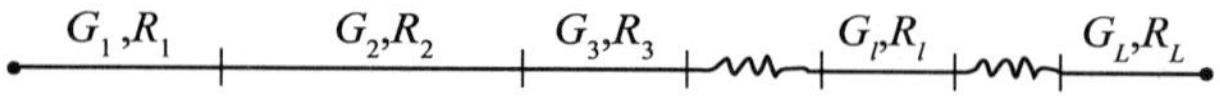

$$G_1 , R_1 \quad G_2 , R_2 \quad G_3 , R_3 \quad \text{~~~} \quad G_l , R_l \quad \text{~~~} \quad G_L , R_L$$

**图 22.6**

假设社区 1 的居民的偏好发生变化，并且投票给一个较低质量的 $G_1$。结果可能是影响到所有社区发生连锁反应，并且可能无法达到一个新的均衡。在建立一个总搜寻均衡时，最重要的人是那些基于他们对于 $G$ 的偏好而位于线段边界上的人。他们对于他们当下的社区和那个稍高于它（右手边边界）或者稍低于它（左手边边界）的社区无差异。假设在 $G_1$ 下降后，一些在社区 1 右手边边界附近的人们现在更偏好社区 2。他们想要迁移到社区 2，这种企图会导致那里的租金价值上升。但是在社区 2 的租金价值上升后，一些社区 2 右手边边界附近的人们可能现在想要迁移到社区 3，导致的结果是社区 3 的租金价值上升，然后在社区线上往右依此类推。另外，社区 2 左手边边界附近的一些人可能在社区 2 租金上升后偏好社区 1。当人们在各个地方之间重新配置的时候，关于提供多高质量 $G$ 的投票也可能改变，从而导致更多的移动。例如，如果某些边界的人群确实从社区 1 迁移到社区 2，从社区 2 迁移到社区 3，那么社区 2 现在有更多的人偏好低于原先 $G_{med}$ 的 $G$ 而更少的人偏好高于原先 $G_{med}$ 的 $G$。中间投票人的决定发生了变化，从而社区 2 的质量 $G$ 可能会下降。另外，如果中间投票人考虑他们的投票会影响租金价值，那么租金价值的变化会改变他们的投票，即使每个社区的中间投票人的身份没有变化。当在一些或者所有社区中 $G_l$ 和 $R_l$ 都变化了的时候，一个新的总搜寻均衡是否可以达到并不清楚。各个地区之间人们移动的结果可能永远是一种非均衡的状态，至少有一个人总是想要迁移。这必然不是蒂布特所考虑的问题。

无论结果如何，波利的简单模型指出了联邦制政府的两个重要特征。一个是当对于公共提供物品的偏好不同时，相对于让国家政府向每个人提供单一水平的物品，可以预期地方关于物品提供的决策将更好地匹配人们对于物品的偏好。人们会通过他们对于物品的偏好对社区进行排序。这正如蒂布特所猜想的，人们可以用脚投票。

另一个特征是当人们可以从一个地方迁移到另一个地方时，土地市场对建立一个均衡的重要作用。继续考虑地方公共教育的例子，它极大地影响了人们选择社区的决定。假设寻找地方居住的人群包括富裕家庭和贫穷家庭，每个家庭都有两个学龄儿童。在不同社区间建立均衡的问题在于，无论富裕或者贫穷，每个人都想要和富裕家庭生活在一起。造成这种情况的原因有二。一是相对于周围的同学都是来自低收入家庭，如果周围的同学都是来自高收入家庭，孩子们倾向于学到更多。二是多数地方学校的经费主要是通过向土地和房产价值征收的财产税筹措的，因为富裕家庭购买更大的房子，所以它们承担了学校总预算中的更多份额。

假设那些社区中最初只包含富裕家庭或者贫穷家庭。贫穷家庭会努力搬到富裕社区。如果某些人成功了，那么富裕家庭会想要搬到另一个只有富裕家庭的社区。贫穷家庭会永远想要搬到有更高比例富裕家庭的社区，而富裕家庭会同样努力逃离和贫穷家庭一起生活。在这样的情景下，可以达到均衡的唯一方式是，相对于在贫富家庭混杂的社区，富裕家庭在只有富裕家庭的社区支付了更高的地租，而相对于在只有贫穷家庭的社区，贫穷家庭在贫富家庭混杂的社区也支付了更高的地租。土地价值的差异必须正好补偿生活在贫富家庭混杂社区的富裕家庭，以及生活在只有贫穷家庭社区的贫穷家庭。仍然不确定是否可以达到一个总搜寻均衡，尤其是当对于教育的需求在富裕家庭和贫穷家庭之间不同时。

最后一点在于，通过对土地和房产价值同时征收的地方财产税，依赖土地市场达到均衡引入了另一种联邦制政府无效率的来源。对土地征收的那部分税是一次性总付的，因而是有效率的，但是对房产征收的那部分税扭曲了房地产市场，从而是无效率的。

## 流动的资本

人们针对低层级政府课税和支出政策的迁移会导致许多问题，但这些并不是联邦制政府面临问题的全部。资本也是高度流动的，甚至比人口的流动性更强。资本可以轻易地越过地方、州甚至是国家的边界，而资本的流动打开了另外一条通往无效率的道路。

资本具有充分的流动性，因而有理由假设在一个由更广大国家市场决定的资本回报下，对于一个给定的地方或者州，资本的供给是完全有弹性的。对于有开放边界的经济联盟，如欧盟，在欧盟范围或者甚至世界的回报率下，对任意一个成员国而言，资本的供给可能实际上是完全有弹性的。

如果对于一个地方（或者一个州或国家）资本的供给是完全有弹性的，那么图19.6 (b)就完全适用，在这里就是图22.7。资本的需求 $D_K$ 来自地方内的企业，而资本

的供给 $S_K$ 多数来自地方的边界之外。所以在国家（世界）回报率 $R_0$ 下资本供给是完全有弹性的。初始均衡（$K_0$，$R_0$）位于 $D_K$ 和 $S_K$ 的交点。假设通过企业所得税，政府对资本所有者公司的利润或资本回报征税。$D_K$ 按照课税的数量向下移动到 $D_K^1$，新的均衡（$K_1$，$R_1$）位于 $D_K^1$ 和 $S_K$ 的交点。企业资本的成本增加，数额等于全部课税的金额，直到增加到 $R_1$。但是因为资本家不会接受资本回报减少到 $R_0$ 并且仍然向地方提供资本，增加的成本以更高价格的形式转嫁给消费者，或者以更低工资的形式转嫁给工人。结果是政府增加了 $R_0R_1ab$ 数量的税收收入，但是付出的成本是更少的资本存量、更少的生产以及由消费者和工人承担的税负。

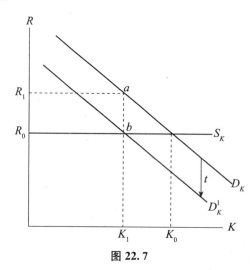

图 22.7

课税的损失给予地方一种激励，来减少资本税而增加对流动性较弱的工人的课税，这样对生产的影响较小。但是这个激励忽略了一个来自地方资本税的重要的外部性收益：其他地方的获益，因为它们的资本需求增加，吸引了课税社区的资本到它们那里投资，从而增加了它们的生产和就业。因为总损失少于征税的社区所预计到的损失，每个社区都有激励将其企业税设在一个从州（国家、联盟）总体的角度看无效率的低水平。地方甚至可能会参与到高度无效率的、减税到零的竞争中，以尽可能低的税率留住资本。

在 2000 年，企业所得税成为欧盟的一项主要议题。企业所得税高的国家，主要是德国和法国，努力游说欧盟为所有国家设定高额单一税率，被称为税率协调。若没有税率协调，它们担心相对于低企业所得税国家，主要是爱尔兰和 12 个在 2004 年 5 月和 2007 年 1 月新加入的会员国，它们的企业会处于竞争劣势。若没有税率协调，这些欧盟成员国家可能真的全部将它们的税率设在一个无效率的低水平。税率协调的请求在本书写作的时候（2007 年）还没有通过。

## 流动性和公平

最后的例子考虑人口流动对于最终结果公平或者分配公正性的影响。如果依照传统的观点，只有国家政府才有社会福利函数并试图进行再分配，那么人们在较低联邦制层

公共部门经济学

级之间的流动对公平没有影响。这确实是只允许国家政府进行再分配的优势之一。但是像我们在第 21 章中提到的王朝式的社会福利函数所描述的那样，州（省）和地方确实关心公平并且想要进行再分配。因此流动性可以对再分配的能力以及整个财政系统的累进性产生实质性的影响。

以包含国家政府和地方政府两个层级的联邦制政府作为例子。对地方社会福利函数和再分配框架的限制条件可以是不断发展的新的研究方向，例如斯蒂格利茨模型中免费的土地和无成本流动。我们知道在这些条件下横向公平是搜寻均衡的条件。只可能存在一种收入分布；对于给定收入的居民，一个地方对待他们无法和任何其他地方有任何不同。有多少再分配可以进行依赖于国家政府有多少意愿通过救助金从再分配偏好低的地方向再分配偏好高的地方进行再分配。

例如，假设像斯蒂格利茨模型一样有两个地方，但是如波利模型一样人们拥有不同数量的禀赋收入。一个地方打算通过一次性总付的税收和转移支付使社区每个人都达到平均收入水平，正如第 5 章中阿特金森假设所建议的那样。另一个地方决定完全不进行再分配。平均政策会吸引另一个社区中所有低于平均收入的人们。类似地，平均化社区中，收入高于均值的居民会迁移到另一个社区。这就是在第 21 章中所讨论的竞争问题。

于是问题变成国家政府会作何反应。如果它放任迁徙，那么平均化社区的收入会持续下降，除了最贫穷的人以外所有人最终都会生活在另一个社区。如果国家政府从另一个社区向平均化社区进行再分配，那么除了最贫穷的人之外某些人仍然会居住在平均化社区，因为那个社区平均收入稳定下来了。如果国家政府在社区之间分配收入的数额庞大，平均化社区的收入甚至可能上升。

国家选择要做什么依赖于所有人的偏好，即在两个社区中生活的人加总的偏好。如果国家的政治过程深受中产以及贫穷人口的影响，那么政府会进行相当数量的再分配。如果富裕阶层主导国家的政治过程，情况则相反。无论国家的决策如何，平均化政策使两个社区通过收入产生分层：所有初始收入高于最终平均收入的人居住在另一个社区，而所有初始收入低于最终平均收入的人生活在平均化社区。在大都市区域的郊区存在收入的分层并不令人感到意外，尽管这种分层绝不可能像这个模型所显示的那样完全。

结论是，即使在横向公平均衡条件下，地区对分配政策的偏好可能也会对总的收入分配产生显著的影响。尽管如此，但如果它只是众多社区中的一个，并且只包含少数人口，那么即使分配偏好相当不同于基准社区，它造成的影响也是可以被忽略的。它的政策很可能被横向公平条件所掩盖。

如果流动性是有成本的，地方政府的分配偏好更可能被实现，这在某种程度上显然是正确的。也许高成本的流动性解释了为什么大都市的分层都是不完全的。尽管如此，但美国人的确担忧州政府有强烈的动力参与到提供公共救助的竞争中，以防止贫穷的人们迁移到提供更高公共救助的州。不能忽视关于竞争问题的警告。州（省）和地方再分配的愿望可能为社会追求最终结果公平或者分配的公正性带来严重的困难。

# 第 23 章

# 补助金

补助金是在联邦制层级中从高层级政府向低层级政府的资源转移，例如从国家政府向州（省）和地方政府，从州（省）政府向它们的地方政府。公共部门经济学家对于补助金有浓厚的兴趣，因为它们是现代联邦制政府的一个重要特征。在 2005 年的美国，国家给州的补助金占州所有收入的 32%，而国家和州给地方的补助金占地方所有收入的 39%。在同一年，欧盟中央银行 36% 的支出是给成员国的补助金。[①]

有两个与补助金相联系的主要经济议题，一个是理论的，而一个是实证的。理论的议题关心补助金在联邦制政府体系中的合理角色。它们应该处理什么问题以及它们应该怎样被设计来解决这些问题？实证的议题关心收到补助金的政府作何反应。在给出补助金时，拨款的政府心中大概有某些目标。接受补助金的政府是否会采用与这些目标一致的方式应对补助？关于补助金的经济学研究大多聚焦在这两个议题上。

## ▐ 补助金的理论

补助金的适当作用依赖于人们对于较低层级政府适当经济职能的认识。关于政府的经济职能应该如何在联邦制层级之间分配，我们将传统的观点和另一种观点作为两个例子。

### □ 传统的观点

根据传统的观点，州（省）和地方政府应该只被分配某些它们可以有效率执行的政

---

① 美国补助金的数据见表 14.1。欧盟补助金的数据来自 *European Union Financial Report 2005*，European Communities，Luxembourg，Office for Official Publications of the European Communities，2006。

府配置职能。假定外部效应可以被控制在较低层级政府的司法范围之内，这包括某些成本递减/自然垄断服务和产生外部性的活动。因为这些政府职能本质上完全是配置性的，任何补助金的作用也必须是配置性的，以纠正任何可能产生的、依然存在的无效率。

最可能发生的情况是产生外部性的活动。正如第 21 章所讨论的，华莱士·奥兹描述的这些活动的理想配置结果是，建立一个在政府司法范围和边界内外部效应最大影响范围之间的完美对应。如果在每个情况下都有一个这些活动的完美对应，那么在联邦制政府体系中补助金就没有什么作用。每个政府只需要致力于它自己的职能而不需要任何来自较高层级政府的补助金。

会产生补助金需求的原因在于，对许多产生外部性的活动来说，这些对应可能并不完美。辖区范围多数是由历史和政治原因决定的，而不是出于经济的考虑。一般来说，政府是在确定了辖区范围之后才来应对经济问题。所以，在一个辖区内的活动产生的外部性可能溢出到其他的辖区——工业废气和废水污染是典型的例子。当外溢发生时，传统的观点提供了两个选项。一个是将应对产生外部性的活动的决策权分配给其边界包含了外部效应全部影响的更高层级政府。例如建立一些地区性委员会来纠正边界跨越多个州的河流和湖泊工业污染问题，或者让国家政府纠正可能有许多源头并且影响全国多数地区的工业废气污染。如果选择这个选项，那么仍然没有必要使用补助金。

可是这个选项有一个潜在的严重缺点。如第 21 章所解释的，将经济职能分配给较低层级政府的动机来源于斯蒂格勒的参与式民主假设，即政府官员越接近受决策影响的民众，政府决策就越有效。对于产生外部性的活动而言，这意味着相对于在联邦制层级中更高层级政府的官员，发生这些活动的辖区内政府官员可能更了解外部效应的本质。如果这是真的，那么更好的选择是把决策制定权交给较低层级的政府，而让更高层级的政府使用补助金来影响较低层级的辖区，使其考虑到它们边界内活动的外部性溢出。确实，按照传统的观点纠正外部性溢出是补助金发挥作用的唯一重要的例子。

用于纠正外部性溢出的补助金完全可以像第 6 章中只有单一政府时所描述的那样设计。那一章的相关模型讲述的是纠正一个产生外部效应的私人活动。我们知道，有效率的政策是一个等于所有受影响的第三方的边际外部性损害或者收益总和的庇古税（对于有害的外部效应，例如污染）或者补贴（对于有益的外部效应，例如公共教育）。在理想状态下，如果最优数量可以被衡量，每单位的课税或者补贴会等于总体边际外部损害或者收益的大小。此外，如果外部性是一个总体外部性，那么单一税或者补贴对于所有外部性的来源都是适当的。如果外部性是个体化的，那么对每个产生外部性的活动需要一个单独的税或者补贴。

相同的原则适用于辖区间的外溢性。在结构上，补助金应该是庇古的。对于有益的外溢，辖区应该获得等于从该活动中产生的、外溢到所有其他辖区的边际收益总和的补助金。应该对每单位活动进行补助（补贴），而且理想状态下，补助（补贴）应该被设在外溢的最优数量上。如果它们的外溢是总体外部性的形式，一个单一的补助（补贴）应该适用于所有的辖区。一个例子可能是小学和中学的公共教育，假设在民主制度下生活的所有人都能从任何一个公民所接受教育的增加中获得相等的收益。如果外溢是根据社区而不同的，那么每个社区都需要单独的补助（庇古式的补贴）。一个例子可能是一条高速公路或者一个机场对其所坐落的辖区外的人们带来的收益。对每一条高速路和每一个机场而言，外部效应肯定是不同的——它们的位置决定了谁会受它们影响。

同样的原则适用于有害的外溢，但是伴随着庇古税（负的补助金）而不是庇古式的补贴。一个需要单一税的总体外溢的例子是与湖泊接壤的工业污染。相比之下，工业废气污染可能是个人化的外部性，因为边际外部损害依赖于受到影响的人们的数量。

补助金传统理论的问题在于，它几乎完全被政府官员忽视了。为了给出一个例子，表 23.1 记录了在美国 2004 财政年度的前十大国家补助金项目。这些项目占那一年国家总补助金的 80%。注意美国 10 个最大的给予州的国家补助金中只有 2 个是针对配置问题的，交通部（DOT）支持高速公路建设和养护的补助金及其他杂项补助金。其他 8 个补助金的动机都来自分配的考量，帮助州向穷人和/或者有需要的个人和社区支付收入扶持和社会服务，受帮助的多数是个人。[①] 此外，高速公路补助的公式似乎完全和所估计的、每个州高速公路对于其他州公民的外溢没有任何联系。不论州的人口密度如何，对州际公路系统的财政资助对于所有州来说都是 90%。对其他高速公路的资助确实在州与州之间多少有些不同，但是差异主要来自州和国家政府官员的政治讨价还价。就经济因素而言，每个州都各不相同，例如在天气寒冷的州，因为冻胀等相似的原因，高速公路需要额外的维护。它们和外溢没有任何关系。最后，每个州可获得的资金数额有一个上限，然而一个庇古式的、用以纠正外部效应的每单位补助金应该没有上限。

**表 23.1                                十项最大的联邦补助金项目（2004 财政年度）**

| 补助金 | 金额（十亿美元） |
|---|---|
| 医疗补助计划 | 183.2 |
| 高速公路规划和建设 | 31.9 |
| 房屋选择凭证第八条 | 22.4 |
| 贫困家庭临时补助 | 17.2 |
| 提供给州的特别教育救助金 | 10.1 |
| 提供给地方教育机构的第一条款救助 | 8.3 |
| 国家的学校午餐计划 | 7.4 |
| 启蒙计划 | 6.6 |
| DOT 杂项补助金 | 5.3 |
| 为妇女、婴儿和儿童提供的特别补充食品计划 | 5.0 |
| 总计，十项最大的补助金 | 297.4 |
| 总计，所有联邦补助金 | 370.4 |

资料来源：U. S. *Census Bureau*，*Consolidated Federal Funds Report*：*Fiscal Year 2004*，Detailed Federal Expenditure Data—United States 2/8/2007.

### ☐ 我们的另一种观点

我们关于政府适当职能的另一种观点认为，补助金的潜在配置作用就如传统的观点一样，是纠正辖区范围和外部性范围不完全对应的一种选择。从而两种观点对于纠正外溢的补助金设计是完全相同的。此外，我们的另一种观点为补助金提供了一个分配的动机；至少部分纠正低层级辖区之间的资源不平衡。事实上许多补助金项目的设计确实是一般意义上出于分配的考量，换句话说是出于资源不平衡的考量。如表 23.1 所示，在美国 10 个最大的补助金项目中，有 8 个是为州和地方的再分配项目提供资金。而且这些项

---

① 提供给地方教育机构的第一条款救助目标定位于低收入社区。

公共部门经济学

目中的一部分给较贫穷的州额外的补助金。例如，到目前为止最大的补助金项目——医疗补助计划补偿州医疗补助支出的配套率与州的人均收入水平相对于国家的平均水平成反比。配套率范围从对最富裕州的50％到对最贫穷州的83％。同样地，州给地方的补助往往通过公式进行调整，给更贫穷的地方额外补助。加拿大和许多欧洲国家也通过补助金给它们较贫穷的省份大量额外的扶持。通过补助金给较贫穷的州和社区额外的资源通常被称为**财政均等化**（fiscal equalization），它在发达市场经济中是司空见惯的。

尽管如此，分配补助金项目的实际设计并不完全与我们的另一种观点一致。我们的模型要求每个政府对联邦制层级中直属的下级政府进行一次性总付的课税和转移支付。其含义是给较贫穷政府的补助应该是现金补助，从而接受方政府可以按照它愿望花费。事实上，政府的实际操作在三个方面背离了我们的设计。第一，最通常情况下，作为一种财政均等化形式提供的补助是**分类补助**（categorical grants）；它们有"绳子牵着"——它们必须被使用在特定的物品和服务上（也就是，必须在特定的类别中）。表23.1中的8个再分配补助都是例子。第二，补助通常是每单位补贴的形式而不是一次性总付的。美国医疗补助计划下的配套率是重要的实例。第三，补助金项目从没有（以我们所知的）向富裕的社区征税（负补助）。相反，要么所有的政府都收到一定数量的补助，要么对富裕社区的补助被设为零。无论是两种方式中的哪一种，相对于我们的另一种模型所要求的正的和负的补助模式，由这些补助项目带来的财政均等化（再分配）的数量必然受到了限制。这些项目仍然是再分配的，因为为了支付这些补助而征的税更多来源于富裕的社区。但是贫穷社区的居民为扶持他们所接受的补助项目也支付了一些税，这限制了在财政均等化上想要达到的总的再分配效果。

因为传统的观点没有关于补助金的再分配作用，而我们的另一种观点并没有怎么贴合补助的实际设计，经济学家为设计补助金发展了若干其他的模型。我们以两个更加常见的模型来结束这章的理论部分。一个是遵循我们另一种模型的精神而提出的财政均等化模型。另一个是基于低层级政府服务的成本病的有关补助金动机的模型。

## ☐ **财政均等化**

在我们的另一种观点中财政均等化的对策基于州（省）和地方政府的社会福利函数。为了使得这个方案可以操作，需要为较低层级政府的社会福利发展一个易于衡量并且可以运用在补助金公式中的替代指标。文献中包含了许多建议。朱利安·勒格朗（Julian LeGrand，1975）是最早提出社会福利函数替代指标的经济学家之一，而且它不仅影响了公共部门经济学家也影响了补助金的实际设计。我们将考虑目标在于在地区间达到某种程度财政均等化的从州向地方的补助。

勒格朗建议一个地方获得的补助数量应该基于两个因素：它的税收的购买力；它为提供公共服务而加税所付出的努力。令：

$T_i =$ 由地方 $i$ 征收的人均税额。

$P_i =$ 一个反映由社区 $i$ 提供公共服务的成本的价格指数。

$t_i =$ 地方 $i$ 对其税基适用的税率，在美国可假定是一种财产税税率。

勒格朗建议计算每个地方购买力/征税力度比率并且将它作为补助金公式的基础。税的购买力是 $\dfrac{T_i}{R_i}$ 而征税力度是税率 $t_i$。所以购买力/力度比率是 $\dfrac{T_i}{P_i}\dfrac{1}{t_i} = \dfrac{T_i}{P_i t_i}$。在继续推导他所建议的补助金公式之前，请留意税额 $T_i$ 是税率和税基的乘积。$T_i = t_i Y_i$，其中 $Y_i$ 是地方 $i$ 的人均税基，可以假定为地方的平均财产价值。因此，勒格朗的购买力/力度比率就是 $\frac{T_i}{P_i t_i} = \frac{t_i Y_i}{P_i t_i} = \frac{Y_i}{P_i}$。$\frac{Y_i}{P_i}$ 被称为地方的**财政能力**（fiscal capacity），一个衡量地方提供公共服务的能力的指标。所以，勒格朗的购买力/力度比率等同于一个社区的财政能力。

勒格朗建议设立一个财政能力的目标水平 $\frac{Y_T}{P_T}$，然后用一套补助金使每个社区都达到财政能力的目标水平。令 $G_i$ 代表由州给地方 $i$ 的人均补助。则 $G_i$ 被设定为满足

$$\frac{T_i + G_i}{t_i P_i} = \frac{Y_T}{P_T}$$

或者

$$\frac{T_i}{t_i P_i} + \frac{G_i}{t_i P_i} = \frac{Y_T}{P_T}$$

接着把 $\frac{T_i}{t_i P_i}$ 移到右边：

$$\frac{G_i}{t_i P_i} = \frac{Y_T}{P_T} - \frac{T_i}{t_i P_i} = \frac{Y_T}{P_T} - \frac{Y_i}{P_i}$$

两边同时乘以 $t_i P_i$，得到

$$G_i = t_i \left( Y_T \frac{P_i}{P_T} - Y_i \right)$$

地方 $i$ 的人均补助依赖于它的税率（它的力度）和使它的税基达到目标税基所需要的资源数量。后者的数量则依赖于它相对于目标地方的成本优势或者劣势，即比率 $\frac{P_i}{P_T}$。

这个相对成本优势或者劣势将依赖于超出地方政府控制的成本因素，诸如人口密度、住宅的平均使用年限、犯罪率、贫困率以及相对于人口的学龄儿童数量。更高的人口密度和更陈旧的住宅增加了给定火灾防护程度的成本；更高的人口密度和更高的犯罪率及贫困率增加了警察保护居民的成本；更高的贫困率和更多的学龄儿童增加了提供给每个小孩给定教育质量的成本。

如果勒格朗的公式允许正的和负的补助金（税），那么他的建议是使每个地方都达到目标水平。这个类似于在第 5 章中描述的在阿特金森假设下单一制政府的人际公平条件，在那里每个人都被拉平到平均收入。实际而言，不会存在达到财政能力目标的完全平衡。财政均等化补助往往只是正的，所以只适用于那些财政能力低于目标财政能力的地方。另外，分配给一个财政均等化项目的补助金的总数目通常是有限的，以至于并不是所有低于目标财政能力的都会被提高到目标水平。因此，州有两个决策要做：将目标财政能力设在何处以及要缩小多少财政能力的差距。例如，它可以设置一个高的目标水平，但是只小幅地缩小每个地方与目标水平的差距，这样许多地方都获得相对少的补助。或者，它可以设置一个低目标水平但是更大幅度地缩小低目标水平之下的小部分地方和目标水平之间的差距。勒格朗的公式仅仅是建议性的，可以作为实际的指导。

实际的均等化补助确实如勒格朗所建议的那样会考虑财政能力的差距。它们将地区收入或者税基的差别考虑了进来，例如之前描述过的医疗补助计划公式。它们有时也考虑提供公共服务的成本差别和地方税率的差别。

## □ 成本病

威廉·鲍莫尔（William Baumol）和华莱士·奥兹提供的补助金理由不同于迄今为止讨论过的任何理由（Baumol and Oates，1975，pp.243-266）。它基于两个前提。第一是相对于私人部门，较低层级的政府受到成本病的折磨：它们提供的服务没有呈现出成本递减的技术变化和生产力递增这样的私人部门生产的特征。结果就是公共部门的服务逐渐变得比私人部门的商品和服务更加昂贵。第二是较高层级的政府更有能力增加税收收入，因为它们可以征收更加累进的税收。因此，应付较低层级政府成本病的一个方法就是让较高层级政府增税，然后给较低层级政府补助金来为它们的服务提供资金。相对于让较低层级政府用它们不那么累进的税为它们本身更加昂贵的服务提供资金，这可能是一个更加可接受的策略。

认为较低层级政府受到成本病折磨的论点的确是合理的。学龄儿童在地方公立学校受教育的情况和50年前相比并没什么大的差别。自从现代消防车发明之后，消防队就以差不多同样的方式灭火。另外，尽管警察局应用了30年前并没有的电脑科技，但仍然需要巡逻车和地面的警官去保护公众。技术进步和生产力提升对于地方政府并不如对于私人部门那样重要。（粗略地讲，相同的论点也适用于州政府提供的服务。）所以，随着时间的推移，教育儿童和提供公共治安服务变得更加昂贵，这给地方预算施加了巨大的压力。

可以通过一个非常简单的模型来说明成本病问题。假设一个经济使用劳动作为唯一的生产要素来生产两种商品（服务），包括一种公共物品 $G$ 和一种私人物品 $Y$。总的劳动供给是 $L_0$，它或者被分配给公共物品即 $L_G$，或者被分配给私人物品即 $L_Y$：$L_0 = L_G + L_Y$。劳动市场是竞争性的，这意味着所有劳动都被雇用（经济位于其生产可能性边界上），并且无论是在公共部门还是私人部门工作，所有工人都必须获得相同的工资。生产 $Y$ 的劳动生产率经历每年增长 $r\%$ 的技术进步，假设为每年 3%。因此，$Y$ 的生产函数是 $Y_t = (1+r)^t b L_Y$。$G$ 的生产没有经历技术进步，因而每个时间段内的 $G$ 的生产函数都是 $G_t = a L_G$。

有了这些生产函数，这个经济的生产可能性边界是线性的（成本不变），但在时间上以每年 $r\%$ 的速率向上移动，如图 23.1 所示。$G$ 的生产在横轴而 $Y$ 的生产在纵轴。在任何时间 $t$ 边界的斜率都是 $-\dfrac{b\,(1+r)^t}{a}$。[①] 如第3章所讨论的，边界的斜率是两种商品的边际转换率 $MRT_{G,Y}$，而 $MRT_{G,Y}$ 的绝对值是两种商品边际成本的比率 $\dfrac{MC_G}{MC_Y}$。另外，如果产品市场是竞争性的，那么每种商品的价格等于其边际成本，所以 $MRT_{G,Y} = \dfrac{P_G}{P_Y}$。因为只有相对价格重要，假设 $P_Y = MC_Y = 1$。因此，由于公共物品 $G$ 没有技术进步，它的边

---

① 为了看到这一点，从劳动供给约束 $L_G + L_Y = L_0$ 开始，根据生产关系替换 $L_G$ 和 $L_Y$：$L_G = \dfrac{G}{a}$ 和 $L_Y = \dfrac{Y}{b\,(1+r)^t}$。因此，$\dfrac{G}{a} + \dfrac{Y}{b\,(1+r)^t} = L_0$。方程两边乘以 $ab(1+r)^t$：$Gb(1+r)^t + aY = L_0 ab(1+r)^t$。解出 $Y$：$aY = -Gb(1+r)^t + L_0 ab(1+r)^t$，或者 $Y = -\dfrac{b(1+r)^t}{a}G + L_0 b(1+r)^t$。

际成本和价格相对于私人物品 $Y$ 的边际成本和价格以每年 $r\%$ 的比率提高，速度和私人部门生产力的增速相同。这就是公共部门的成本病。

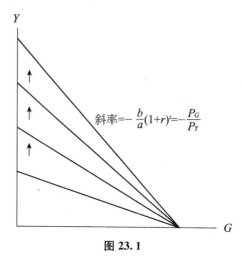

图 23.1

　　$G$ 的相对成本和价格会上升，其直观感受来自劳动力在两个部门必须获得相同的工资。当生产率以每年 $r\%$ 的比率上升时，工资每年也上涨 $r\%$。私人部门的生产者可以用工人提高的生产率弥补工资的增长。因为生产率和工资以相同的比率增长，私人部门的边际成本和价格随着时间的推移并不会变化。相比之下，公共部门也需要提供每年增长 $r\%$ 的工资以吸引人们到那里工作。但是因为它们的服务并没有经历技术进步，它们唯一应对工资增长的方法就是加价 $r\%$。这也是为什么百老汇演出的票价每年都上涨，现在远超 100 美元而且似乎永无止境的原因。现场戏剧演出的生产并没有发生技术进步；上演一出剧目总是需要演员、一个舞台、各种各样的舞台工作人员和舞台设计师。所以，如果付给参与演出者的工资要赶得上一般工资水平，制片人除了不断提高票价来应付工资上涨之外别无选择。

　　最后注意，公共服务成本和价格的上升与通货膨胀无关。我们的简单模型假设不存在通货膨胀。恰恰相反，成本病是一个相对成本效应：公共服务的成本和价格相对于私人物品和服务的价格每年都上升。无论总通货膨胀率是多少，都是这样。

　　一个重要的问题是成本病对政府服务需求的影响。答案依赖于价格和需求收入弹性。一方面，公共服务的相对成本和价格上升诱使人们用私人物品和服务替代公共服务。另一方面，因为工资增长，无论人们在哪里工作，他们的收入都在增长。如果公共服务是正常品，例如教育、警察和消防当然是正常品，那么收入的增长将增加公共服务的需求。所以，公共服务的需求随时间可能减少、不变或者增加，取决于价格效应和收入效应的相对强度。

　　图 23.2 画出了两种可能性。在图 23.2（a）中，替代效应和收入效应相互抵消，所以人们需求一个随着时间的推移数量不变的 $G$。在图 23.2（b）中，随着时间的推移，人们要求更多的 $Y$ 和更多的 $G$，并且以一个不变的比例（为简单起见）增加。考虑每一种情况。

　　$G$ 不变——当 $G$ 的数量不变时，分配给 $G$ 的劳动 $L_G$ 也不变。因此，分配给 $Y$ 的劳动也就不变。而且分配给每种商品的总支出的比率是不变的。$P_G G$ 和 $P_Y Y$ 都以年增长率

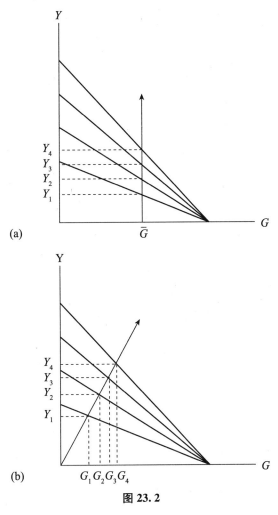

图 23.2

$r\%$ 增长, $P_G G$ 因为 $P_G$ 以 $r\%$ 的比率增长, 而 $P_Y Y$ 因为 $Y$ 以 $r\%$ 的比率增长 ($P_Y = 1$)。假设地方政府为了 $G$ 的支出筹资, 而对工资收入征收税率为 $t$ 的比例税。在每一期中收取的税收收入是 $tW_t L_0$, 而 $G$ 的总支出是 $P_G G = w_t L_G$。因此, $tw_t L_0 = w_t L_G$ 并且 $t = L_G / L_0$。因为 $w_t$ 以每年 $r\%$ 的比率增长, 税收收入随时间以每年 $r\%$ 的比率增长。因此政府可以通过一个固定税率筹集所需的收入, 税率等于在生产 $G$ 时使用的劳动与总劳动量之间的比率。尽管人们可能反对为相同数量的公共服务随时间支付更多的税, 但这不应该成为政府的困扰 (即使是实际值更多的税; 记住这里没有通货膨胀)。并且, 美国地方政府使用财产税筹集了它们总税收收入中几乎 75% 的部分。财产税是对地方估税员评估的财产价值征收, 并定期调整, 大概每三年调整一次。人们可能反对仅仅是为了满足政府收入的需要, 而让他们的财产价值 (或者他们的税率) 以每年 $r\%$ 的比率连续上涨。

$G$ 与 $Y$ 成比例增加——当 $G$ 随时间增加时, 情况则完全不同。这个似乎和美国的情况很相似。对地方公共服务需求的估计通常发现非常低的价格弹性, 大约在 $-0.2$ 到 $-0.4$ 之间, 以及更高的收入弹性, 大约为 $0.7$。低价格弹性说明到目前为止人们并没有对地方公共服务的成本病反应剧烈。收入弹性说明人们将地方公共服务视为一种必需品 (收入弹性小于 1)。收入弹性高出价格弹性足够多, 以至于迄今为止对于地方公共服务需求的正收入效应主导了负的成本病（相对价格）效应。从第二次世界大战以来，以实际值衡量的对州和地方公共服务的需求一直稳步增加。

公共服务需求增加的影响重大。$G$ 可以随时间增加的唯一方法是分配给 $G$ 的劳动 $L_G$ 随时间增加。因此，当时间推移时，因为总劳动供给是不变的，分配给 $G$ 的劳动数量在极限处最终会达到 $L_0$。[1] 但是即便如此，如图 23.2（b）所示，因为 $Y$ 的生产力持续增长，所生产的 $Y$ 的数量仍然可以随时间无限增加。只要分配给 $G$ 的劳动每年增速低于 $r\%$，$Y$ 就会继续增加。

值得注意的还有对于地方税的影响。如果地方政府对收入征收比例税，那么上面所说的公式同样适用。每一期的比例税率 $t$ 仍然等于比率 $L_G/L_0$。但是当 $L_G$ 每年增加时，税率也必须每年增长。最终当 $L_G$ 趋近 $L_0$ 时，$t$ 必须趋近 100%。如果税率随时间稳定增长，人们可能早就进行反抗，即便他们有足够的税后收入去购买每年增加的 $Y$ 以及为增加的 $G$ 支付不断增加的税收。成本病可能最终成为主导，而通过每年相对价格的上涨减少对地方公共服务的需求。

这就是较高层级政府的税收优势能够发挥作用的地方，它们可以比地方政府更容易征收累进税。例如，我们在第 14 章中看到美国联邦个人所得税的渐进税率从对最低数量应税所得征收 10% 到对国家最高水平收入征收 35%。鲍莫尔-奥兹证明面临成本病的政府可以通过建立一套包含所有时期的渐进税来募集在所有时间段中需要的税收。证明如何做到这点超出了本教材的范围，但是其中的直觉足够清楚。在渐进税下，当人们的收入增长时政府自动收集到更多的税收收入，因为更高的收入不断把人们推入更高的税率等级。这样，税收收入的增长比例超过了收入的增长比例，足以为罹患成本病的公共服务筹资。

鲍莫尔-奥兹认为，与较低层级政府需要不断提高税率相比，人们可能更愿意接受累进税制下更高的税率。即便在较低或较高层级筹资模式下，人们的福利水平相同，这也是成立的。如果鲍莫尔-奥兹是正确的，那么克服成本病并保持对诸如教育、警察和消防这样的地方公共服务的强烈需求的最佳途径，就是让较高层级政府征集收入并以补助金的形式转移给较低层级政府。根据他们的观点，成本病是提供补助金的强有力论据。

## 对补助金的反应

采用补助金的实证问题在于，政府如何对其收到的补助金做出反应？公共部门经济学家投注了巨大的心血研究这个问题，但是并没有得到任何确定的结论。不过他们都认为对补助金的反应依赖于两个因素：提供补助金的公式；获得补助金的政府制定税收和支出决策的政治过程。而后者很难被模型化。

---

[1] 美国的劳动供给和人口每年大约增长 1%。为了考虑到这个，考虑 $G$ 和 $Y$ 的需求是人均量，那么正文中的结果仍然可以成立。

## □ 补助金公式

补助金有多种不同的形式。补助金公式在三个维度上有所不同：补助金可以是无条件或者有条件的；配套或者非配套的；非限额或者限额的。

一项**无条件补助**（unconditional grant）没有什么约束——它可以被获得补助的政府用于任何目的。我们的另一种观点所需要的一次性总付的分配补助就是无条件补助。相比之下，一项**有条件**（conditional）或者**分类补助**（categorical grant）必须被花费在特定的商品或者服务上。大多数补助是有条件补助。处于这些选项之间的是**整笔拨款**（block grant），整笔拨款必须花费在具体类别的商品或者服务上，但是可以在类别之内按照受资助政府的意愿进行配置。美国政府给州政府的用以支持贫困家庭临时补助这一公共救助项目的补助就是一个例子。州政府必须将资金花在贫穷的单亲家庭身上，但是除此之外它们可以按照它们的意愿行动，例如按月提供支票给这些家庭，对单亲父亲或母亲受教育、培训和寻找工作的活动提供补助，提供儿童补贴，以及覆盖运营各种扶持服务的行政费用。

一项**配套补助**（matching grant）对被补助服务按每单位或者按价给予补助。一个例子是给每个州的联邦医疗补助计划的资金，如前所述，该补助为州内符合资格者的医疗支出提供 $50\%\sim83\%$ 的资金。一项**非配套补助**（non-matching grant）是直接的现金转移，例如美国给低收入社区的教育补助。

一项**非限额补助**（open-ended grant）对被补助政府可获得的补助数量没有限制。联邦医疗补助是一个例子。无论费用有多大，联邦政府都按照配套比例支付每个州发生的所有医疗补助计划费用。一项**限额补助**（closed-ended grant）对被补助政府可获得的补助资金数量设了一个最大值。在实际操作中只有配套补助可能是非限额的。如果一项非配套补助是非限额的，当它同时是有条件的或者整笔拨款时，被补助政府会用这项补助为整个受补助服务提供资金，或者当它是无条件的时，会为它全部的支出提供资金。

经济学家使用消费者理论来分析政府对不同的公式选项做出怎样的反应。就是说他们把受补助政府视为一个在预算约束下最大化自己效用的消费者，然后考虑公式选项会如何影响预算约束。如果是这样，补助金对政府的影响就和我们在第 10 章中讨论过的各种给予个人的转移支付的影响一样。

如图 23.3 和图 23.4 所示。在每幅图中，假设受补助政府将其全部收入花费在两项服务上：教育 $E$ 以及所有其他商品和服务 $O$。为简单起见，假设 $E$ 和 $O$ 的价格都为 1。每幅图中的线段 $AB$ 都是受补助政府在收到补助金之前由自己的税收和收费决定的预算线。政府在收到补助之前在无差异曲线 $I_0$ 上的点 $H$ 处于均衡，花费它自有资金的 $E_H$ 在教育上，花费 $O_H$ 在所有其他商品和服务上。

图 23.3 描述了一项无条件补助和一项有条件非配套补助对预算线的影响。两项补助都必然是限额的。在图 23.3（a）中，一项无条件补助使预算线向右移（或者上移），平行于政府的预算线 $AB$，平移的距离等于补助的数额。补助下新的预算线是 $CD$，补助的数量等于 $BD$（或者 $AC$）。补助后政府的均衡是无差异曲线 $I_3$ 与预算线 $CD$ 的切点 $I$。它在教育上花费 $E_I$，在所有其他商品和服务上花费 $O_I$。在 $E$ 和 $O$ 都是正常品的假设下，点 $I$ 位于点 $H$ 的东北方。

在图 23.3（b）中，政府收到一项以资助教育为条件的非配套补助。补助的数量和

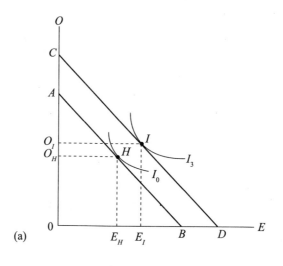

(a)

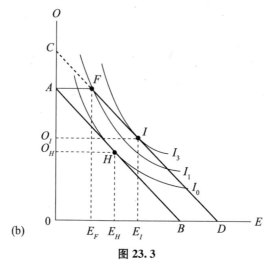

(b)

**图 23.3**

图 23.3（a）中的无条件补助是相同的。这项有条件补助将政府预算线平行右移 $AF$ 或者 $BD$。与无条件补助的唯一区别是右移开始于点 $A$，因此补助下的新预算线是 $FD$。在无条件补助下政府可达到的虚线 $CF$ 上的点在有条件补助下并不能达到。政府在有条件补助下可以购买的所有其他商品和服务的最大数量是 $0A$，费用全部由它自己的税收和收费负担。

图 23.3（b）显示了两个新的可能均衡，无差异曲线 $I_1$ 上的 $F$ 和无差异曲线 $I_3$ 的 $I$。通过受补助政府自身的支出就可轻易地显示出它会选择哪个均衡。如果它在 $E$ 上的花费超过了补助资金，也就是在 $E$ 上使用了它自有的部分税收和收费，那么均衡就是在点 $I$，与无条件补助的情况相同。如果政府选择在 $E$ 上的花费超过 $AF$（＝$BD$），那么对政府而言与在 $E$ 上花费救助金的条件没有区别。然而，如果政府没有在 $E$ 上花费任何自有收入，那么它就会处于被称为边角解的点 $F$。因为政府总是在被补助的服务上花费超过补助金的数额，因此 $I$ 是与所有美国主要补助项目相关的均衡。换言之，受补助政府应该把大多数有条件限额补助看做是等价于相同数量的无条件补助。

在图 23.4（a）中，政府获得一项对 $E$ 的非限额配套补助。因为配套率降低了 $E$ 对

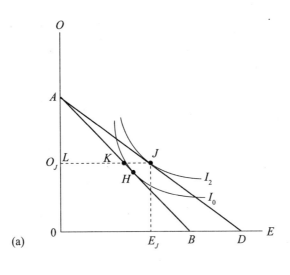

(a)

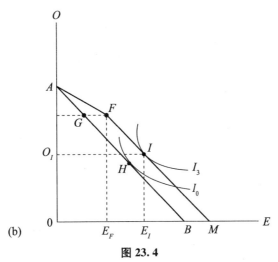

(b)

图 23.4

于政府的有效价格，而下降的部分等于配套率的数额，因此，补助金将其预算线从 AB 旋转到 AD。配套率是 BD/0D。政府位于无差异曲线 $I_2$ 上的均衡点 J，花费 $E_J$ 在教育上，并花费 $O_J$ 在所有其他商品和服务上。政府在 $E_J$ 的花费中，有 LK 的部分来自政府自有资源，KJ 部分来自补助金。

在图 23.4（b）中，政府获得一项对 E 的限额配套补助。配套率和图 23.4（a）中的相同。与图 23.4（a）一样，预算线从点 A 向外旋转，但直到它抵达最大允许的补助额，假设为图中的 GF。在点 F 右边，政府自己必须为每一额外单位的 E 支付全价，所以预算线变得平行于原先的预算线 AB。因此，有补助下的新预算线是 AFM。

在这里，分析类似于在图 23.3（b）中的有条件补助。如果政府在 E 上的花费超过 $E_F$，即配套补助支持的最大数量 E，那么这项补助等价于无条件补助。政府在无差异曲线 $I_3$ 的点 I 上处于均衡，花费 $E_I$ 在教育上，并花费 $O_I$ 在所有其他商品和服务上。假设给定最大补助 GF 等于图 23.3（a）中的无条件补助 BD，这个是与图 23.3（a）中相同的均衡。只要政府的花费超过了最大允许补助额，相对于获得一种无条件补助而言，不管是对在 E 上的支出设定的条件还是配套率，都不会对受补助政府产生影响。事实上，在所有主要的限额补助项目中，政府的花费总是会超过最大允许的资金数额。

等价于无条件补助的直观解释在于，只有当配套率在**边际**上适用时，对于购买的最**后**一单位 $E$，配套率才会产生一种价格或者替代效应。只有当政府选择位于预算线的 $AF$ 段上并收到少于最大允许额的资金时，这一点才会成立。否则，配套补助只产生一种和无条件补助相同的收入效应。超过 $E_F$ 的每一额外单位 $E$ 对于受补助政府的价格都是 1，正如无条件补助下的情况一样。

总结一下，消费者理论建议受补助政府应该选择两种方式中的一种来应对主要的补助项目。如果补助金是非限额配套补助，那么补助会降低被补助服务的有效价格，下降部分等于配套率的数额，对政府对于服务的需求同时产生替代效应和收入效应。如果补助是限额的，无论是非配套的还是配套的，并且政府在被补助项目上花费了超过补助所提供的数量，那么补助应该被视为等价于一项与最大允许补助额相等的无条件补助。事实上，在美国所有的主要补助项目中政府的花费总是会超过最大允许补助的数额。[①]

### □ 补助金的政治

与理解不同补助金公式的经济等价关系相比，试图模型化受补助政府如何对补助金做出反应要困难得多。更难的问题是政府如何在一开始制定它们的支出和收入决策。决策通过某种政治过程达到；本质上它们不仅仅是经济的。这样，一个想要很好解释政府对补助金反应的模型，同样需要模型化造成政府反应背后的政治过程。不幸的是，一旦社区增大，偏离了最简单的小村庄中一人一票的直接民主，影响支出和收入决策的政治力量就变得纷繁复杂、不胜枚举。不可能希望一个模型捕捉到在大型社区和州（省）政府中发挥影响的所有细微的政治变化。

尽管如此，我们必须从某处开始分析，而大多数经济学家实际上都选择从小村庄开始。到目前为止，建立地方（甚至是州或者省）政府支出、收入和补助金决策实证模型的最流行方法是我们在第 22 章中介绍的中间投票人模型。模型最基本的假设是，一个政府的支出和收入决策符合了它辖区内中间投票人的偏好，中间投票人是对支出和收入的偏好位于所有市民偏好中间的投票人。如果这个假设真的成立，那么它最可能适用于小村庄的直接民主。经济学家知道在更大的社区中，中间投票人不太可能在支出和收入决策中起决定性作用，在这样的社区中政治过程是某种代议制政府而不是直接民主（尽管在州层级上不那么明显）。但是选择中间投票人模型的原因在于，它是实证工作中最可驾驭的关于可能的政治选择的模型。

假定了我们看到的支出和收入决策反映一个社区内中间投票人的偏好之后，剩下的问题就是如何将这个假定放入数据中。通常这是通过第二个大胆的假设来完成的，就是中间投票人拥有所有可能影响支出和收入政策的市民特征的中间值，比如收入、家庭大小、教育水平和财产价值。做出这个假设也是为了方便起见。例如美国国家统计局公布

---

[①] 图中没有考虑的另一个可能性是资助特定项目的项目补助。交通部杂项补助和启蒙计划是项目补助。在这些计划下，发放补助的政府收到接收政府关于特定项目的策划并将补助授予它认为最好的项目，直到补助资金用完为止。发放政府和接收政府对每个项目所占的资金比例或者通过一个公式确定，或者通过协商确定。无论是哪种情况，这些补助都可以被视为将接收政府置于图 23.3（b）点 $F$ 那样的边角解上，因为这些是非常特定的项目。这些项目通常只有获得补助支持才可以实施。因此，这些项目不等同于相同数量的无条件补助；补助必须花费在特定项目上的条件是重要的。另外，政治的考量可能在支出比例的协商中胜过纯经济的考量。

了有关中间收入、家庭大小、财产价值等的地方数据。如果假设中间投票人有所有变量的中间值，那么就可以对公共服务需求设定一个标准形式的回归方程，因为它就是中间投票人的需求方程。

举例来说，假设教育需求 $E^d$ 是所有这些经济和人口变量、教育的相关价格以及政府获得的所有补助金的函数。让我们集中考察价格、收入以及补助金，把要估计的关系写成

$$E^d = f^n (P_E, Y_{med}, A/N; \vec{Z})$$

其中：

$E^d =$ 通过某些教育产出变量定义的教育需求，假设就是中间投票人所偏好的产出。

$P_E =$ 教育产出的有效价格，减去从任何从较高层级政府处获得的非限额配套补助。

$Y_{med} =$ 中间投票人的收入。

$A/N =$ 人均限额教育补助，由政府获得用以资助教育产出；$A$ 是允许的最大补助额，而 $N$ 是该地区的人口。

$\vec{Z} =$ 一个关于其他个人和社区特征的向量，个人特征被假定等于它们的中间值，因此被假定适用于中间投票人。

关于补助金我们关心的两项是对非限额配套率的反应（如果适用）以及对人均限额补助金的反应。只有当配套率在受补助政府间不同时，才可以估计配套补助的影响。医疗补助计划中它们确实不同，但是对于许多其他补助而言它们是相同的。如果它们不同，那么它们就可以作为价格项的修正进入回归方程。

考虑限额补助，因为方程是估计每个辖区中的一名消费者即中间投票人的偏好，与以上使用消费者理论的分析直接相关。理论告诉我们，对于重要的补助，这项补助是以教育为条件还是以任何其他东西为条件并不重要。所有的限额补助都应该和相同大小的无条件补助一样对中间投票人有相同的影响。而且，一项无条件补助应该与他或她的收入增加对中间投票人对于任何公共服务的需求产生相同的影响。

唯一剩下的议题就是政府获得的 1 美元人均补助金是否会被中间投票人视为她的收入增加 1 美元，而答案几乎肯定是"否"。地方政府的收入依赖财产税。如果政府获得一项限额补助，补助减少了政府需要通过财产税筹集的收入。因此，平均每人财产税的降低就是人均补助额 $A/N$。但是地区内财产价值的分布是有偏的，呈现出与收入分布相同的方式。财产价值（收入）的中位数远远小于财产价值（收入）的平均值。这个之所以发生是因为在收入分布的最高点相对少数的极端高财产（收入）增大了平均财产价值（收入），但是对于财产价值（收入）的中位数即在分布中间的人的财产价值（收入）没有影响。因此，对于中间投票人的人均补助额就是 $\left(\dfrac{V_{med}}{V_{mean}}\right)\left(\dfrac{A}{N}\right)$，其中 $V_{med}$ 是财产价值的中位数，而 $V_{mean}$ 是财产价值的平均值。$\dfrac{V_{med}}{V_{mean}}$ 小于 1，这意味着对于中间投票人额外的 1 美元人均补助金的价值小于额外的 1 美元收入 $Y_{med}$。$A/N$ 在回归方程中的系数估计应该小于 $Y_{med}$ 的系数估计。

基于中间投票人的对限额补助金反应的估计在两个方面与它们的期望值差异巨大。首先，政府似乎对补助金反应过度。$A/N$ 的系数估计通常大于 $Y_{med}$ 的系数估计，与理论的预测正好相反。其次，补助的条件也很重要。限额教育补助对教育支出的影响远大于

对其他服务的限额补助，同样的道理也适用于对其他服务的有条件限额补助。理论预计条件应该不太重要，无论补助本应该扶持什么服务，所有的额限补助都应该对每个支出类别有相同的影响。经济学家称这种估计结果为**黏蝇纸效应**（flypaper effect），因为资金似乎粘在了它碰到的地方。例如，一项限额教育补助似乎超出了它所应该达到的对教育支出的刺激水平。并且，多数学者估计的黏蝇纸效应都颇大。

毫无疑问，对于发放补贴的政府而言，黏蝇纸效应是令人鼓舞的。它们之所以给出有条件补助就是因为它们想要刺激被补助服务的支出。尽管如此，经济学家对于黏蝇纸效应依然感到困惑并提供了许多可能的解释，但是没有一个能使人完全信服。一开始的问题在于，对于很多政府，中间投票人几乎肯定不是一个精确的模型。一方面，中间投票人的偏好在多数辖区内都不大可能是决定性的。另一方面，即使它们是决定性的，中间投票人也不大可能有所有关于个人特征的解释变量的中间值。举出许多可能例子中的一个，低收入的人比中高收入的人更加可能不投票。结果是在投票人中的中间投票人一定有超过中间值的收入或者财产价值。

另外一个问题是，对于任何投票人，无论是中间的还是其他的，一个对于补助金充分理性的反应都是一个困难的选择。在某个地方受益于某项特定的补助金的人同时也是发放补助的较高层级政府的公民，这意味着其交给较高层级政府的税帮助支付了这项补助。一般而言，较高收入辖区的公民为资助补助金项目所缴纳的税收高于他们从这些项目中获得的补助，而对于较低收入辖区的人们而言则相反。几乎所有对补助金的估计都忽略了为补助金支付的需要。但是投票人是否忽略了较高层级政府用以支持补助的税收呢？如果没有忽略，那么估计的模型就是不正确的。

无论黏蝇纸效应的解释可能如何，它仍然是补助金实证文献中最前后一致并且最显著的发现。在补助金的实证研究中这个效应如此巨大且普遍，以至于经济学家确信它确实存在，尽管他们不清楚为什么它应该存在。

# 一个新的行为公共部门经济学？

　　现代经济学理论是在 19 世纪特别是 20 世纪发展起来的，经济学家通常简单地把有关产品和要素的个人偏好看作是给定的。通常假设给定偏好都具有良好性状而且不会随时间变化，并且可以用一些效用函数来表示。此外，经济学家还假设人是理性的。他们会在面临预算约束时试图最大化他们的效用，无论是从逐年的角度考察还是从一生的角度来看都是如此。这些假设意味着人们在进行经济选择时会显示他们的偏好，经济理论家发展出了一套技术，通过估计人们对产品的需求和要素的供给来揭示人们的效用函数。这就是主流公共部门经济学关于个人行为的理论。

　　大约 25 年前，有些经济学家开始质疑长期以来偏好给定的假设。他们转而学习心理学家、社会学家和神经学家的研究成果，考察偏好是如何形成的，以及什么原因会造成偏好的变化。他们将这些有关偏好的信息融入他们的经济分析中。这些关于偏好形成是如何影响经济决策和事件的研究被称为**行为经济学**（behavioral economics）。

　　行为研究发展得非常快，行为经济学已经成为经济分析中的前沿课题。我们很容易理解这种新研究的吸引人之处：它对主流经济学提出了严峻的挑战。行为经济学家发现，人们经常表现得和现代经济学理论的标准假设大不相同。他们展示了很多在理性考察自身利益时会出现的"偏差"和"错误"，而这些偏差和错误已经深入经济学的各个分支，其中也包括公共部门经济学。问题是：我们是不是已经站在了一个新的"行为公共部门经济学"的门槛上？这个新的"行为公共部门经济学"会不会颠覆或者至少在很大程度上改变主流公共部门经济学和公共选择理论？

## 公共部门理论的相关偏差和错误

　　行为经济学的三个研究发现可能对公共部门经济学有特别重要的意义：社会偏好、

时间不一致性以及行为的情景性质。

**社会偏好**（social preference）——标准的微观经济学教科书中关于消费者的模型都假设人是完全自利的。他们的效用仅仅取决于他们自己拥有的商品、服务以及生产要素，不会考虑到其他任何人。在某些时候，主流经济学家和公共选择经济学已经放松了这种假设。一个例子是，在第 10 章分析帕累托最优再分配时富裕的人群对贫困人群显示的利他主义。他们会考虑到贫困人群对某些商品的消费情况以及他们整体的福利情况。当人们考虑别人时，他们就被认为具有社会偏好。

行为研究发现了有关人们利他动机的重要细节。举例而言，在某些时候，人们不仅会关心别人的经济状况，而且关心别人的性格。第 10 章所描述的利他主义被称作**纯粹利他主义**（pure altruism），因为人们不考虑穷人的性格。相反，行为研究认为利他主义在很大程度上具有一种重要的关联成分。在一定条件下，人们愿意成为合作者也愿意成为惩罚者。如果人们发现别人也会表现出合作或者关心他人，那么他们也会这样做。相反，人们也会非常愿意对那些表现得自私自利或者利用他人的人采取惩罚。人们表现出的这种考虑别人性格的行为，被称为**关联利他主义**（reciprocal altruism）。

**偏好不一致性**（inconsistent preferences）——人们的行为经常意味着他们的偏好并不具有时间一致性。最常见的偏差是，相对于标准模型中预测的未来值，人们会给予眼前结果以过大的权重。举例而言，假设人们面临一个选择，是在指定时间得到 $X$ 数量的物品，还是在更晚一些时候比如一个月以后得到远大于 $X$ 的 $Y$ 数量的物品。当 $Y$ 足够大时，在给定获得 $X$ 的时间，$Y$ 的现值就会超过 $X$ 的现值。如果这两个时间是今天和一个月以后，人们通常会选择 $X$；如果这两个时间是 12 个月以后和 13 个月以后，同样的人很可能会选择 $Y$。而根据标准理论，因为 $Y$ 有更高的现值，人们应该始终选择 $Y$。当提供以上两种选项时，人们的选择不应该有差异。

在上面的例子中，人们在今天选择 $X$，是因为自我控制问题。他们屈从于可以立即得到物品的诱惑，即使在他们这样做了之后，他们会在以后后悔自己选择了 $X$，这清楚地表明，对他们而言，$Y$ 本来应该是更好的选择。烟瘾、酗酒和药物上瘾是这种行为最常见的例子。经常描述有自我控制问题的人具有两个自我，并且有不同的偏好集合。一个是贪图眼前的自我，会给予现在太高的权重；另一个是眼光长远的自我，会合理地分配不同时间段的权重，因此能够理解什么样的选择能够最大化整个一生的效用。

**行为的情景性质**（the contextual nature of behavior）——行为经济学家发现人们的偏好以及他们产生的行为通常在很大程度上取决于当时的情况或者他们所处的环境。举例而言，人们经常对相同的事情做出不同的反应，而这取决于如何描述他们可获得的选择，并且也取决于他们接收到的其他声音或图像信息。我们在第 8 章讨论公共物品的支出时见到过这样一个例子：如果人们被告知选择公共物品会给其他人带来好处（正面描述），那么他们会比被告知选择私人物品会损害其他人的利益（负面描述）时，更加显著地对公共物品做出更多贡献而不是仅顾及个人利益。

另外一个有关人们所处情景的重要发现是，人们往往会划分不同的决定，而不是把每一个决定看作是完整决策过程的一部分。这个错误在人们看待他们投资组合中的不同财产时特别容易出现。比方说，假设房价正在下跌，而股票和其他金融资产的价格正在上升。很多人都不愿意在他们的期望价格之下出售房屋，他们完全可以此时承担一定的损失，以最快的速度出售房屋，然后通过投资在价格正在上升的其他金融资产上来部分或者完全弥补他们的损失，即使这才是最符合他们利益的做法，人们也往往不会这样做。相反，人们将房产看作是房产本身，而不是他们拥有的很多资产中的一项，这使他们继续持有房产，从而承受了更大的损失。

## 对公共部门理论的启示

在公共部门理论中，政府对市场失灵的反应通常无非是以下两种之一。政府可以负责某些特别的服务（比如国防、大量的铁路运输），或者政府会让失灵的市场继续自我运行，但同时尝试改变个人或企业的行为来实现有效率的或者公平的结果。如果政府选择第二种策略，它会试图通过改善信息（比如提供关于产品质量的信息或者加强工作场所的安全性），或者改变个人或企业的预算约束来改变他们的行为，而改变个人或企业的预算约束就是改变他们的收入、利润或者他们所面对的价格（比如通过一次性总付税和转移支付，对外部性征收庇古税或者发放补贴）。行为经济学为影响行为的政策选择带来了全新的内容：即直接应对企业或者个人的行为倾向。这里有一些例子来描述和标准主流分析相比，社会偏好、自我控制问题以及行为的情境性质是如何显著影响一些重要的公共部门课题的分析。因此，可以将它们视为一个新的行为公共部门经济学的几个例子。

### □ 社会偏好和纳税遵从

第 17 章介绍了关于纳税遵从的标准主流分析。主流分析假设自利的人通常会利用关于他们自己收入的私人信息，向税收机构隐藏自己的收入并且逃避纳税。如果他们能逃避税收，他们就根本不会纳税。减少逃税的方法是审计税收收入并对逃税者采取强制惩罚措施，这与人们的自利性相符，因此税法可以增加人们的纳税依存度。

但是，假设纳税人表现出了行为经济学家所说的关联利他主义。这使我们必须考虑关于纳税遵从的一些全新事宜。首先，当审计的概率很小并且欺骗被发现时的强制罚金也不高时，我们可以注意到存在关联利他主义时，纳税依存度比标准模型所预示的要高。这可能是因为人们都是有条件的合作者。当人们发现其他纳税人都愿意纳税并且政府是诚实可信的，愿意有效率、公平地提供公共服务时，他们同样愿意纳税。但他们同样愿意成为惩罚者，所以他们期望的是，如果欺骗者被抓住，就会受到惩罚。但是，政府必须非常谨慎地设计审计和惩罚策略。如果政府审计范围非常宽泛，并且对人们哪怕是非常微小的不遵从都进行惩罚，那么它给人的印象就可能是"所有人都在欺骗"。这可能让大多数人改变他们有条件合作者的立场，使人们认为纳税是他们被迫必须去做的事情，而不是认为纳税是他们愿意做的事情。到这一步，可能会极大地增大逃税的概率。对政府来说，更好的选择可能是审计相对不太频繁，并且只对有严重逃税的行为才进行罚款，这就能够保持公众的良好意愿，使他们继续成为有条件的合作者。标准主流理论是不会考虑这种可能性的。

### □ 偏好不一致性、储蓄和惩罚税

自然诱惑或者自我控制问题中出现的偏好的时间不一致性导致了很多经济学问题。

我们将以退休储蓄和对烟酒征收的惩罚税为例，对此做简要介绍。

### 退休储蓄

美国今天（2007 年）所碰到的一个重要经济问题就是人们极低的储蓄率。在 2005 年和 2006 年个人储蓄率已经变成负数，第一次出现负个人储蓄是在大萧条时期。主流理论认为政府应该采取促进储蓄的政策，其主要理由来自宏观经济学的增长理论，认为从长期来看，增加储蓄可以带来人均消费的极大增长。

当行为经济学家观察低储蓄率时，他们会看到在促进储蓄的政策设计中他们的一些研究发现开始发挥作用。很多人储蓄不足的最重要原因可能是自我控制问题。他们会被眼前的消费所诱惑，即使他们最终会后悔他们的决定，他们还是会大量消费。这种对低储蓄率的解释看起来是合理的，特别是考虑到退休储蓄时。回顾第 12 章，在 2004 年，美国临近退休的人，即年龄在 55～64 岁之间的人，他们财产的中位数低于 30 000 美元。在这个年龄段中，肯定有一大群收入靠近中位数水平的人可以为他们的退休更多地进行储蓄，而现在，他们只能后悔自己没有这样做。同样回顾第 12 章，要求人们通过社会保障系统来为他们的退休进行储蓄的主要理由之一就是他们自己不会进行足够的储蓄。对于有自我控制问题的年轻人来说，这个政府主导的储蓄项目直接增加了他们的效用，因为这帮助他们克服了过度消费的欲望。类似地，提供一种有税务优惠的退休储蓄保险，比如 IRA 和 401K，通过税收来资助要比给那些有自我控制问题的人直接提供现金更好，同时对于没有这种问题的人也只带来比较小的二阶成本。这些成本是这类项目带来的税收和资产分配扭曲所产生的无谓损失。

行为经济学家的另外一些发现同样在刺激储蓄的政策设计中发挥作用。401K 的经验表明，人们对设计框架非常敏感。401K 默认方案曾经是不参与，雇员必须通过公司的计划来激活自己的参与计划。当默认的选项变成参与时（雇员们如果不想参与，必须主动选择不参与），参与 401K 的人们的比例大幅度上升了。对设计框架的强烈敏感，加上人们倾向于分开考虑他们的资产配置决策，表明促进储蓄的有针对性的尝试（比如有税务优惠的 IRA 和 401K）可能会比用来鼓励储蓄的一般广泛方法（比如用消费税代替所得税从而让储蓄免于征税）更有优势。IRA 和 401K 可以帮助人们将注意力集中在为了退休而增加储蓄上，特别是当不断强调这些保障项目在退休储蓄方面的优势时，效果更为明显。对于用消费税代替所得税这样的方法而言，提供这样积极的框架就显得非常困难，因为它只是泛泛地鼓励储蓄而不是针对退休储蓄。

最后一点，任何一种用来帮助人们客服自我控制问题的公共政策，不管是否出于促进储蓄或者别的目的，都会产生一个规范性问题。如果有自我控制问题的人们的偏好有时间不一致性，比方说有一个现在的自我和一个长期的自我，那么在评估这些政策的社会福利效果时应该考虑哪个偏好呢？是两个自我都被算进规范的福利分析中还是只计算获利更多的长期自我？如果是前者，两种不同的偏好应该分别被赋予什么权重？如果是后者，那么会产生两个新的问题。

一个问题是，在当前的公共部门分析中，实证分析和规范分析之间已经有了清晰的界限。行为经济学家发现的错误意味着，为了帮助有自我控制问题的人，经济学家在设计政策时应该更加重视现在的自我，因为政策设计的目的是帮助人们克服诱惑。但是，与此同时，经济学家评价同一个政策所带来的社会福利时，是从长期自我的角度出发考虑收益的。换句话说，实证经济分析转向现在自我的偏好而规范分析则立足于长期自我的偏好。有一些经济学家已经接受了这一观点。在他们看来，行为研究的这些主要优势对政府政策的实证经济分析起到了推动作用。

另一个问题是，在社会福利分析"真实"的基础上，更能增加福利的长期偏好迫使经济学家必须去精确定义这些偏好。在标准理论中，人们的选择不会真正显示出偏好。而与标准理论不同的是，因为缺少政府政策来帮助人们克服自我控制问题，人们的选择就很可能被他们有害的现在自我所决定。这使得人们被迫必须去定义真正的、有益的偏好应该是什么，而对此进行定义是非常危险的，不同的人很容易得出不同的结论。如果人们的选择不能真正反映人们的偏好，谁又能有信心去真正定义人们真实的偏好是什么样子？一个经济学家可能试图说，真实的偏好必定是标准主流理论中所描述的理性的效用最大化的消费者的偏好。但是，如果行为经济学家能够表明，在一些重要的情况下比如在为了退休而储蓄的决策中，人们至少是部分违反了这些有关主流标准模型的假设，那么为什么人们能够相信这些模型的其他假设还能适用于这些情况呢？简而言之，行为经济学的发现可能会让规范分析的基础变得摇摇欲坠。

### 惩罚税

行为经济学的新发现使我们必须从新的角度考虑政府政策，另一个例子是所谓的惩罚税，比如对烟酒所征收的惩罚税。传统的主流观点认为征收这些税的原因是外部性，这是一个被人所接受的理由。比如，不吸烟者所受到的二手烟的危害以及由酒驾造成的高速公路上的交通事故，都源于这种外部性。而行为经济学家在此基础上，还会强调吸烟和酒精上瘾都是由自我控制问题导致的，这会改变人们对这些税收的看法。比如，主流观点对惩罚税的一个批评是，惩罚税增加了收入不平等，因为大部分吸烟和酒精上瘾的问题出现于低收入人群——至少在美国，批评者是如此认为的。但是，如果这些税收帮助人们克服他们的上瘾问题，那么这些税收几乎肯定可以让人们的福利得到改善。这种观点认为人们的效用得到了提升，这完全扭转了主流分析认为的对吸烟者和酗酒者征税会让他们的福利变差的观点。

## 行为经济学的影响：一些结论性观察

我们再来考虑之前的一个问题：我们是不是处于开启一个新时代的浪尖上？行为经济学会不会最终取代主流经济理论，在包括公共部门经济学在内的经济学分支内都成为经济分析的基础呢？现在对此做出评论还太早了。

行为经济学同样也遭到了主流经济学家的批评。最常见的是以下四个方面。第一，同时也许是最重要的，很多经济理论学家已经注意到了行为经济学缺乏统一的理论基础来使其成为一种引人注目的、可以解释经济行为的广泛理论。到目前为止，行为经济学带给人们的感觉是，它是在各种各样的特定情景下对行为的一套解释。它还远远没有做好准备去取代关于理性的、效用最大化的消费者的主流理论。第二，很多行为经济学家描述的偏差和错误，特别是与社会偏好相关的那些，已经在实验室中被利用本科生进行的实验所证实。有很多理由可以质疑这些实验结果究竟会不会在现实世界中发生。[1] 第三，尽管很多人无疑犯了行为经济学家所谓的偏差或者错误，但我们并不清楚在绝大多数市场环境中，这到底有多大的影响。只要市场近是相当具有竞争性的，而且至少有一些人是遵循主流理论的理性的效用最大化者，那么理性的人们就会利用他们的优势从这些偏差和错误中套利。人们是否会继续显示出偏差，并且让市场把他们置于相对于理性的人们来说劣势的地位，这是有疑问的。第四，正如前面所提到的，很多主流经济学家都认为行为经济学家所发现的错误和偏差不会影响经济政策的规范的社会福利分析。

虽然有这些批评，很多主流经济学家还是承认行为经济学家确实已经发现了一些广泛存在的非标准的行为，必须予以足够的重视。他们会鼓励沿着这个方向进一步研究，并且他们保持希望，即希望心理学和神经科学方面的进一步发展能够发展出现在缺乏的理论基础。对于公共部门经济学而言，已经广泛接受行为经济学从实证角度对于经济政策设计的影响，正如上面的例子所提到的那样。同样，出现在竞争性市场中的对偏差和错误的自然套利并不会影响公共部门。所以，假如人们受到一件事情的表述形式的影响，那么政治家通过更好的政策表述就应该获得更多的支持，而不需要致力于提高政策的效率和公平。如果确实有一种新的行为公共部门经济学，它的一项重要主题可能是发展新的制度和机制来帮助民主社会的人们将注意力集中在公共事务和政策的内容上而不是表述方式上。[2]

---

[1]　关于实验室实验的优点和缺点的讨论，参见 S. Levitt and J. List, "What Do Laboratory Experiments Measuring Social Preferences Reveal About the Real World?" *Journal of Economic Perspectives*, Spring 2007。

[2]　对行为经济学感兴趣的读者可以参考以下资料：D. Fudenberg, "Advancing Beyond Advances in Behavioral Economics," and W. Pesendorfer, "Behavioral Economics Comes of Age: A Review Essay on Advance in Behavioral Economics," both in the *Journal of Economic Literature*, September 2006 (两位主流理论经济学家对行为经济学给出的中肯的评论)；B. D. Bernheim and A. Rangel, "Behavioral Public Economics: Welfare and Policy Analysis with Non-Standard Decision Makers," Working Paper 11518, National Bureau of Economic Research, July 2005 (主流经济学家给出的另一个中肯的评价，听起来寄予更大的希望；并且有对通过行为的方法研究储蓄、上瘾和公共物品的详细讨论)；E. McCaffery and J. Slemrod, "Toward an Agenda for Behavioral Public Finance," Chapter 1 in E. McCaffery and J. Slemrod (eds) *Behavioral Public Finance* (New York: Russell Sage Foundation, 2006) (是关于采用实验经济学方法研究公共部门经济学的一个非常好的概览；与这篇后记相比，它更加详细地讨论了从行为的角度考察纳税遵从的问题)。

# 参考文献

## 第1章

R. J. Gordon, "Where Did the Productivity Growth Go? Inflation Dynamics and the Distribution of Income," *Brookings Papers on Economic Activity*, 2, 2005.

R. Nozick, "Distributive Justice," *Philosophy and Public Affairs*, 3, Spring 1973.

J. Buchanan, "The Constitution of Economic Policy," *American Economic Review*, June 1987.

E. Fehr and S. Gachter, "Cooperation and Punishment in Public Goods Experiments," *American Economic Review*, September 2000.

## 第2章

R. Musgrave, *A Theory of Public Finance: A Study in Public Economy* (New York: McGraw-Hill, 1959).

## 第4章

W. Leontief, *Essays in Economics: Theories and Theorizing* (New York: Oxford University Press, 1966).

F. M. Bator, "The Simple Analytics of Welfare Maximization," *American Economic Review*, March 1957.

J. Rawls, *A Theory of Justice* (Cambridge, MA: Harvard University Press, 1971).

K. J. Arrow, *Social Choice and Individual Values* (New Haven, CT: Yale University Press, 1951).

## 第5章

L. Thurow, *Generating Inequality: Mechanisms of Distribution in the U. S. Economy* (New York: Basic Books, 1975).

A. Okun, *Equality and Efficiency, the Big Tradeoff* (Washington, D. C.: The Brookings Institution, 1975).

A. Atkinson, *The Economics of Inequality* (2nd edn) (New York: Oxford University Press, 1983).

A. Atkinson, "On the Measurement of Inequality," *Journal of Economic Theory*, 2, September 1970.

A. Harberger, "Basic Needs Versus Distributional Weights in Social Cost-Benefit Analysis," in R. Haveman and J. Margolis (eds) *Public Expenditure and Policy Analysis* (3rd edn) (Boston: Houghton Mifflin, 1983).

## 第 7 章

R. Coase, "The Problem of Social Cost," *Journal of Law and Economics*, October 1960.

## 第 8 章

E. Clarke, "Multipart Pricing of Public Goods," *Public Choice*, Fall 1971.

N. Tideman and G. Tulloch, "A New and Superior Process for Making Social Choices," *Journal of Political Economy*, December 1976.

J. Andreoni, "Warm Glow vs. Cold Prickly: The Effects of Positive and Negative Framing on Cooperation Experiments," *Quarterly Journal of Economics*, February 1995.

P. A. Samuelson, "The Pure Theory of Public Expenditure," *Review of Economics and Statistics*, November 1954.

E. Lindahl, *Die Gerectigkert der Berteverung*, reprinted in R. Musgrave and A. Peacock (eds) *Classics in the Theory of Public Finance* (New York: Macmillan, 1971).

## 第 9 章

M. Friedman, *Capitalism and Freedom* (Chicago: University of Chicago Press, 1962).

## 第 10 章

R. J. Gordon, *Macroeconomics* (8th edn) (Reading, MA: Addison-Wesley Longman, 2000).

## 第 11 章

J. Buchanan, "The Samaritan's Dilemma," in E. Phelps (ed.) *Altruism, Morality and Economic Theory* (New York: Russell Sage Foundation, 1975).

N. Bruce and M. Waldman, "Transfers in Kind: Why They Can Be Efficient and Nonpaternalistic," *American Economic Review*, December 1991.

E. Browning and J. Browning, *Public Finance and the Price System* (2nd edn) (New York: Macmillan, 1983).

## 第 12 章

J. L. Palmer and T. R. Saving, Trustees, *Summary of the 2005 Annual Reports*, *from the Social Security and Medicare Boards of Trustees*, March 23, 2005, www. ssa. gov/OACT/TRSUM/ trsummary. html.

D. Culter and J. Gruber, "Does Public Insurance Crow out Private Insurance," *Quarterly Journal of Economics*, May 1996.

A. Munnell and A. Sunden, "401 K Plans are Still Coming up Short," *An Issue in Brief*, 43, March 2006, Center for Retirement Research, Boston College.

A. Auerbach and L. Kotlikoff, *Dynamic Fiscal Policy* (New York: Cambridge University Press, 1987).

R. Barro, "Are Government Bonds Net Wealth?," *Journal of Political Economy*, November/December, 1974.

J. Gruber, *Public Finance and Public Policy* (New York: Worth Publisher, 2005).

J. Stiglitz, *Economics of the Public Sector* (3rd edn) (New York: W. W. Norton & Company, 2000).

P. Diamond and P. Orszag, "Saving Social Security," *Journal of Economic Perspectives*, Spring 2005.

P. Diamond, "Social Security," *American Economic Review*, March 2004.

M. Feldstein, "Rethinking Social Security," *American Economic Review*, March 2005.

## 第 13 章

OECD, *OECD in Figures*, Statistics on the Member Countries, OECD Observer, 2005.

U. S. Government Accountability Office, *Internal Revenue Service: Assessment of the Fiscal Year 2006 Budget Request*, Statement for the Record for the Subcommittee on Transportation, Treasury, the Judiciary, Housing and Urban Development, and Related Agencies, Committee on Appropriations, 4/27/2005, p. 1.

U. S. Government Printing Office, *Budget of the United States Government*, *Fiscal Year 2008* (Washington, D. C. , 2007) Historical Tables, Table 2. 1.

R. M. Haig, "The Concept of Income: Economic and Legal Aspect," in R. M. Haig (ed. ) *The Federal Income Tax* (New York: Columbia University Press, 1921).

H. C. Simons, *Personal Income Taxation* (Chicago: University of Chicago Press, 1938).

M. Feldstein, "On the Theory of Tax Reform," *Journal of Public Economics*, August 1976.

R. Musgrave, "Horizontal Equity, Once More," *National Tax Journal*, June 1990.

## 第 14 章

M. Feldstein, "On the Theory of Tax Reform," *Journal of Public Economics*, August 1976.

U. S. Department of the Treasury, *Tax Reform for Fairness, Simplicity, and Economic Growth*, I, November 1984.

A. Auerbach and L. Kotlikoff, *Dynamic Fiscal Policy* (New York: Cambridge University Press, 1987).

A. Auerbach, D. Altig, L. Kotlikoff, and K. Smitters, "Simulating Fundamental Tax Reform in the United States," *American Economic Review*, June 2001.

## 第 15 章

J. Hausman, "Labor Supply," in H. Aaron and J. Pechman (eds) *How Taxes Affect Economic Behavior* (Washington, D. C. : The Brookings Institution, 1981).

## 第 16 章

R. Ramsey, "A Contribution to the Theory of Taxation," *Economic Journal*, March 1927.

## 第 17 章

U. S. Government Accountability Office, "Tax Compliance: Reducing the Tax Gap Can Contribute to Fiscal Sustainability but Will Require a Variety of Strategies," Statement of David M. Walker, Comptroller General of the United States, before the Committee on Finance, U. S. Senate, April 14, 2005, Table, p. 1.

M. Allingham and A. Sandmo, "Income Tax Evasion: A Theoretical Analysis," *Journal of Public*

Economics，November 1972.

J. Alm and W. Beck，"Tax Amnesties and Compliance in the Long Run： A Time Series Analysis，" *National Tax Journal*，March 1993.

C. Blackorby and D. Donaldson，"Cash Versus Kind，Self Selection，and Efficient Transfers，" *American Economic Review*，September 1988.

## 第 18 章

A. Harberger，"The Incidence of the Corporation Income Tax，" *Journal of Political Economy*，June 1962.

M. Krzyzaniak and R. Musgrave，*The Shifting of the Corporation Income Tax* (Baltimore： Johns Hopkins Press，1963).

## 第 19 章

A. Harberger，"The Incidence of the Corporation Income Tax，" *Journal of Political Economy*，June 1962.

B. Okner and J. Pechman，*Who Bears the Tax Burden?* (Washington，D. C. ： The Brookings Institution，1974).

B. Okner and J. Pechman，*Who Paid the Taxes，1966-1985?* (Washington，D. C. ： The Brookings Institution，1985).

J. Whalley，"Regression or Progression： The Taxing Question of Tax Incidence，" *Canadian Journal of Economics*，November 1984.

## 第 20 章

M. Feldstein，"Does the United States Save Too Little?，" *American Economic Association Papers and Proceedings*，February 1977.

M. Weitzman，"Gamma Discounting，" *American Economic Review*，March 2001.

E. J. Mishan，"Evaluation of Life and Limb： A Theoretical Approach，" *Journal of Political Economy*，March/April 1971.

J. Broome，"Trying to Value a Life，" *Journal of Public Economics*，February 1978.

A. Harberger，"Three Postulates for Applied Economics，" *Journal of Economic Literature*，September 1971.

## 第 21 章

G. Stigler，"Tenable Range of Functions of Local Government，" in Federal Expenditure Policy for Economic Growth and Stability，Joint Economic Committee，Subcommittee on Fiscal Policy，Washington，D. C. ，1957.

W. Oates，*Fiscal Federalism* (New York： Harcourt，Brace，Jovanovich，1972).

## 第 22 章

C. Tiebout，"A Pure Theory of Local Expenditure，" *Journal of Political Economy*，October 1956.

J. Stiglitz，"The Theory of Local Public Goods" in M. Feldstein and R. Inman (eds) *The Economics of Public Services： Proceedings of a Conference Held by the International Economic Association at Turin，Italy* (New York： Macmillan，1977).

M. Pauly，"A Model of Local Government and Tax Capitalization，" *Journal of Public Economics*，

October 1976.

**第 23 章**

J. LeGrand，"Fiscal Equity and Central Government Grants to Local Authorities," *Economic Journal*，September 1975.

W. Baumol and W. Oates，*The Theory of Environmental Policy: Externalities, Public Outlays, and the Quality of Life* (Englewood Cliffs, NJ: Prentice Hall, 1975).

# 译后记

　　2009 年 12 月，我决定回中国人民大学财政金融学院财政系工作。我的博士研究侧重于宏观经济理论，对财政学的认识还仅限于本科时学过的相关课程。财政金融学院的郭庆旺教授建议我翻译特里西的这本《公共部门经济学》教科书，以增强对财政学的理解和认识，为今后的教学和研究工作奠定基础。我预计 1 年时间完成任务，因为本书的目标群为本科高年级学生，采用规范分析方法论述问题，并且页数也不多。但没想到花了 3 年多的时间才完成译稿。从此，我再也不敢小觑任何翻译工作。

　　在此需要说明几点：首先，本书可以认为是作者的另一本书 *Public Finance：A Normative Theory* 的精简版。"足本"是特里西为研究生编写的教科书，2002 年出版了第二版，2014 年有第三版面世（Academic Press），早已成为欧美高校公共经济学的经典教材。其次，如序言中所写，学习者还可以从本书的网站上看到更加丰富的案例和资料，这也是公共经济学学习所不可或缺的——对于现实问题的关注。最后，本书以规范分析为主，需要读者对于微观经济学的相关知识有较为全面而深入的理解，但作者对有些概念的定义和使用却并不一致。例如，本书中将边际替代率（$MRS_{XY}$）定义为无差异曲线的斜率，因此是一个负数，在做比较时却往往忽略负号，认为是绝对值的比较。在翻译的时候，我尽量保持一致。另外，在原文中作者对边际替代率的下标的使用也不规范，中国人民大学出版社的王素克编辑指出并纠正了这一点，在此表示感谢。

　　本书的翻译能够顺利完成，离不开很多人的帮助和鼓励。在这里首先要感谢中国人民大学财政金融学院的郭庆旺教授，他认真校对了我翻译的索引，使本书中对所有专业名词的翻译能够尽可能准确。并且，他还不断督促、鼓励我完成这项艰巨的任务——期间我数次放弃了翻译工作。最后，我还要感谢香港中文大学的师弟罗功书博士、李庞毅博士，美国约翰·霍普金斯大学的王博群先生，中国人民大学的于旭生同学，他们对本书初稿的翻译和校对也做出了贡献。

薛涧坡

公共部门经济学

| 序号 | 书名 | 作者 | Author | 单价 | 出版年份 | ISBN |
|---|---|---|---|---|---|---|
| 1 | 公共部门经济学 | 理查德·W·特里西 | Richard W. Tresch | 49.00 | 2014 | 978 - 7 - 300 - 18442 - 5 |
| 2 | 计量经济学原理(第六版) | 彼得·肯尼迪 | Peter Kennedy | 69.80 | 2014 | 978 - 7 - 300 - 19342 - 7 |
| 3 | 统计学:在经济中的应用 | 玛格丽特·刘易斯 | Margaret Lewis | 45.00 | 2014 | 978 - 7 - 300 - 19082 - 2 |
| 4 | 产业组织:现代理论与实践(第四版) | 林恩·佩波尔等 | Lynne Pepall | 88.00 | 2014 | 978 - 7 - 300 - 19166 - 9 |
| 5 | 计量经济学导论(第三版) | 詹姆斯·H·斯托克等 | James H. Stock | 69.00 | 2014 | 978 - 7 - 300 - 18467 - 8 |
| 6 | 发展经济学导论(第四版) | 秋山裕 | 秋山裕 | 39.80 | 2014 | 978 - 7 - 300 - 19127 - 0 |
| 7 | 中级微观经济学(第六版) | 杰弗里·M·佩罗夫 | Jeffrey M. Perloff | 89.00 | 2014 | 978 - 7 - 300 - 18441 - 8 |
| 8 | 平狄克《微观经济学》(第八版)学习指导 | 乔纳森·汉密尔顿等 | Jonathan Hamilton | 32.00 | 2014 | 978 - 7 - 300 - 18970 - 3 |
| 9 | 微观银行经济学(第二版) | 哈维尔·弗雷克萨斯等 | Xavier Freixas | 48.00 | 2014 | 978 - 7 - 300 - 18940 - 6 |
| 10 | 施米托夫论出口贸易——国际贸易法律与实务(第11版) | 克利夫·M·施米托夫等 | Clive M. Schmitthoff | 168.00 | 2014 | 978 - 7 - 300 - 18425 - 8 |
| 11 | 曼昆版《宏观经济学》习题集 | 南希·A·加纳科波罗斯等 | Nancy A. Jianakoplos | 32.00 | 2013 | 978 - 7 - 300 - 18245 - 2 |
| 12 | 微观经济学思维 | 玛莎·L·奥尔尼 | Martha L. Olney | 29.80 | 2013 | 978 - 7 - 300 - 17280 - 4 |
| 13 | 宏观经济学思维 | 玛莎·L·奥尔尼 | Martha L. Olney | 39.80 | 2013 | 978 - 7 - 300 - 17279 - 8 |
| 14 | 计量经济学原理与实践 | 达摩达尔·N·古扎拉蒂 | Damodar N. Gujarati | 49.80 | 2013 | 978 - 7 - 300 - 18169 - 1 |
| 15 | 现代战略分析案例集 | 罗伯特·M·格兰特 | Robert M. Grant | 48.00 | 2013 | 978 - 7 - 300 - 16038 - 2 |
| 16 | 高级国际贸易:理论与实证 | 罗伯特·C·芬斯特拉 | Robert C. Feenstra | 59.00 | 2013 | 978 - 7 - 300 - 17157 - 9 |
| 17 | 经济学简史——处理沉闷科学的巧妙方法(第二版) | E·雷·坎特伯里 | E. Ray Canterbery | 58.00 | 2013 | 978 - 7 - 300 - 17571 - 3 |
| 18 | 微观经济学(第八版) | 罗伯特·S·平狄克等 | Robert S. Pindyck | 79.00 | 2013 | 978 - 7 - 300 - 17133 - 3 |
| 19 | 克鲁格曼《微观经济学(第二版)》学习手册 | 伊丽莎白·索耶·凯利 | Elizabeth Sawyer Kelly | 58.00 | 2013 | 978 - 7 - 300 - 17002 - 2 |
| 20 | 克鲁格曼《宏观经济学(第二版)》学习手册 | 伊丽莎白·索耶·凯利 | Elizabeth Sawyer Kelly | 36.00 | 2013 | 978 - 7 - 300 - 17024 - 4 |
| 21 | 管理经济学(第四版) | 方博亮等 | Ivan Png | 80.00 | 2013 | 978 - 7 - 300 - 17000 - 8 |
| 22 | 微观经济学原理(第五版) | 巴德,帕金 | Bade, Parkin | 65.00 | 2013 | 978 - 7 - 300 - 16930 - 9 |
| 23 | 宏观经济学原理(第五版) | 巴德,帕金 | Bade, Parkin | 63.00 | 2013 | 978 - 7 - 300 - 16929 - 3 |
| 24 | 环境经济学 | 彼得·伯克等 | Peter Berck | 55.00 | 2012 | 978 - 7 - 300 - 16538 - 7 |
| 25 | 高级微观经济理论 | 杰弗里·杰里 | Geoffrey A. Jehle | 69.00 | 2012 | 978 - 7 - 300 - 16613 - 1 |
| 26 | 多恩布什《宏观经济学(第十版)》学习指导 | 鲁迪格·多恩布什等 | Rudiger Dornbusch | 29.00 | 2012 | 978 - 7 - 300 - 16030 - 6 |
| 27 | 高级宏观经济学导论:增长与经济周期(第二版) | 彼得·伯奇·索伦森等 | Peter Birch Sørensen | 95.00 | 2012 | 978 - 7 - 300 - 15871 - 6 |
| 28 | 宏观经济学:政策与实践 | 弗雷德里克·S·米什金 | Frederic S. Mishkin | 69.00 | 2012 | 978 - 7 - 300 - 16443 - 4 |
| 29 | 宏观经济学(第二版) | 保罗·克鲁格曼 | Paul Krugman | 45.00 | 2012 | 978 - 7 - 300 - 15029 - 1 |
| 30 | 微观经济学(第二版) | 保罗·克鲁格曼 | Paul Krugman | 69.80 | 2012 | 978 - 7 - 300 - 14835 - 9 |
| 31 | 微观经济学(第十一版) | 埃德温·曼斯费尔德 | Edwin Mansfield | 88.00 | 2012 | 978 - 7 - 300 - 15050 - 5 |
| 32 | 《计量经济学基础》(第五版)学生习题解答手册 | 达摩达尔·N·古扎拉蒂等 | Damodar N. Gujarati | 23.00 | 2012 | 978 - 7 - 300 - 15091 - 8 |
| 33 | 国际宏观经济学 | 罗伯特·C·芬斯特拉等 | Feenstra, Taylor | 64.00 | 2011 | 978 - 7 - 300 - 14795 - 6 |
| 34 | 卫生经济学(第六版) | 舍曼·富兰德等 | Sherman Folland | 79.00 | 2011 | 978 - 7 - 300 - 14645 - 4 |
| 35 | 宏观经济学(第七版) | 安德鲁·B·亚伯等 | Andrew B. Abel | 78.00 | 2011 | 978 - 7 - 300 - 14223 - 4 |
| 36 | 现代劳动经济学:理论与公共政策(第十版) | 罗纳德·G·伊兰伯格等 | Ronald G. Ehrenberg | 69.00 | 2011 | 978 - 7 - 300 - 14482 - 5 |
| 37 | 宏观经济学(第七版) | N·格里高利·曼昆 | N. Gregory Mankiw | 65.00 | 2011 | 978 - 7 - 300 - 14018 - 6 |
| 38 | 环境与自然资源经济学(第八版) | 汤姆·蒂坦伯格等 | Tom Tietenberg | 69.00 | 2011 | 978 - 7 - 300 - 14810 - 0 |
| 39 | 宏观经济学:理论与政策(第九版) | 理查德·T·弗罗恩 | Richard T. Froyen | 55.00 | 2011 | 978 - 7 - 300 - 14108 - 4 |
| 40 | 经济学原理(第四版) | 威廉·博伊斯等 | William Boyes | 59.00 | 2011 | 978 - 7 - 300 - 13518 - 2 |
| 41 | 计量经济学基础(第五版)(上下册) | 达摩达尔·N·古扎拉蒂 | Damodar N. Gujarati | 99.00 | 2011 | 978 - 7 - 300 - 13693 - 6 |
| 42 | 计量经济分析(第六版)(上下册) | 威廉·H·格林 | William H. Greene | 128.00 | 2011 | 978 - 7 - 300 - 12779 - 8 |
| 43 | 国际经济学:理论与政策(第八版)(上册国际贸易部分) | 保罗·R·克鲁格曼等 | Paul R. Krugman | 36.00 | 2011 | 978 - 7 - 300 - 13102 - 3 |

| 经济科学译丛 | | | | | | |
|---|---|---|---|---|---|---|
| 序号 | 书名 | 作者 | Author | 单价 | 出版年份 | ISBN |
| 44 | 国际经济学:理论与政策(第八版)(下册国际金融部分) | 保罗·R·克鲁格曼等 | Paul R. Krugman | 49.00 | 2011 | 978-7-300-13101-6 |
| 45 | 国际贸易 | 罗伯特·C·芬斯特拉等 | Robert C. Feenstra | 49.00 | 2011 | 978-7-300-13704-9 |
| 46 | 经济增长(第二版) | 戴维·N·韦尔 | David N. Weil | 63.00 | 2011 | 978-7-300-12778-1 |
| 47 | 投资科学 | 戴维·G·卢恩伯格 | David G. Luenberger | 58.00 | 2011 | 978-7-300-14747-5 |
| 48 | 宏观经济学(第十版) | 鲁迪格·多恩布什等 | Rudiger Dornbusch | 60.00 | 2010 | 978-7-300-11528-3 |
| 49 | 宏观经济学(第三版) | 斯蒂芬·D·威廉森 | Stephen D. Williamson | 65.00 | 2010 | 978-7-300-11133-9 |
| 50 | 计量经济学导论(第四版) | 杰弗里·M·伍德里奇 | Jeffrey M. Wooldridge | 95.00 | 2010 | 978-7-300-12319-6 |
| 51 | 货币金融学(第九版) | 弗雷德里克·S·米什金等 | Frederic S. Mishkin | 79.00 | 2010 | 978-7-300-12926-6 |
| 52 | 金融学(第二版) | 兹维·博迪等 | Zvi Bodie | 59.00 | 2010 | 978-7-300-11134-6 |
| 53 | 国际经济学(第三版) | W·查尔斯·索耶等 | W. Charles Sawyer | 58.00 | 2010 | 978-7-300-12150-5 |
| 54 | 博弈论 | 朱·弗登博格等 | Drew Fudenberg | 68.00 | 2010 | 978-7-300-11785-0 |
| 55 | 投资学精要(第七版)(上下册) | 兹维·博迪等 | Zvi Bodie | 99.00 | 2010 | 978-7-300-12417-9 |
| 56 | 财政学(第八版) | 哈维·S·罗森等 | Harvey S. Rosen | 63.00 | 2009 | 978-7-300-11092-9 |
| 57 | 社会问题经济学(第十八版) | 安塞尔·M·夏普等 | Ansel M. Sharp | 45.00 | 2009 | 978-7-300-10995-4 |

| 经济科学译库 | | | | | | |
|---|---|---|---|---|---|---|
| 序号 | 书名 | 作者 | Author | 单价 | 出版年份 | ISBN |
| 1 | 克鲁格曼经济学原理(第二版) | 保罗·克鲁格曼等 | Paul Krugman | 65.00 | 2013 | 978-7-300-17409-9 |
| 2 | 国际经济学(第13版) | 罗比特·J·凯伯等 | Robert J. Carbaugh | 68.00 | 2013 | 978-7-300-16931-6 |
| 3 | 货币政策:目标、机构、策略和工具 | 彼得·博芬格 | Peter Bofinger | 55.00 | 2013 | 978-7-300-17166-1 |
| 4 | MBA微观经济学(第二版) | 理查德·B·麦肯齐等 | Richard B. McKenzie | 55.00 | 2013 | 978-7-300-17003-9 |
| 5 | 激励理论:动机与信息经济学 | 唐纳德·E·坎贝尔 | Donald E. Campbell | 69.80 | 2013 | 978-7-300-17025-1 |
| 6 | 微观经济学:价格理论观点(第八版) | 斯蒂文·E·兰德斯博格 | Steven E. Landsburg | 78.00 | 2013 | 978-7-300-15885-3 |
| 7 | 经济数学与金融数学 | 迈克尔·哈里森等 | Michael Harrison | 65.00 | 2012 | 978-7-300-16689-6 |
| 8 | 策略博弈(第三版) | 阿维纳什·迪克西特等 | Avinash Dixit | 72.00 | 2012 | 978-7-300-16033-7 |
| 9 | 高级宏观经济学基础 | 本·J·海德拉等 | Ben J. Heijdra | 78.00 | 2012 | 978-7-300-14836-6 |
| 10 | 行为经济学 | 尼克·威尔金森 | Nick Wilkinson | 58.00 | 2012 | 978-7-300-16150-1 |
| 11 | 金融风险管理师考试手册(第六版) | 菲利普·乔瑞 | Philippe Jorion | 168.00 | 2012 | 978-7-300-14837-3 |
| 12 | 服务经济学 | 简·欧文·詹森 | Jan Owen Jansson | 42.00 | 2012 | 978-7-300-15886-0 |
| 13 | 统计学:在经济和管理中的应用(第八版) | 杰拉德·凯勒 | Gerald Keller | 98.00 | 2012 | 978-7-300-16609-4 |
| 14 | 面板数据分析(第二版) | 萧政 | Cheng Hsiao | 45.00 | 2012 | 978-7-300-16708-4 |
| 15 | 中级微观经济学:理论与应用(第10版) | 沃尔特·尼科尔森等 | Walter Nicholson | 85.00 | 2012 | 978-7-300-16400-7 |
| 16 | 经济学中的数学 | 卡尔·P·西蒙等 | Carl P. Simon | 65.00 | 2012 | 978-7-300-16449-6 |
| 17 | 社会网络分析:方法与应用 | 斯坦利·沃瑟曼等 | Stanley Wasserman | 78.00 | 2012 | 978-7-300-15030-7 |
| 18 | 用Stata学计量经济学 | 克里斯托弗·F·鲍姆 | Christopher F. Baum | 65.00 | 2012 | 978-7-300-16293-5 |
| 19 | 美国经济史(第10版) | 加里·沃尔顿等 | Gary M. Walton | 78.00 | 2011 | 978-7-300-14529-7 |
| 20 | 增长经济学 | 菲利普·阿格因 | Philippe Aghion | 58.00 | 2011 | 978-7-300-14208-1 |
| 21 | 经济地理学:区域和国家一体化 | 皮埃尔-菲利普·库姆斯等 | Pierre-Philippe Combes | 42.00 | 2011 | 978-7-300-13702-5 |
| 22 | 社会与经济网络 | 马修·O·杰克逊 | Matthew O. Jackson | 58.00 | 2011 | 978-7-300-13707-0 |
| 23 | 环境经济学 | 查尔斯·D·科尔斯塔德 | Charles D. Kolstad | 53.00 | 2011 | 978-7-300-13173-3 |
| 24 | 空间经济学——城市、区域与国际贸易 | 保罗·克鲁格曼等 | Paul Krugman | 42.00 | 2011 | 978-7-300-13037-8 |

## 经济科学译库

| 序号 | 书名 | 作者 | Author | 单价 | 出版年份 | ISBN |
|---|---|---|---|---|---|---|
| 25 | 国际贸易理论:对偶和一般均衡方法 | 阿维纳什·迪克西特等 | Avinash Dixit | 45.00 | 2011 | 978 - 7 - 300 - 13098 - 9 |
| 26 | 契约经济学:理论和应用 | 埃里克·布鲁索等 | Eric Brousseau | 68.00 | 2011 | 978 - 7 - 300 - 13223 - 5 |
| 27 | 反垄断与管制经济学(第四版) | W·基普·维斯库斯等 | W. Kip Viscusi | 89.00 | 2010 | 978 - 7 - 300 - 12615 - 9 |
| 28 | 拍卖理论 | 维佳·克里斯纳等 | Vijay Krishna | 42.00 | 2010 | 978 - 7 - 300 - 12664 - 7 |
| 29 | 计量经济学指南(第五版) | 皮特·肯尼迪 | Peter Kennedy | 65.00 | 2010 | 978 - 7 - 300 - 12333 - 2 |
| 30 | 管理者宏观经济学 | 迈克尔·K·伊万斯等 | Michael K. Evans | 68.00 | 2010 | 978 - 7 - 300 - 12262 - 5 |
| 31 | 利息与价格——货币政策理论基础 | 迈克尔·伍德福德 | Michael Woodford | 68.00 | 2010 | 978 - 7 - 300 - 11661 - 7 |
| 32 | 理解资本主义:竞争、统制与变革(第三版) | 塞缪尔·鲍尔斯等 | Samuel Bowles | 66.00 | 2010 | 978 - 7 - 300 - 11596 - 2 |
| 33 | 递归宏观经济理论(第二版) | 萨金特等 | Thomas J. Sargent | 79.00 | 2010 | 978 - 7 - 300 - 11595 - 5 |
| 34 | 剑桥美国经济史(第一卷):殖民地时期 | 斯坦利·L·恩格尔曼等 | Stanley L. Engerman | 48.00 | 2008 | 978 - 7 - 300 - 08254 - 7 |
| 35 | 剑桥美国经济史(第二卷):漫长的19世纪 | 斯坦利·L·恩格尔曼等 | Stanley L. Engerman | 88.00 | 2008 | 978 - 7 - 300 - 09394 - 9 |
| 36 | 剑桥美国经济史(第三卷):20世纪 | 斯坦利·L·恩格尔曼等 | Stanley L. Engerman | 98.00 | 2008 | 978 - 7 - 300 - 09395 - 6 |
| 37 | 横截面与面板数据的经济计量分析 | J. M. 伍德里奇 | Jeffrey M. Wooldridge | 68.00 | 2007 | 978 - 7 - 300 - 08090 - 1 |

## 金融学译丛

| 序号 | 书名 | 作者 | Author | 单价 | 出版年份 | ISBN |
|---|---|---|---|---|---|---|
| 1 | 金融工程学原理(第二版) | 萨利赫·N·内夫特奇 | Salih N. Neftci | 88.00 | 2014 | 978 - 7 - 300 - 19348 - 9 |
| 2 | 投资学导论(第十版) | 赫伯特·B·梅奥 | Herbert B. Mayo | 69.00 | 2014 | 978 - 7 - 300 - 18971 - 0 |
| 3 | 国际金融市场导论(第六版) | 斯蒂芬·瓦尔德斯等 | Stephen Valdez | 59.80 | 2014 | 978 - 7 - 300 - 18896 - 6 |
| 4 | 金融数学:金融工程引论(第二版) | 马雷克·凯宾克斯基等 | Marek Capinski | 42.00 | 2014 | 978 - 7 - 300 - 17650 - 5 |
| 5 | 财务管理(第二版) | 雷蒙德·布鲁克斯 | Raymond Brooks | 69.00 | 2014 | 978 - 7 - 300 - 19085 - 3 |
| 6 | 期货与期权市场导论(第七版) | 约翰·C·赫尔 | John C. Hull | 69.00 | 2014 | 978 - 7 - 300 - 18994 - 2 |
| 7 | 固定收益证券手册(第七版) | 弗兰克·J·法博齐 | Frank J. Fabozzi | 188.00 | 2014 | 978 - 7 - 300 - 17001 - 5 |
| 8 | 国际金融:理论与实务 | 皮特·塞尔居 | Piet Sercu | 88.00 | 2014 | 978 - 7 - 300 - 18413 - 5 |
| 9 | 金融市场与金融机构(第7版) | 弗雷德里克·S·米什金 斯坦利·G·埃金斯 | Frederic S. Mishkin Stanley G. Eakins | 79.00 | 2013 | 978 - 7 - 300 - 18129 - 5 |
| 10 | 货币、银行和金融体系 | R·格伦·哈伯德等 | R. Glenn Hubbard | 75.00 | 2013 | 978 - 7 - 300 - 17856 - 1 |
| 11 | 并购创造价值(第二版) | 萨德·苏达斯纳 | Sudi Sudarsanam | 89.00 | 2013 | 978 - 7 - 300 - 17473 - 0 |
| 12 | 个人理财——理财技能培养方法(第三版) | 杰克·R·卡普尔等 | Jack R. Kapoor | 66.00 | 2013 | 978 - 7 - 300 - 16687 - 2 |
| 13 | 国际财务管理 | 吉尔特·贝克特 | Geert Bekaert | 95.00 | 2012 | 978 - 7 - 300 - 16031 - 3 |
| 14 | 金融理论与公司政策(第四版) | 托马斯·科普兰等 | Thomas Copeland | 69.00 | 2012 | 978 - 7 - 300 - 15822 - 8 |
| 15 | 应用公司财务(第三版) | 阿斯沃思·达摩达兰 | Aswath Damodaran | 88.00 | 2012 | 978 - 7 - 300 - 16034 - 4 |
| 16 | 资本市场:机构与工具(第四版) | 弗兰克·J·法博齐 | Frank J. Fabozzi | 85.00 | 2011 | 978 - 7 - 300 - 13828 - 2 |
| 17 | 衍生品市场(第二版) | 罗伯特·L·麦克唐纳 | Robert L. McDonald | 98.00 | 2011 | 978 - 7 - 300 - 13130 - 6 |
| 18 | 债券市场:分析与策略(第七版) | 弗兰克·J·法博齐 | Frank J. Fabozzi | 89.00 | 2011 | 978 - 7 - 300 - 13081 - 1 |
| 19 | 跨国金融原理(第三版) | 迈克尔·H·莫菲特等 | Michael H. Moffett | 78.00 | 2011 | 978 - 7 - 300 - 12781 - 1 |
| 20 | 风险管理与保险原理(第十版) | 乔治·E·瑞达 | George E. Rejda | 95.00 | 2010 | 978 - 7 - 300 - 12739 - 2 |
| 21 | 兼并、收购和公司重组(第四版) | 帕特里克·A·高根 | Patrick A. Gaughan | 69.00 | 2010 | 978 - 7 - 300 - 12465 - 0 |
| 22 | 个人理财(第四版) | 阿瑟·J·基翁 | Athur J. Keown | 79.00 | 2010 | 978 - 7 - 300 - 11787 - 4 |
| 23 | 统计与金融 | 戴维·鲁珀特 | David Ruppert | 48.00 | 2010 | 978 - 7 - 300 - 11547 - 4 |
| 24 | 国际投资(第六版) | 布鲁诺·索尔尼克等 | Bruno Solnik | 62.00 | 2010 | 978 - 7 - 300 - 11289 - 3 |
| 25 | 财务报表分析(第三版) | 马丁·弗里德森 | Martin Fridson | 35.00 | 2010 | 978 - 7 - 300 - 11290 - 9 |

**图书在版编目（CIP）数据**

公共部门经济学/（ ）特里西著；薛涧坡译．—北京：中国人民大学出版社，2014.1
（经济科学译丛）
"十一五"国家重点图书出版规划项目
ISBN 978-7-300-18442-5

Ⅰ.①公… Ⅱ.①特…②薛… Ⅲ.①公共经济学 Ⅳ.①F062.6

中国版本图书馆 CIP 数据核字（2013）第 282741 号

"十一五"国家重点图书出版规划项目
经济科学译丛

公共部门经济学

理查德·W·特里西 著
薛涧坡 译
Gonggong Bumen Jingjixue

| | | |
|---|---|---|
| **出版发行** | 中国人民大学出版社 | |
| **社 址** | 北京中关村大街 31 号 | **邮政编码** 100080 |
| **电 话** | 010-62511242（总编室） | 010-62511770（质管部） |
| | 010-82501766（邮购部） | 010-62514148（门市部） |
| | 010-62515195（发行公司） | 010-62515275（盗版举报） |
| **网 址** | http://www.crup.com.cn | |
| | http://www.ttrnet.com（人大教研网） | |
| **经 销** | 新华书店 | |
| **印 刷** | 三河市汇鑫印务有限公司 | |
| **规 格** | 185 mm×260 mm 16 开本 | **版 次** 2014 年 7 月第 1 版 |
| **印 张** | 24 插页 2 | **印 次** 2014 年 7 月第 1 次印刷 |
| **字 数** | 555 000 | **定 价** 49.00 元 |